蘭汀 南廣祐 文集 Ⅲ

漢字와 漢字語

韓國語文敎育硏究會

도서출판 월인

刊行辭

사람은 어느 누구나 無限한 可能性을 지니고 태어납니다. 그럼에도 不拘하고 우리 주변에는 한 평생을 거저 뜻없이 살다가 生을 마감하는 분들이 많습니다.

그러나 蘭汀 南廣祐 先生께서는 남달리 뛰어난 天賦의 才能을 지니고 태어나신데다가, 萬事에 積極的이고 推進力이 强하였으므로 당신께서 세워 놓은 目標達成을 위하여 平生 동안 조금도 흔들림이 없이 一路邁進하셨습니다.

그리하여 1969年에 漢字敎育을 통한 國語敎育의 正常化를 推進하고자 一石 李熙昇 先生과 함께 결성하신 韓國語文敎育研究會의 國語運動과 研究活動을 盤石위에 올려놓으셨고, 漢字敎育을 振興시키기 위하여 韓國漢字能力檢定會를 設立하셨으며 이들 두 團體의 活動을 確固不動하게 뒷받침하고자 社團法人 韓國語文會를 조직하셨습니다.

선생은 國語運動家이면서 國語學者이었으며 漢字音 專攻學者이면서도 國語史 研究에 必須的인 귀중한 語彙資料를 心血을 기울여 整理하셨습니다.

8·15 光復後 우리나라 學界를 主導해 온 한 분으로서 國語國文學會, 國語學會 등 여러 研究團體 成立에 中樞的 구실을 하셨을 뿐만 아니라 學問的 著述에도 精進하여 많은 量의 業績을 남기셨습니다. 先生의 글은 모든 글이 理路整然하고 論證이 精緻하여 學界에 크게 貢獻하셨습니다.

이에 本會에서는 先生의 10週忌를 맞이하여 先生의 不朽의 學問的 業績을 길이 기리기 위하여 『蘭汀 南廣祐 文集』을 上梓하였습니다. 應當 先生의 모든 글들을 한자리에 모으는 作業이 進行되어야 할 것이나, 이번에는 우선 國語學, 國語敎育, 國語政策, 漢字語 그리고 漢字政策에 관련한 글들을 우선 모았습니다.

여러 論文集에 실린 논문들을 모아보자는 작업의 趣旨에 따라 이미 單行本으로 정리된 논문들은 이번 작업의 對象에서 除外하였습니다만, 이번에 간행되는 『蘭汀 南廣祐 文集』이 온 국민과 世界各國 韓國學硏究家의 必讀 參考文獻이 될 것으로 믿는 바입니다.

2007年 11月 30日

社團法人 韓國語文會 第4代 理事長 姜信沆 사룀

차례

韓國에 있어서의 漢字문제에 대한 研究

一. 序論

本研究는 국어연구소의 研究費로 進行된 것인 바 漢字(略字 포함) 문제를 研究하여 語文政策 내지 語文教育政策 확립에 필요한 자료제공을 目的으로 하는 작업이다.

漢字문제를 通時的 共時的인 관심에서 다루고 同文化圈인 日本·中國(中共·臺灣)의 漢字 내지 그 教育문제에도 관심을 두어 研究하려 한다.

二. 한글專用論과 國漢混用論

1. 한글專用論

周時經

本格的인 漢字廢止(한글전용)論者로서는 周時經[1]을 들어야 할

1) 1876~1914, 國語文典音學, 國語文法, 말의 소리 등

것이다. 1907년(光武11)論說을 통하여 국어와 국문을 公用文으로 숭상할 것을 주장했다.2)

그가 말하는 '국어'는 '순우리말'을 뜻하는 것이고, '국문'은 '한글'을 뜻하는 것으로 그의 國語愛護는 漢字와 漢字말을 버리자는 것이었다. 그의 나이 32세 때의 일이다.

그는 그의 著書「國語文法」3)序에 '…漢文을 是崇하더니 往年甲午에 科擧法을 廢한 後로 漢文의 聲勢가 退縮하여…… 漢文의 衰殘을 免하기 不能한 바요……'라 했다.

國語文法에서 이미

> 기난갈… 기(낫말) 난(分의 뜻) 갈(硏의 뜻)
> 임이듬… 임(主와 한 뜻) 이(者와 한 뜻) 듬(格과 한 뜻)이니 임이 듬은 임이 되는 格이라 함이요 알에도 다 이러함

과 같이 不可解의 術語를 만들어 쓰더니 「말의 소리」(1914)에서의 說明을 우리말로 바꾸로 새 用語를 만들어 썼다.

> "音의 發源 物振이니라"를
> "소리의남 몬의 움즉임이니라"
> "音의 터짐 氣波니라"를
> "소리의 펴어짐 노의 결이니라"

로 한 것이 그것이다.

'한글'이란 이름 자체가 그의 創案이라 한다.4)

이러한 극단적인 漢字말 忌避를 한 周時經 이전에 이미 한글

---

2) 국어와 국문의 필요, 「西友」 2. 1907.1, pp. 31~34 "必尙自國文言"「皇城新聞」, 1907. 4.1~6.

3) 1910. 4. 京城 博文書館.

4) 新文館에서 1913년 9월에 창간한 학생잡지 「아이들보이」 7(1914.3)~11(1914.7)호 卷末에 「한글풀이」란 난을 두었는데 周時經의 주장으로 보인다 함.

전용이 小說이나 諺簡등이 있었고 聖經번역이 순한글로 되었으며 독립신문 제국신문 등 순한글신문의 刊行이 있었던 것이 사실이다.

한글敎科書 편찬 — 美軍政

1945年 8月 15日 日帝의 敗亡으로 解放이 되자 저 유명한 朝鮮語學會事件으로 囹圄生活을 하던 李克魯 崔鉉培 李熙昇 鄭寅承이 풀려 나오고 흩어졌던 회원들도 서울로 모여들자 8월 25일, 朝鮮語學會 임시총회를 열고, 學會의 陣容을 정비하고 일을 할 차비를 차려, 새 나라의 새 敎科書 편찬과 한글普及운동을 펴는 한편, 한글專用운동도 적극 펴기로 하였다.

그런데 1945년 9월 9일 朝鮮總督이 美軍 太平洋方面 陸軍司令官 맥아더 大將의 代理人 주둔 美軍司令官 하지中將에 항복한 바로 그 시각부터 南韓全域은 美軍의 軍政으로 들어갔다.

맥아더는 이날로 '朝鮮人民에게 告함'이라는 布告 제 1호, 제 2호, 제 3호를 발표하고 그것은 軍政의 憲法的 구실을 하게 되었다.

특히 布告 제 1호에서 公式用語를 英語로 한다고 規定한 것은 通譯政治의 현상을 빚었는데, 통역은 한편으로는 美軍政 3年 동안 필요한 存在였으나 많은 副作用을 일으켰다. 그것은 必要惡이었던 것이다. 그들은 利權에 개입했음은 물론 政治에도 개입했다.5)

따라서 美國의 영향下 親美派들이 得勢했음은 물론이다. 이런 상황下 1945年 11月에, 社會 각층의 人士 80여명으로써, '조선교육 심의회'를 조직하고, 각종 교육문제를 분과 討議하는 중 '敎科書 分科委員會'에서부터 崔鉉培, 張志暎이 크게 활약하여, 趙鎭滿, 黃信德과 皮千得의 협력을 얻어 같은 分科인 趙潤濟가

---

5) 宋南憲, 解放三年史 Ⅰ, 1945-1948. pp. 96~97, 1985. 9. 까치社 發行.

반대했으나

"한자사용을 폐지하고, 초등·중등학교의 교과서는 전부 한글로 하되, 다만 필요에 따라 한자를 도림(괄호) 안에 적어 넣을 수 있음"

이라는 결의를 하게 했다. 이 결의안이 전체회의의 討議를 거쳐서, 1945년 12月 8日에 이 決議案에 두 세 사람(당시 普專校長 玄相允 등)의 반대가 있었으나 통과되었다.

이렇게 하여, 教科書에서의 漢字廢止案이 美軍政廳 學務局에 보고되었고 美軍政廳은 이를 裁可, 새 나라의 각급학교의 모든 教科書는 한글전용에 가로글씨로 나오게 되었다.[6)]

한글專用法 —1948. 10. 9

朝鮮語學會는 1948년 9월 26일 일요일에 긴급 理事會를 열고,

憲法條文을 한글로 쓰기로 결정한 國會議員들을 초청하여, 한글전용法律化에 대한 의견교환을 하기 위한 茶菓會를 오는 10월 1일 오후 5時 15分 安國洞에 있는 豊文女子中學校 강당에서 연다[7)]는 決議案을 可決하고, 10월 1일 많은 국회의원과 學會 理事 全員과 會員 多數가 참석한 자리에서 다과를 나누면서 '한글전용법률화'에 관한 의견들을 교환했다.

이보다 앞서, 朝鮮語學會에서는 1948년 7월 18일 3시에 열린 理事會에서 崔鉉培로[8)]부터 "한글을 國字로 定하고, 일반 公用文

---

6) 한글학회 50년사, pp. 418~419. 한글학회 이사회 회의록 제 1권에서 한글학회, 1971. 12.

7) 위 한글학회 50년사, p. 420. 한글로만 된 글이나, 적당히 漢字를 섞었다. 앞으로의 引用文도 더러 그런 것이 있다.

8) 崔鉉培는 1945. 9. 21~1948. 9. 21 美軍政廳 文教部 編修局長에 在任하여 自由民教育의 國民教科書 편찬에 從事, 1946. 6. 27 Archer Lerch 장군으

書를 한글로 할 것을 법률로 定하도록 建議하자"고 提案되자 만장일치로 가결하여 1948년 7월 24일, 한글전용법 제정 건의문을 國會文敎厚生委員會에 제출하였다.9)

이런 朝鮮語學會의 적극적인 활동에 의해 1948년 9월 29일 국회의원 權泰義 外 138名이 連書한 '한글전용법안'을 국회 文敎厚生委員會에 제출하게 되었다. 이튿날 法律案을 成案하여 10월 1일 權議員의 긴급동의로 國會 제 78차 회의에 上程되었다.

이 '한글전용법(안)'을 놓고 贊反 兩論이 맹렬히 벌어졌는데 趙憲泳議員의 條正案

한글전용법

> 대한민국의 공용문서는 한글로 쓴다.
> 다만, 얼마 동안 필요한 때에는 한자를 병용할 수 있다.

가 在席 131명중 86 : 22로 可決되었다.10)

이 可決된 法律案은 10월 9일 법률 제 6호 公布되었다.

한글학회 1949. 9. 5 朝鮮語學會를 한글學會로 改編 理事長 崔鉉培

해방 후의 語文政策 語文敎育政策은 朝鮮語學會(후에 한글학회)에 의해 主導되었는데 한글敎科書 편찬 한글專用法案 통과 등이 모두 그것이다. 이 朝鮮語學會는 周時經의 學說을 계승하고 그의 영향을 직접 간접으로 받은 이들이다.

이 朝鮮語學會가 1949. 9. 5 한글학회로 改編되었는데 당시의 理事長은 崔鉉培였다. 이 한글학회로의 改編에 앞서 1949. 5.

로부터 美軍政에의 協力과 自國에 대한 滅私奉公의 表彰狀을 받다. '외솔최현배 박사 고희기념 논문집' 年譜에서.

9) 한글학회 50년사, p. 421.

10) 위 책, pp. 422~423.

贊成: 權泰義·金長烈·黃斗淵, 反對: 崔雲敎·朴海楨

25(水) 理事會에서 한글전용법 실천에 적극 대응할만한 단체로서 또, 朝鮮語學會의 협력단체로 '한글전용촉진회'를 創立, 6월 26일 임시총회를 열고 任員陣을 强化하여 한글전용 促進운동을 大大的으로 展開하게 하였다.[11] 위원장은 崔鉉培였다.

한글학회와 한글전용촉진회는 6.25사변 때까지 敎科書의 한글전용, 公文書의 한글전용, 鐵道驛의 한글전용, 飮食店에서 쓰이는 음식이름의 순우리말化, 看板의 한글化, 문패의 한글化 등의 운동을 行政當局의 힘을 빌어 그 적극적인 協助로 전개했었다.

1949년 한글날에는 서울市內 각 大學의 學生들과 한글학회 附設인 世宗中等國語敎師養成所의 학생들을 동원하여 '우리말 도로 찾기' 운동을 벌이기도 했다.[12]

'한글전용 국민실천회'의 創立

政府는 1968년 10월 2일 국무회의 議決을 걸쳐 발표한 '한글전용 5個年計劃'을 2개년간 단축시키기로 하고, 이를 강력히 施行할 것을 1968년 10월 7일 朴正熙 대통령이 宣言하였고, 그후 10월25일에는 '한글전용연구위원회'가 設置되어 政府측의 한글전용化 작업이 강력히 推進되었다.[13]

이런 政府의 施策에 호응하여 1968년 11월 2일(土)의 한글학회 理事會에서 金善琪의 제안으로 '한글전용의 국민운동 단체'를 創立하기로 하고 發起人으로 崔鉉培를 지명하였다.

1968년 11월 9일 創立준비위원회를 구성하여 1968년 12월 21일 京畿女高 강당에서 창립총회를 열어 한글전용과 國語淨化의 汎國民運動을 표방하고 '한글전용 국민실천회'를 創立發足시켰다. 理事長겸 會長은 朱耀翰이었다.

이 '실천회'는 1969년 7월 4일字로 文公長官의 社團法人 허가

11) 위 책, pp. 418 ~425.
12) 위 책, pp. 418 ~428.
13) 위 책, p. 428.

를 받고 8월 1일자로 法院登記를 마치고는 各種活動을 전개하였다. 활동상황을 생략한다. 자세한 것은 다음 참조[14)]

그 밖의 한글전용 단체들

1949.6.12에 창립된 한글전용 촉진회 前에도 朝鮮語學會와 유대가 있는 한글전용운동 단체로 '한자폐지회'와 '한글문화보급회'와 釜山地域의 '한글만 쓰기회'가 있다. 한편 朱耀翰 韓甲洙 文濟安등의 '한글전용 추진회'가 있다.

'한글전용 촉진회' 탄생에 앞서, 1945년 11월 30일에 '한자폐지회'(위원장 李克魯)가 成立됐으나 얼마 못가서 '한글문화보급회'의 創立(朝鮮語學會의 支援, 會長 李克魯)으로 빛을 내지 못하다가 會長 李克魯의 越北으로 '한글문화보급회'와 운명을 같이 하였다 한다.

이 '한글문화보급회'는 1948년 후반부터 運營難 등으로 機能을 제대로 발휘하지도 못했으므로 上記 '한글전용 촉진회'(위원장 崔鉉培)가 조직되었다는 것이요, 그 결과 '한글문화보급회'는 사실상 有名無實格이 되었고 1969년 6월 朝鮮語學會 회관이 乙支路 2街로 옮기게 되자 사실상 解散이 되었다는 것이다.[15)]

漢字教育復活운동에 反對

1949년 11월 5일에 열린 國會는 '教科書에 漢字使用建議案'을 25명의 國會議員이 發議하였다.

국민학교 졸업생들이 新聞雜誌를 읽을 수 없으니, 國民學校教科書에 簡易漢字를 쓰고 新聞雜誌에는 漢字를 制限하여 쓰도록 하자

는 것이었다.

한글專用主義는 越北한 李克魯主義라 하고 "현행 국민학교에서 쓰고 있는 教科書는 李克魯가 편찬한 것인데, 그러한 반역자

---

14) 위 책, pp. 428~433.

15) 위 책, p. 434. '한글문화 보급회'는 조선어학회의 支援으로 創立되었다가 會長 李克魯가 越北하게 되자 1948.3.29의 임시 중앙위원회에서 會長에 鄭烈模가 選出되었다.

의 손으로 된 教科書로써 2世國民을 教育함은 不可하다"는 등 발언이 있었다 한다.16)

결국

'國民學校教科書에서 쉬운 漢字말을 쓰기로 하되, 그 具體案의 作成은 文教社會分科委員會에 맡긴다.'

라는 건의안을 가결했다.17)

이에 근거하여 1951년 9월 常用漢字 1,000字가 選定되었다. 1951년 1월 20일에 한글학회 理事長이었던 崔鉉培는 文教部編修局長에 다시 就任하여 1954년 1월 21일까지 3년동안 在任하였는데 그의 노력으로 1951년 9월 新學年度부터 使用되는 4학년 이상의 教科書에서 常用漢字는 露出 아닌 괄호 안에 갇혀 教師들의 指導에만 利用되도록 하였다.18)

文教部는 1963년을 期해 政府樹立후 처음으로 教育課程을 전면 개편하였다. 이 科程에 좇아 국민학교 4학년 以上의 65년부터 改編되는 教科書에 漢字를 섞어쓸 계획을 세웠다.

새 教育課程 중 國語科 4학년 '읽기'에 다음과 같은 새 條項에 따른 것이다.

"日常生活에서 쓰는 한글과 漢字·數字·로마字와의 구별을 알도록 한다."

文教部는 이렇게 새 教育課程에 따라, 1966년부터 年次的으로 改編되는 각종 教科書에서 臨時制限漢字 1,300字19)中에서 국민학교 600字, 중학교 400字, 고등학교 300字를 配定해 넣도록

---

16) 위 책, p435. 速記錄에는 "李克魯 其他 個人 몇 사람의 發議로부터 編纂"이라 하고 "이 教科書를 編纂하는 某某의 發議로 買收를 當한 文教部의 某某가…"라고 되어 있다. 語文硏究 24호. p. 499.

17) 任永信, 議員提案 在席人員 118名에 可 89 否 1로 可決.

18) 위 한글학회 50년사 pp. 435~436.

19) 1957. 10. 18. 文教部 국어 특별심의위원회 임시총회의 決定를 걸처 11월에 新認定漢字(1951. 9. 常用漢字 1,000字에) 300字를 追加한 것.

하였다.

한글학회는 1964년 11월 15일(日) 午後에 제 43회 定期總會에서, 文敎部의 敎科書에 漢字를 섞어쓰려는 방침을 沮止시킬 운동을 벌일 것과 一般社會에 대하여 漢字使用에 대하여 그릇된 생각을 풀어주기 위한 운동을 하기로 한다는 것을 決議하고 14人의 對策委員을 뽑았다.

이 對策委員들은 文敎部의 敎科書에 漢字를 섞어쓰려는 방침에 대한 反對聲明書와 '한글전용'에 대한 한글학회에서 주장하는 文案을 작성하였다.

한편 11월23일의 한글학회 理事會에서 위 反對聲明書와 '專用主張書'를 64년 12월28일까지 大統領, 全 國務委員 및 國會議員, 각 通信 및 新聞社와 放送局, 각 잡지사와 출판사, 각종 社會團體와 각 道知事 및 각 敎育監, 각 敎育長, 현역 文人, 전국 國語國文學敎授, 전국 中高等學校長에게 일제히 배부하여 반대 여론을 전국적으로 일으켰다.

1964년 11월 15일의 한글학회 總會가 定한 한글학회의 主張은 다음과 같다.[20] 그 條項만을 들어 둔다.

1. 한국의 나랏 글자는 한글이다. 우리들의 일상생활에서는 한글만 쓰기로 해야 한다.
2. 문화의 촉진은 글자생활의 기계화에 있으며, 글자생활의 기계화는 한글만을 씀으로써 이루어질 수 있다.
3. '한글전용'은 한자어를 배척하는 것은 아니다.
4. 모든 학교 과목에 쓰이는 용어는 될 수 있는 대로 쉬운 우리말로 해야 한다.
5. 한문의 전문적 학습은 지금보다 더 철저히 해야 한다.
6. 한자로 적힌 우리의 고전은 빨리 한글로 번역되어야 한다.
7. 우리나라의 신문 잡지는 다 한글로 쓰기로 하여야 한다.

---

20) 위 한글학회 50년사, pp. 437~439.

한편 同日字로 나온 교과서에 한자를 섞어 쓰려는 문교부 방침에 반대한 聲明書는 다음과 같다. 그 條項만을 들어 둔다.

1. 뜻밖에 돌변한 문교부의 교육방침

2. 한글전용의 유래 및 그 성과

3. 한자를 섞어쓰는 것은 위법이요, 시대 역행이다.

……중국을 비롯해서 한자를 써오던 여러 나라가 한자에서 해방되려고 필사의 노력을 하고 있는 것은 우리가 잘 아는 사실이다. 5세기에 걸쳐 고심하던 '베트남'이 수년전에 드디어 한자를 버리는데, 성공하였으며, 중국에서는 '노 신' '오 우'같은 학자들이 나와서 "한자가 망하지 않으면 중국이 망한다."고 까지 갈파하였으며, 일본도 한자에서 해방되는 유일한 희망을 가지고 로마자 운동을 전개하고 있다.

그런데 우리는 20년 이미 떠날 수 있었던 한자를 어찌하여 다시 불러들이자는 것이냐? 그것이 일본문화를 지상으로 아는 일부 인사들이 '일본이 쓰고 있으니, 우리도 써야 되겠다'는 맹종병, 맹신병에서 저지른 과오란 말이냐? 비과학적이요, 비민주적이요, 비능률적이요, 비현대적인 한자에 다시 사로잡히게 되는 것은 어리석은 시대역행이다.

4. 민주문화 건설에 이바지하려면, 문교행정이 이를 적극 뒷받침하여야 한다.

첫째 기계화할 수 있다.

둘째 쉽게 배울 수 있다.

셋째 과학적이다.

넷째 과학발전에 이바지할 수 있다.

다섯째 경제적이다.

5. 한글전용을 주장하는 것은 한자교육을 반대하는 것은 아니다.(전략) 중학교 이상에서 국어와는 별개의 과목으로 하여 교육하는 것이 좋다고 생각한다.(후략)

1969년 7월 31일에 발족된 韓國語文敎育硏究會(會長 李熙昇)는 계속 漢字敎育復活促求를 했는데 1971년 7월 3일에는 韓國

語文敎育硏究會·국어국문학회·國語學會·韓國國語敎育硏究會가 語文敎育是正促求建議書를 國務總理(金鍾泌)에게 전달하여 “국어교육 전반에 대한 재검토와 대응책”을 建議한데 대해 1971.8.8 한글학회(이사장 許雄)등 31개 단체가 ‘敎科書 漢字復活’ 반대를 했다.

1971.9.21 學術院은 國務總理室 諮問에 答申 “國民學校부터 단계적으로 漢字敎育을 실시하되……”라고 하여 “漢字敎育을 실시하는 것에 全的으로 贊成한다”라는 答申을 보냈는데 이에 대해 한글학회 등 38개 단체가 學術院答申에 대항하여 ‘한글전용에 대한 건의서’를 내어 맞섰다.

1974.7.11 文敎部 (長官 閔寬植)는 75년 新學期부터 中高敎科書에 漢字并用方針 발표한데 대해 한글학회는 “漢字敎育을 중지하라”는 건의서를 냈다.

1981.10.15 李熙昇의 50名連署로 ‘語文敎育是正의 일’에 관해 國會에 請願書를 낸데 대해 이에 맞서 許雄 外 9名이 한글專用에 관한 法律 중 但書條項을 삭제하라는 청원서를 냈다.

한글專用을 뒷받침한 理論

한글專用을 뒷받침한 理論 중 한글학회 50년사에 실린[21] 丁泰鎭 崔鉉培 文敎部 李應鎬 한글학회의 책 내용을 줄여서 옮겨 싣기로 하고 許雄의 주장을 적기로 한다.

(가) 정태진의 ‘한자 안 쓰기 문제’

점진적 한자 폐지론에 대한 의견을 간단히 붙여서 ‘한자 안 쓰기 문제’란 소책자를 지어냈다.

이 책의 내용은 한글 전용에 관한 찬반의 이론들을 한데 모아서 정리하였고, 한글운동에 썩 좋은 방향을 제시하고 있다.

---

21) 위 책, pp. 473~481.
*1946. 6. 20 어문각 刊.

① '한자 안 쓰기 문제'의 차례가.

서론　　나. 한자 폐지를 반대하는 열 네 가지 이유　　다. 한자 폐지를 주장하는 스무 가지 이유　　라. 한자는 왜 비능률적이냐?　　마. 해결책은 어느 곳에 있는가?　　바. 점진적 폐지론(임시 제한론)　　사. 결론　　부기

② 한자 안 쓰기 문제의 결론

이상에서 필자는 점진적 한자 폐기론에 대한 몇 가지 의견을 간단히 진술하였다. 이 문제에 대한 현명한 해결안을 더욱 철저히 연구하시어 해방 조선의 새로운 교육을 위하여, 신문화 건설의 든든한 기초사업을 위하여, 나아가서는 국어 재건의 거대한 사명을 위하여, 건실한 노력과 성심의 협조를 아끼지 아니하시는 분이 많이 나오기를 마음 깊이 바라는 바이다.

(나) 최현배의 '글자의 혁명'(첫째 매, 한자 안 쓰기)

그는 편수국장 재 임시 '한자 안 쓰기'를 지어 내놓았다. 이 책은 당시 '조선어학회'와 정부의 한글 전용 주장과 시책에 대하여 많은 의혹을 품었던 사람들에게 밝은 이해를 갖도록 하였다.

이 책의 저술의 동기에 대하여 지은이 최현배는 열 일곱 살 되던 한성제1고등학교(지금의 경기 고등학교) 학생 시절부터 "조선 사람은 한자 쓰기를 그만 두고, 한글만 쓰기로 하여야 한다."고 해 오던 생각을 광복이 되자, 다시 새로 정리하여 지어낸 것이라 하였다.

속판(목차)은 다음과 같다.

첫째매, 한자 안 쓰기

첫째 조각, 한자의 불리한 점　둘째 조각, 한자의 해독,　셋째 조각, 한자를 안 쓰기로 하자.　넷째 조각, 한자 안 쓰기를 주저하는 의견에 대한 변명　다섯째 조각, 한자 안 쓰기의 실행 방법

(다) 문교부의 '한자 안 쓰기의 이론'(1948.8.6)

1945년 12월 8일에 '조선 교육 심의회'가 교과서에 한자 폐지를 결정하고, 아래와 같이 그 결정 안이 문교부 장관 앞으로 건

의되었다.

㉮ 한자 폐지 여부에 관한 일

1. 초등 중등 교육에서는 원칙적으로 한글을 쓰고, 한자는 안 쓰기로 함.

2. 3, 4, 5 (줄임)

㉯ 가로 글씨(횡서)에 관한 일

1, 2, 3 (줄임)

이 건의를 받은 문교부는, 모든 교과서를 한글로 엮어내고, 또 교육시켜 왔다.

(라) 이응호의 '언어 정책의 역사적 연구' (한글 전용 대책편)

광복 후 25년간의 한글 전용 문제가 일단락되고, 70년도를 목표로 한 '한글 전용의 해'를 앞두고, 한글 전용의 시대적 신념을 일깨우기 위하여 '한글 전용 국민 실천회'가 1968년 12월 3일에 펴 내었다. 80면 본문에, 46배판인데, 1,000부를 무료로 보급하였다. 이 책은 '한글 전용화 대책'에 대한 정부의 노력을 샅샅이 추려서 엮은 책으로서, 한글 전용의 시대적 필연성을 깨닫게 하는 정부나 일반의 좋은 참고 자료다.

이 책의 속판(차례)을 추려 뽑으면 다음과 같다.

1장 서　론

1절 광복 후의 우리 언어 정책의 특성

2장 광복 전 언어 정책의 개관

3장 미 군정의 언어 정책

1절 한글 전용화 대책. 2절 한글전용 전제로 '제한 한자'제정. 3절 한자 약자 제정 시도

4장 결　론

(마) 최현배의 '한글만 쓰기의 주장'

이 책은 최현배의 마지막 유고집이다.

이 책은, 1970년 10월 9일 '정음사'에서 발행했는데, 국판 293면의 책으로 그 속판(차례)은 다음과 같다.

첫째 가름 한글만 쓰기의 주장의 까닭

둘째 가름 한글만 쓰기에 대한 의혹

첫째 조각 글자론적 의혹, 둘째 조각 국어론적 의혹, 셋째 조각 교육스런 의혹, 넷째 조각 학문론스런 의혹, 다섯째 조각 문화론스런 의혹, 여섯째 조각 전용(올쓰기)에 대한 의혹, 일곱째 조각 기계화에 관한 의혹, 여덟째 조각 시기에 관한 의혹, 아홉째 조각 정부의 한글 전용단행에 대한 의혹 : 첫째 세계 각국의 글자 말씨 정책, 둘째 맺음말, 셋째 가름 한글만 쓰기의 실천

이상과 같은 내용이어서 한글만 쓰기 관계의 이론은 책 한 권이면 풀지 못할 점이 거의 없을 것이다.

(바) 한글 학회 지은 '한글 전용으로의 길'

이 책은 정부가 1948년 한글 전용법을 공포한 이후 25년 동안이나 끌어오던 '한글 전용'문제를 매듭짓고, 1970년부터는 '한글 전용' 정책을 실천에 옮겼음에도 불구하고, 아직도 사회 일부에서 한글 전용에 의혹을 품고 반대하는 이가 있어서, 그 반대의 의혹을 풀어 주고자 하여 발행한 것이다.

이 책의 속판(차례)은 다음과 같다.

한글 전용에 관한 한글 학회의 주장

논설편

한글만 쓰기의 주장의 까닭	외 솔
한자는 폐지되어야 한다.	허 웅
한글 전용의 시기는 500년 늦었다.	주 요 한
내 말의 생명과 한글 전용	홍 종 인
한글만 쓰기 운동	이 응 호

한글만 쓰기 운동사, 한글 전용 여론들, 고전 국역 사업, 용어 제정 상황, 신문의 한글 전용과 우리말화의 추진

崔鉉培의 후계자인 許雄은 「한자는 폐지되어야 한다」 — 그리고, 그것은 어려운 것이 아니다 — 라는 글을 통해 <글자는 되도록 빨리 배워 버려야> <한자 학습의 고통>을 말하고 各國의 漢字逐出運動을 말하는 자리에서 "중국에서도 한 백년 전부터 그 폐지운동

이 일어나고 있다"고 했으며 "월남에서는 이미 한자를 버린 지 오래 되었고"라고 했다. <한자어 축출은 아니다>라고 했으며 <로마자화의 가능성>을 비치기도 했다. <시각적 효과는 훈련에서> <어원은 몰라도 된다> <한자 없어도 유연성은 파악 된다> 등의 項目을 세워 표제의 趣旨를 펴고 있다.

이밖에도 漢字廢址 즉 한글專用에 관해 여러 主張이 있으나 그들의 主張이 한데 녹아 이루어진 것이라고 할 수 있는 한글전용에 관한 한글학회의 主張은 앞에서 든 바와 같다.[22]

위에서 "이밖에도 漢字廢址 즉 한글專用에 관해 여러 主張이 있으나"라고 했는데 그중 1969.7.1 발행의 국어국문학 44,55 한글專用 贊·反 特輯號에 실렸던 한글專用 찬성론자의 글을 추려보면 다음과 같다.

한글전용 및 약자제정에 대한 소견 .... 최 현 배
"한글전용은 비리요, 유해성"을 비평 .... 김 윤 경
한글전용의 본의 .... 정 인 승
한글전용의 근본 .... 홍 종 인
한글전용 그 문제점 .... 김 선 기
한글전용 어디까지 왔나 .... 김 성 배
한자폐지는 되어야 한다. .... 허 웅
한글專用의 辯 .... 금 수 현

등의 그것이다. 이 崔鉉培의 글[23]은 略字制定試案에 대한 反對論인데 "漢字敎育 내지 그 略字制定은 아이나 어른 할 것 없이 모조리 손발을 얽어매고 무거운 짐을 지워서 굼벵이처럼 꿈적꿈적 하다가 죽어버리라 하는 것 밖에는 아무것도 아니다."라고 하였다. 金允經의 글[24]은 政經硏究 45호(제 4권 10호 68.10.1)

22) 위 한글학회 50년사, pp. 437~439.
23) 국어국문학, 44,45호.
24) 위 국어국문학, 44,45호.

에 실린 柳正基의 한글專用은 '非理요 有害性'이라는 글에 대한 反駁文이다.

柳正基는 "한글學派는 조선어학회事件으로 收監되었던 것이 漢字廢止의 씨를 뿌린 것이다. 우리는 일제의 탄압 밑에서 '우리 말을 守護해 왔다'는 功勞를 내세우고 해방이 되자 文敎部의 要職을 점령하여 漢字廢止 한글專用의 敎科書를 만들어 敎育行政을 獨斷하였던 것이다. 識者들 10의 7,8이 그를 反對하여 文盲敎育을 해서 子弟들의 讀書能力이 없게 되었음을 원망하니 文敎部에서도 그를 참작하여 재작년(註1965년)에는 國語敎科書에만 漢字를 조금 살리어 썼던 것이다. 그런데 작년에는 漢字略字를 制定한다 하더니 그것이 철회되고 急轉直下로 한글專用計劃이 발표되었으니 한글派의 權謀術數로 한글專用계획을 만들었던 것이니 共産獨裁 정권을 만들지 않는 이상 民主國家에서는 不可한 것이다"라 했던 것인데 金允經은 다음과 같이 반박하였다. "한글전용은 韓國의 主體性을 强化하는 가장 基礎的敎育인데 이를 文盲이라 한다면 漢文專用만이 진정한 敎育이란 말인가" "현대에 와서는 西歐文化에 뒤지게 됨도 漢文이 表音文字보다 어려운 때문이라 할 것이다." "그러한데 外國글인 漢文을 쓰자는 것은 時代逆行이다."라고. 또 柳正基가 "漢字를 廢止한다면 우리 文化는 파괴되는 것이라"고 한데 대해서 "그렇다면 漢文을 안 배우는 西洋 각국은 왜 文化가 잘 파괴되지 않았는가?"라고 물었다. 또 "同音異議語가 많으니 이를 漢字로 쓰지 않으면 알기 어렵다"라고 한데 대해서는 "이는 우리말이 되지 않은 말이니 쉬운 우리말로 번역하여야 옳다."고 했다.

鄭寅承은 "한글전용의 본의"[25)]에서 "아무튼 日本의 漢字制限은 漢字를 使用하고 싶어서가 아니라 그 國字인 가나文字가 워낙 병신文字이기 때문에 漢字를 섞지 않고는 實用이 되지 못하므로 만부득이한 姑息策으로 二重文字의 混用을 强行하지 않을

---

25) 위 국어국문학, 44,45호.

수 없기 때문이니 이 어찌 世界에 으뜸가는 우수한 文字를 가진 우리로서 본보기 삼아 내세울 일이 되겠는가?"라고 하였다.

言論人 洪鍾仁은 "한글전용의 근본 방향"26)에서

"대중시대의 뜻 깊은 일,
우리말 표현 固有하게
독립신문은 좋은 敎訓
온 國民 참여운동 展開
國語 익히고 다른 공부
메스콤서 솔선해야"

라는 項目을 세워 "힘들고 活用하기 힘든 漢文字 투성이의 글보다 배우기 쉽고 쓰기 쉽고 또 말 그대로 옮겨쓸 수 있는 한글을 專用토록 하자"고 했다.

國語學者 金善琪는 '한글專用 그 問題點'27)에서 "한글전용은 文化史的 의미가 자못 크다"라고 하여,

첫째 民族精神의 自覺을 뜻한다.
둘째 한글은 民主的이요, 漢字는 特權階級的이다.
셋째 한글은 科學의 文字다.
넷째 한글專用으로 우리 民族에게 새 文化를 꽃피게 할 것이다.
다섯째 한글전용은 民族精神의 創造力에 새 날개가 될 것이다.

라고 主張했다.

金聖培는 '한글전용 어디까지 왔나'28)에서 "民族의 번영과 民族文化 발전을 위하여 早速한 시일내에 한글專用이 이루어져야 한다"라고 하였다.

音樂家인 금수현은 '한글專用의 辯'29)에서 "나는 늘 타이프로

---

26) 위 국어국문학, 44,45호.
27) 위 국어국문학, 44,45호.
28) 위 국어국문학, 44,55호.

글을 쓰는데 같은 내용의 편지를 여러 곳에 낼 때는 다른 사람들이 1시간 걸릴 일을 나는 10분이면 끝내고 50분은 책을 읽는다"라고 實利를 들어 한글專用의 辯으로 삼았다.

이 밖에도

문화의 집은 어떻게 짓는가 李奎浩 1974. 文學思想
누구를 위한 한자교육인가 鄭炳昱 1974. 文學思想
국어순화의 올바른 방향 김계곤 1981.2.1 朝鮮日報
국어의 갈 길 정재도 1981. 정음사
한국어의 기계화에 대한 전망 李柱根 1981.9.5 한글 새소식
정보이론적 측면에서 본 소리말과 글자 1981 한글 173호 174호 머무름

등이 있다.

鄭炳昱은 '누구를 위한 漢字教育인가'라는 글에서

"한글世代는 교사·의사·이발사·변호사·악사·운전사면 족하지 教師·醫師·理髮師·辯護士·樂士·運轉士로 가르쳐야 할 필요가 어디 있으며……"라고 말하고 "지금 우리가 알고 있는 漢字의 正字는 中國이나 日本 것과 다르다. 中國과 日本과 文化交流를 하려면 배워야 할 것이니 우리의 中高學生들에게 그 부담까지 지우겠다는 말인가"라고 꾸짖은 뒤, 이번의 그릇된 政策전환(필자 註 1974.7.11 文教部가 밝힌 75년 新學期부터 中高教科書에 漢字 并用方針을 두고 한 말)을 철회하라고 다그쳤다.

1985.3.15 韓國精神文化研究院 語文研究室에서 펴낸 '국어교육과 漢字問題'라는 책에는 한글전용에 대한 贊反側에서 각각 두 사람씩, 즉 專攻 非專攻 각 한사람씩의 글을 실었는데 그中 한글專用論으로는 李炫馥과 강성위의 글이 실려 있다.

言語學教授 李炫馥은 "한글전용의 필요성과 필연성 — 능률적

---

29) 위 국어국문학, 44,55호.

인 글자생활을 위하여—"에서

Ⅰ. 머리말
Ⅱ. 문자론 일반
1. 글자의 발생과 발달, 2. 뜻글자와 소리글자, 3. 한ㅅ자의 특성, 4. 한글의 특성
Ⅲ. 한글전용의 필연성
1. 한ㅅ자는 어렵다 2. 한ㅅ자는 순우리말의 발전을 저해한다.
3. 글자생활의 기계화 및 인쇄와 출판문화의 발달
Ⅳ. 한글전용의 가능성
Ⅴ. 외국의 글자 정책
1. 중국 2. 일본
Ⅵ. 맺음말

과 같이 國漢混用論者의 주장을 들어 반박하고 한글專用論을 폈다.

西洋哲學專攻인 韓國 外國語大學敎授인 강성위는 "민족과 민족정신 찾기 운동으로서의 한글 찾기 운동"이라는 글에서

Ⅰ. 다시 논란할 여지가 있는가.
Ⅱ. 한자를 꼭 섞어서 써야 한다는 몇 가지의 억지에 대한 반론
1. 한글만으로는 백성들의 뜻을 올바르게 적을 수 없다. 2. 한글로만 써 놓으면 읽기가 불편하다. 3. 한글만 써 놓으면 그 말의 근원을 알 수 없다 4. 한자 배우기가 어렵지 않다.
Ⅲ. 말과 민족과 민족정신
Ⅳ. 민족문화의 앞날은 한글에 달려 있다.
1. 문화의 보편화·대중화 2. 글자의 기계화
Ⅴ. 한글만을 쓰는데 대한 여러 가지 걱정들에 대한 대책
1. 한문교육의 강화 2. 한문책들을 번역하라 3. 간판은 다국적으로
우선 우리나라 사람들을 위해서는 한글로, 대부분의 동양 사람들을 위해서는

한자로, 기타의 나라 사람들을 위해서는 영어를 써 주면 충분할 것이다. 예컨대, 부산~釜山~Busan으로 말이다.

Ⅵ. 한글만을 쓰는 데 가장 긴급한 문제들

Ⅶ. 이 문제는 이제 거론하지 말자

등의 項目으로 갈라 한글專用의 當爲性을 論하고 있다.

2. 國漢混用論

해방 후, 한글專用論이 한글학회(前身은 朝鮮語學會, 1949.9.5 '한글학회'로 改編)를 중심으로 美軍政 이래 政府의 庇護하에 조직적인 활동을 벌인데 反해 漢字廢止反對 — 國漢混用論은 산발적(非組織的) 소극적(非活動的)이었다고 할 수밖에 없다.

그런데 이렇게 될 수밖에 없었던 당시의 狀況은 다음과 같은 것이 아니었던가 한다.

1. 한글專用이 愛國이라는 생각과 祖國이 光復되고 내말, 내글을 되찾은 感激과 興奮이 있었다.

2. 朝鮮語學會事件으로 갇혀 있던 이들이 풀려나와 語文政策 내지 語文敎育政策立案의 主役노릇을 했다.

3. 漢字쓰기를 주장하는 것은 貴族的이요, 事大主義的이라는 그릇된 認識이 당시 共産主義者들과 國粹主義的(民族主義的)인 人士들 간에 공통적으로 있었던 것이 아닌가 한다.

4. 中共이나 北韓이 소련의 영향下, 日本과 韓國이 美國의 영향下 漢字를 輕視하고 表音化하려는 風潮가 충일해 있었다고 본다.

5. 우리 國語에 대한 理解不足과 漢字에 대한 認識不足.

이러한 당시의 狀況下에서 趙潤濟는 몇 편의 漢字廢止 반대의 글을 썼는데 「國語敎育의 當面한 問題」[30]에서는

30) 1947. 6 서울 文化堂.

"「朝鮮敎育審議會」가 漢字廢止를 議決하여 국민학교에서 漢字敎育이 폐지된 것을 無謀한 짓이라고 하고 2千餘年의 歷史를 가지고 순전한 國字로서 사용이 되어 오던 것을 아무 硏究와 計劃이 없이 一朝에 그냥 폐지했다는 것이 어찌 愚謀妄策이 아니겠느냐"고 指摘, 國民常用漢字를 制限할 것을 提案하면서 무모한 漢字廢止는 民族文化의 破壞는 될지언정 建設은 되지 않는다고 警告하였다.

李崇寧은 漢字撤廢論是非31)를 통해

漢字의 表意性은 한글專用에서 오는 결함을 보충하고 남음이 있으며 漢字는 外國文字의 性格을 이탈한 것이라고 했다. 한편 한글專用과 表裏一體인 新造語의 亂舞를 염려하고 漢字廢止 뒤에는 姓名改革이 있어야 하는데 이것이 가능한 것인지 文化政策에서 愼重을 바란다고 하였다. 결론으로 漢字制限論을 채용할 것을 종용하였다.

이밖에 李熙昇의 「漢字問題는 어디로」32) 玄相允의 「漢字制限論主張의 根據」33) 李相殷의 「漢字效用論」34) 吳之湖의 「漢字論 批判」35)등이 있는데 玄相允의 글은 같은 책에 실린 崔鉉培의 「한자폐지반대론의 정신 분석」36)에 맞선 글이다.

金成植은 「文化上의 孤兒가 되지 않기 위하여 漢字도 배워야 한다」37)에서

우리 民族은 中國이나 日本 사람과 같이 佛敎와 儒敎의 系統

31) 국제신문 1948. 12. 7~9.
32) 서울신문社, 新天地 국판 4권 9호. pp. 159~161, 1949. 10. 1.
33) 새교육, 국판 1·2합병호. pp. 72~80, 1950. 1. 25.
34) 希望出版社, 文化世界 신년호 국판, pp. 146~157. 1954. 1. 1.
35) 自由公論, 1958. 11. 그의 著「現代繪畫의 根本問題」. pp. 251~325에 걸쳐 게재됨.
36) 위 새교육 국판 1·2합병호. pp. 81~99.
37) 思想界. 1959. 9. 한글과 漢字 —國字論의 바른길— pp. 1~3 韓國語文敎育硏究會 編 1985. 9. 15. 一潮閣 發行.

있는 文化的傳統을 모조리 받아 가지고 지금에 이른 것이다. 西歐에 있어서 라틴語를 통하여 이 나라 文化와 저 나라 文化가 交流되고 理解되었다고 하면 아시아에서는 漢文을 통하여 그리하였던 것이다.…… 그리하여 라틴語는 西歐의 國際語였고 漢文은 아시아의 國際語여서 이 말을 모른다는 것은 그만큼 文化的 共同體에서 벗어나는 일이다.……

小說家 張龍鶴이 "文學語로서의 우리 言語"[38]에서 "한글전용은 文學語에 있어서도 그 발달을 沮害한다"고 主張하였고, 東洋哲學者 柳正基는 "漢字語는 漢字로 써야한다. 文敎政策의 是正을 促求함"[39]이라 하였으며 言論人 劉鳳榮은 "讀書難과 한글專用敎育"[40]으로 각각 한글專用 不可를 論하였고, 李熙昇은 "여태까지 사용해 오던 漢字를 즉시 전폐한다는 것은 어렵고 오히려 逆效果를 가져오게 된다"고 警告하였다.[41]

1961. 5. 16 軍事革命이 있은 후 한글학회의 주장에 귀를 기울인 軍事政府는 그해 12月初 한글專用에 관한 法律을 强化하여 1962年 3月부터는 新聞·雜誌 其他의 모든 刊行物에 한글을 專用시키도록 하겠다고 발표했으나 輿論의 반대로 일단 保留되었는데, 李崇寧은 "漢字廢止의 法令化에 대하여"에서 한글專用을 준비와 硏究없이 法令化한다는 것을 反對하고 漢字制限使用을 할 것을 力說[42]하였다.

1962. 1. 9 국어국문학회(代表理事 南廣祐)는 國語政策에 관한 建議書에서 "한글專用漸進論"등 建議[43]를 했다. 아마 이것이 學術團體로서 한글專用에 대해 反對意思를 표시한 최초의 것이 아닌가 한다.14)

1962. 1. 27 서울신문 主催 李御寧 司會로 崔鉉培(한글학회

---

38) 1960. 7. 5~6. 朝鮮日報.
39) 1960. 8. 31. 4回 朝鮮日報.
40) 1960. 10. 22. 朝鮮日報.
41) 1960. 11. 19~20. 국어국문학회 주최 제 3회 全國 國語國文學硏究發表大會에서.
42) 思想界 제 103호. pp. 225~231
43) 國語國文學會 三十年史, 국어국문학회 編. 한글전용 즉시 施行에 反對. p. 108.

理事長) 南廣祐(국어국문학회 代表理事)가 “한글專用問題를 말한다”라는 對談에서 崔는 즉시 專用, 南은 漸進論을 폈다.

1962. 2에는 ‘한글전용특별심의회’가 구성되어 漢字語追放作業을 착수하기에 이르렀다.

이후, 한글학회의 끈질긴 한글專用 추진은 共和黨政權(朴正熙)의 庇護로 急進展되어 갔다.

朴定緒는「한글專用의 實相」44)에서

요컨대 한글專用은 漢字를 아는 사람이 할 수 있는 것이지 漢字를 모르는 사람, 나아가서 漢字를 모르는 世代에서는 하기 어렵고 또 그때 가서는 漢字音의 混亂, 槪念의 混同, 記寫法의 無秩序 등으로 인하여 국어는 支離滅裂이 될 것이다.

南廣祐는 “한글專用에 앞서야 할 일”45)에서 漢字의 制限使用[略字도 採擇]으로 漢字混用敎育을 할 것과 한글맞춤법改定, 표준말再査定 등을 해야함을 주장하고 國語硏究所를 두자 했다.

1962. 10. 9일에도 國家再建最高會議 議長 朴正熙는 한글專用을 빨리 하도록 하라는 指示를 했으나 新聞社說 등 輿論의 反對가 있었다.

1964. 9월에는 국민학교 600字, 중학교 400字(도합 1,000字), 고등학교 300字(도합 1,300字)범위 안에서 漢字를 露出시켜 難易度에 따른 段階的인 敎育을 실시하기로 決定하였는데 대부분의 輿論이 同調했었다.

그 후로도 한글학회의 한글專用 촉구 建議와 朴正熙대통령의 專用促求의 談話는 되풀이 되었는데, 1968. 3월에는 1973년부터 실시할 한글專用計劃案이 발표되었으나 言論의 반대와 大韓辯護士協會의 ‘한글專用은 違憲’이라는 聲明이 발표되기도 했다.

張龍鶴은 ‘한글神話의 虛構’46)에서 ‘한글學者들이 한글專用을

---

44) 朝鮮日報 1962. 6. 11. 위 한글과 漢字. pp. 15~16.
45) 新思潮 1962. 9월호, 南廣祐, 改訂 現代國語國字의 諸問題. pp. 116~129.

주장하는 論據는 대체로 다음의 네 가지로 要約할 수 있다'라고 하여 "첫째, 한글은 우리글이다. 둘째, 한글은 가장 科學的인 글이다. 셋째, 한글은 깨치기 쉽다. 넷째, 漢字는 機械化에 不適하다"의 넷을 들고 條目條目 반대의 의견을 폈다.

柳正基는 한글專用의 非理有害性,[47] 누구를 위한 한글專用이냐[48]등 적극적인 反對論을 폈다.

1968. 11. 2 국어국문학회(代表理事 南廣祐) 임시총회에서 한글전용문제를 討議하여 "한글전용은 漸進的으로 하는 것이 좋다. 漢字教育은 단계적으로 하는 것이 좋다"는 원칙을 확인하고 會員에게 書面으로 設問을 해서 얻은 結果(回信者 109명)는 다음과 같다.

한글전용	漸進的으로	73명
국민학교	漢字教育해야	71명
制限漢字	1,300字	37명
〃	2,000字	47명[49]

이 통계는 국어국문학을 專攻하는 大學教授 등을 회원으로 하는 學會에서 얻어진 것이라는 점에서 귀중한 價値가 있는 것이라고 할 것이다. 더구나 이에 1주일 앞선 1968. 10. 25 한글專用 촉진에 관한 7개항의 指示가 있은 직후의 일이었다.

앞의 柳正基는 民族文化守護大會趣旨書[50]에서 "漢字를 말살하면 國語가 殉死하는 줄도 모르고 國語가 死滅하면 文化가 崩壞되는 줄도 모른다. 하고 國民校 6年 동안에 漢字 3千字만 가르치면 국어는 能通하는 大道를 막아 버리고 한글 받침은 28개로

---

46) 新東亞 15卷 6號(46號), 1968. 6. 위「한글과 漢字」pp. 17~32, 1985. 9. 15. 一潮閣.
47) 韓國政經硏究所, 政經硏究, 국판 통권 45호. pp. 30~37. 서울 1968. 10. 1.
48) 1968년 舊稿, 위「한글과 漢字」pp. 33~35
49) 국어국문학회 44·55호, pp. 461~2.
50) 1968. 12. 5.

늘여서 10년 배운 학생도 다 모르도록 만든 것이 그들의 업적이다"라고 했다.

그는 이「民族文化守護大會」개최件으로 敎授職에서 파면되었다.

1969. 3월에는 한글專用으로 치닫는 狀況에서 李崇寧은 "한글專用 뒤에 올 問題들"51)에서 한글專用이 바야흐로 官權에 의해서 施行되려는 태세를 보이고 있는데 學界에서는 그것이 가져올 결과에 대하여 크게 憂慮하고 있으며 우리 文化發展에 停滯를 가져오는 것이 아닐까 두려워하고 있다.

本稿에서는 '한글專用이 실시된 뒤 2,30년 후에는 어떠한 文化的 또는 言語的 現象이 일어날 것인가를 생각해 보려 한다'라고 하여 '傳統喪失의 危險' '讀書速度와 漢字語' '文章記述의 幼稚化' '國學과 東洋學의 衰退' 등 項으로 갈라 한글專用 후에 올 問題點 등을 들어 憂慮했다.

1969. 7. 31 韓國語文敎育硏究會(會長 李熙昇, 副會長 劉鳳榮 李相殷 金庠基 申滢彦)가 발족되어 敎科書 漢字廢止 中止를 促求했으나 1970. 1. 1을 期하여 한글專用을 斷行하기에 이르렀고 1970. 3월에는 각급 학교 모든 교과서를 한글로 改版하고 中學校 實業高等學校의 漢文敎育을 폐지하는 措處를 취하기에 이르렀다.

南廣祐는 "한글專用의 得失"52)에서 硏究所와 實驗學校를 두어 愼重히 따지라고 하여 文化革命이라는 旗幟아래 矯角殺牛하는 愚를 범해서는 千秋의 恨을 남기게 될 것이라 하고 1,500~2,000字의 國漢文混用을 주장하고, 각급 학교에서 漢字교육이 施行되기를 要望했다. 그 理由로 7個項을 들어 論했다.

1971. 3. 8 韓國語文敎育硏究會 등 20개 學術團體가 漢字敎育復活促求建議書를 낸데 대해 한국·朝鮮·京鄕·東亞 등 日刊신문이 社說로 同調呼應해 주었고 같은 해 7월 3일 韓國語文敎育硏

---

51)「亞細亞」3輯, 위「한글과 漢字」pp. 47~56

52) 1970. 1. 6 中央日報, 改訂 現代國語國字의 諸問題 1970..5..30. 初版, pp. 19~20.

究會·국어국문학회·國語學會·韓國國語教育研究會의 4개 學術團體가 국어교육 전반에 대한 재검토와 대응책을 國務總理(金鍾泌)에게 建議한데 대해서도 각 신문에 크게 報道되었다.

西洋畫家 吳之湖는 때맞추어 "國語에 對한 重大한 誤解"[53]를 냈다. 그는 1958. 11에도 自由公論에 漢字論批判을 한 바 있는데 한글전용施策이 强行돼 나가자 本業인 그림 그리기를 일단 中斷하고 이 책 내기에 골몰했던 것이다.

그의 著 차례를 훑어보면

한글專用教育 25年의 成果

文教當局의 誤解

低能化原因 잘못 알고 있다.

低能化는 漢字除去결과

韓國語의 性格

漢字語는 國語의 脊椎

漢字語의 存在比率

變質된 한글主義

'動物'을 옮살이, '資格'을 '감목'式으로 改語하더니, 發音盜用主義로 變質 타락 하였다.

漢字의 意味論的 特質

象形文字의 性格 … 그 意味를 直覺한다.

文字自體가 意味自體

東洋思想의 本源 — 東洋思想의 深奧性과 幽玄性 즉 知로 解하는 것이 아니요, 覺으로 語하는 四次元의 世界는 實로 漢字가 갖는 偉大한 性能의 所産이다.

漢字의 音韻論的 特質

中國語의 形態的 特徵

中國語는 單音節語다.

異義同音語

---

53) 1971. 8. 20. 第一版.
1979. 7. 31. 增補第3版이 '「알파벳트」 文明의 終焉'이라는 이름으로 三研社에서 나왔다.

漢字 卽 中國語

異義同音字 … 字典에 「가」 音은 100餘字, 「구」 音은 170餘字, 「수」 音은 160餘字, 「조」 音은 150餘字가 있고 常用性漢字만도 각각 20餘字에서 4~50餘字까지 있다.

漢字造語의 萬能性

漢字는 一字가 一語

漢字機能의 完全性

「센서스」 라는 말의 來歷 … 國家가 하는 人口調査表의 표제에서 처음 보는 말이었다. 漢字語를 사용하는 것은 事大思想이고 英語를 使用하는 것은 主體思想이란 말인가?

外國語 使用 않는 中國人

二重文字 使用하는 韓國人의 幸福

純漢文文章을 읽을 때는 重壓感을 느끼고 純한글 文章을 읽을 때는 너무도 미련하고 더뎌서 緩行列車라도 탄 것처럼 苦痛을 느낀다. 우리는 지금 人類가 發明한 모든 文字 中 가장 좋은 表音文字와 가장 슬기로운 表意文字를 同時에 使用한다는 過多한 幸福을 누리고 있는 것이다.

世界의 年平均 一人當 讀書量은 日本이 最高인데 「石井式漢字敎育」의 創案者 石井勳은 그 原因은 오로지 漢字와 「가나」의 混用文을 使用하는데 있다고 하였고 日本人의 이와 같은 偉大한 讀書力에 대하여 英國 케임브릿지大學敎授 데보노 博士는 이 讀書力은 장차 日本을 世界第一로 할 것이다.[54]

漢字習得의 容易性

異義同音語

中高等學生의 言語能力

中學生의 言語能力 國校生과 같다.

音記漢字語는 알듯하다 만다.

54) 南廣祐 漢字敎育이 國語敎育의 지름길, 「朝鮮日報」 프론티어, 1971. 6. 23. 을 引用한 것.

「수지류는 뭐예요?」 라는 이야기
　할아버지도 모르는 말
「수지류」를 「樹脂類」로 쓰면 …칠흑의 地獄에서 光明天地로, 漢字만 가르치면 당장 그 자리에서 完全無缺하게 해결되는 것이다.

日本人의 科學技術은 어디서 얻었는가.
　日本人의 讀書量
解放 25年 무엇을 하였는가
　나라를 망친 「한글專用敎育」
　讀書力은 곧 國力
한글大學生의 讀書力
　書店代身 막걸리 집
　迷信의 祭物이 된 韓國大學生
世界史의 急轉과 한글主義 …「개구리」 의 世界觀
語文政策의 두 가지 基本的 過誤

등 項目을 세워 論하였다. 東洋哲學者 金能根은 "漢字敎育의 復活을 위하여"[55]라는 論說을 통해 I "表意文字와 表音文字"에서 表意文字인 漢字의 경우, '中'을 써놓고 보면 이 글자는 '가운데' 라는 뜻이 明確히 表現되어 그 性能을 완전히 발휘하고 있다. 그러므로 日本人이나 韓國人이 '中'字의 中國發音은 모른다 쳐도 그것이 '가운데'라는 뜻임은 다 알 수 있어 意思疏通이 可能케 된다. 그런데 '中'의 發音인 '중'에는 뜻이 없다. II 同音異議語에 대하여, III "漢字는 國字가 아니라는 主張에 대하여"에서 "日本의 경우, 약 1世紀前에 西洋의 書籍을 輸入하여 그들의 '가나'에 漢字를 섞어서 번역하여 읽었으므로 短時日內에 西洋의 文化를 吸收하였고, 우리도 日人들이 번역한 學術書籍을 통하여 世界의 學術을 硏究할 수 있었다. …… 漢字는 우리에게 同化된 文字이고 남의 글이 아닌 우리 글인 것이다"라고 했다. IV "漢字는 어렵다는 說에 대하여" V "一方廢止, 一方勸奬의 矛盾된 주장에

55) 崇田大論文集 3, 1971.

대하여"에서는 "基礎教育은 가장 感受性이 銳敏하고 記憶力이 왕성한 幼年時節에 하는 것이 원칙이며, 더욱이 國民學校 教育은 국민의 基本教育이므로 … 국민학교 때 漢字를 배워야 記憶에 남게 되고 活用에 흥미를 가지게 되며 비록 中高等學校에 進學하지 못할 경우라도 旣得한 漢字知識으로써 신문 잡지를 읽을 수 있고 좀더 奮發하면 高等教育 知識水準에 도달할 수도 있는 것이다. … Ⅵ "漢字教育復活實施의 當然性에서"는 "1. 漢字는 知能啓發에 有益하다. 2. 漢字는 讀書能率을 增進시킨다. 3. 漢字含蓄性과 永久性이 있다. 4. 漢字는 傳統文化를 繼承 發展시키는데 必要하다. 5. 漢字는 東洋文化의 基盤이며 共通的 文化이다"를 조목조목 說破하였다.

1971. 9. 21 學術院은 國務總理室 諮問에 答申 "國民學校로부터 단계적으로 漢字教育을 실시하되 …"라고 하여 "漢字教育을 實施하는 것에 全的으로 贊成한다"라는 答申을 보낸데 대해 朝鮮日報는 社說을 통해 "語文政策 再檢討의 契機 — 學術院의 답신은 결정적인 기초"가 된다. 全南日報社說은 "漢字教育을 復活하라"고 했고 京鄕·東亞·新亞日報 등도 社說로 크게 歡迎하였다.

당시의 言論은 社說을 통해 文教當局의 태도를 寒心하다 하고 獨善的 態度를 크게 나무랐다. 例로 東亞·朝鮮의 社說 一部를 소개해 둔다. 『……한데도 文教當局은 추호도 이에 귀를 기울이지 않음은 물론이요 마침내 이 나라 最高學術權威機關이며 政府機關인 學術院의 漢字教育復活促求마저 묵살한 채 계속 한글專用政策을 是正하려 하지 않고 있음은 말 그대로 寒心한 일이라 말하지 않을 수 없다……』(東亞日報 1971年 9月 24日)

『……文教部의 實務官僚가 一言之下에 「旣定方針대로 밀고 나가겠다」느니 어쩌느니 하고 잘라 말했다는 것은 첫째로는 國務總理를 無視한 것이요 나아가서는 學術院을 업수이 여기는 無嚴한 태도라 아니할 수 없다. ……文教官僚의 眼中엔 「旣定方針」이외에는 아무것도 보이지 않는단 말인지 아무리 思慮없이 지껄인

所感이라 할지라도 行政府의 體統에 어긋남은 물론 學術院의 權威와 여론을 무시하는 듯한 독선적 태도를 크게 나무라고 싶다……』(朝鮮日報 1971年 9月 23日)

이에 대해 1971. 9. 24 한글학회 등 38개 단체는 學術院答申에 대항하여 "한글전용에 대한 건의서"를 내어 맞섰다.

1972.1.17 文教部(長官 閔寬植)는 中學教科程에 漢字科目 신설 계획을 밝혔는데 中央·東亞·朝鮮日報 등이 社說로 환영하였다.

1972. 4. 8 韓國語文教育研究會 등 44개 學術團體가 漢字教育復活方案에 관한 建議書를 냈고 7·8에는 韓國語文教育研究會 등 51개 學術團體가 "漢字·漢文教育方案에 대한 建議書 — 基礎漢字制定을 환영하며"를 내었는데 8. 7에는 文教部에서 中·高校 漢字教育用 基礎漢字를 選定 발표했고 9월부터 中學校와 實業高等學校에서 漢文教育이 復活하게 되었다.

이 基礎漢字의 발표가 있자 中國文學者 許宇成[56]은 "漢字教育의 效率化"라는 大韓日報 社說[57]을 통해

> 첫째, 漢字教育問題는 教育原則面에서 있어서는 國漢文混用體制로 명확히 定立되어야 한다. 따라서 모든 教科書는 國漢文混用으로 改編되기까지 이르러야 할 것이다. 教育과 民族文化의 能率的向上發展을 위해 이것이 常識이고 定石이다.
> 둘째, (略)
> 셋재, 漢字教育은 국민학교부터 始發해야 한다.
> 넷째, (略)
> 마지막으로 一般國民은 '漢字難澁'이라는 過剩恐怖症 一掃에 한층 果敢해야 하겠다라고 主張했다.

1973. 4. 20 劉鳳榮 文公委員 主管아래 실시한(72. 4) 大學生의 國語(漢字語) 實力調査報告會(劉鳳榮·南廣祐)에서 한글專用의

---

56) 1908年生. 前外大教授. 大韓日報論說委員, 東北亞問題研究所長.
57) 1972. 8. 18, 語文研究 23號. pp. 424~425에 轉載.

결과로 國語實力의 低下現象이 나타났다는 것을 統計分析으로 提示했다. 이 報告는 京·鄕의 各日刊紙는 물론, 週刊紙에 까지 대대적으로 取材報道되고 中央·朝鮮·東亞·全北·京畿每日 등이 社說로 漢字敎育의 강화를 强調하였다.

1973. 5. 25 韓國語文敎育硏究會 등 4개 語文관계 學術團體 連署로 위 大學生의 國語(漢字語) 실력조사 결과에 따라 "국민학교부터 國語敎育의 一環으로 漢字敎育을 할 것"을 촉구하는 建議書를 내었으며 그해 10월에는 韓國語文敎育硏究會의 會誌인 '語文硏究'의 創刊이 있었다.

言論人 劉鳳榮은 "敎育·國語·漢字"[58]에서 우리가 創制한 한글을 專用하자는 주장은 名分이 선다. 그러나 이것을 敎育에 實踐함으로써 民族이 받은 苦痛과 損失은 너무도 컸다. 이로써 볼 때 名分論같은 것은 一顧의 價値가 없게 되었다.

국민학교만 졸업하고도 讀書를 할 수 있고 讀書가 可能함으로써 上級學校 졸업자와 同等 또는 그 以上의 學識을 얻을 수 있게 해야 한다. 또한 그 知識만으로도 事務職을 담당할 수 있게 되어야 한다. 日政 때 普通學校 卒業者가 國文書籍과 日文書籍을 다 讀破할 수 있은데 比한다면 오늘날은 그 半의 努力으로도 可能하지 않겠는가. 왜냐하면 오늘날은 日語敎育이 제외되었기 때문이다.

58) 語文硏究 創刊號. pp. 10~17, 1973. 10. 30 一潮閣.

한글專用敎育論者들이 국민학교에서의 漢字敎育을 반대하는 것은 20餘年間 한글專用敎育을 행함으로써 國家民族에게 重且大한 損失을 招來한 過誤(정확하게 말한다면 罪惡)가 白日下에 폭로될 것을 두려워하기 때문이다.

東洋哲學者 李相殷은 韓國精神文化의 淺薄性은 누가 助長하고 있는가[59]에서

> "國民을 바보로 만드는 한글專用敎育을 당장 中止하라!"
> "韓國精神文化의 淺薄性을 助長하는 한글專用敎育을 卽時 是正하라!"

고 외쳤다.

> 漢文學者 李家源은 漢文字并用論[60]에서 참된 마음과 순수한 學理的으로 한글의 발전을 위하며 커다란 業績을 남긴 學者라면 그도 하나의 갸륵한 愛國者임에 틀림이 없을 것이나 그렇지 못할 뿐 아니라, 이 한글을 하나의 出身과 求食과 阿世와 심지어 한걸음 前進하여 御用的인 道具로 惡利用하는 徒輩의 그 어깨에는 무거운 鐵椎가 내려졌어야 할 것이다.

위 李相殷은 다시 한글專用敎育의 七大弊害와 그 是正策에[61]서 한글專用의 語文敎育은

1. 國民의 知性低下
2. 敎育의 效果減退
3. 國語의 混亂惹起
4. 現實適應能力 不備

---

59) 앞 語文硏究 創刊號. pp. 18~23.
60) 위 語文硏究 創刊號. pp. 27~29.
61) 위 語文硏究 第2號. pp. 117~128, 1974. 1. 30.

5. 學術의 發展沮害
6. 文化傳統 抹殺
7. 國際間의 孤立自招

의 七大弊害가 있다고 지적하고 그 是正策은 모든 敎科書를 국민학교에서부터 國漢混用으로 改編해야 한다고 주장했다.

1974. 7. 11 文敎部(長官 閔寬植)는 75年 新學期부터 中·高敎科書에 漢字并用方針을 발표했는데 京鄕·서울·朝鮮·한국·東亞·中央의 각 신문이 社說로 환영의 뜻을 表했었다. 특히 與黨紙요, 한때 한글專用을 해오던 서울신문의 變身은 주목할 만하다. 이에 대해 韓國語文敎育硏究會(會長 李熙昇)는 支持 聲明書를, 한글학회(회장 許雄)는 "漢字敎育을 중지하라"는 建議書를 냈다.

李熙昇은 '民族文化와 語文敎育'[62]을 主旨로 語文硏究 제4호 卷頭言에서

"氣分上으로는 우리 2世敎育에 한글만을 專用하는 것이 좋을 듯이 생각할지 모르나, 民族的 感情의 執念에 지나지 않는 것이요, 우리 民族의 文化創造 乃至 文化生活의 歷史的 過程과 現實的 狀況을 洞察하고, 또 國內的으로 對外的으로 文化活動과 文化交流를 가장 활발히 展開하기 위하여는 言語學的 文字學的 原理와 法則이 提示하는 방법에 따라 이에 順應하는 것이 새 文化創造를 促進하는 效果的인 最善方策이다.

이런 方途란 適當한 數의 漢字를 한글과 混用하여 2世를 敎育하고 또 온 國民의 日常生活에 利用하는 것이 가장 賢明하다.

한글전용의 불편에서 오는 時間과 努力의 浪費에 比해서 어려서 基礎漢字를 學習하는 努力이란 수월하다. 이 수월한 努力을 하기만 하면 文章讀解의 能力은 高性能을 발휘하게 된다. 따라서 이것이 國民活動과 새 文化創造에 있어서 效率的임은 自明하다. 또한 文化創造에 있어 能率의 高揚이 한글專用으로 인한 能率의 遲鈍보다 愛國的인 것이다.

---

62) 위 語文硏究 第4號. pp. 151~153, 1974. 9.

그리고, "西歐 여러 民族에 있어서 로마字가 共用文字이듯이, 漢字는 東洋 여러 나라의 共用文字라는 것을 再認識해야 한다." 라고 했다.

이 論說은 1970年 3月부터 각급학교 모든 教科書를 순 한글로 改版했던 것을 75年 新學期부터 中·高教科書에 漢字并用方針임을 74. 7. 11에 발표했는데 그 발표에 대한 反應이다.

辯護士 金榮馥은 "法律家가 본 한글전용"63)에서

한글과 한자·영자와의 비교 …우리 한글과 英字와 漢字를 비교하면 漢字는 그 뜻을 나타내는 表意文字인 동시에 音을 나타내는 表音機能을 아울러 가지고 있는데 英字 또한 表音文字이지만, 많은 낱字가 결합되어 낱말을 이루고 그 낱字라는 것이 屈曲이 있어 視覺性이 있다.

漢字와 英語의 뜻(視覺性 포함)이 있는 것을 50점이라고 假定하고 音이 있는 것을 50점 計 1百點이라고 한다면 한글에는 뜻이 없고 音뿐이니 50점밖에 안 된다.

뿐이 아니라, 漢字에는 印刷體인 楷書體, 筆記體인 行書·草書·篆書등이 있고 英字에도 大文字, 小文字에 각각 印刷體와 筆記體 등이 있는데 한글은 1개體 뿐이다.

이러한 한글을 가지고 百點인 文字의 效能을 내려고 하니 무리와 不條理가 생긴다. 文字는 知識을 운반하는 動脈인데 知識을 완전히 운반치 못하니 우리나라 文化는 退步直前에 있다.

한글專用 결과는 어떠한가 (略)

漢字의 國際性과 國漢混用의 獨自性 …漢字混用의 中國글이나, 한글專用의 우리 글이 모두 읽기 어려운데 國漢混用이야말로 가장 理想的이라 하겠다. 中國은 漢字專用의 나라로 漢字數가 많고 文盲이 많은 實情에서 고민이 크다 하겠으나 우리는 高校까지에 1千8百字로 足하다.

한글專用과 漢字混用의 進路 …世宗大王은 漢文專用에서 國漢混用의 길을 터준 분인데 한글專用主導者는 半文盲 量產의 책임이 그들에게 있음을 認識해야 한다.

63) 위 語文研究 5.6 合併號. pp. 315~319.

결국 1975. 3 中·高校 國語敎科書에 괄호 안 漢字復活이 되었는데 柳基春 文敎長官이 大韓敎育聯合會의 建議로 빠르면 내년부터 국민학교부터의 漢字敎育을 實施할 것을 檢討推進 中(1975. 6. 26)이라 하고 韓國語文敎育硏究會 등 4個 語文관계 學術團體가 69個 學術團體의 同調를 얻어 "국민학교 漢字敎育復活 支持聲明書를 내고(1975. 7. 15) 그 후로도 敎育界·學界·言論界·法曹界·文壇 著名人士 300名이 국민학교 漢字敎育復活促求建議書를 내었고(1977. 7. 28) 서울·中央·新亞·東亞·한국 등이 社說 등으로 贊意를 표하기도 했다.

東洋史學者 全海宗은 "傳統文化와 漢字文化 — 漢字는 우리의 글이다."[64]에서

> "漢字와 漢字文化는 우리 歷史에 과거 적어도 2천년 동안에 우리의 祖上들이 이를 받아들여서 우리의 言語 속에 融合되어 있으며 우리의 文化的 生活과 우리의 文化的 思惟 속에 溶解되어 分離할 수 없는 요소를 이루고 있는 것이다. 그리하여 우리의 傳統文化 속에서 除去하려고 하여도 除去할 수 없는 融合物이 되어 있는 것이다. 여기에 매우 重要한 事實이 있다. 그것은 <漢字>의 使用과 <漢文>의 使用을 混同하여서는 안 된다는 일이다. 漢文은 오늘날의 英語와 같이 外國語이다. 그것은 專門家에게 있어서만 필요하다. 그러나 漢字의 경우는 다르다. 表意文字로서의 漢字가 우리의 言語의 本質을 변질시켜서 극히 基本的인 日常用語를 除外하고는 表意文字를 무시하고서 우리의 言語가 충분히 意思表示를 하기 어렵게 되었다(後略)"

라고 主張하였다.

1976. 9. 22 文敎部(長官 柳基春 入院 中, 次官 趙成鈺)는 "국민학교 漢字敎育 않기로"라고 해 輿論을 등졌다.

1977. 8. 18 그때까지 한글專用政策을 堅持해 오던 朴正熙대통령은 談話를 발표하여 "현실적으로 常用되고 있는 漢字를 없

---

64) 위 語文硏究 15.16 合倂號. pp. 34~37.

애자는 극단적인 主張도 옳지 않지만…"이라는 見解를 披瀝기에 이르렀다.

1977. 10. 9 韓國語文敎育硏究會 등 10개 學術團體가 "국민학교부터 漢字를 조금씩 가르치라"고 했다. 다시 1978. 7. 4 韓國語文敎育硏究會는 73個 學術團體 및 345名의 各界 著名人士의 連署同意를 얻어 국민학교부터 國語敎育의 一環으로 漢字가 노출된 敎科書로 漢字敎育을 할 것과 敎育은 有機的 반복적으로 행할 때 그 效果를 거둘 수 있음에 비추어 모든 敎科書에도 필요한 漢字를 混用하기를 促求하였고, 1978. 7. 13 국어국문학회·국어학회·韓國語文敎育硏究會·韓國語文學會·韓國言語文學會·韓國國語敎育硏究會·한국국어교육학회 등 語文관계 7개 學術團體가 國語敎育强化促求建議書를 냈다. 위 두 建議書는 言論의 대대적인 反應을 불러 일으켰다.

1979. 3월 物理學者 金貞欽은 "國漢文 混用에 대한 科學的 考察"[65]에서

入力過程에서 한글은 果然 有利한가?

出力에서는 國漢文混用이 단연 優勢

機械化의 문제

"漢字는 機械化시킬 수 없다는 터무니없는 迷信이 있다. 現代의 발달된 電子工學의 지식을 쓰면 漢字處理能力은 나날이 발달되어 갈 것이다. 日本이나 臺灣에서는 상당한 진척을 보아 英語를 判讀하고 印刷하는 것과 費用差가 없을 정도라 한다. 漢字의 機械化는 힘든 것도 아니다."라고 했다.

敎育學者 柳炯鎭은 "敎育哲學的 側面에서 본 語文政策"[66]에서 "이미 十數世紀에 걸쳐서 우리 民族文化의 根幹을 이루어온 儒敎야말로 우리의 思考方式과 行動樣式에 뿌리깊이 자리 잡고 있

65) 위 語文硏究 第21號. pp. 21~26.
66) 위 語文硏究 第22號. pp. 193~194.

다. 儒敎思想의 敎育的 價値는 실로 막중하다고 아니할 수 없다.

이와 같이 막중한 意味를 갖고 있는 儒敎思想을 전달하는 媒體가 바로 漢字인 만큼, 또 그 文字에 의하여 우리 民族文化는 발전돼왔고, 오늘에 傳受되어온 것인만큼, 우리는 敎育에 있어서 漢字의 중요성을 過小評價해서는 안 된다. 그것은 우리의 精神遺産을 계승하는데 있어서 絶對不可缺한 것이다."라고 하였다.

醫師요, 韓國才能開發硏究會會長인 金熙模는 "漢字가 가지고 있는 또 하나의 威力 — 構圖記憶力形成과 向中心性"67)이란 論說에서

> 知能의 源泉的인 要素에 記憶力이라는 것이 있다. 그 몇 가지 重要한 것을 들어보면 詩나 노래와 같은 것을 외는 音律記憶力이라는 것이 있고, 舞踊이나 라디오 體操와 같이 順序를 외는 構圖記憶力이라는 것이 있다.
>
> 元來 漢字는 象形文字에서 출발한 것으로 構圖記憶力 增進의 敎具로 使用할 수 있는 것이다.
>
> 우리 才能開發硏究會에서 다음과 같은 實驗을 해 본 일이 있다.
>
> 한 幼兒敎室에서 6個月間 漢字를 가르치고 또 다른 敎室에서는 漢字놀이를 전혀 시키지 않았다.
>
> 이 實驗의 結果는 漢字敎育이 어린이에게 觀察力을 높여 준다는 것으로 말할 수 있다. 그러나 그것만으로 簡單히 보고 넘길 수 없는 다른 事實이 있음을 생각게 하는 것이다.
>
> 뜻을 가진 符號로써 배운 漢字는 어린이에게는 그 構圖가 아름답고 同時에 均衡이 잡혀 있고 劃間에 相互 關聯性이 있게 느껴지는 構圖記憶力이 形成되어지는 거같이 생각된다.

吳之湖는 "國語醇化는 原因治療부터 해야 한다"68)에서

> 國語는 왜 退化하고 있는가

67) 위 語文硏究 25.26 合倂號. pp. 98~101.
68) 「世代」 1977. 7월호, 「한글과 漢字」. pp. 117~134.

國語退化는 語彙枯渴의 結果다.

光復 이후에 敎育을 받았고 또 받고 있는 2千萬을 넘는 젊은 世代는 한글專用敎育에 의해 敎育됨으로써 그들의 全部가 高等한 思考活動에 必要한 漢字語彙를 거의 모르게 되었다. 즉, 그들은 國語語彙의 大部分을 喪失하였다. 이럼으로써 그들은 思考能力을 잃고 衝動에 의해서만 行動하게 되기 때문에 그들의 用語는 低俗化하고 野卑化하고 原始化할 수밖에 없는 것이다.

여기서 그들은 거의 無意識的으로 우리 國語와 아울러 그 國語로 이루어진 傳統文化를 멸시하게 되고 그와 반비례하여 外國語와 外國文化를 숭상하는 事大思想의 포로가 되었다. 오늘날 外來語의 氾濫現象은 젊은 世代의 自己喪失과 劣等意識의 表現 以外의 다른 것이 아니다.

難解한 한글 漢字語

中學校, 1학년생 代數敎科書에 나오는 數로는 소인수, 약수, 자연수, 합성수, 솟수, 계수, 배수, 반수, 부수, 변수, 상수, 양수, 역수, 음수, 지수, 차수, 함수 등등 多種多樣한 數의 명칭이 있다. 이 밖의 모든 數學用語가 다 이렇게 되어 있다. 교집합, 합집합, 여집합, 오진법, 사칙연산, 순서쌍 등이 그것이다.

오늘의 한글世代는 漢字를 모르기 때문에 이 漢字로 된 數學用語를 아무리 배우고 또 배워도 理解할 수도 없고 記憶할 수도 없는 것이다. 初中高校를 통해 그중에서도 數學成績이 제일 나쁜 것은 그들이 數學用語를 하나도 모르기 때문이다.

漢字는 文字가 바로 言語다

漢字의 機能的 特質

漢字는 文字 自體가 바로 言語 自體다

漢字는 視覺文字다

表音文字를 聽覺文字라고 한다면 表意文字는 視覺文字라 할 것이다. 그래서 漢字만 알면 그 發音을 모르더라도 亞細亞 20億 住民의 漢字文化圈 안에서는 어느 곳을 가든지 意思를 疏通할 수 있다.

申昌淳은 "國語漢字語 한글表記論 批判"69)에서 漢字語가 가지는 有緣性은 數萬의 國語漢字語의 把握을 2,3千字의 漢字의 獲得으로써 해결해 준다는 대단한 功德을 주는 것이다. 數萬의 國語漢字語彙들을 이루고 있는 語構成要素는 결국 2,3千 字의 漢字에 歸着되기 때문이다. 漢字語의 한글 表記 곧 한글專用은 形音義를 갖춘 表語文字로서의 漢字를 表音의 機能밖에 못 가진 한글로 바꿔 놓자는 것인데, 거기에서 여러 가지 無理가 빚어질 것은 충분히 짐작되는 일이다.

心理學敎授 高興化70)는 "漢字의 意味習得과 知能開發"71)에서

Ⅰ. 意味論의 定義
Ⅱ. 意味의 習得과 槪念形成
Ⅲ. 漢字의 意味習得과 知能開發

최근에 心理學에서 知能에 대한 要因分析的 接近에 따르면 知能은 여러 가지 要因 중에서 言語的인 要因 Verbal Factor에 가장 많이 負荷 load되었다는 사실이 解明되었다. 言語要因은 意味, 類推, 理解, 流暢性, 語彙力으로 구성되어 있다. 이와 같은 下部構造는 表意文字와 크게 相關性이 있음은 經驗的인 接近의 試圖를 필요로 하지 않을 만큼 많은 資料가 나와 있기 때문에, 이를 引用할 필요마저 느끼지 않는다. 더 重要한 것은 中高學生들의 學業成就能力은 知能과 높은 相關關係가 있다는 事實이 많은 硏究論文에서 하나의 常識으로 통할 수 있으리만큼 많이 나와 있다. 이와 같은 歸納的인 論理와 演繹的인 論理에 비추어 漢字敎育이 知能開發에 결정적인 效果가 있음은 贅言을 要치 않는 분명한 科學的인 사실인 同時에 命題가 되는 것이다.

---

69) 語文硏究 38號 1983, 「한글과 漢字」. pp. 151~164.
70) 中央大敎授.
71) 위 語文硏究 39.40號. pp. 569~573, 1983. 12.

物理學者 金貞欽은 다시 "國漢文混用에 대한 科學的 考察"72) 에서

Ⅰ. OA化 時代와 國漢文混用

OA(office automation)化 즉 事務自動化의 물결이 우리 韓國에도 밀물처럼 밀려오고 있다.

그 중에서도 특히 文書作成機로서의 워드 프로세서의 發達은 놀랄만하다. 단추 몇 개의 操作으로 國漢混用의 文書를 손쉽게 作成해 준다. WP(word processor)의 開發은 漢字는 컴퓨터化할 수 없다는 神話와 迷信을 깨뜨려 주었다. 日本에서는 이미 이 워드 프로세서를 大型化한 新聞編輯組版機인 NELSON(new edditing and layout system of newspaper)이 약 2년 전부터 朝日新聞의 編輯과 組版을 도맡아 하고 있고, 이쁜 活字를 신문에 박아주고 있다. 한글은 컴퓨터化되고 漢字는 컴퓨터化가 될 수 없다는 것은 完全한 浪說이며 迷信이었던 것이다.

한글은 英文처럼 字母를 橫一列로 排列하는 文字와 달리 가·간·갉·까·깐·짧·고·곤·곬 등등 그 結合法이 多樣해서 컴퓨터에 의한 認識이 복잡해진다. 그 결과 印刷所에서 보통 사용하고 있는 약 1,725字(特殊한 것까지 넣으면 약 3,000字)의 한글字母를 識別해 낸다는 것은 사실상 1,725字의 標準漢字를 識別하는 것과 그 드는 勞力에 있어 큰 差가 없다. 따라서 한글의 漢字에 대한 優越性은 흔히 생각하는 것처럼 높은 것은 아니다. 다만 入力의 경우라면 한글은 優越性을 지니고 있다.

在來로 한글타이프라이터는 있어도 國漢文混用타이프라이터는 없었다. 물론 孔版打字機는 있었으나 이것은 打字機라기보다는 手動組版機, 手動印刷機란 말이 더 어울리는 存在였다. 그러나 電子工學의 놀라운 技術進步로 현재는 國漢文混用의 글을 記憶하고 修正하고 編輯까지도 해주는 全自動타이프라이터라고 할

72) 語文研究 42.43호 1984, 「한글과 漢字」.pp. 178~183.

수 있는 워드 프로세서가 出現하여 國漢文混用의 文書를 純한글 文書만큼이나 빨리 入力시킬 수 있게 되었다.

Ⅱ. 왜 國漢文混用이냐

純한글로 된 글보다 漢字가 섞인 글이 理解가 빠르고 讀書速度가 빠르다는 것은 잘 알려진 事實이다.

한글은 24字母로 되어 있다 해도 英文과는 달리 音節單位로 묶어져야 한다.

한글의 短點은 字母가 24개뿐인데도 그 結合으로 이루어지는 音이 3,000여개, 가장 많이 사용되는 것만 해도 1,700文字가 넘는다는 점이다. 즉 이 1,700文字가 특징 없는 ㅡ·ㅣ·ㅇ·ㅅ·ㄱ·ㄴ·ㅈ 등의 結合으로 이루어진 결과 文字判別이 매우 힘들다. 더구나 이 文字는 단순히 音을 표시할 뿐 單語를 표시하지 않기 때문에 한글은 '文字' 하나하나를 읽어서 뜻이 통하지 않고 文字의 결합을 읽어야 하는데, 그 結合도 비록 띄어쓰기를 해도 直席判斷이 곤란할 때가 많다.

漢字는 冗長性이 매우 많아 글자의 일부분이 떨어져 나가도 判讀可能한 경우가 많지만 한글에는 冗長性이 거의 없어 劃이나 點이 하나 없어지거나 追加로 붙으면 判讀하기가 매우 힘들어진다. 活字가 작거나 또는 낡아빠진 타이프라이터로 찍었거나, 흠점이 있는 活字로 찍었거나, 活字表面이나 印刷紙에 먼지가 묻었거나 하는 경우 誤讀을 誘發시키기 십상이다. 反面 漢字는 世界文字 中에서도 冗長性이 가장 많아 誤讀의 可能性이 없을 뿐만 아니라 간혹은 글자의 半이 印刷되지 않아도 判讀可能할 때가 많아 文字 중에서는 判讀率이 최고이다.

印刷를 할 때 原稿가 判讀不可能이면 植字나 打字를 할 수가 없다. 漢字는 좀 흘려 써도 識別이 된다(漢字를 모르는 漢字文盲에게는 通하지 않겠지만). 그러나 한글을 제멋대로 쓰면 읽기가 매우 힘들다. ㅅ인지 ㅈ인지 구별하기가 힘든 경우가 많다. 빨리 쓴 原稿에서는 ㄹ과 ㄴ마저도 구별하기 힘들 때가 많다.

Ⅲ. 單純한 劃과 複雜한 劃

또 한글은 劃數가 적고 漢字는 劃數가 많아 한글 쪽이 判讀하기가 쉬워 보이지만 일단 漢字를 배우고 나면 오히려 漢字가 判讀하기가 쉽다.

情報化時代에서 重要한 것은 남이 썼거나 印刷한 것을 올바르게 재빨리 읽어내는 能力이다. 筆者는 포켓형 漢字辭典을 갖고 있는데 단추 몇 개의 操作으로 필요한 劃이나 部首의 漢字를 卽席에서 呼出할 수 있고, 또 熟語도 찾아낼 수 있다. WP를 쓰면 이런 漢字를 순간적으로 프린트할 수도 있다.

漢字는 0.1秒에 한 字의 率로 읽어 낼 수가 있다(秒에 平均 10字를 읽을 수 있다). 그러나 순한글이라면 그렇게 빨리 읽을 수가 없다. 왜냐하면 한글의 경우는 먼저 각 字母의 音을 이해하고, 여러 文字의 音을 다시 再結合해서 單語를 만들어야 하기 때문이다. 그래서 예컨대 法典같은 데서 어느 特殊用語가 들어가 있는 條項을 찾는 데는 國漢文混用時에 比해 훨씬 많은 時間이 消耗된다. 또 國漢文混用의 重要文句는 漢字이기 때문에 瞬間的으로 한 面內의 大意를 알아낼 수 있는 迅速性이 있다. 그러나 순한글의 경우는 이것이 잘 되지 않는다.

漢字는 文字 중에서는 가장 效率的인 文字이다. 다만 배우는 데에 시간이 걸릴 뿐인데, 그러나 배우는 것도 읽는 쪽은 한글이나 餘他言語보다 훨씬 빠르다. 다만 '쓰는 것을 익히는 것'만이 느릴 뿐이다. 그러나 그 쓰는 것도 WP가 出現하여 機械가 해 주게 된 것이다.

辯護士 申淳彦은 "漢字도 우리 文字, 排斥 못해"[73]에서

Ⅰ. 戶籍과 登記簿의 한글表記

우리나라의 代表的 公正證書인 戶籍과 登記簿는 전부 漢字로 記載되어 왔는데 10여년 전부터 都·市·郡·邑·面·洞·里 등의 地名이 한

73) 「法律新聞」 1984. 10, 「한글과 漢字」. pp. 165~168.

글로 表記되고 있다. 그러나 戶籍에 있어서는 本貫, 姓名, 數字는 반드시 漢字로 表記하고 不動産登記簿에서는 坪數 等의 數量을 표시하는 數字는 반드시 漢字數字를 쓰면서 權利者의 姓名은 한글로 表記하고 있다.

Ⅱ. 한글表記의 目的과 理由

戶籍上의 本籍地인 住所의 地名을 한글로 記載하고 登記簿上의 地名과 權利者의 姓名을 한글로 記載하는 目的과 理由를 내 나름대로 추측해 본다면, 첫째로 한글은 純粹한 우리글이고 알기 쉬우니까 大衆의 便宜를 위해서이고, 둘째는 한글專用에 관한 法律을 誠實히 遵守하자는 意圖인 듯하다.

한글專用에 관한 法律을 검토해 보자. 同法律이란 것은 '大韓民國의 公用文書는 한글로 쓴다. 但 얼마동안에 필요한 때에는 漢字를 併用한다'는 內容의 한 條文 뿐이다. 위에서 보는 바와 같이 國家의 公文書를 한글로 쓴다고 規定하고 있지 國民에 대하여 한글만 사용하라든지 漢字의 學習과 사용을 禁止한다는 規定이 아니다. 뿐만 아니라 위 法條文의 但書를 보면 國家의 公文書라 할지라도 얼마동안 필요한 때에는 漢字를 併用할 수 있다는 規定이다.

'얼마동안'이라는 것은 期限을 特定한 것이 아니고 不特定期間이며 同不特定期間은 필요에 따라서는 永久的으로 계속할 수도 있다는 뜻이다. 따라서 위 法律은 國家機關이나 國民에 대하여 下等의 拘束力이 없는 法律인 것이다. 그렇다면 위와 같은 有若無의 法律을 遵守한다는 名分이 우리의 語文體系와 傳統文化를 混亂에 빠뜨리고 抹殺하는 理由는 될 수 없는 것이다.

Ⅵ. 結 語

在野 法曹人이 총궐기하여 登記簿上 數字의 한글表記의 法制化를 저지하고 나아가서 戶籍과 登記簿의 地名 및 人名을 漢字表記로 復元하는 運動을 展開할 것을 提唱하며, 특히 大韓辯護士協會에 대하여 上記 문제에 대하여 銳意 檢討하고 早速한 時日內에 적절한 措處와 對策講究가 있기를 懇請하는 바이다.

趙容郁은 "나의 語文觀"에서[74)]

---

74) 語文研究 42.43合併號, 1984, 「한글과 漢字」.pp. 114~116.

이미 우리말에 土着化된 漢字語가 人爲的인 努力으로 一朝一夕에 바꾸어질 수도 없거니와 設使 그렇게 바꾸어 强壓的으로 사용하게 한다 하더라도 一般大衆이 따른다고 保障할 수도 없는 것이다. 또 설령 大衆이 그대로 盲從하여 따른다 하더라도 東洋의 漢字文化圈에서 孤立을 自招할 뿐만이 아니라 過去의 우리 文化遺産을 廢棄하는 結果가 될 것이며, 한편으로 우리말의 語彙數도 형편없이 적어져서 表記하고 싶은 뜻을 제대로 發表할 수 없는 結果를 초래할 것이다.

본래 言語生成이 몇몇 사람의 意圖한 대로 되는 것도 아니다. 最近에 새로 만들어지는 新生語들의 例를 들면 '高速道路' '宇宙船', 또는 地名, 洞名에 있어서도 江南區, 江東區 등 無數한 新生語들이 모두 漢字語로 되어 있다. 그러나 江南區, 江西區하면 그 이름만 들어도 그 區의 位置를 짐작할 수가 있다. 만일 그것을 개나리구, 진달래구라고 부른다면 그럴싸하게 들릴는지는 모르겠으나 그 位置를 聯想케 하는 바가 全無하기 때문에 극히 불편할 것이다.

電子工學者 安秀枯[75]은 "言語의 엔트로피와 情報密度"[76]에서

Ⅱ. 言語의 分解能

言語的 방법으로 표현될 수 있는 全體意味領域에서 細分이 되면 될수록 그 언어의 分解能은 크다. 分解能은 단어의 個數(한 언어의 全體語彙)가 많을수록 높고, 지나친 國粹主義는 시대의 要請인 어휘의 擴張을 妨害하는 수가 많다.

<事例>

◦ "파랑"을 靑과 綠으로 분화.

◦ 形을 形(shape)과 型(type, model, class)으로 細分

◦ 일본어에 있어서 한자 제한을 위해서 주(周, peripheric)와 주(週, cyclic)를 周로 공용하다가 還元하는 등.

Ⅲ. 언어의 情報量, 情報密度 및 密度增加努力

말을 할 경우나 看板을 씀에 있어서도 최소의 노력으로 意思疏

75) 서울工大敎授, 슅름베그제人工衛星硏究所 (佛蘭西)硏究員.
76) 「語學硏究」 20卷 1號, 1984, 「한글과 漢字」. pp. 184~193.

通을 이룩하기 위해서 말을 짧게 하는 힘이 作用한다. 즉 密度를 높이려는 노력이 관찰된다. 준말은 이리한 最少에너지를 指向하는 단축화 경향의 하나로서 나타난 것이다.

이러한 短縮化傾向은 자연 일상생활용어를 單音節로 몰아 가는 경향이 있고 따라서 예로부터 전해 오는 일상생활 용어는 거의가 다 單音節임을 관찰할 수 있어서 예를 들자면 눈·코·귀·혀·이·입·손·발·몸 등 人體에 관한 것부터 집·담·흙·메·내·논·밭 등 몸 가까운 사물 그리고 소·말·개·닭 등 가축 등등이며 처음에 길었던 것도 자주 쓰게 되면 짧게 하는 힘이 작용함은 어느 언어에도 있다.(中略)

漢字忌避가 語彙의 縮小를 가져 오고 지금 言彙이 옛보다 더 한정된 어휘를 쓰고 있다는 것이라면 平均的 정보전달량이 줄어들어 사람들은 이야기하여도 덜 확실하고 불안하고 확신이 없는 상태로 남아 있게 된다.

Ⅳ. 確信度(反엔트로피, Negentropy)

漢字單語는 漢字로만 적게 되면 한글로 써 있는 單語의 뜻이 한정되고 確信度가 증가한다. 日本語에 있어서는 外來語를 가다가나로 表記하는 原則에 의해서 確信度를 增加시키고 있는 英語 등에서도 大文字와 小文字를 그러한 방향으로 活用하는 一面이 있다. 그리고 이태릭이나 bold face등 서로 識別되는 記號群을 導入하여 情報密度의 增加와 確信度增加를 꾀하고 있다. 言語의 退化는 言彙單位 구석구석까지 영향을 주기 때문에 극심한 害毒을 준다. 確信度의 提高와 情報密度의 提高는 國力의 바탕이다.

Ⅴ. 攪亂下에 있어서의 認識 速讀性과 index 機能

漢字는 繪畫的 分解能이기 때문에 音韻的 分解能밖에 갖지 못한 表音文字보다 分解能이 높아 確信度가 이미 單語 level에서 높기 때문에 單行程讀書가 가능하다.

一例를 들어 "오"와 "으"는 읽는 條件에 따라 그리고 읽는 對象物의 汚染에 따라 混同될 수가 있다. 정도의 差는 있으나 "ㅓ"와 "ㅣ", "ㅢ"와 "ㅚ", "ㅔ"와 "ㅐ", "ㅌ"과 "ㄹ"등의 경우도 混同되기가 쉬운 경우이다. 비슷하게 보이면 가장 자주 일어나는 單語로는 읽는 傾向은 國校生에게도 심하여 한글만의 文章을 읽을 때의 誤讀率은 混用文의 경우보다(어느 年齡階層에 있어서나) 높고 이 傾向은 理想的이 아닌 條件下에서 읽을 때 심히 浮刻된다. 感情이

激하였을 때 등도 理想的이 못된 條件 中의 하나이다.

表意文字인 漢字의 index性이 强하여 더욱 活用할 만하고 이는 混用하는 국어의 경우가 漢字만을 쓰는 中國語의 경우보다도 index性이 강하여 有利하다. 이러한 見地에서 가다가나, 히라가나, 漢字 또는 (技術書籍 등에 있어서) 英語까지 併用하는 日本語가 單語 level에 있어서의 identification이 가장 뚜렷한 素地가 있다.

日本語는 그밖에 外來語 單語의 처음 二音節을 떼어서 서로 연결하여 新語를 창제하고 특히 漢字를 통해서 짧은 新語를 만드는 필요한 곳에 新術語를 공급하는 노력과 包容力이 있기 때문에 新武器로서의 言語의 適應과 整備가 行해져 있다고 말할 수 있다.

Ⅵ. 結　論

얼빈 토플러의 말에 의하면 有史 以來 지나간 科學者의 數보다 더 많은 科學者가 현재 活躍 중이라고 한다. 自然科學만이 아니고 人文科學과 社會科學도 많은 發達을 이루어, 이 發達은 새로운 概念을 導入하고 있으며, 이러한 새로운 概念은 新單語, 新術語의 創造를 要求하고 있다. 어떠한 理由에서 이건 語彙의 縮小는 情報密度의 減少를 뜻하여 다가오는 情報時代에의 對備에 害롭다. 專門人들이 自己分野의 術語를 保存하지 못하고 흔한 말에만 쏠리면 Zipf의 法則의 曲線을 더 急하게 하여 결국 言語의 엔트로피(平均情報)를 減少시킨다. 專門術語를 保存 傳授하고 寬容的으로 旣存單語를 收容해야 한다.

漢字混用을 통하여 同音縮退를 풀고 情報量과 確信度를 높여야 한다. 무리한 한글화를 하지 말아야 하며 한글화에 의한 單語長의 增加와 收容意域의 增加(模糊化)를 피해야 한다. 長音·短音 accent를 보존해야 한다. 띄어쓰기의 過用(漢字排除에 의한 misidentification 해소의 방안으로서 띄어쓰기의 필요성이 증가하고 있는데)은 筆記에 있어서의 單位長密度를 減少시키고 空白素의 句讀點으로서의 機能을 弱化시켜 semantics level에서 해롭다.

漢字를 混用하여 글의 圖解性에 의한 one stroke reading을 가능케 하고 index性을 높여야 한다. 新單語의 創製 또는 導入에 의하여 單語의 分解能을 키우는 노력을 해야 하고, 外來語의 表記를 變更(라디오를 래디오로 하는 등)하지 말아야 한다.

經濟學者 林元澤은 "한글專用은 從屬賤民經濟를 가져왔다"[77]에서

1. 한글專用이 韓國經濟를 '構造的으로 後進國化'시켜 놓았으며 從屬經濟로 만들어 놓았다.

精神的 生産에 있어서의 勞動의 役割을 하는 것을 表音文字인 한글이고 資本(機械)의 役割을 하는 것은 表意文字인 漢字다.

日本은 精神的 生産이 잘 이루어지고 있는데 대해서, 우리나라는 漢字廢棄政策 즉 精神的 生産에 있어서의 機械의 役割을 하는 漢字를 廢棄하는 政策이 解放 後 계속 敢行되어 옴으로써 우리나라의 精神的 生産은 回復이 不可能할 정도로 엉망이 되고 있다.

그런데 漢字廢棄는 文化의 破壞에만 그치지를 않고, 우리나라의 經濟를 從屬賤民經濟로 만들어 놓는 破局을 가져오게 했다. 나는 한글專用이 감행되는 지나간 40년간 우리나라의 經濟와 政治가 어떻게 '構造的으로 後進國化'되어 가는 過程을 밟아 왔는가 하는 하나의 좋은 事例를 볼 수 있었다고 생각한다. 그것을 理論化할 수 있는 理論을 提供해 준 것이 다름 아닌 바로 F. 리스트(F. List)의 '生産力理論'이었다. 리스트는 機械等 '物質的 資本'과 倂行해서 '精神的 資本' mental capital이라는 槪念을 제시해 주고 있다. '精神的 資本'이란 過去의 모든 時代의 사람들의 一切의 發見, 發明, 改良, 完成 및 努力의 蓄積의 結果라고.

2. 한글專用은 槪念을 表象(感性語)으로 바꾸어 놓음으로써 '精神的 生産性 低下 →勞動生産性 低下 →低賃金'을 가져오게 했다.

데카르트는 表現은 '明晳判明'해야 된다고 했다. 한글專用論者들은 意味를 알 수 있게 '明晳判明'하게 '大'라고 쓰면 '事大'가 되지만 뜻을 알 수 없게 즉 '明晳判明'하지 않게 '대'라고 쓰면 '아름다운' 主體가 된다고 한다. 그리하여 한글專用論者들은 權力의 힘을 빌어 上位槪念(高生産性 槪念)을 下位槪念(低生産性 槪念)으로 그리고 下位槪念은 또 表象(感性語)으로 代替하는 敎育을 一方的으로 施行케 만들어 놓았다. 이리하여 우리나라의 精神的 資本은 完全無缺하게 破壞되어 버렸고, 리스트가 말하는 '精神的 生産力'도 矮小

77) 語文硏究 45號, 1985. 4. pp. 26~35.

하게 되었다. 그리고, 또 그것은 우리나라의 物質的 生產力에 致命的인 打擊을 주어 우리나라 經濟를 從屬經濟로 만들었고, 또 低賃金을 가져오게 했다.(漢字廢棄→精神的 生產性 低下→勞動生產性低下→低賃金).

3. '日本的 儒敎'는 '日本資本主義의 精神'이 되어 階級對立을 緩和할 수 있었지만, 漢字廢棄는 '韓國的 儒敎'를 없애버림으로써 '韓國資本主義의 精神'을 成立하지 못하게 하고 物質萬能·富益富貧益貧을 가져오게 했다.

日本人들은 '日本資本主義의 精神'은 '日本的 儒敎' 또는 '日本的 佛敎'라고 하고 있다. 基督敎信者 山本七平씨도, 그의 著書 「論語를 읽는 法」가운데서, 日本資本主義는 마르크스가 主張하는 階級鬪爭을 解決해 낼 수 있었던 것은 日本國民이 「論語」의 '不患寡患不均'의 말을 즉'意識'을 '存在' 즉 '經濟'에 '反作用'시켜서 平等社會를 形成했기 때문이라고 하고 있다.

4. 高精神的 生產性의 3大條件

阿部吉雄 東大敎授는, 그의 著書 「李退溪」에서, 다음과 같이 말하고 있다.

日本人은 漢字를 外來文字로 생각하지 않고 이것을 國字로서 意識하고 있다. 그리고 儒敎思想도 完全히 日本化되었으며, 日本이 明治時代 飛躍的인 發展을 할 수 있었던 것도 이 儒敎가 根底가 되고 있었기 때문이다.(p. 122)

우리가 여기서 '精神的 生產性'이 높다고 말하고 있는 것은 (1) 뜻을 분명히 알 수 있게(klar und deutlich), (2) 抽象的 上位槪念(高生產性 槪念)을 縱橫無盡하게 使用할 수 있고, (3) 極大數의 語彙 vocabulary를 사용할 수 있게 하는 것을 말한다.

5. 우리 國民을 他國民에게 搾取케 만드는 어떤 買辦이데올로기도 그냥 둬서는 안 된다.

(1) (2) 略

(3) 漢字廢棄가 數千年 동안 維持되어 온 韓國的 儒敎와 韓國的 佛敎를 抹殺시킴으로써 倫理不存을 만들어 놓았으며, 物質至上, 權力至上의 風潮를 만들어 놓음으로써 '賤民資本主義'를 形成케 해 놓았고 階層對立을 激化시켜 놓았으며 結果的으로 마르크스理論을 우리나라에서 成立시키는 結果를 가져오게 했다는 것도 이 '歷史學

敎授'는 모르고 있다는 것이다.

(4) (5) 略

(6) 日本은 中國에는 없는 儒敎, 道敎 등이 日本에서는 保存되고 있고, 印度에는 없는 佛敎가 日本에서는 保存되고 있다고 蓄積된 精神的 資本의 巨大함을 자랑하고 있는데(極大主義), '歷史學'敎授 김씨는 우리 祖上들이 數千年 동안 애써 吸收해서 우리의 살과 피로 만들어 버린 東洋文明과 祖上들의 思想과 倫理로부터의 '斷切' 즉 極小主義를 主張하고 있는데, 極大 對 極小의 싸움에서 極小가 진다는 것을 모르고 있는 모양이다. 日本은 '日本 資本主義의 精神'도, '日本民主主義의 精神'도, '日本精神' 즉 '日本적 儒敎', '日本적 佛敎'에서 찾는데 完全히 國民的 合意가 이루어지고 있다. 물론 基督敎信者도 거기에는 全的으로 呼應하고 있다.

(7) (8) 略

(9) 요즈음 出版되는 書籍, 雜誌 기타 印刷物들은 大學生들이 漢字를 읽을 수 없다는 大前提 위에 立脚해서, (1) 한글로 되도록 쉽게, (2) 漢字槪念은 전혀 쓰지 않고, (3) 극히 制限된 語彙로 된 것으로서 低質의 讀者들에게 迎合하는 것들뿐이라고 해도 過言이 아니다.

"個中에서도 新聞이 '쉬운 것'을 내세워 低質化되어 가는 것은 용서될 수 없는 일이라고 생각한다. 6·70년대의 韓國文化는 한마디로 '低質文化'라고 할 수 있다. 그것은 '民族' 또는 '民衆' '主體' 등의 이데올로기로 自己의 貧困을 분식하면서 '民族', '民衆'을 愚昧化시키고 搾取당하게 만든 罪惡은 어느 極惡의 政治人보다도 더하다는 것을 歷史의 證言臺에서 證言하고자 한다."라고 했다.

經濟學者 趙淳[78]은 "漢字는 한글의 裝飾品인가"[79]에서

국민학교 어린이들에게도 漢字의 도움이 없이는 理解하지 못할 말이 많다며 중·고등학교나 大學의 학생들은 어떤 實情에 있을 것인가. 사실 漢字를 가르치지 않고 우리나라 歷史나 文化를 어떻게 가르칠 수 있는가.

社會科目이나 藝術, 그리고 科學에 이르기까지 漢字의 도움이 없이 쉽게 가르칠 수 있단 말인가.

---

78) 서울大社會大敎授 國際經濟學會長.

79) 「京鄕新聞」 1985. 5. 8, 「한글과 漢字」. pp. 175~177.

오늘날 世稱 一流大學에서 4年간의 大學教育을 받은 優秀한 學士들의 語文에 관한 理解의 一端을 보자. 出身郡名을 쓰지 못하는 사람이 太半이다. '郡'은 으레 '群'이고 경우에 따라서는 '君'이다. 源泉은 源川이고 學園自由化는 學院自由化이다. 教授를 教手로 쓴 것은 나도 보았으나 경우에 따라서는 學校를 學交로 쓴다고 한다. 學'院'自由化라고 쓰는 학생이 學園自由化의 本質을 모른대도 당연한 일이며, '教手'로 쓰는 학생이 어떻게 우리를 스승으로 보겠는가.

一國의 文字라는 것은 단순한 意思表現의 전달도구만은 아니다. 그 나라의 文化와 그 住民의 意識 그 자체를 담는 가장 기본적인 요소인 것이다. 文化란 항상 자라고 豊富해지는 것, 그것을 아름답고 크고 씩씩한 것으로 키우기 위하여 우리는 무엇보다도 좀더 우리가 우리의 後進에게 語文을 어떻게 가르치고 있는지 생각해보아야 할 것이다.

그러나 이런 문제가 一線教師의 創意性에 맡겨져 있다는 것은 深刻한 事態가 아니겠는가. 우리나라와 같은 歷史的 背景을 가진 나라에서 漢字를 白眼視한다면 결국 누가 損害를 보는가. 손해를 보는 사람은 결국 漢字를 버리고자 하는 사람들 自身일 것이다. 뿐만 아니라 漢字는 버려지지도 않는다. 끝내 한글 表記 속에 그대로 살아있는 것이다.

나는 가끔 博士學位를 받은 나의 後輩나 弟子들로부터 '漢字를 좀더 알았으면 얼마나 좋았을까'하는 獨白을 듣는다.

韓國情報科學會長 金吉昌[80]은 "國漢混用과 워드 프로세서"[81]에서

Ⅰ. 컴퓨터와 漢字處理

컴퓨터가 東洋圈에 보급되기 시작하면서 漢字의 問題가 擡頭되었다. 漢字의 入力問題는 韓國語, 日本語, 中國語에 共通的인 것이나 각 國語에 따라 事情이 다르다. 여기서 韓國語의 경우를 爲主로

---

80) 1938年生. 韓國科學院 教授.

81) 「한글과 漢字」, pp. 198~205.

考察하겠다.

Ⅱ. '워드 프로세서'의 한글·漢字變換

國漢文 '워드 프로세서'에서 漢字로의 變換方法으로는 變換할 漢字의 音으로써 入力하는 방법 외에 略語 또는 다른 記號로써 入力하는 방법도 있다. 候者에는 主로 사용되는 '漢字의 集團'을 入力시키는 데에 쓰인다. 이를테면 '漢字'란 單語에 대해서 'ㅎ'을 對應시킨다거나 '포철'로 '浦項綜合製鐵株式會社'를 대응시키는 것 등이다. 이렇게 해두면 이들 말을 쓸 때마다 한 字씩 새로 찍을 것 없이 略語 또는 定해둔 記號를 찍으면 된다.

워드 프로세서로 한글專用글을 찍을 때나 國漢混用文을 찍을 때나 키를 두드리는 횟수가 같으며 또 드는 수고에도 큰 差異가 없다는 것을 말해둘 필요가 있겠다.

Ⅲ. '워드 프로세서'의 現況과 展望

日本에서는 業務를 能率化·機械化하는 여러 가지 裝置하고 續續開發 活用되고 있는 實情이다.

우리나라에는 80년대 초부터 워드 프로세서가 등장하기 시작하였다. 國漢文 워드 프로세서는 처음에는 獨自的인 機能으로서가 아니라 一般事務用 컴퓨터에서 제공되었으나 워드 프로세서 專用機가 나와서 公共機關에서부터 보급되기 시작하였다. 한글·漢字自動變換 워드 프로세서도 市販되고 있다. 앞으로 더 精巧한 시스템이 등장하여 事務自動化 合理化가 進展되면 워드 프로세서도 打字機와 마찬가지로 位置를 차지할 것이기 때문에 이 한가지 機能만 강조될 것이 아니라 綜合的인 事務自動化 시스템의 不可缺한 한 要素로 될 것이다.

앞으로 우리나라에서도 계속하여 보다 나은 워드 프로세서가 開發되고 여러 가지 標準化 作業이 이루어지고 사용자의 認識이 提高되어 저렴한 價格으로 편리한 機能의 것이 제공되기를 期待한다.

이밖에도 國漢混用論에는 국어국문학 44·45호에 孫宇聲(佛文學者) 朴魯春(國文學者) 朴南秀(文人) 千時權(國語學者 慶北大教授) 李勳鍾(國文學者) 姜信沆(國語學者)의 글이 있고 '語文研究'에는 金觀鎬(萬海思想研究會長) 柳根秀(大韓國際親善會長) 安哲瑪(農場經營) 安鍾沄(公州師大教授) 李溶傑(教育學者 서울大教

授) 梁堯生(高校教師) 朴湧植(國文學者) 李台珪(전 中央大 사무처장) 등이 있다.

3. 한글전용론과 國漢混用論

韓國精神文化硏究院에서는 '국어교육과 漢字문제'82)라는 책을 낸 바 있는데 우선 院長 柳承國의 刊行辭는 다음과 같이 말하였다.

> 본원 어문연구실에서는 한글전용에 대한 찬반 양론의 이론적, 실재적 주장을 정리하여 매듭지을 필요성을 느끼고 한글전용론과 漢字混用論에 대한 어문분야의 전공자 각 1명과 어문분야 이외의 비전공자 각 1명, 도합 4명을 선정하여 각자의 입장에서 연구논문을 집필하도록 했다.
>
> '국어교육과 漢字문제'는 4명의 연구자들이 지금까지 논란된 한글전용론과 漢字混用論의 문제를 각자의 입장에서 종합적으로, 그리고 체계적으로 정리함과 아울러 바람직한 문자정책의 방향 설정에 이론적, 실재적 기초를 제공하고 있기 때문에, 국민의 언어, 문자 생활의 현실 파악 및 국어교육, 그리고 국어정책의 수립에 크게 기여하리라 믿는다.

이 책에는 4편의 論文이 실려 있다.

한글전용의 필요성과 필연성……이현복

민족과 민족정신 찾기 운동으로의 한글 찾기 운동……강성위

한글전용론과 國漢混用論의 비교연구……金文昌

韓國兒童의 國語力實態와 漢字學習指導의 必要性……吳之湖·鄭燦龍·張喜久·金甲植·金冠均

그중 한글전용론側(이현복·강성위)은 한글專用論으로 돌려 소개하였고 國漢混用側의 吳之湖 등의 글은 漢字教育과 관계되는 글

82) 1985. 3. 15 發行, 菊版 296面.

이므로 그리 돌렸다.

國語學校授인 金文昌의 論文은 그 제목이 가리키듯 "한글전용론과 國漢混用論의 비교 연구"인 바 양쪽 論을 客觀的인 次元에서 冷徹하게 批判하고 科學的인 태도를 취하느라 애쓴 흔적이 있다. 그러나 한글전용측에서나 國漢混用側에서나 각각 異論의 여지는 있다고 본다.

그런대로 여기 소개해서 한글전용론과 國漢混用論의 매듭을 삼고자 한다.

菊版으로 149面(p. 77 ~ p. 225)이나 되는데 이 論文을 壓縮요약한 것이 이 '국어교육과 漢字문제'가 나오기 前 발표 소개된 것이 있다. 그중 핵심이 되는

Ⅱ. 한글전용론 검토
Ⅲ. 國漢混用論 검토

項만을 그대로 옮겨 싣기로 한다.

그 目次는 다음과 같다.

Ⅰ. 序 Ⅱ. 한글전용론 검토 Ⅲ. 國漢混用論 검토 Ⅳ. 종합 검토 Ⅴ. 결 론 △ 參考文獻

한글專用論과 國漢混用論의 비교

Ⅰ. 序

Ⅱ. 한글전용론 검토

한글專用論이란 한마디로 말하면 文字生活에서 오직 한글만 사용해야 한다는 것이다. 물론 여기에도 强穩의 두 주장으로 나눠볼 수 있다. 漢字 사용 금지는 물론 漢字語도 최대한 固有語로 바꾼다는 强硬派와 漢字는 한글로 바꾼다는 정도의 穩健派가 그것이다. 이제 이들의 주장을 종합하면 대체로 다음과 같이 정리될 수 있다.

각 項別로 주장을 제시하고 그 肯定的인 면과 否定的인 측면을 간략히 평가 비판하기로 한다.

1. 敎育的 效果를 높이기 위해 한글專用을 해야 한다. —

과연 전용교육이 훌륭한 것이라면, 지난 수십 년간 어째서 7~8회에 걸쳐 전용론과 혼용론이 뒤바뀌면서 語文政策에서 확고히 그 기반을 잡지 못 했는가 설명하기 어렵다.

2. 漢字構造가 복잡하고, 字數가 過多하여 學習하기 어렵다. —

字數過多(5萬餘字) 등은 커다란 단점이다. 그러나 略字 및 1,800字 정도의 사용제한으로 그 단점을 어느 정도 극복할 수 있다.

3. 漢字는 判讀이 느리고, 피로감을 준다. —

文字는 시각에 호소하는 것이므로, 表意文字인 漢字는 오히려 판독이 바른 경우가 많다. 획수가 간단한 모르스 부호나 速記法 등이 오히려 判讀이 느린 것으로 지적되기도 한다.

漢字는 한편 눈에 피로감을 주고 시력을 약화한다는 실험 보고가 있어 이점 인정된다.

4. 한글표기는 文學性을 높인다. —

예로부터 文學作品 속에 漢字 및 漢字語가 적고 土着語의 비율이 높을수록 그 작품이 우수하다는 것은 널리 알려진 사실이다. 고려속요(가시리 등), 옛시조(황진이 作品 등), 고대소설(홍길동전·흥부전 등), 근대시(소월·만해·육사·윤동주 등), 현대문학 등등 한글표기일수록 문학적 향기가 높음은 인정된다.

5. 한글전용은 기계화의 효과를 높인다. —

이점 크게 인정되나, 최근 國·漢·英混用 컴퓨터, 漢字컴퓨터(9,600字 처리), 漢字타자기 등이 나와서 한글기계화의 장점은 상대적으로 약화되고 있다.

6. 文字發達의 원리에 순응하기 위하여 한글전용을 해야 한다. —

신성문자, 설형문자 등 회화문자나 상형문자가 표의문자 및 음절문자로 다시 표음문자로 발전한 사실이 인정된다.

7. 한글은 科學的이다. —

문자구조의 간결성, 논리성, 조직성, 광범한 표음성, 자유자재한 응용력 등 한글의 장점은 세계의 많은 학자들이 인정하는 바이다.

8. 겨레문화의 창조적 발전을 위하여 한글전용을 해야 한다. —

프랑스·독일·터키 등 더러 성공한 例가 보이나, 우리의 경우 오직 한글만으로 그 거대한 문화체계가 더욱 발전될 수 있음이 종합 검토된 일이 없으며 우리문화의 특성에 비추어 기대하기도 어려운 것으로 보인다.

9. 겨레의 독립자존의 정신을 기르기 위하여 전용해야 한다. —

이 獨立自尊의 主體性이야말로 가장 큰 설득력을 지닌다. 한글은 우리의 것이니 오직 한글만을 써야 한다는 이 주장은 일종의 決定論的 當爲論으로서 의문의 여지가 없는 듯하나, 이것이 지나치면 쇼비니즘에 빠지게 되고 국제무대에서 낙후되는 수도 있음을 인식해야 한다.

우리의 文學作品 등은 우리의 글로 써야 한다는 金萬重의 주장, 乙未勅令(1895年 法律命令은 다 國文으로 本을 삼고 漢譯을 부하며, 혹 國·漢文을 混用홈), 開化期의 전용신문들(독립신문·그리스도신문 · 믹일신문 · 뎨국신문 등), 한글전용법률 제6호, 만주 · 미국 기타 해외동포들의 한글애용 등등.

10. 한글 사용의 역사적 전통에 따라 전용해야 한다. —

世宗代의 과거시험 과목 및 傳旨, 五臺山 上院寺 重創勸善文, 楊士彦 등의 歌辭, 宋時烈 등 많은 人士의 簡札, 古時調, 古代小說, 活貧黨 發令狀(20세기 초), 李益采의 러시아 紀行簡札, 한글성경, 기타 王·王妃·공주 등등의 글. 상식적 추측보다는 훨씬 많은 양의 한글 典籍들이 여러 분야에 걸쳐 남아 있음을 우리는 확인할 수 있다. 그러나 한편 15세기 당시의 주요 문헌들은 國漢混用 내지 漢文이었으며, 그 후 근대에 이르기까지 대다수의 전적들이 混用文 또는 漢文이었음은 재론의 여지가 없다.

11. 시대정신의 요청으로 한글전용을 해야 한다. —

시·소설 등의 한글전용화, 일간신문 내용은 85%가 한글, 전국

대학신문 중 85%가 한글전용 내지 거의 한글전용이며, 출판사 이름(두레·열음·풀빛·돌베개·새벽·바른손·마당·샘터·생명의 말씀사 등), 사람이름(금난새·박새암·임예솔·강한고요·허산여울 등), 商號名(꽃동네꽃집·양장점꽃실·엄마손백화점·아름나라커텐사 등) 기타 여러 가지로 한글화 경향이 크게 드러나고 있음이 사실이다.

Ⅲ. 國漢混用論 검토

이 주장은 文字生活에서 한글과 漢字를 섞어 쓰자는 것이다. 이는 다시, 漢字語(예 : 학교)는 반드시 漢字(예 : 學校)로 쓰자는 强硬派와, 同音語 충돌의 문제가 없거나, 이미 널리 보편화한 단어는 한글로 써도 무방하다는(예 :학교·인간) 穩健派로 나뉠 수 있다. 이들의 주장을 정리한다면 다음과 같다.

1. 교육·학문을 위하여 國漢混用이 필요하다. —

전통문화의 핵심을 이룬다고 보이는 漢字를 이해함으로써 교육 및 학문상 적지 않게 도움이 됨은 여러 실험 결과에서 실증되고 있다. 한편 전용론에서는 이와 반대로 逆效果를 가져올 뿐이라는 연구결과를 제시하고 있어 再考를 요한다. 그러나 수많은 학술단체, 일반시민, 각급학교 교사 및 학생 자신들도 대다수 漢字習得을 원하고 있다.

2. 文意 이해를 빠르게 한다. —

漢字는 쓰기 어렵고 시간이 많이 걸리나 뜻을 파악하는 데는 신속성이 있음이 인정된다.

3. 어휘의 풍부화를 위하여 혼용해야 한다. —

국어 어휘 가운데 70%정도가 漢字語임이 밝혀진 바 있다. 또한 一般敎養紙에서 사용되는 8,000여 單語 중 반 이상이 漢字語임이 조사된 일도 있다. 이렇게 국어 어휘의 태반을 차지하는 漢字語를 크게 제한하거나 제거하는 경우 국어에는 커다란 혼란이 올 것이다. 현실적으로나 장래를 위해서도 적절한 漢字語나 불가피한 경우의 漢字사용은 허용됨이 順理인 듯하다.

4. 同音語의 識別을 위해 혼용해야 한다. —

'重質油'와 '中質油', '士氣'와 '史記' 등 同音異義語의 식별에

크게 기여함은 인정된다. 그러나 어휘 바꾸기(社旗 - 회사기), 난해어 사용 억제(肆氣·辭氣), 文脈 등에서 다소 同音語의 곤란을 보완할 수도 있다.

5. 視覺性의 장점 —

情報傳達量의 면에서 이 장점은 인정된다. '山, 火', '鄭, 丁'의 形像性 또는 畫像性(再現充實度)은 한글의 그것보다 우세하다.

6. 造語力·縮約力의 장점 —

漢字는 表意文字이므로 몇 개의 文字로도 많은 어휘를 생산해 낼 수 있다. 즉 漢字는 국어에서 新語創造의 독자적 供給源이라는 현실은 결코 무시될 수 없다. '아버지·어머니'를 '부모'로, '入學試驗'을 '入試'로 줄일 수 있는 縮約力은 큰 장점이다. 그러나 언어의 본질 면에서 볼 때 이러한 造語力이나 縮約力은 어느 언어에나 있는 기능으로서 다만 그 開發與否에 따라 그 특성을 제대로 발휘하느냐가 좌우되는 것이 아닌가 한다.

7. 外來語인 漢字를 한글로 씀은 잘못이다. —

外來語는 음운·형태·의미 면에서 自國語로 동화된 상태대로 표기함이 원칙이므로 이러한 論調는 시정되어야 한다.

8. 동양의 라티움인 漢字를 폐지하면 漢字文化圈에서 낙오하게 된다. —

現實的으로 인정되는 주장이다. 그러나 中國·日本도 漢字의 數를 제한하고, 새로운 表音文字를 만들며 한편 먼 장래에 한자를 폐지하려는 연구도 행하고 있음을 볼 때, 우리도 깊이 연구 검토할 문제다.

9. 傳統文化의 繼承을 위하여 혼용해야 한다. —

이 문제는 중대한 의의를 지닌다. 그러나 모든 국민이 다 古典을 이해할 필요는 없으며 또한 그런 능력을 기를 수도 없다는 데서 異論의 여지가 있다. 西歐에서 라틴어나 희랍어는 소수의 專門家들만이 공부하듯이 우리의 고전도 그렇게 전문가를 양성하여 傳授시켜야 한다는 주장도 적지 않다.

三. 韓·中·日의 漢字問題

1. 中國의 漢字問題 - 그 略年表

漢字가 韓民族에 의해 만들어졌다는 主張을 하는 史學者가 있고 또한 그것이 허황된 것이 아닐 것이라는 생각도 하지마는 漢字의 本家는 中國이라고 믿어 왔다.

漢字問題를 論함에 있어 本家事情을 살펴봄은 當然한 일이다.

1605(明 萬曆 33) 伊 Matteo Ricei「程氏墨苑」로마字·漢字對照의 文章

1621. 白 Nicolas Trigault「西儒耳目資」25의 로마字로 中國語의 音韻組織을 精密하게 보이고 있다.

1892 盧戇章 로마字에서 힌트를 열어「中國第一快切音新字」를 考案 字母數 55 로마字式 1900 王照「官話合聲字母」考案普及, 漢字에서 筆畫을 抽出한 62記號

1910 江謙이 '官話'를 '國語'라고 부르자고 提唱. 國語는 北京語

1913. 2~3월 39개의「注音字母」制定, 言文一致·國語統一 意見활발

1918. 11 注音字母 公認

1919후 白話가 强力해지고 文言을 쓰는 일이 적어졌다.

1919 國語統一籌備會(教育部 부속기관) 成立

1920 全國小學校 1·2년에서 國文을 國語로 고쳐 言文一致의 효과를 올릴 것, 처음에 注音字母를 가르쳐 發音을 바르게 할 것 등 措處

1923 北京音을 표준으로 하는 '京音京調'로 되어 注音字母 中 세字母는 有名無實하게 됨.

1926. 11 國語로마字綴이 國語統一籌備會에서 公布(1928.9 南京政府 大學院에서 正式 公認)

1928 가을 南京政府下 國語統一籌備委員會로 再出發[83] 당시

---

83) 中國語學辭典, II 國語統一 -と文字改革〔1〕語文運動の歷史 1958. 1. 29.

中國大陸에서는 蔣介石이 이끄는 國民政府와 毛澤東이 이끄는 共産黨과의 정책적인 대립이 있었다.

국민정부의 語文政策은

① 讀音統一과 注音符號의 公布
② 국어로마字의 制定公布
③ 漢字省字體委員會에 따른 漢字의 簡化

등이었는데 共産黨은

① 漢音拼音案
② 漢字의 簡化
③ 普通話(표준어)의 推進

등 文字改革의 三大工作 목표를 두었다.[84)]

中國共産黨의 文字改革사업은 소련이 主役이었다. 中國大陸에서 공산당이 성립된 이후, 在蘇유학생인 共産黨員 吳玉章·瞿秋白 등에게 명령하여 "라틴化 中國字方案"을 연구토록 했다.[85)]

스탈린은 이 계획을 가지고 소련에 와 있는 中國노동자들에게 실험하려 했다. 그는 세계 人口의 ⅓을 占하고 있는 大中華民國(당시 세계人口는 12억이었고 中國民族은 4억)을 통치하려는 생각에서였다. 中國을 다스리는 장애요인은 中國人의 意識과 中華民族의 유구한 文化인 것이다. 무수한 方言이 있으면서도 통일된 文字(漢字)를 사용함으로써 中國人의 意識 속에서 同民族임을 깨닫고 결합을 해서 하나의 大中華民族이 이룩되었음을 잘 알고 있었다.

발행, 江南書院.

84) 成元慶, 中共簡化字. p. 30, 1985. 7, 建大出版部(柳明奎 中國文字改革과 史的考案, 中國硏究創刊號 引用).

85) 汪學文, 論 中共的 文字改革. p. 3

中國固有의 文字를 폐함으로써 民族의 凝集力이 瓦解될 것이요, 中華民族의 意識 또한 傷失하게 하자는 것이 스탈린이 中國의 文字를 라틴化하겠다는 理由의 하나가 되는 것이다.

中國의 民族文化는 漢字文化다. 漢字가 없어지지 않는 限, 民族文化가 존재하는 限, 마르크스 共産主義 실현이 어려울 것임을 잘 안 스탈린이었다.

中共 共産黨員들은 이러한 침략의 의도를 모른 채, 盲目的으로 固有文字를 없애려는데 앞장섰다.[86)]

1928　毛澤東은 소련공산당 지시에 따라 漢字라틴化로 文字改革획책. 모스크바에 中國問題硏究院을 두고 中國文字라틴化를 로라크라프敎授에 의해 연구 시작.

1929. 2 러시아 漢文敎授인 郭質生과 瞿秋白은 라틴化中國字母草案을 만들었다.

1931　소련各民族新文字中央委員會는 中國新文字 29개 字母를 通過

1934. 8~1937.6 中國共産黨은 라틴化를 신속히 추진했으나, 國民政府의 제지로 큰 效果를 거두지 못했다.[87)]즉 國語運動家들이 다년간 苦心해 만든 注音字母나 國語로마字는 南京政府의 裝飾品일 뿐, 國語統一籌備委員會는 豫算停止되고 國語推行委員會로 정리되어 有名無實化했다.[88)]

1941　毛澤東은 新民主主義論에서 "文字는 반드시 일정한 條件下에 改革을 필요로 하며 言語는 반드시 民衆에 接近시켜야 한다"라고 하고 新文字와 漢字의 쓰임이 法律上地位가 같다는 규정을 반포했으나 1944년까지 실시되다가 保留. 毛澤東은 비로소 拼音文字로써 漢字를 대체하고자 한 것은 幻想임을 깨닫게 되었다.

---

86) 成元慶, 中共簡化字. pp. 31~33(汪學文 論 中共的 文字改革 p. 3 引用).
87) 成元慶, 中共簡化字. pp. 36~37(汪學文 論 中共的 文字改革 pp. 4~7 引用).
88) 中國語學事典 II 國語統一と 文字改革 (1) 言語運動の歷史 pp. 93~94.

1949. 10 中華人民共和國成立 中國文字改革協會(主席 吳玉章) 成立

1950. 6 中國科學院語言硏究所(所長 羅常培) 發足 이달에 발표된 스탈린의 "言語學에 있어서의 말크스主義에 관하여"라는 論文은 바로 人民日報에 譯載되고 語文工作者·言語學者에게 크게 영향을 미쳤다.[89)]

1951 毛澤東은 郭沫若 등을 불러 文字改革의 문제를 討論했다. "言語와 文字란 특수한 意義를 지니고 있으며 그것은 비단 自我를 공고히 하는 工具일 뿐 아니라 동시에 世界赤化하는데 선봉이 될 수 있는 것이다"라고 믿었고 共産主義에 맞지 않는 中國의 傳統文化나 倫理道德을 제거하기 위해서는 旧思想·旧文化·旧風習을 打破하고 傳統文化의 근간이 되는 孔孟思想과 儒敎思想을 반대하여 批孔·反儒의 운동을 함께 벌이기로 했다.[90)]

1952. 6 常用字 2,000字 公布

1等字 1,010字 次等字 490字 補充字 500字

이 常用字 1,000字 ~1,500字만 알면 누구나 어떠한 文章이든 읽어낼 수 있고, 字典을 찾는다고 하면 30,000字 정도를 활용할 수 있게 되었다.

卜力이 인용한 통계에서 보면 毛澤東選集 本文을 조사해 본즉 66만餘 글자 중에 같지 않은 글자는 3千여개(많은 것은 3,094, 적은 것은 2,952로 조사의 차이)로 이 글자 中 거듭 쓰여

"100번 以上 나온 것 746개字로 613,000餘차에 걸쳐 94.3%
50~100 거듭 나온 글자는 222개字로 15,000餘차에 걸쳐 2.5%
2,000餘字는 5次 以下의 거듭으로 1,066개

89) 中國語學事典 II 國語統一と 文字改革 (1) 語文運動の歷史 pp. 102~104.
90) 成元慶, 中共簡化字 pp. 37~38.

그중 239개字는 2회씩, 424개字는 단 한번만 쓰였다."

라[91]고 했다. 따라서 2千字만 가지면 中國語는 무엇이든 표현할 수 있다는 것이다.

1955. 1 中國科學院語言硏究所에서 普通話(표준말) 審音委員會 設立

1956. 1. 28 漢字簡化方案 公布

'55.1 草案에는 簡化字는 798이었으나 正式公布에는 第一表(正式決定) 230字, 第二表(假決定) 285字 計 515字[92]

1957 吳怡·吳揚 三千常用字用法 펴냄[93]

1958. 1. 10 周恩來는 '文字改革의 當面課題'라는 報告에서

1. 簡字
2. 共通話(普通話)
3. 로마字(拼音)

의 三個項에 대해 말했는데 로마字는 漢字의 루비로서 共通語 普及의 手段이라 했다.[94]

1958. 2. 11 人民代表者大會에서 '漢語拼音案 草案' 認准, 12월부터 人民日報에서 사용하기 시작 대부분의 학교에서는 이 拼音(Pinyin) 교육을 小學校 1학년부터 받게 되어 Pinyin 읽을거리는 바로 읽을 수가 있어 1학년 아이들이 2학년 3학년用도 읽게 되었다. 中國人들이니까 뜻을

---

91) 卜力 "漢字精簡大有可爲" 漢字的 整理和簡化(北京 : 文字改革出版社, 1974. pp. 36~37.

92) さねとう けいしゆう 增補中國の文字改革 pp. 174~175, 1981 東京 くろしお出版

93) 福州, 福建 人民出版社 1958, 成元慶 中共簡化字 p. 66.

94) さねとう けいしゆう 中國の文字改革 pp. 194~195.

알게 되고 그러는 가운데 漢字도 외게 되고 知識도 늘고 文學的敎養도 政治敎育도 되는 것이다. 이 Pinyin 읽을거리로 아이들은 漢字도 많이 외고 小學校育을 1年쯤 短縮해도 좋지 않겠느냐는 말도 나왔었다.

1961. 11. 1 人民日報 光明日報는 어려운 漢字에 로마字로 발음표시한 일이 있었으나 數個月로 有名無實化

1962. 7 4年동안 계속되던 로마字 新聞<汉语拼音報> 없어짐

1963 初부터 雜誌 《文字改革》에는 로마字만의 文章이 5~6 페이지씩 실리게 되었다.[95]

1964. 5 中國文字改革 委員會 簡化字總表 2,238개字를 내었다.[96]

1966~67 文化革命 기간中 人民日報의 「RENMINRIBAO」라 拼音하던 것을 취소하였고(66.6.2) 光明日報로 또한 「GUANMINGRIBAO」 라는 拼音字를 취소(66. 6. 3)했으며 紅旗雜誌도 漢語拼音인 「HONGQI」 글자를 취소하는 등 文字改革작업은 한때 停滯되었다.

1971. 3 대륙의 小學校에서 쓰는 敎本표지에 또다시 漢語拼音字母가 출현하였다. 算術을 SOUANSHU, 語文를 YUWEN, 그리고 語文敎科書에 새로 나오는 글자들에는 모두 라틴字母로 注音해 놓았다.

1972. 4 郭沫若이 紅旗雜誌에 「文字必須改革, 要走世界文字共同的拼音方向」이라 하여 毛澤東 주장을 부연하여 文

95) さねとう けいしゆう 中國の文字改革 pp. 207.

96) 成元慶, 中共簡化字 p. 69. 제1표 352개, 제2표 132개(변방으로만 쓰는 14개 計算에 넣지 않음) 제3표 1,754개(類推 簡化字).

字改革을 회복하려는 信號로 삼았다.

1975. 5. 31 新華社 公告 "中國 人名·地名이 로마字로 표기된 것은 1975.9. 1부터 一律的으로 漢語拼音字母를 써야 한다. 北京을 Beijing이라고 하고 Peking은 안되고 毛澤東은 Maozedong이라 하고 Maotsetung이라 하지 않는다.

1976. 9. 3 로이타發 北京소식으로 外交部의 公報官이 "中共은 中文拼音化운동을 무기한 延期하되 拼音法을 시행해 나가는 새로운 시기는 아직 決定되지 않았다고 했다.

1977. 1. 1 人民日報는 文革이후 취소했던 신문이름의 拼音을 회복시켰다.97)

毛澤東이 취한 漢字라틴化운동은 계속된 漢語拼音方案의 推進이며 라틴화란 곧 世界語의 方向으로 가는 것이라고 여겼다.

1979. 12. 19 文字改革委員會가 발표한 第二次 漢字簡化方案(草案)이 人民日報에 발표되었다.

草案 第一表(248字) 第二表(605字) 合 853字, 第一表는 出版物에서 試驗使用하기도 했으며, 第二表는 大衆의 意見도 듣고 討論하기도 했다. 第一表는 어느 정도 新聞·雜誌 등에 試用되더니, 그 뒤 점차적으로 자취를 감추었다.

中共의 漢字簡化에 있어서 "보다 빨리, 보다 좋게, 보다 能率的"으로 할 수 있는 방법이라고 생각하고 있다. 그러나 簡字는 ① 字義의 混亂惹起. 隻→只, '隻'은 '하나', '只'는 '오직' ② 語音上에도 적지 않은 문제. 側→仄, 仄은 平仄이외의 경우는 zé 아닌 cé로 읽어야 한다. ③ 科學用語에서도 問題. 衝→沖 각기 다른 概念이다.

---

97) 成元慶, 中共簡化字 pp. 40~42.

이 簡字에 의한 混亂과 不統一로 많은 새로운 '文盲者' 誕生, 中國의 傳統文化斷絶을 염려하는 知識人이 적지 않다고 하며 簡化로 惹起되는 字義에 대한 영향을 연구해야 되며 文化遺産을 버리기 前에는 漢字廢止 내지는 簡化의 不可를 말하고 있다 한다.[98]

中共에서 簡字가 문제된 것은 ▲ 애써 漢字를 배워온 사람들이 다시 무식쟁이가 된다. ▲ 海外의 수천만 명 華僑들을 교육할 방법이 없다. ▲ 새로 簡字를 배운 이들은 正字로 기록된 역사나 문물을 배우기 어렵다. ▲ 韓國·日本 등과 文化交流에 벽이 생긴다는 것 등이 그것이다.

그래서 香港에서는 학교마다 몇年 전부터 簡字를 쓰지 않고 배우지도 않는다는 것이며 거의 簡字를 쓰지 않는다는 것이다.[99]

以上에서 보아온 바와 같이 中共에서의 語文政策은 "① 常用漢字 2,000字 ② 拼音(Pinyin)에 의한 普通話 普及 ③ 簡字化推進으로 압축된다고 하겠는데 小學校에서 3,000字쯤의 漢字敎育을 한다고 하며 鄧小平 등장 이후 孔子의 復權이 두드러진 현상으로 로마字化는 不可能하며 漢字와 Pinyin拼用도 實現의 可能性이 없다고 한다.

2. 日本의 漢字問題

(1) 略年表

우리의 語文政策을 확립하기 위해서는 同文化圈의 그것이 참고가 됨은 물론이다. 특히 國漢混用과 비슷한 漢子가나混用의 日本의 語文政策이 크게 참고가 됨은 더 말할 나위없는 일이다.

그들의 國語問題가 교육상·사회상 문제로 提唱된 것은 明治이

98) 宋在祿, 簡體字硏究, VI. 漢字簡略化에서 생기는 問題點 pp. 31~32.
99) 語文硏究 29號 p. 186, 漢字略字 좋은가 나쁜가. 南廣祐, 一潮閣.

후의 일이다.[100]

日本의 國語改良問題 略年表 등[101]에 의해 漢字관련사항만을 추려보면 다음과 같다.

그 문제로 최초에 擧論한 것은 前鳥來輔(密)의 1866년 漢字御廢儀[102]라는 것이 있고, 1873년에는 福澤諭吉의 文字之敎라는 것이 있다.[103]

1866. 12	前鳥 密 漢字御廢止之儀 將軍 德川慶喜에게 建白
1869. 5	南部義籌 條國語論 로마字採用論 주장. 로마字 渡來는 1591년
1870. 12	橫濱每日新聞(최초의 日刊新聞) 創刊
1871	天野御民, 國語可學論 가나文字採用 주장
1872. 2	東京日日新聞 창간
1873. 1	東京假名書新聞(二月廢刊) 小學校 國語讀本
1873. 2	前鳥密 「まいにちひらがなしんぶん(每日 平假名新聞」 발간 (다음해 廢刊)
1873. 11	福澤諭吉 「文字之敎」 3冊 國民敎育面에서 漢字制限論 주장[104]
1874. 9	廣鳥師範學校長 久保田謙 小學校에서 로마字 가르치라 建議
1883. 7	かなのくわい(假名會 가나會) 발족 1885. 1 羅馬字會成立 7 羅馬字會機關誌 창간
1889. 1	大阪每日新聞(朝日新聞 改題 창간)

100) 國語學(國語國文學硏究史 大成 15) 18. 國語國字問題の 歷史 1. 國語問題史の 槪視 pp. 562~3 昭和 36 (1961) 東京三省當.

101) 毛利昌 新当用漢字 意味用例辭典 pp. 4~15 用例.

102) 國語學(國語國文學硏究史大成 15) 18. 國語問題の 歷史, pp. 562~3. 1961, 東京三省當.

103) 앞의 책 p 587 解題. 岩波講座 日本語 3. p. 238 東京: 岩波書店.

104) "어려운 漢字는 되도록 쓰지 않도록 할 일이다. 어려운 漢字를 쓰지 않는다면 漢字數는 2千~3千이면 足할 것이다. 이 세冊(小學校用 國語讀本)에 쓰인 말의 數란 千未滿인데 큰 不便은 없다."

1900. 4	國語調査委員會(委員長 前島密) 성립
1900. 8. 21	小學校令施行規則 발표, 敎育漢字 1,200字로 制限[105]
1905. 10	西園寺公望을 會頭로 하는 「ローマ字 ひろめ會(로마字普及會)」 결성[106]
1908	敎育漢字 1,360字로 증가
1919. 5	國語調査를 文部省에
1919. 12	國語課로 昇格 현재는 國語調査 및 整理統一 로마字調査, 國語審議會의 일을 맡음.
1921. 6	臨時國語調査會 발족
1923. 5	〃 1921년 3월 東京·大阪 14新聞社의 16명이 發起人이 되어 全國新聞社에 대해 漢字制限에 協力을 바란다 하고 臨時國語調査會는 有力 신문사의 代表를 委員으로 넣어 '23.5 總會에서 可決된 것이 「常用漢字表」 1962字(實字數는 1,960자[107])이다.
1926. 7~1928	13회에 걸쳐 漢字語整理案
1931. 6	常用漢字表 修正案 1,858字 발표
1931. 9	滿洲事變으로 中國地名·人名을 포함한 報道로 漢字制限의 實行이 事實上 不可能해졌다.[108]
1934. 12	國語審議會(文部大臣 諮問기관 발족. 漢字字體整理案(1983.7) 발표
1942. 12. 4	標準漢字表 2,669字 발표. 이 表는 義務敎育에

---

105) 이 案을 立案上申한 것이 新進國語學者 保科孝一, 言語學者 藤,岡勝二 國語敎育學者 岡田正美였다.

106) 淸日戰爭 勝利에 의한 世界一流國으로 格上되어 國際感覺을 가지는 로마字論이 새로 脚光을 받은 것이다. 岩波講座 日本語. p. 278.

107) 略字體 採用에 의해 '辨·辯'이 '弁', '余·餘'가 '余'로 되어 그렇다. 岩波講座 日本語 3. p. 305(註12).

108) 앞의 책. p. 281.

	서 修得할 표준인데 아울러 각 관청에서 準據할 것으로 했다. 國語政策의 具體化한 획기적인 것이었으나 戰時下 철저를 期하지 못했다.
1946. 3	美國敎育使節團이 와서 國字改革(로마字採用과 그에 따른 委員會 設立勸告) 示唆
1946. 11. 16	「当用漢字表」와 「現代かなづかい(現代가나表記法)」內閣訓令告示
1947. 1	文部省 로마字敎育指針 公表. 2 新學年度부터 小學校·中學校부터 로마字敎育 행할 것 通牒
1948. 2. 16	当用漢字別表 -敎育漢字(義務敎育 必須) 881字
1948. 10	로마字調査會 設置
1948. 12	國立國語硏究所 設立
1949. 7. 5	國語審議會 性格이 改善되어 自立性 강한 建議機關으로 국어정책 推進키로
1950.	로마字調査審議會(會長 安藤正次) 폐지
1951. 5. 25	人名用 漢字別表 92字 발표
1954. 12. 9	로마字綴字法 單一化 발표
1958. 4. 10	言語政策を話し合う會(表音派, 言語政策을 의논하는 모임) 발족
1958. 10	學年別 漢字配當表
1959. 7. 11	「送りがなのつけ方」(가나添記法) 발표. 이를 動機로 戰後의 國語政策에 반대하는 側의 소리가 드세어져, 表音派와 表意派의 對立이 顯著해짐.
1959. 12. 17	國語問題協議會(表意派) 발족
1961. 3	國語審議會 5名(表意派) 脫退. 表意派와 表音派 對立激化
1962. 4	國語審議會 다시 諮問機關
1966. 6以來	國語審議會(第8期 '66.6~'68.5)는 文部大臣의 諮問에 應해 즉시 國語施策의 再檢討를 開始 國語施策의 性格이 制限的 性格으로 印象지어

져 있으므로 그런 誤解가 없도록 '範圍'라는 생각을 버리고 '一應の基準(一旦의 基準)'이라는 생각이 필요하다.

1968. 文部省 告示 268號 小學校學習指導 要領 備考 漢字 115字로 漢字教育 强化

1973. 6 「当用漢字音訓表」 및 「送り假名の付け方」를 內閣告示 및 內閣訓令으로 公布(國語審議會 10期의 議決答申)

1974. 11 第 11期 國語審議會審議經過 報告

"漢字表는 필요하다고 認識되나 그 性格에 대해서는 現行当用漢字表와 같은 制限的인 것으로는 하지 않는다."등 5項目의 "漢字表의 具體的檢討를 위한 基本的方針"을 보이고 또 字數에 관해서는 "現行의 当用漢字表에 比하여 急激한 변화는 避한다는 양해 아래 今後의 具體的檢討의 결과를 기다려 判斷하기로 한다."

1977. 1 新漢字表 試案

7.23 內閣告示 小學校學習指導要領(1981.4.1부터 實施) 學年別漢字配當表 996字

1979. 3 常用漢字表案(中間答申)

1981. 3. 23 常用漢字表(第 14期 國語審議會報告) 答申 1,945字

1981. 10. 1 常用漢字表 內閣告示로 公布

(2) 現行 常用漢字表 -1,945字

1981. 3. 23 國語審議會答申

1981. 10. 1 內閣告示公告

1. 常用漢字表의 性格[109)]

常用漢字表는 法令·公用文書·新聞·雜誌·放送 등 一般 社會生活

에서 사용하는 경우의 效率的이고 共通性이 높은 漢字를 가려 알기 쉽고 통하기 쉬운 文章을 쓰기위해 漢字使用의 표준(目安)으로 삼는 것을 목표로 했다.

常用漢字表는 現代의 一般 社會生活에 使用되는 것으로서 科學·技術·藝術 등의 各種專門分野나 個個人의 漢字使用에까지 介入하려는 것은 아니고 종래의 文獻 등에 쓰인 漢字를 否定하려는 것도 아니다. 또 地名·人名 등 固有名詞에 쓰인 漢字를 對象으로 하는 것도 아니다.

또 여기에서 말하는 一般 社會生活에 있어서의 漢字使用이란 義務敎育에 있어서의 學習을 끝낸 뒤, 어느 정도 實生活이나 學校에서의 生活을 겪은 사람을 對象으로 해서 생각한 것이다.

常用漢字表는 上述한 바 一般 社會生活에 있어서의 표준이 되는 것을 목표로 하는 것이기 때문에 表에 들어 있는 漢字만을 써서 文章을 써야 한다는 制限的인 것은 아니고 運用함에 있어 個個의 事情에 따라 適切한 考慮를 加할 여지가 있는 것이다.

읽기 어렵다고 생각되는 경우에는 필요에 따라 讀音(振り假名, 루비)을 달아주는 것도 하나의 방법일 것이다.

그러나 一般社會에 있어서 서로間의 傳達이나 理解를 圓滑하게 하기 위해서는 되도록 表에 따른 漢字使用이 期待되는 것이다.

(注) 常用漢字表의 性格은 制限的인 것이 아니고 一般 社會生活에 있어서의 漢字使用의 표준이 되는 것으로 했는데 「표준」의 趣旨를 부연하면 다음과 같이 된다.

① 法令·公用文書·新聞·雜誌·放送 등 一般 社會生活에 있어서 이 表를 無視하고 멋대로 漢字를 使用해도 좋다는 것은 아니다. 이 表를 努力目標로 하여 尊重하는 것이 期待되리라는 것.

② 法令·公用文書·新聞·雜誌·放送 등 一般 社會生活에 있어서 이 表를 기초로 하여 實情에 따른 獨自의 漢字使用의 범위를 결

---

109) 第一法規編集部編 常用漢字一付 敎育漢字·人名用漢字 p. 2.
東京 第一法規出版株式會社 1981. 10.

정하여 각각 作成하는 등 分野에 따라 이 表의 이용에 差가 생겨도 무방하다.

2. 字種과 音訓110)

常用漢字表에는 字種과 함께 音訓을 아울러 보이고 있다. 音訓에 대하여는 当用漢字音訓表(1973.6)를 원칙적으로 踏襲하고 새로 더해진 漢字에 대해서는 同表에 들어 있는 것에 準해져 새로 音訓을 選定했다.

字種이나 音訓의 選定에는 말이나 글을 표기한다는 觀點에서 現代國語에서 使用되어 있는 字種이나 音訓의 實態에 따라 綜合的으로 判斷했다.

1. 使用度나 機能度(특히 造語力)의 높은 것을 취한다. 또한 使用分野의 넓이도 참고로 한다.

2. 使用度나 機能度가 그다지 높지 않더라고 概念의 表現이라는 점에서 생각한 경우에 가나表記로는 알기 어렵고 특히 필요하다고 생각되는 것은 취한다.

3. 地名·人名 등 主로 固有名詞로서 쓰이는 것은 취하지 않는다.

4. 感動詞·助動詞·助詞를 위한 것은 취하지 않는다.

5. 代名詞·副詞·接續詞를 위한 것은 널리 使用되는 것을 취한다.

6. 異字同訓은 되도록 避하되 漢字로 구별표기가 되는 것과 漢字로 쓰는 習慣이 强한 것은 취한다.

7. 소위 取音字(当て字)나 熟字訓 중 慣用이 넓고 오래 된 것은 취한다. 또한 当用漢字表에 들어 있는 字種은 각 方面에의 영향을 考慮하여 모두 취했다.

3. 字體111)

---

110) 위 책 p. 3.
111) 위 책 p. 4.

주로 印刷文字面에서 현대의 通用字體에 대해 검토했다. 一般社會生活에 있어서 印刷文字의 구실을 중시했기 때문이다.

그 결과 字體를 변경하는 것은 각 方面에 영향을 주어 混亂을 가져올 염려가 있어 当用漢字表에 따라 현재 널리 쓰이고 있는 字體는 변경하지 않는 것으로 했다.(다만, 例外로 '燈'은 '灯'으로 변경했다.) 새로 더해진 漢字에 대해서는 同表에 들어있는 것에 準해서 整理를 했다. 또 이미 略體의 慣用되고 있는 것은 略字를 취했다.

또한 人名 등 固有名詞에 걸리는 경우의 字體에 있어서는 필요에 따라 따로 考慮할 여지가 있는 것이다.

다음으로 個個의 漢字字體에 대해서는 印刷文字로서 明朝体活字가 현재 가장 널리 쓰이고 있으므로 便宜上 그中 一種을 써 보이기로 한다. 그러나 이것이 현재 쓰이고 있는 各種 明朝体活字의 디자인上의 差異를 문제로 하자는 것은 아니다. 또 明朝体 아닌 印刷文字나 筆寫의 실제를 구속하려는 것도 아니다

또 明治以來 있어온 活字와 字体와의 連繫性(つながり)을 보이기 위해 소위 康熙字典体의 活字를 適宜 괄호 안에 넣어 놓았다.

常用漢字表에 없는 漢字字体에 대해서는 새로 表內의 漢字字体에 準해 整理하느냐의 問題는 특정한 方向을 보이지 않고 각 分野에 있어서 신중한 檢討를 기다리기로 했다.

常用漢字表에서는 漢字排列하는데 漢字音에 의한 五十音順의 方式을 採擇했으므로 部首에 대해 특히 새로 基準을 세우는 일은 하지 않았다.

4. 其他 關聯事項[112]

1) 學校敎育用

---

112) 위 책 p. 4.

漢字常用漢字表는 一般 社會生活에 있어서의 漢字使用의 표준으로서 作成한 것이지만 學校敎育에 있어서는 常用漢字의 趣旨, 內容을 考慮하여 漢字의 敎育이 適切히 行해지는 것이 바람직하다.

또한 義務敎育期間에 있어서의 漢字指導에 관해서는 常用漢字表에 들어있는 漢字의 모두를 對象으로 해야 된다는 것은 아니고 종래의 漢字敎育의 經緯를 단단히 알아서 또한 학생의 發達段階 등을 十分 配慮한 別途의 敎育上 適切한 措處에 맡기기로 한다.

2) 人名用漢字[113]

固有名詞에 쓰이는 漢字 중 子女의 이름에 쓰이는 한자에 대해서는 当用漢字表에 관련되는 것도 있어 널리 國語問題에 관계하는 것으로 종래 國語審議會도 관여해 왔지만 이 문제는 戶籍法 등의 民事行政과의 結付가 强한 것이기 때문에 今後는 人名用漢字表의 措處 등을 포함해서 法務省에 맡기기로 한다. 그 경우, 常用漢字表의 趣旨가 十分 참고되는 것이 바람직하다.

3) 各種 基準 등[114]

常用漢字表 등의 實施에 따라 從前부터 國語表記나 表現에 대해 各分野에서 행해져 온 基準 등에 대해서는 常用漢字表의 趣旨, 內容 등을 단단히 알아서 또 지금까지의 實施經驗에 비추어 各分野에 필요한 改善을 하는 등 適切한 運用이 되는 것이 바람직하다.

5. 当用·常用漢字에 대한 市原豊太 批判

그런데 日本敗戰 후의 当用漢字(1,850字)나 그 후의 常用漢字表(1,945字) 등에 대해 市原豊太(佛文學者) 의 "國語審議會委員에게의 公開狀"이란 글이 있다.[115]

---

113) 위 책 p. 5.
114) 위 책 p. 5.

이 글은 菊版 9p活字 25面에 達하는 長文이다. 그 긴 글을 다 옮길 수는 없고 그 끝맺이(結言) 部分을 옮겨보면 다음과 같다.

① 文部省은 漢字의 制限에 의해 國民을 日本의 古典에서 멀리 하고 祖國의 文化에 대한 愛情과 尊敬의 契機를 잃게 했다.

② 動植物의 이름에서 漢字를 追放하여 日本의 아름다운 自然에 대한 사랑과 歡喜를 크게 害치고 국민의 情操를 가난하게 했다.

③ 当用·常用의 兩漢字表는 日本國民을 對象으로 한 것이 아니라 軍部가 東南아시아地方의 外國人用으로 만든 것일 疑惑이 짙다. 적어도 日本人을 위한 것은 아니다.

当用漢字 1,850字는 戰時 中 軍部가 東南亞征服 後 統治를 위해 日本語를 普及할 목적으로 일찍부터 준비해 놓은 것이다. 그래서 新聞이나 通知에 필요한 漢字만을 選定한 것이라는 말을 들은 일이 있다. 나비(蝶)나 벌(蜂)이나 잠자리(蜻蛉) 등 昆虫이 모두 빠지고 「모기(蚊)」의 漢字만이 살아남은 事實에서 그것을 알 수 있다. 南洋의 말라리아(학질)熱을 媒介하는 羽班蚊, 그것을 쫓기 위한 모기香의 大量輸出을 생각할 때 「蚊」字 하나만이 살아남고 日常生活에 관계있는 漢字가 극단으로 不備(例 省略)한 까닭이 釋然해 진다.

④ (略)

⑤ 子女의 命名에 있어서의 어버이의 愛子之情이란 神聖한 領域에 간섭하여 文部·法務兩省이 제멋대로 정한 얼마 안 되는 글자에서 이름글자를 選定하기를 강요하는 不法을 감히 저지르고 있다.

⑥ 文部省은 일단 정한 것은 修正을 要하는 것도 고치는 것은 禁忌나 되는 것처럼 體面維持만을 생각해서 日本文藝家協會의

---

115) 1985. 1. 文藝春秋 "國民을 古典으로부터 멀리 하는 漢字制限과 新表記法은 後世에의 最惡의 遺物임을 論한 碩學의 日本文化의 低落을 慨歎한 警世의 一文"이라고 紹介해 있다.

요청을 4분의 1정도 받아들인 常用漢字表로 糊塗하고 있다.

常用漢字는 國民一般의 文化水準의 向上,[1] 社會生活能率의 增進을 꾀하고, 敎育에 있어서 文字學習負擔을 輕減[2]하는 것을 目的으로 하는 것이다.

라고 돼 있는데 1)은 古典을 읽지 못하게 해놓고 어떻게 이런 말을 할 수 있으며 2)도 逆이다. 市原은 또 敎育에서 '學習의 負擔을 輕減한다'는 것은 결코 學習에 좋은 일이 아니다. 오히려 負擔을 무겁게 하고 學問이란 어려운 것, 제대로의 사람이 되는 것은 容易한 일이 아니다 라는 自覺을 子女들에게 주어 그것을 참고 견뎌이기게 하는 것이 교육이다. 負擔을 가볍게 하고 安易하게 살아가게 하는 것은 子女들의 忍耐力·意志力을 懦弱하게 해서 필경에는 不幸하게 하는 일이라 하여 当用漢字·常用漢字와 같은 漢字制限을 꾸짖고 있는 것이다.

3. 韓國의 漢字問題

(1) 우리나라 漢字 관련사항 略年表

訓民正音制定 이전 漢字를 이용한 鄕札 吏讀 口訣 등으로 우리말 表記

1443. 12(陰) 訓民正音 制定
1445. 龍飛御天歌(國漢混用)
1447. 月印千江之曲(國漢混用, 國主漢從)
1447. 釋譜詳節(國漢混用, 漢主國從)

그 後로도 많은 책들을 諺解했는데 國漢混用 내지는 國漢倂用으로 한글專用文은 별로 없었다. 그러나 朝鮮王朝에서도 君主·妃嬪·士大夫·庶民 등의 公私文書나 諺簡뿐 아니라 小說·時調·歌辭·日記 등 文藝物에는 한글만의 글이 쓰였다.

한편, 吏讀는 近世에까지도 계속 쓰였다.

1880「누가福音」 과「요한福音」이 번역되고 1884년에 「新約全書」의 번역이 시작되어 1890년에 完譯되었다[116] 하기도 하고 1882~1895년에 한글 聖經이 나왔는데 1981년말 현재 3億1千만권의 聖書가 보급되었다는 보고가 있기도 하다.[117]

1883. 10. 31	漢城旬報[118] 純漢文
1886. 1. 25	漢城周報[119] 純漢文·순한글·國漢混用文 記事
1886.	農政撮要(國漢混用) 우리나라 雜誌의 嚆矢
1895. 5. 8	"法律命令은 다 國文을 本으로 삼고 漢譯을 附ᄒᆞ며 或 國漢文을 混用홈"
1895.	兪吉濬 美洲 유학에서 돌아와 學部大臣으로 있으면서 國漢混用体로 西遊見聞을 쓰는 한편 教科書(學部發行 小學讀本)도 國漢混用体로 쓰는데 진력
1896. 4. 7	독닙신문(한글전용)
1898. 8. 10	뎨국신문(한글전용)
1898. 9. 5	皇城新聞(國漢混用)[120]
1903. 3.	大韓留學生會會報(편집인 崔南善)
1904.	大韓每日申報(國漢混用)[5]
1906.	萬歲報(國漢混用)
1907. 1	周時經 국어와 국문을 공용문으로 숭상할 것을 주장 「西友」 2 그가 말하는 '국어'는 '순우리말', '국문'은 '한글'을 뜻하는 것으로 漢字와 漢字말을 버리자는 主張
1907. 7	國文硏究所 設置 文字硏究[121]

---

116) 趙潤濟, 韓國文學史, pp. 399~400, 서울: 東國文化社. 1963.

117) 김현, 한글운동의 문학적 의미, 나라사랑 26. p. 116. 한국일보, 1981. 10.9.

118) 鄭晋錫 著, 한국現代言論史論. p. 45, p. 50 전예원 '85. 1. 10.

119) 鄭晋錫 著, 앞의 책. p. 45, p. 51.

120) 崔鎭宇 著, 新聞報道記事論, p. 281, 中央出版印刷 1983. 4.

121) 魚允迪, 李能和, 周時經, 池錫永 등.

1908. 6	兪吉濬「小學敎育에 대ᄒᆞᄂᆞ 意見」"소학교육에서 漢字廢止가 가장 어려운 문제"라 하고[122] 漢字의 訓讀을 한글전용 否定하는 代案으로 제시[123]
1908. 11	少年 創刊(國漢混用)
1910. 4	周時經 國語文法 "기난갈·임·엇·임이듬" 같은 술어 登場
1910. 7. 24~27	李光洙 "今日 我 韓國國文에 對ᄒᆞ야" 國漢文体 方向 제시. "固有名詞나 漢文에서 온 名詞, 形容詞, 動詞 等 國文으로 쓰지 못ᄒᆞᆫ것만 아직 漢文으로 쓰고 그 밧근 國文으로 ᄒᆞ쟈……"[124]
1910. 8. 29	韓日合邦
1914. 3~7	'아이들보이' 卷末 '한글풀이'에서 '한글'이란 말 보임.
1919. 2	「創造」 誌
1920. 8. 5	朝鮮日報 창간
1920. 4. 1	東亞日報 창간
1920. 6. 25	「開闢」 誌
1921. 12. 3	朝鮮語硏究會 창립(任暻宰, 崔斗善, 張志暎 등)
1924. 3. 31	時代日報·中外日報 창간(社長 崔南善, 편집인 秦學文)
1931. 1. 10	朝鮮語學會(朝鮮語硏究會 후신)
1931. 7	朝鮮語文學會(京城帝大 朝鮮語文學科 출신 同人會 會報 7호까지)
1931. 12. 10	朝鮮語硏究會(朴勝彬)
1932. 5. 1	한글 創刊號(朝鮮語學會)

122) 皇城新聞, 1908. 6. 10.

123) 勞動夜學讀本 第一「사랑(人)은 하날(天)과 ᄯᅡ(地) 사이에 가장 신령(靈)ᄒᆞ니라」, 金敏洙, 國語政策論. p. 345, 1973. 11. 25. 高大出版部.

124) 皇城新聞.

1933. 10. 29　朝鮮語綴字法統一案 발표
1934. 2　正音 창간(朝鮮語硏究會)
1936. 10. 28　조선어표준말 모음 발표
1938. 4　國語(조선어) 科目을 隨意科目으로 사실상 폐지
1940. 6. 25(1941. 1)　外來語表記法統一案 발표
1942. 4　國語(조선어) 科目 폐지
1942. 10. 1　朝鮮語學會事件(李克魯·崔鉉培·李熙昇·鄭寅承등)
1945. 8. 15　解放 美軍政
1945. 11. 30　한자폐지회 발족(위원장 李克魯)
軍政廳學務局에 初等學校 敎科書에서 漢字廢止하라는 것 建議
1945. 12. 8　美軍政廳 조선교육심의회 "한자사용 폐지" 결의
초·중등학교의 敎科書는 전부 한글로 하되, 다만 필요에 따라 漢字를 괄호 안에 적어 넣을 수 있다고 定하였다.[125)]
1947. 6　趙潤濟 「國語敎育의 當面한 問題」 "漢字廢止에 앞서 1,000字 내외의 國民常用漢字로 制限할 것을 提案"
1948. 6　우리어문학회(方鍾鉉·具滋均·李亨奎·孫洛範 등)
會誌 語文
1948. 10. 9　朝鮮語學會 건의로 國會에서 한글전용에 관한 법률안(趙憲泳 修正案)을 在席 131명 中 86:22로 可決, 제 6호로 公布
대한민국의 공용문서는 한글로 쓴다. 다만, 얼마동안 필요한 때에는 한자를 병용할 수 있다.
1948. 12. 7~9　李崇寧 「漢字撤廢是非」 국제신문 漢字의 表意性을 들어 漢字制限論 주장
1949. 6. 12　한글전용촉진회 탄생(위원장 최현배)[126)]

---

125) 軍政廳 文敎部 : 漢字 안 쓰기 理論. pp. 1~2, 1948.
閔丙俊, 解放以後 文字政策硏究. p. 12 碩士論文.

1949. 9. 5	'한글학회'로 改編(朝鮮語學會)
1949. 9	漢字使用에 관한 建議案(任永信 議員 提案) 在席人員 118名에 可89 否1로 可決
1950	政府 漢字混用 決定
1951. 9	常用漢字 1,000字
1952. 11. 1	「國語國文學」 創刊
1952. 12. 14	國語國文學會 창립(梁在淵·鄭炳昱·金東旭·金敏洙 등)
1953. 7. 3	문교부 한글簡素化案 발표
1953. 7. 7	文敎部令 제 31호로 國語審議會 設置[127]
1954. 8. 1	大韓語文硏究會(鄭曝海·朴定緖·楊濟七·徐商德 등) 政府案 支持
1955. 2	韓國國語敎育硏究會(李應百·金悳煥·李杜鉉·李乙煥 등) 창립
1955. 6	문교부 文字頻度調査
1955. 9. 19	한글波動 끝[128]
1956~57	李承晩大統領 한글전용 촉구 담화
1956. 10	韓國國語學會(在大邱) (姜馥樹·兪昌均·千時權 등) 창립
1957. 10. 18	문교부 국어특별심의위원회 임시총회의 결정을 거쳐 11월에 新認定漢字 300字 추가한 臨時制限漢字 一覽表로 됨.
1958. 1. 1	한글전용 실천요강[129]
1958. 8	거리의 各種標識 한글로
1958. 11	西洋畫家 吳之湖 漢字論 批判(自由公論)
1959. 11. 22	國語學會(金敏洙·南廣祐·劉昌惇 발기) 창립

126) 한글학회 50년사, pp. 424~428.
127) 5個分科로 50名의 委員.
128) 국어국문학회編, 國語國文學會 三十年史. p. 40 한글波動. 金敏洙 執筆 1983. 5. 一潮閣.
129) 金敏洙, 國語政策論 pp. 347~8.

1960. 4. 19　4·19 革命

1960. 7. 5~6　소설가 張龍鶴이 "文學語로서의 우리 言語"에서 "한글전용은 文學語에 있어서도 그 발달을 沮害한다"고 主張(朝鮮日報)

1960. 8. 31부터 4회 東洋哲學者 柳正基 "漢字語는 漢字로 써야한다. 文教政策의 是正을 促求함"(朝鮮日報)

1960. 9. 27　金錫得 "때아닌 漢字廢止 反對論"이란 반박

1960. 10. 22　劉鳳榮 "讀書難과 한글專用教育" (朝鮮日報)

1960. 11. 19~20　국어국문학회 주최 제 3회 全國國語國文硏究發表大會에서 李熙昇은 "여태까지 사용해오던 漢字를 즉시 전폐한다는 것은 어렵고 오히려 역효과를 가져오게 된다"고 警告

1961. 5. 16　軍事革命

1961. 12　文教部 李熙福편수관 國語審議會委員會에서 1.000字의 初中高校 教育漢字에 대하여 좀더 效率的으로 가르칠 방법을 강구해야 할 것이라고 報告

1961. 12　初 政府는 "한글專用에 관한 法律을 强化하여 1962년 3월부터 新聞·雜誌 其他의 모든 刊行物에 한글을 專用시키도록 하겠다"고 發表130) 그러나 輿論의 반대로 일단 保留.

1961.　李崇寧 "한글專用을 준비와 硏究없이 法令化하는 것을 반대하고 漢字制限使用을 할 것 力說131)

1962. 1. 9　국어국문학회 國語政策에 관한 建議書에서 "한글전용漸進論·學校文法 통일"등 建議132)

---

130) '한글專用法'의 改定計劃은 1957. 12. 6 閣議에서도 試圖된 적이 있었다.

131) "漢字廢止의 法令化에 대하여" 思想界 第103號, pp. 225~231.

132) 國語國文學會 三十年史, 국어국문학회 編, 한글전용 즉시 施行에 反對, p. 108.

1962. 1. 14	崔鉉培 "한글만 쓰기 단행하라" 公開建議
1962. 1. 27	서울신문 崔鉉培(한글학회 理事長) 南廣祐(국어국문학회 代表理事) "한글專用問題를 말하다" 對談에 崔는 卽時專用, 南은 漸進論을 폈다.
1962. 1. 29	崔鉉培 公開建議에 答辯(文社 委員長 孫昌奎)으로 ´62.1.9字 국어국문학회 建議를 그대로 반영. 漸進論 채택
1962. 2	한글전용특별심의회 한자어 추방작업 착수
1962. 9	南廣祐 "한글專用에 앞서야 할 일" 新思潮에 발표[133]
1962. 10. 9	國家最高會議 議長 朴正熙 "한글專用을 빨리 하도록 하라고 指示.
	그러나 韓國日報 社說 "卽時專用은 文化의 混亂이온다."(10.9)
	朝鮮日報 社說 "文化遺産을 계승하고 漢文의 좋은 점을 살리기 위하여서 - 한글 愛用과 專用은 다르다고 생각한다."(10.9)
	東亞日報 社說 "充分한 硏究 후에 決定 짓자." (10.10)
1963. 2. 1	文敎部 學校文法 통일에 착수, 學校文法統一審議委員會에서 2월 10일 文法術語 중 品詞名稱이 固有語式이 아닌 漢字語式으로 決定
1963. 2	국민학교 교육과정 국어과 목표 4학년 읽기에 "일상생활에서 쓰는 한글과 한자, 숫자, 로마자와의 구별을 알도록 한다"고 漢字指導의 근거 設定됨.[134]

133) 漢字의 制限使用(略字도 採擇)으로 漢字混用敎育을 할 것과 한글맞춤법 改定, 표준말 再査定 등을 해야 함을 주장하고 國語硏究所를 두자 했다. 南廣祐, 改訂 現代 國語國字의 諸問題. p. 116~129.

134) 閔丙俊, 앞의 論文, p. 20.

1963. 여름 韓國言語文學會 (在光州) 창립. 池憲英

1963. 8. 10 한글전용안 휘보 5집 간행(총 14,159개 어휘)

1963. 9. 29 한국국어교육학회 창립. 金聖培

1964. 9 국민학교 600字 중학교 400字 (도합 1,000字) 고등학교 300字(도합 1,300字) 범위안에서 漢字를 露出시켜 難易度에 따른 段階的인 敎育을 실시 하기로 決定. 대부분의 輿論이 同調

1964. 11. 15 한글학회 漢字敎育方針에 대한 반대 聲明, 한글전용에 대한 한글 학회의 주장 '문화선언' 발표

1965년도 이후의 國語科 모든 敎科書를 露出된 것으로 改編

1965. 10. 9 朴正熙대통령은 "한글을 쓰는 것으로 民族文化의 建設과 敎育愛國 生活을 建設할 수 있으니 한글을 專用하라"고 그 어느 때보다도 한글專用을 强調한 談話 발표

1965. 11. 30 政府는 1948년과 1957년에 이어 세 번째로 한글專用 추진計劃이 마련되었는데, 한글전용 적극 추진하기 위한 '한글專用法 改定法律案'을 발표.

그러나 '文字政策을 法制化해서 할 수 없다'는 言論界의 주장 때문에 保留되었다.135)

1966. 1. 16 한글학회 "하루 속히 한글專用의 완수를 위한 法的 조처를 해달라"는 건의서를 냄.

1966. 1. 22 총무처 "政府가 한글專用法의 强化策을 위해 노력하고 있다."고 回信

---

135) 閔丙俊, 앞의 論文, p. 22.

1967. 3	문교부 542字 略字試案 발표. 한글학회 등 반대로 포기
1967. 11. 16	朴正熙대통령 "연차적으로 計劃을 세워 한글運動을 展開하여 목표 연도에는 완전한 한글專用이 되도록 하라"고 指示
1968. 1	韓國新聞人協會 新聞漢字 2,000字 選定
1968. 1. 6	한글학회 '한글專用을 段階的으로 조속히 실시하라'는 建議書
1968. 3	1973년부터 실시할 한글專用計劃案(文敎部, 公報部, 總務處, 法院行政處 등) 발표에 대해 言論이 社說로 반대하고 大韓辯護士協會의 '한글專用은 違憲'이라는 聲明[136]
1968. 10. 9	朴正熙대통령 1970년 1월 1일부터 온 國民이 모든 分野에서 한글專用하기를 促求
1968. 10. 25	한글專用 촉진에 관한 7개항의 指示[137]
1968. 11. 2	국어국문학회 임시총회에서 한글전용문제를 討議하여 "한글전용을 漸進的으로 하는 것이 좋다. 漢字敎育은 단계적으로 하는 것이 좋다"는 원칙 확인하고 會員에게 書面으로 設問에서 얻은 結果(回信者 109명) 한글전용 漸進的으로 73명 국민학교 漢字敎育해야 71명 制限漢字 1,300字 37명 2,000字 47명[138]
1968. 11. 5	大統領令 제3925호로 한글專用硏究委員會規定 公布[139]

136) 閔丙俊, 앞의 論文, p. 23.
137) 金敏洙, 國語政策論, p. 349.
138) 국어국문학, 44.45合倂號 pp. 461~2.
139) 金敏洙, 앞의 책, p. 349.

1968. 12. 27	柳正基교수 한글전용 반대로 파면
1969. 1. 29	語文教育是正促求聲明書 - 漢字 漢文教育을 强化하자 발표
1969. 7. 31	韓國語文教育研究會(李熙昇·劉鳳榮·李相殷·金庠基·申淳彦 등) 발족. 教科書 漢字廢止 中止促求
1970. 1. 1	한글전용 斷行
1970. 2	국어조사연구회(한글학회 중심) 발족
1970. 3	각급학교 모든 교과서 한글改版 中學校·實業高等學校 漢文教育 廢止(長官 權五柄)
1970. 5. 30	南廣祐 "現代國語國字의 諸問題" 발행
1971. 2	農村振興廳「한글농업용어집」3,000단어[140]
1971. 3. 8	韓國語文教育研究會 등 20개 학술단체, 漢字教育復活促求建議書 발표.
1971. 3. 13	한국일보, 朝鮮日報, 京鄉新聞, 東亞日報 등 社說로 同調呼應
1971. 6. 20	국어국문학회 國語正書法案 制定
1971. 7. 3	語文教育是正促求建議書(韓國語文教育研究會·國語國文學會·國語學會·韓國國語教育研究會) 國務總理(金鍾泌)에게 전달 "국어교육 전반에 대한 재검토와 대응책" 建議
'71. 8. 5	中央日報 社說 "常用漢字의 教育" 등 각 신문에 크게 報道
1971. 8. 8	한글학회(許雄) 등 31개 단체 "教科書 漢字復活" 반대
1971. 8. 20	吳之湖 "國語에 對한 重大한 誤解"
1971. 9. 21	學術院은 國務總理室 諮問에 答申 "國民學校로부터 단계적으로 漢字教育을 실시하되……"라

140) 한국일보, 1971. 2. 16.

고 하여 '漢字敎育을 實施하는 것에 全的으로 贊成한다' 라는 答申을 보냄.

'71. 9. 23 朝鮮日報 社說 "語文政策 再檢討의 契機—學術院의 답신은 결정적인 기초가 된다."

'71. 9. 23 全南日報 社說 "漢字敎育을 復活하라"

'71. 9. 23 京鄕新聞 社說 "漢字政策을 되씹어 볼 때다"

'71. 9. 24 東亞日報 社說 "語文政策의 재검토"

'71 .9. 24 新亞日報 社說 "漢字敎育의 復活論" 등으로 크게 歡迎

1971. 9. 24 한글학회 등 38개 단체 學術院 答申에 대항하여 "한글전용에 대한 건의서"를 내어 맞섬

1972. 1. 17 中學敎科課程에 漢文科目 신설계획 밝힘.(文敎長官 閔寬植)

中央日報('72.1.18) 東亞日報('72.1.19) 朝鮮日報('72.1.19) 등이 社說로 환영하고 朝鮮日報('72.2.23)는 다시 社說에서 "漢字敎育 强化의 方法 — 學問은 實用性에 置重해야 한다"라고 했다.

1972. 4. 8 韓國語文敎育硏究會 등 44개 學術團體 漢字敎育復活 方案에 관한 建議書

1972. 7. 8 韓國語文敎育硏究會 등 51개 學術團體 "漢字·漢文敎育方案에 관한 建議書" — 基礎漢字制定을 환영하며

1972. 8. 17 文敎部 中·高校 漢文敎育用 基礎漢字 選定 발표

1972. 9 中學校와 實業高等學校 漢文敎育 復活

1973. 4. 20 劉鳳榮文公委員 主管아래 실시한(72.4) 大學生의 國語(漢字語)實力調査報告會(劉鳳榮·南廣祐) 한글專用의 결과로 國語實力의 低下現象이 나타났다는 것 統計分析으로 提示 이 報告는 京鄕 각 日刊紙는 물론, 週刊紙에까지 대대적으

로 취재 보도 되었는데

'73. 4. 21 "大學生의 漢字語實力" (中央日報)

'73. 4. 22 "대학생 漢字實力의 교훈" (朝鮮日報)

'73. 4. 23 "語文敎育의 反省과 강화" (東亞日報)

'73. 4. 23 "漢字敎育 강화하라 — 新聞도 못 읽는 대학생 實態" (全北日報)

'73. 4. 24 "대학생의 國語實力을 높일 방안을 강구하자" (京畿每日)

등 社說로 漢字敎育의 강화를 强調

1973. 5. 25 韓國語文敎育硏究會·국어국문학회·國語學會·韓國國語敎育硏究會 등 4개 語文관계 學術團體 連書로 위 大學生의 國語(漢字語) 실력조사 결과에 따라 "국민학교부터 國語敎育의 一環으로 漢字敎育을 할 것을 촉구하는 建議書

1973. 10. 30 「語文硏究」 創刊 韓國語文敎育硏究會

1974. 7. 11 '75년 新學期부터 中·高敎科書에 漢字倂用方針 발표(文敎長官 閔寬植)

'74. 7. 12 "漢字敎育 還元의 의미" (京鄕新聞)

'74. 7. 13 "正常復歸한 語文政策" (서울신문)

'74. 7. 13 "正道찾은 語文政策" (朝鮮日報)

'74. 7. 13 "國漢文倂記体制의 決斷" (한국일보)

'74. 7. 15 "語文政策의 變遷" (東亞日報 횡설수설)

'74. 7. 16 "漢字의 敎育" (中央日報) 등 社說로 환영의 뜻을 表함.

韓國語文敎育硏究會는 "文敎部 敎科書 漢字倂用決定 支持聲明書" 발표, 한글학회는 '漢字敎育을 中止하라'는 건의서를 냄.

1975. 3 中·高校 國語敎科書 괄호 안 漢字復活

1975. 6. 26 "敎育效果를 높이기 위하여 國民學校부터 漢字敎育을 實施하는 것이 좋다"는 大韓敎育聯合會

	의 建議를 받고 "빠르면 내년부터 실시할 것을 檢討추진 中에 있다"라는 발표(文敎長官 柳基春)
1975. 7. 15	69개 學術團體의 同調를 얻어 韓國語文敎育硏究會·국어국문학회·國語學會·韓國國語敎育硏究會의 4개 語文관계 學術團體連書로 "국민학교 漢字敎育復活支持聲明書"를 냄.
1976. 4. 16	朴正熙대통령 國語醇化運動 指示
1976. 6. 25	위 指示 "支持聲明書" 韓國語文敎育硏究會 등 9개 學術團體 "國語醇化의 沮害要因을 분석하고 國語醇化方案" 提示
1976. 6. 1	語文敎硏은 漢字敎育에 관해 大統領·文敎長官에게 建議 '77학년도부터 국민학교 漢字敎育, 모든 敎科書 漢字倂用을 施行促求
1976. 9. 22	文敎部 "국민학교 漢字敎育 않기로" 발표
'76. 9. 24	東亞日報 "國校生과 漢字敎育 – 또 이의 早期實施를 촉구한다–"
'76. 9. 28	中央日報 "國民校 漢字敎育의 白紙化" 社說 등으로 漢字敎育은 마땅히 국민학교에서 해야 될 當爲性을 세웠다.
1977. 5	국어국문학회 外來語表記法 制定
1977. 7. 28	李熙昇·李丙燾·李崇寧 등 學界·敎育界·言論界·法曹界·文壇 著名人士 300명이 國民常用漢字制定·국민학교 漢字敎育復活촉구 建議書
'77. 7. 30	서울신문 "漢字 내지는 漢文敎育 그 자체를 반대하는 입장이 아닌 우리는"이라고 일단 교육에 대해서는 贊意를 표하고 常用漢字制定에 대해서는 漢字의 永久化를 염려하여 異議를 제기해 政府기관지로서의 체모를 지킴.
7. 31	中央日報 "常用漢字의 교육'

7. 31　新亞日報 "漢字教育의 확대"

8. 4　東亞日報 "漢字教育은 빠를수록 좋다 - 常用漢字制定과 早期教育建議에 붙여"

8. 10　한국일보「地平線」"국민학교부터 최소한의 常用漢字를 가르치는 것이 당연한 길" 등 社說로 贊意를 표함.

1977. 8. 18　朴正熙大統領 常用漢字에 관해 談話발표 "현실적으로 常用되고 있는 漢字를 없애자는 극단적인 주장도 옳지 않지만 常用漢字를 현재보다 더 늘려야 한다는 주장도 옳지 않은 것이며, 어느 面에서는 시대에 逆行하는 것이라고 생각한다"는 견해 피력.

1977. 10. 9　韓國語文教育研究會 등 10개 學術團體 "국민학교부터 漢字를 조금씩 가르치도록 文教部는 확고한 태도를 보여주었으면 한다"고 했다.

1978. 7. 4　韓國語文教育研究會는 73개 學術團體 및 345名 著名人士(各界)의 連書同調로 "漢字教育에 관해 文教部長官께 드리는 건의서"를 내어 다시 "국민학교부터 국어교육의 일환으로 漢字가 노출된 教科書로 漢字教育을 할 것과 教育은 有機的 반복적으로 행할 때 그 效果를 거둘 수 있음에 비추어 모든 教科書에도 필요한 漢字를 혼용하기"를 촉구

1978. 7. 13　국어국문학회·국어학회·韓國語文教育研究會·韓國語文學會·韓國言語文學會·韓國國語教育研究會·한국국어교육학회 등 語文관계 7개 學術團體 "國語 教育强化促求建議書"를 냄.

위 두 建議書는 言論의 대대적인 반응을 불러 일으켰다.

'78. 7. 19　서울신문 "우리 글을 제대로 못 쓴다. 國語教

育은 강화되어 마땅하다"

'78. 7. 31 中央日報 "불실한 國語教育"

'78. 8. 4 東亞日報 " 國語教育과 漢字教育"

'78. 8. 6 京鄕新聞 "절름발이 國語教育 —이래서야 「國籍있는 教育」 되겠는가" 등 社說과 朝鮮·한국 등 日刊紙 取材報道

1978. 한국방송윤리위원회, 5개 競技用語 541개

1979. 3 韓國語文教育硏究會 常用漢字 1,800字 확정

1981. 5. 31 大統領閣下께 드리는 建議書 - 국민학교 漢字教育 强化와 漢字混用교과서 편찬을 바라는 - 尹潽善·李丙燾·兪鎭午 등 總 2,072名 學界·教育界·政界·法曹界·言論界·宗教界·文壇人士

第2次 154名 第3次 448名 第4次 1,152名
第5次 303名 第6次 160名 第7次 189名
第8次 95名 총 4,571名(1984.8.31 현재)

1981. 10. 15 李熙昇 외 5名 連署로 語文教育 政策是正의 일을 國會에 請願書, 이에 맞서 許雄外 9名이 한글專用에 관한 法律 중 但書條項 삭제하라는 請願書를 냄.

1981. 총무처 行政用語 순화 7,540語 중 1,035개 選定, 농촌진흥청 농업용어 1,069개

1982. 국어순화운동협의회, 1,654개

1983. 문교부, 국어순화자료집 6,800단어[141]

1984. 3~ 全南道教委(3월) 江原道教委(6월) 忠南道教委(8월)에서 국민학교漢字教育 實施·中高漢字教育 强化

1984. 4. 10 국어연구소(所長 李亨奎) 발족

1984. 9. 10 語文教育是正促進會(會長 申淳彦·柳正基) 漢字

---

141) 朝鮮日報, 1983. 5. 31.

	抹殺政策是正呼訴文贊同署名 7,560名
1984. 11. 13	韓國語文教育研究會(會長 李熙昇) 語文教育是正促進會(會長 申淳彦) 連署로 大統領閣下께 드리는 建議書 - 「국민학교 漢字教育復活과 漢字混用 교과서 편찬을 바라는 -」 「漢字抹殺政策是正呼訴文」에 대한 贊同署名者 8,568名
1985. 7. 10	韓國國語教育研究會(會長 李應百) 國務總理·文教部長官·民主正義黨總裁에게 各各 初·中·高校의 한글 및 漢字教育政策是正促求建議文
1985. 8. 1	語文教育是正促進會(會長 申淳彦·柳正基) 文字鎖國解除促求書 漢字混用教育請願書를 냄. 4,106名

(2) 文教部制定 中高漢文教育用 基礎漢字 1,800字와 韓國語文教育研究會의 常用 漢字 1,800字案 및 略字案

漢字가 韓民族에 의해 만들어졌다는 所論은 史學者에 의해 주장된 바 있고 安浩相·金敏洙·金慶漢 등도 같은 主張이고 보면 그럴 듯하게 생각되기도 하는데 그는 어떻든 우리가 漢字를 使用해 온 歷史는 2千年 이상, 아니 2千5百年은 되리라 한다.

우리나라의 辭書로 中國의 康熙字典이나 中文大辭典, 日本의 大漢和辭典의 字數보다도 월등히 많은 約 7萬字를 收錄했다는 權丙勳의 것이 있다.

우리나라에서 만들어진 訓蒙字會(1527年) 3,360字, 新增類合(1576년)에 3,000字가 실려 있으나 이는 字學書다. 그리고 필자가 漢字音(壬亂前 現實漢字音)을 연구하기 위해 조사한 文獻에 나타난 漢字로, 蒐集된 것은 總5,945字(一字二音 以上인 것 延計算)였다.

玉篇類로는 韻會玉篇(1536년) 三韻聲彙補玉篇(1751년) 全韻玉篇(奎章全韻 1796년, 거의 같은 때 正祖命撰) 등이 있고 池錫永의 字典釋要(1906년 仲秋완성)에는 16,298字(韓·中·日의 俗字도 包含)가 실려 있으며, 崔南善의 新字典(1915년)도 있다. 해방

후의 字典으로는 吳漢根의 新字源(1950)년 金敏洙의 새字典(1972년) 등이 있다.

해방후, 한글專用정책으로 一貫돼 오는 가운데 1951년 常用漢字 1,000字, 1957년에 新認定漢字 300字 追加, 1966년에는 中央日報가 1,966字, 1967년에는 東亞日報가 2,000字, 1968년에는 韓國新聞人協會가 2,000字를 각각 常用漢字로 選定한 바 있는데 1972년에는 文敎部가 中高校 漢文敎育用으로 基礎漢字 1,800字를 選定 발표한 바 있다.

이 基礎漢字는 글자 그대로 漢文敎育用인데 中高에 각각 900字씩 配定해서 가르치기로 되어 있다.

韓國語文敎育硏究會에서는 1979년 3월에 基礎漢字 중에서 169字를 添削해서 常用漢字 1,800字를 확정한 바 있고 이어 略字案도 만든 바 있다.

文敎部 常用漢字(1,000字와 1,300字) 基礎漢字, 中央日報·東亞日報·韓國新聞人協會選定漢字와 韓國語文敎育硏究會의 常用漢字 및 略字案은 4. 韓中日 常用漢字一覽表 참조.

(3) 北韓의 漢字問題

北韓의 漢字問題에 대해서는 金敏洙의 北韓의 國語硏究[142]를 소개하기로 한다.

北韓의 言語政策은 1964년 1월과 1966년 5월 두 차례의 이른바 金日成 敎示에 의하여 진행되고 있다. 전자는 그 基本指針을 천명한 것이며, 후자는 전자를 강조한 것이다. 그런데 1970년 11월 「조선로동당 제5차대회에서 한 중앙위원회사업총화보고」에서 재강조하여 더욱 촉진되게 하였다. 이를 집약하면 主體性 確立의 일환으로서 취해진 民族語의 발전으로 일관되어 있다.[143]

---

142) 高大出版部, 1985. 1. 30.
143) p. 134.

文字改革

漢字問題

北韓은 알려진 바와 같이 이미 1946년 말부터 1947년 초 사이에 漢字廢止를 단행하고, 서적에는 괄호 속에만 넣었다. 1948년 초에는 이에 대한 사회적 통제를 가하면서 共産主義的 思想敎養事業을 전개하였고, 1949년에는 이를 완료하였다. 이처럼 불과 3, 4년 만에 漢字廢止를 끝낸 것은 이른바 社會主義革命을 달성하기 위한 토대의 구축이었다.144)

이리하여 약 20년이 지난 1968년부터 漢字敎育이 부활되었다. 이 부활은 그들로서는 매우 큰 이변인데, 1964년 敎示에는 그 이유를 다음과 같이 對南戰略에 초점을 맞추고 있다.

> 지금 남조선 사람들이 우리 글자와 함께 한자를 계속 쓰고 있는 이상 우리가 한자를 완전히 버릴 수 없습니다. 만일 우리가 지금 한자를 완전히 버리게 되면 우리는 남조선에서 나오는 신문도 잡지도 읽을 수 없게 될 것입니다.
> 그러니 일정한 기간 우리는 한자를 배워야 하며 그것을 써야 합니다. 물론 그렇다고 하여 우리 신문에 한자를 쓰자는 것은 아닙니다. 우리의 모든 출판물은 우리 글로 써야 합니다.

1966년 敎示에도 이런 이유가 반복되어 있지만, 1964년 敎示의 다음 부분은 실제로 무엇을 뜻하는 것이었는가? 이와 관련하여, 갑작스런 漢字敎育은 國語敎育의 한 强化策이라고 생각되며, 따라서 그것은 政策修正을 뜻하는 것이다.

> 여기에는 또한 어문학 지식이 적은 데도 일정한 원인이 있습

---

144) 김인호, "우리 당의 한자폐지는 그 거대한 생활력을 힘있게 나타내었다." 사회과학원, 「언어학론문집」, (1975. 5, 평양 : 사회과학출판사), pp. 254~255 참조.

니다. 대학을 나온 사람들도 조선말을 잘못 쓰는 것으로 보아 학교들에서 조선말을 제대로 가르치지 못하는 것 같습니다.[145)]

4. 韓·中·日 常用漢字 一覽表

韓國의 基礎漢字나 韓國語文敎育硏究會의 常用漢字案은 1,800자요, 新聞은 2,000字정도의 常用漢字를 定한 바 있고, 語文敎硏은 略字案도 제시한 바 있다.

日本은 常用漢字 1,945字에 略字 357字요, 中共은 常用漢字 2,000字에 簡体字가 있다.

이 韓中日 3國의 常用漢字와 그 略字를 한눈에 보아 알 수 있도록 一覽表로 만들었다.

아울러 造語力과 使用頻度와 頻度順을 記錄하였고 國中高校에서의 漢字의 읽기와 쓰기(書寫) 指導案도 一覽해서 알 수 있도록 했다.

1. 本 一覽表에 收錄된 漢字는 다음과 같다.

′72 基礎漢字 1,800字
′79 韓國語文敎育硏究會 제정 常用漢字 1,800字 基礎漢字 중 169字를 添削한것
′51 常用漢字 1,000字
′57 ″ 1,300字
′68 韓國新聞人協會 選定 2千字(略字案)
′67 東亞日報 2千字
′66 中央日報 1,966字
日本 ′81 常用漢字 1,945字(略字 포함)
中共 ′52 常用漢字 一等字 1,010字
次等字 490字

145) 위 책, pp. 134~135.

補充字　500字

´56~´77 簡体字

2. 漢字는 漢字音別로 造語力順에 따랐다. 造語力은 東亞出版社의 漢韓大辭典에 의해 조사한 것이고 加算될 낱말數라 함은 그 辭典에 뒤에 오는 낱말이 0 또는 實數보다 적게 되어 있는 것에 필자가 補充한 數字다.

3. 읽기指導·쓰기指導 配定案은 필자의 私案인 바, 現行教科書의 語彙實態를 조사 中이므로 그에 따라 더 研究해서 修正할 예정이다.

4. 使用頻度順은 ´55 文教部 빈도조사, ´73 申鉉根, ´78 李應百 調査分을 실었다.

5. 頻度數는 ´73 南基恒 ´83 申鉉根 ´78 李應百 ´85 신문·잡지 國語研究所 조사한 것을 실었다.

韓·中·日 常用漢字 一覽表

註1 : 東亞 '83.9　京鄕 '83.11　中央 '84. 1
한국 '84.3　서울 '84. 5　朝鮮 '84. 7

註2 : 新東亞, 現代詩學, 考試界, 기독교 사상, 文學思想
政經文化, 客席, 바둑, 새소년, 女性中央, 女苑,
佛光, 女高時代, 컴퓨터, 사이언스, 스포츠레저

漢字音	漢字(造語力順)	'72基礎漢字 1千8百字 中高別	造語力: 낱말數(앞) '63東亞漢韓大辭典	造語力: 낱말數(뒤) 〃	造語力: 加算된 낱말數(뒤)	'79韓國語文敎育硏究會 常用漢字 1千百字 略字포함	읽기指導: I案 國中校配定案 各9百字	읽기指導: II案 國中高配定案 各6百字	쓰기指導 國中高校配定案	'51常用漢字 1千字	'57常用漢字 1千3百字	'81日本常用漢字 略字포함 1945字	中共: '52常用漢字 2千字 '51 '52 一等常用1010 次等常用490 補充常用500	中共: '56~'77簡體字	新聞採擇: '83서울신문(頻度順)	新聞採擇: '68韓國新聞人協會 選定 2千字	新聞採擇: '67東亞日報 2千字	新聞採擇: '66中央日報 1996字	使用頻度順: '55文敎部 調査 漢字	使用頻度順: '73中校國語 敎科書에 쓰인 漢字 申鉉根 調査	使用頻度順: '78漢字併用期의 中高敎科書에 쓰인 漢字 李應百 調査	頻度: '73 '74國校 國語敎科書에 쓰인漢字 南基恒 調査	頻度: '73中校國語敎科書에 쓰인 漢字 申鉉根 調査	頻度: '78漢字併用期의 中高敎科書에 쓰인 漢字 李應百 調査	頻度: '83 '84新聞 6개 1個月分 註1	頻度: '84雜誌 16종 1個月分 註2
1	2	3	4	5	6	7	8	9	10	11	12	13	14	15	16	17	18	19	20	21	22	23	24	25	26	27
가	家	中	183	43	+42	○	國	國	國	○	○	○	一		3	○	○	○	42	69	49	80	209	331	75	22
	加	中	132	7		○	國	國	國	○	○	○	一		1	○	○	○	301	562	127	14	27	173	32	9
	假	中	127	1		仮	國	中	中	○	○	仮	一		6	○	○	○	365-2	489	228-1	9	32	61	29	15
	可	中	83	5		○	國	國	國	○	○	○	一		2	○	○	○	413	728	223-1	10	18	66	34	12
	佳	中	55	0	+6	○	中	高	高			○			9	○	○		825-1	1258	281-1		3	8	5	1

1	2	3	4	5	6	7	8	9	10	11	12	13	14	15	16	17	18	19	20	21	22	23	24	25	26	27
	歌	中	37	22		○	國	國	國	○	○	○	一		7	○	○	○	689-4	244	146-1	9	71	148	12	6
	價	中	15	22		価	國	國	國	○	○	価	一	价	5	○	○	○	467	442	99-1	6	37	215	16	13
	街	中	22	3		○	國	國	高		○	○	一		4	○	○	○	599-5	907	270-1	5	11	19	10	2
	架	高	15	5		○	中	中	中			○	一		14	○	○	○	802-5	776	276-1	1	16	13	3	1
	暇	高	3	8		○	中	中	中		○	○			10	○	○	○	776-2	952	285-1	3	9	4		
	苛		24	0											16	○	○	○	803-9	외383	283-1		1	6	2	1
	哥		7	0									-		12											1
	稼		5	0								○	次		8			○	835-114						2	
각	各	中	91	0	+3	○	國	國	國	○	○	○	一		1	○	○	○	65	120	258-1	101	146	31	22	17
	角	中	77	7		○	國	中	中	○	○	○	一		6	○	○	○	164	999	146-2	9	8	148	9	5
	刻	高	57	17		○	中	中	中	○	○	○	一		4	○	○	○	566-1	775	248-1	3	16	41	8	3
	覺	高	18	17		覚	國	中	中	○	○	覚	一	觉	2	○	○	○	366-2	672	152-1	447	21	141	5	
	脚	中	24	10		○	中	高	高			○	一		3	○	○	○	798-12	1257	271-1		3	18	7	1
	閣	高	17	8		○	中	中	中	○	○	○		阁	7	○	○	○	706-3	912	265-1	9	10	24	4	
	却	高	7	7		○	中	高	高			○	次		8	○	○	○	754-6	1730	264-1		0	25		2
	殼		5	0	+2							殼		壳	12			○	807-8		261-1			28		
간	間	中	89	14		○	國	國	國	○	○	○	一	间	1				19	27	95-2	135	313	224	11	8
	簡	高	64	2		○	國	中	中	○	○	○	一	简	10	○	○	○	552-3	386	255-1	17	45	34	6	4
	干	中	34	5		○	國	中	中			○	一		7	○	○	○	486-2	517	264-2	7	30	25	4	1
	姦	高	31	0	+5	○	中	高	高						6	○	○		827-8	1728	286-3		0	3	1	
	赶												一													
	看	中	34	1		○	國	國	高	○	○	○	一		4	○	○	○	734-2	1182	276-2	26	4	11	9	5

1	2	3	4	5	6	7	8	9	10	11	12	13	14	15	16	17	18	19	20	21	22	23	24	25	26	27
	肝	高	23	3		◯	中	中	中			◯	次		9	○	○		723-6	1330	260-1	2	2	29	15	1
	幹	高	17	8		◯	中	中	中	○	◯	◯	一	干	3	○	○	○	707-2	950	264-3		9	25	4	
	懇	高	28	0	+1	◯	中	中	中		◯	◯	補	恳	8	○	○	○	718-3	1180			5		1	2
	刊	高	11	4		◯	中	中	中		◯	◯	補		2	○	○	○	709-1	308	253-1		56	36	3	3
	奸		35	0									次		13			○	751-1	外373	288-4		1	1	4	1
	艱		17	0									次	艰	11				816-11	外231	285-2	3	2	4	1	2
	墾		3	1								◯	補	垦	5	○	○	○	820-7	外376	287-4	4	1	2	1	2
	杆														16						288-5			1		
	稈												次		22											
	柬												補		17											
갈	渴	中	16	2		○	中	高	高			渴	次		2	○	○	○	806-9	1497	281-2		1	8	2	
	褐		13	0	+1							褐			4		○		758-8	外368	266-30		1	22	1	
	喝		4	3								喝	一		1	○	○	○	813-2	外128	288-9	2	4	1	1	
감	感	中	112	18		○	國	國	國	○	○	◯	一		1	○	○	○	578-3	31	73	38	301	285	21	12
	減	中	54	7		○	中	中	中	○	○	◯	一		2	○	○	○	598-2	1255	195-1		3	94	20	
	監	高	50	7		监	國	中	中	○	○	◯	次	监	3	○	○	○	195	353	227-1	8	49	62	23	23
	甘	中	52	0	+2	◯	中	高	高			◯	次		9	○	○	○	811-7	1733	271-2	15	0	18	3	3
	鑑	高	16	5		鉴	中	中	高		○	◯	一		5	○	○	○	764-4	851	255-2	44	13	37	3	
	敢	中	9	2		◯	中	中	高		○	◯	一		5	○	○	○	663-1	635	276-3	20	23	13		1
	勘		13	1								◯			6			○							3	
	堪		7	2								◯			7				820-6	外110			4		1	1
	憾		3	2		◯	中	高	高			◯			8			○		外78			6			

1	2	3	4	5	6	7	8	9	10	11	12	13	14	15	16	17	18	19	20	21	22	23	24	25	26	27
	紺		4	0								○		绀	17										1	
	嵌												補		11											
	砍												補													
갑	甲	中	74	6		○	中	中	中	○	○	○	次		1	○	○	○	663-2	792	213-1	10	15	76	19	13
	岬		3	0								○			3						285-3			4	1	
	匣		2	0									補		2				764-1	外76		1	6		1	
강	强	中	107	5		○	國	國	國	○	○	○	一		2	○	○	○	240-2	280	155	31	61	136	55	30
	講	中	63	9		○	國	中	中	○	○	○	一	讲	4	○	○	○	627-3	650	266-1	9	22	23	10	11
	江	中	54	3		○	國	國	國	○	○	○	一		1	○	○	○	218-1	208	179-1	103	86	110	14	12
	降	中	48	0	+5	○	國	國	高	○	○	○	次		강8항 8	○	○	○	711-5	1738	268-22	6	0	21	9	14
	剛	高	41	4		○	中	高	高			○	一	刚	9	○	○	○	792-2	1184	271-3	9	4	18	1	2
	康	高	28	3		○	國	中	中		○	○	次		6	○	○	○	590-1	774	262-1	8	16	27		
	綱	高	13	5		○	中	中	中	○	○	○	補	纲	7	○	○	○	647-3	902	257-1	6	11	32	2	2
	鋼	高	8	0	+2	○	中	高	高	○	○	○	次		5	○	○	○	836-273	1736	269-1		0	20	4	
	糠		3	0									補		17						287-6			2		1
	岡												補	冈	21		○				283-2			6		
	腔												補		10			○			273-1			16		
	薑												補	姜	19											
개	開	中	183	6		○	國	國	國	○	○	○	一	开	2	○	○	○	249-2	278	142-1	64	62	152	90	21
	改	中	93	3		○	國	國	國	○	○	○	一		3	○	○	○	396-1	649	216-1	7	22	73	39	34
	介	高	40	5		○	中	中	中		○	○	一		4	○	○	○	552-1	631	239-1	1	23	50	4	4
	個	中	29	2		○	國	國	國	○	○	○	一	个	1	○	○	○	113	195	200-1	43	92	89	30	15

1	2	3	4	5	6	7	8	9	10	11	12	13	14	15	16	17	18	19	20	21	22	23	24	25	26	27
	槪	高	23	3		○	中	中	高	○	○	槪	次		8			○	412-2	561	263-1	7	27	26	5	7
	蓋	高	18	0	+7	○	中	高	高				一	盖	10	○	○	○	833-68	751	270-2		17	19	2	1
	皆	中	12	0	+1	○	中	高	高		○	○			5	○	○	○	828-26	1735	286-7		0	3	3	
	慨	高	6	2		○	中	高	高			慨			7	○	○	○	770-1	1339	286-8		2	3	2	1
	揩												補													
객	客	中	108	17		○	國	國	國	○	○	○	一		1	○	○	○	454-3	530	223-2	4	29	66	12	20
갱	更	中	26	6		○	中	中	中	○	○	○	一		갱1경 7	○	○	○	703-4	1083	242-1	갱2경 2	6	47	2	1
	坑		9	4		○	中	高	高			○	補		2	○	○	○	836-39		283-4			6		
거	巨	中	89	0	+3	○	國	國	國	○	○	○			5	○	○	○	707-1	888	250-1	13	11	39	26	12
	居	中	51	18		○	中	中	中	○	○	○	次		2	○	○	○	704-3	1365	240-2	1	2	49	9	4
	車	中	52	16		○	國	國	國	○	○	○	一	车	8	○	○	○	236	312	220-8	1	55	거2 차67	14	5
	擧	中	56	11		挙	國	中	中		○	挙	一		3	○	○	○	310	645	180-1	6	22	109	9	12
	去	中	48	8		◯	國	國	高	○	○	◯	一		1	○	○	○	394	515	240-1	12	30	49	6	6
	拒	高	15	0	+2	○	中	中	中		○	○	次		6	○	○	○	688-3	965	277-1	4	9	12	4	3
	據	高	5	8		拠	中	中	高	○	○	拠	一	据	4	○	○	○	596-1	1049	266-2	2	8	23	3	
	距	考	10	0	+0	◯	中	中	中	○	○	◯	補		10	○	○	○	447-2	1152	268-1	5	5	21		1
	据											◯			11			○				288-22			1	
	鋸												補		14											
건	乾	中	116	0	+3	◯	中	高	高		○	◯	次	干	4	○	○	○	612-1	1363	179-2		2	110	10	2
	建	中	62	4		◯	國	國	國	○	○	◯	一		2	○	○	○	380-2	293	192-1	25	59	97	32	5
	健	高	34	5		◯	國	中	中	○	○	◯	次		3	○	○	○	423	444	252-1	1	37	37	16	4

1	2	3	4	5	6	7	8	9	10	11	12	13	14	15	16	17	18	19	20	21	22	23	24	25	26	27
	件	高	6	6		○	國	中	中	○	○	○	一		1	○	○	○	189	189	212-1	43	95	77	5	1
	巾		14	0	+4								次		5				648-1	外55	279-2	6	7	117	1	
걸	傑	高	16	4		○	國	中	中			○			1	○	○	○	800-1	1095	284-6	1	6	5	3	1
	乞		26	0	+5	○	中	高	高						3	○			792-1	外132	286-9		4	3		1
	吃												一													
검	檢	高	68	6		検	中	中	中		○	検	一	检	1	○	○	○	425-1	764	231-1	11	16	58	20	9
	劍	高	31	6		剣	中	中	高	○	○	剣		剑	4	○	○	○	797-1	964	296-2	1	9	20	2	
	儉	高	11	3		倹	中	高	高			倹	次	俭	2	○	○		831-6	1362	281-3	2	2	8	2	
	臉												次													
게	憩	高	3	2								○			2	○				1773			0			
	揭		8	0		○	中	高	高			掲			1	○	○		800-8	外232	286-10	1	2	3		2
격	格	高	27	24		○	國	中	中		○	○	一		1	○	○	○	302-1	133	171-1	25	134	119	6	4
	擊	高	31	17		○	國	中	中	○	○	撃	次	击	2	○	○	○	330-2	702	254-1	27	19	35	3	
	激	高	39	5		○	國	中	中	○	○	○	次		3	○	○	○	530-2	375	259-1	12	46	30	12	3
	隔		38	0	+2	○	中	高	高			○	次		4	○	○	○	753-6	外77	269-3		6	20	4	2
견	見	中		59	17	○	國	國	國	○	○	○	一	见	견1 현12	○	○	○	273	135	226-1	88	131	73	8	4
	犬	中	19	10		○	中	高	高			○			8	○	○		819-9	1490	277-2		1	12	2	
	堅	中	25	1		坚	中	中	中	○	○	○	一	坚	2	○	○	○	779-2	1489	269-4	2	1	20	3	2
	肩	高	18	6		○	中	高	高			○	次		7	○	○		831-57	1636	287-16		0	2	1	
	絹	高	7	3		○	中	高	高	○	○	○		绢	4	○	○	○	729-3	1635	269-5	1	0	20	2	
	遣	高	7	3		○	中	高	高			○			5	○	○	○	780-6	1375	286-12		2	3		
	牽		18	0		○	中	高	高			牽	次	牵	3	○	○	○	798-11	外233	279-3		2	10		

1	2	3	4	5	6	7	8	9	10	11	12	13	14	15	16	17	18	19	20	21	22	23	24	25	26	27
	藺											◯			6											
결	結	中	116	11		◯	國	國	國	◯	○	◯	一	结	2	○	○	○	107	188	81	43	96	267	28	18
	決	中	59	18		◯	國	國	國	◯	○	◯	一		1	○	○	○	172	150	175-1	51	116	115	27	19
	缺	高	30	3		◯	國	中	中	◯	○	欠	一		4	○	○	○	674-6	545	254-2	8	28	35	8	10
	潔	中	10	8		◯	國	中	中		○	◯	次	洁	3	○	○	○	717-3	759	273-2	5	16	16		1
	訣		2	3										诀	5		○		815-15	外388	287-18	2	1	2		
	抉												次		7											
겸	兼	高	54	0	+4	◯	中	中	中		○	◯	補		1	○	○	○	610-2	1374	276-4	3	2	13	3	3
	謙	高	21	1		○	中	中	高			○			2	○	○		797-4	1155	273-3	2	5	16		
	鎌												次		5											
	歉												補													
경	經	中	170	9		経	國	中	中		○	経	一	经	2	○	○	○	93	183	70-1	6	98	293	134	56
	輕	中	105	0	+2	軽	國	中	中	○	○	軽	一	轻	11	○	○	○	643-3	947	251-1	3	10	38	20	6
	警	高	72	+	+2	◯	國	中	中	○	○	◯	一		13	○		○	419	406	274-1	22	42	15	25	4
	京	中	70	8		◯	國	國	國	○	○	◯	一		1	○	○	○	809-1	1373	200-2	4	2	89	11	13
	敬	中	52	10		◯	國	國	國	○	○	◯	一		14	○	○	○	643-2	700	260-2	43	19	29	18	2
	景	中	36	25		◯	國	國	國	○	○	◯	次		8	○	○	○	460	213	197-1	93	85	92	17	9
	傾	高	56	2		◯	中	中	中		○	◯		倾	5	○	○	○	561-1	1052	265-2		7	24	1	1
	驚	中	51	0	+4	◯	中	中	中			◯	次	惊	4	○		○	777-9	1482	272-1		1	17	5	2
	競	中	40	2		◯	國	國	國	○	○	◯	次	竞	21	○	○	○	465-1	1054	257-3	21	7	32	28	7
	耕	中	33	8		◯	中	中	高	○	○	◯	次		22	○	○	○	558-2	1483	257-2	6	1	32		3
	硬	高	32	1		◯	中	中	高			◯	一		10	○	○	○	805-12	1628	246-1		0	43	10	3
	境	高	10	19		◯	國	中	中	○	○	◯	次		9	○	○	○	159	123	230-1	24	145	59	2	4

1	2	3	4	5	6	7	8	9	10	11	12	13	14	15	16	17	18	19	20	21	22	23	24	25	26	27
	慶	中	25	0	+2	○	國	中	中	○	○	○	一	庆	3	○	○	○	809-8	896	243-1	12	11	46	6	2
	庚	中	23	0	+3	○	中	中	高						16	○	○	○			1630	286-14		0	3	3
	鏡	高	14	7		○	中	中	高		○	○	補	镜	6	○	○	○	566-2	1053	237-1	21	7	52		2
	徑	高	12	0	+5	径	中	中	高			径		径	17	○	○	○	786-3	1627	269-6		0	20	1	
	卿	高	10	0	+3										15		○	○			284-8			5	1	
	頃	高	8	0						○	○			顷	12	○			664-2	1629	283-6		0	6	2	
	竟	高	3	2									一		23	○				1481		1	1			
	梗		3	0	+1										32			○				286-13			3	1
	莖					茎						茎		茎	40				818-9		283-5			6		
	頸												補	颈	42											
	憬														29			*	807-6		285-6			4		
	勁												次	劲	27											
	鯨											○														
계	鷄	中	79	4		○	中	高	高	○	○	鷄	一	鸡	18	○	○	○	784-6	1369	270-4		2	19		
	計	中	50	15		○	國	國	國	○	○	○	一	计	3	○	○	○	98	292	87-1	41	59	254	20	17
	啓	高	44	7		○	中	高	高			○	次	启	10	○	○	○	777-3	1433	269-7	3	2	20	7	
	戒	高	40	10		○	中	中	中	○	○	○	次		8	○	○	○	712-2	1021	270-3		8	19	6	3
	繼	高	39	3		継	國	中	高	○	○	継	次	继	5	○	○	○	323-2	383	252-3	45	46	37	5	3
	契	高	33	0	+5	○	中	中	中		○	○			7	○	○	○	633-1	971	229-1	1	9	60	8	6
	季	中	27	7		○	國	國	國		○	○	一		6	○	○	○	697-1	701	264-4	1	19	25	4	2
	階	高	28	3		○	中	中	中		○	○	一		16	○	○	○	507-2	653	232-1	1	21	57	6	9

1	2	3	4	5	6	7	8	9	10	11	12	13	14	15	16	17	18	19	20	21	22	23	24	25	26	27
	桂	高	29	1		○	中	高	高				普		13	○	○	○	803-5	1020	279-4	2	8	10		
	界	中	11	15		○	國	國	高	○	○	○	一		1	○	○	○	116	122	160	78	145	131	2	1
	癸	中	13	0		○	中	高	高						17	○	○	○		1631	285-8		0	4	4	
	係	高	12	1		○	國	中	中	○	○	○	一	系	2	○	○	○	155	398	215-1	23	44	74	1	
	系	高	8	0	+3	○	中	中	中	○	○	○	次		11	○	○	○	561-5	867	184-1	1	12	105	12	6
	械	高	2	2		○	中	中	高	○	○	○	次		4	○	○	○	519-3	730	251-2	34	17	38		1
	溪	中	3	0		○	中	高	高			渓			9				814-9	1279	252-2	2	3	37	1	1
	繫		20	0	+1	○	中	高	高				補		15	○	○	○	833-57		287-23			2	1	
	誡		2	0											12				830-43		288-32			197	1	
	屆											届			14			○								
고	高	中	259	6		○	國	國	國	○	○	○	一		2	○	○	○	199	176	74-1	51	104	283	141	33
	古	中	168	2		○	國	國	國	○	○	○	一		6	○	○	○	474	?	107-1	14	?	197	62	17
	苦	中	85	11		○	國	國	國	○	○	○	一		5	○	○	○	416-1	295	243-2	36	58	46	23	11
	弧	高	88	0	+5	○	國	中	中		○	○	補		10	○	○	○	712-1	587	255-4	7	25	34	11	2
	稿	高	80	10		○	中	中	中			○	次		13	○	○	○	788-8	249	279-5	7	70	10	2	1
	褲												次													
	告	中	52	21		○	國	國	國	○	○	○	一		1	○	○	○	312	219	221-1	8	84	68	19	8
	考	中	42	13		○	國	中	中	○	○	○	一		4	○	○	○	482	559	231-2	6	28	58	16	12
	固	中	44	44		○	國	國	國	○	○	○	次		7	○	○	○	564	571	202-1	5	27	87	11	9
	鼓	高	43	3		○	中	高	高		○	○	次		18	○	○	○	711-6	1216	273-4	8	4	16	5	3
	故	中	31	9		○	國	國	國	○	○	○	一		3	○	○	○	466	319	255-3	40	54	34	14	10
	顧	高	34	6		○	中	居	居			○	次	顾	17	○	○	○	773-3	969	279-7		9	10		
	庫	高	25	12		○	中	中	中	○	○	○	補	库	8	○	○	○	656-1	729	243-3	15	17	46		

1	2	3	4	5	6	7	8	9	10	11	12	13	14	15	16	17	18	19	20	21	22	23	24	25	26	27
	枯	高	34	2		○	中	高	高			○	補		12	○	○		822-8	1578	283-7		0	6	1	3
	姑	高	25	0	+6	○	中	高	高				次		9				771-2	1217	187-24		4	2	1	
	膏		23	1									補		21				821-20		279-6			10	1	
	雇		7	2		○	中	高	高			○	一		14	○	○	○	823-22		281-4			8	2	3
	拷		5	0								○			11			○	830-15	外168	285-9		3	4	1	
	靠												一													
	估												次													
	糕												次													
	敲												補							外130			4			
곡	曲	中	79	23		○	國	國	國	○	○	○	次		1	○	○	○	492	175	179-3	9	104	110	10	3
	穀	中	37	6		○	中	中	中		○	穀	次	谷	2	○	○	○	518-2	1055	250-2	22	7	39	5	
	谷	中	9	5		○	國	國	國	○	○	○	補		4	○	○	○	761-4	1435	238-1	22	2	51		
	哭	高	6	2		○	中	高	高				一		5	○	○	○	801-4	1436		3	2		2	1
곤	困	中	29	3		○	國	中	中	○	○	○	一		1	○	○	○	531-1	874	278-1	4	11	12	3	3
	坤	中	20	1											2	○	○		831-11	1510	285-11		1	4	1	
	昆											○				3			780-57	外229	281-5	6	2	8		
	滾												次													
	棍												次		4											
	壼												次													
골	骨	中	68	22		○	中	中	中	○	○	○	次		1	○	○	○	701-4	856	183-1	2	12	106	12	3
	滑->활																									
공	公	中	309	8		○	國	國	國	○	○	○	一		1	○	○	○	121	186	66	88	96	304	158	93
	空	中	180	13		○	國	國	國	○	○	○	一		8	○	○	○	105	286	174-1	60	59	116	55	13

1	2	3	4	5	6	7	8	9	10	11	12	13	14	15	16	17	18	19	20	21	22	23	24	25	26	27
	共	中	121	5		○	國	國	國	○	○	○	一		2	○	○	○	224	210	112	48	85	190	0	41
	工	中	85	29		○	國	國	國	○	○	○	一		3	○	○	○	101	118	108	298	149	196	74	11
	功	中	70	9		○	國	國	國	○	○	○	一		5	○	○	○	487-1	456	243-4	30	36	46	10	3
	攻	高	50	2		○	國	中	中	○	○	○	一		7	○	○	○	603-3	1577	275-1	13	0	14	10	3
	供	高	50	2		○	中	中	中		○	○	一		4	○	○	○	691-1	777	260-3	5	15	29	12	3
	孔	高	45	2		○	中	高	高			○	次		11	○	○	○	808-2	1434	250-3	3	2	39	5	
	貢	高	31	4		○	中	高	高			○	補	贡	13	○		○	736-4	1576	258-2		0	31		
	恭	高	28	0	+2	○	中	中	中			○	補		9			○	775-7	970	269-9	4	9	20	1	
	恐	高	28	0	+1	○	中	高	高	○	○	○	一		10	○	○	○	735-2	1281	269-8	5	3	20	7	2
	控		16	0								○	次		6			○	835-55		287-7			2	2	
	鞏													巩	14			○								
과	過	中	117	6		○	國	國	國	○	○	○	一	过	4	○	○	○	438	318	136	35	54	163	43	25
	科	中	62	19		○	國	國	國	○	○	○	一		1	○	○	○	271	226	147-1	38	80	147	31	13
	果	中	32	8		○	國	國	國	○	○	○	一		5	○	○	○	103	141	154-1	63	23	138	6	6
	瓜	高	35	0	+3								一		14	○				1573	282-4		0	7		
	寡	高	34	2		○	中	高	高			○	補		3	○	○	○	757-2	1572	285-13		0	4	6	4
	課	中	26	4		○	國	中	中	○	○	○	一		2	○	○	○	437	761	234-1	2	16	55	16	9
	誇	高	11	0	+3	○	中	中	中			○	補	夸	7	○	○		825-26	1056	283-8		7	6	2	1
	瓜	高	6	0	+3										10	○				1574	287-30		0	2		
	菓		2	4								○			6				730-4	外385	281-6	1	1	3	2	
	顆		1	0									次		18										1	
	垮												次													
	跨												補		13											

1	2	3	4	5	6	7	8	9	10	11	12	13	14	15	16	17	18	19	20	21	22	23	24	25	26	27
	鍋												補		17											
	夥												補		9											
곽	郭	高	11	3								○			1	○	○	○		1571	278-2		0	11		
관	官	中	185	13		○	國	國	國	○	○	○	一		1	○	○	○	186	411	110	38	42	194	42	14
	觀	中	102	18		観	國	國	高	○	○	観	一	观	6	○		○	665-3	299	145-1	20	57	149	31	15
	管	高	65	11		○	中	中	中	○	○	○	一		2	○		○	711-3	922	141-1	8	10	153	18	13
	關	中	62	5		関	國	國	高	○	○	関	一	关	3	○		○	62	112	103	39	153	209	24	19
	冠	高	36	8		○	中	中	中		○	○			10	○		○	720-1	1059	250-4	3	7	39	9	
	寬	高	36	0		○	中	高	高			寛	一	宽	8	○		○	817-6	1591	280-5	1	0	9	3	
	貫	高	31	4		○	中	高	高	○	○	○	補	贯	7	○		○	717-7	1227	264-5		4	25	2	
	館	高	19	15		○	中	中	中	○	○	○	一	馆	9	○		○	717-8	161	239-2	22	110	50	1	
	慣	高	16	6		○	中	中	中	○	○	○	次	惯	11	○		○	786-4	826	257-4	1	13	32	6	4
	款		19	2		○	中	高	高			○	次		4	○		○	810-5		276-5			13		
	灌		14	0									補		13				798-10		275-2	1		14	1	
	棺		9	3								○			12	○			821-12		286-21			3		
	串												補		15											
	罐											缶	補		14					外375			1			
괄	括		8	4								○	補		2	○			801-11	外412	276-6		1	13		
	刮		5	0									補		1						285-14			4	1	
광	廣	中	107	1		広	國	國	國	○	○	広	一	广	2	○	○	○	820-10	320	223-3	31	54	66	24	8
	光	中	85	37		○	國	國	國	○	○	○	一		1	○	○	○	313	360	77-1	51	49	277	23	16
	鑛	高	48	6		○	中	中	中	○	○	鉱			3	○	○	○	424	1226	185-1	5	4	104	11	1
	狂		60	4		○	中	高	高			○	次		4	○	○	○	794-10	外79	271-4		6	18	10	5

1	2	3	4	5	6	7	8	9	10	11	12	13	14	15	16	17	18	19	20	21	22	23	24	25	26	27
	礦												一	矿	12											
	筐												次		14											
괘	掛	高	4	0								○	一		3	○			834-27	1590	288-48	2	0	1	2	
괴	怪	高	41	4		○	中	中	中		○	○	一		5	○	○	○	722-2	1058	277-3	4	7	12	8	3
	愧	高	17	2											9				834-25	1588	288-50		0	1		
	塊	高	9	5		○	中	高	高			○	一	块	4	○	○		827-7	1589	269-10		0	20	1	1
	壞	高	11	0	+3	○	中	高	高			壊	一	坏	1	○	○	○			271-5	1		18		1
	槐		14	0											3			○			287-34			2	1	1
	傀		6	0	+1	○	中	高	高						2	○	○	○	783-1		288-49	2		1	1	1
	拐											○			6			○								
굉	轟		6	0									次	轰	4				836-261						1	
교	敎	中	148	42		○	國	國	國	○	○	○	一		2	○	○	○	74	82	71	84	180	291	117	45
	交	中	140	10		○	國	國	國	○	○	○	一		1	○	○	○	163	425	139-1	10	40	156	56	15
	校	中	54	13		○	國	國	國		○	○	一		3	○	○	○	133	11	195-2	112	482	94	17	6
	巧	高	28	7		○	中	中	中	○	○	○	次		5	○	○	○	769-2	1158	259-2	2	5	30	1	
	矯	高	28	0		○	中	高	高			○		矫	7	○	○	○	825-17	1584	282-5		0	7	10	
	郊	高	15	3		○	中	高	高			○			9	○	○	○	819-15	1225	281-7		4	8	2	
	較	高	5	1		○	中	中	高	○	○	○	一	较	8	○	○	○	408	527	270-5	38	30	19		2
	膠		21	0	+3	○	中	高	高				次	胶	17	○	○	○	825-23		271-6			18		
	僑		8	0	+2	○	中	高	高					侨	4	○	○	○	801-1	外230	285-16		2	4	2	2
	絞		8	0		○	中	高	高			○	補	绞	10	○	○		829-47		288-53			1	3	
	咬												次		25											
	繳												補													

1	2	3	4	5	6	7	8	9	10	11	12	13	14	15	16	17	18	19	20	21	22	23	24	25	26	27
	驕												補	骄	21					外164			3			
구	口	中	125	16		○	國	國	國	○	○	○	一		6	○	○	○	261	558	181-1	19	28	105	20	14
	舊	中	131	8		旧	國	中	中		○	旧	一	旧	12	○	○	○	440	240	241-1	18	74	48	38	17
	九	中	132	1		○	國	國	國	○	○	○	一		1	○	○	○	208	1103	209-1	6	6	80	6	5
	具	高	60	25		○	國	中	中	○	○	○	一		5	○	○	○	498-2	608	183-2	12	24	106	10	10
	救	中	61	0	+3	○	國	國	國	○	○	○	一		8	○	○	○	619-2	1022	267-1	24	8	22	18	8
	句	中	28	20		○	國	中	中	○	○	○	一		18	○	○	○	762-1	514	236-1	12	31	53	2	1
	求	中	39	9		○	國	國	國	○	○	○	一		10	○	○	○	346	361	217-1	53	49	72	21	8
	狗	高	35	0	+7								一		15	○				1652	283-10		0	6		
	龜	高	40	1		亀	中	高	高					亀	구62 귀4 균3	○	○	○	832-76	1650	282-6		0	7		2
	救	高	23	12		○	國	中	中	○	○	○	一		14	○	○	○	377-1	399	157-2	16	43	134	11	4
	構	高	30	4		○	國	中	中	○	○	○	一	构	9	○	○	○	484	307	157-1	8	56	134	8	18
	驅	高	28	3		駆	中	高	高			駆	補	驱	23	○	○	○	746-6	1304	270-6	1	3	19	3	
	久	中	24	6		○	中	中	中	○	○	○	一		17	○	○	○	748-1	1102	251-3		6	38	1	
	拘	高	27	0	+1	○	中	中	中		○	○			7	○	○	○	631	878	272-2	3	11	17	7	4
	究	中	17	10		○	國	國	高	○	○	○	一		4	○	○	○	260	232	230-2	53	78	59	3	1
	區	高	20	5		区	國	國	國	○	○	区	一	区	3	○	○	○	386	509	222-1	7	31	67	12	7
	丘	高	21	2								○			16	○		○	805-1	1167	265-3		5	24	2	
	苟	高	20	0	+1										49	○			809-20	1525		3	1			
	俱	高	11	0	+3								補		28	○			818-1	1654	287-38		0	2	2	1
	懼	高	5	0	+3									惧	19	○				1651	288-64		0	1		

1	2	3	4	5	6	7	8	9	10	11	12	13	14	15	16	17	18	19	20	21	22	23	24	25	26	27
	鷗	高	3	1										鸥	57	○				1526	286-29		1	3		
	歐		18	4		欧						欧	補	欧	11				836-116		244-1			45	11	
	購		10	0		○	中	高	高			○	補		13	○	○	○	762-7		274-2			15	8	5
	溝		7	2								○	次	沟	22				804-6		272-3			17	1	
	嘔		8	0									補	呕	31				829-11		287-40			2	2	
	仇												一		25											
	勾												補		30											
	柩														37											
	矩												補		40						285-17			4		
	扣												一													
	够												一													
	玖												補		38											
	舅												補		48											
	毆		5	0		殴						殴														
국	國	中	385	31		国	國	國	國	○	○	国	一	国	1	○	○	○	1	4	2	361	748	850	317	106
	局	高	35	16		○	中	中	中	○	○	○	一		2	○	○	○	300	389	176-1	33	45	113	16	5
	菊	高	10	5		○	中	高	高	○	○	○			3	○	○	○	715-4	976	279-8	5	9	10	4	2
	鞠		10	0											6						287-43			2		
군	軍	中	202	18		○	國	國	國	○	○	○	一	军	1	○	○	○	46	198	104-1	301	90	204	100	31
	救	高	23	12		○	國	中	中	○	○	○	一		14	○	○	○	377-1	399	157-2	16	43	134	11	4
	構	高	30	4		○	國	中	中	○	○	○	一	构	9	○	○	○	484	307	157-1	8	56	134	8	18
	驅	高	28	3		駆	中	高	高			駆	補	驱	23	○	○	○	746-6	1304	270-6	1	3	19	3	
	久	中	24	6		○	中	中	中	○	○	○	一		17	○	○	○	748-1	1102	251-3		6	38	1	

1	2	3	4	5	6	7	8	9	10	11	12	13	14	15	16	17	18	19	20	21	22	23	24	25	26	27
	拘	高	27	0	+1	○	中	中	中		○	○			7	○	○	○	631	878	272-2	3	11	17	7	4
	究	中	17	10		○	國	國	高	○	○	○	一		4	○	○	○	260	232	230-2	53	78	59	3	1
	區	高	20	5		区	國	國	國	○	○	区	一	区	3	○	○	○	386	509	222-1	7	31	67	12	7
	丘	高	21	2								○			16	○		○	805-1	1167	265-3		5	24	2	
	苟	高	20	0	+1										49	○			809-20	1525		3	1			
	俱	高	11	0	+3								補		28	○			818-1	1654	287-38		0	2	2	1
	懼	高	5	0	+3									惧	19	○				1651	288-64		0	1		
	鷗	高	3	1										鸥	57	○				1526	286-29		1	3		
	歐		18	4		欧						欧	補	欧	11				836-116		244-1			45	11	
	購		10	0		○	中	高	高			○	補		13	○	○	○	762-7		274-2			15	8	5
	溝		7	2								○	次	沟	22				804-6		272-3			17	1	
	嘔		8	0									補	呕	31				829-11		287-40			2	2	
	仇												一		25											
	勾												補		30											
	柩														37											
	矩												補		40						285-17			4		
	扣												一													
	夠												一													
	玖												補		38											
	舅												補		48											
	毆		5	0		殴						殴														
국	國	中	385	31		国	國	國	國	○	○	国	一	国	1	○	○	○	1	4	2	361	748	850	317	106
	局	高	35	16		○	中	中	中	○	○	○	一		2	○	○	○	300	389	176-1	33	45	113	16	5

1	2	3	4	5	6	7	8	9	10	11	12	13	14	15	16	17	18	19	20	21	22	23	24	25	26	27
	菊	高	10	5		○	中	高	高	○	○	○			3	○	○	○	715-4	976	279-8	5	9	10	4	2
	鞠		10	0											6						287-43			2		
군	軍	中	202	18		○	國	國	國	○	○	○	一	军	1	○	○	○	46	198	104-1	301	90	204	100	31
	群	高	51	0	+5	○	中	高	高	○	○	○	一		4	○	○	○	755-6	1237	216-2		4	73	13	13
	君	中	36	15		○	中	中	中	○	○	○			3	○	○	○	439	315	200-3		55	89	8	2
	郡	中	15	1		○	國	國	國	○	○	○			2	○	○	○	547-3	1032	242-2	30	8	47	11	8
굴	屈	高	46	2		○	中	中	中			○			1	○	○	○	749-2	804	265-4	2	14	24	3	1
	掘		10	4		○	中	高	高			○	補		2	○	○	○	749-6		280-7			9		
	窟		3	3		○	中	高	高						3		○		765-2	外237	275-3	17	2	14		1
궁	窮	高	87	3		○	中	中	高	○	○	○	一	穷	3	○	○	○	619-3	828	270-7	7	13	19	4	4
	宮	考	76	8		○	中	中	中		○	○	補		1	○	○	○	554-2	803	252-4	14	14	37	10	2
	弓	中	25	4		○	中	高	高			○			2	○	○	○	831-19	1643	246-2		0	43	5	3
권	權	中	87	27		権	國	國	高	○	○	権	一	权	1	○	○	○	245	396	43	13	44	350	25	37
	勸	中	56	1		勧	國	中	中		○	勧	一		3	○	○	○	662-1	786	274-3	2	15	15	3	2
	卷	中	31	7		○	國	中	中	○	○	巻			6	○	○	○	616-2	582	278-3	14	26	11	4	5
	券	高	5	13		○	中	高	高	○	○	○	補		2	○	○	○	689-1	1300	260-4		3	29	1	
	拳	高	16	2		○	中	高	高				補		5	○	○			1166	284-9		5	5	1	
	圈		10	7		○	中	高	高			圏	次		4	○	○	○	800-3	外131	265-5	2	4	24	4	
	倦		9	0									補		7						288-70			1	1	
	捲		8	0									次	卷	8				835-54		286-30			3	1	
궐	厥	高	12	0	+4										2	○	○			1640	278-44		0	2		
	闕		35	5		○	中	高	高					阙	1	○	○		707-5	外80	283-12	9	6	6		
궤	軌		11	4		○	中	高	高			○	補	轨	2	○	○	○	835-147	外126	247-4		4	15	3	1

1	2	3	4	5	6	7	8	9	10	11	12	13	14	15	16	17	18	19	20	21	22	23	24	25	26	27
	机											○									288-73			1		
	櫃												次		4				788-5							
귀	歸	中	98	4		帰	中	中	中	○	○	帰	一	归	1	○	○	○	646-1	877	245-1	2	11	44	26	11
	貴	中	70	5		○	國	國	國	○	○	○	一	贵	2	○	○	○	452	358	224-1	51	49	65	9	3
	鬼	高	50	6		○	中	中	中			○	一		3	○	○	○	725-9	1299	280-8	5	3	9	3	3
	龜->구																									
규	規	高	41	5		○	國	中	中	○	○	○	一	规	1	○	○	○	450-2	397	176-2	6	44	113	12	18
	閨	高	17	3										闺	16	○				1298	286-31		3	3	1	
	叫	高	16	2		○	中	高	高			○	一		5	○	○	○	831-10	1546			1		1	
	糾		19	1		○	中	高	高			○	次	纠	4	○	○	○	829-46		284-11			5	4	
	奎		12	0											3	○	○				281-8	3		3		
	圭		7	0											2		○	○	835-22		288-74	26		1		
균	均	中	27	1		○	國	中	高	○	○	○	一		1	○	○	○	558-1	929	199-1	2	10	90	8	9
	菌	高	9	0	+3	○	中	高	高		○	○	次		2	○	○	○	623-3	1549	215-2		1	74	8	
	龜->구																									
	匀												補													
극	極	中	100	15		○	國	國	高		○	○	一	极	4	○	○	○	253	350	174-2	61	50	116	42	7
	劇	高	55	11		○	國	中	中	○	○	○	次	剧	2	○	○	○	642-1	146	216-3	50	121	73	11	6
	克	高	15	1		○	中	中	中			○	次		1	○	○	○	779-1	928	270-8	2	10	19	10	2
근	近	中	85	10		○	國	國	國	○	○	○	一		3	○	○	○	210	287	207-1	25	59	82	40	14
	根	中	41	14		○	國	國	國	○	○	○	一		5	○	○	○	402-2	510	198-1	6	31	91	12	12
	勤	中	42	11		○	國	中	中		○	勤	一		1	○	○	○	599-2	1030	269-11	11	8	20	7	2
	謹	高	26	1		○	中	高	高		○	謹		谨	4	○	○	○	821-24	1722	284-12	1	0	5	1	

1	2	3	4	5	6	7	8	9	10	11	12	13	14	15	16	17	18	19	20	21	22	23	24	25	26	27
	斤	高	5	0	+2	〇	中	高	高		○	〇	一		6	○	○	○	781-3	1620	181-10		0	8		
	僅	高	5	0	+2								次	仅	2	○		○		1619			0			
	筋		22	0	+2	〇	中	高	高			〇	次		8	○	○			外365	226-2		1	63	1	
	跟												一													
금	金	中	338	27		〇	國	國	國	○	○	〇			금1 김1	○	○	○	45	203	16	금84 김45	88	금469 김125	84	17
	禁	中	8	10		〇	中	中	中	○	○	〇	次		3	○	○	○	598-3	1177	258-3		5	31	23	8
	今	中	48	12		〇	國	國	國	○	○	〇	一		2	○	○	○	47	129	265-6	51	138	24	7	1
	錦	高	40	0	+1	〇	中	中	高	○	○			锦	6	○	○	○	818-12	1128	276-7	2	6	13	2	
	琴	高	15	6		〇	中	高	高			〇	補		4	○	○		733-2	1532	278-4		1	11	2	
	禽	高	8	0	+2										5				833-49	1720	284-13		0	5	1	
	襟		8	0								〇			14				829-55		287-50			2	1	
급	急	中	82	15		〇	國	國	高	○	○	〇	一		3	○	○	○	401-1	684	253-2	21	20	36	30	9
	給	中	35	16		〇	國	中	中	○	○	〇	一	给	5	○	○	○	277	404	199-2	2	43	90	7	2
	級	高	6	13		〇	國	中	中	○	○	〇	一	级	1	○	○	○	399-3	432	220-1	16	38	69	2	
	及	中	8	9	+5	〇	中	中	中	○	○	〇	一		2	○	○	○	727-1	1324	260-5	1	3	29		
	扱			0							○	○			4				684-3	外377			1			
긍	肯	高	12	0	+1	○	中	高	高			○	一		3	○	○	○	817-13	1719	285-23		0	4	2	2
기	氣	中	140	0	+57	気	國	國	國	○	○	気	一	气	11	○	○	○	17	100	42-1	126	167	351	23	5
	奇	高	115	4		〇	中	中	中		○	〇	一		14	○	○	○	687-3	418	257-5	24	41	32	8	3
	機	高	83	18		〇	國	中	中	○	○	〇	一	机	4	○	○	○	68	119	38	148	146	360	45	26
	記	中	58	20		〇	國	國	國	○	○	〇	一	记	7	○	○	○	148	37	85	90	287	256	22	22
	起	中	66	7		〇	國	中	中	○	○	〇	一		12	○	○	○	693-2	892	212-2	1	11	77	18	4

1	2	3	4	5	6	7	8	9	10	11	12	13	14	15	16	17	18	19	20	21	22	23	24	25	26	27
	期	中	27	29		○	國	國	國	○	○	○	一		3	○	○	○	129-2	291	42-2	14	59	351	11	10
	基	中	47	5		○	國	國	國	○	○	○	一		2	○	○	○	426	548	115-1	19	28	186	40	34
	寄	高	49	1		○	中	中	中	○	○	○	一		20	○	○	○	578-2	1132	256-1	4	6	33	12	4
	紀	高	37	13		○	中	中	中	○	○	○	次	纪	6	○	○	○	354	356	229-2		0	10	17	16
	既	中	46	0	+2	○	中	高	高			既	一		10	○	○	○	778-3	1724	279-10		0	10	17	10
	器	高	24	20		○	國	中	中	○	○	器	一		15	○	○	○	217-1	567	61-1	30	27	310	7	3
	旗	高	16	15		○	國	國	高	○	○	○	一		26	○	○	○	700-3	1178	273-5	66	5	16	6	2
	騎	高	34	4		○	中	中	高			○	次		42	○	○		802-13	1376	263-2	16	2	26	8	1
	技	中	24	12		○	國	國	國	○	○	○	次		9	○	○	○	380-1	379	186-1	51	46	103	45	12
	棄	高	18	8		○	中	高	高			○	補		13	○	○	○	767-2	1327	279-11	1	3	10	2	
	欺	高	23	1		○	中	高	高			○	次		29	○	○	○	804-4	1727	287-53		0	2	3	1
	幾	中	21	0	+2	○	中	高	高			○	一	几	24	○	○	○	792-7	1377	274-6		2	15	2	2
	祈	高	21	0	+1	○	中	高	高			祈			34	○	○	○	776-4	946	285-24	18	10	4	8	1
	己	中	17	5		○	國	國	高	○	○	○	一		23	○	○	○	66	30	236-2	152	303	53	10	1
	忌	高	17	2		○	中	高	高			○	補		25	○	○	○	799-4	1252	283-14		4	6	2	2
	企	高	14	0	+2	○	中	高	高	○	○	○	補		8	○	○	○	687-1	997	234-2		9	55	36	31
	飢	高	14	0	+1	○	中	高	高			飢			40	○	○			802-12	1725	281-11		0	8	
	其	中	10	2						○	○		一		1	○		○	454-2	698	274-5	5	19	15	1	1
	畿	高	7	2											5	○	○	○	835-97	1530	283-15		1	6		
	豈	高	2	0									補	岂	64					1726			0			
	妓		10	5											7		○		659	外127	285-25		4	4	2	1
	岐		11	2								○			49	○	○	○			287-52			2		1
	汽		12	0		○	中	中	中		○	○	次		30	○	○		622-1	外22	279-9	7	12	10	2	2

1	2	3	4	5	6	7	8	9	10	11	12	13	14	15	16	17	18	19	20	21	22	23	24	25	26	27
	棋		11	1		◯	中	高	高			◯			28	○	○	○	819-4						24	20
	杞		3	1											27	○			828-17		279-21			4	1	
	畸		4	0											55			○			284-15			5	3	
	沂		0	0											50						288-80			1	1	
	朞											◯			38			○			286-33			3		
	肌											◯			59											
	崎											◯			22		○				287-7			7		
	饑												次													
끽	喫		14	1								◯			1				834-9							1
긴	緊	高	36	0	+2	紧	中	中	中	○	○	◯	一	紧	1	○	○	○	615-2	597	261-3		25	28	15	5
길	吉	中	38	3		◯	國	中	中	○	○	◯	次		1	○	○	○	800-2	125	258-4	56	143	31	2	1
김(金)->금																									1	
나	那	高	9	1									一		2	○		○	813-18	1378	281-12	1	2	8		
	拿														4			○				10				
	哪												補													
낙	諾	高	4	4		◯	中	高	高		○	◯		诺	6	○	○	○	683-3	1379	287-58	낙3 락3	2	2		
난	難	中	61	18		◯	國	中	中	○	○	難	一	难	1	○	○	○	358	507	220-2	17	31	69	25	10
	暖	中	11	4		◯	中	高	高	○	○	◯	一		4	○	○	○	674-2	1723	266-4	2	0	23	3	
	煖		7	0											5			○	835-85	外224	288-89		2	1	2	
	攤													摊												
날	捏												補					○							1	
남	南	中	161	5		◯	國	國	國	○	○	◯	一		1	○	○	○	80	494	101-1	107	32	211	48	8

1	2	3	4	5	6	7	8	9	10	11	12	13	14	15	16	17	18	19	20	21	22	23	24	25	26	27
	男	中	43	6		○	國	國	國	○	○	○	一		2	○	○	○	243	462	254-3	36	35	35	34	6
납	納	高	40	14		○	國	中	中	○	○	○	補	纳	1	○	○	○	581-2	996	228-2	1	9	61	13	12
낭	娘	高	3	0	+3							○	一		6					1281	285-34		4	4	1	
내	內	中	345	30		○	國	國	國	○	○	○	一		1	○	○	○	182	76	93-1	103	188	233	96	42
	耐	高	21	0	+2	○	中	中	中			○	一		5	○	○		804-9	1129	266-5		6	23	21	2
	乃	中	9	0	+1										3	○				1381	280-10		2	9		1
	奈	高	7	0	+1								補		4	0				1721	278-5		0	11	1	
	奶												次													
녀	女	中	139	15		○	國	國	國	○	○	○	一		ㄴ1 ㅇ4	○	○	○	109	59	174-3	녀54 여84	241	116	97	16
년	年	中	121	41		○	國	國	國	○	○	○	一		ㄴ1 ㅇ4	○	○	○	10	12	105	269	476	201	24	12
념	념	中	26	20		○	國	國	國	○	○	○	一		1	○	○	○	367	237	181-2	17	76	108		
	捻														2											
녕	寧	高	21	2		○	中	中	高		○	○	次	宁	ㄴ1 ㅇ5	○	○	○	686-1	519	257-6	51	30	32		1
	佞														ㄴ2 ㅇ43											
	嚀														4											
노	奴	高	25	2		○	中	中	中			○	次		4	○		○	639-1	891	236-3	27	11	53		3
	怒	中	22	2		○	國	中	中		○	○	次		5	○	○	○	691-2	536	275-4	2	29	14	4	2
	努	高	3	0		○	國	國	國	○	○	○	一		3	○	○	○	458	388	272-4	35	45	17		2
농	農	中	119	15		○	國	國	國	○	○	○	一	农	1	○	○	○	79	205	139-2	128	87	156	77	11
	濃	高	22	0		○	中	高	高			○	補	浓	4	○	○	○	792-12	1534	262-2		1	27	5	

1	2	3	4	5	6	7	8	9	10	11	12	13	14	15	16	17	18	19	20	21	22	23	24	25	26	27
뇌	腦	高	27	7		脳	中	高	高			脳	一	脑	2	○	○	○	764-2	1533	250-5		1	39	12	3
	惱	高	5	3		悩	中	高	高			悩	補	恼	1	○		○	792-8	1717	280-11		0	9		
뇨	尿		12	6		○	中	高	高			○	次		1	○	○		810-1		255-5			34	4	2
	鬧												一		3											
	鐃												補													
눈	嫩												補		1											
뉴	扭												補													
능	能	中	38	17		○	國	國	國	○	○	○	一		1	○	○	○	396-2	372	163-1	17	47	128	9	7
니	泥	高	27	0	+2							○	一		ㄴ3 ㅇ34	○			828-20	1716	277-5		0	12	1	
	尼		11	2		○	中	高	高			○			1	○	○				286-35			3		
	呢												一		2											
닉	匿		9	1								○			ㅇ6		○				287-61			2		
	溺		7	0	+1	○	中	高	高						ㅇ2		○		835-82		285-28			4	2	
多	多	中	100	0	+6	○	國	國	國	○	○	○	一		1	○	○	○	334-2	321	141-2	16	54	453	80	29
	茶	高	46	4		○	中	中	高	○	○	○	一		다2 차9	○	○	○	379	1536	262-17	3	1	다79 차533	11	11
	爹												一													
단	單	中	134	5		単	國	國	國	○	○	単	一	单	단3 선30	○	○	○	233	279	126-1	15	61	174	46	27
	斷	高	71	28		断	中	中	高	○	○	断	一	断	4	○	○	○	376-1	109	170-1	2	42	120	21	6
	短	中	80	3		○	國	國	國	○	○	○	一		6	○	○	○	642-4	551	232-2	3	28	57	36	13
	端	中	41	15		○	國	中	中	○	○	○	補		7	○	○	○	594	368	226-3	11	48	63	6	7

1	2	3	4	5	6	7	8	9	10	11	12	13	14	15	16	17	18	19	20	21	22	23	24	25	26	27
	團	高	35	10		団	中	中	中	○	○	団	一	団	1	○	○	○	315	380	180-2	63	46	109	15	8
	丹	中	37	2		○	中	中	中			○			10	○	○	○	741-1	993	253-3	28	9	단35 란 1	4	3
	檀	高	18	0	+1	○	中	中	中		○				11	○	○	○	700-1	1325	272-5		3	17	1	
	壇	高	10	0	+5	○	中	中	高			○		坛	9	○	○	○	763-1	865	266-6	4	12	23	2	
	段	高	7	5		○	中	中	中	○	○	○	一		5	○	○	○	567	537	231-3	3	29	58	4	6
	旦	高	6	1							○				8	○		○		992			9			
	但	中	2	1						○	○	○	一		2	○		○	806-1	905			11		1	2
	蛋		8	0									一		12				749-6	外125	257-7		4	32	2	
	鍛		6	0								○			23				805-20	外225			2		1	
	湍		3	0											17		○				286-37			3	1	
달	達	中	31	20		○	國	國	高	○	○	○	一	达	1	○	○	○	152-2	172	218-1	84	105	71	2	3
담	淡	高	38	3		○	中	高	高		○	○	次		2	○	○	○	806-8	1246	264-6	2	4	25	3	
	談	中	15	24		○	國	中	中	○	○	○	一	谈	5	○	○	○	410-2	416	258-5	30	41	31	2	1
	擔	高	21	4		担	國	中	中		○	担	一	担	1	○	○	○	535-3	696	262-3		19	27	3	17
	潭	高	8	2											3	○	○	○	831-40	1707	282-8	2	0	7	1	
	膽		18	8		胆	中	高	高			胆	次	胆	4	○	○		791-5	外19	280-12		13	9		1
	曇									○	○	○		昙	9						284-20			5		
	毯												補													
	痰												次		11											
답	答	中	21	11		○	國	國	國	○	○	○	一		1	○	○	○	356	289	258-6	68	59	31	9	
	踏	高	18	0	+1	○	中	高	高			○	補		3	○	○	○	820-27	1706	281-13		0	8	1	
	沓	高	6	3		○	中	高	高		○				2	○	○	○	692-2	1320	282-9	1	3	7	1	

1	2	3	4	5	6	7	8	9	10	11	12	13	14	15	16	17	18	19	20	21	22	23	24	25	26	27
당	當	中	87	13		当	國	國	國	○	○	当	一	当	1	○	○	○	26	132	186-2	84	135	103	26	19
	唐	高	93	1		○	中	中	中		○	○			4	○	○	○	723-3	837	240-3	4	13	49	1	1
	黨	高	31	15		党	國	中	中	○	○	党	一	党	2	○	○	○	314-2	808	182-1	1	14	107	51	13
	堂	中	33	11		○	國	國	國	○	○	○	一		3	○	○	○	417	445	226-4	85	37	63	2	1
	糖	高	13	10		○	中	高	高	○	○	○	一		6	○	○	○	517-2	1703	198-2		0	91	8	
	倘												補													
	塘												補		5					外163			3			
	擋												補	挡												
	撞												補		9			○								
	躺												補													
대	大	中	804	19		○	國	國	國	○	○	○	一		1	○	○	○	12	14	7	290	451	716	306	106
	代	中	127	16		○	國	國	國	○	○	○	一		2	○	○	○	54	40	39	70	279	359	64	33
	對	中	103	5		对	國	國	國	○	○	对	一	对	3	○	○	○	23	16	63-1	207	409	309	162	31
	臺	高	30	12		○	中	中	中	○	○	台			10	○	○	○	308-	275	171-2	55	62	119	4	2
	帶	高	30	10		○	國	中	中	○	○	带	一	带	6	○	○	○	258-2	807	153-1	13	14	139	2	2
	待	中	32	10		○	國	國	高	○	○	○	一		9	○	○	○	485	473	270-9	22	34	19	7	3
	貸	高	27	1		○	中	高	高	○	○	○	次	贷	4	○	○	○	350-1	1498	220-3		1	69	13	2
	隊	高	5	7		○	國	中	中	○	○	○	一	队	5	○	○	○	349	403	259-3	44	43	30	3	1
	戴		11	0	+2	○	中	高	高				造		11	○	○	○	814-4	外362	284-21		1	5		
	袋		1	3						○	○	○	次		12			○		外360	281-14		1	8	1	
	垈		2	0		○	中	高	高						8				832-11	外355	288-103		1	1	3	1
	擡		1	0											13	○	○	○	830-17		286-38			3		1
댁(宅)->택															1											

1	2	3	4	5	6	7	8	9	10	11	12	13	14	15	16	17	18	19	20	21	22	23	24	25	26	27
덕	德	中	41	33		○	國	國	國	○	○	德	一		1	○	○	○	545-1	614	195-3	15	24	94	8	3
	悳														2											
도	道	中	116	53		○	國	國	國	○	○	○	一		1	○	○	○	88	174	65	128	104	305	41	13
	都	中	100	9		○	國	國	國	○	○	都	一		11	○	○	○	187	335	195-4	19	52	94	38	5
	刀	中	48	11		○	中	中	中	○	○	○	一		6	○	○	○	780-1	1087	280-13		6	9		2
	圖	中	37	13		図	國	國	國	○	○	図	一	图	7	○	○	○	345	142	131-1	67	122	169	13	8
	徒	中	40	9		○	國	中	中	○	○	○	次		13	○	○	○	585	1091	253-4	3	6	36	4	
	度	中	27	22		○	國	國	國	○	○	○	一		도2 탁10	○	○	○	48	124	24	60	143	441	5	2
	倒	高	31	8		○	中	高	高			○	一		3	○	○	○	758-2	1473	274-7		1	15	3	2
	陶	高	35	0	+2	○	中	高	高			○			27	○	○	○	759-4	1272	251-4	1	3	38	12	1
	導	高	18	12		○	國	中	中	○	○	○	次	导	5	○	○	○	406	346	186-3	8	51	103	9	3
	桃	高	25	3		○	中	高	高	○	○	○	次		18	○	○		682-3	1355	270-10	1	2	19	4	
	逃	高	23	0	+3	○	國	中	中		○	○	次		25	○	○	○	627-4	1047	284-22	45	8	5	2	1
	到	中	23	2		○	國	國	國	○	○	○	一		4	○	○	○	512	713	272-6	11	19	17	2	3
	盜	高	20	5		○	國	中	中		○	盜	次		10	○	○	○	649-2	1356	286-41		2	3	8	2
	島	中	15	9		○	國	國	國	○	○	○	次	岛	14	○	○		316	1092	184-2	15	6	105	2	2
	渡	高	19	4		○	中	高	高			○	補		9	○	○	○	741-7	1784	268-2		0	21	4	3
	跳	高	14	0	+2	○	中	高	高			○	一		24	○	○	○	829-57	1472	281-15		2	8	3	2
	途	高	3	10		○	中	中	中	○	○	○	次		12		○	○	617-2	909	273-6	4	11	16	1	1
	稻	高	10	3		○	中	高	高	○	○	稲	次		23	○	○	○	824-19	1783	282-11		0	7		
	挑	高	8	0		○	中	高	高			○	一		18	○	○	○	823-5		285-30			4	6	1
	屠		26	0									次		19				813-5	外226	286-40		2	3	3	

1	2	3	4	5	6	7	8	9	10	11	12	13	14	15	16	17	18	19	20	21	22	23	24	25	26	27
	塗		24	1		○	中	高	高			○	次	涂	8	○	○	○	822-5		274-8			15	2	3
	悼		10	5		○	中	高	高			○			17	○	○		863-70		286-39			3		
	賭		8	0									次	赌	36				789-5		288-106			1	1	
	掉												一		29											
	禱													祷	22			○	722-6	外62		3	7			
독	獨	中	116	5		独	國	國	高	○	○	独	一	独	1	○	○	○	268-2	74	145-2	52	190	149	61	14
	毒	高	39	19		○	國	中	中	○	○	○	一		4	○	○	○	500	854	226-5	5	13	63	8	2
	讀	中	29	14		読	國	國	國		○	読	一	读	3	○	○	○	593-3	67	216-5	58	214	73	16	6
	督	高	20	14		○	國	中	中	○	○	○			2	○	○	○	642-3	908	264-7	1	11	25	1	1
	篤	高	19	3		○	中	高	高			○		笃	6	○	○	○	823-13	1779	288-108	4	0	1		
	瀆		5	0										渎	7	○	○	○	830-26	外361	288-109		1	1	1	
돈	敦	高	24	0		○	中	高	高						1	○	○	○	835-63	1782			1			
	豚	高	8	1		○	中	高	高			○			2	○	○		828-40	1483	287-69		1	2	4	1
	頓		24	2									一	顿	12			○	745-4	外358	281-16		1	8	1	1
돌	突	高	31	4		○	中	中	中	○	○	突	次		1	○	○	○	540-3	855	260-6	7	13	29	7	1
동	同	中	258	12		○	國	國	國	○	○	○	一		1	○	○	○	51	102	84-1	174	166	258	105	66
	東	中	153	6		○	國	國	國	○	○	○	一	东	3	○	○	○	173	329	77-2	153	163	277	114	16
	動	中	77	31		○	國	國	國	○	○	○	一	动	4	○	○	○	49	19	14	206	370	609	32	21
	冬	中	42	16		○	國	國	國	○	○	○	一		5	○	○	○	714-1	1046	255-6	2	7	34	7	
	銅	高	53	4		○	中	高	高		○	○	一	铜	10	○	○	○	691-5	1013	218-2	1	8	71	4	11
	童	中	41	7		○	國	國	國		○	○	一		9	○	○	○	615-1	572	261-4	37	26	28	12	3
	洞	中	44	0	+1	○	國	國	國	○	○	○	次		동2 통4	○	○	○	828-21	1471	264-8	55	1	통4 동5	10	1

1	2	3	4	5	6	7	8	9	10	11	12	13	14	15	16	17	18	19	20	21	22	23	24	25	26	27
	凍	高	26	2		○	中	高	高			◯	次	冻	6	○	○	○	803-1	1786	264-9		0	25	7	
	桐	高	8	0	+2										7				792-10	1781	287-72	1	0	2		
	棟		4	1		○	中	高	高			◯		栋	8	○	○		828-18		288-116			1	2	1
	憧		2	0											14			○	807-5	外356	284-23		1	5	1	
	胴		1	0								◯			18				821-19		287-71			2	1	
	働											◯			11						288-117			1		
	懂												一													
	疼												次		16											
	潼																○									
	董														23			○								
두	頭	中	65	13		○	國	國	國	○	○	◯	一	头	3	○	○	○	291	822	197-2	6	14	92	10	
	斗	中	34	4		○	國	國	國		○	◯	一		1	○	○	○	826-14	1354	269-13	1	2	20	1	
	豆	中	30	3		○	國	國	國	○	○	◯	一		4	○	○	○	695-3	1202	268-3	12	4	21	3	
	杜		31	0											2		○	○	820-17	外363	271-7		1	18	2	1
	痘		11	3								◯			5	○	○		813-11		272-7			17		1
	肚												次													
	抖												補													
둔	鈍	高	18	5		○	中	高	高			◯		钝	2	○	○	○	798-16	1357	287-73		2	2	2	
	屯		31	0	+1	○	中	高	高			○			3	○	○		819-1	外227	285-32		2	4	1	
득	得	中	70	15		○	國	國	國	○	○	○	一		1	○	○	○	430-1	821	213-2	7	14	76	11	4
등	等	中	57	15		○	國	國	國	○	○	○	一		1	○	○	○	28	117	176-3	24	150	113	9	5
	登	中	55	2		○	國	國	國	○	○	○	一		2	○	○	○	626	578	248-2	6	30	41	16	17
	燈	中	31	13		灯	國	國	高	◯	○	灯	一	灯	3	○	○	○	495-4	471	243-5	17	35	46	7	2

1	2	3	4	5	6	7	8	9	10	11	12	13	14	15	16	17	18	19	20	21	22	23	24	25	26	27
	騰		15	4		◯	中	高	高			◯	次	腾	6	○	○	○	757-5	外75	271-8		6	18		
	謄		11	0		◯	中	高	高			◯		誊	4	○	○									
	籐		5	0									補		5				831-61	外20	278-6		13	11	1	
	凳												補													
라	羅	高	49	5		◯	國	中	中	◯	○	◯		罗	ㄹ1 ㄴ1	○	○	○	779-7	673	222-2	16	21	67	1	1
	裸		14	0	+3	◯	中	高	高			◯			2	○	○	○	822-26		281-17			8	6	3
	騾												補													
	鑼												補													
락	落	中	116	15		◯	國	國	高	◯	○	◯	一		ㄹ3 ㄴ5	○	○	○	370	362	189-2	낙5 락7	48	100	26	5
	樂	中	81	15		楽	國	國	國	◯	○	楽	一	乐	락1낙 1악2 요10	○	○	○	178	148	128-1	1	1	12		
	洛	高	22	0	+1	◯	中	中	高						ㄹ2 ㄴ2	○		○		1439	277-6	1	1	12		
	絡	高	5	4		◯	中	中	高		○	◯	補	络	ㄹ4 ㄴ4	○	○	○	704-6	853	282-13	2	13	7		
	酪		5	2								◯			ㄹ7 ㄴ7	○	○	○			280-9			9		
란	亂	高	64	15		乱	國	中	中	◯	○	乱	一	乱	ㄹ1 ㄴ2	○	○	○	319-1	334	228-3	16	52	61	52	22
	蘭	高	43	0	+5	◯	中	高	高	◯	○			兰	ㄹ5 ㄴ8	○	○	○	834-78	1731	279-12	란4난 1	0	10	2	1

1	2	3	4	5	6	7	8	9	10	11	12	13	14	15	16	17	18	19	20	21	22	23	24	25	26	27
	卵	中	18	4		◯	中	高	高	◯	○	◯			ㄹ2 ㄴ3	○	○	○	692-1	1732	225-1		0	64	2	2
래	來	中	60	17		◯	國	國	國	◯	○	来	一	来	ㄹ1 ㄴ2	○	○	○	118	199	177-1	55	89	112	37	6
	欄	高	9	3		◯	中	高	高		○	欄	補	栏	ㄹ3 ㄴ6		○	○	666-2	1135	282-14	2	5	7	1	1
란	攔												補													
	嬾												一													
랄	辣												次		ㄹ1 ㄴ2											
람	濫	高	23	0	+1	滥	中	高	高			◯		滥	ㄹ1 ㄴ3	○	○	○	779-5	1183	270-11		4	19	3	3
	藍	高	14	0	+3								次	蓝	ㄹ3 ㄴ5	○				1440	287-80		1	2		
	覽	高	6	4		览	國	中	中	◯	○	覧	補	览	ㄹ2 ㄴ4	○	○	○	693-1	793	269-14	2	15	20		1
	籃		3	0									次	篮	ㄹ4 ㄴ6				805-16		288-131			1	1	
	嵐													岚	ㄹ6 ㄴ8										1	
랍	拉		10	0	+1	◯	中	高	高				一		ㄹ1 ㄴ2	○	○		814-6	外353	285-27		1	4	1	
	臘												補	腊	ㄹ2 ㄴ3			○			286-50			3		
	啦												一													

1	2	3	4	5	6	7	8	9	10	11	12	13	14	15	16	17	18	19	20	21	22	23	24	25	26	27
랑	郞	中	12	5		◯	中	中	中		○	郎			ㄹ3 ㄴ2	○	○	○	710-2	1133	255-7		5	34	1	
	朗	高	10	2		○	中	中	中		○	朗			ㄹ1 ㄴ1	○	○	○	720-2	271	275-5	랑1낭 7	63	14		
	廊	高	9	2								廊			ㄹ4 ㄴ4	○			633-2	873	286-51		12	3		
	浪	中	20	6		○	中	中	高			◯	次		ㄹ2 ㄴ5	○	○	○	725-5	906	253-5	1	11	36	5	2
	狼												補		ㄹ6 ㄴ8				762-5							
	爛	高	17	0	+2	○	中	高	高				一	烂	ㄹ4 ㄴ7	○		○	701-1	794	280-14	3	15	9	2	
	萊														ㄹ2 ㄴ6			○								
랭	冷	中	72	1		○	國	中	中	○	○	◯	一		ㄹ1 ㄴ1	○	○	○	610-1	1082	228-4	1	6	61	24	2
략	略	高	25	19		○	國	中	中	○	○	◯	一		2	○	○	○	622-2	687	243-6	략18 약2	20	46	6	2
	掠	高	6	○	+1	○	中	高	高						1	○		○	794-7	1740	286-52		0	3	1	
량	兩	中	140	0	+1	○	國	國	國	○	○	両	一	两	ㄹ4 ㄴ1 ㅇ4	○	○	○	374-1	711	213-4	량1 양11	19	76	43	25
	良	中	78	13		○	國	國	國	○	○	◯	一		ㄹ2 ㅇ3	○	○	○	436-2	606	219-1	5	25	70	12	4

1	2	3	4	5	6	7	8	9	10	11	12	13	14	15	16	17	18	19	20	21	22	23	24	25	26	27
	量	中	23	20		○	國	國	國	○	○	○	一		ㄹ1 ㅇ2	○	○	○	127	621	89-1	13	24	248	9	5
	涼	中	16	5		○	中	高	高			○	一		ㄹ5 ㅇ5	○	○		793-8	1441	283-19		1	6		
	糧	高	14	4		○	國	中	中	○	○	○	一	粮	ㄹ3 ㅇ28	○	○	○	599-4	1137	274-10	량4양3	5	15		
	諒	高	5	0	+4	○	中	高	高				補	谅	ㄹ9 ㅇ27	○	○		809-21	1747	288-231		0	1		
	梁	高	1	3									次		ㄹ6 ㅇ11	○	○	○	817-11	1734	263-3		0	26		
	輛												補		7			○	821-26			1				
	粱												補		ㄹ8 ㅇ26							11				
	亮												一		ㄹ11 ㅇ19											
려	旅	中	52	0	+3	○	國	國	高	○	○	○	一		ㄹ4 ㅇ9	○	○	○	568-3	401	264-10	19	43	25	6	4
	麗	高	31	6		麗	國	中	中	○	○	○	次	丽	ㄹ5 ㅇ11	○	○	○	723-7	448	225-2	33	36	64	2	
	慮	高	2	12		○	國	中	中			○	補	虑	ㄹ3 ㅇ8	○	○	○	802-4	637	282-15	8	22	7	1	
	勵	高	7	5		励	中	中	中		○	励		励	ㄹ1 ㅇ6	○	○	○	675-1	916	281-18	5	10	8		
	呂		18	0											ㄹ2 ㅇ7	○	○	○	828-5		288-133			1		

1	2	3	4	5	6	7	8	9	10	11	12	13	14	15	16	17	18	19	20	21	22	23	24	25	26	27
	厲												補	厉												
	戾											戻			ㄹ7 ㅇ15						288-134			1		
력	力	中	37	72		○	國	國	國	○	○	○	一		ㄹ1 ㅇ1	○	○	○	73	73	25	83	193	424	16	6
	歷	中	44	10		○	國	國	國	○	○	歴	一	历	ㅇ5	○	○	○	309	171	233-1	24	105	56	22	10
	曆	高	14	9		○	中	高	高		○	暦	補	历	ㄹ2 ㅇ10	○	○	○	725-4	1448	251-5		1	38	1	1
	轢		3	1		擽								擽	ㄹ3 ㅇ7	○	○				288-137			1	1	
련	連	中	130	0	+1	○	國	中	中	○	○	○	一	连	ㄹ2 ㅇ3	○	○	○	368	458	189-1	8	35	101	36	16
	蓮	高	41	4	+5	○	中	高	高					莲	ㄹ7 ㅇ24	○	○		715-5	1333	277-7	5	2	12	3	4
	聯	高	39	4		聠	中	中	高	○	○		次	联	ㄹ1 ㅇ1	○	○	○	455	267	221-2	27	64	68	20	3
	練	中	23	6		○	國	中	中	○	○	練	一	连	ㄹ5 ㅇ11	○		○	640-1	630	254-4	33	23	35	1	1
	戀	高	16	4		恋	中	高	高		○	恋	補	恋	ㄹ3 ㅇ6	○	○		709-5	1334	283-22		2	6	4	
	鍊	高	14	5		○	中	中	高			錬			ㄹ6 ㅇ12	○	○	○	714-8	710	271-9		19	18		
	憐	高	6	0	+6	○	中	高	高			○	次	怜	ㄹ9 ㅇ15	○			830-12	1744	287-102	1	0	2		

1	2	3	4	5	6	7	8	9	10	11	12	13	14	15	16	17	18	19	20	21	22	23	24	25	26	27
	煉		11	0		○	中	高	高				次	炼	ㄹ4 ㅇ21	○	○	○	831-42		283-21			6	4	
	漣		6	0										涟	ㄹ8 ㅇ19			○				287-87			2	
렬	列	中	46	15		○	國	國	國	○	○	○	一		ㄹ1 ㅇ2	○	○	○	595-1	647	195-5	7	22	95	8	4
	烈	中	17	10		○	國	中	中		○	○	一		ㄹ3 ㅇ4	○	○	○	499	703	265-7	7	19	렬24 열5		
	劣	高	20	7	○	○	中	中	中			○	次		ㄹ2 ㅇ3	○	○	○	775-2	1276	280-15		3	9	4	1
	裂	高	12	5		○	中	高	高		○	○	補		ㄹ4 ㅇ7	○	○	○	699-4	1797	259-4		0	30		
렴	廉	高	37	2		○	中	中	高			○			ㄹ1 ㅇ3	○	○	○	746-3	1364	278-7		2	11	2	
	簾												補	帘												
렵	獵		21	5		猟						猟	補	猎	ㄹ1 ㅇ2	○	○		817-10	外403	273-7		1	16		
령	靈	高	98	8		灵	中	中	高		○	霊	次	灵	ㄹ7 ㅇ20	○	○	○	660-2	743	244-2	11	17	45	43	7
	令	中	73	17		○	國	國	國	○	○	○	一		ㄹ1 ㅇ1	○	○	○	197	392	199-3	42	44	90	3	4
	領	中	55	10		○	國	國	國	○	○	○	一	领	ㄹ2 ㅇ4	○	○	○	196	331	165-1	령10 영25	53	126	14	5
	嶺	高	24	0	+3	○	中	高	高					岭	ㄹ3 ㅇ8	○	○	○		1210	260-7	령2영1	4	29	1	

1	2	3	4	5	6	7	8	9	10	11	12	13	14	15	16	17	18	19	20	21	22	23	24	25	26	27
	鈴											○	次		ㄹ5	ㅇ18										
	齡					齡						齡		龄	23	○	○		803-10	外91	276-8	4	5	13		
	另												一		ㄹ9 ㅇ22											
례	禮	中	85	34		礼	國	國	國	○	○	礼	一	礼	ㄹ2 ㅇ3	○	○	○	501-3	428	187-1	20	40	102		
	例	中	27	23		○	國	國	國		○	○	一		ㄹ1 ㅇ2	○	○	○	429-1	196	226-6	41	92	63		
	醴		5	0											ㄹ4 ㅇ7		○									
	隷		8	2								○	次	隶	ㄹ3 ㅇ9	○	○	○	730-7	外263	269-15		2	20	1	
로	老	中	146	14		○	國	國	國	○	○	○	一		ㄹ4 ㄴ9	○	○	○	501-4	472	216-4	14	34	73	45	7
	勞	中	71	9		労	國	國	高	○	○	労	一	劳	ㄹ2 ㄴ2	○	○	○	402	628	203-1	20	23	86	22	14
	路	中	36	37		○	國	國	國	○	○	○	一		ㄹ1 ㄴ1	○	○	○	550-1	544	157-3	32	28	134	12	1
	露	中	40	9		○	中	中	高		○	○	次		ㄹ5 ㄴ11	○	○	○	695-4	1048	244-3	12	7	45	6	3
	爐	高	9	9		○	中	中	高	○	○	炉	次	炉	ㄹ8 ㄴ7	○	○		656-4	1151	257-8	5	5	32	1	
	魯		13	2										鲁	ㄹ9 ㄴ12	○	○				280-16			9		

1	2	3	4	5	6	7	8	9	10	11	12	13	14	15	16	17	18	19	20	21	22	23	24	25	26	27
	盧		9	0										卢	ㄹ7 ㄴ8	○	○	○	621		274-11			15		
	擄												補	掳	ㄹ3 ㄴ6				281-20					8		
	虜											虏	補	虏	12		○		682-2			4				
	驢												次													
록	綠	中	69	5		○	國	國	高	○	○	緑	次	绿	ㄹ2 ㄴ3	○	○	○	563	938	233-2	13	10	56	6	2
	鹿	高	31	4		○	中	高	高						ㄹ5 ㄴ5	○			824-31	1634	278-9	1	1	11	2	
	錄	高	16	10		○	國	中	中	○	○	録	補	录	ㄹ1 ㄴ1	○	○	○	476-4	224	227-2	27	81	62	4	1
	祿	高	14	3											ㄹ4 ㄴ4	○		○	832-45	1361	283-25		2	6	1	
론	論	中	82	33		○	國	國	國	○	○	○	一	论	ㄹ1 ㄴ1	○	○	○	115-2	35	106-1	40	294	200	27	25
롱	弄	高	34	4		○	中	高	高				一		ㄹ2 ㄴ3	○	○	○	703-2	1214		1	4		1	1
	聾		8	1									補		ㄹ3 ㄴ5	○	○								1	
	籠		14	2		○	中	高	高					笼	ㄹ1 ㄴ2	○	○	○		外244	286-59		2	3	5	1
	瀧											滝		泷	ㄹ8 ㄴ10											
뢰	雷	高	58	7		○	中	高	高			○	次		ㄹ3 ㄴ5	○	○	○	796-10	1280	280-17	4	3	9	4	1

1	2	3	4	5	6	7	8	9	10	11	12	13	14	15	16	17	18	19	20	21	22	23	24	25	26	27
	頼	高	4	4		◯	中	高	高		○	頼	補	赖	ㄹ2 ㄴ4	○	○	○	714-7	949	285-37		9	4		
	賂		3	1										赂	ㄹ1 ㄴ3	○		○	801-17						1	2
	瀨											瀨		濑	6											
	牢												補													
	儡														4			○	783-2			2				
료	料	中	15	20		○	國	國	高	○	○	◯	一		ㄹ1 ㅇ1	○	○	○	190	387	86-1	료33요41	45	255	10	
	了	高	10	6		○	中	高	高			◯	一		ㄹ2 ㅇ7	○	○	○	782-1	1213	280-18		4	9	1	
	僚		12	5		○	中	高	高			◯			ㄹ4 ㅇ8	○	○	○	836-8	外243	276-9		2	13		
	療		10	5		○	中	高	高		○	◯		疗	ㄹ3 ㅇ11	○	○	○	690-1	外398	267-2	8	1	22		
	遼		11	0										辽	ㄹ4 ㅇ18				836-2666		265-8			24		
	寮		4	0								◯														
	瞭											◯	補	了	ㄹ9 ㅇ32					外246			2			
룡	龍	高	101	2		竜	中	中	中	○	○	竜	補	龙	ㄹ1 ㅇ13	○	○	○	773-6	1019	222-3	14	8	67	8	8
루	漏	高	42	4		◯	中	高	高			◯	補		ㄹ3 ㄴ2	○	○		798-8	1507	275-6	1	1	14	2	

1	2	3	4	5	6	7	8	9	10	11	12	13	14	15	16	17	18	19	20	21	22	23	24	25	26	27
	累	高	35	4		○	中	高	高			○	次		ㄹ1 ㄴ3	○	○	○	787-6	1488	268-4		1	21	8	2
	樓	高	17	13		楼	中	中	高			楼	一	楼	ㄹ5ㄴ 5	○	○		779-4	1018	261-5	14	8	28	2	2
	淚	高	9	9		○	中	高	高			泪	次		ㄹ2 ㄴ1	○	○		831-39	1626	279-14		1	10		1
	屢	高	12	0									補		ㄹ8 ㄴ7	○			811-2	1633			1			
	壘					塁						塁	補	垒	6	○	○	○								
류	流	中	146	34		○	國	國	國	○	○	○	一		ㄹ2 ㅇ5	○	○	○	162	488	75-1	류5유4	33	281	37	21
	類	高	40	10		○	國	中	中	○	○	類	一	类	ㄹ3 ㅇ11	○	○	○	161	225	70-2	41	80	293	8	12
	留	中	38	8		○	國	中	中	○	○	○	一		ㄹ1 ㅇ6	○	○	○	639-2	636	249-1	11	22	40	10	7
	柳	中	24	2		○	國	中	中	○	○	○	補		ㄹ4 ㅇ23	○	○	○	806-7	1575	255-8	류1유1	0	34		
	劉		27	0										刘	ㅇ14						282-17			7		
	硫		11	0		○	中	高	高			○			ㄹ5 ㄴ25	○	○				244-4			45	2	
	溜		8	0									補		ㄹ8 ㅇ45	○	○				260-8			29	1	
	謬													谬	ㄹ10 ㄴ61			○								
	琉														ㄹ7 ㅇ48			○		外53		12	8			

1	2	3	4	5	6	7	8	9	10	11	12	13	14	15	16	17	18	19	20	21	22	23	24	25	26	27
륙	六	中	168	0	+3	○	國	國	國	○	○	○	一		ㄹ3 ㅇ1	○	○	○	141	1215	205-3	2	4	84	11	10
	陸	中	44	4		○	國	國	國	○	○	○	一	陆	ㄹ1 ㅇ3	○	○	○	391	797	217-4	41	14	72	11	5
륜	輪	高	48	8		○	中	中	中		○	○	一	轮	ㄹ1 ㅇ7	○	○	○	782-8	1023	260-9		8	29	1	
	倫	中	13	6		○	中	高	高			○		伦	ㄹ2 ㅇ1	○	○	○	799-1	1100	266-7		6	29	7	4
	淪													沦	ㄹ3 ㅇ4			○								
률	律	中	26	16		○	國	國	高		○	○	一		ㄹ1 ㅇ1	○	○	○	479	469	192-2	1	35	97	9	4
	率	高	26	9		○	中	中	中	○	○	○	次		ㄹ2 ㅇ2 솔2	○	○	○	487-2	1223	164-1	3	4	127	1	
	栗	高	12	10		○	中	高	高	○	○		補		ㄹ3 ㅇ3	○	○	○	823-6	1492	273-8	9	1	16		
륭	隆	高	33	0	+1	○	中	高	高	○	○	隆			ㄹ1 ㅇ			○	811-14	1565	277-9		1	12	3	1
릉	陵	高	43	2		○	中	高	高			○			ㄹ2 ㄴ2	○	○	○	830-51	1567	264-11	4	1	25	2	
	凌														ㄹ1 ㄴ3			○								
리	理	中	85	36		○	國	國	國	○	○	○	一		ㄹ2 ㅇ6	○	○	○	37	41	18	98	277	545	45	50

1	2	3	4	5	6	7	8	9	10	11	12	13	14	15	16	17	18	19	20	21	22	23	24	25	26	27
	利	中	76	27		○	國	國	國	○	○	○	一		ㄹ1 ㅇ2	○	○	○	89	211	69	리12이83	85	299	40	36
	離	高	75	6		雉	中	中	中	○	○	○	一	离	ㄹ5 ㅇ12	○	○	○	322	692	164-2	10	19	127	24	5
	吏	高	44	12		○	中	中	中		○	○			ㄹ6 ㅇ16	○	○	○	672	1057	258-7	리2이4	7	31	1	1
	李	高	33	0	+1	○	中	中	中		○		次		ㄹ4 ㅇ3	○	○	○	835-68	1157	89-2	50	5	248	1	1
	里	中	22	7		○	國	國	國	○	○	○	一		ㄹ3 ㅇ5	○	○	○	427	586	221-3	10	26	68	6	2
	履	高	23	2		○	中	中	中	○	○	○			ㄹ7 ㅇ17	○	○	○	799-3	823	275-7		13	14	3	6
	裏	高	15	3		○	中	高	高	○	○	○	一	里	ㄹ11 ㅇ25	○		○	782-7	1615	277-10		0	12		
	梨	高	12	0	+1	○	中	高	高	○	○		補		ㄹ8 ㅇ21	○	○	○	829-19	1568	270-14		1	19	3	2
	罹		6	0											ㄹ9 ㅇ23	○	○		831-55	外332	288-162		1	1		
	厘											○			18	○	○				282-18			7		
	犁												次													
	裡														ㄹ10 ㅇ11	○	○	○								
린	隣	高	30	0	+3	○	中	高	高	○	○	○	次		ㄹ2 ㅇ14	○	○	○	812-17	1552	280-19	6	1	9	5	1
	麟		9	1											ㄹ5 ㅇ13			○	831-84		281-21	1		8	1	

1	2	3	4	5	6	7	8	9	10	11	12	13	14	15	16	17	18	19	20	21	22	23	24	25	26	27
	燐		8	0											ㄹ1ㅇ 11	○	○	○	683		245-2	1		44	1	
림	臨	高	60	6		临	中	高	高	○	○	○	一	临	ㄹ1ㅇ 5	○	○	○	597	796	244-5	2	14	45	17	2
	林	中	28	21		○	國	國	國	○	○	○	一		ㄹ1ㅇ 2	○	○	○	673-3	714	150-3	19	18	144	6	1
	淋												補		ㄹ3ㅇ 4						277-11			12		
립	立	中	95	23		○	國	國	國	○	○	○	一		ㄹ1ㅇ 2	○	○	○	191	137	77-3	립49입1	127	277	39	36
	粒		6	6								○	次		ㄹ2ㅇ 3	○	○		832-49		261-6			28	3	
마	馬	中	148	22		○	國	國	國	○	○	○	一	马	4	○	○	○	509-3	1065	207-2	15	7	82	8	4
	痲	高	37	5		○	中	高	高			○	一		6	○	○	○	735-7	1610	225-3	1	0	64	6	3
	磨	高	13	1								○	一		3	○		○	814-11	1416	260-10	1	2	29	1	1
	摩		21	1		○	中	高	高			○	補		1	○	○	○	755-4	外351	266-8		1	23	1	1
	魔		16	6		○	中	中	高			○	補		5	○	○	○	758-9	外158	283-28	12	3	6	8	3
	嗎												一	吗												
	媽												一						474							
	碼												補	码	9											
	麼												一													
막	莫	中	34	0	+2	○	中	中	高		○		次		1	○		○	677-3	801	278-11	1	14	11	3	1
	幕	高	21	12		○	中	中	中	○	○	○	補		2	○	○	○	618	800	264-12	16	14	25	7	3
	漠	高	6	0	+1	○	中	中	高		○	○			3	○	○	○	700-2	1111	276-11	1	6	13		1

1	2	3	4	5	6	7	8	9	10	11	12	13	14	15	16	17	18	19	20	21	22	23	24	25	26	27
	膜		4	10		○	中	高	高		○	○			4	○	○		662-2		225-4			64		
	寞														5				802-2	外159	284-28	5	3	5		
만	萬	中	214	3		万	國	國	國	○	○	万	一	万	1	○	○	○	67	131	146-3	82	135	148	51	9
	滿	中	83	8		○	國	國	國	○	○	满	一	满	3	○	○	○	441	485	209-2	18	33	80	75	7
	晩	中	54	4		○	中	中	中	○	○	晚	一		2	○	○	○	806-6	1293	273-9	3	3	16	8	2
	蠻	高	24	2		蛮	中	高	高			蛮	補	蛮	10	○	○		805-17	1555	288-167	3	1	1	2	
	漫	高	23	2		○	中	中	中			○			6	○	○	○	784-3	924	272-8	1	10	17	4	
	慢	高	14	7		○	中	高	高			○	一		5	○	○	○	763-4	1289	282-19		3	7	4	
	彎												補	弯	14											
	挽												補		11											
	瞞												補	瞒	8											
	灣		6	0	+3	湾	中	高	高	○	○	湾	次	湾	7	○	○	○	678-3	外160	261-7		3	28	6	1
말	末	中	54	16		○	國	國	國	○	○	○	次		1	○	○	○	443	690	230-3	3	19	59	12	5
	抹		12	0								○	補		2	○	○	○	825-7		286-69			3	2	2
	襪												次		5				789-4			1				
망	望	中	65	37		○	國	國	國	○	○	○	一		5	○	○	○	323-1	352	214-1	61	53	75	4	
	亡	中	54	5		○	國	國	國	○	○	○	次		1	○	○	○	400-1	474	259-5	63	34	30	12	6
	妄	高	0	+2		○	中	中	中			○	補		2	○	○	○	792-4	1232	286-70		4	3	6	1
	忘	中	19	3		○	中	高	高	○	○	○	一		4	○	○	○	708-1	1604	281-22		0	8	2	1
	罔	高	17	0	+4										7	○			821-18	1231	288-168		4	1		
	忙	中	12	6		○	中	高	高			○	一		3	○	○		812-5	1603			0		1	
	茫	高	31	0											9	○			811-11	1164	286-71	2	5	3	1	
	網		21	6		○	中	高	高			○	補		6	○	○	○	755-5	外220	204-1	3	2	85	8	1

1	2	3	4	5	6	7	8	9	10	11	12	13	14	15	16	17	18	19	20	21	22	23	24	25	26	27
매	賣	中	55	5		売	國	國	高	○	○	売	一	卖	2	○	○	○	401-2	1163	207-3	2	5	82	21	5
	每	中	52	0		○	國	國	高	○	○	每	一		3	○	○	○	516-2	735	268-5	10	17	21	10	4
	梅	高	29	0	+3	○	中	中	高	○	○	梅	補		10	○	○	○	790-6	1423	276-12	24	2	13	5	
	買	中	24	3		○	國	國	高	○	○	○	一	买	1	○	○	○	753-5	1288	239-3	3	3	50	7	4
	媒	高	23	3		○	中	高	高			○			6	○	○	○	809-6	1287	249-2		3	40	2	2
	埋	高	23	0	+1	○	中	高	高			○	次		9	○	○	○	776-1	1647	283-29		1	6	4	1
	妹	中	8	3		○	國	國	高	○	○	○	一		5	○	○	○	738-2	1109	286-72	7	6	3	3	
	煤		8	0									一		11			○	825-15		288-171			1	1	1
	罵		4	○									一		15										1	
	魅		3	0		○	中	高	高			○			12	○	○		805-22	外39	285-44		9	4	2	
	枚									○	○	○			4			○			284-30			5		
맥	麥	中	36	8		麦	中	高	高	○	○	麦	一	麦	2	○	○	○	719-5	1646	257-9		0	32	1	
	脈	高	17	15		○	國	中	中		○	○	補		1	○	○	○	320	781	245-3	2	15	44	4	2
맹	猛	高	39	2		○	中	中	中		○	○	次		3	○	○	○	704-4	1162	280-20	10	5	9	10	
	盲	高	33	2		○	中	高	高	○	○	○			4	○	○	○	778-5	1027	263-4	1	8	26	6	1
	孟	高	24	1											1	○	○	○	812-4	1541	270-15		1	19	1	1
	盟	高	12	4		○	中	高	高	○	○	○	補		2	○	○	○	577-1	1229	239-4	8	4	50	3	1
면	面	中	105	34		○	國	國	國	○	○	○	一		1	○	○	○	91	107	61-2	43	159	310	14	2
	免	中	49	5		○	中	中	中	○	○	免	補		2	○	○	○	658-1	1062	232-3	1	7	57	10	6
	綿	高	35	5		○	中	高	高	○	○	○		绵	4	○	○	○	393	1425	251-6		2	38	6	
	勉	中	8	2		○	中	中	中		○	勉	補		3	○	○	○	824-4	1107	283-30	3	6	6	3	1
	眠	中	5	5		○	中	高	高	○	○	○			5	○	○	○	801-15	1559	266-9	1	1	23		1
	麵		7	2									借	面	7				792-18		283-32			6	1	

1	2	3	4	5	6	7	8	9	10	11	12	13	14	15	16	17	18	19	20	21	22	23	24	25	26	27
	棉												一		6				815-6		283-31	1		6		
멸	滅	高	19	14		○	中	中	中	○	○	○	一	灭	1	○	○	○	685-3	1026	246-3	2	8	43	5	
	蔑		7	0	+2	○	中	高	高						2	○	○		752-3	外347		1	1			
명	名	中	144	49		○	國	國	國	○	○	○	一		1	○	○	○	258-1	106	131-2	77	160	169	64	35
	明	中	128	29		○	國	國	國	○	○	○	一		2	○	○	○	82	84	64	125	178	306	16	16
	命	中	36	37		○	國	國	國	○	○	○	一		3	○	○	○	183	144	143-1	59	121	151	8	4
	鳴	中	24	2		○	國	中	高			○		鸣	6	○	○	○	783-8	1561	272-9	13	1	17		
	冥	高	25	2											8	○			827-4	1228	286-74		4	3	2	2
	銘	高	17	5		○	中	中	中			○		铭	5	○	○	○	804-16	778	283-33		15	6	2	4
	皿											○			7											
모	毛	中	72	0	+5	○	中	中	中	○	○	○	一		6	○	○	○	645-3	1595	207-4		0	82	8	
	母	中	52	17		○	國	國	國	○	○	○	一		5	○	○	○	244	281	178-1	12	60	111	31	25
	謀	高	32	10		○	中	中	中		○	○	次	谋	8	○	○	○	620-2	1105		3	6		5	2
	模	高	30	1		○	國	中	中	○	○	○	一		4	○	○	○	582-2	217	257-10	5	84	32	7	5
	暮	中	21	3								○			11	○	○	○	832-27	1564	284-32		1	5		
	某	高	17	0	+1	○	中	高	高		○	○	次		10	○	○	○	745-6	1592	279-15		0	10	5	2
	募	高	12	5		○	中	高	高			○			1	○	○	○	752-1	1025	284+31	5	8	5		1
	慕	高	8	7		○	中	中	中			○			2	○	○	○	749-3	1024	281-23		8	8		1
	貌	高	6	0	+6	○	中	中	高						9	○	○	○	767-4	1060	288-182	89	7	1	1	
	矛	高	9	0	+1							○	補		14				807-16	1429	285-46		2	4	1	1
	冒		32	0								○	次		13		○	○	799-2	外96	288-179	3	5	1	3	3
	帽		16	8		○	中	高	高			○	一		12	○	○		697-2	外23	287-115	18	12	2	1	2
	侮		8	4		○	中	高	高			侮	補		16	○	○	○	774-2	外72	286-76	1	6	3	1	

1	2	3	4	5	6	7	8	9	10	11	12	13	14	15	16	17	18	19	20	21	22	23	24	25	26	27
	耗											○	補		24	○	○		796-7		280-22	2		9		
	摸												次		3	○	○									
목	木	中	199	23		○	國	國	國	○	○	○	一		1	○	○	○	259	468	134-1	72	35	165	26	10
	目	中	49	18		○	國	國	國	○	○	○	一		2	○	○	○	204	154	166	38	112	125	15	15
	牧	高	41	3		○	國	中	中		○	○	補		4	○	○	○	223	1431	246-4	19	2	43	14	8
	沐	高	13	0	+2	○	中	高	高						3	○			790-7	1284		3	3		2	
	睦	高	3	2		○	中	中	高						5			○	810-8	1110	286-78	1	6	3		
몰	沒	高	54	6		○	中	中	中	○	○	○	一		2	○	○	○	713-3	1063	267-3	4	7	22	10	3
	歿		0	0	+3										1			○	825-8	外348			1			
몽	蒙	高	47	0	+4								補		2	○	○	○	781-5	1230	260-11	7	4	29		
	夢	高	30	0	+6	○	中	高	高			○	次	梦	1	○	○		795-1	1422	263-5		2	26	1	1
묘	妙	中	53	10		○	國	中	中	○	○	○	補		3	○	○	○	689-3	641	251-7	9	22	38	12	4
	墓	高	29	4		○	中	中	中			○	補		2	○	○	○	784-1	540	269-16	9	29	20	8	1
	廟	高	27	0	+4	○	中	高	高				次	庙	4	○			795-2	1601	274-12	1	0	15	2	
	卯	中	14	0	+5	○	中	高	高						1	○	○	○		1602	284-33		0	5		1
	苗	高	9	2		○	中	高	高	○	○	○	次		6	○	○	○	478	1556	280-23	6	1	9		
	描		4	0								○	補		5	○	○		781-2	外16	275-8		15	14	2	
	猫											○			9											
	貓												次		11											
	吵												次													
무	無	中	579	5		○	國	國	國	○	○	○	一	无	1	○	○	○	138	136	62-1	35	129	308	155	84
	武	中	92	12		○	國	國	國	○	○	○	一		3	○	○	○	525	675	163-2	28	20	128	29	5
	舞	中	37	10		○	國	中	中	○	○	○	次		4	○	○	○	670-4	640	233-3	13	22	56	10	3

1	2	3	4	5	6	7	8	9	10	11	12	13	14	15	16	17	18	19	20	21	22	23	24	25	26	27
	務	中	4	27		○	國	國	國	○	○	○	一	务	2	○	○	○	153-1	311	144-1	5	55	150		
	霧	高	13	4								○		雾	11	○	○		827-43	1599	275-9		0	14	1	
	貿	高	13	0	+1	○	中	中	中	○	○	○	補	贸	5	○	○	○	505-2	1600	268-6		0	21	17	2
	茂	中	8	1								○			6	○	○	○	775-12	1302	277-12	2	3	12	1	
	戊	中	4	0	+1	○									8	○	○	○		1645	288-186		0	1	4	
	巫		22	0											7			○	760-2	外218	282-20	21	2	7	3	6
	誣		15	0										诬	12	○	○	○	831-66		288-189			1	5	1
	撫													抚	9			○		外350			1			
	畝											○	一	亩												
묵	墨	中	52	0	+4	○	中	高	高			墨	一		1	○	○		821-6	1598	276-13		0	13	5	
	默	高	38	4		○	中	中	中		○	默			2	○	○	○	722-9	639	282-22	8	22	7	5	4
문	文	中	227	79		○	國	國	國	○	○	○	一		4	○	○	○	57	38		115	801	695	145	51
	門	中	104	31		○	國	國	高	○	○	○	一	门	1	○	○	○	128	143	165-2	86	121	126	15	4
	問	中	40	21		○	國	國	國	○	○	○	一	问	2	○	○	○	78	130	204-2	151	137	85	16	11
	聞	中	20	24		○	國	國	國	○	○	○	一	闻	3	○	○	○	454	61	249-3	52	229	40	1	
	紋		5	7								○		纹	6		○		804-8		272-10	5		17	2	
	蚊											○	次		13											
	匀											○			11											
	們												一													
	紊														7			○	787-4							
물	物	中	97	80		○	國	國	國	○	○	○	一		1	○	○	○	9	494		167	263	765	40	18
	勿	中	21	0	+2	○	中	中	高		○	○			2	○		○	289-1	260	284-34	20	66	5	1	1
미	未	中	129	0	+5	○	國	國	國	○	○	○	一		2	○	○	○	398	715	210-1	17	18	79	64	17

1	2	3	4	5	6	7	8	9	10	11	12	13	14	15	16	17	18	19	20	21	22	23	24	25	26	27
	美	中	113	11		○	國	國	國	○	○	○	一		1	○	○	○	435-1	166	126-2	31	108	174	53	14
	微	高	75	6		○	中	中	中	○	○	○	補		4	○	○	○	134	424	237-2	11	40	52	13	7
	米	中	33	11		○	國	國	國	○	○	○	一		5	○	○	○	695-2	1106	253-6	1	6	36	5	
	味	中	9	31		○	國	國	國	○	○	○	一		3	○	○	○	334-1	159	201-1	52	110	88	2	2
	尾	中	23	7		○	中	高	高			○	一		6	○	○		800-6	1426	262-4		2	27	3	
	迷	高	22	2		○	中	高	高			○	一		9	○	○	○	759-3	1562	268-7		1	21	10	4
	眉	高	12	1		○	中	高	高				次		8				818-7	1286	287-119		3	2		1
	謎												補	谜	17											
민	民	中	134	0	+10	○	國	國	國	○	○	○	一		1	○	○	○	16	17	34-1	227	390	374	155	57
	敏	高	12	7		○	國	中	中			敏			3	○	○		786-5	1427	278-12	57	2	11	1	
	憫	高	6	0	+2									悯	5	○			733-1	1428			2			
	悶		7	3									次	闷	2	○	○	○	831-22	外63		1	7			
밀	密	中	83	13		○	國	國	國	○	○	○	一		1	○	○	○	342-3	475	206-1	17	34	83	26	6
	蜜	高	19	0	+3	○	中	高	高				補		2	○		○	824-23	1594	281-24		0	8	1	
박	薄	高	70	6		○	中	中	中			○	一		8	○	○	○	729-4	1061	269-17		7	20	7	
	博	高	58	2		○	國	中	中	○	○	○	補		2	○	○	○	584-1	733	252-5	3	17	37	9	2
	迫	高	15	7		○	中	中	中		○	○	一		5	○	○	○	592	734	280-25	1	17	9	3	
	拍	高	10	2		○	國	中	中			○	補		3	○	○	○	785-6	827	285-49	21	13	4	4	1
	朴	高	8	3		○	國	中	中		○	○			1	○	○	○	636-2	638	219-2	34	22	70		
	泊	高	5	5		○	中	高	高			○			6	○	○	○	831-37	1563	288-198		1	1	1	
	剝		18	0									一		7			8	831-8		285-50			4	2	1
	駁		6	4										驳	9	○	○	○	826-38		288-199			1		
	舶		5	2								○			4	○	○	○	776-6		284-35			5		

1	2	3	4	5	6	7	8	9	10	11	12	13	14	15	16	17	18	19	20	21	22	23	24	25	26	27
	撲		4	0	+1							○	次	扑	11	○	○		831-28		286-82			3		
	縛											○		缚					815-12			3				
	樸													朴												
반	半	中	170	9		○	國	國	國	○	○	○	一		3		○	○	229	455	174-4	12	36	116	34	9
	反	中	134	5		○	國	國	國	○	○	○	一		2		○	○	240-1	204	88	27	87	251	96	40
	盤	高	37	7		○	中	高	高			○	一	盘	12		○	○	811-9	1115	238-2	7	6	51	4	4
	班	高	36	5		○	國	國	國	○	○	○	一		6		○	○	504	127	245-4	48	141	44	4	2
	飯	中	29	7		○	中	中	中		○	○	一	饭	8		○	○	713-6	1066	281-27	2	7	8	3	
	返	高	23	1		○	中	高	高	○	○	○			7			○	790	1412	281-26		2	8	6	2
	叛	高	12	2		○	中	高	高	○	○				9			○	835-9	1527	284-36		1	5	6	1
	般	高	7	6		○	中	高	高	○	○	○	一		1		○	○	269	241	241-2	4	73	48		
	伴		20	3		○	中	高	高			○	補		4		○	○	798-1	外134	278-13	7	4	11	1	
	搬		5	0	+1	○	中	高	高			○	次		5		○	○	731-4		281-28			8	1	1
	潘		2	0											17		○	○			288-203			1		
	頒											○			14				821-30	外57			7			
	畔											○			11				815-10							
	胖												補													
발	發	中	182	21		発	國	國	國	○	○	発	一	发	1	○	○	○	14	26	60	127	329	311	93	58
	髮	高	9	17		○	國	中	中	○	○	髮	次		8	○	○	○	799-12	977	274-13	2	9	15		
	拔	高	19	5		○	中	高	高			拔	次		4	○	○	○	790-4	1528	271-11		1	18	4	
	鉢											○			12											
	潑												補	泼	6			○		外43			8			
	撥												補	拨	5			○								

1	2	3	4	5	6	7	8	9	10	11	12	13	14	15	16	17	18	19	20	21	22	23	24	25	26	27
	跋														11			○								
방	方	中	115	62		○	國	國	國	○	○	○	一		1	○	○	○	18	47	86-2	138	264	255	19	13
	放	中	113	7		○	國	國	國	○	○	○	一		2	○	○	○	317	170	175-2	91	105	115	33	9
	防	中	81	0	+2	○	國	國	國	○	○	○	一		4	○	○	○	355	787	178-2	17	15	111	53	12
	房	中	25	13		○	國	國	高	○	○	○	一		9	○	○	○	90	296	266-10	92	58	23	2	1
	芳	高	34	2		○	中	高	高			○			14	○		○	829-51	1649	276-14		0	13	2	
	傍	高	27	3		○	中	高	高			○			17		○	○	805-2	1480	284-41		1	5	1	1
	邦	高	22	4		○	中	中	中	○	○	○			5	○	○	○	746-5	841	261-8	3	13	28	4	1
	訪	中	8	5		○	中	中	中	○	○	○	次	访	3	○	○	○	743-3	755	282-26	1	16	7	4	2
	倣	高	8	0	+2							○			16				809-3	1303	283-34		3	6	1	
	妨	高	4	0	+1	○	國	中	中	○	○	○	次		7	○	○	○	709-3	862	284-40	7	12	5	1	1
	紡		12	2		○						○	次	纺	11	○	○	○	741-9	外221	258-8		2	31		
	仿		4	0											8				809-7	外406	285-53		1	4	2	1
	肪		0	0	+3							○			12	○	○		836-196		239-5			50		
	坊											○			6			○	801-5	外74	280-27	14	6	9		
	幇												一													
	綁												補													
	旁														10											
	尨														19			○								
	榜														22	○			808-35			6				
배	配	高	51	10		○	國	中	中	○	○	○	一		1	○	○	○	306	385	197-3	26	45	92	29	14
	背	高	50	6		○	國	中	中		○	○	一		10	○	○	○	692-4	492	242-3	11	32	47	13	8
	拜	中	49	7		○	國	國	國	○	○	拜	次		5	○	○	○	703-3	895	271-12	8	11	18	2	

1	2	3	4	5	6	7	8	9	10	11	12	13	14	15	16	17	18	19	20	21	22	23	24	25	26	27
	排	高	54	1		○	中	中	中		○	◯	一		7	○	○	○	694-1	742	218-3	2	17	71	11	6
	倍	高	29	4		○	中	中	中	○	○	◯	一		3	○	○	○	612-2	1017	263-6	4	8	26	5	4
	杯	中	8	5		○	中	高	高			◯	補		8	○	○	○	832-30	1370	287-126		2	3	1	1
	培	高	8	1		○	中	中	中		○	◯			4	○	○	○	573-1	1099	265-9	8	6	24	1	
	輩	高	4	5		○	中	中	高		○	◯	次	辈	13	○	○	○	545-2	811	281-30		14	8		
	陪		31	0								◯	補		14	○	○	○	820-30	外352			1			1
	俳		11	0		○	中	高	高			◯			2	○	○		831-3		281-29		8	1	2	
	賠		6	0		○	中	高	高			◯	補	赔	12	○	○	○	805-18						2	3
	裵		4	0											11	○	○	○			287-127			2		
백	白	中	329	15		○	國	國	國	○	○	◯	一		1	○	○	○	71	400	62-2	88	43	308	49	20
	百	中	148	1		○	國	國	國	○	○	◯	一		2	○	○	○	383	243	205-1	38	71	84	51	8
	伯	高	19	8		○	中	高	高		○	◯	一		4	○	○	○	822-1	1484	275-10		1	14	3	1
	栢	高	8	1											7	○			793-7	1372	285-54	2	2	4		
	魄		0	2	+1										9	○			825-30		286-83	3		3		
번	煩	高	37	0	+5	○	中	高	高			◯	次	烦	3	○		○	749-5	1486	283-37		1	6		1
	飜	高	24	0	+1	○	中	中	高			飜	一		5	○	○	○	781-8	1011	283-36		8	6	2	
	番	中	16	7		○	國	國	國	○	○	◯			1	○	○	○	102	93	277-13	57	170	12	5	3
	繁	高	22	0	+1	○	中	中	高	○	○	繁	補		2	○	○	○	634-2	897	268-8	5	11	21	2	
	藩		15	0								◯			11	○			836-217		285-56			4	1	
벌	伐	中	18	8		○	國	中	中		○	◯			1	○	○	○	678-2	1154	266-11	4	5	23	2	
	罰	高	13	10		○	國	中	中	○	○	◯	次	罚	3	○	○	○	717-5	1212	268-9	17	4	21	4	3
	閥		2	5		○	中	高	高			◯		阀	4	○	○	○	806-15		279-11			16		1
범	犯	高	52	15		○	中	高	高	○	○	◯	一		2	○	○	○	559-1	1397	277-14	3	2	12	17	10

1	2	3	4	5	6	7	8	9	10	11	12	13	14	15	16	17	18	19	20	21	22	23	24	25	26	27
	凡	中	24	5		○	中	中	高		○	◯	次		1	○	○	○	747-1	812	275-11		14	14	2	4
	汎	高	21	0	+1	○	中	高	高						5	○	○	○	833-33	1632	282-28		0	9	13	10
	範	高	4	6		○	中	中	中		○	◯	一	范	3	○	○	○	633-4	842	243-7	2	13	46	1	2
	帆											◯	補		6	○	○				282-27	1		7		
	氾														8			○			外222			1		
법	法	中	165	78		○	國	國	國	○	○	◯	一		1	○	○	○	30	439		95	267	682	153	85
벽	壁	高	29	0	+5	○	國	中	中	○	○	◯	次		1	○	○	○	471	491	244-6	12	32	45	5	1
	碧	高	27	0	+1	○	中	高	高						2	○		○	834-61	1487	279-17		1	10	1	
	僻		33	1		○	中	高	高						3	○	○	○		外419	287-133		1	2	1	
	辟		20	1											8						287-132			2	1	
	癖		7	9								◯			7	○	○			外415	284-44		1	5		1
	闢		5	1											10										1	
	劈												補		4						288-211			1		
	甓														6			○			288-212			1		
변	邊	高	52	17		辺	國	中	中	○	○	辺	一	边	6	○	○	○	327	770	223-4	1	16	66	3	2
	變	中	26	11		変	國	中	中	○	○	変	一	变	1	○	○	○	181-2	227	121-1	30	80	180	36	20
	辯	高	26	11		◯	中	中	高	○	○	弁		辩	5	○	○	○	609-2	627	263-7	3	23	26	9	8
	辨	高	32	0	+2	弁	中	高	高			弁	次		4	○	○	○	773-2	1639	281-31		0	8	3	10
	便->편																									
	卞		5	0											2	○	○	○		外333	286-85		1	3		
	弁											◯			3						285-57			4		
별	別	中	160	19		○	國	國	國	○	○	○	一		1	○	○	○	145-1	173	168-1	20	104	122	17	12
	撇												補													

1	2	3	4	5	6	7	8	9	10	11	12	13	14	15	16	17	18	19	20	21	22	23	24	25	26	27
병	兵	中	96	46		○	國	國	國	○	○	○	一		2	○	○	○	353-1	790	178-3	64	15	111	20	5
	病	中	87	14		○	國	國	國	○	○	○	日		3	○	○	○	157	348	167-1	65	51	124	24	8
	竝	高	30	0	+3	並	中	高	高			並	一		15	○	○	○	787-3	1774	280-29		0	9	3	
	屛	高	28	0	+2										11	○			817-8	1468	288-214	3	1	1		
	丙	中	23	0	+1	◯	中	高	高	○	○	◯	補		1	○	○	○		1467	273-12		1	16	6	3
	倂		11	0								併	次		5	○	○	○	766-1	外418	267-4		1	22	6	
	秉		10	0											10		○	○			284-45			5	1	3
	餠		3	1									次	饼	17						286-86			3	1	
	柄		2	1								◯			7				836-99		285-59			4		
	炳		2	0											8		○				288-213			1		
	甁											瓶	次		9					外223	277-15	13	2	12		
	塀											塀			19											
보	保	中	112	5		◯	國	國	國	○	○	◯	一		1	○	○	○	179	427	146-4	21	40	148	51	29
	補	高	89	4		◯	中	中	中	○	○	◯	一	补	6	○	○	○	433	746	207-5	1	17	82	33	7
	寶	高	73	12		宝	國	中	中	○	○	宝	一	宝	3	○	○	○	745-3	961	234-3	23	9	55	9	3
	步	中	51	16		◯	國	國	高	○	○	步	一		5	○		○	607-3	899	244-7	3	11	45	8	5
	報	中	40	26		◯	國	國	國	○	○	◯	一	报	2	○	○	○	343-1	269	215-3	23	63	74	13	10
	普	高	40	0	+1	◯	國	中	中	○	○	◯	一		4	○	○	○	288	506	240-4	19	31	49	8	15
	譜	高	7	7								◯		谱	11	○	○	○	764-3	1090	280-30		6	9	1	
	輔		19	0										辅	12			○	835-149		288-261			1	3	
	堡		4	0	+1								補		7	○	○		834-13		287-137			2		
복	複	高	101	1		◯	中	中	中	○	○	◯	次	复	8	○	○	○	527	724		32	18		13	6
	服	中	28	43		◯	國	國	高	○	○	◯	一		3	○	○	○	275	366	234-4	35	48	55	5	3

1	2	3	4	5	6	7	8	9	10	11	12	13	14	15	16	17	18	19	20	21	22	23	24	25	26	27
	伏	中	60	7		○	國	中	高			○	次		1	○	○	○	785-1	1010	265-10	1	8	24	5	1
	復	中	55	8		○	國	國	國	○	○	○	一	复	복2 부8	○	○	○	453	688	222-4	17	20	67	23	5
	福	中	47	6		○	國	國	國	○	○	福	一		4	○	○	○	388-1	443	226-7	36	37	63	23	7
	腹	高	34	13		○	中	中	中			○			7	○	○		826-24	1470	273-13		1	16	8	1
	卜	高	28	0	+3										6	○	○	○		1776	283-39		0	6	2	
	覆		44	2		○						○	補	复	9	○	○	○	794-13		277-16			12		1
	輻		6	0											10				824-27		285-61			4	4	1
	僕											○		仆	5					外98	286-88		5	3		
본	本	中	161	53		○	國	國	國	○	○	○	一		1	○	○	○	99	75	75-2	55	189	281	86	50
봉	封	高	81	5		○	中	中	中		○	○	一		5	○	○	○	537-2	767	228-5	17	16	61	8	4
	奉	中	83	0	+1	○	國	中	中		○	○			1	○	○	○	754-3	577	270-16	37	26	19	6	
	鳳	高	42	2										凤	13	○	○	○	794-15	1787	279-19	3	0	10	3	1
	逢	中	22	0	+3	○	中	中	高				補		3				802-8	1271	285-63		3	4	2	1
	蜂	高	16	3		○	中	高	高				補		12	○	○	○	749-7	1204	282-19		4	7		2
	峯	高	3	10		○	中	中	中	○	○	○			7	○			805-4	942	236-4		4	7		2
	俸		6	0	+6	○	中	高	高			○			2	○	○		807-2	外334	281-32		1	8	2	
	縫		7	0	+2	○	中	高	高			○	次	缝	10	○	○	○	793-10	外173	282-28	3	3	7	1	
	棒		5	2								○	補		4	○	○		826-15	外411	270-17		1	19	3	
	鋒												補	锋	17	○		○								
	峰											○			6	○						32				
	捧												補		8	○		○								
부	浮	中	95	1		○	中	高	高			○	補		10	○	○		795-7	1790	248-4		0	41	24	5

1	2	3	4	5	6	7	8	9	10	11	12	13	14	15	16	17	18	19	20	21	22	23	24	25	26	27
	副	高	84	1		○	國	中	中	○	○	○	次		5	○	○	○	555-1	722	228-6	3	18	61	18	10
	附	高	57	0	+2	○	中	中	中	○	○	○	次		3	○	○	○	425-2	1179	238-3	7	5	51	17	10
	父	中	41	14		○	國	國	國	○	○	○	一		17	○	○	○	303	266	248-3	19	64	41	15	4
	富	中	43	5		○	國	國	國	○	○	○	一		6	○	○	○	476-1	533	218-4	23	29	71	15	4
	部	中	23	14		○	國	國	國	○	○	○	一		1	○	○	○	33	80	72-1	60	184	290	26	6
	夫	中	26	15		○	中	中	中	○	○	○	一		13	○	○	○	284	116	235-1		151	54	9	2
	婦	中	26	10		○	國	國	國	○	○	○	一	妇	14	○	○	○	495-2	367	258-9	6	48	31	5	
	否	中	23	11		○	國	國	國	○	○	○	次		12	○	○	○	632-2	940	245-5	3	10	44	7	7
	付	高	23	6		○	中	中	中	○	○	○	一		4	○	○	○	684-1	697	270-18		19	19	1	1
	腐	高	25	2		○	中	高	高	○	○	○	次		19	○	○	○	709-8	1323	241-3		3	48	4	1
	負	高	23	3		○	中	中	中	○	○	○		负	22	○	○	○	658-3	894	264-13	10	11	25	11	2
	扶	中	24	0	+2	○	國	中	中			○			9	○	○	○	803-2	1359	272-11		2	17	1	
	賦	高	17	5		○	中	高	高			○		赋	23	○	○	○	666-3	1540	235-2		1	54	5	2
	符	高	18	2		○	中	高	高			○	補		33	○	○		797-3	840	272-12		13	17	1	2
	府	高	16	0	+2	○	中	中	高	○	○	○	一		7	○	○	○	255-1	482	201-2		33	88	3	2
	簿	高	7	7		○	中	高	高		○	○	補		18	○	○	○	582-3	1382	251-8	6	2	38	1	
	膚	高	10	0	+3	○	中	高	高			○	補		20	○	○		774-3	1383	283-40		2	6		
	赴	高	12	1								○			24	○	○	○	816-14	1538	288-225		1	1	1	
	敷		15	0								○			16				810-4		284-41			5	1	
	釜		10	0											2	○		○	836-287		281-33	5		8		
	斧		9	0									次		31				833-19		286-91			3	1	
	剖		8	1								○			11	○	○				285-66			4	1	

1	2	3	4	5	6	7	8	9	10	11	12	13	14	15	16	17	18	19	20	21	22	23	24	25	26	27
	訃		3	1										讣	21	○	○	○	827-42						1	
	埠		1	0											15	○	○		800-4		288-224	1		1	1	
	俘												補													
	復->복																									
북	北	中	121	6		○	國	國	國	○	○	○	一		북1 배6	○	○	○	123	521	135	43	30	164	32	4
분	分	中	229	20		○	國	國	國	○	○	○	一		1	○	○	○	8	62	19	80	226	522	78	46
	粉	高	49	12		○	國	中	中	○	○	○	一		9	○	○	○	570-2	989	212-3	7	9	77	3	3
	紛	高	32	1		○	中	高	高		○	○	次	纷	11	○	○	○	736-3	1321	277-17		3	12	3	3
	奔	高	28	2		○	中	高	高			○			4	○	○	○	763-2	1791	287-141	1	1	2	1	
	奮	高	27	3		○	中	高	高	○	○	○	一	奋	5		○	○	699-1		278-14	2		11	1	
	憤	高	17	10		○	國	中	中		○	○	補	愤	6	○	○	○	656-2	1319	280-31	9	3	9	4	
	墳	高	10	0	+2	○	中	高	高			○	補	坟	3	○	○	○	813-4	1493	279-20		1	10	1	1
	噴		22	0								○	補	喷	2	○	○	○	771-1	外249	267-5	2	2	22	2	1
	糞		8	5									次	粪	10	○	○		828-30		278-15			11	1	2
	盆		11	0	+1							○			8	○	○		705-13	外81	283-42	11	6	6	3	
	雰		4	0								○			12				792-17	外5	286-95		20	3	1	1
	笨												補													
	盼												補													
불	不	中	630	0	+6	○	國	國	國	○	○	○	一		1	○	○	○	72	98	50	80	168	330	238	116
	佛	中	115	9		仏	國	中	中		○	仏	補		4	○	○	○	470-1	988	194-1	7	9	95	45	23
	拂	高	17	0	+5	払	中	高	高	○	○	払			3	○	○	○	431	1496	257-11		1	32	4	1
	弗	高	6	0	+1	◯	中	高	高	○	○				2	○		○	771-3	1702	274-14		0	15	3	2

1	2	3	4	5	6	7	8	9	10	11	12	13	14	15	16	17	18	19	20	21	22	23	24	25	26	27
붕	崩	高	10	2								○			2	○			821-8	1700	283-43		0	6	1	1
	朋	中	11	0	+2								一		1	○					285-68			4	1	1
	棚											○			3											
비	非	中	110	2		○	國	國	國	○	○	○	一		6	○	○	○	528	682	211-1	1	20	78	121	44
	飛	中	100	1		○	國	中	中	○	○	○	一	飞	5	○	○	○	340	483	245-6	56	33	44	8	4
	祕	高	61	3		○	國	中	中	○	○	秘	補		8		○	○	770-5	680	261-9	12	20	28	16	10
	比	中	60	4		○	國	國	國	○	○	○	一		3	○	○	○	206	262	187-2	44	66	102	10	15
	備	中	33	20		○	國	國	高	○	○	○	一	备	2	○	○	○	194	284	210-2	42	60	79	3	1
빈	頻	高	12	0		○	中	高	高			頻		频	4	○		○	802-11	1505	286-100		1	3		
	濱											浜		滨	7			○								
	份											○	補													
빙	氷	中	86	0	+5	○	國	國	國	○	○	○	一		2	○	○	○	735-1	1394	250-6	4	2	39	10	3
	聘	高	15	4											3	○		○	817-39	1512			1		2	
	憑		19	2									次	凭	1	○	○	○	825-6		285-70			4	4	
사	四	中	166	3		○	國	國	國	○	○	○	一		1	○	○	○	70	496	148-1	17	32	146	51	26
	私	中	164	4		○	中	中	中	○	○	○	一		21	○	○	○	565	836	191-1		13	98	67	25
	死	中	103	26		○	國	國	國	○	○	○	一		19	○	○	○	469	663	228-7	8	21	61	46	18
	事	中	82	36		○	國	國	國	○	○	○	一		4	○	○	○	22	13	35	200	470	368	66	41
	社	高	89	10		○	國	國	國	○	○	社	一		6	○	○	○	108	48	102	23	263	210	94	84
	司	高	92	5		○	中	中	中	○	○	○	一		9	○	○	○	613-1	525	219-3	6	30	70	17	18
	師	中	52	23		师	國	國	國	○	○	○	一	师	16	○	○	○	351	552	222-5	80	28	67	18	3
	史	中	48	16		○	國	國	國	○	○	○	一		3	○	○	○	287	168	139-3	26	108	156	31	11
	辭	高	42	17		辞	國	中	中	○	○	辞	一	辞	26	○	○	○	729-6	264	236-6	37	64	53	2	1

1	2	3	4	5	6	7	8	9	10	11	12	13	14	15	16	17	18	19	20	21	22	23	24	25	26	27
	使	中	40	17		○	國	國	國	○	○	○	一		2	○	○	○	228	254	170-2	39	68	120	12	8
	寫	高	46	11		写	國	中	中	○	○	写	一	写	12	○	○	○	516-1	288	206-2	17	59	83	6	3
	邪	高	53	3		○	中	高	高			○	補		29	○	○	○	804-15	1671	271-13	2	0	18	7	3
	思	中	42	10		○	國	國	國	○	○	○	一		17	○	○	○	319-3	180	142-2	1	100	152	20	10
	沙	高	48	0	+2	○	國	中	中	○	○		次		22	○	○	○	392	1069	224-2	2	7	65	5	2
	射	中	42	8		○	國	國	高	○	○	○	次		15	○	○	○	505-1	832	181-3	10	13	108	9	2
	士	中	31	0	+17	○	國	國	國	○	○	○	次		10	○	○	○	226	216	177-2	97	84	112	15	7
	斜	高	37	2		○	中	高	高			○	次		18	○	○		496-2	1668	158-10		0	31	5	1
	查	高	31	7		○	國	中	中	○	○	○	次		5	○	○	○	237	642	235-6	53	22	53	3	
	賜	高	31	6		○	中	高	高			○		赐	27	○	○		826-32	1408	280-33		2	9	1	1
	詞	高	24	12		○	中	中	中				補	词	24	○	○		786-11	643	177-3	1	22	112		
	絲	中	23	0	+10	○	國	中	高	○	○	糸	一	丝	30	○	○	○	646-2	1405	226-9	5	2	63	1	1
	蛇	高	31	2		○	中	高	高			○	次		47	○			813-16	1675	279-22	1	0	10		
	謝	中	21	10		○	國	國	國	○	○	○	一	谢	25	○	○	○	602	610	257-12	18	24	32	9	
	舍	中	20	11		○	國	國	高	○	○	○	補		23	○	○	○	573-2	720	269-18	3	18	20	1	
	寺	中	21	7		○	國	中	中	○	○	○			13	○	○	○	684-2	1243	199-4	5	4	90	7	1
	詐	高	20	2		○	中	高	高			○	補		39	○	○	○	813-17	1667	287-149		0	2	6	5
	巳	中	14	0	+5	○	中	高	高			○	一		32	○	○	○		1609	283-45	1	0	6		
	仕	中	11	4		○	中	中	高			○			7	○	○	○	796-1	788	283-44	3	15	6	1	
	捨	高	11	1		○	中	高	高			○	補	舍	44	○	○	○	784-2	1240	279-24		4	10	2	3
	斯	高	11	0	+1	○	中	高	高				次		20	○			809-14	1522	279-25		1	10	1	
	似	高	3	7		○	中	中	高	○	○	○	次		8	○	○	○	774-1	935	262-5		10	27	1	
	斯	高	5	2											37	○			669-2	863	279-21	16	12	10		

1	2	3	4	5	6	7	8	9	10	11	12	13	14	15	16	17	18	19	20	21	22	23	24	25	26	27
	砂		30	4								○			36			○	392	外94	224-2	5	5	65	2	2
	赦		11	4		○	中	高	高			○			28	○	○	○	821-25	外433	280-32		1	9	1	
	祠		11	1											38				820-24	外121	286-101	2	4	3	2	
	奢		10	0											11			○	763-3	外255	284-49	2	2	5	1	1
	獅		7	0											35				808-6	外95	286-102	3	5	3	1	1
	泗		7	0											33		○	○			281-36	21		8		
	飼		5	1		○	中	高	高			○		饲	40	○	○		829-63	外143	279-23	7	3	10	8	
	唆		1	2		○	中	高	高			○			14	○	○	○	826-3		288-248			1		
	嗣											○			42						287-150			2		
	伺											○			49											
	卸											○			50											
	些												一		48											
	紗												次	纱	31				793-9	外135			4			
	渣												補													
	肆												補		46							2				
	瀉												補	泻	34				808-5							
삭	削	高	37	2		○	中	高	高			○	一		1	○	○	○	809-4	1699	278-16		0	11	1	1
	朔	高	27	0	+6	○	中	高	高						3	○	○	○	813-9	1388	284-50		2	5		
	索->색																									
	數->수																									
산	山	中	320	21		○	國	國	國	○	○	○	一		1	○	○	○	171	55	28	380	249	413	42	17
	散	中	78	14		○	中	中	中	○	○	○	一		4	○	○	○	548-2	624	201-3	10	23	8	13	2
	産	中	62	20		○	國	國	國	○	○	○	一	产	2	○	○	○	43-2	261	84-2	91	66	258	64	17

1	2	3	4	5	6	7	8	9	10	11	12	13	14	15	16	17	18	19	20	21	22	23	24	25	26	27
	算	中	20	24		○	國	國	國	○	○	◯	日		3	○	○	○	268-2	433	144-2	6	38	150	6	2
	酸	高	23	7		○	中	高	高	○	○	◯	次		5	○	○	○	276	1391	54		2	321	6	4
	傘		2	4		○	中	高	高			◯	補	伞	6	○	○	○	781-1	外25		3	12			
	蒜												補		9											
살	殺	中	46	22		○	中	高	高	○	○	殺	一	杀	살1쇄 2	○	○	○	502	1244	247-1	4	4	42	18	3
	撒		6	0									補		2			○			283-47			6	1	
삼	三	中	604	2		○	國	國	國	○	○	◯	一		1	○	○	○	39	242	59	59	71	313	68	36
	森	高	11	0	+1	○	中	高	高	○	○	◯	次		3	○	○	○	729-2	1075	282-33	1	7	7	1	1
	蔘		11	0											4				805-15	282-321			7	1		
	滲		7	0											6				836-126		279-26			10		1
	杉											◯			5											
	衫												補		8				782-6			1				
參->참																										
삽	揷		15	0		○	中	高	高			插	一		1	○	○	○	812-8		283-48			6	1	
	澁											涩			2					外335			1			
상	上	中	290	24		○	國	國	國	○	○	◯	一		1	○	○	○	25	33	67	148	297	303	88	30
	相	中	134	19		○	國	國	國	○	○	◯	一		2	○	○	○	185	160	101-2	56	110	211	46	57
	商	中	107	13		○	國	國	國	○	○	◯	一		4	○	○	○	170	588	118	4	25	183	63	57
	常	中	108	0	+6	○	國	國	國	○	○	◯	一		9	○	○	○	209	233	147-2	79	78	147	28	11
	尙	中	65	2		○	中	高	高			◯	次		3	○	○		740-2	1221	263-8	12	4	26		
	喪	中	51	10		○	中	高	高	○	○	◯	次	丧	8	○		○	706-1	1218	256-2	1	4	33	17	5
	傷	中	47	12		○	國	中	中	○	○	◯	一	伤	5	○	○	○	473-1	689	240-5	9	19	49	7	10

1	2	3	4	5	6	7	8	9	10	11	12	13	14	15	16	17	18	19	20	21	22	23	24	25	26	27
	象	高	37	13		○	中	中	中	○	○	○	次		19	○	○	○	378	253	129-1	10	68	171	7	2
	霜	中	37	7		○	中	高	高			○	次		21	○	○		809-24	1219	277-20		4	12	1	
	桑	高	41	2						○	○	○	次		12	○	○	○	833-22	1508	273-15		1	16	1	1
	賞	中	35	8		○	國	國	國	○	○	○	次	賞	20	○	○	○	664-1	607	261-10	51	24	28	3	3
	詳	高	30	3		○	中	中	高			○	次	详	18	○	○		779-9	1101	281-37	3	6	8	2	3
	狀	高	12	16		○	中	中	中	○	○	状	一	状	13	○		○	318	470	123	5	35	상164 장14	5	2
	想	中	11	17		○	國	國	國	○	○	○	一		11	○	○	○	289-2	104	104-2	26	164	204	7	5
	像	高	4	14		○	中	中	中		○	○	一	象	5	○	○	○	601	457	194-2	11	36	95	1	1
	償	高	7	9		○	中	高	高		○	○		偿	7	○	○		665-1	1686	261-11		0	28		3
	祥	高	11	4		○	中	高	高			祥			14	○	○		800-10	1579	280-34		0	9		
	床	高	4	0	+11	○	中	中	中		○	○			10	○	○	○	377-2	384	253-7	35	46	36	1	
	嘗	高	6	0	+3									尝	22	○			289-12	1580	288-257		0	1	1	
	裳	高	3	1											17				821-23	1156	284-51		5	5		
	箱		5	0						○	○	○	次		15			○	736-2	外336		2	1	16		1
	爽												次		24				811-5			6				
	牀	•											一													
쌍	雙	高	98	1		双	中	高	高		○	双	一	双	2	○	○		678-4	1310	241-4	2	3	48		15
새	塞	高	6	0	+5	○	中	高	高				次		새1 색1	○	○	○	745-1	1685	282-34	2	0	7		
	璽											○			2											
	賽												一		4											
	灑												次													

1	2	3	4	5	6	7	8	9	10	11	12	13	14	15	16	17	18	19	20	21	22	23	24	25	26	27
색	色	中	67	62		○	國	國	國	○	○	○	一		1	○	○	○	211	236	76	51	76	278	9	5
	索	高	17	6		○	中	中	中			○	次		색2 삭2	○	○	○	787-5	981	272-13		9	17	2	
	塞->새																									
생	生	中	314	45		○	國	國	國	○	○	○	一		1	○	○	○	2	2	12-1	915	1017	613	118	50
	笙		5	0											5				827-35							1
	牲											○	次		2			○		外10		4	19			
	甥												補		4											
	省->성																									
서	書	中	114	108		○	國	國	國	○	○	○	一	书	1	○	○	○	167	42	74-2	99	270	283	47	9
	西	中	152	5		○	國	國	國	○	○	○	一		2	○	○	○	151	454	119-1	58	36	182	92	14
	庶	高	41	3		○	中	高	高			○			6	○	○	○	773-1	1118	264-15		6	25	6	3
	暑	中	22	8		○	中	中	中	○	○	暑	次		10	○	○	○	819-10	1669	277-21		0	12	5	2
서	序	中	17	6		○	國	中	中	○	○	○	次		5	○	○	○	603-1	465	238-4	6	35	51	8	6
	緖	高	6	14		○	中	中	高			緖	補	绪	13	○	○		794-12	719	276-15		18	13	1	
	敍	高	18	2								叙	補		4	○	○		815-5	883	272-14		11	17	4	2
	徐	高	18	○	+1	○	中	高	高	○	○	○			8	○	○	○	830-10	1674	261-12		0	28	3	
	署	高	7	12		○	中	高	高		○	署			3	○	○	○	639-3	1034	266-14	7	8	23	3	2
	恕	高	4	○	+7										9	○		○	708-2	980	286-107	5	9	3		
	瑞		24	○	+1	○	中	高	高						12	○	○	○	829-38		282-36	1		7	3	1
	舒		11	○									補		14		○	○			288-262			1		
	棲		8	1											24		○	○	829-21		278-18			11		
	逝		5	1								○			16	○			833-81		288-263			1		

1	2	3	4	5	6	7	8	9	10	11	12	13	14	15	16	17	18	19	20	21	22	23	24	25	26	27
	誓		12	3		○	中	高	高			◯	補		15	○	○	○	755-7	外129	282-35	7	4	7	2	1
	婿											◯			壻18	○					287-156			2		
	鼠												次		17						285-73			4		
	鋤												次		30											
	黍												補		31											
	嶼													屿	7			○		外425			1			
석	石	中	219	28		○	國	國	國	○	○	◯	一		1	○	○	○	150	395	44	62	44	347	45	11
	席	中	21	22		○	國	國	國	○	○	◯	一		3	○	○	○	49	626	267-8	17	23	22	1	1
	釋	高	33	6		釈	中	中	中	○	○	釈	補	释	9	○	○	○	687-8	685	261-13	5	20	28	11	1
	夕	中	21	○	+6	◯	國	國	國	○	○	◯			2	○	○	○	756-1	718	265-11	14	18	24	1	1
	惜	中	12	3		◯	中	高	高			◯	一		5	○	○	○	824-9	1662	287-158		0	2	1	
	昔	中	5	5								◯			6	○		○	834-31	1663	284-53		0	5	1	
	析	高	2	2		◯	中	高	高			◯	補		7	○	○		786-7	847	267-7		13	22		
	碩		13	○		◯	中	高	高					硕	8	○	○	○	832-43		285-74			4	7	2
	錫		5	2									次	钖	10	○	○	○	756-5		274-15			15	2	
	潟											◯			15			○								
선	先	中	177	7		◯	國	國	國	○	○	◯	昵		1	○	○	○	69	28	183-3	264	310	183-3	91	21
	船	中	63	27		◯	國	國	高	○	○	◯	一		12	○		○	681-2	297	187-3	68	58	102	24	14
	善	中	71	11		◯	國	國	國	○	○	◯	一		4	○		○	544-1	547	194-3	8	28	95	20	7
	仙	中	72	○	+5	◯	國	中	中			◯	次		7	○	○	○	730-1	1098	247-2	5	6	42	5	2
	宣	高	74	○		◯	中	中	中	○	○	◯	一		5	○	○	○	589-1	599	220-4	9	25	69	11	3
	選	中	40	12		◯	國	國	國	○	○	◯	一	选	2	○		○	242	343	143-2	15	51	151	40	17

1	2	3	4	5	6	7	8	9	10	11	12	13	14	15	16	17	18	19	20	21	22	23	24	25	26	27
	禪	高	15	3		◯	中	高	高			禅		禅	13	○			822-16	1529	264-16		1	25	13	14
	線	中	14	32		◯	國	國	國	○	○	◯	一		6	○		○	85	377	63-2	32	46	307	5	4
	鮮	中	35	2		◯	國	中	中	○	○	◯	一	鲜	3	○		○	731-6	600	232-4	10	25	57	7	3
	旋	高	18	8		◯	中	高	高		○	◯	補		8	○		○	714-3	1254	273-16		4	16	5	
	扇		10	5								◯	次		10	○	○		801-10		281-40			8	1	1
	繕		7	○	+3	◯	中	高	高			◯			14	○	○		811-10		286-110			3		
	煽		7	0											14			○	819-8		288-265			1	4	1
	腺		4	0											29	○			805-14		244-8			45	1	4
	銑		2	0								○			33		○		832-70		286-109			3	1	
설	雪	中	60	12		○	國	國	高	○	○	○	次		5				675-4	1131	235-3	3	6	54	9	1
	說	中	23	33		○	國	國	國	○	○	○	一	说	설1열 8세5	○	○	○	207	20	80-2	44	354	설268 열 1	13	17
	設	中	27	15		○	國	國	國	○	○	○	一	设	2	○	○	○	231	364	217-2	24	48	72	11	8
	舌	高	28	9		○	中	高	高			○	次		4	○	○	○	779-8	1326	280-35		3	9	2	1
	薛		8	0											9	○					284-54			5		
	泄														3			○			279-27			10		
섬	纖		30	0	+1	纖	中	高	高			纖			1	○	○	○	825-21		222-6	6		67	2	1
	閃		13	0									次	闪	7				834-96		285-75			4	2	1
섭	涉	高	8	4		◯	中	中	高		○	涉	次		2	○	○	○	647-2	1130	275-13		6	14	1	1
	攝		19	0	+3	摂	中	高	高			摂		摄	1	○	○		809-11	外156	266-13		3	23		1
	燮		2	0											3			○			285-76			4		
성	聖	中	205	11		◯	國	國	國	○	○	◯		圣	8	○	○	○	613-3	495	201-4	9	32	88	63	17
	成	中	111	23		◯	國	國	國	○	○	◯	一		3	○	○	○	135	114	27	67	151	419	53	25

1	2	3	4	5	6	7	8	9	10	11	12	13	14	15	16	17	18	19	20	21	22	23	24	25	26	27
	聲	中	58	32		声	國	國	高	○	○	声	一	声	9	○	○	○	548-4	247	201-5	16	70	88	17	2
	性	中	50	37		◯	國	國	國	○	○	◯	一		2	○	○	○	75	65	3	45	217	843	30	10
	星	中	50	23		◯	國	國	國	○	○	◯	一		5	○	○	○	503-2	699	172-1	9	19	118	7	4
	盛	中	50	4		◯	國	中	中	○	○	◯	一		6	○	○	○	363-2	579	263-9	9	26	26	9	3
	城	中	34	12		◯	國	國	國	○	○	◯	一		1	○	○	○	496-1	995	187-4	26	9	102	4	2
	誠	中	24	6		◯	國	國	高	○	○	◯	一	诚	10	○	○	○	587-3	265	248-5	35	64	41	4	3
	省	中	21	3		◯	國	中	中		○	◯	一		성7생 3	○	○	○	540-2	568	226-8	12	27	63	4	1
	姓	中	9	9		◯	國	國	高		○	◯	一		4	○	○	○	4459	741	283-51	22	17	6	4	3
	醒												一		12			○	819-16	外426			1			
	腥												補													
세	世	中	118	28		○	國	國	國	○	○	○	一		1	○	○	○	97	36	109	213	294	195	51	16
	細	中	94	6		○	國	國	國	○	○	○	一	细	7	○	○	○	348-2	596	159	60	25	132	10	7
	歲	中	59	9		○	國	國	高	○	○	○	一	岁	4	○	○	○	403-2	365	259-6	55	48	30	14	1
	稅	中	29	21		○	國	國	國	○	○	○	次		3	○	○	○	263	994	129-2	7	9	171	31	16
	勢	中	26	20		○	國	國	國	○	○	○	一		2	○	○	○	257	290	172-2	20	59	118	5	2
	洗	中	37	2		○	國	中	中	○	○	○	一		6	○	○	○	671-1	810	258-11	2	14	31	4	1
	貰		12	2		○	中	中	中					贳	8	○	○	○	808-9		287-165			2	1	
	說->설																									
소	小	中	327	12		○	國	國	國	○	○	○	一		1	○	○	○	168	39	107-2	49	283	197	68	30
	所	中	91	16		○	國	國	國	○	○	○	一		2	○	○	○	95	153	133-1	43	113	167	32	34
	素	中	86	16		○	國	國	高	○	○	○	次		8	○	○	○	192	185	34-2	22	97	374	7	5
	消	中	96	3		○	國	國	國	○	○	○	一		7	○	○	○	256-1	393	202-2	27	44	87	26	13

1	2	3	4	5	6	7	8	9	10	11	12	13	14	15	16	17	18	19	20	21	22	23	24	25	26	27
	少	中	57	13		○	國	國	國	○	○	○	一		4	○	○	○	403-1	58	228-8	119	243	61	18	13
	疎	高	63	0	+2	○	中	中	高			○			13			○	760-4	864	280-36	1	12	9	6	3
	蘇	高	34	0	+1	○	國	中	國				次	苏	3	○	○	○	808-8	463	271-14	9	35	18	2	
	燒	高	31	0	+3	焼	中	高	高	○	○	焼	一	烧	11	○	○	○	728-3	1711	263-10		0	26	6	4
	昭	高	30	3	+2	○	中	高	高			○			12	○	○		830-19	1713	287-166	10	0	2	2	
	訴	高	19	8		○	中	中	中	○	○	○	一	诉	9	○	○	○	654-2	839	242-4	3	13	47	6	36
	笑	中	17	10		○	國	國	高		○	○	一		10	○	○	○	676-3	659	282-38	5	21	7	2	1
	召	高	25	1		○	中	高	高	○	○	○	一		5	○	○	○	801-3	1248	284-55		4	5	4	4
	掃	高	17	2		○	國	中	中		○	○	一	扫	6	○	○	○	714-2	1247	283-52	23	4	6	2	
	騷	高	18	0	+1	○	中	中	高			騷		骚	17	○	○	○	759-5	1078	281-41	4	7	8	5	
	蔬	高	8	0	+3	○	中	高	高		○		補		16	○	○		509-2	1709	279-28	1	0	10		
	疏		63	0											14	○		○		外424	284-57		1	5		1
	巢		9	4								巣			25	○			813-6		272-15			17	1	
	紹		9	0		○	中	高	高			○	一	绍	15	○	○		748-5		288-273			1		1
	逍		5	0											32			○			279-29			10	1	2
	塑		4	1								○			23	○					284-58			5	1	2
	沼		3	0								○			27				824-17		275-14			14	3	1
	宵											○			24											
	梳												次						819-5							
	捎												補													
	銷												補		35											
	咲											咲			21											
속	俗	中	79	18		○	國	國	國	○	○	○	一		1	○	○	○	570-1	493	253-8	36	32	36	13	4

1	2	3	4	5	6	7	8	9	10	11	12	13	14	15	16	17	18	19	20	21	22	23	24	25	26	27
	屬	高	49	0	+5	属	國	中	中	○	○	属	次	属	2	○	○	○	390-2	721	200-4	4	18	89	4	4
	速	中	30	10		○	國	國	國	○	○	○	次		5	○	○	○	338-2	522	223-5	18	30	66	13	5
	續	中	28	7		続	國	中	中	○	○	続	一	续	4	○	○	○	305-2	316	227-3	45	55	62	5	1
	束	高	15	6		○	國	中	中		○	○			3	○	○	○	561-3	665	254-5	14	21	35	2	1
	粟	高	5	0	+5								補		6	○				1492	282-39		1	7		
	贖		7	0									補	赎	7			○	830-47		287-167			2	2	1
손	損	高	23	6		○	中	中	中		○	○	一		2	○	○	○	472	1126	239-6		6	50	10	10
	孫	中	22	6		○	國	國	國	○	○	○	一	孙	1	○	○	○	582-1	937	264-17	7	10	25		3
	遜		8	6										逊	7			○	763-7	外46	284-59	5	8	5		
솔	率->률																									
	摔												補													
송	松	中	65	8		○	國	國	國	○	○	○	補		3	○	○	○	714-5	753	245-7	7	16	44	3	9
	送	中	31	19		○	國	國	國	○	○	○	一		1	○	○	○	376-2	229	233-4	66	80	56	12	9
	頌	高	12	2		○	中	高	高					颂	6		○	○	800-14	1385	285-77	7	2	4	1	
	誦	高	10	4		○	中	高	高					诵	5	○			830-44	1387	284-60		2	5		
	訟	高	11	2		○	中	高	高	○	○	○		讼	4	○	○	○	791-6	1701	280-37		1	9	2	
	宋		44	1											2	○		○			259-7	5		30		
	鬆												一													
	悚														7			○				5				
쇄	鎖	高	18	5		○	中	高	高			○	次	锁	4	○	○	○	788-12	1497	259-8		1	30	1	2
	刷	高	9	2		○	中	中	中		○	○	一		1	○	○	○	801-2	327	275-15	7	53	14	2	2
	碎		4	4								砕	一		3	○	○		812-15		280-38			9		
	灑												次													

1	2	3	4	5	6	7	8	9	10	11	12	13	14	15	16	17	18	19	20	21	22	23	24	25	26	27
	殺->살																									
쇠	衰	高	47	3		○	中	中	中		○	○	補		1	○	○	○	661-4	1076	262-6	1	7	27	3	2
수	水	中	346	47		○	國	國	國	○	○	○	一		4	○	○	○	96	191	11	183	95	624	82	32
	數	中	67	89		数	國	國	國	○	○	数	一	数	수3삭 4촉4	○	○	○	36	89	22	50	174	445	16	17
	手	中	98	32		○	國	國	國	○	○	○	一		14	○	○	○	158	190	161-1	75	95	130	38	6
	受	中	93	8		○	國	國	國	○	○	○	一		1	○	○	○	332	681	197-4	7	20	92	56	21
	修	中	93	7		○	國	國	國	○	○	○	一		7	○	○	○	536	591	213-3	12	25	76	34	7
	首	中	79	9		○	國	國	國		○	○	一		9	○	○	○	493	484	236-7	2	33	53	22	7
	守	中	77	7		○	國	國	國	○	○	○	一		11	○	○	○	598-1	1037	242-5	19	8	47	14	6
	收	中	70	13		○	國	國	國	○	○	収	一		2	○	○	○	250	523	150-1	39	30	144	33	15
	隨	高	53	0	+4	随	中	中	中		○	随	一	随	29	○	○	○	730-9	1035	259-9	1	8	30	8	5
	樹	中	37	10		○	國	國	高	○	○	○	一	树	17	○	○	○	539-1	679	223-6	16	20	66	7	2
	壽	中	38	0	+5	寿	中	中	中	○	○	寿	補	寿	10	○	○	○	689-2	1401	263-11	40	2	26	4	2
	愁	中	33	7		○	中	高	高			○	一		12	○	○		796-3	1315	276-16	1	3	13		1
	輸	高	33	3		○	中	中	中	○	○	○	次	输	6	○	○	○	338-1	982	236-8	25	9	53	48	3
	殊	高	31	3		○	中	中	高	○	○	○			18	○	○	○	651-1	590	267-9	3	25	22		
	獸	高	21	4		数	中	高	高			獣	次	兽	19	○	○		795-9	1172	259-10	2	5	30	4	3
	秀	中	20	3		○	中	中	中		○	○	次		20	○	○	○	692-3	885	265-12	32	11	24	4	2
	授	中	14	4		○	國	國	國	○	○	○	補		15	○	○	○	579-4	1038	262-7	12	8	27	3	14
	囚	高	8	7		○	中	高	高			○			36	○	○	○	816-3	1688	287-169		0	2		
	需	高	8	5		○	中	高	高	○	○	○	次		32	○	○	○	640-2	983	248-6	1	9	41	6	4
	須	中	11	1									一	须	33	○				1502	283-53		1	6	1	

1	2	3	4	5	6	7	8	9	10	11	12	13	14	15	16	17	18	19	20	21	22	23	24	25	26	27
	睡	高	8	3								○	一		31	○	○		807-15	1517	279-30		1	10		
	邃	高	7	3		○	中	中	中	○	○	○			27	○	○	○	719-4	1124	275-16	2	6	14	1	1
	誰	中	9	0	+1									谁	52					1697			0			
	帥	高	3	3		○	中	高	高	○	○	○	補	帅		○	○	○	775-5	1036	282-41	13	8	7		
	雖	中	2	0									一	虽	58	○				1689			0			
	垂		40	1		○	中	高	高			○	補		34	○	○		666-1	外216	273-17	4	2	16	3	4
	繡		21	0		綉									23				793-11	外99	281-43	6	5	8	1	
	搜		18	0		○	中	高	高			搜	補		16	○	○	○	799-5		283-54			6		
	酬		9	2								○	次		28	○	○	○	738-7	外120	285-79	1	4	4	1	
	蒐		1	0											25			○	756-4	外339	286-116		1	3	9	1
	袖		9	1									次		26	○			831-65		285-78			4		
	粹		4	3		粋						粋			22	○	○		786-9	外47	266-14	2	8	23		
	髓		2	6		髄						髄			35	○	○		821-31	外428	262-8		1	27		
	洙		2	0											5		○	○			282-40	251		7		
	狩											○			30						277-22					
	羞												次		24				809-17					12		
	嫂												次		40	○				外427			1			
	售												補													
	綉												補													
	瘦												補		39					外434			1			
	嗽												補		39											
	竪																									
	戍														13			○								

1	2	3	4	5	6	7	8	9	10	11	12	13	14	15	16	17	18	19	20	21	22	23	24	25	26	27
	讐														53			○	776-8	外29		4	11			
	穗											穂			21				805-13							
	豎		10	0									補		48				830-46		286-117			3	1	
숙	宿	中	83	10		○	國	國	國	○	○	○	次		2	○	○	○	669-1	1072	272-16	4	7	17	10	3
	熟	高	66	10		○	中	中	中		○	○	一		5	○	○	○	653-2	1119	262-9	1	6	27	4	2
	肅	高	22	4		肅	國	中	中			肅	補	肃	6	○	○		754-8	1071	271-15	7	7	18	3	1
	淑	中	20	2		○	中	高	高			○			3	○	○	○	823-9	1404	279-32	38	2	10	1	
	叔	中	14	2		○	國	中	中		○	○	次		1	○	○	○	802-1	1403	285-55	1	2	6	1	
	孰	高	3	0	+1										8					1682			0			
	塾											○			4					外256			2			
순	純	中	82	5		○	國	中	中		○	○	次	纯	5	○	○	○	477	430	189-3	6	39	100	19	12
	順	中	57	6		○	國	國	國	○	○	○	一	顺	6	○	○	○	555-2	538	222-7	100	29	67	13	8
	巡	高	61	0	+1	○	中	高	高		○	○			1	○	○	○	610-3	1169	283-56	8	5	6	9	2
	循	高	20	1		○	中	高	高			○			7	○	○	○	796-2	1544	274-16		1	15	1	1
	脣	高	17	0	+3							○			16	○				1413			2		3	
	旬	高	14	5		○	中	高	高		○	○			2	○	○	○	569	1170	281-44	7	5	8	2	
	殉	高	10	0		○	中	高	高			○			3	○	○	○	772-4	1407	284-63	1	2	5	13	2
	瞬	高	6	1		○	中	中	高		○	○			9	○	○	○	576-2	662	282-43	7	21	7	1	
	盾	高										○	補		8	○			809-16			0				
	淳		11	0											4			○	822-12	外45	282-42	9	8	7		
	筍												補		15				795-6							
술	術	高	14	16		○	國	國	高	○	○	○	一	术	1	○	○	○	247	85	113	63	177	188	2	4
	戌	中	8	0	+5	○	中	高	高						3	○		○		1687	282-45	1	0	7	2	1

1	2	3	4	5	6	7	8	9	10	11	12	13	14	15	16	17	18	19	20	21	22	23	24	25	26	27
	述	高	6	6		○	國	中	中		○	○			1	○	○	○	741-3	831	262-10	2	13	27	2	1
숭	崇	中	54	1		○	國	中	中		○	○			1	○	○	○	741-3	831	262-10	2	13	27	2	1
쉬	睟->수																									
슬	膝												補		1					外431			1			
습	習	中	29	24		○	國	國	國	○	○	○	一	习	2	○	○	○	326-1	332	212-4	33	52	77	2	4
	濕	高	29	5		湿	中	高	高		○	湿	次	湿	3	○	○	○	531-2	1506	251-9	1	1	38		4
	襲	高	18	8		○	中	高	高			○		袭	4	○	○	○	753-4	1396	275-17	3	2	14		
	拾	中	8	0	+3	○	中	高	高	○	○	○	一		습1십 1	○	○	○	795-4	1312	274-17		3	15		1
승	僧	高	52	13		○	中	高	高			僧			7	○	○		748-2	1242	237-3	9	4	52	10	1
	乘	中	52	12		○	中	高	高	○	○	乘	次		1	○	○	○	754-2	1531	264-18		1	25	11	3
	承	中	53	2		○	國	國	國		○	○	一		3	○	○	○	609-1	833	242-6	2	13	47	5	5
	勝	中	37	16		○	國	國	高	○	○	○	一	胜	2	○	○	○	544-2	806	256-3	24	14	33	22	8
	昇	高	25	1		○	中	高	高			○			5	○	○	○	771-4	1398	265-13	3	2	24	8	1
	升	高	20	0	+2	○	中	高	高		○	○	一		4	○	○		1691	277-23		0	12			
	繩											縄	次		8					286-1224			3			
	蠅												次		10											
시	時	中	121	19		○	國	國	國	○	○	○	一	时	3	○	○	○	13	9	51	217	514	329	70	34
	詩	中	88	13		○	國	國	國	○	○	○	次	诗	9	○	○	○	481	24	117-1	41	335	184	37	28
	試	中	63	7		○	國	中	中	○	○	○	一	试	8	○	○	○	680	464	238-5	10	35	51	23	16
	侍	高	61	8		○	中	高	高			○			11		○		743-1	1656	282-46	8	0	7	3	
	視	中	47	17		○	國	國	國	○	○	視	補	视	7	○	○	○	429-2	369	117-2	6	48	184	19	8
	市	中	54	5		○	國	國	國	○	○	○	一		2	○	○	○	143	255	168-2	57	68	122	73	14

1	2	3	4	5	6	7	8	9	10	11	12	13	14	15	16	17	18	19	20	21	22	23	24	25	26	27
	施	中	35	3		○	國	國	國		○	○	補		1	○	○	○	404	834	258-12	19	13	31	23	4
	始	中	32	4		○	國	國	國	○	○	○	一		4	○	○	○	165	207		136	86		16	6
	示	中	15	15		○	國	國	國	○	○	○	一		6	○	○	○	382	410	203-2	14	42	86	8	2
	是	中	13	3		○	國	中	中		○	○	一		5	○	○	○	285	429	267-10	10	39	22	6	6
	矢	高	10	5								○			14	○				1655	285-84		0	4		
	屍		11	0	+2	○	中	高	高				補		10	○	○	○	831-15	外138	288-290	7	4	1	2	2
	柴												次		21				816-6	1521	282-47		1	7		
	猜												次		23				811-6							
	屎												補													
	撕												補													
씨	氏	中	6	0	+1	○	中	中	中	○	○	○	補		1	○	○	○	122	879	222-8		11	67	4	2
식	食	中	100	33		○	國	國	國	○	○	○	一		5	○	○	○	120	274	70-3	57	62	293	43	7
	植	中	36	6		○	國	國	國	○	○	○	次		1	○	○	○	255-2	737	150-2	49	17	144	13	1
	式	中	18	22		○	國	國	國	○	○	○	一		2	○	○	○	153-2	134	58-1	29	132	314	1	2
	息	高	23	15		○	國	中	中	○	○	○	一		3	○	○	○	333	273	265-14	40	62	24		2
	識	中	15	13		○	國	國	高	○	○	○	一	识	4	○	○	○	326-2	238	186-5	23	75	103	4	3
	飾	高	11	8		○	中	中	高			○	補	饰	7	○	○		752-5	1033	263-12	3	8	26		
	殖		6	5		○	中	高	高			○			8	○	○	○	736-1		247-3			42		
	媳												補													
	蝕												補	蚀	10			○								
	熄												補		11											
신	新	中	198	10		○	國	國	國	○	○	○	一		1	○	○	○	225	46	98	59	264	219	175	61
	神	中	141	10		○	國	國	國	○	○	神	一		2	○	○	○	205	71	41	170	208	353	44	25

1	2	3	4	5	6	7	8	9	10	11	12	13	14	15	16	17	18	19	20	21	22	23	24	25	26	27
	信	中	98	24		○	國	國	國	○	○	○	一		3	○	○	○	202-1	181	115-2	71	98	186	42	23
	身	中	48	24		○	國	國	國	○	○	○	一		9	○	○	○	15	138	194-4	46	125	95	18	10
	臣	中	23	28		○	國	國	國		○	○	補		7	○	○	○	541	539	207-6	59	29	82	3	1
	申	中	37	3		○	國	國	國		○	○	補		5	○	○	○	747-3	756	248-7	4	16	41	10	6
	辛	中	29	1		○	中	高	高			○	一		10	○	○	○	831-71	1409	271-16	3	2	18	6	3
	愼	高	25	0	+1	○	中	高	高		○	慎	補		14	○	○	○	795-3	1301	2828-49	1	3	7	3	1
	晨	高	16	0	+3								次		18	○				1660			0			
	伸	高	13	1		○	中	高	高			○	次		4	○	○		829-6	1661	264-19		0	25	2	1
	訊		5	0									次	讯	8				835-136						1	1
	薪											○	補		16				813-15							
	迅		11	0								○			11			○	801-18	外435	285-85		1	4		1
	娠											○			13		○				288-297			1		
	紳		4	1								○		绅	6				789-2	外93	283-59	1	5	6	3	1
	腎		15	0	+2	肾	中	高	高						15	○			818-8		282-48			7	7	
실	實	中	174	20		実	國	國	國		○	実	一	实	1	○	○	○	27	22	30	100	351	398	123	75
	失	中	83	9		○	國	國	國	○	○	○	一		2	○	○	○	412-1	467	207-7	24	35	82	40	21
	室	中	19	28		○	國	國	國	○	○	○	一		3	○	○	○	359	344	202-3	57	51	87	7	1
심	心	中	147	112		○	國	國	國	○	○	○	一		1	○	○	○	61	45	78	172	265	271	52	17
	深	中	116	4		○	中	中	中	○	○	○	一		4	○	○	○	707-3	1113	236-9		6	53	15	7
	審	高	18	5		○	中	中	中		○		補	审	2	○	○	○	387	736	237-4		17	52	13	13
	尋	高	17	1		○	中	高	高			○	次	寻	6	○			748-3	1414	283-60		2	6		1
	甚	中	5	0	+6	○	國	中	高	○	○	○	一		5	○		○	410-1	570	287-177	4	27	2		
	嬸												補													

1	2	3	4	5	6	7	8	9	10	11	12	13	14	15	16	17	18	19	20	21	22	23	24	25	26	27
	沈->침																									
십	十	中	147	0	+11	○	國	國	國	○	○	○	一		4	○	○	○	6	314	193-1	29	55	96	10	6
	拾->一合																									
	什												次		2											
아	阿	高	71	0	+2	○	中	高	高				補		4	○	○	○	741-10	1296	272-17					
	亞	高	45	6		亜	中	高	高	○	○	亜	補	亚	1	○	○	○	719-1	1550	215-4	4	3	17	2	
	雅	高	43	7		○	中	高	高		○	○			8	○	○	○	656-6	381	259-11	7	1	74	6	2
	兒	中	34	15		○	國	國	高	○	○	児	一	儿	2	○	○	○	593-1	693	258-13	57	10	30	6	
	牙	高	27	0		○	中	高	高				一		6	○	○	○	812-13	1547	265-15	4	19	31	6	
	我	中	19	7		○	中	高	高	○	○	○	一		3	○	○	○	713-2	1234	250-7	1	1	24	1	3
	餓	高	10	2		○	中	高	高			○	一	饿	9	○	○	○	820-31	1612	286-127		4	39	5	1
	芽	高	4	3	+2						○	○	次		7	○	○			1621	253-9		0	3	1	
	俄		9	2		啞							補	哑	5	○	○		826-4		288-301		0	36	1	
	啊												一											1		
	俄												次		10											
	鴉												補		18											
악	惡	中	122	0	+10	悪	國	國	國	○	○	悪	一	恶	악1오18	○	○	○	449	512	234-5	4	31	55	39	10
	岳	高	11	1		○	中	高	高						3	○	○	○	833-10	1418	272-18		2	17		
	握		7	2		○	中	高	高			○	次		5	○	○	○	770-2	外48	281-48		8	8		
	嶽					○						岳			4							9				
	堊													垩	8		○									
	樂->락																									

1	2	3	4	5	6	7	8	9	10	11	12	13	14	15	16	17	18	19	20	21	22	23	24	25	26	27
안	安	中	155	8		○	國	國	國	○	○	○	一		2	○	○	○	214	178	139-4	120	103	156	62	18
	眼	中	55	14		○	國	中	高	○	○	○	一		5	○	○	○	610-4	757	227-4	12	16	62	6	5
	案	中	26	22		○	國	中	高	○	○	○	次		1	○	○	○	575-1	858	220-5	6	12	69	6	2
	顔	中	23	10		○	中	高	高			○	次	颜	6	○	○	○	774-4	1294	272-19		3	17	1	1
	岸	高	7	7		○	中	中	中	○	○	○	次		3	○	○	○	362	1165	248-8	7	5	41	1	
	按		27	0									一		4			○	812-7		283-61			6	5	1
	雁	高	19	1											7	○				1614	283-62		1	6	1	
알	謁	高	12	5								謁		谒	2	○				1607			1			
	斡		4	0											1			○	805-6						1	
	軋													轧	5			○								
암	暗	中	81	3		○	中	中	中	○	○	○	一		2			○	679	655	221-4		21	68	26	6
	巖	中	32	0	+1	○	中	高	高	○	○	岩			巖3 岩1	岩	岩	岩	627-1	1606	183-4	3	0	106	岩1	巖1 岩2
	癌		1	6		○	中	高	高						5						284-67			5	2	
	闇		5	0											10			○							2	
	庵		3	0											4	○	○		798-3	外212	284-68	1	2	5	1	
	岩->巖																									
압	壓	高	41	0	+10	压	國	中	中	○	○	压	一	压	1	○	○	○	366-1	555	170-3	5	28	120	11	2
	押		19	2		○	中	高	高			○			2	○	○		818-4	262	279-33		2	10	1	4
	鴨												次		4	○	○					2				
앙	仰	中	46	5		○	中	中	中		○	○			1	○		○	678-1	925	264-20	2	10	25		
	殃	高	7	0	+4										4	○				1419	285-87		2	4		
	央	高	2	1		○	中	高	高	○	○	○	一		2	○		○	511-1	1290	263-13	2	3	26		

1	2	3	4	5	6	7	8	9	10	11	12	13	14	15	16	17	18	19	20	21	22	23	24	25	26	27
	秧												次		5			○								
	昻														3			○	814-7	外445	281-45		1	8		
애	愛	中	97	21		○	國	國	國	○	○	○	一	爱	1	○	○	○	374-2	305	219-4	28	56	70	37	8
	哀	中	67	1		○	中	中	中	○	○	○			3	○	○	○	705-2	875	258-14		11	31	6	3
	涯	高	5	2								○			4	○			815-8	1233	286-129	1	4	3		
	礙->碍																									
	埃												次													
	唉												補													
	隘														14			○								
	碍												一	碍	碍2 礙12		○	○			碍 281-46 礙 287-184			碍8 礙2		
액	額	高	10	8		○	中	高	高	○	○	○	補	額	1	○	○	○	220	972	210-3	1	9	79	4	5
	厄	高	7	3								○			3	○		○	821-3	1557	286-130		1	3		1
	液		17	5		○	中	高	高	○	○	○	補		2	○	○	○	510-2	外208	174-5		2	116	2	
앵	櫻											桜		櫻	1						288-347			1		
야	野	中	139	17		○	國	國	國	○	○	○	一		1	○	○	○	374-3	556	208-1	18	28	81	44	14
	夜	中	65	0	+6	○	國	國	國	○	○	○	一		4	○	○	○	677-1	782	243-8	7	15	46	14	1
	耶	高	5	0	+1										12	○				1597	285-88		0	4		
	也	中	2	0	+4								一		2	○					273-18		1	16		
	惹		5	0											5			○							1	1
	爺												次	爷	11											

1	2	3	4	5	6	7	8	9	10	11	12	13	14	15	16	17	18	19	20	21	22	23	24	25	26	27
약	藥	中	105	25		薬	國	國	國	○	○	薬	一	药	6	○	○	○	311	440	205-2	52	38	84	30	4
	弱	中	31	15		◯	國	國	國	○	○	◯	一		1	○	○	○	414-1	498	235-4	20	32	54	12	
	約	中	28	2		◯	國	國	國	○	○	◯	一	约	3	○	○	○	145-2	221	116	44	81	185	5	2
	若	中	15	2		◯	中	中	高	○	○	◯	一		5	○		○	490-2	486	275-18	9	33	14	1	1
	躍		7	6		◯	中	高	高			◯		跃	7	○	○	○	725-8	外71	276-17	1	6	13	3	
	鑰												補													
양	洋	中	99	10		◯	國	國	國	○	○	◯	一		1	○	○	○	156	441	211-2	38	38	78	16	4
	養	中	71	8		◯	國	國	國	○	○	◯	一	养	8	○	○	○	256-2	258	141-3	22	67	153	18	3
	陽	中	70	4		◯	國	國	國	○	○	◯	一	阳	18	○	○	○	475	499	158-1	34	32	133	7	2
	羊	中	37	5		◯	國	國	高		○	◯	一		14	○	○	○	490-1	1285	167-11	2	3	22	2	3
	揚	中	21	10		◯	中	中	中		○	◯	次	扬	10	○	○	○	712-3	557	254-6	1	28	35	4	2
	楊	高	18	0	+2	◯	中	高	高				次	杨	12	○	○	○	805-8	1283	271-17	3	3	18	1	1
	讓	中	9	6		譲	中	高	高		○	譲	一	让	16	○	○	○	557-2	1430	271-18	1	2	18	11	11
	樣	高	5	7		◯	國	中	高		○	様	一		13	○	○	○	560	218	241-5	89	84	48	3	3
	壤	高	5	0	+5	壌	中	高	高		○	壌			6	○	○	○	623-2	1160	273-19	1	5	16		
	釀		11	0		醸						醸		酿	17	○	○		815-17		284-73			5	1	
	襄		5	0											15		○	○						1	1	
	孃		0	2		嬢	中	高	高		○	嬢			9			○	718-2	外12			18		1	1
	癢												補													
	鑲												補													
어	御	高	96	6		◯	中	高	高			◯			2	○	○		788-1	1159	267-12	1	5	22	3	2
	魚	中	94	7		◯	國	國	國	○	○	◯	一	鱼	6	○	○	○	574-5	1104	197-5	23	6	92	10	6
	語	中	61	28		◯	國	國	國	○	○	◯	一	语	1	○	○	○	363-3	66	72-2	45	215	290	21	10

1	2	3	4	5	6	7	8	9	10	11	12	13	14	15	16	17	18	19	20	21	22	23	24	25	26	27
	漁	中	52	3		◯	國	國	高		○	◯		渔	4	○	○	○	650-2	1432	198-3	3	2	91	5	4
	於	中	15	0	+1						○		一		3	○		○		1224	280-40	3	4	9		
	禦													御	5			○			284-74			5		
억	抑	高	23	0	+2	◯	中	高	高			◯			3	○	○	○	725-3	585	279-34	1	26	10	7	1
	億	中	11	0	+1	◯	國	國	高	○	○	◯		亿	1	○	○	○	732-1	857	275-19	6	12	14	6	1
	憶	中	5	0	+3	◯	中	高	高		○	◯		忆	2	○	○	○	584-2	500	279-35	1	32	10		
언	言	中	86	42		◯	國	國	國	○	○	◯	一		1	○	○	○	325	126	128-2	22	142	172	25	19
	焉	高	4	0	+2										4				821-14	1718	286-132		0	3		1
	彦														2		○									
엄	嚴	中	81	10		厳	國	中	中	○	○	厳	一	严	1	○	○	○	501-1	508	249-4	18	31	40		
	淹												補													
업	業	中	35	49		◯	國	國	國	○	○	◯	一	业	1	○	○	○	32	152	32	93	114	381	15	31
여	餘	中	110	3		余	國	國	高	○	○	余	一	余	3	○	○	○	272	378	218-3	60	46	72	13	10
	如	中	62	0	+3	◯	國	國	國	○	○	◯	一		1	○	○	○	293	625	262-11	7	23	27	3	1
	與	中	28	16		与	國	中	中		○	与	一	与	2	○	○	○	463	478	230-4		33	59	28	10
	輿	高	22	2		◯	中	高	高						12	○	○	○	699-5	1537	275-20	8	1	14		
	予	高	5	0	+1										27	○					288-328			1		
	汝	中	6	0											10					1715			0			
	余	中	3	0											5	○	○	○		1535			1			
역	逆	中	62	8		◯	國	中	中	○	○	◯			8	○	○	○	641	991	242-7	1	9	47	33	10
	易	中	33	11		◯	中	高	高	○	○	◯	一		역4 이8	○	○	○	461	1710	241-6		0	48	2	1
	役	高	18	19		◯	中	中	中	○	○	◯			3	○	○	○	561-2	1039	219-5	9	8	70	7	4

1	2	3	4	5	6	7	8	9	10	11	12	13	14	15	16	17	18	19	20	21	22	23	24	25	26	27
	驛	高	33	2		駅	中	中	中	○	○	駅		驿	9	○	○	○	668-4	1176	274-20		5	15	10	4
	譯	高	18	12		訳	中	中	高	○	○	訳	補	译	6	○	○	○	668-4	1176	274-20		9	15	2	6
	疫	高	8	7		○	中	高	高			○	次		11	○	○		796-6	1708	262-12		0	27	1	
	域	高	1	8		○	國	中	中	○	○	○	補		12	○	○	○	390-1	666	222-9	2	21	67		2
	亦	中	4	0						○	○				2	○			384	550	284-75	9	28	5		1
연	延	高	59	4		○	中	高	高	○	○	○	次		13	○	○	○		1318	258-15	1	3	31	13	3
	煙	中	48	11		○	國	國	高	○	○	○	一		9	○	○	○	606-1	890	266-15	14	11	23	3	1
	燕	高	54	0	+2										22	○	○	○		1531	267-13		1	22		
	軟	高	50	2		○	中	高	高		○	○	一	软	26	○	○	○	677-4	1125	244-10	3	6	45	7	5
	演	高	39	8		○	國	中	中	○	○	○	一		8	○	○	○	590-2	105	224-3	44	161	65	21	7
	緣	高	28	13		○	國	中	中		○	縁	補	缘	10	○	○	○	670-3	1077	259-12	5	7	30	5	2
	宴	高	21	6		○	中	中	中			○			14	○	○		757-1	1174	283-64		5	6	2	1
	鉛	高	25	2		○	國	中	中		○	○	補	铅	27	○	○	○	629	1175	232-5	10	5	57	2	
	沿	高	23	0		○	中	高	高		○	○	次		17	○	○	○	652-2	1494	271-19		1	18	4	2
	硏	中	20	0	+2	○	國	國	高	○	○	研	一		5	○	○	○	280	235	244-9	54	77	45	28	14
	然	中	5	0	+13	○	國	國	國	○	○	○	一		2	○	○	○	124	109	94	87	156	228		
	燃	高	11	0	+2	○	中	高	高		○	○	補		23	○	○	○	650-3	1704	238-6	2	0	51	4	1
	硯	中	11	0	+1									砚	39	○			835-108	1705	286-135		0	3	1	
	淵		29	1										渊	18		○	○	825-11		268-10			21	1	1
	捐												次		7	○	○									
열	熱	中	71	11		○	國	國	國	○	○	○	一	热	6	○	○	○	217-2	333	119-2	83	52	182	29	7
	悅	中	16	6	○	中	高	高	高			○			5	○			826-12	1389	281-47		2	8	1	
	閱		19	3		○	中	高	高			○	次	阅	9	○	○	○	820-29	外59	285-90		7	4		

1	2	3	4	5	6	7	8	9	10	11	12	13	14	15	16	17	18	19	20	21	22	23	24	25	26	27
	說->열																									
염	鹽	高	49	5		塩	中	高	高	○	○	塩	一	盐	9	○	○		658-4	1696	114-1		0	187	2	1
	染	高	23	6		○	國	中	中	○	○	○	一		4	○	○	○	627-2	1501	200-5	22	1	89	6	
	炎	中	22	2		○	中	高	高			○	一		6	○	○	○	771-5	1390	242-8		2	47	1	1
	厭		29	0		○	中	高	高				次	厌	2	○		○	820-3		288-339			1		2
	焰														7			○			283-66			6		
엽	葉	中	35	12		○	國	中	中	○	○	○	一	叶	3○	○	○	○	553-2	695	202-4	32	19	87	1	1
영	營	高	77	18		営	國	中	中	○	○	営	一	营	7	○	○		234	580	142-3	7	26	152	13	16
	永	中	70	0		○	國	國	國	○	○	○	一		2	○	○		530-1	394	231-4	25	44	58	9	5
	英	中	54	3		○	國	國	國	○	○	○	一		3	○	○		722-8	157	196-1	217	111	93	13	13
	榮	中	38	4		栄	國	國	高	○	○	栄	一	荣	6	○	○		630-2	593	237-5	23	25	52	7	5
	迎	中	26	5		○	國	中	高	○	○	○	一		17	○	○		747-6	1122	269-19	8	6	20	5	
	影	高	19	12		○	中	中	高		○	○	一		9	○	○		339	569	259-13	5	27	30	2	3
	映	高	24	2		○	國	中	中	○	○	○	補		10	○	○		591-2	283	215-5	5	60	74	19	3
	泳	高	0	4		○	中	中	高	○	○	○			12	○	○		827-25	1504	265-16	40	1	24	5	1
	詠	高	6	2								○			39	○				1692	288-341		0	1	1	
	盈		13	0											15		○				288-342			1		
예	豫	高	90	2		○	國	中	中	○	○	予			1	○	○	○		303	231-5	8	57	58	43	19
	藝	中	27	31		○	國	中	中	○	○	芸	次	艺	4	○	○	○	451-2	165	168-3	27	109	122	28	5
	銳	高	24	2		○	中	高	高			○	補	锐	8	○	○	○	788-11	1516	283-67		1	6		4
	譽	高	4	5		誉	中	中	中	○	○	誉	補	誉	6	○	○	○	707-4	984	275-21	5	9	14		
	預		16	2		○	中	中	高	○	○	○	一	预	10	○	○	○	442	外33	265-17	11	10	24	12	3
	隷->례																									

1	2	3	4	5	6	7	8	9	10	11	12	13	14	15	16	17	18	19	20	21	22	23	24	25	26	27
	刈											○			16						288-313			1		
	芮														14		○									
오	五	中	282	0	+3	○	國	國	國	○	○	○	一		1	○	○	○	76	497	139-5	9	32	156	28	14
	烏	中	63	0	+2	○	中	高	高				補		13	○		○		1684	279-37		0	10	1	1
	誤	中	45	4		○	國	中	中		○	○	一		6	○	○	○	687-7	936	270-21	1	10	19	19	5
	午	中	31	4		○	國	國	國	○	○	○	一		3	○	○	○		302	239-7	25	57	50	2	5
	汚	高	24	0	+1	○	中	高	高			○	補		12	○	○	○	810-6	1309	277-24		3	12	8	2
	傲	高	21	4									補		15	○			836-7	1679	284-77		0	5	3	
	吾	中	19	0	+1										4				835-13	1690	282-54		0	7	3	
	悟	中	10	7		○	中	高	高			○	次		11	○	○	○	775-8	1311	286-139	2	3	3	1	1
	梧	高	9	0	+1										21	○				1681	286-140	1	0	3		
	娛	高	7	0	+1	○	中	高	高			○	次		10	○	○	○	723-4	884	280-41	3	11	9	1	
	嗚	高	6	0											7	○		○	836-29	1683	286-141	1	0	3	1	
	吳		29	0								○			5	○	○	○	835-12		272-20	1		17	2	1
	奧		12	1								奧			9				828-9	外176	281-49		3	8	3	
	伍												次		2											
	襖												補	袄												
	惡->악																									
	汻												一													
옥	玉	中	187	5		○	國	國	國	○	○	○	次		1	○	○	○	704-5	623	229-3	30	23	60	5	5
	屋	中	28	6		○	中	高	高	○	○	○	一		2	○	○	○	769-1	1518	173-20	1	1	16	4	
	獄	高	20	9		○	中	中	高		○	○		狱	4	○	○	○	676-2	882	279-38	11	11	10	5	
	沃		13	1											3	○	○	○	807-9		264-21	1		25	2	1

1	2	3	4	5	6	7	8	9	10	11	12	13	14	15	16	17	18	19	20	21	22	23	24	25	26	27
온	溫	中	97	5		○	國	國	國	○	○	温	一		1	○	○	○	221	881	156-1	63	11	135	16	1
	穩		11	4		○	中	高	高			穏	補	稳	8	○	○	○	758-7	外115	284-78		4	5		
	瘟												補		3											
옹	翁	高	7	6								◯	補		3	○			831-56	1673	283-68		0	6	1	
	擁		9	0	+1	○	中	高	高			◯	次	拥	1	○	○	○	805-5	外90	287-199		5	2		
	甕														2			○			287-200			2		
와	臥	中	28	0	+5	○	中	高	高				補		2	○			832-55	1666	284-80		0	5		
	瓦	中	44	0	+5	○	中	高	高				次		1	○	○	○	827-31	1519	284-79		1	5		
	渦		9	0								◯		涡	4				822-13		282-55			7	1	
	窩												補		9											
	娃												補													
	蛙														6											
완	完	中	62	3		○	國	國	國	○	○	◯	一		1	○	○	○	282	351	215-6	24	50	74	34	10
	緩	高	35	1		○	中	高	高			◯	補	缓	3	○	○	○	775-10	1664	277-25		0	12		
	玩		17	1									一		2	○			834-53		288-357			1	1	2
	腕		4	2								◯			4	○	○		819-12	外264	284-81		2	5		
	盌												次													
	莞														5		○	○								
	頑											◯	補	顽	12					外213	287-205		2	2		
왈	曰	中	6	0	+2										1	○	○		492	1117	283-69		6	6	1	
왕	王	中	128	12		○	國	國	國	○	○	◯	一		3	○	○	○	181-1	301	77-4	76	57	277	32	12
	往	中	41	3		○	國	國	高	○	○	◯	一		1	○	○	○	702-1	887	278-20		11	11	6	2
	旺												次		2			○		外64	284-82		7	5		

1	2	3	4	5	6	7	8	9	10	11	12	13	14	15	16	17	18	19	20	21	22	23	24	25	26	27
	枉												補		4											
왜	倭		33	0											2	○		○	833-4		260-15	57	57	29	7	2
	矮		11	0									補		3				835-107		286-145			3	2	1
	歪		2	0											왜3의 13			○	836-117		287-206			2	1	2
외	外	中	294	0	+2	○	國	國	國	○	○	○	一		1	○	○	○	83	96	72-3	55	169	290	152	52
	畏	高	20	0	+2										4	○			1583			0		2		
	喂												次													
요	要	中	81	14		○	國	國	國	○	○	○	次		2	○	○	○	40	32	99-2	90	300	215	25	18
	搖	高	24	1		○	中	中	中			揺	一		4	○	○	○	803-2	1222	282-56	9	4	7	1	
	腰	高	18	3		○	中	高	高			○	次		14	○	○		831-58	1582	285-94		0	4	2	
	遙	高	12	0	+2										16	○				1581	287-209		0	2		
	謠	高	3	5		○	國	中	中	○	○	謡	次	谣	15	○	○	○	716	731	262-13	13	17	27		
	妖		35	0		○	中	高	高				補		3	○			792-6	外116	287-207		4	2	4	
	凹		13	0								○			21						285-93			4	2	1
	曜		4	2		○	國	國	高	○	○	○			5	○	○	○	758-6	外4	282-57	48	31	7	1	
	窯		1	1								○			12	○	○		835-115		285-95			4	3	
	繞												次		34											
	澆												補													
	擾												補	扰	6			○		外151			3			
	樂->락																									
욕	浴	中	16	7		○	中	中	中			○	補		3	○	○		762-3	1220	283-70		4	6	4	
	慾	高	9	0	+10	○	中	中	中	○	○				1	○		○	534	920	249-5	15	10	40		

1	2	3	4	5	6	7	8	9	10	11	12	13	14	15	16	17	18	19	20	21	22	23	24	25	26	27
	辱	高	8	8		○	中	中	高			◯	補		4	○	○	○	637-1	762	280-42	3	16	9	1	1
	欲	中	9	2								◯			2	○	○	○	822-11	825	272-21		13	17	2	
용	用	中	58	49		○	國	國	國	○	○	◯	一		1	○	○	○	53	83	53	97	180	352	24	9
	容	中	46	8		○	國	國	國	○	○	◯	一		3	○	○	○	399-2	110	197-6	36	155	92	10	5
	庸	高	35	4		○	中	高	高			◯			4	○	○		826-9	1509	279-39		1	10		
	勇	中	31	6		○	國	國	國	○	○	◯	一		2	○	○	○	749-1	421	263-14	39	41	26	6	1
	溶		19	0								◯			6	○	○		799-7	外214	219-6	4	2	70	4	
	傭		17	1										佣	5	○		○	807-3		276-19			13	2	
	鎔		18	0											11	○		○		外210	282-58		2	7	2	
	熔		18	0		○	中	高	高						8		○				268-11			21		
	冗											◯														
	踊											◯			10	○	○			外49			8			
	湧												補		7						287-210			2		
우	優	高	89	5		○	國	中	中	○	○	○	次	优	5	○	○	○	464	553	232-6	11	28	57	29	5
	牛	中	82	8		○	國	國	國	○	○	○	一		13	○	○	○	637-2	1282	242-11	11	3	47	10	3
	雨	中	47	27		○	國	國	國	○	○	○	一		10	○	○	○	634-3	830	223-7	38	13	66	5	2
	愚	高	53	4		○	中	高	高			○			7	○			820-13	1670	283-72		0	6	7	2
	右	中	61	2		○	國	國	國	○	○	○	一		4	○	○	○	533	674	255-9	5	20	34	17	6
	憂	中	41	4		○	中	中	中			○	次	忧	8	○		○	755-3	1073	283-73		7	6	5	3
	友	中	19	23		○	國	國	國	○	○	○	一		3	○	○	○	695-1	370	242-9	6	48	47	13	3
	郵	高	37	0	+2	○	國	中	高	○	○	○	一	邮	1	○	○	○	742-5	1070	282-59	59	7	7	7	2
	羽	高	33	0	+3	○	中	高	高			○	補		17	○			817-12	1677	279-41		0	10	1	1
	偶	高	32	4		○	中	高	高		○	○	次		18	○	○	○	723-1	1308	276-20	2	3	13	5	1

1	2	3	4	5	6	7	8	9	10	11	12	13	14	15	16	17	18	19	20	21	22	23	24	25	26	27
	遇	中	5	10		○	國	中	中		○	○	次		9	○	○	○	201	167	276-21	16	108	13		1
	宇	中	12	4		○	中	中	高			○			6	○	○	○	783-3	412	260-16	15	42	29	9	4
	于	中	10	0	+3										11	○	○	○	562-1	426	279-40	10	40	10		
	尤	中	11	0	+2										14	○			1676	288-368		0	1			
	又	中								○	○	○	一		2	○				1680	283-71		0	6		
	迂		21	0											29			○	831-72		284-85			5	1	
	虞		16	0								○			27						286-149			3	2	
	禹		7	0											16	○	○				285-99			4		
	芋											○			26											
	隅											○														
욱	旭		4	0											1		○				284-86			5		
	郁														2		○									
운	運	中	109	16		○	國	國	國	○	○	○	一	运	1	○	○	○	111-2	121	107-3	112	145	197	30	10
	雲	中	114	10		○	國	國	國	○	○	○	一	云	3	○	○	○	749-8	1211	186-4	2	3	103	5	1
	韻	高	25	10		○	中	中	中			○			10	○	○	○	802-10	717	265-18		18	24	3	
	云	中	3	0						○	○				2	○		○	754-4	1665			0		2	1
울	鬱		40	0	+6	杰	中	高	高					郁	1	○	○	○	655	外6	276-22	5	20	13		1
	蔚		5	0													○	○			286-150			3		
웅	雄	中	52	4		○	國	國	高	○	○	○	一		2	○	○	○	667-2	534	222-10	6	29	67	4	3
	熊		4	0											1	○					276-23			13	1	
원	原	中	152	8		○	國	國	國	○	○	○	一		3	○	○	○	112	128	56	70	138	318	83	38
	遠	中	113	8		○	國	國	國		○	○	一	远	7	○	○	○	516-3	578	206-3	27	26	83	17	5
	元	中	102	12		○	國	國	國	○	○	○	一		4	○	○	○	274	5968	123	0	7	9	181	6

1	2	3	4	5	6	7	8	9	10	11	12	13	14	15	16	17	18	19	20	21	22	23	24	25	26	27
	圓	中	62	3		円	國	中	中	○	○	円	次	圓	11	○	○	○	92	153	171-3	3	36	119	15	6
	怨	中	41	0	+3	○	國	中	中				次		9	○	○	○	731-2	723	275-22	9	18	14	6	2
	員	高	10	28		○	國	國	高	○	○	○	一	员	1	○	○	○	126	115	157-4	60	151	134		
	願	中	18	17		○	國	國	國	○	○	○	一	愿	8	○	○	○	470-2	546	251-10	16	28	38	7	52
	園	中	23	11		○	國	國	國	○	○	○	一	园	12	○	○	○	574-1	376	229-4	32	46	60	3	1
	援	高	14	5		○	國	中	中	○	○	○	次		5	○	○		526-3	998	168-12		21	9	21	94
	源	高	3	11		○	國	中	高		○	○			6	○	○	○	544-3	760	142-4		16	154	5	3
	苑		5	0	+2	○	中	高	高						14	○	○		830-40		282-60			7		
	寃												次		16					外177	284-88	2	3	5	1	2
	垣											○			13						284-88	2	3	5	1	2
	猿											○			19						284-87			5		
	媛														10	○	○									
월	月	中	131	33		○	國	國	國	○	○	○	一		1	○	○	○	87	68	142-5	136	212	152	35	11
	越	高	43	4		○	中	高	高		○	○	一		2	○	○	○	657-1	138	246-7		2	43	8	2
위	委	高	64	0	+2	○	國	中	中	○	○	○	一		1	○	○	○	342-2	435	235-5	3	38	54	6	6
	位	中	30	33		○	國	國	國	○	○	○	一		3	○	○	○	267	481	131-3	24	33	169	12	4
	危	中	61	1		○	國	國	高	○	○	○	一		6	○	○	○	519-1	609	257-13	18	24	32	5	4
	衛	高	34	12		○	國	中	中	○	○	衛	一	卫	15	○		○	562-2	678	235-6	9	20	54	4	3
	僞	高	43	3		○	中	高	高		○	偽	補	伪	5	○	○	○	81	1678	279-42		1	10	11	3
	爲	中	35	8		○	國	中	中	○	○	為	一	为	2	○	○	○	605-2	44	227-5	110	265	62	8	2
	違	高	39	3		○	中	高	高	○	○	○	次	违	17	○	○	○	767-5	1461	278-21		1	11	9	15
	威	中	35	0	+2	○	國	中	中		○	○	次		8	○	○	○	595-2	694	250-8	9	19	39	6	2
	胃	高	34	0	+1	○	中	高	高	○	○	○	次		12	○	○	○	715-6	1241	268-13		4	21	9	

1	2	3	4	5	6	7	8	9	10	11	12	13	14	15	16	17	18	19	20	21	22	23	24	25	26	27
	慰	高	26	3		○	國	中	中	○	○	○	次		10	○	○	○	673-2	739	280-43	12	17	9	11	
	偉	中	22	1		○	國	國	高	○	○	○	一	伟	4	○	○	○	599-1	524	274-21	10	30	15	4	2
	圍	高	11	4		囲	國	中	中	○	○	囲	一	围	7	○	○	○	547-1	371	258-16	11	47	31	1	1
	緯	高	4	3			中	高	高			○		纬	11	○	○	○	724-2	1524	266-17		1	23	1	
	謂	高	0	2							○		補	谓	16	○		○		1406	284-89		2	5		
	尉		6	6		○	國	中	中	○	○	○			9	○		○	836-56	外175	286-152	20	3	3	1	
	萎		11	0											13			○							1	
	魏														18	○	○				273-21			16		
	渭														19		○									
	韋													韦	25		○									
유	有	中	207	16		○	國	國	國	○	○	○	一		1	○	○	○	146	230	57	34	79	317	80	43
	遺	中	115	4		○	國	國	高		○	○	補	遗	10	○	○	○	510-3	592	212-5	10	25	77	36	12
	遊	中	80	14		○	中	中	中	○	○	○	次		9	○	○	○	638-4	1395	209-3		2	80	28	3
	幽	高	87	0	+2	○	中	高	高			○			17	○			810-2	1399	278-22	2	2	11	11	7
	油	中	50	15		○	國	國	國	○	○	○	一		4	○	○	○	475	1402	179-4	6	2	110	27	4
	乳	高	42	7		○	國	中	中	○	○	○			3	○	○	○	638-1	1313	201-6	8	3	88	10	1
	儒	高	38	6		○	中	高	高			○			12	○	○	○	725-1	1392	243-9		2	46	11	7
	柔	中	34	5		○	中	高	高			○	次		22	○	○	○	798-6	1515	268-14	2	1	21	6	5
	幼	中	36	2		○	中	中	中	○	○	○	補		16	○	○	○	725-2	1400	264-22		2	25	10	2
	誘	高	31	1		○	中	高	高			○	補	诱	8		○	○	730-5	1238	251-11	1	4	38	11	7
	唯	中	28	0	+1	○	中	中	中			○			15	○	○	○	741-2	1120	270-22		6	19	4	6
	由	中	17	5		○	國	國	高		○	○	一		2	○	○	○	176	139	213-5	36	125	76	2	1
	悠	高	16	6		○	中	中	高			○			18	○			788-2	1116	280-44		6	9	4	6

1	2	3	4	5	6	7	8	9	10	11	12	13	14	15	16	17	18	19	20	21	22	23	24	25	26	27
	猶	中	19	0	+2							○			24	○	○	○	827-30	1511	285-101		1	4	1	
	酉	中	10	0	+5	○	中	高	高						30	○	○	○		1693	283-76		0	6		2
	維	高	14	1		○	國	國	高			○	次	维	27	○	○	○	579-5	835	204-3	16	13	85	8	6
	惟	高	8	1											19	○				1694	285-104		0	4		
	裕	高	3	3		○	中	中	高		○	○	補		7	○	○	○	721-4	979	275-23		9	14		
	愈	高	4	0	+1										20	○			1657	285-102		0	4			
	宥		12	0											36			○	833-9		284-90			5	3	
	諭		7	4								○		谕	28	○	○				288-382			1	1	1
	兪		6	0											13	○	○	○			284-91			5		
	愉		6	0								○	補		21			○		外266	287-220		1	2	1	1
	癒		4	0								○			51									1	2	
	游												一		44						273-22			16		
육	肉	中	87	14		○	國	國	國	○	○	○	一		4	○	○	○	509-1	931	210-4	3	10	79	18	7
	育	中	10	12		○	國	國	國	○	○	○	一		2	○	○	○	295	381	226-10	33	46	63	11	
윤	潤	高	14	4		○	中	高	高			○	補	润	5	○	○	○	777-5	1305	251-12	1	3	38	1	2
	閏	高	7	0											12	○				1523	288-387		1	1		
	尹		6	0											3	○	○	○	836-57		263-156	20				
	允												補		2		○	○				1				
융	融		17	2		○	中	高	高			○	補		1	○	○	○	701-2	外119	234-6		4	55	4	3
	絨												補		5											
은	銀	中	126	5		○	國	國	高	○	○	○	一	银	1	○	○	○	215	589	157-5	33	25	134	19	6
	隱	高	90	0	+5	○	國	國	高	○	○	隠	補	隐	5	○	○	○	771-6	829	257-14	8	13	32	6	5
	恩	中	62	21		○	國	國	國	○	○	○	一		2	○	○	○	688-1		266-18	19		23	3	

1	2	3	4	5	6	7	8	9	10	11	12	13	14	15	16	17	18	19	20	21	22	23	24	25	26	27
	殷		23	0											4	○	○	○			274-22	1				
을	乙	中	30	2		○	中	中	中	○	○	○	次		1	○	○	○	775-1	1307	269-20	1	3	20	8	6
음	陰	中	136	3		○	國	國	高		○	○	一	阴	2	○	○	○	686-5	880	242-12	1	11	47	11	5
	音	中	65	24		○	國	國	國	○	○	○	一		3	○	○	○	292	60	92	52	239	237	31	12
	淫	高	56	0	+5	○	中	高	高						1	○	○	○	820-20	1648	288-389		0	1	4	1
	飮	中	37	7		○	國	國	國	○	○	○	次	饮	4	○	○	○	381	661	256-4	11	21	33	6	5
	吟	中	16	3								○			5	○		○		1168	282-61	3	5	7	1	1
읍	邑	中	30	1		○	國	國	國		○				1	○	○	○	624-4	934	265-19	15	10	24	6	1
	泣	中	6	4								○			2	○				1658	288-391		0	1		
응	應	中	84	11		応	國	中	中	○	○	応	一	应	1	○	○	○	514	738	172-3	10	17	118	14	7
	凝		25	0		○	中	高	高			○			2	○	○		817-2		273-23			16	1	
의	義	中	81	35		○	國	國	國	○	○	○	一	义	4	○	○	○	154	145	33-1	60	121	375	19	9
	意	中	60	47		○	國	國	國	○	○	○	一		2	○	○	○	117	63	83-2	121	223	289	27	31
	衣	中	60	8		○	國	國	國	○	○	○	一		9	○	○	○	539-2	785	232-7	6	15	57	8	1
	議	中	40	22		○	國	國	國	○	○	○	一	议	3	○	○	○	137	95	96	43	170	224	32	20
	儀	高	47	11		○	國	中	中		○	○		仪	5	○	○	○	729-1	783	233-5		15	56	7	3
	醫	中	47	10		医	國	中	中	○	○	医	一	医	12	○	○	○	545-3	860	235-7	15	12	54	46	8
	依	中	49	1		○	國	中	中	○	○	○	一		1	○	○	○	222	420	258-17	11	41	31	8	8
	疑	高	42	3		○	國	高	高	○	○	○	一		8	○	○	○	538	677	258-18	11	20	31	8	1
	宜	高	15	5		○	中	高	高			○	次		6	○	○	○	745-2	1548	280-45	1	1	9		
	矣	中	0	1											10	○				1623	285-108		0	4		
	擬		26	0								○		拟	16	○	○	○			280-46			9	1	2
	誼		1	4										谊	11	○	○	○	822-27	外117	285-109	5	4	4		1

1	2	3	4	5	6	7	8	9	10	11	12	13	14	15	16	17	18	19	20	21	22	23	24	25	26	27
	椅		2	0									補		17				703-5		288-394	12		1	1	1
이	二	中	175	0	+2	◯	國	國	國	○	○	◯	一		1	○	○	○	29	859	114-2	8	12	187	39	28
	異	中	104	5		◯	國	國	國		○	◯	次		9	○	○	○	348-1	438	153-2	59	38	139	58	25
	移	中	68	2		◯	國	國	高	○	○	◯	次		4	○	○	○	445	676	214-2	18	20	75	27	11
	耳	中	48	7		◯	國	國	國			◯	一		10	○	○	○	760-5	1551	270-23		1	19	4	3
	以	中	49	1		◯	國	中	中	○	○	◯	一		7	○	○	○	129-1	169	254-7	29	106	35	12	6
	夷	高	38	0	+6										29	○		○	828-8	1605	283-80		0	6	1	
	已	中	15	0	+1										18	○				1514	288-397		1	1		
	貳	中	8	0	+2	弍	中	高	高	○	○	弍	補	貳	13	○	○			1617	281-52		0	8	1	
	而	中	4	0	+6								一		24	○				1600	263-16		1	26	1	
	伊		25	0											14		○				270-24	104		19		
	弛		9	0											19			○			283-79			6	1	
	痍														22	○	○									
	易->역																									
	你												一													
	姨												次													
익	翼	高	18	8		◯	中	高	高	○	○	◯	補		5	○	○	○	778-11	1424	274-23		2	15		3
	益	中	11	10		◯	國	國	國	○	○	◯	一		1	○	○	○	444	780	185-2	6	15	104	2	1
	翌											◯			4											
인	人	中	83	46		◯	國	國	國	○	○	◯	一		1	○	○	○	4	7	10	338	598	364	211	61
	引	中	70	4		◯	國	國	國		○	◯	一		7	○	○	○	434-1	732	206-4	2	17	83	22	5
	仁	中	48	5		◯	國	國	國	○	○	◯	補		2	○	○	○	807-1	1161	207-8	84	5	82	7	1
	因	中	38	11		◯	國	國	國		○	◯	一		5	○	○	○	324	763	224-4	14	16	65	5	7

1	2	3	4	5	6	7	8	9	10	11	12	13	14	15	16	17	18	19	20	21	22	23	24	25	26	27
	認	中	19	6		○	國	國	國	○	○	○	一	认	3	○	○	○	371	476	214-3	9	34	75	10	17
	寅	中	18	0	+5	○	中	高	高						6	○	○	○		1566	281-53		1	8	1	1
	忍	中	19	3		○	中	中	中			○	補		8	○	○	○	775-6	921	278-24		10	11	4	1
	印	中	4	17		○	國	國	國	○	○	○	一		4	○	○	○	483-1	151	203-3	14	114	86	15	8
	姻	高	19	2		○	中	高	高		○	○	補		10	○	○	○	711-1	1560	283-82	1	1	6	1	
	刃	高	4	0	+1							○			15	○				1585	288-405		0	1		
	靭														26			○								
	湮														19			○								
일	一	中	538	15		○	國	國	國	○	○	○	一		1	○	○	○	7	23	13	114	347	611	151	114
	日	中	150	52		○	國	國	國	○	○	○	一		2	○	○	○	21	15	48	261	426	335	58	24
	逸	高	32	5		○	中	中	高	○	○	逸			5	○	○	○	819-14	487	276-24		33	13	4	3
	壹	中	4	0		壱	中	高	高	○	○	壱	補		3	○	○			1596	277-27		0	12		3
	溢		7	4											4	○	○	○	827-27		285-114			4		
임	壬	中	140		+1	○	國	中	中						3	○		○		923	276-25		10	13	7	
	任	高	40	24		○	國	中	中	○	○	○	一		1	○	○	○	281-1	341	133-2	33	51	167	14	15
	賃	高	18	6		○	中	高	高	○	○	○		赁	7	○	○	○	743-4	1593	254-8		0	35	13	6
	姙->妊																									
	妊		5	3								○			姙6 妊8	○	○	○	821-7		283-84			6	2	
	荏														13											
입	入	中	131	24		○	國	國	國	○	○	○	一		1	○	○	○	147	306	117-3	6	56	184	85	13
	込											○			4											
	叺														5											

1	2	3	4	5	6	7	8	9	10	11	12	13	14	15	16	17	18	19	20	21	22	23	24	25	26	27
잉	剩		9	1								剩	一		1	○	○	○	818-7		266-16			23		
	仍												次		2											
	孕														3	○										
	扔												補													
자	自	中	425	2		○	國	國	國	○	○	◯	一		2	○	○	○	5	6	26	314	623	421	302	84
	子	中	79	24		○	國	國	國	○	○	◯	一		4	○	○	○	35	111	29	139	154	400	16	5
	紫	高	77	0	+3	○	中	高	高			◯	補		15				732-4		259-14			30	5	1
	資	高	57	6		○	國	中	中	○	○	◯	一	资	3	○	○	○	270	446	132-1	15	37	168	37	43
	字	中	33	21		○	國	國	國	○	○	◯	一		5	○	○	○	335-1	52	149	65	256	145	9	1
	刺	高	32	2		○	中	高	高		○	◯	次		10	○	○	○	704-1	933	267-14	1	10	22	3	1
	者	中	0	26		○	國	國	國	○	○	者	一		1	○	○	○	50	25	52	61	334	328	4	1
	雌	高	13	1								◯			28	○			836-131	1520	285-117		1	4	1	1
	恣	高	12	0	+2										6	○		○	825-5	1458	285-115		1	4	4	1
	姉	中	10	1		○	國	國	國		○	◯	補		9	○	○	○	816-4	1317	288-410	5	3	1	4	
	姿	高	7	3		○	國	中	中	○	○	◯	補		12	○	○	○	772-2	535	266-19	4	29	23	3	1
	慈	中	7	3		○	中	中	中			◯			7	○	○	○	760-3	660	263-18		21	26	11	1
	玆	高	0	0											8	○			826-18	1659	288-412		0	1		1
	磁		18	0		○	中	高	高		○	◯	次		14	○	○	○	468	外325	219-7		1	70	8	4
	滋		15	0								◯			13	○	○		829-29	外206	287-224	45	2	2	1	
	煮		7	0								煮	次		31				836-141		285-116			4	1	
	諮		5	0								◯		谘	19	○	○		835-140		284-94			5	2	1
	榨												補													
작	作	中	120	26		○	國	國	國	○	○	◯	一		1	○	○	○	41	10	87-2	198	513	254	47	20

1	2	3	4	5	6	7	8	9	10	11	12	13	14	15	16	17	18	19	20	21	22	23	24	25	26	27
	昨	中	20	0	+2	○	國	中	中	○	○	◯	一		2	○	○	○	645-2	1068	288-44	13	7	1	4	1
	爵	高	9	11								◯			3				812-12	1411	286-157	1	2	3	1	
	酌	高	9	3		○	中	高	高			○			4	○	○	○	577-2	1239		1	4			
	勺											○			7		○									
	炸		0	0									次		8						287-226			2	1	
	酢											○			12											
잔	殘	高	103	2		残	中	中	中	○	○	残	一	残	1	○	○	○	575-2	1067	245-8	1	7	44	11	5
	棧											栈	補	栈	4											
잠	潛	高	68	0	+2	◯	中	中	高			潜	補		1	○	○		790-8	932	275-24	8	10	14	16	4
	蠶	高	33	6		蚕	中	高	高	○	○	蚕	次	蚕	2	○	○		780-5	1306	273-24		3	16		
	暫	高	14	0		◯	中	中	高		○	◯	一		3	○	○		415	805		20	14		1	
	賺												次													
잡	雜	高	125	9		雑	國	中	中	○	○	雑	一	杂	1	○	○	○	405-2	223	212-6	14	81	77	16	6
장	長	中	256	22		◯	國	國	國	○	○	◯	一	长	2	○	○	○	94	99	45	74	167	345	63	20
	將	中	53	14		◯	國	國	國	○	○	将	一	将	7	○	○	○	254	423	245-9	150	40	44	10	5
	掌	高	35	7		◯	中	中	高			◯	次		17	○		○	728-2	866	278-25		12	11		1
	藏	高	23	14		◯	中	高	高	○	○	蔵	一		12	○	○	○	624-3	1249	214-4		4	75	1	
	章	中	26	11		◯	國	國	高	○	○	◯	一		3	○	○	○	529	184	210-5	7	97	79	1	2
	場	中	18	19		◯	國	國	國	○	○	◯	一	场	1	○	○	○	166	101	140	150	166	155	13	3
	葬	高	20	13		◯	中	中	中			◯	補		11	○			734-4	893	283-86	2	11	6	7	3
	腸	高	21	11		◯	中	高	高		○	◯	次	肠	10	○	○	○	617-1	1410	271-20		2	18	4	
	張	高	26	6		◯	國	中	中		○	◯	一	张	4	○	○	○	319-2	282	212-7	24	60	77	1	1
	裝	高	20	11		◯	國	中	中	○	○	装	一	装	13	○	○	○	335-2	657	237-6	18	21	52	4	4

1	2	3	4	5	6	7	8	9	10	11	12	13	14	15	16	17	18	19	20	21	22	23	24	25	26	27
	帳	高	20	9		◯	國	中	中	○	○	◯	一	帐	8	○	○	○		526	239-8	24	30	50	2	5
	壯	中	13	0	+6	◯	國	中	中	○	○	壯	一	状	15	○	○	○	254	581	261-14	32	26	28	6	3
	丈	高	14	4		◯	中	高	高			◯	一		5	○	○		790-1	978	282-63	5	9	7	1	
	墻	高	8	10	+3										26	○				1653	288-416		0	1		
	莊	高	14	3		◯	中	中	高			莊	一	庄	21	○		○	798-13	658	261-15	6	21	28		
	奬	高	15	2		◯	國	中	中		○	奬	一	奖	6		○	○	709-2	754	279-44	18	16	10	1	4
	粧	高	12	5		◯	中	高	高			◯			9	○		○		1250	282-64		4	7		
	臟	高	6	8		◯	中	中	中		○	臟	補	脏	20	○	○	○	721-3	1040	263-19		8	26	4	
	障	高	11	0	+2	◯	國	中	中		○	◯			14	○	○	○	574-4	789	261-16	3	15	28	3	1
	杖		27	3											18	○			766-3		284-97			5	1	
	匠		9	7								○	次		16			○	591-1		273-25	9		16	3	
	槳		6	0									補	浆	29				833-38		281-55			8	1	
	仗												次		25			○								
	醬												次		19					外455	287-230		1	2		
	髒												次													
	牆												一		30											
	蔣													蒋	22	○	○	○								
	贓													赃	24	○		○								
	狀->상																									
재	再	中	128	0	+1	○	國	國	國	○	○	○	一		3	○	○	○	535-1	549	189-4	3	28	100	116	37
	才	中	50	25		○	國	國	國	○	○	○	一		8	○	○	○	730-3	594	248-9	16	25	41	7	3
	在	中	52	15		○	國	國	國	○	○	○	一		1	○	○	○	262	357	187-5	20	49	102	45	11
	財	中	53	11		○	國	國	國	○	○	○	一	财	2	○	○	○	343-2	520	192-3	8	30	97	112	39

1	2	3	4	5	6	7	8	9	10	11	12	13	14	15	16	17	18	19	20	21	22	23	24	25	26	27
	裁	高	32	7		○				○	○	○	次		9	○	○	○	465-2	809	230-5	6	14	59		
	哉	中	32	7			中	中	中						10				833-4	1714	285-121		0	4	7	11
	材	中	13	16		○	國	國	國	○	○	○	一		4	○	○	○	375-1	192	170-4	27	93	120	3	2
	災	高	19	7		○	中	中	中	○	○	○			6	○	○	○	625-1	1127	267-16		6	22	5	2
	載	高	10	10		○	中	高	高			○	補	载	7	○	○	○	738-5	1539	273-26		1	16		
	栽	中	2	0	+1	○	中	高	高			○	次		5	○	○	○	593-3	1322	281-56	6	3	8		
	齋		37	2								斎		斋	13	○	○		782-9		282-65			7	35	2
	宰		18	2		○	中	高	高			◯			11	○	○		801-7	外327	283-87		1	6	1	
쟁	爭	中	28	0	+5	○	國	國	國	○	○	争	一		1	○	○	○	420-1	342	210-6	27	51	79	6	3
	趙												補													
저	著	中	74	7		○	中	中	中	○	○	著	補		8	○	○	○	366-1	740	273-27		17	16	11	7
	低	中	47	2		○	國	國	國	○	○	◯	一		1	○	○	○	647-1	1245	224-5		4	65	49	5
	底	高	18	7		○	中	高	高		○	◯	一		2	○	○	○	593-2	758	249-6	8	16	40	7	4
	貯	中	18	0	+1	○	國	國	國	○	○	◯		贮	9	○	○	○	574-3	1384	251-13	62	2	38	10	3
	抵	高	16	1		○	中	高	高		○	◯	一		3	○	○	○	688-2	1386	254-9		2	35	2	12
	猪		20	0									一		6			○	814-10		288-425			1	2	
	沮		12	0		○	中	高	高						4	○	○		804-5		280-49			9	2	2
	這		4	0									一	这	28										1	
	姐												一		13											
	她												次													
	儲												補		11											
	邸											○			10	○	○			外462			1			
적	赤	中	115	0	+2	○	國	國	高	○	○	○			11	○	○	○	793-13	683	220-6	6	20	69	22	7

1	2	3	4	5	6	7	8	9	10	11	12	13	14	15	16	17	18	19	20	21	22	23	24	25	26	27
	積	高	87	10		○	國	中	中	○	○	○	一	积	7	○	○	○	450-1	686	183-5	20	20	106	10	8
	敵	中	42	13		○	國	國	國	○	○	○	一	敌	5	○	○	○	735-3	664	248-10	85	21	41	18	5
	適	中	43	3		○	國	中	中	○	○	○	一	适	13	○	○	○	308-2	612	217-5	9	24	72	22	16
	賊	高	28	8		○	國	中	中		○	○	次	贼	10	○	○	○	714-6	985	263-20	7	9	26	2	2
	的	中	13	15		○	國	國	國	○	○	○	一		1	○	○	○	140	5	1	66	655	1160	4	2
	籍	高	4	2		○	中	中	中	○	○	○	次		8	○	○	○	674-5	886	255-10		11	34	1	
	寂	高	15	4		○	中	中	高			○			2	○	○	○	767-1	1316	281-58	7	3	8	2	2
	摘	高	10	0	+1	○	中	高	高		○	○	補		4	○	○	○	709-6	987	279-45	12	9	10	2	1
	滴	高	5	4								○	補		6	○	○			1698	284-99		0	5		1
	笛	高	1	7								○	補		19	○				1499	280-50	3	1	9		
	績	高	1	6		○	國	中	中	○	○	○	一		9	○	○	○	687-5	712	268-15	8	19	21		
	跡	高	1	6		○	中	高	高			○			22	○	○	○	713-5	1123	276-27	6	6	13	1	
	蹟	高	0	6							○				12			○	701-3	644	275-25	11	25	14		
	嫡		18	0								○			16	○	○		836-52		287-238			2		1
	迹												補		24					外179			3			
전	前	中	183	26		○	國	國	國	○	○	○	一		4	○	○	○	58	108	121-2	96	156	180	86	37
	全	中	154	8		○	國	國	國	○	○	○	一		2	○	○	○	63	113	100	68	152	212	108	55
	戰	中	100	40		戦	國	國	國	○	○	戦	一	战	1	○	○	○	86	222	111-1	103	81	193	71	33
	傳	中	110	0	+11	伝	國	國	國	○	○	伝	一	传	5	○	○	○	160	77	101-3	111	187	211	43	19
	典	中	87	29		○	國	國	高		○	○	次		6	○	○		682-1	156	178-4	35	111	111	6	3
	轉	高	103	11		転	國	中	中		○	転	一	转	12	○	○	○	490-3	752	156-2	11	17	135	31	29
	專	高	80	0	+2	○	國	中	中	○	○	専	一		7	○	○	○	607-1	652	218-5	4	22	71	42	26
	田	中	46	13		○	國	國	國	○	○	○	一		11	○	○	○	674-4	953	173-1	3	9	117	7	2

1	2	3	4	5	6	7	8	9	10	11	12	13	14	15	16	17	18	19	20	21	22	23	24	25	26	27
	電	中	49	10		○	國	國	國	○	○	○	一	电	3	○	○	○	755-8	234	58-2	62	78	314	4	
	錢	中	29	10		銭	國	中	中	○	○	銭	一	钱	13	○	○	○	539-3	1149	254-10	27	5	35	3	2
	展	中	26	3		○	國	國	國	○	○	○	一		8	○	○	○	290	228	231-6	31	80	58	12	5
	殿		27	6		○	中	中	中			○			10				517	外34	251-14	12	10	38	2	2
	顚		20	0									補	颠	14						288-432			1	2	
	銓		14	0										铨	19			○			288-432			1	2	
	栓											○			17											
	剪												次		20											
	拴												次													
	搷																									
	佃												補													
	煎												補													
	箭												補		46						275-26			14		
	纏												補		35											
	奠														22	○										
	磚												次													
절	絶	中	123	16		○	國	國	國	○	○	○	一	绝	4	○	○	○	420-2	447	202-5	8	36	87	16	17
	節	中	61	28		○	國	國	國	○	○	節	一	节	1	○	○	○	212-2	179	130	41	101	170	20	13
	切	高	57	8		○	國	中	中	○	○	○	一		2	○	○	○	520	294	232-8	13	59	57	11	4
	折	高	36	5		○	中	高	高		○	○	一		3	○	○	○	722-3	1201	261-17		4	28	3	5
	窃		16	1		窃	中	高	高			窃			窃5 竊10	○	○	○	814-13						1	4
	竊->窃														6											

1	2	3	4	5	6	7	8	9	10	11	12	13	14	15	16	17	18	19	20	21	22	23	24	25	26	27
	截												補													
점	點	高	40	27		点	國	中	中	○	○	点	一	点	1	○	○	○	84	94	95-1	69	170	229	20	4
	占	高	27	2		〇	國	中	中	○	○	〇			3	○	○	○	616-1	943	262-14		10	27	4	6
	漸	高	27	1		〇	中	中	高			〇	次	渐	4	○	○	○	752-2	272	273-28	53	63	16	6	2
	店	中	8	9		〇	國	中	中	○	○	〇	一		2	○	○	○	675-2	1014	249-7		8	40	5	2
	粘		22	0								〇	次		6						258-19			31	2	
	佔												一													
	墊												補													
	霑														7			○								
접	接	中	71	14		○	國	國	國	○	○	○	一		1	○	○	○	200	245	151	21	71	142	22	13
	蝶	高	4	0	+3										4					1474	288-437		1	1		
정	正	中	236	25		○	國	國	國	○	○	○	一		1	○	○	○	152-1	97	68	67	168	300	63	35
	定	中	129	34		○	國	國	國	○	○	○	一		5	○	○	○	44	56	21	49	249	496	39	23
	精	中	133	7		○	國	國	國	○	○	○	一		4	○	○	○	232	90	124	130	171	17	47	18
	情	中	84	42		○	國	國	國	○	○	○	一		10	○	○	○	136	50	111-2	68	258	193	38	13
	政	中	75	36		○	國	國	國	○	○	○	一		3	○	○	○	38	194	47	28	93	338	165	66
	停	中	51	3		○	國	國	國	○	○	○	一		18	○	○	○	544-1	1012	262-15	7	8	27	13	4
	丁	中	47	5		○	中	高	高	○	○	○	一		6	○	○	○	705-1	1358	256-5	10	2	33	4	2
	淨	中	47	3		○	中	高	高		○	浄	一		24	○	○	○	702-2	1081	269-21		6	20	7	2
	靜	中	43	4		○	國	中	中	○	○	静	一		28	○	○	○	660-3	951	260-17		9	29	8	7
	整	高	38	2		○	國	中	中	○	○	〇	次		11	○	○	○	495-3	528	202-6	17	29	87	4	10
	貞	中	37	2		○	中	中	中	○	○	〇		贞	14	○	○	○	811-12	1001	271-21	43	8	18	4	1
	程	高	18	10		○	國	中	中		○	〇	一		12	○	○	○	278	252	201-7	30	69	88	1	1

1	2	3	4	5	6	7	8	9	10	11	12	13	14	15	16	17	18	19	20	21	22	23	24	25	26	27
	征	高	23	4		○	中	高	高	○	○	○	次		9	○	○	○	638-2	1181	262-16	4	4	27	2	
	庭	中	21	3		○	國	國	國	○	○	○	次		8	○	○	○	296	501	257-15	14	31	32	5	
	廷	高	17	6		○	中	中	高		○	○			19	○	○	○	681-1	911	274-24		10	15		
	井	中	19	3		○	中	高	高		○	○	一		16	○	○	○	718-1	1780	276-28	1	0	13	1	
	頂	中	17	2		○	中	中	中	○	○	○	一	顶	15	○	○	○	767-8	944	266-20		10	23	8	2
	亭	高	12	0	+5	○	中	中	中			○	補		17	○	○	○	724-1	913	267-17	1	10	22		
	訂	高	6	5		○	中	高	高		○	○	次	订	13	○	○	○	825-25	1080	283-90		6	6	2	2
	鼎		37	0											29	○		○	834-105		283-91			6	2	1
	呈		16	4		○	中	高	高			○			7	○	○	○	829-8	外456			1		2	1
	旌		17	0											20		○	○	829-20		287-249			2	3	2
	偵		11	0	+2	○	中	高	高			○	補	侦	30	○	○		790-2	外150			3		3	
	挺		12	0									補		47				831-27		288-442			1	1	
	鄭		10	0										郑	2	○	○	○	815-16	外68	227-6	8	6	62		
	晶		3	3								○	補		21	○	○		790-5	外453	235-8	4	1	54		
	艇		0	4								○			26	○	○	○		外30	287-246		11	2		
	町		2	0								○			39	○	○		783-4		281-59			8	1	
	錠											○		锭	27	○	○									
	睜												補													
	釘												補	钉	48											
제	第	中	82	4		○	國	國	國	○	○	○	一		7	○	○	○	129-3	209	205-4	48	86	84	10	40
	諸	中	67	1		○	中	中	中	○	○	諸		诸	3	○	○	○		903	244-11		11	45	10	21
	製	中	53	12		○	國	國	國	○	○	○	次	制	2	○	○	○	608-2	634	177-4	17	23	112	20	4
	制	高	45	17		○	國	中	中	○	○	○	一		6	○	○	○	177	354	33-2	18	49	375	37	19

1	2	3	4	5	6	7	8	9	10	11	12	13	14	15	16	17	18	19	20	21	22	23	24	25	26	27
	除	中	55	0	+5	○	國	中	中	○	○	○	一		10	○	○	○	518-3	1041	224-6	11	7	65	12	3
	帝	中	43	11		○	國	中	中	○	○	○	一		11	○	○	○	483-2	904	181-4	2	11	108	9	6
	齊	高	42	3		斉	中	高	高		○	斉	一	齐	15	○		○	781-9	1002	254-11		8	35	1	
	濟	高	30	7		済	國	中	中	○	○	済	一	济	1	○	○	○	230	632	169-1	52	23	121	1	
	提	高	35	1		◯	國	中	中		○	◯	一		9	○		○	670-1	819	230-6	3	14	59	19	17
	題	中	25	9		◯	國	國	國	○	○	◯	一	题	5	○	○	○	114	78	180-3	135	185	109	4	5
	祭	中	20	8		◯	國	中	中	○	○	◯			13	○	○	○	589-3	529	220-7	19	29	69	21	8
	弟	中	7	18		◯	國	國	國	○	○	◯	一		12	○	○	○		246	272-22	40	70	17	3	1
	際	高	4	0	+3	◯	國	中	中	○	○	◯	一	际	4	○	○	○	334-3	363	204-4	11	48	85		
	堤	高	3	2							○	◯	補		8	○	○	○	574-2	1737	274-25		0	15	2	
	劑		0	8		剂	中	高	高		○	剂		剂	23	○	○	○	568-2		167-2			124		
	梯		7	0									次		18				827-20		285-124			4	1	
	蹄		6	0									補		14	○	○	○			285-126			4		
	擠												次													
조	朝	中	112	17		◯	國	國	國	○	○	◯	次		1	○	○	○	519-2	531	187-6	9	29	102	15	5
	調	中	50	18		◯	國	國	高	○	○	◯	一	调	3	○	○	○	169	88	80-1	84	176	269	26	14
	造	中	53	14		◯	國	國	國	○	○	◯	一		2	○	○	○	364	502	114-3	16	31	187	19	9
	早	中	56	1		◯	中	高	高		○	◯	一		13	○	○	○	750	1450	266-21	1	1	23	20	6
	照	高	38	10		○	中	中	中		○	○	一		18	○	○	○	714-4	871	243-10	1	12	46	3	2
	助	中	35	8		○	國	國	國	○	○	○	一		7	○	○	○	503-1	620	189-5	17	24	100	7	6
	祖	中	30	10		○	國	國	國	○	○	祖	一		20	○	○	○	372	231	173-2	33	79	117	16	3
	鳥	中	29	11		○	國	國	高	○	○	◯	一	鸟	27	○	○	○	766-6	1449	239-9	3	1	50	7	4
	弔	高	34	0	+2	○	中	高	高			◯	補		9	○	○	○	821-4	1447	282-66	1	1	7	10	1

1	2	3	4	5	6	7	8	9	10	11	12	13	14	15	16	17	18	19	20	21	22	23	24	25	26	27
	操	高	20	6		○	中	中	中		○	○	次		12	○	○	○	553-1	407	271-22	9	42	18	7	5
	租	高	21	4		○	中	高	高			○	一		22	○	○	○	814-12	1743	235-9		0	54	14	16
	潮	高	19	5		○	中	高	高		○	○	補		17	○	○	○	699-3	1263	218-6	2	3	71	3	1
	條	高	19	5		○	國	中	中	○	○	条	一		5	○	○	○	279-1	431	154-2	6	38	138	12	
	組	高	18	0	+2	○	國	中	中	○	○	○	一	组	4	○	○	○	357	390	162-1	6	44	129	16	18
	兆	中	8	8		○	中	高	高		○	○			6	○	○	○	816-2	1451	279-46		1	10	1	1
	燥	高	9	3		○	中	高	高		○	○			19	○	○	○	611-1	1337	253-10	3	2	36		
	曹		14	7								○			15				805-7		248-20			31		
	粗		20	0								○	一		39	○	○				277-28			12	7	1
	彫		17	0		○	中	高	高			○			10	○	○		787-1	外69	258-21	1	6	34	6	1
	釣		17	0		○	中	高	高			○	補		25				836-269		283-92	1		6	2	
	躁		16	0											49			○		外450	288-454		1	1		1
	措		11	1		○	中	高	高			○			11	○	○	○	743-2		288-451			1	3	2
	遭		11	0								○	補		24	○	○		822-30		288-450			1	2	1
	藻		11	0								○			45				826-26		251-16			38		1
	趙		8	0										赵	23	○	○				251-15			38		
	糟		6	0									補		40										1	
	槽		1	0								○			32				834-42		286-170			3		1
	阻											○	次		26					外457			1			
	詔											○			47					外323	286-171		1	3		
	找												一													
	抓												次													
	刁												補													

1	2	3	4	5	6	7	8	9	10	11	12	13	14	15	16	17	18	19	20	21	22	23	24	25	26	27
	澡												補		33											
	灶												補													
	罩												補													
	棗												補		16											
	曺														14	○	○	○								
	挑																○									
	跳											◯			48		○									
	祚														21		○	○								
	眺											◯														
	繰											◯														
족	族	中	30	39		○	國	國	國	○	○	◯	一		1	○	○	○	100	64	83-1	84	221	259	3	3
	足	中	25	10		○	國	國	國	○	○	◯	一		2	○	○	○	373	402	216-6	20	43	73	8	4
존	尊	中	69	9		○	國	國	國		○	◯	補		2	○	○	○	579-3	415	241-7	14	41	48	6	5
	存	中	31	4		○	國	中	中	○	○	◯	一		1	○	○	○	524	560	200-6	5	27	89	12	9
졸	卒	中	27	8		○	國	中	中		○	◯			1	○	○	○	537-1	727	279-47	8	18	10	11	5
	拙	高	28	5		○	中	高	高			◯			2	○	○		820-14	1348	284-102		2	5	1	3
종	宗	中	99	6		○	國	國	國		○	◯	一		3	○	○	○	513-2	605	93-2	41	25	233	37	14
	終	中	64	5		○	國	國	高	○	○	◯	一	终	5	○	○	○	549	459	232-9	9	35	57	14	9
	種	中	42	14		○	國	國	國	○	○	◯	一	种	1	○	○	○	104	347	161-2	33	51	130	13	7
	從	中	37	2		○	國	中	中	○	○	従	一	从	4	○	○	○	432	750	229-5		17	60	16	17
	縱	高	37	2		○	中	高	高		○	縦	補	纵	7	○	○	○	717-4	1140	269-22	13	5	20	3	4
	鐘	中	26	0	+3	○	國	中	中	○	○	◯	一	钟	9	○			606-2	1086	260-18	20	6	29		1
	綜		19	1		○	中	高	高		○			综	6	○	○	○	711-4	外35	268-16		10	21	18	8

1	2	3	4	5	6	7	8	9	10	11	12	13	14	15	16	17	18	19	20	21	22	23	24	25	26	27
	腫		8	0									補	肿	8						283-93			6	2	
	踪		2	0									補		17	○	○	○	810-10	外322			1			
	鍾														2		○	○				23				
좌	左	中	134	2		○	國	國	國	○	○	○	一		3	○	○	○	521	824	256-6	4	13	33	20	8
	坐	中	58	0	+5	○	中	高	高				一		2	○	○	○	830-4	1456	278-26		1	11	7	
	座	高	15	14		○	國	中	中	○	○	○	次		4	○	○	○	407	618	251-17	1	24	38	6	6
	佐	高	20	2		○	中	高	高			○			1	○	○		821-1	1455	271-23		1	18	1	
	挫														5			○								
죄	罪	中	48	20		○	國	國	國	○	○	○	一		1	○	○	○	385	707	247-4	12	19	42	13	6
주	主	中	178	41		○	國	國	國	○	○	○	一		2	○	○	○	34	57	15	141	245	595	124	45
	酒	中	135	18		○	中	中	中		○	○	一		18	○	○	○	511-2	1267	253-12	1	3	36	16	9
	周	高	77	2		○	國	中	中		○	○	一		6	○	○	○	543-1	503	210-7	8	31	79	13	5
	朱	中	52	0	+3	○	中	高	高		○	○	次		10	○	○	○	698-3	1346	243-13		2	46	1	2
	注	中	35	3		○	國	國	國	○	○	○	一		12	○	○	○	305-1	373	253-11	58	46	36	14	5
	走	中	29	8		○	國	國	國	○	○	○	一		16	○	○	○	703-6	1344	248-11	10	2	41	8	6
	州	高	14	0	+15	○	國	中	中	○	○	○	次		1	○	○	○	828-13		148-2	43		146	7	2
	住	中	18	7		○	國	國	國	○	○	○	一		4	○	○	○	397	706	242-13	2	19	47	27	12
	晝	中	24	1		○	中	中	中	○	○	昼	補		9	○	○	○	789-6	1139	281-60		5	8	2	
	舟	高	18	6		○	中	高	高			○			15	○			833-65	1187	277-29	8	4	12	3	1
	柱	高	16	6		○	中	高	高	○	○	○	一		11	○	○	○	792-9	1266	236-10	2	3	53	1	1
	株	高	17	1		○	中	高	高	○	○	○			3	○	○	○	628-2	1454	248-12		1	41	16	69
	洲	高	2	0	+7	○	中	高	高	○	○		補		13	○		○	589-2	1754	267-18		0	22		
	宙	中	3	1		○	中	中	高			○			8	○	○	○	786-2	408	265-20	15	42	24		

1	2	3	4	5	6	7	8	9	10	11	12	13	14	15	16	17	18	19	20	21	22	23	24	25	26	27
	奏		21	9		○	中	中	中			○			7	○	○	○	772-1	外7	285-127	34	20	4		
	珠		21	2		○	中	高	高			○	次		14	○	○	○	791-4	外50	268-17	34	8	21	1	2
	週		16	6		○	國	國	高	○	○	○	次		17	○	○	○	550-2	外3	250-9	7	34	39	24	4
	鑄		17	0		铸	中	高	高			铸	補		19	○	○		817-5		259-15			30	6	1
	籌		17	0									次	筹	30						288-466			1	2	
	駐		14	0	+1	○	中	高	高			○		驻	20	○	○	○	736-5		283-94			6	14	9
	呪		9	1											24			○	817-4	外269	283-95		2	6	1	2
	註		5	0									補		21			○			284-104			5	2	2
	做												一		5			○								
	丢																									
	綢												次	绸	31											
	廚												補		27											
	湊												補													
	肘												補													
죽	竹	中	86	5		○	國	國	國			○	次		1	○	○	○	776-5	1343	253-13	4	2	36	8	3
	粥												補		2							1				
준	準	高	31	6		○	國	中	中	○	○	○	次	准	1	○	○	○	298	164	191-2	51	109	98	17	11
	俊	高	25	2		○	中	高	高			○			2	○	○	○	831-2	1752	185-128	1	0	4	1	1
	遵	高	11	0	+1	○	中	高	高			○	次		8	○	○	○	811-13	1751	283-96		0	6	6	1
	准		6	0		○	中	高	高			○	一		4	○	○	○			282-67			7	1	
중	中	中	320	56		○	國	國	國	○	○	○	一		1	○	○	○	60	18	23	194	370	442	204	46
	重	中	154	14		○	國	國	國	○	○	○	一		2	○	○	○	139	87	86-3	68	176	255	69	32
	衆	中	44	6		○	國	國	國	○	○	○	一	众	4	○	○	○	411	355	242-14	5	49	47	6	3

1	2	3	4	5	6	7	8	9	10	11	12	13	14	15	16	17	18	19	20	21	22	23	24	25	26	27
	仲	高	33	1		◯	中	高	高			◯			3	○	○	○	791-1	1452	275-27		1	14	12	2
즉	卽	中	53	0	+2	◯	中	中	中		○	即			1	○	○	○	238	257	279-48	2	68	10	5	4
	則->칙																									
	怎												一													
즙	汁		4	0								◯	補		1	○	○		753-1		260-19			29	1	
증	增	中	50	0	+2	◯	國	國	國	○	○	増	一		1	○	○	○	473-2	817	236-11	2	14	53	30	8
	證	中	29	13		証	國	國	高	○	○	証	次	证	2	○	○	○	802-2	504	197-7	27	31	92	19	23
	蒸	高	26	0	+1	◯	中	高	高		○	◯	補		7	○	○	○	688-3	1462	241-8		1	48	1	1
	曾	中	20	0	+1	◯	中	高	高						6	○			809-15	1341	282-69		2	7	1	3
	贈	高	14	4		◯	中	高	高			贈	補	赠	4	○	○	○	825-28	1768	284-108		0	5	5	2
	症	高	4	6		◯	中	高	高		○	◯	補		3	○	○	○	677-2	1463	229-6		1	60	6	2
	憎	高	7	2								憎			5	○	○		809-9	1351	288-471		2	1	1	
지	地	中	237	37		◯	國	國	國	○	○	◯	一		3	○	○	○	3	54	17	207	252	571	158	44
	至	中	94	6		◯	國	國	國	○	○	◯	一		2	○	○	○	532	352	257-16	59	50	32	14	5
	知	中	84	8		◯	國	國	國	○	○	◯	一		13	○	○	○	341	298	148-3	15	58	146	33	18
	紙	中	62	23		◯	國	國	國	○	○	◯	一	纸	14	○	○	○	216	214	198-4	124	84	91	12	8
	支	中	77	5		◯	國	國	國	○	○	◯	一		1	○	○	○	227	564	175-4	15	27	115	38	26
	指	中	77	5		◯	國	國	國	○	○	◯	一		7	○	○	○	328	200	163-3	21	88	128	29	19
	智	高	34	22		○	國	中	高		○		補		10	○	○	○	691-3	543	250-10	15	28	39	7	3
	持	中	32	9		○	國	國	國	○	○	○	一		6	○	○	○	488	748	228-9	8	17	61	11	12
	志	中	22	14		○	國	國	國	○	○	○	一		5	○	○	○	605-1	576	225-5	10	26	64	9	5
	之	中	3	0	+20	○	中	中	中	○	○		一		4	○		○	579-1	1007	217-6	1	8	72		
	止	中	17	9		○	國	國	國	○	○	○	一		12	○	○	○	486-4	919	247-5	2	10	42	3	1

1	2	3	4	5	6	7	8	9	10	11	12	13	14	15	16	17	18	19	20	21	22	23	24	25	26	27
	遲	高	23	0	+2	○	中	中	高		○	遲	次	迟	22	○	○	○	767-6	1144	284-110	2	5	5	4	3
	枝	中	11	2		○	中	高	高		○	○	補		11	○	○	○	405-1	1767	266-22		0	23	1	2
	誌	高	5	7		○	國	中	中	○	○	○	補		15	○	○	○	694-4	163	255-11	4	109	34	2	3
	池	高	7	3		○	中	高	高			○	次		17	○	○	○	820-18	1195	235-10		4	54	2	
	只	中	3	0	+1								一		23	○				206			87			
	脂		13	5		○	中	高	高			○	補		20	○	○	○	731-5	外454	193-2	1	1	96	5	
	旨		5	11		○	中	高	高			○			9	○	○		793-5	外51	276-29	1	8	13	5	
	肢		5	0								○			19						278-27			11	1	2
	祉		0	1								祉			18	○	○			外113	280-51	2	4	9		
	芝											○			21						281-61			8		
	址												補		16											
	漬											○														
직	直	中	132	14		○	國	國	國	○	○	○	一		2	○	○	○	198	239	153-3	18	75	139	42	22
	職	高	52	25		○	國	國	國	○	○	○	一	职	1	○	○	○	395	417	196-2	15	41	93		
	織	高	12	5		○	國	中	中	○	○	○	一	织	5	○	○	○	314-1	816	138	8	14	157	4	1
진	眞	中	98	4		○	國	國	國	○	○	真	一		5	○	○	○	336-2	193	132-2	41	93	168	31	18
	進	中	60	21		○	國	國	國	○	○	○	一	进	1	○	○	○	252	251	126-3	36	69	174	14	12
	鎭	高	49	3		○	中	高	高		○	鎮	次	镇	8	○	○	○	735-6	1193	258-23		4	31	11	
	陳	高	48	0	+2	○	中	高	高	○	○	○	次	陈	16	○	○	○	802-9	1762	273-29		0	16	8	6
	珍	高	42	0	+2	○	國	中	中			○	補		13	○	○	○	803-6	1143	276-30		5	13	4	2
	振	高	37	2		○	中	高	高		○	○	次		2	○	○	○	608-1	1765	249-8		0	40	5	
	陣	高	22	0	+10	○	國	中	中			○	次	阵	9	○	○	○	657-2	1045	263-21	8	7	26	5	2
	盡	中	19	4		尽	國	中	中			尽	一	尽	4	○	○		747-4	1194	271-24	7	4	18	5	2

1	2	3	4	5	6	7	8	9	10	11	12	13	14	15	16	17	18	19	20	21	22	23	24	25	26	27
	辰	中	16	5		○	國	中	中						7	○	○	○	816-15	1006	267-19	진2신1	8	진20 신2		
	震		35	6		○	中	高	高			○	補		17	○	○	○	793-16	外324	258-22	1	1	31	3	1
	塵		22	7		○	中	高	高				補		11	○	○		813-3		272-23	1		17	1	
	津		20	0	+1	○	中	高	高			○	次		3	○	○	○	794-9	外460	260-20	1	1	29	1	
	診		10	8		○	中	高	高			○	補	诊	6	○	○	○	803-6	外112	287-261	1	4	2	6	
	秦		17	0											14	○	○	○			268-18			21		
	晋		9	0											12		○	○			260-21	1		29		1
	趁												次													
	疹												補		26											
	璡													琎	25			○								
	唇												補													
	塡												次													
질	質	中	32	13			國	國	國	○	○	○	次	质	1	○	○	○	119	276	37	26	62	361	11	9
	疾	高	33	7		○	中	居	居	○	○	○	補		3	○	○	○	698-4	1349	271-25		2	18	3	
	秩	高	10	0	+2	○	中	中	中			○	補		2	○	○	○	732-3	814	274-26	2	14	15	2	2
	姪	高	6	0	+5	○	中	高	高				補		11	○		○	830-6	1761			0		1	
	窒		9	0		○	中	高	高		○	○			6	○	○	○	625-2		259-16			30	1	1
	迭											○			8	○	○	○								
	跌												補		7											
짐	朕											○			1						287-263			2		
집	執	中	72	3		○	中	高	高	○	○	○	次	执	2	○	○	○	674-1	1142	258-24	2	5	31	18	16
	集	中	40	19		○	國	國	國	○	○	○	一		1	○	○	○	508	147	125	15	118	175	43	13

1	2	3	4	5	6	7	8	9	10	11	12	13	14	15	16	17	18	19	20	21	22	23	24	25	26	27
	輯		6	1		○	中	高	高					辑	3	○		○	763-6	外1	278-29	2	60	11		
	什->십																									
징	徵	高	33	8		○	中	中	中		○	徵	補	征	1	○	○	○	535-2	461	230-7	20	35	59	7	3
	懲	高	22	1		○	中	高	高			懲	補	惩	2	○	○	○	801-9	1192	282-70		4	7	3	4
	澄											◯			3											
차	差	高	53	9		○	國	中	中	○	○	◯	一		3	○	○	○	497	668	195-6	5	21	94	11	5
	借	中	51	3		○	中	高	高	○	○	◯	一		2	○	○	○	365-1	1759	227-7		0	62	14	1
	次	中	39	15		○	國	國	國	○	○	◯	一		1	○	○	○	203	162	219-8	70	109	70	13	9
	此	中	33	0	+2	○	中	高	高	○	○		一		4	○		○	727-3	1191	274-27		4	15		2
	且	中	9	0	+2							◯	一		8	○		○		1459	288-478	3	1	1		
	茶->다																									
	遮		17	0								○	次		6			○	809-23					5	2	
	車->거																									
	叉												補		10						278-30			11		
착	着	中	74	7		○	國	國	國	○	○	○	一		1	○	○	○	336-1	646	193-3	10	22	96	11	6
	錯	高	23	2		○	中	高	高			○	一	错	6	○	○	○	767-7	1209	277-30	1	4	12	2	2
	捉	高	8	1											2	○			815-4	1794	286-179		0	3	1	
	搾		3	0								○			4	○	○	○	812-10		282-71			7		2
	戳												補		5											
	窄												補		9											
찬	贊	高	25	4		○	中	中	中	○	○	贊	一	赞	6	○	○	○	742-3	725	279-50	15	18	10	8	6
	讚	高	12	4		○	國	中	中		○				5	○		○	654-3	598	283-97	28	25	6	3	1
	餐		6	0	+5	○	中	高	高						7	○	○	○	827-45		287-264	3		2		

1	2	3	4	5	6	7	8	9	10	11	12	13	14	15	16	17	18	19	20	21	22	23	24	25	26	27
	鑽												補		15											
	纂														4	○	○	○								
	燦													灿	1	○	○	○		外18	287-265	3	13	2		
찰	察	中	13	15		○	國	國	高	○	○	◯	一		1	○	○	○	409	505	269-23	24	31	20	1	
	札		4	14		○	中	高	高			◯			4	○	○	○	800-9		283-98			6		
	刹		9	0	+3	○	中	高	高						2	○	○		807-4		285-131	1		4		
	擦		0	1	+2							◯	次		3	○	○	○	170-3	外317	279-51		1	10		
	咱												次											참41 삼7	17	11
참	參	中	95	6		参	國	國	高	○	○	参	補	参	참7삼2	○	○	○	342-1	323	241-9	18	54	참41 삼7	17	11
	慘	高	35	2		惨	中	中	中		○	惨	次	惨	2	○	○	○	634-1	1094	284-114	3	6	5	7	3
	慚	高	16	0	+2										9	○					288-485			1		
	斬		18	0									補		3				828-14	外275	286-182	1	2	3	1	1
	懺	6	0		懺								一		12	○	○									
창	創	高	38	3		◯	國	國	國		○	◯	一	创	2	○	○	○	578-1	259	2003-4	10	67	86	47	16
	蒼	高	38	0	+1	◯							次	苍	26	○		○	728-4	898	274-28	8	11	15	3	
	倉	高	33	5		◯	中	高	高		○	◯	次	仓	1	○	○	○	722-1	1479	266-23	9	1	23	1	
	唱	中	14	14		◯	國	國	國		○	◯	一		3	○	○	○	758-4	900	273-30	32	11	16	7	4
	窓	中	11	11		◯	國	國	國		○	◯	一		12	○	○	○	548-3	617	270-25	89	24	19	3	1
	滄	高	15	0	+3									沧	11	○			836-125	1465	281-63		1	8	1	
	昌	中	14	2		◯	中	高	高	○	○				8	○	○	○	813-8	1476	253-14	48	1	36		
	暢	高	7	2									補	畅	10	○			828-15	1145			5	2	1	1

1	2	3	4	5	6	7	8	9	10	11	12	13	14	15	16	17	18	19	20	21	22	23	24	25	26	27
	彰		10	1											6	○	○		806-3							
	槍		11	0									一	枪	27				792-11	外199	279-52	5	2	10		1
	搶		4	0									一		18										1	
	娼		4	0											4	○	○							1	1	
	敞		1	0											7		○	○			288-490			1		
	脹											○	補	胀	13					外318			1			
	廠												一		5	○	○	○								
	倡												次		14											
	漲												次	涨	20											
	瘡												補		23											
	猖														21			○								
채	採	中	40	2		○	國	中	中	○	○	○	一		3	○	○	○	603-2	868	247-6	6	12	42	6	5
	彩	高	28	5		○	中	中	中		○	○	補		2	○	○	○	709-4	745	246-9	1	17	43	3	1
	菜	中	27	3		○	中	高	高		○	○	一		5	○	○		414-2	1466	245-10	1	1	44		
	債	高	16	10		○	中	高	高		○	○	補	债	1	○	○	○	548-1	1770	216-7		0	73	14	23
	蔡		9	0											6	○	○				287-273			2		
	采														7			○		外88			5			
책	冊	中	29	4		○	中	高	高	○	○	○	補		1	○	○	○	286	51	284-116	358	257	5	3	2
	策	高	16	15		○	中	中	中		○	○	次		2	○	○	○	281-2	845	254-12	2	13	35	2	
	責	中	22	8		○	國	國	國	○	○	○	一	责	3	○	○	○	491-2	613	239-10	1	24	50	12	12
	柵														4							1				
처	處	中	50	5	+5	処	國	國	國	○	○	処	一	处	1	○	○	○	130	187	185-3	32	96	104	20	17
	妻	中	29	8		○	中	中	中	○	○	○	一		2	○	○	○	715-1	1097	275-28		6	14	5	2

1	2	3	4	5	6	7	8	9	10	11	12	13	14	15	16	17	18	19	20	21	22	23	24	25	26	27
	悽	高	11	0											3	○		○	834-24	0	286-186		1	3		3
척	尺	中	34	3		○	中	中	中	○	○	○	一		1	○	○	○	723-5	966	235-11		9	54	2	1
	斥	高	19	3		○	中	高	高			○			10	○	○		798-5	1478	277-31	2	1	12		
	戚	高	18	3		○	中	中	中		○				2	○	○	○	779-3	1153	283-99	1	5	6		
	拓	高	7	3		○	中	中	高		○	○			척3탁 11	○	○	○	717-2	939	278-31	65	10	11		
	隻		13	0		○	中	高	高			○	次	只	7	○	○	○	733-3	外147	287-274	26	3	2	1	
	陟		4	1											6			○			287-275			2		
	踢												補													
철	綴		6	2							○			缀	8	○			830-34		286-189			3		
	凸		6	0								○			9						286-187			3	1	
	喆		0	0											3		○	○			286-188	65		3		1
첨	添	高	30	1		○	中	高	高		○	○	次		5	○	○	○		1542	279-55		1	10	2	2
	尖	高	14	0	+2	○	中	高	高				一		1	○	○	○		1644	279-54		0	10	10	3
	甛												次		10											
	簽												次	签												
	諂														8			○								
	籤		6	2		籤							補													
첩	妾	高	6	0	+6	○	中	高	高						1	○	○	○	740-1	1543	287-281		1	2		
	帖		17	2									次		2	○	○		815-3	外272	288-500	4	2	1		
	捷		13	4											5			○	807-7		285-135			4	1	
	諜		4	3		○	中	高	高				補	谍	4	○	○	○		外11	288-502		18	1	5	1
	牒		3	4											3	○		○	821-15		288-501			1	1	

1	2	3	4	5	6	7	8	9	10	11	12	13	14	15	16	17	18	19	20	21	22	23	24	25	26	27
	貼		6	0									次	貼	6				831-68						1	2
	疊											畳	補		7						278-33			11		
청	清	中	209	2		○	國	國	高	○	○	○	一		3	○	○	○	588	419	175-5	77	41	115	27	11
	青	中	200	6		○	國	國	國	○	○	○	一		2	○	○	○	347	326	156-3	22	53	135	39	12
	請	中	59	4		○	國	國	國	○	○	○	一	请	1	○	○	○	446	382	260-22	6	46	29	6	8
	聽	中	44	11		聽	國	國	高		○	聽	一	听	6	○	○	○	777-6	436	254-13	4	38	35	6	5
	晴	中	17	2		○	中	高	高	○	○	○	一		5	○	○	○	793-6	1642	284-118		0	5		
	廳	高	3	10		庁	國	中	中	○	○	庁	次	厅	4	○	○	○	562-2	802	269-24	4	14	20	2	1
체	體	中	64	37		体	國	國	高	○	○	体	一	体	1	○	○	○	59	79	12-2	59	185	613	51	18
	替	高	9	6		○	中	高	高			○	一		2	○		○	749-4	1031	268-20		8	21		
	遞		27	4			中	高	高		○			递	7	○	○	○	804-14	外109	275-29		4	14	1	1
	滯		2	6		○	中	高	高			滞		滞	3	○	○	○	744-1	外87	274-30		5	15	13	2
	逮		7	0	+1	○	中	高	高			○			6	○	○	○	792-14	外107	288-507		4	1		1
	締		7	0								○		缔	4	○		○		外200	284-120		2	5	1	
	剃												補													
	諦													谛	5	○		○		外474	287-282		1	2		
초	初	中	140	8		○	國	國	國	○	○	○	一		1	○	○	○	346-1	300	223-8	15	57	66	40	16
	草	中	111	16		○	國	國	國	○	○	○	一		5	○	○	○	360	784	211-3	21	15	78	6	4
	超	高	47	2		○	中	高	高			○	次		12	○	○	○	742-4	1236	250-11		4	39	61	11
	招	中	33	0	+3	○	國	中	中	○	○	○	次		2	○	○	○	357-3	861	272-24	5	12	17	9	3
	抄	高	16	0	+3	○	中	高	高			○	補		6	○	○		810-3	1569	284-121	1	1	5	2	1
	礎	高	6	2		○	中	高	高	○	○	○		础	3	○	○	○	648-2	1235	277-32	5	4	12	1	1
	肖	高	3	0	+1							○			11	○	○			1545	281-64	1	1	8	1	1

1	2	3	4	5	6	7	8	9	10	11	12	13	14	15	16	17	18	19	20	21	22	23	24	25	26	27
	焦		19	0		○	中	高	高			○	次		9	○	○	○	742-2	外201	270-27	3	2	19	3	4
	秒		16	0		○	中	高	高	○	○	○	補		4	○	○	○	722-7	外17	283-101		14	6	3	
	楚		16	0									次		8	○	○		815-7	外108	275-30		4	14	1	
	哨		9	0		○	中	高	高						7	○	○		798-2	李196			2		5	
	硝		7	0								○			10	○	○		812-14		265-21	5		24	1	
	稍												次		20											
	瞧												次													
	醋												次								279-56			초9자 1		
	椒												補		16											
	炒												補		18											
	礁											○														
촉	觸	高	31	3		触	中	中	高			触		触	5	○	○	○	728-5	1112	239-11		6	50		1
	促	高	24	2		○	中	中	中	○	○	○	補		1	○	○	○	668-1	975	272-25		9	17	4	1
	燭	高	15	0	+5	○	中	高	高				補	烛	3	○		○	810-7	1622			1			
	囑		4	4		嘱						嘱		嘱	2	○	○		826-6							
	數->수																									
촌	寸	中	52	2		○	國	中	中	○	○	○	一		1	○	○	○	686-2	656	280-53	5	21	9	4	1
	村	中	42	12		○	國	國	高	○	○	○	一		2	○	○	○	557-1	583	253-15	35	26	36	7	1
총	總	高	71	0	+2	総	國	國	國	○	○	総	一	总	1	○	○	○	294	437	187-7	11	38	102	53	21
	銃	高	28	7		○	國	國	國	○	○	○		铳	4	○	○	○	635-2	584	273-32	45	26	16	7	6
	聰	高	17	0	+3								次	聪	8	○				1415	281-65		2	8		
	叢		29	0										丛	2	○		○			286-194			3		

1	2	3	4	5	6	7	8	9	10	11	12	13	14	15	16	17	18	19	20	21	22	23	24	25	26	27
	寵		26	0										宠	5	○			817-7	外202	284-125		2	5	1	
	塚											塚									271-26			18		
촬	撮		6	0								◯			1	○	○	○	826-13	外67	286-195		7	3	1	
최	最	中	93	0		◯	國	國	國	○	○	◯	一		3	○	○	○	248	405	184-3	6	43	105	77	75
	催	高	13	0	+2	◯	中	高	高		○	◯	次		1	○	○	○	645-1	1297	286-196		3	3	3	
	崔		11	0											2		○				233-6	12		56		
추	秋	中	93	13		◯	國	國	國	○	○	◯	一		5	○	○	○	688-4	622	229-7	21	23	60	22	3
	追	中	83	1		◯	中	中	中	○	○	◯	一		13	○	○	○	627-5	1029	242-15		8	47	31	9
	推	中	64	1		◯	國	中	中		○	◯	一		추1되 3	○	○	○	685-1	876	254-14	1	11	35	14	9
	醜	高	31	1		◯	中	高	高			◯	補	丑	22	○	○	○	814-16	1295	288-519		3	1	41	1
	抽	高	19	0		○	中	高	高			○	一		2	○	○		814-5	1618	271-27		0	18	3	4
	趨		28	0	+1	○	中	高	高					趋	6	○	○	○	823-18		281-66			8	1	
	樞		7	0		枢						枢		枢	4	○	○		816-7		275-31			14	1	1
	墜		4	2								◯		坠	12	○	○	○	801-6		288-518			1	2	
	錘											◯	次	锤	23						270-28			19		
	帚												補		7											
	錐												補		24											
	皺												補		15											
축	祝	中	40	3		◯	國	國	國	○	○	祝	一		2	○	○	○	715-3	691	267-20	9	19	22	11	3
	縮	高	24	11		◯	國	中	中		○	◯	次	缩	4	○	○	○	685-4	926	245-11		10	44	2	3
	逐	高	29	4		◯	中	高	高			◯	補		9	○	○		798-15	1611	278-34		0	11	1	1
	築	高	15	5		◯	國	中	中	○	○	◯	次	筑	3	○	○	○	656-5	511	264-23	9	31	25	3	

1	2	3	4	5	6	7	8	9	10	11	12	13	14	15	16	17	18	19	20	21	22	23	24	25	26	27
	畜	高	13	5		○	中	高	高	○	○	○	次		1	○	○	○		1613	255-14	11	0	34	4	3
	蓄	高	13	2		○	國	國	高	○	○	○	補		5	○	○	○	717-6	1533	256-7	38	1	33	1	1
	丑	中	9	0	+5	○	中	高	高						8	○	○	○		1616	286-197		0	3		1
	蹴		8	0	+2	○	中	高	高						6	○	○	○	793-14	外273	286-198		2	3	2	
	軸		2	4		○	中	高	高			○		軸	7	○	○	○	777-8	外315	258-25		1	31	1	1
춘	春	中	124	17		○	國	國	國	○	○	○	一		1	○	○	○	652-1	513	199-5	2	31	90	18	6
	椿												補		2											
출	出	中	191	34		○	國	國	國	○	○	○	一		1	○	○	○	180	220	91	41	82	241	105	42
충	忠	中	80	4		○	國	國	國	○	○	○	次		1	○	○	○	687-4	554	219-9	13	28	70	15	6
	充	中	36	2		○	國	中	中	○	○	○	一		2	○	○	○	491-1	466	232-10	4	35	57	10	6
	蟲	中	20	8		○	國	國	高	○	○	虫	一	虫	4	○	○	○	428	1064	180-4	7	7	109	1	
	衝	高	23	3		○	中	中	高		○	○	一	冲	7	○	○	○	644	799	271-28		14	18	4	2
	衷		8	4		○	中	高	高			○			8	○	○	○	816-12		283-103			6	2	
취	取	中	46	0	+6	○	國	國	國	○	○	○	一		1	○	○	○	235	359	220-9	7	49	69	9	21
	醉	高	37	6		酔	中	高	高			酔	次		9	○	○	○	605-4	1417	272-26	1	2	17	1	1
	就	中	27	2		○	中	高	高	○	○	○	一		2	○	○	○	653-1	1292	271-29	2	3	18	14	
	吹	中	24	1		○	中	高	高			○	一		3	○	○		822-3	1291	278-35		3	11		1
	趣	高	8	8		○	國	中	中		○	○	一		8	○	○	○	718-5	716	273-33	3	18	16	3	3
	臭	高	9	6		○	中	高	高			臭	一		7	○		○	821-21	1554	276-31		1	13		
	炊		9	1								○			10				830-28		288-522			1	1	1
	嘴												一													
	娶												次		4											
	聚												次		5					外848			1			

1	2	3	4	5	6	7	8	9	10	11	12	13	14	15	16	17	18	19	20	21	22	23	24	25	26	27
측	側	高	47	4		○	中	中	高	○	○	○	補	側	1	○	○	○	510-1	974	269-25		9	20	2	4
	測	高	31	5		○	國	中	中	○	○	○	補	测	2	○	○	○	584-3	973	240-6	7	9	49		1
	厠												次	厕	4											
츤	櫬												補	村												
층	層	高	42	6		○	國	中	高	○	○	層	一	层	1	○	○	○	307	798	181-5	52	14	108	4	2
치	治	中	66	14		○	國	中	中	○	○	◯	一		2	○	○	○	144	313	147-3	11	55	147	19	6
	齒	中	49	9		歯	中	高	高	○	○	歯	次	齿	12	○	○	○	728-6	1420	259-17		2	30	10	1
	致	中	33	14		◯	國	國	國		○	◯	一		5	○	○	○	430-2	268	239-12	25	63	50	13	1
	置	高	20	14		◯	國	中	中		○	◯	次		1	○	○	○	265	439	205-5	20	38	84	2	2
	稚	高	13	0	+1	◯	中	高	高			◯			18	○	○		798-10	1421	283-104	1	2	6	2	2
	恥	高	6	4		◯	中	中	中			◯	次		8	○	○	○	756-2	1028	284-127		8	5	2	
	値	高	1	4		◯	中	中	中	○	○	◯	次		4	○	○	○	623-1	654	198-5	3	21	91	1	
	痴											痴			17	○	○	○		外475		1	1		1	
	癡->痴																									
	熾													炽	9			○		外86			5			
칙	則	中	3	19		◯	國	國	國	○	○	◯	一		칙2 즉2	○	○	○	495-1	349	170-5	10	50	칙115 즉5		
	勅		26	5								勅			1				834-5	外314	286-202		1	3	1	20
친	親	中	97	9		◯	國	國	國	○	○	◯	一	亲	1	○	○	○	251	103	203-5	45	165	86	57	20
칠	七	中	96	0	+2	◯	國	國	國	○	○	◯	一		2	○	○	○	175	795	240-7	6	15	49	8	2
	漆	高	28	2		◯	中	高	高			◯	補		1	○	○	○	763-5	1000	273-34	18	8	16		
	柒												補													

1	2	3	4	5	6	7	8	9	10	11	12	13	14	15	16	17	18	19	20	21	22	23	24	25	26	27
침	沈	高	70	4	+5	○	中	中	中	○	○	○	補		침4 심3	○	○	○	820-19	852	234-7	침6심6 4	13	침38 심17	6	1
	侵	高	37	2		○	國	國	國	○	○	○	一		1	○	○	○	624-1	914	251-18	20	10	38	6	2
	寢	高	29	3	+1	○	國	中	中		○	寝		寝	2	○	○	○	673-1	1134	284-130	7	5	5	1	
	浸	高	29	0	+1	○	中	高	高		○	○	補		5	○	○	○	818-5	1256	258-26	2	3	31	1	
	針	中	22	7	+5	○	國	中	中	○	○	○	一	针	6	○	○	○	568-5	820	241-10	2	14	48	2	1
	枕	高	11	0	+5								補		3	○				1729	284-129		0	5		
칩	蟄													蛰	1		○									
칭	稱	高	35	21		称	國	中	中		○	称	一	称	1	○	○	○	559-2	671	264-24		21	25	2	2
	你																									
	秤												補		2											
쾌	快	中	57	6		○	國	國	國	○	○	○	一		1	○	○	○	523	651	260-23	14	22	29	14	1
	筷												補													
타	他	中	66	6		○	國	國	國	○	○	○	一		1	○	○	○	758-1	1079	257-18	3	6	32	36	18
	打	中	43	5		○	國	中	中	○	○	○	一		3	○	○	○	616-3	915	257-17	1	10	32	18	3
	妥	高	12	0	+1	○	中	高	高			○	次		2	○	○	○	812-3	1329	283-106		2	6	4	3
	墮	高	10	0	+1	堕						堕		堕	5	○		○		1328	279-31		2	10		
	惰		14	3								○	補		4	○	○	○	831-24		286-203			3	1	
	它												次		9											
	朶												次		10											
	躱												補													
	拖												次													
탁	濁	高	16	4		○	中	高	高			○		浊	4	○	○	○	825-13	1332	274-31		2	15	1	

1	2	3	4	5	6	7	8	9	10	11	12	13	14	15	16	17	18	19	20	21	22	23	24	25	26	27
	托	高	6	0	+2								補		2	○			812-6	1741	286-204		0	3	1	
	濯	高	6	0	+1							○			15	○				1331	275-32		2	14		
	琢	高	3	0	+2										16	○				1739	285-139		0	4		
	卓		37	2		○	中	高	高			○			1	○	○	○	765-1	外281	264-25	7	2	25	6	
	託		15	11		○	中	高	高			○	次		3	○	○	○	616-4	外13	263-22	14	18	26	1	
	拓->척																									
	坼												補		8											
	度->도																									
탄	彈	高	44	12		彈	國	中	中	○	○	彈	一	弹	3	○	○	○	486-3	633	236-12	33	23	53	9	5
	炭	高	42	7		○	國	中	中	○	○	○	次		1	○	○	○	330-1	1185	152-2	5	4	141	9	
	歎	高	12	9		○	國	中	中		○		次		4	○	○	○	738-3	872	271-30	6	12	18	1	
	誕		12	5		○	中	高	高			○		诞	7	○	○	○	798-14	外277	285-141	6	2	4	1	1
	嘆		2	7								嘆		叹	2	○		○	760-1		286-206	5		3	2	1
	呑												次		9					外480	286-205		1	3		
	坦												補		8						278-37	2		11		
탈	脫	中	88	5		○	國	中	中	○	○	○	一		2	○	○	○	719-3	910	227-8	1	10	62	35	8
	奪	高	15	3		○	中	高	高		○	○	一	夺	1	○	○	○	713-1	1442	276-33	4	1	13	3	1
탐	探	中	36	4		○	國	國	高	○	○	○	次		1	○	○	○	661-2	791	265-22	11	15	24	8	3
	貪	高	38	1		○	中	中	高				次	贪	2	○	○	○	777-7	1260	286-207	14	3	3	4	
	耽		14	0											3			○			279-58			10	1	
탑	塔	高	2	5		○	中	中	中			○	補		1	○	○	○	728-1	948	251-19	37	9	38	5	1
	搭											○	補		2			○								

1	2	3	4	5	6	7	8	9	10	11	12	13	14	15	16	17	18	19	20	21	22	23	24	25	26	27
탕	湯	高	33	6		○	中	高	高			○	次	汤	1	○	○		762-4	1084	278-38	1	6	11	2	
태	太	中	167	0	+2	○	國	國	高	○	○	○	一		2	○	○	○	486-1	573	170-6	79	26	120	21	5
	泰	中	17	0	+2	○	中	高	高			○			1	○	○	○	751-2	1259	272-27	6	3	17	6	
	態	高	2	17		○	國	中	中	○	○	○	一	态	4	○	○	○	264	304	156-4	26	57	135	2	5
	怠	高	10	0								○			3	○	○	○	824-7	1746	285-144		0	4	1	1
	殆	高	3	0	+1										6	○				1338		1	1			
	胎		39	8		○	中	高	高			○	補		8	○	○	○	800-2	外139	265-23		4	24	5	7
	台		27	0									一		5	○	○			外479	282-78	55	1	7	1	
	駄											○														
	抬												次					○								
택	宅	中	10	12		○	中	中	中		○	○			1	○	○	○	480	779	280-55	27	15	9	3	2
	澤	高	13	8		沢	中	中	高			沢	次	泽	3	○	○	○	739	955	261-18	3	9	28		
	擇	高	9	2		択	國	中	中		○	択	補	择	2	○	○	○	619-1	574	269-26	1	26	20	2	3
토	土	中	178	30		○	國	國	國	○	○	○	一		1	○	○	○	212-1		114-4	50		187	45	22
	吐	高	34	2		○	中	高	高			○	次		2	○	○	○	820-4	1262	280-56	3	3	9	4	1
	討	高	23	4		○	國	中	中	○	○	○	一	讨	3	○	○	○	604	328	254-15	1	53	35	4	4
	兎	高	20	0	+3										4	○				1745			0		1	
	通	中	233	16		○	國	國	國	○	○	○	一		1	○	○	○	55	81	122	77	184	179	65	31
	統	中	54	12		○	國	國	國	○	○	○	一	统	2	○	○	○	149	322	137	26	54	161	38	27
	痛	高	38	12		○	國	中	中	○	○	○	一		3	○	○	○	633-3	773	267-21	9	16	22	7	2
	筒											○	次		8						272-28			17		
	桶												次		6											
	洞->동																									

1	2	3	4	5	6	7	8	9	10	11	12	13	14	15	16	17	18	19	20	21	22	23	24	25	26	27
퇴	退	中	92	14		○	國	國	國	○	○	○	一		2	○	○	○	611-2	709	237-7	13	19	52	21	1
	推->추																									
	頹		21	0										頹	6			○	825-29		281-68			8	1	1
	堆		18	0									次		1	○	○	○	800-5		271-31	1		18	1	
	腿												次		4											
투	投	中	78	1		○	中	中	中	○	○	○	一		1	○	○	○	614-1	1003	240-8		8	49	46	9
	鬪	高	20	10		鬪	國	中	高	○	○	鬪		斗	3	○	○	○	596-6	648	269-27	4	22	20	6	2
	透	高	17	3		○	中	高	高			○	一		2	○	○	○	747-7	1261	235-12		3	54	6	
	偸		31	0									次						831-5						1	
	套												一		4			○		外36		18	10			
	妬												補		5											
특	特	中	135	2		○	國	國	國	○	○	○	一		1	○	○	○	202-2	86	169-2	47	177	121	88	36
파	破	中	115	11		○	國	國	國	○	○	○	一		5	○	○	○	507-1	670	240-9	6	21	49	24	7
	波	中	32	16		○	國	國	國	○	○	○	一		3	○	○	○	524-2	619	199-6	16	24	90	12	10
	罷	高	45	0	+3	○	中	高	高			○	次	罢	9	○	○	○	789-3	1335	280-57		2	9	5	
	派	高	24	10		○	國	中	中	○	○	○	一		4	○	○	○	489-1	901	162-2	4	11	129	6	2
	播	高	7	5									次		8	○		○		1446	274-32		1	15		
	頗	高	1	0	+1										20	○				1336			2			
	巴		18	0									一		6			○			278-39			11	1	
	爬		4	0									次		12						278-79			7		1
	擺		4	0									次	摆					836-85		288-543			1	1	
	怕												一													
	吧												一													

1	2	3	4	5	6	7	8	9	10	11	12	13	14	15	16	17	18	19	20	21	22	23	24	25	26	27
	爸												一		13											
	坡												次		1		○	○			286-210			3		
	婆											◯	一		2						287-292			2		
	把											◯	一		7											
판	判	中	49	8		◯	國	中	中	○	○	◯	次		2	○	○	○	337	449	185-4	5	36	104	15	22
	板	高	26	15		◯	國	中	中	○	○	◯	一		4	○	○	○	399-1	772	219-10	32	16	70	3	2
	版	高	14	20		◯	中	高	高	○	○	◯	補		5	○	○	○	524-3	490	247-7	7	32	42	8	3
	販	高	15	1		◯	中	高	高		○	◯	補	贩	1	○	○	○	708-4	1445	270-29	2	1	19	8	
	瓣		4	0								弁			9				826-19		279-60			10	1	
	坂											◯			3											
	辦												一	办	6	○	○	○								
팔	八	中	190	2		◯	國	國	國	○	○	◯	一		2	○	○	○	31	818	218-7	6	14	71	12	11
	捌												補		1											
패	敗	中	53	15		○	國	國	國	○	○	○		败	1	○	○	○	506	954	247-8	17	9	42	17	5
	貝	中	20	0	+2	○	中	高	高			○		贝	4	○		○	825-27	1371	272-29	3	2	17	1	
	覇		14	3		○	中	高	高			覇	次		3	○	○		805-21		279-61	1		10	6	5
	牌		11	8									次		2				791-3	外104	282-81	1	4	7		
	悖		19	0														○	827-13	外306		1	1		1	
	擺->파																									
팽	膨		5	0								◯			1					外303	269-28		1	20	1	
편	便	中	60	14		○	國	國	國	○	○	◯	一		1	○	○	○	43-1	72	238-7	222	199	편36 변15	10	7
	片	中	42	7		○	國	中	中		○	◯	一		3	○	○	○	568-4	629	233-7	3	23	56	1	2

1	2	3	4	5	6	7	8	9	10	11	12	13	14	15	16	17	18	19	20	21	22	23	24	25	26	27
	編	高	38	5		○	中	中	高		○	◯	一	编	5	○	○	○	547-2	277	260-24	2	62	29	14	15
	篇	中	6	0	+12	○	國	中	中	○	○		一		4	○	○	○	697-3	477	271-32	23	33	18	2	1
	偏		77	1		○	中	高	高			◯	一		2	○	○	○	742-1	外105	251-20	1	4	38	17	2
	遍	高	9	0	+1	○	中	高	高			◯	一		8	○	○	○	821-27	1742	279-62		0	10		
	騙		3	0									一	骗	9											1
	扁												補		7						278-40			11		
	鞭												補		6											
평	平	中	197	11		○	國	國	國	○	○	◯	一		1	○	○	○	111-1	177	82	85	104	262	61	19
	評	高	20	16		○	中	中	高	○	○	◯	次	评	3	○	○	○	614-2	414	242-16	2	41	47	15	9
	坪		2	1		○	中	高	高		○	◯			2	○	○	○	687-2	外193	282-82		2	7		
	拼												補													
폐	廢	高	76	7		廃	中	中	高	○	○	廃	次	废	1	○	○	○	635-1	575	266-24		26	23	7	3
	閉	中	33	3		◯	國	國	高	○	○	◯	次	闭	6	○	○	○	794-14		271-33	2		18	4	
	弊	高	25	9		◯	中	中	高		○	◯			3	○	○	○	571-1	1136	283-111		5	6	3	3
	肺	高	30	0	+1	◯	中	高	高	○	○	◯			5	○	○	○	748-6	1444	256-8		1	33	6	2
	蔽	高	14	0	+4	◯	中	高	高						11	○	○		833-69	0			1			
	幣	高	7	4		◯	中	高	高			◯	次	币	2	○	○	○	793-4	1190	241-11	2	4	48	1	
	陛											◯			8				816-16			1				
포	布	中	60	22		◯	國	國	國		○	◯	一		3	○	○	○	686-3	669	198-6	5	21	포90 보1	5	4
	包	高	39	1		◯	國	中	中	○	○	◯	一		2	○	○	○	344	708	262-18	9	19	27	5	6
	抱	中	29	1		○	中	高	高			○	一		5	○	○	○	804-3	1268	282-83	3	3	7		
	浦	高	22	4		○	中	高	高			○			1	○	○	○	816-8	1757	249-9	10	0	40	1	

1	2	3	4	5	6	7	8	9	10	11	12	13	14	15	16	17	18	19	20	21	22	23	24	25	26	27
	捕	高	22	4		○	中	中	中	○	○	○	次		7	○	○	○	570-4	1141	277-35	2	5	12	6	1
	飽	高	16	1								○	一	饱	14	○	○		823-24	1457	265-24		1	24	2	
	胞	高	6	0	+3	○	國	中	中	○	○	○			10	○	○	○	535-4	850	211-4	3	13	78		
	砲		39	13		○	國	國	國	○	○	○	一		9	○	○	○	667-1	外8	259-18	20	19	30	12	9
	褒		19	0								褒			13			○			286-211			3	3	
	鋪		11	2		○	中	高	高				一		30	○	○		792-15	外310		10	1		2	
	怖		9	2		○	中	高	高			○			4	○	○	○	761-2		281-69			8		
	抛		10	0		○	中	高	高				補		6	○	○	○	785-5	外188	283-113	2	2	6	1	
	泡		7	3								○	補		8				827-24	外312	277-33	1	1	12	1	
	圃		3	0											11		○		834-12	外190	283-114		2	6	1	
	舖											○			12							10				
	跑												一													
	佈												次		16											
	袍												補													
	哺														20			○			282-84			7		
	暴->폭																					9				
폭	暴	中	60	6		○	國	國	國	○	○	○	次		폭2포 15	○	○	○	613-2	749	260-25	9	17	29	1	8
	爆	高	23	6		○	國	中	中		○	○	補		4	○	○	○	448	1044	274-34	10	7	15	11	3
	幅	高	4	8		○	中	中	中		○	○			1	○	○	○	731-1	917	271-34	7	10	18	1	1
	瀑		4	0											3	○	○			外83	279-64		5	10	1	1
표	表	中	71	11		○	國	國	國	○	○	○	一		1	○	○	○	77	29	90-1	108	303	243	28	12
	標	高	49	6		○	國	中	中		○	○	次	标	4	○	○	○	422	212	213-6	42	85	76	3	2

1	2	3	4	5	6	7	8	9	10	11	12	13	14	15	16	17	18	19	20	21	22	23	24	25	26	27
	漂	高	27	0		○	中	高	高			○			5	○	○	○	820-21	1756	264-26		0	25	4	1
	票	高	2	7		○	國	中	中	○	○	○	一		3	○	○	○	249-1	1347	253-16	54	2	36	8	1
	飄		17	0									補	飘	12				835-167		287-299			2	1	
품	品	中	43	25		○	國	國	國	○	○	○	一		1	○	○	○	132	38	79	26	283	272	16	1
풍	風	中	221	30		○	國	國	國	○	○	○	一	风	2	○	○	○	239	197	90-2	55	91	243	34	9
	豊	中	44	0	+1	○	國	中	中	○	○	豊	一	丰	3	○	○	○	681-3	604	251-21	11	25	38	4	1
	楓	中	5	0	+1									枫	5	○				1189	286-212	22	4	3		
	諷		11	0										讽	6	○	○	○	828-37	外189	285-147		2	4	1	
	瘋												補													
피	被	高	54	0	+2	○	中	高	高	○	○	○	一		3	○	○	○	694-3	1186	245-12	4	4	44	45	25
	皮	中	42	14		○	中	高	高	○	○	○	一		2	○	○	○	650-4	1345	195-7		2	94	8	
	避	高	30	8		○	國	中	中	○	○	○	次		4	○	○	○	537-3	705	277-35	30	19	12	10	
	彼	中	16	0	+2	○	中	高	高			○			5	○		○	761-1	1188	279-65		4	10	4	2
	疲	高	15	0		○	中	高	高			○	次		1	○	○	○	754-5	1453	280-58	4	1	9		
	披		20	0								○			6			○	746-2	外84	288-558	4	5	1	1	
필	筆	中	51	34		○	國	國	高	○	○	○	一	笔	6	○	○	○	599-3	726	256-9	13	18	33	10	4
	必	中	34	2		○	國	國	國	○	○	○	一		1	○	○	○	142	155	240-10	30	112	49	15	8
	畢	高	15	0	+2	○	中	高	高		○		次	毕	5	○	○	○	715-2	1342	288-561	1	2	1	1	
	匹	中	13	1								○	次		2	○	○		805-3	1753	282-85	3	0	7	1	
	疋												補		7					外309	288-560		1	1		
	弼														3		○									
핍	乏		9	5								○	補		1	○	○	○	820-1	外85	275-33		5	14		
	逼		6	0									次		2				822-20		288-562			1		1

1	2	3	4	5	6	7	8	9	10	11	12	13	14	15	16	17	18	19	20	21	22	23	24	25	26	27
하	下	中	235	24		○	國	國	國	○	○	○	一		1	○	○	○	115-1	460	107-4	64	35	197	67	24
	夏	中	55	0	+5	○	國	國	國	○	○	○	一		3	○	○	○	758-5	1138	262-19		5	27	8	
	河	中	50	8		○	國	國	高	○	○	○	一		4	○	○	○	363-1	1004	184-4	7	8	105	6	3
	何	中	30	4		○	中	高	高	○	○	○	一		2	○	○	○	518-1	1750	268-21		0	21		2
	荷	高	14	6		○	中	高	高	○	○	○	補		5	○	○	○	782-5	1749	272-30		0	17	6	
	賀	中	14	4		○	中	中	高		○	○	次	贺	6	○	○	○	784-5	1043	282-86	2	7	7	4	
	呀												一													
	蝦												補	虾	12											
학	學	中	126	44		学	國	國	國	○	○	学	一	学	1	○	○	○	11	15		340	1241	741	77	45
	鶴	高	32	1		○	中	高	高	○	○			鹤	4	○	○	○	810-56	1265	274-35	1	3	15	1	2
	虐		6	0	+3	○						○	補		2	○	○	○	786-6	外102	282-87	2	5	7	1	1
한	寒	中	115	13		○	國	國	國	○	○	○	一		4	○	○	○	636-1	1085	208-2	1	6	81	10	2
	漢	中	75	6		○	國	國	國		○	漢	一	汉	1	○	○	○	691-4	317	131-4	39	55	169	22	8
	閑	中	42	4		○	國	中	中		○	○	一	闲	8	○	○	○	690-2	11264	266-25	11	3	23	3	1
	限	中	34	0	+10	○	國	國	國	○	○	○	一		2	○	○	○	279-2	309	168-4	16	56	122	11	18
	韓	中	26	0	+10	○	國	國	國	○	○			韩	3	○	○	○	831-80	158	171-4	52	111	119	25	16
	汗	高	22	4		○	中	高	高			○	一		11	○	○		825-9	1748	275-34		0	14	2	
	旱	高	21	0	+3	○	中	高	高				次		6	○	○		803-4	1340	284-133		2	5	1	
	恨	中	15	6		○	國	中	中			○	一		5	○	○	○	734-1	1042	272-31	7	7	17	1	2
	翰		20	0	+3	○	中	高	高						7	○	○	○	735-5		282-88			7		
	桿												補													
	閒												一													
할	割	高	44	1		○	中	高	高	○	○	○	次		1	○	○	○	526-1	1198	230-8		4	59	11	1

1	2	3	4	5	6	7	8	9	10	11	12	13	14	15	16	17	18	19	20	21	22	23	24	25	26	27
	轄											○		辖	2	○	○	○								
	瞎												次													
함	含	高	41	1		○	中	中	中		○	○	次		3	○	○	○	630-1	849	255-15	4	13	34	3	2
	陷	高	15	0	+2	○	中	高	高			陥	補		7	○	○	○	727-5	1197	285-149	2	4	4	1	
	咸	高	13	0		○	中	高	高						1	○	○	○		1464	279-66	2	1	10		
	艦		14	6		艦	中	中	中	○	○	○			6	○	○	○	587-2	外185	267-22	7	3	22	9	
	函		17	1	+2						○				2		○	○		外295	260-26		1	29	1	
	喊												補		4					外26		3	11			
	鹹												補		14											
	銜												補		13											
합	合	中	150	22		○	國	國	國	○	○	○	一		1	○	○	○	174	256	31	89	68	392	54	34
	哈												次		2											
	陜->협																									
항	航	高	53	8		○	國	國	國	○	○	○	次		5	○	○	○	556	957	252-7	7	9	37	31	5
	恒	中	43	0	+2	○	中	中	高		○	恒			2	○	○	○	476-3	563	258-27	16	27	31	3	5
	抗	高	29	3		○	國	中	中		○	○	一		3	○	○	○	543-2	479	229-8	6	33	60	17	17
	港	高	13	10		○	國	國	國	○	○	○	次		4	○	○	○	501-2	958	246-10	8	9	43	6	3
	項	高	17	5		○	中	中	高		○	○	次	项	1	○	○	○	535-5	541	233-8	1	28	56	2	3
	巷	高	11	0	+2										6	○		○		1461	286-217		1	3		
	降->강																									
	缸												次		13											
	骯												補													
	行->행																									

1	2	3	4	5	6	7	8	9	10	11	12	13	14	15	16	17	18	19	20	21	22	23	24	25	26	27
해	海	中	314	21		○	國	國	國	○	○	海	一		2	○	○	○	193	413	46	67	41	344	96	27
	解	中	119	13		○	國	國	國	○	○	○	一		1	○	○	○	218-2	149	156-5	20	117	135	53	28
	害	中	10	19		○	國	國	國	○	○	○	一		3	○	○	○	188	542	201-8	15	28	88	7	2
	該	高	23	1		○	中	高	高			○	一	该	7	○	○	○	725-7	1196		3	4			3
	亥	中	13	0	+5	○	中	高	高						4	○	○	○		1350	287-303		2	2		1
	奚	高	1	0											10	○					287-305			2		
	骸		3	3											16	○	○	○	830-54	外52	284-135		8	5		
	咳												補		5											
	孩												一		6											
핵	核	高	14	2		○	中	高	高			○	補		1	○	○	○	754-7	1269	241-12	1	3	48	43	5
	劾											○			2	○	○	○								
행	行	中	224	0	+41	○	國	國	國	○	○	○	一		1	○	○	○	24	53	36	140	253	363	61	101
	幸	中	18	6		○	國	國	國	○	○	○	一		2	○	○	○	329	336	264-27	42	52	25	6	2
	杏												補		3						284-136	6		5		
	倖														4			○								
향	鄕	中	78	12		○	國	國	國	○	○	鄕	一	乡	3	○	○	○	576-3	310	220-10	33	56	69	16	1
	香	中	68	6		○	國	國	國	○	○	○	一		7	○	○	○	553-2	391	210-8	8	44	79	5	4
	向	中	42	9		○	國	國	國	○	○	○	一		1	○	○	○	213	215	206-5	39	84	83	12	3
	享	高	17	0	+4	○	中	高	高			○	次		2	○	○	○	777-1		282-89			7	7	1
	響	高	8	4		○	中	高	高		○	響	一	响	5	○	○	○	346-2	450	266-26	5	36	23		2
	饗		0	0										飨	6			○	826-37	外486			1		2	
허	虛	中	111	0	+5	○	國	中	中		○	虛	次	虚	1	○	○	○	542	603	240-11	5	25	49	23	10
	許	中	32	7		○	國	國	國	○	○	○	一	许	2	○	○	○	515	771	251-22	9	16	38	5	7

1	2	3	4	5	6	7	8	9	10	11	12	13	14	15	16	17	18	19	20	21	22	23	24	25	26	27
	墟														4	○					282-90			7		
헌	獻	高	46	4		献	中	中	高			献	次	献	2	○	○	○	732-2	815	272-32	1	14	17	6	2
	軒	高	22	0	+2							○		轩	3	○				1763	281-70	1	0	8	1	
	憲	高	15	6		○	國	中	中	○	○	○		宪	1	○	○	○	580-1	956	235-13	5	9	54	10	13
헐	歇												次		1											
험	險	高	30	0	+4	険	國	中	中	○	○	険	一	险	1	○	○	○	350-2	602	259-19	35	25	30	3	
	驗	高	8	7		験	國	中	中	○	○	験	一	验	2	○	○	○	352	263	263-13	16	65	53		
	嶮														3											
혁	革	高	36	7		○	國	中	中	○	○	○	一		3	○	○	○	473-3	769	239-13	1	16	50	11	11
	赫		10	0											2			○	836-253		286-219			3	1	
	嚇											○	補	吓												
현	現	中	94	5		○	國	國	國	○	○	○	一	现	1	○	○	○	106	34	129-3	60	295	171	95	62
	玄	高	68	1		○	中	高	高			○			4	○	○	○	722-5	1460	239-14		1	50	3	2
	懸	高	61	1		○	中	高	高		○	○		悬	3	○	○	○	804-2	1275	280-60	5	3	9	5	1
	顯	高	54	2		顕	中	高	高			顕	一	显	11	○	○	○	732-5	1005	263-23		8	26	6	5
	賢	中	46	7		賢	國	國	國	○	○	○	補	贤	6	○	○	○	752-4	918	253-17	19	10	36	4	1
	弦	高	14	3								○				○	○		730-2	1760	279-68		0	10	2	
	縣	高	16	1		○	中	高	高			県	一	县	5	○	○	○	782-4		264-28			25	4	4
	絃	高	7	4											9	○			803-8	1638	282-91	1	0	7	2	1
	鉉													铉	10		○	○			286-221			3		
	見->견																									
	峴													岘	2	○	○									

1	2	3	4	5	6	7	8	9	10	11	12	13	14	15	16	17	18	19	20	21	22	23	24	25	26	27
혈	血	中	101	16		○	國	國	國	○	○	○	一		1	○	○	○	605-3	1150	142-6		5	152	23	5
	穴	高	9	4		○	中	高	高			○			2	○	○	○	822-18	1795	281-71		0	8	1	
	頁												補	页	3											
혐	嫌		18	0	+1	○	中	高	高			○	次		1	○	○		815-2		288-580			1	3	2
협	協	中	46	3		○	國	國	國	○	○	○	一	协	1	○	○	○	435	451	209-4	18	36	80	26	9
	脅	高	17	1		○	中	高	高			○		胁	4	○	○	○	764-4	1208	287-310	4	4	2	1	
	挾		24	0								挟	補	挟	3				811-4		287-309			1	1	
	狹		16	2								狭	補	狭	10		○		806-10	外289	281-72		2	8	2	1
	峽		12	3		○	中	高	高			峡		峡	2	○	○	○	775-4	外292	287-42		1	11		
	俠		5	4										侠	6			○	834-3		287-308			2	3	
	陜		0	0										陕	협5 합12		○	○								
	夾												次	夹	8											
형	形	中	55	25		○	國	國	國	○	○	○	一		5	○	○		131	140	55	79	124	319	14	25
	刑	中	59	18		○	中	中	中	○	○	○	補		3	○	○		568-1	768	241-13		16	48	11	40
	兄	中	17	22		○	國	國	國	○	○	○	次		2	○	○		587-1	337	276-34	99	52	13	2	2
	螢	高	12	1		蛍						蛍		萤	19	○	○		826-27	1477	270-30		1	19		1
	亨	高	2	2											1					1764	287-311		0	2		
	衡		16	4		○	中	高	高			○			9	○	○		772-6	外186	227-9	1	3	62	1	3
	型		2	7		○	中	高	高	○	○	○	補		4	○	○		600	外2	187-8		35	102	3	1
	炯		3	0											7			○			288-584			1	1	
혜	惠	中	48	0	+4	○	國	中	中	○	○	恵			1	○	○	○	731-3	516	263-24	21	30	26	1	1
	慧	高	15	2		○	中	中	高						3	○			785-4	747	279-67	8	17	10	3	

1	2	3	4	5	6	7	8	9	10	11	12	13	14	15	16	17	18	19	20	21	22	23	24	25	26	27
	兮	高	0	0	+1										4	○				1791			0			
	鞋												一		7											
호	胡	高	80	0	+3	○	中	高	高				一		16	○	○	○	561-4	1475	270-31	5	1	19	1	3
	虎	中	65	0	+5	○	中	高	高				一		8	○	○	○	760-6	1360	272-33		2	17	4	2
	豪	高	49	6		○	中	高	高		○	○	補		17	○	○	○	675-3	1205	266-27		4	23	9	2
	護	高	39	10		○	國	國	高	○	○	○	一		9	○	○	○	388-2	565	214-5	32	27	75	13	1
	戶	中	39	6		○	中	高	高	○	○	○	一		6	○	○	○	755-2	1207	247-9		4	42	10	2
	呼	中	39	4		○	國	國	國	○	○	○	一		4	○	○	○	632-3	532	232-11	34	29	57	9	2
	號	中	22	3		号	國	國	高	○	○	号	一	号	1	○	○	○	375-2	248	225-6	6	70	64	8	3
	互	高	22	2		○	中	高	高			○	一		3	○	○	○	778-1		268-23			21	10	3
	浩	高	22	0	+1	○	中	高	高						7	○	○	○	832-35	1789	273-35		0	16	1	
	毫	高	15	5									補		13	○			819-7	1788	285-153		0	4		
	湖	中	12	2		○	國	國	高			○	一		14		○	○	656-3	870	236-14	17	12	53	4	2
	好	中	7	4		○	國	國	國		○	○	一		5	○	○	○	620-1	813	245-16		14	44	29	11
	乎	中	0	4											2	○		○	754-1	1274	288-586		3	1		
	弧		9	2								○			22				772-3		281-73			8		1
	濠		6	0		○	中	高	高						15			○	814-2	外286	284-140		2	5		1
	鎬		2	0										镐	18		○	○	836-275		284-141			5		
	壺													壶	11											
	扈														23		○	○								
혹	惑	高	12	8		○	中	中	中			○	補		1	○	○	○	740-3	1093	278-43	2	6	11		
	或	中	12	2		○	國	中	中	○	○		一		2	○		○	266-1	270	288-590	11	63	1	1	
	酷		20	2		○	中	高	高			○			3	○	○	○	762-8	外61	284-142		7	5	5	

1	2	3	4	5	6	7	8	9	10	11	12	13	14	15	16	17	18	19	20	21	22	23	24	25	26	27
혼	混	中	79	0	+1	◯	國	中	中	○	○	◯	一		4	○	○	○	576-1	452	226-11	2	36	63	14	3
	婚	中	32	13		◯	國	中	中	○	○	◯	一		1	○	○	○	369	941	248-13	4	10	41	9	1
	昏	高	41	0	+3	◯	中	高	高				補		3	○	○	○	795-5	1203	286-225		4	3	3	
	魂	高	21	7		◯	中	中	高		○	◯	補		6	○	○	○	675-5	889	266-28		11	23	3	2
홀	忽	高	17	0	+2	◯	中	高	高				一		1				778-2	963	284-143	2	9	5		
홍	紅	中	151	7		◯	國	中	中	○	○	◯	一	红	3	○	○	○	624-2	869	237-8	9	12	52	6	4
	洪	高	37	0		◯	中	高	高			◯			2	○	○	○		962	255-16	8	9	34	1	1
	鴻	高	34	0	+3	○	中	高	高					鸿	5		○		833-91	1777	282-92		0	7		
	弘	高	34	1		○	中	高	高						1	○	○	○	835-40	1778	273-36		0	16	5	2
	哄												補		6											
	烘												補		7											
화	花	中	159	24		○	國	國	國	○	○	○	一		9	○	○	○	299	338	134-2	81	52	165	13	3
	火	中	140	20		○	國	國	國	○	○	○	一		5	○	○	○	353-2	848	190-2	45	13	99	24	7
	畵	中	92	16		画	國	中	高	○	○	画	一	画	6	○	○	○	531-3	201	107-5	9	88	화185 획12	21	13
	和	中	85	18		◯	國	國	高	○	○	◯	一		1	○	○	○	297	250	133-3	36	69	167	20	7
	華	中	88	8		◯	國	中	中	○	○	◯	一	华	10	○	○	○	580-2	766	226-12	13	16	63	8	1
	化	中	59	21		◯	國	國	國	○	○	◯	一		3	○	○	○	64	706		44	208	725	15	8
	貨	中	35	13		◯	國	國	高	○	○	◯	一	货	2	○	○	○	457	1148	188-1	4	5	101	9	1
	禍	高	22	4		◯	中	中	中		○	禍	一	祸	7	○	○	○	700-4	1009	256-10	1	8	33	2	
	話	中	8	14		◯	國	國	國	○	○	◯	一	话	4	○	○	○	416-2	92	201-9	40	170	88	5	3
	禾	高	10	0	+1								補		8	○	○			1775	286-226		0	3		

1	2	3	4	5	6	7	8	9	10	11	12	13	14	15	16	17	18	19	20	21	22	23	24	25	26	27
	靴		4	5		○	中	高	高	○	○	○			11	○	○		809-25	外140	288-595		4	1	1	
	伙												次													
확	確	高	35	3		○	國	國	高	○	○	○	一	确	1	○	○	○	184	182	208-3	21	98	81	15	15
	擴	高	9	0	+1	拡	中	高	高		○	拡	次	扩	2	○	○	○	718-4	1353	261-19		2	28	13	6
	穫	高	0	2		○	中	高	高			○		获	3	○	○	○	734-3	1469	283-119		1	6		
환	還	高	67	8		○	中	中	中		○	○	一	还	8	○	○	○	551-2	1088	254-16	1	6	35	9	3
	換	高	48	6		○	中	中	中		○	○	一		1	○	○	○	361	616	174-6		24	116	11	8
	環	高	34	6		○	國	中	高			○	次	环	7	○	○	○	581-1	480	221-6	5	33	68	9	6
	歡	中	31	2		歓	國	中	高	○	○	歓	一	欢	2	○	○	○	726	745	275-37	5	10	14	9	
	患	中	19	11		○	國	中	中		○	○	補		3	○	○		699-2	1089	275-36	3	6	14	3	
	丸	高	8	4		○	中	高	高			○	補		9	○	○		794-1	1200	280-61	3	4	9	1	
	幻		29	2		○	中	高	高			○			4	○	○		811-2	外285	281-74	1	2	8	8	3
	喚		5	2								○	補		10	○	○	○	823-1	外301	284-146		1	5		
	煥		2	0											6		○	○			278-44			11		
	圜										○				12											
활	活	中	65	5		○	國	國	國	○	○	○	一		1	○	○	○	56	21	97	87	352	223	19	9
	滑		활27 골5	0	활+2	○	中	高	高			○	補		2	○	○	○	783-6	外187	261-20	1	2	28		2
	闊												補	阔	7											
	濶														3	○	○	○			278-45			11		
황	黃	中	211	6		○	國	國	國	○	○	黃	一		1	○	○	○	489-2	704	197-8	8	19	92	14	9
	荒	高	69	3		○	中	中	高			○	一		8	○	○	○	766-5	765	279-69	9	16	10	3	1
	皇	中	63	5		○	中	中	高			○			7	○	○	○	649-1	846	260-27	3	13	29		

1	2	3	4	5	6	7	8	9	10	11	12	13	14	15	16	17	18	19	20	21	22	23	24	25	26	27
	況	高	1	8		○	國	中	中		○	○	一		6	○	○	○	777-4	1008	276-35	6	8	13		
	慌											○	次		4			○			281-76	8		8		
	蝗												次													
	謊												補													
회	會	中	101	61		会	國	國	國	○	○	会	一	会	1	○	○	○	20	8	20	148	520	502	38	45
	回	中	150	8		○	國	國	國	○	○	○	一		2	○	○	○	268-1	615	218-8	11	24	71	38	15
	灰	高	23	3		○	中	高	高	○	○	○	一		7	○	○	○	522	1199	241-14	3	4	48	3	3
	悔	高	19	4		○	中	高	高			悔	次		5	○	○	○	745-5	1270	285-158	3	3	4	2	
	廻		17	0	+4	○	中	高	高					回	3			○	755-1	外291	255-17		1	34		
	賄		2	2								○		贿	18	○	○	○							1	
	繪					絵						絵		绘	8	○	○			外184	281-77		3	8		
	恢												補		4		○	○								1
	匯												補	汇	20											
	淮														12		○				284-147			5		
획	獲	高	6	3		○	中	高	高		○	○	次	获	2	○	○	○	709-7	1772	276-36		0	13		
	劃	高	9	0	+2	劃	中	高	高		○		一	划	1	○	○	○	321		277-37	21		12	2	2
횡	橫	高	106	2		○	中	高	高		○	横	一		1	○	○	○	711-2	1352	263-17		2	26	9	6
효	孝	中	29	7		○	國	國	國	○	○	○			2	○	○	○	704-2	667	243-14	11	21	46	11	1
	曉	高	23	3								暁	次		4		○			0	281-78		1	8		
	効	中	19	3		○	國	國	國	○	○	効	一		1	○	○	○	698-2	324	201-10	13	54	88	8	17
	酵											○			5											
후	後	中	188	18		○	國	國	國	○	○	○	一	后	1	○	○	○	52	91	106-2	76	171	200	54	23
	厚	中	33	8		○	中	高	高	○	○	○	一		3	○	○	○	738-1	1206	272-34	4	4	17	6	1

1	2	3	4	5	6	7	8	9	10	11	12	13	14	15	16	17	18	19	20	21	22	23	24	25	26	27
	候	高	25	10		○	國	中	中	○	○	○	一		2	○	○	○	389	959	252-8	9	9	37	2	1
	侯	高	15	4		○	中	高	高			○			6	○	○		703-1	1146	275-38		5	14		
	喉	高	12	1									次		8	○				1769	284-148		0	5		
	朽		12	2								○			5	○	○				287-324			2		
	嗅												補		9						284-147			5	1	
	后											○			4						276-37	1		13		
	吼												補		7											
	猴												補													
훈	訓	中	42	8		○	國	國	國	○	○	○	一	训	1	○	○	○	687-6	330	236-15	12	53	53	11	4
	勳		27	8		○	中	高	高			勲			2	○	○	○	808-1		275-39	1		14	1	
	薰		19	1								薫			3					外485	281-79		1	8	1	
	暈												補		6											
	熏												補		9											
훼	毁	高	26	0	+5								次		1	○			827-21	1637	284-150	2	0	5	2	1
휘	揮	高	18	2		○	國	中	中	○	○	○	次	挥	1	○	○	○	643-1	744	263-25	10	17	26	1	
	輝	高	10	1								○		辉	4					1368	284-151		2	5		
휴	休	中	67	7		○	國	國	國	○	○	○	一		1	○	○	○	498-1	967	259-20	11	9	30	17	5
	携	高	10	1								○			2	○	○		827-19	1367	286-231		2	3		
흉	凶	中	74	3		○	國	中	中			○			2	○	○	○	758-3	1096	279-70	2	6	10	1	2
	胸	中	40	2		○	中	高	高			○	次		3	○	○	○	823-16	1624	275-40		0	14	2	1
	兇												借		1			○								
흑	黑	中	109	3		○	國	國	國	○	○	黒	一		1	○	○	○	651-2	844	221-7		13	68	32	12
흔	欣												補		2											

1	2	3	4	5	6	7	8	9	10	11	12	13	14	15	16	17	18	19	20	21	22	23	24	25	26	27
	很												一													
	掀												補													
흘	吃		5	0									一		1				836-21		288-616			1	1	
흠	欽		22	0											1				831-36	外299	279-72		1	10	1	
	欠												一													1
흡	吸	高	27	1		○	國	中	中		○	◯	一		1	○	○	○	579-2	843	211-5	1	13	78	6	2
	恰												次		2			○		外60			7			
	洽														3			○								
	皀												補		4											
흥	興	中	46	14		○	國	國	國	○	○	○	一	兴	1	○	○	○		202	168-5	65	88	122	4	2
희	喜	中	34	6		○	中	中	中	○	○	○	一		1	○	○	○	786-1	1366	266-29		2	23	10	
	戱	高	25	6		○	中	中	高			戱	一	戏	4	○	○	○	756-3	285	278-46	1	60	11	4	4
	稀	高	29	0	+1	○	中	中	中				次		9	○	○	○	788-7	1016	272-35	7	8	17	4	1
	希	中	24	0		○	國	國	國	○	○	◯	一		3	○	○	○	607-2	601	270-33	21	25	19	3	3
	熙	高	6	0	+3	○	中	中	高						5	○	○	○		1800	271-35	1	0	18		
	噫	高	7	0											12	○				1799	288-621		0	1		
	犧		10									犠	補	牺	7			○	674-3	外9	287-333	4	19	2	1	1
	姬		4	3								◯			2	○	○	○	824-6	外492	288-620	25	1	1		
힐	詰											◯		诘	1			○							1	
	込											◯														
	峠											◯														
	畑											◯														
	辻											◯														

1	2	3	4	5	6	7	8	9	10	11	12	13	14	15	16	17	18	19	20	21	22	23	24	25	26	27
	枠											○														
	俵											○														
	鎱											補														
	燙											補														
	鬥											一														
	[illegible]											一														
	碰											一														
	[illegible]											一														
	搞											次														
	岔											次														

四. 漢字敎育論

1. 中國과 日本의 漢字敎育

(1) 中國의 文字敎育

漢字는 說文解字(漢 許愼編, AD. 121년 완성)에 9,353字, 康熙字典及補遺(1716년 완성)에 49,030字, 中文大辭典(1973년간행)에 49,905字 나 실려 있다.

그런데 中文大辭典을 만들어낸 中華學術院에서 異体字 등을 덜어버리고 大學字典이라는 것을 만들었는데 9,962字가 실렸다. 常用漢字만을 실어 만든 여러 字典이 있는데 글자數가 많은 것으로는 國音常用字彙(1949年 商務印書館 출판)의 9,883字이고, 적은 것은 常用字表(1952年, 中央敎育部 公布) 2,000字가 있다.146)

한편 四書에서 2,300字정도, 五經에서 4,400字 남짓하다고 하며 毛澤東選集 本文을 조사해 본즉 3千여字라 하여 2~3千字의 漢字면 讀書가 可能하다고 하나 최소한 5千字는 필요하다고 한다.

中共의 言語敎育은 漢字에 로마字로 루비를 달아 普通話를 가르치고 簡體字를 가르친다. 中共의 學制는 全日制學校가 6·3·3이나 小中學 10年 一貫制로 大學 1년정도의 내용을 지향하고 있으며 初級小學 4년과 高級小學 2년의 小學 6년에 대한 57/58년도 교육계획을 보면, 語文이라 하여 初級小學에서 매년 매주 12시간, 高級小學에서 매년 매주 10시간으로 되어 있다. 그러므로 初級小學은 총 24시간에 대하여 50%나 되며, 高級小學은 총 28시간에 대하여 35%에 해당한다. 이것은 소련과 마찬가지로 國語科 중심의 커리큘럼이며, 확실히 言語的 方法에 편중한 學習指導法이라고 생각된다.

---

146) 成元慶, 中共簡化字, pp. 24~25.

이 커리큘럼은 지역에 따라 탄력성 있게 운용할 수 있으며, 그처럼 절대적인 것은 아니다. 이를테면, 北京市 第1實驗小學의 教學計劃表에서 國語科를 보면 다음과 같다. 이 言語教育에서 특히 암기를 중시하고 있는데, 10년제 小學 「語文」第3冊 에서는 전체의 약 1/3課가 암기를 요구하는 것이라고 한다. 현재 전국일률적인 國定教科書는 없으나, 北京市의 현지보고에 의하면 다음의 몇 가지를 지적할 수 있다. 初級小學 1년 第1冊「語文」에서 첫째 로마字母에서 시작하는 방식을 취했으나, 그것은 漢字의 루비로 사용되었다. 둘째, 漢字는 그 구성으로 소급하여 정리되었고,

科目＼年級		1	2	3	4	5	6
國語	語文	17	14	10	8	8	8
	作文	-	2	3	3	3	3
	習字	-	1	1	1	1	2
	閱讀	-	-	-	-	-	1
	外語	-	-	4	4	4	-
계		17/34	17/36	14/40	12/40	12/40	14/40

文字學을 향한 입문인데, 그것은 다 簡體字들이다. 셋째, 古文은 高級小學 1년인 5학년에서, 10년제에서는 4학년에서 가르치며, 암기적인 詩詞나 寓言과 現代譯의 三國志演義·史記 등이다[147]

北京의 第2實驗小學의 校長은 "보통은 1,2年生에 1,200字쯤이지만, 지금은 大躍進의 時代니까 1,800字쯤 외게 하고자 생각하고 있다"고 했다 한다.[148]

이처럼 中國語 教育이 중점·집중적으로 시행되는 원칙은 거의

147) 김민수「北韓의 國語研究」1.共産圈의 言語政策, p. 63.
148) 倉石武四郎. 漢字·日本語·中國語 p. 144. 東京くわしお出版, 1981. 6.

획일적 사실일 것으로 짐작된다. 이것은 中共內의 국제적 共通語로서의 中國語 즉 英語에 대한 강력한 정책으로 해석되는데, 그 發音統一의 기준이 되는 것은 1957년 59년 62년 3회에 걸쳐 제정한 全3編 약 2,000語의「普通話異讀詞審音表」였다. 이후 이것으로써 전국적인 보급운동을 전개하고 있다.

이상은 1955년 10월 全國文字改革會議 대방침에 따라 그 결실을 본 것들이다. 漢族의 北京語 즉 官話(mandarin)를 共通公用語로 재확인했고, 이 원칙 밑에서 漢字의 簡體字와 漢語의 로마字母를 채택한 것이다. 그 두 가지의 並用政策을 취하고 있으나, 이들은 서로 밀접한 관련을 가지고 있다. 1958년 2월 11일에 된 漢語拼音案 즉 로마字表音의 決定案은 동년 가을부터 國語教科書를 비롯한 成人教材의 루비로만 또는 모든 색인에 쓰기 시작했다. 따라서, 사전류의 대개정이 이루어졌고, 동년말부터는 전국적으로 전보에도 사용되기 시작했다. 그러나 이 루비가 곧 로마字의 國字化를 뜻하는 것은 아니었다.

10년이나 걸려서 제정된 이 漢語拼音案은 신중하게 성명한 그 취지와 목적대로 적극 활용하기 시작했다. 이 안이 공포된 후 이미 注音符號는 쓰이지 않게 되었지만, 1960년부터 이것으로 漢字에 루비를 붙여 漢字를 외게 하는 운동을 대대적으로 전개한 것이다. 文字로서는 먼저 北京音을 가르친 다음에라야 漢字를 가르칠 수 있고, 言語로서는 北京音과 漢字를 함께 가르치지 않는 편이 좋다는 것이다. 漢語의 方言으로서는 漢字의 方言에 끌려서 北京音이 좀처럼 외어지지 않게 때문이라고 한다. 또, 실험에 의하면 로마字는 적은 자수이기 때문에, 漢字로써 약 2년 걸리던 識字期間이 2~3주간으로 족하다는데, 드디어 로마字를 아는 사람이 더 많아졌다.

이러한 漢字·로마字의 병용은 장기간에 걸칠 것으로 보이는데, 장차의 그 귀결은 미지수에 속한다.[149)]

---

149) 金敏洙, 「北韓의 國語研究」. 1.共産圈의 言語政策(IV) 中共의 言語政策, pp. 64~65

自由中國(臺灣)에서는 中共에서 로마字로 漢字에 루비를 달아 漢字를 읽게 하는 方法을 취하지 아니하고 中國語의 音韻을 表記하는 記號體系로 만들어진 注音符號를 먼저 學習해야 한다. 自由中國에서는 注音符號를 國民學校에 入學하여 처음 10週에 배우는데, 이때 使用하는 敎材가「國民小學國語課本」 首冊이다. 이 首冊을 10週까지 마치고 나면 第1冊부터 12冊까지를 단계적으로 學習하게 된다. 各冊은 대개 30課(筆者註 筆者가 入手한 최근 敎科書에 의하면 24課씩인데 第1冊이 12課, 第8冊이 28課로 되어 있다) 內外로 되어 있는데, 第8冊(4학년)까지는 모든 漢字에 다 注音符號가 表示되어 있고, 第9冊(5학년)부터는 本冊生字(新出漢字)에만 表示되어 있는데, 이 '本冊生字'가 있어서 學年別 漢字配當의 基準을 짐작할 수 있다.

一字一語一音節이라는 漢字의 原理에 따르면 漢字學習은 곧 語彙의 學習과도 통한다고 할 수 있으며, 따라서 漢字의 學年別 配當은 바로 기본어휘의 범위를 定하는 것과 같다고도 할 것이다.

한편 自由中國에서는 中共式의 略字使用은 하지 않는 것이 特記할 만하다.150)

필자가 調査한 國民小學 國語 本冊生字 統計

國民小學 國語 本冊生字 統計

首冊(一年級 上學期) 中華 69年 8월 初版(1980년), 74년 8월 修正初版(1985년)

第一冊(一年級 上學期) 1978년 8월 初版, 1985년 8월 修正初版
12課 生字數(新出字) 120(+3)( )안은 旣出字 로서 聲調가 다른 漢字數

第二冊(一年級 下學期) 1979년 1월 初版, 1982년 1월 4版
24課 239(+3)

150) 앞의 尹義淳 論文 引用, 語文硏究 33호, p. 82.

第三冊(二年級 上學期) 1979년 8월 初版, 1985년 8월 7版
24課 260자(+7)
第四冊(二年級 下學期) 1980년 1월 初版 1983년 1월 4版
24課 215字(+5)
第五冊(三年級 上學期) 1980년 8월 初版 1985년 8월 6版
24課 232字(+3)
第六冊(三年級 下學期) 1981년 1월 初版 1984년 1월 3版
24課 255字(+13)
第七冊(四年級 上學期) 1981년 8월 初版 1985년 6월 5版
24課 296字(+6)
第八冊(四年級 下學期) 1972년 1월 初版 1981년 1월 10版
28課 231字(+17)
第九冊(五年級 上學期) 1982년 8월 初版 1985년 8월 4版
24課 250字(+10)
第十冊(五年級 下學期) 1973년 1월 初版 1980년 1월 7版
24課 234字(+9)
第十一冊(六年級下學期) 1983年 8월 初版 1985년 8월 3版
24課 231字(+10)
第十二冊(六年級 下學期)1974년 1월 初版 1980년 1월 7版
24課 275字(+10)
上學期用 生字計 1,389字(+39)
下學期用 生字계 1,449字(+57)
總計 2,838字(+96)
年平均 473字
學期平均 236.5字

每冊 뒤에 '本冊生字'라 하여

一. 一來了天太也早
我起亮陽得

式으로 되어 있다. 윗줄은 第一組生字(用大一號的字排印), 아랫줄은 第二組生字(用小一號的字排印)이라 해 있다. 第二組生字

는 書寫要求를 하지 말라 하고 이 冊에서나 다음 冊에서 第一組 生字로 나올 때 書寫要求를 하라 한 것이다.

<敎科編制151)>

自由中國의 경우, 국민소학의 '國語', 中·高敎의 '國文'이라 하는 敎科가 漢文學習을 위한 科目이나, 그들의 言語 자체가 漢字·漢文이므로 이것만이 아닌 全敎科가 漢文敎科나 마찬가지라고 하겠다. 그리고 高校에서는 學年別로 語言文(口語體)과 文言文(文語體)을 1학년에서 40대60, 2학년에서 30대70, 3학년에서 20대80으로 점차 文言文의 比重을 높여가고 있는데, 이것은 文字言語의 重要性, 특히 古典의 理解를 위해서는 당연한 것으로 생각한다.

<時間配當152)>

國民小學 國語 時間配當

學年	1	2	3	4	5	6	計
總授業時數(分)	1,200~1,260	1,200~1,260	1,440~1,530	1,440~1,530	1,710~1,770	1,710~1,770	304,500~319,200分
國語科時數(分)	420	420	450	450	480	480	94,500分
比率(%)	33~35	33~35	29~31	29~31	27~28	27~28	29.6~31.0

中學校 國文 時間配當

學 年	1	2	3	計	分換算
總授業時間(週)	30~32	31~33	31~35	3,220~3,500	160,000~175,000
國語科時數	6	6	6	630	31,500

151) 앞의 尹義淳 論文, 語文硏究 33호, pp. 84~85.
152) 앞 論文, 語文硏究 33호, pp. 86~88.

比率(%)	18.75~ 21.0	18.18~ 19.35	17.14~ 19.35		18~19.56

高等學校 國文 時間配當 ( )안은 年間時數

區分 / 學年	文組			理組		
	週當總時數	國文	比率(%)	週當總時數	國文	比率(%)
1	33(1,155)	6(210)	18.2	33(1,155)	6(210)	18.2
2	35(1,225)	7(245)	20	36(1,260)	5(175)	13,89
3	33~36 (1,120 ~1,260)	7(245)	19.44 ~21.88	32~36 (1,1120 ~1,260)	5(175)	13.89 ~15.62
計	100~104 (3,500 ~3,640)	20(700= 35,000分)	19.23~20	101~105 (3,535 ~3,675)	16(560= 28,000分)	15.24 ~15.84

中國에서는 國民學校課程標準에 國語의 分段目標를 低年級·中年級·高年級으로 하고, 各級別로 '所用되는 國字'를 指導한다고 하였으나 구체적인 漢字는 提示하지 않았다. 다만 國語課本에는 册마다 新出字가 附錄으로 붙어 있으므로, 이것을 가지고 漢字의 學年別 配當을 미루어 짐작할 수밖에 없다.

1	359(+ 6)
2	476(+ 12)
3	487(+ 16)
4	527(+ 23)
5	484(+ 19)
6	506(+ 20)
計	2,838(+ 96)

中學生 以上은 言及할 필요가 없다고 생각된다.

中國에서는 國民學校 6년간에 약 3,000자의 漢字를 배우는데, 國語時間이 총 2,700시간이지만 이 시간만 아니라 全教科를 통하여 漢字로만 學習하므로 실제로는 8,700~9,120시간에 배우는 것이라 할 수 있다. 이것을 한 字當 學習時間으로 풀이하면 國語時間만으로 計算할 때 약 31분 全教科로 하면 100~105분이나 된다.

<漢字의 書寫指導153)>

中國의「國民學校課程標準」(國語)에서는 글씨쓰기에 관한 것을 '寫字'라 하여 低學年에서는 執筆·運筆·寫字姿勢·筆劃·筆順 등, 中學年에서는 그밖에 毛筆의 사용과 寫字工具(筆·墨·紙·硯)의 운용 등, 高學年에서는 中字 小字의 正書·行書의 認識 등에 관하여 指導한다고 하였다. 그리고 時間配當은 1,2학년에서는 說話·讀書·作文과 함께 寫字도 混合教學함을 原則으로 하고 있으며, 3, 4 학년에서는 480분 중 寫字에 60분씩을 配當하고 있다.

(2) 日本의 漢字教育

1)學校教育에 있어서의 漢字

日本의 國立國語硏究所長 林大154)는「日本語의 正書法」155)에서 다음과 같이 말하고 있다.156)

"習慣의 변혁을 論議할 때 크게 말하면 세 가지 생각이 있다고 생각한다. 하나는 將來를 위해 現在의 生活을 改善, 改革해 간다. 理想主義的인 改革을 해야 된다는 생각, 이것이 前의 國字改革의 생각이었던 것으로 생각한다. 그것에 대해 復古主義가 있다. 當用漢字 등에 얽매인 不合理(不都合なる)한 世界를 고쳐 생각하게 하기위해서는 原狀으로 돌아가야 한다. 漢字가나混用文으로서는 當用漢字以前의 상태가 가장 適切했다. 거기에서 再

153) 앞 論文, pp. 92~93.
154) 1913年生.
155) 現代作文講座, 文字と表記. pp. 91~104.
156) 위 책 pp. 95~98.

出發해야 한다는 생각이다.

이 두 생각의 中間에 이른바 現狀肯定主義가 있다. 30年間 行해온 当用漢字體制라는 것의 效果를 認定한 위에 그 不合理한 點을 現實生活 속에서 발견해서 当用漢字 其他를 修正해 가자. 이것이 가장 穩健한 생각일 것이다. 그리고 이것이 현재의 國語審議會의 大勢를 占하고 있는 생각이 아닌가 한다. 現狀肯定主義라고 하더라도 当用漢字를 그대로 肯定하자는 것은 아니다. 現狀에 立脚해서 改定을 하자는 것이다. 實은 第一의 생각처럼 將來를 向해 改革을 推進한다는 생각이 좀더 强해도 좋다고 생각하지만 大勢는 穩健하게 지금 말한 方向을 나아가고 있다.

學校敎育에 대해서도 세 가지 생각이 있다. 그 하나는 아이들을 傳統的인 社會에 집어넣는다(組み入れる)는 것이 敎育, 혹은 國語敎育의 목표라고 생각하는 것이다. 또 그것과 對照的으로 새로운 社會에서의 改革을 어린이들에게 期待하여 새로운 體制를 아이들에게 준다는 생각이 있다. 예컨대 終戰 후의 로마字敎育이란 것이 그런 것이었다고 생각한다.

傳統 위에 서서 發展해 가는 社會에 適應하는 資質, 能力을 養成한다. 그것이 敎育의 所任으로 하는 것이 第三의 생각이다.

一般社會에서 어른이 지금, 約束을 定했다면 아이들도 또 그 約束에 의해 敎育되지 않으면 안 된다. 그 約束은 前進을 위한 것이지 過去를 뒤돌아보기 위한 것이 아니라면 아이들도 또한 前進을 위한 約束을 習熟킬 필요가 있다.

學校敎育에서의 學習範圍는 一般社會의 約束을 우선 目標로 하지 않으면 안 된다.

그러나 學校敎育에는 期間 日數 時間數 등의 制限이 있으니까 學習에는 자연 限度가 있다. 그 學習의 限度가 一般社會에서의 約束의 範圍와 合致하는 것이라면 참으로 多幸이지만 學校의 범위와 社會의 범위를 완전히 一致시킨다는 것은 반드시 쉬운 것은 아니다. 물론 가나表記法이나 가나添記法(送りかな)등과 같이 少數의 포인트를 잡아 法則的으로 다룰 수 있는 것은 학교에서 충분히 學習시킬 수도 있지만 漢字 등에 관해서는 社會에서의 필요는 學校에서의 學習의 限度를 上廻할 것이 아닌가. 一般社會에서 필요한 것은 모두 義務教育期間에 가르쳐 두지 않으면 안 된다고 생각되는 것도 확실히 당연한 것이지만 그를 위해 學習이 粗雜하고 불확실해지면 안된다. 義務教育 동안에는 學習의 차례를 잘 생각한 위에 一般社會의 필요가 學校生活 후에 충분히 획득될 수 있게 基礎的인 能力을 착실히 養育될 수 있도록 하지 않으면 안될 것이 아닌가.

짧은 限定된 時間 中에는 가장 基本的인 중요한 것을 着實, 確實히 把握, 修得하게한다는 것에 主眼點을 두어야 한다. 그 以外의 것, 当用漢字外의 것도 필요에 따라서는 나와도 좋다. 내놓을 필요도 혹은 있을 것이다. 그러나 이런 것들은 읽을 수 있으면 좋은 것이지 쓰이게 한다는 것은 强制할 것 까지는 없다. 着實히 아이들이 習得할 수 있는 것을 習得시켜 將次 平生에 걸쳐 스스로의 學習에 의해 習得해 갈수 있도록 基礎能力을 붙여주는 것이 중요하다고 생각한다.

一般社會와 學校社會外에 여러 特殊한 專門的인 領域이 있다. 여기에는 告示처럼 國民的 레벨로 約束해 놓을 필요가 있는 것은 아니다. 專門學術世界나 藝術世界 등은 구속되지 않아도 되는 自由의 世界다. 또 歷史方面에서는 文字의 制限에 속박되어서는 硏究를 발표할 수 없게 된다. 그런 특수한 것을 가르쳐대는 것보다 어디가 一般社會인가를 생각하는 것이 좋다고 생각한다.

法令이나 公用文의 世界, 新聞이나 放送의 世界 등이 一般社會로서의 代表的 典型的인 것이리라. 그에 準해서 會社 銀行 工場 등 公共의 立場에서 國民을 相對로 한다면 一般社會 속에 집어넣을 수 있을 것이다. 公共的性格을 가진다는 것이 여기에서의 問題로 그를 위해 公的인 約束이 統一的으로 定해지게 되는 것이다. 個人이 무슨 根據를 求하려고 할 때 만일 公共性이라는 것을 論하려면 新聞이나 放送이나 혹은 法令 公用文의 世界의

約束이 그들의 模範이 된다고 생각한다. 그러나 公共性이란 것이 拘束이나 規制란 것이 아니라고 하더라도 共同의 標準을 세워 두는 것에 대해 一種의 義務를 생각하지 않으면 안될 것이다.”

日本의 文字敎育 槪要

諸橋轍次의「大漢和辭典」에는 약 5만字의 漢字가 실려 있는데, 이 가운데서 실제로 사용되는 漢字는 日本의 古典인「古事記」에서 1,600자, 「萬葉集」에서 약 2,000자, 「本朝文粹」에서도 3,000내지 4,000자에 지나지 않는다고 한다.

그들이 敗戰後, 美國敎育使節團의 입김도 있고 해서, 1946년에는 当用漢字 1,850字, 敎育用漢字는 881字로 漢字를 制限 하는 경향이더니 그후로 表意派의 氣勢가 드세어져서 敎育漢字는 996字로 늘어나고 1981년에는 常用漢字 1,945字에 人名用漢字까지 합치면 2,111字의 漢字로 되어 制限이 완화되고 漢字敎育은 더 强化되어가는 추세에 있다.

자세한 것은 3,4로 미루거니와 그들은 國民學校 1학년부터 全敎科에서 學年別로 配當된 漢字(뒤 表 참조)를 混用하고 있으므로, 漢字學習의 機會나 活用面에서는 中國과 비슷하다고 할 수 있으며, 中·高校까지도 漢字·漢文敎育은 국어과와 分離·獨立된 것이 아닌 그 일부로 포함하고 있는 것이 우리나라와 다른 점이다.

現行 小學校 學習指導要領(國語)

小學校 學習指導要領이라는 것이 1968.7 告示로 1971년도부터 施行되어 오던 것인데 改訂된 學習指導要領이 1977.7.23 文部省 告示로 1981.4.1부터 實施되고 있다.[157)]

---

157) 寺本直彦 瀨戶仁 編, 改訂中學校學習指導要領の 展開, p. 226, 1977. 8. 東京: 明治圖書 발행(靑山學院大學敎授 學習指導要領 作成協力者)(文部省 敎科調査官).

이 改訂된 小學校 學習指導要領(國語)에서 漢字敎育에 관계되는 것만을 뽑아 싣는다.

第2 各學年의 目標 및 內容

〔第1學年〕

2. 內容 A 表現(1)

ォ. 別表의 學年別漢字配當表(以下「學年別漢字配當表」 의 第1學年에 配當된 漢字中 70字쯤의 漢字를 읽고 그 大体를 쓸 것)

ヵ. 文 中에서 漢字를 適切히 使用할 것.

[第2學年]

2. 內容[言語事項](1)

ェ. 學年別漢字配當表의 第1學年 및 第2學年에 配當된 漢字 中 220字쯤의 漢字를 읽고 그 大体를 쓸 것.

ォ. 學習한 漢字를 文이나, 文章 中에 自進해서 使用하도록 할 것.

[第3學年]

2. 內容 [言語事項](1)

ェ. 學年別漢字配當表의 第1學年부터 第3學年까지에 配當된 漢字 中 410字쯤의 漢字를 읽고 그 大体를 쓸 것.

ォ. 學習한 漢字를 文章 中 바르게 使用하도록 할 것.

[第4學年]

2. 內容 [言語事項](1)

ゥ. 學年別漢字配當表의 第1學年부터 第4學年까지에 配當된 漢字 中 610字쯤의 漢字를 읽고 그 大体를 쓸 것.

ェ. 學習한 漢字를 文章 中에서 바르게 使用하도록 할 것.

[第5學年]

2. 內容[言語事項](1)

ゥ. 學年別漢字配當表의 第1學年부터 第5學年까지에 配當된 漢字 中 800字쯤의 漢字를 읽고 그 大体를 쓸 것

ェ. 文章 中에 있어 漢字가 하고 있는 구실[役割]을 理解하고, 알

고 있는 漢字를 文章 中에서 適切히 使用하도록 할 것.

ォ. 漢字의 由來, 特質, 構成 등에 대하여 初步的인 知識을 가질 일.

[第6學年]

2. 內容 [言語事實](1)

ゥ. 學年別漢字配當表의 第1學年부터 第6學年까지에 配當된 漢字를 포함해서 1,000字쯤의 漢字를 읽고 그 大体를 쓸 것

ェ. 漢字가나混用의 形態인 現代의 文章 中에 漢字가 하고 있는 구실에 對한 理解를 깊이, 알고 있는 漢字를 文章 中에서 適切히 使用하도록 할 것.

ォ. 假名 및 漢字의 由來, 特質 등에 관해서 理解를 깊일 것.

A. 表現

(2) 毛筆을 使用하는 書寫의 學習은 第3學年 以上의 各學年에서 行하고 硬筆에 의 한 書寫의 能力의 基礎를 기르도록 指導하여 文字를 바르게 쓸 수 있도록 할 것. 그리고 毛筆을 使用하는 書寫의 指導에 충당하는 授業時數는 各學年 각각 年間 20單位 時間程度로 할 것.

(3) 漢字指導에 있어서는 學年別漢字配當表에 보인 漢字의 字體를 標準으로 할 것.

學年別漢字配当表

第一學年	一 右 雨 円 王 音 下 火 花 学 気 九 休 金 空 月 犬 見 五 口 校 左 三 山 子 四 糸 字 耳 七 車 手 十 出 女 小 上 森 人 水 正 生 青 夕 石 赤 千 川 先 早 足 村 大 男 中 虫 町 天 田 土 二 日 入 年 白 八 百 文 木 本 名 目 立 力 林 六 (76字)
第二學年	引 雲 遠 何 科 夏 家 歌 画 回 会 海 絵 貝 外 間 顔 汽 記 帰 牛 魚 京 教 強 玉 近 形 計 元 原 戶 古 午 後 語 工 広 交 光 行 考 高 黃 合 谷 国 黑 今 才 作 算 止 市 思 紙 寺 自 時 室 社 弱 首 秋 春 書 少 場 色 食 心 新 親 図 数 西 声 星 晴 切 雪 船 前 組 走 草 多 太 体 台 池 地 知 竹 茶 昼 長 鳥 朝 通 弟 店 点 電 冬 刀 当 東 答 頭 同 道 読 南 馬 買 売 麦 半 番 父 風 分 聞 米 歩 母 方 北 每 妹 明 鳴 毛 門 夜 野 友 用 曜 來 楽 里 理 話 (145字)
第三學	悪 安 暗 医 意 育 員 院 飲 運 泳 駅 園 横 屋 温 化 荷 界 開 階 角 活 寒 感 館 岸 岩 起 期 客 究 急 級 宮 球 去 橋 業 曲 局 銀 苦 具 君 兄 係 軽 血 決 県 研 言 庫 湖 公 向 幸 港 号 根 祭 細 仕 死 使 始 指 歯 詩 次 事 持 式 実

<table>
<tr><td>年</td><td>写 者 主 守 取 酒 受 州 拾 終 習 週 集 住 重 所 署 助 昭 消 商 章 勝 乗
植 申 身 神 深 進 世 整 線 全 送 息 族 他 打 対 待 代 第 題 炭 短 着 注 柱
帳 調 直 追 丁 定 庭 鉄 転 都 度 投 島 湯 登 等 動 童 内 肉 農 波 配 畑 発
反 坂 板 皮 悲 美 鼻 氷 表 秒 病 品 負 部 服 福 物 平 返 勉 放 万 味 命 面
問 役 薬 由 油 有 遊 予 洋 葉 陽 様 落 流 旅 両 緑 礼 列 路 和 (195字)</td></tr>
<tr><td>第
四
學
年</td><td>愛 案 衣 以 囲 位 委 胃 印 英 栄 塩 央 億 加 貨 課 芽 改 械 害 各 覚 完 官
漢 管 関 観 願 希 季 紀 喜 旗 器 機 議 求 救 給 挙 漁 共 協 鏡 競 極 区 軍
郡 型 景 芸 欠 結 建 健 験 固 功 候 航 康 告 差 菜 最 材 昨 刷 殺 察 参 散
産 残 士 氏 史 司 姉 試 辞 失 借 種 周 宿 順 初 省 唱 照 賞 焼 臣 信 真 成
清 勢 静 席 積 折 節 説 浅 戦 選 然 争 相 倉 想 象 速 側 続 卒 孫 常 隊 達
単 談 治 置 貯 腸 低 底 停 的 典 伝 徒 努 燈 堂 働 毒 熟 念 敗 倍 博 飯 飛
費 必 筆 票 標 不 夫 付 副 紛 兵 別 辺 交 便 包 法 望 牧 末 満 脈 民 約 勇
要 養 浴 利 陸 良 料 量 輪 類 令 冷 例 歴 連 練 老 労 録 (195字)</td></tr>
<tr><td>第
五
學
年</td><td>圧 易 移 因 永 営 衛 益 液 演 往 応 恩 仮 果 河 過 価 賀 快 解 格 確 額 刊
幹 慣 観 眼 基 寄 規 技 義 逆 久 旧 居 許 境 興 均 禁 句 訓 群 軽 潔 件 券
険 検 絹 限 現 減 故 個 護 効 厚 耕 構 講 鉱 混 査 再 災 妻 採 際 在 財 罪
雑 蚕 酸 賛 支 示 志 師 資 似 児 識 質 舎 謝 授 収 修 衆 祝 述 術 準 序 除
招 承 称 証 条 状 常 情 織 職 制 性 精 政 製 税 責 績 接 設 舌 絶 銭 善
祖 素 総 造 像 増 則 測 属 損 退 貸 態 団 断 築 張 提 程 敵 適 統 銅 導 特
得 徳 独 任 燃 能 破 犯 判 版 比 非 肥 備 俵 評 貧 布 婦 富 武 復 複 仏 編
弁 保 墓 報 豊 防 貿 暴 未 務 無 迷 綿 輸 余 預 容 率 略 留 領 (195字)</td></tr>
<tr><td>第
六
學
年</td><td>異 遺 域 壱 宇 羽 映 延 沿 可 我 灰 街 革 拡 閣 割 株 干 巻 看 勧 簡 丸 危
机 揮 貴 疑 弓 吸 泣 供 胸 郷 勤 筋 系 径 敬 警 劇 穴 兼 憲 権 源 厳 己 呼
誤 后 好 孝 皇 紅 降 鋼 刻 穀 骨 困 砂 座 済 裁 策 冊 至 私 姿 視 詞 誌 磁
射 捨 尺 釈 若 需 樹 宗 就 従 縦 縮 熟 純 処 署 諸 将 笑 傷 障 城 蒸 針 仁
垂 推 寸 是 聖 誠 宣 専 染 泉 洗 奏 窓 創 層 操 蔵 臓 俗 存 尊 宅 但 探 段
暖 値 仲 宙 忠 著 庁 兆 頂 潮 賃 痛 展 党 討 糖 届 難 弐 乳 認 納 脳 派 拝
肺 背 俳 班 晩 否 批 秘 腹 奮 陛 閉 片 補 宝 訪 亡 忘 棒 枚 幕 密 盟 模 矢
訳 郵 優 幼 羊 欲 翌 乱 卵 覧 裏 律 臨 朗 論 (190字)</td></tr>
</table>

現行 中學校 學習指導要領(國語)

中學校 學習指導要領이라는 것이 1969.4 公示로 1972년도부터 施行 되어 오던 것인데 그 전부를 改正하여 1981.4.1부터 實施되고 있다.(1977.7.23 文部省 告示)

이 改訂된 中學校 學習指導要領(國語)에서 漢字敎育에 관계되는 것을 싣는다.

第 2 各學年의 目標 및 內容

[第 1學年]

2. 內容 言語事實(2)

イ. 漢字의 楷書와 假名 쓰기를 익숙하게 하고 쉬운 行書의 基礎的인 書法을 理解하여 쓸 것.

B. 理解[言語事項]

(2) 漢字에 關한 다음 事項에 대하여 指導 한다.

ア. 小學校學習指導要領 第2章 第1節 國語의 學年別漢字配當表(以下「學年別漢字配當表」 라고 한다)에 보인 漢字의 읽기에 익숙하게 되고 다시 其他의 当用漢字를 250字쯤에서 300字쯤까지 읽을 것.

イ. 學年別漢字配当表의 漢字 중 900字정도의 漢字를 쓸 것. 또 그 以外에 上記 ア에서 學習한 當用漢字에 대해서도 必要한 경우, 適切하게 使用할 수 있도록 노력할 것.

[第 2學年]

2. 內 容

A. 表現(2)

イ. 漢字의 楷書나 쉬운 行書와 調和된 假名의 書法을 理解해서 쓸 것.

B. 理解[言語事項]

(2) 漢字에 關한 다음 事項에 대하여 指導한다.

ア. 第1學年에 學習한 当用漢字의 읽기에 익숙하게 되고 다시 其他의 当用漢字를 300字쯤에서 350字쯤까지 읽을 것.

イ. 學年別漢字配當表의 漢字를 主로 하여, 1,000字정도의 漢字를 쓸 것. 그 其外 上記 ア에서 學習한 当用漢字에 대해서도 必要한 경우. 適切히 使用 할 수 있도록 노력할 것.

[第 3學年]

B. 理解[言語事項]

(2) 漢字에 관한 다음 事項에 대해 指導한다.

ア. 第2學年까지에 學習한 当用漢字의 읽기에 익숙하게 되고 다시 그 밖의 当用漢字도 읽을 것.

イ. 學年別漢字配當表의 漢字를 主로 하여, 1,000字 정도의 当用漢字에 대하여 使用에 익숙하게 하고 또 그 以外에 上記 ア에서 學習한 当

用漢字에 대해서도 必要한 경우, 適切히 使用할 수 있도록 노력할 것.

그런데 改訂 中學校學習指導要領의 展開 國語科編 Ⅳ.새로운 中學校國語科의 內容 中 그 漢字에 關한 事項[158] 이 나와 있다. 옮겨보면 다음과 같다.

(1) 改訂의 概要

漢字에 대하여는 從來의 것과 그다지 큰 변화는 없다. 그것은 表面上의 일이고 담겨 있는 意味內容, 漢字指導를 둘러싼 狀況에는 꽤 변화가 있다. 漢字指導의 國語科敎育에서 차지하는 몫에는 큰 것이 있어「漢字를 모른다」라는 것은 國語學力의 不足을 말하는 일이 많은 것이다. 当用漢字가 制定되었을 때에는 美國敎育使節團으로부터의 로마字 移行의 示唆도 있어 漢字制限의 氣運이 充溢해 있었다. 지금은 크게 情勢가 변하여 音訓이 늘고 熟字訓·借字訓(当て字訓)까지 採用된 外에 当用漢字數를 增加 시키는 案까지 발표되어 있다. (필자註 81년 10월 当用漢字라는 이름으로 1,945字로 됨) 漢字指導를 둘러싼 狀況은 嚴한 것이 있다고 말하지 않으면 안 된다.

國語의 授業時數削減, 音訓의 增加, 그리고 또 謁(謁見), 寡(寡婦), 款(借款)과 같이 최근 어른 사이에서도 별로 쓰이지 않는 漢字조차 있다. -当用漢字의 字種에도 改訂의 필요가 생겼다. - 따라서 当用漢字 전부의 指導는 하지 않아도 된다는 것으로 하자는 생각도 있었으나, 審議結果는 從來의 범위를 바꾸지 않고 義務敎育이 끝날 때까지에, 当用漢字의 전부를 읽도록 했다. 但, 읽을 수 있도록이 아니라, 「읽을 것」(讀むこと)으로 했다.

쓰기 漢字에 대해서도 義務敎育이 끝날 때까지에, 小學校에서 指導하는「學年別漢字配当表」의 漢字全部를 使用할 수 있게 하는 것은 종래대로지만, 從來「……완전 使用(使いこなすこと)」이

158) 위 책 Ⅳ. 新しい 中學校 國語科の內容, pp, 147~150.

라고 있는 곳을「使用에 익숙해 질것(使い慣れること)」이라고 해서 指導의 程度의 輕減을 꾀했다.

그리고, 言語事項(1)의 カ에, 「……音聲과 文字……」 라고 있어, 그「文字」 中에, 漢字와 当用漢字에 대해서도 포함되어 있는데, 그 解說은 (1)의 解說로 돌리고 여기에서는 (2)의 內容의 解說에 그치기로 하겠다.

(2) 漢字의 읽기

第1学年

ア. 小学校学習指導要領 第2章 第1節 國語의 学年別漢字配当表(以下「学年別漢字配当表」 라고 한다)에 보인 漢字의 읽기에 익숙해지고 그 위에 그밖의 当用漢字를 250字쯤에서 300字쯤까지 읽을 것.

第2学年

ア. 第1学年에서 学習한 当用漢字의 읽기에 익숙해지고 그 위에 그밖의 当用漢字를 300字쯤에서 350字쯤까지 읽을 것.

ア. 第2学年까지에 学習한 当用漢字의 읽기에 익숙해지고, 그 위에 그밖의 当用漢字도 읽을 것.

「学年別漢字配當表」 라고 하는 것은 小学校 1~6年에 学習시킬 漢字로 当用漢字別表에 그밖의 當用漢字에서 115字를 選定해서 보태어 各学年에 配當한 表(996字)를 가리킨다.

어느 學年에 있어서도 前學年에서의 學習漢字의 읽기에「익숙해지는」 것을 指示하고 있다. 1學年의 경우는, 小學校에서의 學習漢字 996字의 읽기에 익숙해지도록 하는 것인데, 小學校에서는 그 996字에 대해 그 音訓 전부를 다루는 것은 아니다.(Ⅳ-§4-4 參照) 또, 다루어진 音訓 전부에 習熟해서 中學에 나아가게 되어 있는 것도 아니다.「익숙해진다(慣れる)」 함은 辭典(玉篇)을 찾지 않고도 읽을 수 있게 되는 것이다. 즉 習熟을 뜻한다. 2, 3학년의 경우, 全學年에서는 '읽는다(讀む)'였었는데, 1年後에는 이것을 習熟시킬 것을 보인 것이다.

字數에 대해서는

第1學年 250字쯤에서 300字쯤
第2學年 300字쯤에서 350字쯤

이 되며, 따라서 第3學年에서는 300字쯤에서 200字쯤이 된다. 이 字數는 当用漢字 全部를 義務教育 끝날 때까지에 배우게 하는 趣旨에서 나온 것이다. 그리고, 字數의 幅을 50字 줄여 있는데, 이것은, 각 學年에서의 新出漢字數의 平均化를 꾀한 것이다. 44年版(1969년)에서는 教科書에 의해, 각 學年의 學習字數의 差가 큰 위에 3年에서는 300字쯤에서 100字쯤으로 되어 있어 더 幅이 增大한다. 改訂에서는 輕減이 꾀해져 3年에서의 習熟字數의 上限이 종래의750字에서 改訂後는 650자로 100字 輕減된다.

(3) 漢字의 쓰기

第1学年
イ. 学年別漢字配當表 의 漢字 中 900字 정도의 漢字를 쓸 것. 그리고 그外에 上記 ア에서 学習한 漢字에 대해서도, 필요한 경우, 適切히 使用하도록 노력할 것. イ. 学年別漢字配當表의 漢字를 主로 해서, 1000字 정도의 漢字를 쓸 것. 그리고,(以下 1年의「그리고」以下의 文句와 같음)
イ. 学年別漢字配當表의 漢字를 主로 해서, 1,000字 정도의 当用漢字에 대하여 그 使用이 익숙해질 것. 그리고,(以下「그리고」以下의 文句와 같음)

종래, 小學校에서 다루어온 約 1,000字 中800字 정도를 쓸 수 있도록 생각했었다. 中學 1年에서는 그것에 100字 정도를 보태어, 2年에서 1,000字 전부를 쓸 수 있고, 3年에서는 충분히 익숙해지도록 規定했다. 종래의「완전使用(使いこなす)」이란 어느 音訓에 대해서도 使用할 수 있다는 뜻으로도 해석이 되어서, 그

것은 不可能에 가깝다. 그래서, 配當表 漢字 中의 필요한 音訓에 대하여는 충분히 使用할 수 있도록 해야 된다는 데서「使用에 익숙하도록(使い慣れる)」으로 字句가 고쳐졌다. 여기에서도 字種을 보이지 않은 것은, 指定하기가 어렵다는 것과 指定의 弊害를 생각해서다.

또한 第2·第3學年에서「……主로 (主として)」라고 表現한데가 있으나, 이것은 學年別漢字配當表에 字種指定으로 996字밖에 없으므로 그 以外의 習得까지도 포함해서라는 것이다.「그리고」以下의 글은, 漢字를 될 수 있는 대로 많이 使用할 수 있도록의 趣旨로,「1,000字程度」의 字句에 구애됨이 없이, 읽기로 學習한 漢字를 될 수 있는 대로 使用하도록 奬勵한 것이다. 이 글 가운데에,「필요한 경우, 適切히 使用하독록」이라고 한 것은 漢字가 하나하나, 가지고 있는 意味를 살려서 使用하는 것으로서 덮어놓고 漢字를 쓰게 하자는 것은 아니라는 指導上의 注意를 포함한 것이다.

(齋藤 喜門)159)

Ⅳ. 指導計劃의 作成과 學習指導의 展開

§1. 指導計劃의 作成과 각 學年에 걸친 內容의 取扱

1. 漢字를 主로 하는 指導

漢字指導에 대해서는 指導要領에 씌어 있는 字句 中 몇 가지 前提條件이나 內包하는 뜻(ふくみ)이 있다. 다음에 그것들을 중심으로 指導의 配慮的인 것을 말하고자 한다. 이 책의 性格上 여기에서는 이른바 漢字의 效果的인 指導法이라는 것으로는 쓰지 않기로 했다.

159) 齋藤喜門, お茶の水女子大學 附屬中學校 學習指導要領 作成協力者.

(1) 하나하나의 漢字의 音訓은 小·中·高別로 配當되어 있다. 小學校에서는 指導하는 漢字를 學年別로 配當해 있다. 그러나 하나하나의 漢字에는 몇 개의 音이나 訓이 있고, 그 音과 訓 중에는 小學校에서는 고사하고 中學校에서도 指導가 곤란한 것이 있다. 漢字는 語彙를 規定하는데, 音訓에 따라서는 小學校 또는 中學校까지의 학생의 生活, 또는 教材 中에 提出 곤란한 語彙밖에는 가지고 있지 않은 것이 있다. 예컨대 女·青·白 등은 小學校 1년생의 配當漢字지만 ニヨウ(女房)シヨウ(綠青) ビヤク(黑白·白夜) 등은 中學校에서도 提出困難한 것이다. 지금까지에는 字種만의 指定으로, 따라서 어느 하나의 음 또는 訓으로 初出은 끝나는 정도의 漠然한 規定이었다.

그런데 73년 6월에 当用漢字新音訓表가 告示되어 音訓이 357 增加한 外에 附表(熟字訓) 106개가 덧붙었다. 그것을 機會로「音訓等調査研究協力者會議」가 발족하여 大大的인 調査 아래 小·中·高別로 學習音訓을 구분했다. 그 결과 3585音訓이 다음과 같이 配分되어 있다.

小學校學習漢字 996字 중, 小, 1723, 中 228, 高 117音訓
中學校學習漢字 854字 中, 小 0, 中 1,286, 高 125音訓
附表語 106語 중 小 32, 中 45, 高 29語
計 小 1,755, 中 1,599, 高 271

이것은 學習指導要領이 가지는 것과 같은 基準性 내지는 拘束性을 가지는 것은 아니지마는 實質的으로 教科書 편집에 넣어져 小學校 77년도, 中學校 78년도, 高等學校 79년도 使用의 教科書부터 實施된다. 그리고, 協力者會議에서는 高校에서의 學習字訓은 高校入試에 出題하지 않도록 强力히 要望하였다. 이런 配分도 中學校의 경우, 音訓 합해서 하나밖에 없는 漢字는 考慮外로 되어 問題가 남아 있다.

實際指導에서는 小中高別을 일일이 意識해서 指導하는 일은 번잡해서 不可能하겠으나 教材化나 테스트問題 作成 때는 주의

하는 일이 肝要하다고 생각한다. 그리고 이의 詳細한 報告는 教育科學國語教育 No.228,229에 藤原視學官이 했으므로 참고로 하기를 바란다.

(2) 루비를 달아두는 것도 괜찮게 되었다.「天」의 アマ는 中學校에 配當된 訓이지만「天の川」라는 말을 提出할 때에는 小學校의 경우에는 'あまの川'라고 표기하지 않고「天(あま)の川」라고 루비를 달기로 한다. 이것은 中學校의 경우도 한가지로, 1年生에 250~300字를 新出로 다루지만 이 以上이라도 또 그 범위 안에서의 高校配當의 音訓이라도 필요하면 루비를 달아 써도 좋은 것으로 하였다.

이것은 協力者會議席上에서 諒解가 되어 教科書檢定에서 考慮하게 될 것으로 생각된다.

(3) 될수록 많이 使用케 하여 漢字에 관심을 가지게 한다. 敗戰직후부터 잠시 漢字輕視의 風潮가 教育界나 言論界 사이를 뒤덮었으나, 그 決算이 지금 와 있는 感이 있다. 作文은 물론이요, 평소에 쓰는 日記나 記錄 등 漢字로 써야 할 말이 가나表記로 해버린다든지 誤字, 借字(当て字)가 많기도 해서 漢字力 뿐이 아니라 漢字에 대한 태도가 이토록 떨어졌는가 하고 생각게 하는 狀況이다. 漢字力은 바르게 읽고 意味를 明確히 하고 바르게 使用한다는 태도가 안 되어 있으면 몸에 붙지를 않으며, 많이 使用함으로서 知識도는다. 學習指導要領의 漢字의 項イ에「그리고(なお)」라고 한 것은 **이것은 1,000字에 구애되지 않고 學習한 漢字는 되도록 쓰기(書寫)를 할 수 있도록 해주었으면 하는 趣旨다.** 또 읽든지 쓰든지에 노력하여 辭典·玉篇(辭書)을 찾을 수 있도록 한다. 國語時間에는 옆에 언제든지 辭書가 있도록 했으면 좋겠다.

國語指導에 있어서 表現內容이 漢字나 語句에 언제든지 優先해 있지 않은가. 혹은 力點이 主題나 要旨, 事物을 보는 법, 생각하는 法에만 놓여 있는 것이 아닌가를 反省하고, 基礎力으로서의 漢字의 읽기 쓰기를 착실히(きちんと) 指導하여 社會의 要望에 應할 필요가 있다.

(齋藤 喜門)

以上 現行 小學校 學習指導要領과 現行 中學校 學習指導要領은 아직 當用漢字 實行 당시의 것이다.

1981.10.1 內閣告示의 現行 常用漢字表--1,945字를 教育에서 어떻게 다룰것 이냐에 대해서는 그 表中 其他關聯事項 "1.學校教育用 漢字"에서 말했듯이 "常用漢字의 趣旨, 內容을 考慮하여

漢字의 教育이 適切히 行해지는 것이 바람직하다"라고 하고 義務教育기간에 常用漢字表에 들어있는 漢字의 모두를 對象으로 해야 되는 것이 아니라는 柔軟性을 보이고 있지만, 종래의 漢字教育의 經緯를 단단히 알아서(踏まえ)라고 한 것을 보면 역시 가르치기를 바라는 듯한 印象이요, 이것은 學習指導要領 作成協力者인 齋藤喜門의「漢字를 主로 하는 指導」의 解說중 學習指導要領의 漢字의 項 イ에「그리고(なお)」 라고 한 것은 "이것은 1,000字에 구애되지 않고 學習한 漢字는 되도록 쓰기(書寫)를 할 수 있도록 해주었으면 하는 趣旨다"에서도 漢字教育에 대한 적극적인 意志가 보인다. 뿐만 아니라 필자가 만나 본 서울日本人學校教師(85년 봄 日本에서 轉出 해옴)의 말에 의하면 一流高校(특히 私立高校)의 경우, 실제로 常用漢字 범위 안에서 쓰기(書寫)의 出題가 되기 때문에 결국 中學校에서 쓰기의 완성을 목표로 할 수 밖에 없다는 것이다.

그들이 常用漢字의 數를 1,945字로 定한 것이 우연한 것인지는 모르나 敗戰의 해인 1,945년이란 數字와의 一致는 그 풍기는 意志를 看取해야 할 것이다.

다음은 小學校 授業時間配當表다.

教科別授業時間數

年間 35週(1學年은 34週)

	區　分	第1學年	第2學年	第3學年	第4學年	第5學年	第6學年
各教科의授業時數	國　語	272(8)	280(8)	280(8)	280(8)	210(6)	210(6)
	社　會	68(2)	70(2)	105(3)	105(3)	105(3)	105(3)
	算　數	136(4)	175(5)	175(5)	175(5)	175(5)	175(5)
	理　科	68(2)	70(2)	105(3)	105(3)	105(5)	105(3)
	音　樂	68(2)	70(2)	70(2)	70(2)	70(2)	70(2)
	圖畫工作	68(2)	70(2)	70(2)	70(2)	70(2)	70(2)

	家　　庭					70(2)	70(2)
	體　　育	102(3)	105(3)	105(3)	105(3)	105(3)	105(3)
道德의授業時數		34(1)	35(1)	35(1)	35(1)	35(1)	35(1)
特別活動의授業時數		34(1)	35(1)	35(1)	70(2)	70(2)	70(2)
總 授 業 時 數		850(25)	910(26)	980(28)	1,015 (29)	1,015 (29)	1,015 (29)

1單位 時間은 45分 · ( ) 週当 時間數

다음은 中學校 授業時間配當表다.

年間 35週

區分	必修敎科의 授業時 數								道德의 授業時數	特別活動의 授業時數	選擇敎科等에 充當하는 授業時數	總授業時數
	國語	社會	數學	理科	音樂	美術	保健體育	技術·家庭				
第1學年	175 (5)	140 (4)	105 (3)	105 (3)	70 (2)	70 (2)	105 (3)	70 (2)	35 (1)	70 (2)	105 (3)	1,050 (30)
第2學年	140 (4)	140 (4)	140 (4)	105 (3)	70 (2)	70 (2)	105 (3)	70 (2)	35 (1)	70 (2)	105 (3)	1,050 (30)
第3學年	140 (4)	105 (3)	140 (4)	140 (4)	35 (1)	35 (1)	105 (3)	105 (3)	35 (1)	70 (2)	140 (4)	1,050 (30)

1單位 時間은 50分 ·( )안은 週当 時間數

2. 韓國의 漢字敎育

(1) 開化期以前의 漢字敎育

옛날 우리 祖上들에 의해 어린 나이 때에「千字文」이나「類合」

이나「訓蒙字會」에 의해 漢字敎育이 행해진 先驗이 있다.

이것이 해방전에는 日帝에 의해, 해방후에는 한글專用이라는 大義名分에 짓눌려 잊어버리다시피한 것이다.

「訓蒙字會」 라는 책에는 漢字 3,360字를 上, 中 下에 수록해 있는데

上 卷
天文, 地理, 花品 草卉, 樹木, 果實, 禾穀, 蔬菜, 禽鳥 ………

式으로 갈라서 名字마다 音과 訓을 달아놓는 方式을 취하고 있다.

「新增類合」이라는 책에는 漢字, 3000자를 上, 下에 수록해 놓았는데

上 卷
數目, 天文 衆色, 地理 ……

式으로 갈라서 名字마다 音과 訓을 달아 놓는 方式을 취하고 있다.

이와 같은 部門別 漢字排列에 따라 그 漢字의 音과 訓을 가르치는 방식은 오늘에 있어서도 충분히 再評價할 만한 價値가 있는 것으로 생각한다.

(2) 開化期 國語敎科書, 日帝下의 朝鮮語 敎科書는 모두 國漢混用

1894년의 甲午改革은 비록 日本의 政治的主導로 進行되었지만 近世韓國史의 중요한 고비가 된다. 5백년 동안 事大主義의 굴레를 못 벗고 中國과의 主從관계가 당연시되던 절대적 倫理觀을 破棄하고 自立·獨立의 새로운 國家觀·民族觀을 확립하기에 이르렀다.

이 改革 후 書堂式敎育은 退潮되고 近代式學校의 設置, 새로운 敎科書 등으로 進展되어 갔다.

이렇게 해서 學部에 의해 發刊된 初期의 여러 敎科書 가운데에서도 國語讀本은 가장 精髓요, 基本된 敎科書라고 하겠는데 1895년 가을 최초의 國語敎科書로 나온 것이 國民小學讀本이다.

이름은 위와 같지만 內容은 國語讀本이다. 國漢文混用體요, 長文型으로 비교적 정도 높은 漢字가 많이 使用되어 있다.

1895년 겨울에 나온 學部 編輯局 新刊의 小學讀本이 있다. 내용은 主로 歷史的名賢의 行蹟을 중심으로 한 修德 중심의 論理用敎科書의 性格이다. 國漢文混用體인데 앞의 것보다도 어려운 漢字가 많이 사용되었으며 상당히 長文型의 文章이 특징이다.

新訂 尋常小學은 1896년 學部新刊의 國語敎科書다. 3卷3冊으로 國漢文混用體인데 漢字가 쉬워지고 文章도 비교적 短文型이다.

國民小學讀本이 國家·歷史 등이 중심이 된 高次元的인데 反하여 이 책은 生活中心·家庭中心·社會中心 등 비교적 平易한 單元中心으로 엮어져 있다.

그런데 이 敎科書 편찬을 위해 日本人이 고용되었고, 직접 편찬에 參與하였는데 日本의 政治的 침략적 意圖가 이미 敎科書 편찬에까지 미쳐 있는 것이다.160)

初等小學은 1906년 10월에 著作者 國民敎育會, 발행소 역시 國民敎育會의 名義로 發刊되었다.

이 國民敎育會는 新敎育, 民族敎育을 위해 活動한 敎育團體로 國漢混用으로

① 新選 小物理學 1906년 6월刊
② 初等地理敎科書 1907년 7월 5일刊
③ 初等小學 1906년 10월刊

160) 白淳在, 韓國開化期 敎科書 叢書[1]解題 Ⅶ. 亞細亞文化社, 1977. 10. 3. 발행.

④ 大東歷史略 1906년 6월刊
⑤ 新撰 小博物學 1907년 7월刊

등 教科書를 발행했는데 國權回復운동을 머리에 두었기 때문에 철저한 民族主義 思想·獨立愛國思想을 지녔던 韓末의 代表的 教科書의 하나다.161)

特記할 점은 卷1 첫머리에 單語 중심으로

나무. 木 張2
소. 牛 張6
아바지. 父 張7
아우. 弟 張7
어머니. 母 張7
자. 尺 張7

와 같이 한글은 ㄱㄴㄷㄹ行順으로 그 用例 들고 該當漢字를 보였다는 점이다. 張 11까지에 ㅋㅌㅍㅎ行까지의 單語를 들어 있고 張12·13에서는 한글의 基本音節表 가갸거겨式과 과궈놔눠式을 들어 놓았다. 文字指導를 體系的으로 하겠다는 配慮를 해왔다.

그리고 張 14부터는 역시 文字指導를 念頭에 둔 흔적이 歷然하다.

卷 1 張 14 국긔國旗 거북 긔여 가오. 거북 龜
張 15 고양이가, 곱으리고, 거러 가오. 교의 엽헤, 고족상과, 경대가, 잇소. 고양이 猫.
張 16 국화 두 송이가, 곱게, 피였소. 국화 菊
張 17 농부들이, 논에셔, 벼를, 베오. 벼 禾
張 18 대가 무셩ᄒᆞ니, 구경ᄒᆞᆯ만 ᄒᆞ오. 대 竹
張 20 말 한 필은, 돌아보고, 한 필은, 풀을, 뜻고, 두 필은,

161) 白淳在, 韓國開化期 教科書 叢書 [1] 解題 V~VI.

쒸여 오ᄂᆞ이다. 말 馬와 같이 역시 ㄱㄴㄷㄹ의 字母順과 ㄱ(국, 북) ㄴ(논,한) ㄹ(홀, 필, 돌, 풀, 말) ㅁ(밤 張23, 여름 張23, 사람 張25,) ㅂ(곱,엽,집 張24,) ㅇ(양, 송, 농부 張17, 셩 경) ㅅ(잇,엿,밧 張16) ㄺ(붉고 張30) 받침이나 된소리(쏫 張19, 쓰, 쒸 씻ᄂᆞᆫ 張25, 베쨍이 張 31)의 쓰임에 대해서도 配慮를 해 있고 아울러 漢字의 訓指導를 留念하고 있다. 文章은 위에서 들어 보인 例대로 短文型이다.

그런가 하면 部門別 單語指導에도 신경을 쓰고 있는데<밤 栗, 셕류 榴, 살구 杏, 복숭아 挑>,<붓 筆, 벼로 硯, 먹 墨>,<날 日, 달 月, 별 星, 구름 雲>의 예가 그것이다.

卷2에서도 部門別로 語彙확충이나 漢字指導를 하도록 配慮해 있다.

> 第七 혜ᄂᆞᆫ 것
>
> 한아, 둘, 셋, 넷, 다섯, 여섯, 일곱, 여듧, 아홉, 열
>
> 一, 二, 三, 四, 五, 六, 七, 八, 九, 十
>
> 1 2 3 4 5 6 7 8 9 10
>
> 第十二 人의 신톄
>
> 얼골에ᄂᆞᆫ, 耳와, 目과, 鼻와, 口가 잇스니, 耳로ᄂᆞᆫ 듯고, 目으로ᄂᆞᆫ, 보고, 鼻로ᄂᆞᆫ 맛고, 口로ᄂᆞᆫ, 먹으며, 또, 말도 ᄒᆞ오………팔 끗혜ᄂᆞᆫ, 手가, 잇ᄂᆞ이다.
>
> 다리 끗혜ᄂᆞᆫ 足 이, 잇ᄂᆞ이다.

등의 例가 그것이다.

蒙學必讀卷一은 初等低學年用 國語教科書다. 崔在學 編述이라고 하여 있으나 學部에서 발간한 教科用圖書一覽에도 없으므로 學部의 檢認定을 받지 않은 獨自的 出版의 教科書가 아닌가 한다는 것이요, 내용 중 天道教의 記事가 많은데서 天道教를 배경으로 했던 普成館의 刊行이 아닌가 추측하고 있다.

卷頭에 母音(11字) 子音 14字를 들어놓은 다음

가마 가갸거겨고교구규그기ᄀᆞ
나비 마무 너구리 나냐너녀노뇨누뉴느니ᄂᆞ
다리 두루미 도미 다댜더뎌도됴두듀드디ᄃᆞ

와 같은 방식으로 ㅎ行까지의 基本音節表를 가르치게 하고(3~52面까지) 53面에 '과궈 나눠………화훠' 와 같이 合用字를 가르치게 되어 있으며 55面에는 '初終聲通用九字'라 하여 ㄱㄴㄷㄹㅁㅂㅅㅇㅣ 를 들었으며

合字 '감'(56面)의 例를 들어 보이고

가ㄱ각 가ㄴ간 가ㄷ갇 가ㄹ갈 가ㅁ감 가ㅂ갑 가ㅅ갓 가ㅇ강 가ㅣ개(57面)

58面에 '날'의 例를 들어 보이고

나ㄱ낙 나ㄴ난 나ㄷ낟 나ㄹ날 나ㅁ남 나ㅂ납………
나ㅣ내(59面)

式으로 되어 있어 한글의 體系的인 指導를 꾀하였음을 알 수 있다.

最新 初等小學은 1908년 7월 編述겸 發行者 鄭寅琥 명의로 발행된 初等用 國語教科書다. 모두 4卷2冊이다.

한글의 基礎的音韻組織과 活用을 이용한 單元構成의 방법을 택하고 있음은 다른 初等國語教科書의 編製方法이나 內容과 大同小異하다.

特異한 點은 上段에 教師用 小註를 달아 教授에 便하게 했으며 日字別 進度를 표시하여 進度計劃에 따른 教授를 하도록 한 點이다. 1910년 10월 26일字로 韓日合併과 동시에 出版法에 의해 日帝가 發賣 頒布를 금지시켰던 圖書의 하나다.[162]

---

162) 白淳在의 叢書[2] 解題 Ⅶ.

21日 工課로 한글 25字(ˋ포함)를 가르치고(5日工課로) 나서 基本音節(와워 포함)과 받침(ㄱㄴㄷㄹㅁㅂㅅㅣㅇ)을 가르치기로 되어 있다. 6日工課에서 부터는 '그림 그리다(6日工課) 가지 느러져(8日工課) 붓을 드러(9日工課) 션싱을 우러러(10日工課) 나의 코(17日工課) 킈가 커(17日工課)'등 例와 같이 動形容詞가 들어간 主述을 갖춰 있는 글이 보이고 22日工課부터는 文章式으로 되어 있으며 23日工課에서 부터는 漢字가 나타나기 시작한다. 國漢混用인 것이다. 卷2~卷4까지가 모두 國漢混用의 글이다.

3) 白淳在의 叢書 [2] 解題 vii

初等小學은 普成館 著作·發行의 一種의 初等用 國語敎科書다. 정확한 卷數나 發行年代를 알 길이 없다. 다만 卷1이 있을 뿐인데 그것도 뒤가 落張된 것이다.

다른 初等國語敎科書와 編製의 內容이나 傾向은 大同小異한데 다만 다른 점은 "다리 橋, 벼루 硯, 보리 大麥, 소 牛, 아바지 父, 어마니 母, 조 粟, 코끼리 象, 하ᄉᆞ 下士, 과ᄌᆞ 菓子, 국귀 國旗"로 되어 있는가 하면

犬 庭 吠
ᄀᆡᄂᆞᆫ 뜰에서 짓고(36面)
梅 花中 先 開
ᄆᆡ화ᄂᆞᆫ 쏫중에 몬저 고(40面)

와 같이 漢字의 音이나 訓을 가르치는 面에도 神經을 쓰고 있다.[163]

1895년 兪吉濬이 美洲 유학에서 돌아와 學部大臣으로 있으면서 國漢混用體로 西遊見聞을 쓰는 한편 學部발행 小學讀本도 國漢混用으로 쓰는데 진력하였다.

163) 白淳在, 위 叢書[5]解題 Ⅵ, Ⅶ.

그는 1908년 7월 勞動夜學讀本을 편찬했는데 그가 勞動夜學會顧問職에 있으면서 특히 勤勞大衆을 위한 敎育에 至大한 관심을 가졌었다. 그가 美國留學과 西歐一周에서 얻은 새로운 知識 즉 萬人平等思想인 民主主義思想에 뿌리를 둔 것이다.

1面의 揷話를 보면 兪吉濬과 勞動者와의 握手하는 場面의 對話에서 "여보, 나라위ᄒᆞ야, 일ᄒᆞ오, ᄯᅩ, 사람은, 배호아야, ᄒᆞᆸ닌다"는 말은 곧 敎育의 力說 특히 勤勞大衆을 위한 敎育을 强調하고 있는 것이다. 이 책은 1909년 日帝에 의해 治安法違反이란 理由로 禁書 되었던 冊中의 하나다.[164)]

데일과 사람
第一課 人
사람 하날 ᄯᅡ 신령
人은 天과 地 사이에 가장 靈 ᄒᆞ니라

式으로 國漢混用으로 音과 訓을 漢字에 달아놓는 方式을 취해 있다.

新纂初等小學은 1909년 9월 玄采가 편집 발행자가 되어 刊行된 것인데 隆熙3年 8월 28일 私立學校鮮語科初等敎育學徒用으로 學部檢定을 거쳐 나온 國語敎科書다. 6卷 6冊으로 全課程을 끝내도록 編製되었다. 韓末의 敎科書가 日帝에 의해 무수히 禁書의 禍를 입었는데, 이 책은 韓日合邦후인 1913년(아직 朝鮮總督府편찬 敎科書가 나오기 前)에 再版 발행되어 잠정적으로 私立學校用 敎科書로 사용되었다는 점을 미루어 다른 韓末敎科書와는 다른 점이 있다고 보인다.[165)]

卷1을 보면 卷頭에 한글 字母와 音節表를 보이고 第1課~第27課까지에 한글字母와 基本音節表(가갸거겨式, 과궈 와워 화훠式 그리고 終聲 ㄱㄴㄷㄹㅁㅂㅅㅇㅣ 綴字二 각간갈감갑갓강개….를

---

164) 白淳在, 위 叢書[2]解題 Ⅶ.
165)위 叢書[7]解題 Ⅴ, Ⅵ.

을는은 …에헤…)第28課~第41課 소위 9終聲活用, 간단한 曲用活用을 익히기 위한 短文型 文章. 漢字는 第3課부터 가지茄 式으로 漢字의 訓을 익히는 방법을 취했는데 全卷 41課中에 43字의 漢字가 나온다.

卷1	43字
卷2	302字
卷3	374字
卷4	393字
卷5	468字
卷6	412字
	1992字

卷 6까지에 1992字의 漢字가 나오고 卷2 부터는 國漢混用의 글로 되어 있다.

普通學校學徒用 國語讀本은 1907년 2월 學部에서 직접 편찬·발행한 敎科書로 편집만 여기서 하고 印刷는 日本의 大日本圖書株式會社를 거쳐 발행된 것이다. 8권8책 普通學校가 4年制로 1年에 2卷씩을 履修하도록 계획된 것이다. 敎科書 편찬은 1908년까지 進行되어 마지막 8卷이 1908년 3월 발행으로 되어 있다.

1905년 乙巳條約의 부당한 締結은 더욱 韓國民의 國權回復, 自主獨立의 强한 思想을 불러 일으켰고 이에 正比하여 反日·排日思想이 高潮되었다.

또한 이러한 切迫한 狀況을 克服解決 하는 길은 오로지 實力養成과 富國强兵에 있다는 새로운 實學的思想이 팽배했다. 私立學校用 敎科書는 철저한 民族主義 自主獨立主義를 표방하고 反日·排日的인 것이 전반적인 特色이었다. 日帝는 이 排日的敎科書의 一掃를 위해「私立學校令」과 「敎科用 圖書檢定規定」 등을 公布하기에 이르렀다. 1905년 日本人參與官 밑에 委員會를 조직하여 學部敎科用圖書편찬에 착수했다.

이러한 學部편찬 國語敎科書는 이미 日帝의 侵略的 政治性의 底意를 담은 것이라 할 수 있다.166)

이 책은 內容에 있어 日本人의 영향을 받았음은 물론이지만 그 形式面에 있어서도 그 영향을 받은 흔적이 있다. 그것은 한글의 指導方法이 순전히 우리나라 사람의 손에 이루어진 初等小學(國民敎育會 著作), 農學必讀, 最新初等小學, 初等小學,(普成館 著作) 新纂初等小學등과는 다른 점이 눈에 띈다.

그것은 前者들이 한글字母, 基本音節表, 받침 등 順으로 文字指導를 體系的으로 하려 한데 反해 이 책은 第一 처음에 字母(25字)만을 보이고 第1課부터 무 나무 벼 벼루 비 비녀式으로 單語부터 내놓는 方式을 취해 있는 點이다.

第七課까지는 單語 중심(받침 없는), 第八課에서부터는 받침이 있고 소위 重中聲字 들어간 複合語 등, 第十二課부터는 主十述, 主十目十述 등의 簡單한 短文부터 차차 복잡한 短文으로 나갔다. 第二十一課부터는 國漢混用이고 45課로 끝나는데 卷末에는 國文綴字라 하여 基本音節表, 終聲附 밧침(8終聲) 重中聲이라 하여 과궈놔눠 式과 개걔게계式이 나오고 激音 된시옷이라 하여 까꺄式으로 까따빠싸 짜行을 보인 다음 重終聲 둘밧침이라 하여 'ㄺ ㄻ ㄼ ㄳ'받침을 '갉갊갋갃'式으로 들어 놓았다.

그러나 어떻든 卷一 卷末에 한글 音節字를 총망라해 놓은 점은 1學年 1學期로 한글을 모두 깨치는 것을 目標로 한 것이라고 할 수 있다.

卷2부터는 모두 國漢混用인데 漢字를 制限하겠다는 氣色은 전혀 보이지 않는다.

이밖에도 國語敎科書類로 高等小學讀本(徽文義塾 편집부 편찬, 1906년 11월, 中學校用), 樵牧必知(鄭崙秀 著作, 1903년) 녀즈독본(張志淵 편집, 1908년 4월) 婦幼獨習(姜華錫 著述, 1908년 7월) 幼年必讀(學部檢認定 敎科書, 1907년5월) 등167)등이 있다.

---

166) 白淳在, 위 叢書 [7]解題 Ⅴ~Ⅶ.
167) 白淳在, 위 叢書의 解題.

日帝下에서의 國語는 朝鮮語라는 이름 아래 그 教育의 命脈을 이어오던 것인데 그것마저도 1938년에 이르러 隨意科目(지금의 選擇科目)으로 되더니 1942년에는 그나마도 폐지되고 말았다. 이 日帝下의 朝鮮語教科書는 國漢混用이었다. 그 교과서에 대한 論及은 줄인다.

어떻든 甲午更張(1984년)을 고비로 우리나라의 漢文中心의 旧教育은 차차 衰退의 길을 걷다가 日帝下 書堂이나 家庭에서의 漢字내지 漢文教育은 사라져가고 말았다.

(3) 오늘의 漢字教育-한글教科書

해방후에는 美軍政下, 그리고 독립정부 樹立후에는 美國에서 돌아온 大統領下, 한글專用論者들의 政府와의 密月로 한글 專用 方向의 教育으로 一貫되어 오늘에 이르고 있음은 우리나라 漢字 관련사항 略字表에 있는 대로다.

高校 校監 尹義淳은 韓·中·日 漢字教育의 比較[168]에서 우리나라의 漢字教育에 대해 다음과 같이 말하고 있다.

1) 各國의 漢字教育 概要

① 우리나라의 漢字教育[169]

筆者는 本論文을 쓰기까지 準備作業의 하나로 國民學校 現行 教科書에 나오는 漢字語를 調査한 바 있다. 全學年 全科目의 教科書(국민학교·중학교·고등학교 教育課程이 각각 1982년에 바뀌었으므로 이 教育課程에 따라 나온 새 教科書 바로 前 교과서를 말한다.)를 한 자씩 읽어가면서 漢字語를 노트에 옮기고 카드化한 다음, 다시 綜合카드에 옮겨 集註한 결과 人名·地名 등 固有

---

168) 語文硏究 33호, 1982, 봄號. pp. 77~96.
國語教育의 改革을 위하여 - 一線 國語教育의 批判과 提言, pp. 219~236, 韓國語文教育硏究會編 一潮閣, 1986. 10. 30.

169) 위 論文 pp. 78~80.

名詞와 數詞 등을 제외하고서도 總語彙(異語數) 7,757개(表1 참조), 總頻度 116,051개(表 2 참조)라는 많은 語彙를 찾아내었다.

<表1> 現行 國民學校 敎科書의 漢字語 및 그에 필요한 漢字의 種類 統計表

字　母	漢字語	漢字語에 필요한 漢　字	字　母	漢字語	漢字語에 필요한 漢　字
ㄱ	1,256	300	ㅈ	1,134	267
ㄴ	223	24	ㅊ	500	154
ㄷ	428	84	ㅋ	1	1
ㄹ	4	122	ㅌ	169	50
ㅁ	385	107	ㅍ	222	64
ㅂ	666	174	ㅎ	588	164
ㅅ	933	272	計	7,757	2,052
ㅇ	1,248	269			

이것을 分析해 볼 때, 國民學校에서 사용되고 있는 漢字語는 學年이 올라갈수록 幾何級數的으로 그 頻度가 높아지고 있으며, 敎科別로는 國史·社會·實科·道德 등 技術的인 用語나 學術的인 用語가 많은 과목에서 한자어의 使用頻度가 높다고 해석할 수 있다. 따라서 國民學校 敎科書를 배우는데도 이 정도의 漢字語 理解를 바탕으로 하지 않으면 안 될 것인 바, 그 가운데서 異語數가 가장 많은 것을 基準으로 하면 2,000여개요, 전체적으로는 7,700여개의 語彙力이 있어야 한다는 것이다.

그런데 이 漢字語를 理解하기 위해서는 먼저 漢字를 알아야 하므로 本 調査에서 드러난 漢字語에 필요한 漢字(異字)數는 총 2,052개인 바(表1), 결국 完璧한 理解를 위해서는 이 숫자만큼의 漢字知識이 필요하다는 結論이 된다.

그러나 國民學校 課程에서 無限定의 漢字語 使用을 하지 않기 위하여, 適切한 數의 基本語彙를 選定해야 할 것이며, 또한 敎育用漢字 내지 그 學年別 配當도 基本語彙를 바탕으로 選定해야 할 것이다.

우리나라의 한글專用運動은 解放後 朝鮮語學會의 主導下에 漢字廢址와 横書가 學校教育에서 시행되었으나, 當時의 文字生活은 純國文의 學校와 國漢文混用의 社會와의 二元體制였다. 이렇듯 社會에서 한글專用이 실현되지 않으므로 學校에서 제한된 漢字라도 教育할 필요에 부딪쳐 1963년 2월 國民學校 교육과정을 개정하여 1964년 新學期부터 初·中·高에서 1,300字의 범위 안에서 한동안 漢字教育이 이루어졌으나, 1969년 9월 한글專用促進政策에 따라 다시 教育課程을 改正하여 1970년부터는 순한글教育을 실시하기 시작하였다. 이렇게 한글專用과 漢字混用 사이의 많은 論難이 거듭되다가, 1972년 2월 教育法施行令을 改正하여 中學校와 高等學校에 漢文教科를 新設하고, 이어 教育用基礎漢字 1,800字를 새로 選定하여 發表하고 中·高校에 각 900字씩을 配當하기에 이르렀다.

한편 社會의 각 新聞社에서는 각기 2,000자 內外의 常用漢字를 選定·使用하여왔으며, 한동안 한글專用을 지키던「서울신문」도 오늘날에는 國漢文混用을 하고 있어 文字에 대한 認識과 傾向을 짐작하게 해주고 있다.

② 中國의 文字教育(略)

③ 日本의 漢字教育(略)

中國의 文字教育은 本論文에서 '中國의 漢字問題 중 中國의 漢字教育'을, 日本의 漢字教育은 本論文에서 日本의 漢字問題 중 '日本의 現行 常用漢字表일 1,945字'와 '日本의 漢字教育'을 참고할 것.

<表 2> 現行 國民學校 教科書의 漢字語頻度 統計表

學年 / 區分 / 教科	1			2			3			4			5			6			計		平均			
	面數	異語數	延語彙	面數	異語數	延語彙	面數	異語數	延語彙	面數	異語數	延語彙	面數	異語數	延語彙	面數	異語數	延語彙	面數	延語彙	卷當平均異語數	卷當平均頻度	面當平均頻度	語彙平均貧道
도덕*	64 64	44 104	63 253	80 88	139 174	338 485	104 112	318 330	833 817	144 144	847 859	2,214 2,410	144 160	968 1,246	2,714 2,787	160 160	1,016 2,126	3,399 3,500	1,424	19,813	680.8	1.651	13.9	2.4
국어*	112 112	26 47	71 109	120 120	75 118	202 384	144 144	195 360	517 812	152 152	601 603	1,382 1,387	168 168	1,004 1,011	1,190 2,500	176 176	985 1,084	3,645 3,373	1,744	15,626	509.1	1,302	9.0	2.6
국사													136	1,049	3,898	144	1,347	5,955	280	9,853	1,198	4,926.5	35.2	4.1
사회*	56 56	11 43	28 65	72 72	186 227	389 616	88 88	323 426	1,115 1,286	120 120	834 870	3,281 4,884	132	1,177	6,154	128	1,213	5,617	932	23,435	531	2,343.5	25.1	44.1
산수*	80 88	15 26	79 294	88 96	54 112	375 751	112 112	116 133	895 1,384	144 144	193 282	1,768 2,956	152 152	230 347	2,677 3,658	152 152	240 238	2,710 3,398	1,472	20,945	165.5	1,745	14.2	10.5
자연*	48 48	14 25	18 143	60 48	64 47	150 226	80 56	57 79	214 389	80 64	161 154	1,059 789	96 64	221 122	1,055 736	88 64	213 222	1,536 836	796	7,151	114.9	596	9.0	5.2
체육										144	446	1,573	152	558	2,079	168	497	2,520	464	6,172	500.3	2,057	13.3	4.1
음악	56	52	127	64	71	132	63	128	217	64	162	431	64	599	749	64	510	868	375	2,524	253.7	420.7	6.7	1.7
미술	56	49	91	64	46	88	66	80	126	81	148	273	80	224	356	81	522	715	428	1,699	178.2	283	4.0	1.6
실과										120	705	3,026	120	580	2,497	160	920	3,910	400	9,433	735	3.144	23.6	4.3
計	840	平均 38	1,341	972	平均 109.4	4,136	1,169	平均 212	8,709	1,673	平均 490.4	27,433	1,788	平均 666.9	33,050	1,873	平均 795.2	41,982	8,315	116,651	總 7,757	1,487	14.0	15.0
面當平均			1.6			4.3			7.4			16.4			18.5			22.4		14.0				

* 도덕·국어·사회·산수·자연의 숫자:위는 1학기, 아래는 2학기임.

2) 漢字敎育의 制度的 比較[170]

그러면 漢字敎育의 중요성에 비추어 漢字敎育의 현실은 어떤가. 敎科編制와 時間配當, 漢字의 學習段階 또는 學年別 配當, 그리고 書寫指導 등에 관하여 自由中國(以下 中國이라 칭함)·日本과의 比較를 통하여 고찰해보고자 한다.

① 敎科編制[171]

우리나라에서는 國民學校의 경우는 국어과에서까지 한글을 專用하고 있을 뿐이고, 中學校에서는 1969년 敎育課程의 改正으로 漢字·漢文을 廢址하고, 한글專用敎育을 강행하다가, 1972년 漢文敎科가 設置되었다. 동시에 각 學年의 읽기·쓰기 指導事項 가운데 '語彙늘리기'가 있는데, 이 가운데는 日常 사용되는 만큼의 漢字語가 포함되어 있는 것이다. 그러나 '공부할 문제'에서 약간(敎育用基礎漢字의 範圍)의 漢字를 조금씩 學習할 뿐, 漢字語의 대부분이 表音化된 채로, 즉 한글 表記로써 학습되고 있을 따름이다.

高等學校에서는 從來 국어과의 일부로 運營하던 漢文課程을 역시 1972년 漢文敎科로 獨立하여 漢文敎育을 하게 되었는데, 漢文 Ⅰ은 共通必須敎科로 되었고, 漢文 Ⅱ 는 人文系列의 選擇敎科로 되어 있다. 또한 국어과에서 국어 Ⅰ은 共通必須로서 漢字·漢文에 接할 수 있도록 하고 있으며, 敎科書에도 '공부할 문제'에 漢字가 賦課되어 있으나, 人文系列의 選擇敎科인 국어 Ⅱ의 <古典>에서는 '漢文學은 除外'한다고 하였다. 우리 古典의 대부분은 漢字·漢文과의 깊은 관련 속에서 이루어졌는데, 이를 분리해서 古典의 理解를 기대함은 곤란하다고 생각된다.

中國은 漢文이 自國語이므로 우리와는 事情이 다르다 하더라도, 日本은 우리와 비슷한 事情인데 漢字敎育을 위한 編制가 다른 점이 注目된다. 이는 漢字를 自國語 記錄의 必須的인 文字로 보느냐, 外國의 文字로 보느냐 하는 觀點의 차이 때문인 듯하며,

170) 위 論文 pp. 84~89.
171) 위 論文 pp. 84~85.

우리는 한글의 優秀性을 지나치게 강조한 나머지 우리말의 現實을 무시한 것이라 생각된다.

특히 中·高校의 漢文科 獨立은 한글專用의 理想을 實現하기 위하여 계속 努力하되, 다만 東洋의 文化圈에서 孤立하지 않기 위해 漢文敎育을 强化한다는 것이었으나, 국어과와 분리했다 해서 실제로 强化가 된다고 볼 수는 없을 것이다.

漢字가 우리나라에 傳來되면서 수천년 사용되는 동안, 우리의 固有한 漢字音이 形成되고, 우리 實情에 필요한 漢字를 만들어 냈으며, 우리말의 대부분인 漢字語를 적어온 우리나라의 漢字는 이제 國字라 하여도 옳을 것이다. 로마자文化圈에서의 로마字가 共用文字이듯이, 東洋의 漢字文化圈에서 漢字를 共用文字로 보는 것은 당연한 理致라 하겠다.

② 時間配當[172)]

國民學校 바른생활·國語科 時間配當

<table>
<tr><th colspan="2">區分 / 學年</th><th>1</th><th>2</th><th>3</th><th>4</th><th>5</th><th>6</th><th>평 균</th></tr>
<tr><td colspan="2">總週當時間數</td><td>23</td><td>24</td><td>26</td><td>28</td><td>30</td><td>30</td><td>26.8</td></tr>
<tr><td rowspan="2">바른생활</td><td>週當時數</td><td>11</td><td>11</td><td rowspan="2"></td><td rowspan="2"></td><td rowspan="2"></td><td rowspan="2"></td><td>11.0</td></tr>
<tr><td>比 率</td><td>47.8%</td><td>45.8%</td><td>46.8%</td></tr>
<tr><td rowspan="2">國 語</td><td>週當時數</td><td rowspan="2"></td><td rowspan="2"></td><td>7</td><td>6</td><td>6</td><td>6</td><td>6.25</td></tr>
<tr><td>比 率</td><td>27.0%</td><td>21.4%</td><td>20.0%</td><td>20.0%</td><td>23.3%</td></tr>
</table>

<時當40分·年間 34週>

172) 現行 敎育課程에 나타난 바른생활, 國語科(國民學校), 國語·漢文科(中·高校)의 時間配當表다.

中學校 國語·漢文科 時間配當

區分 \ 學年		1	2	3	計<平均>
總週當時間數		32~33	32~34	32~34	96~101
國 語	週當時數	4	5	5	14
	比 率	12.1~12.5%	14.7~15.7%	14.7~15.7%	<13.7~14.6%>
漢 文	週當時數	1	1~2	1~2	3~5
	比 率	3.0~3.1%	2.9~6.3%	2.9~6.3%	<3.0~5.2%>
國漢 計	週當時數	5	6~7	6~7	17~19
	比 率	12.1~15.6%	17.6~22.9%	17.6~22.0%	<16.7~19.8%>

<時 當 4 5 分 · 年 間 3 4 週>

高等學校 國語·英文科 時間配當

3個學年間 (6學期)履修單位 總數 192~204

科目 \ 課程 區分	人 文 課 程		自 然 課 程	
	單 位 數	比 率	單 位 數	比 率
國 語 I	14~16	6.9~8.3%	14~16	6.9~8.3%
國 語 II	14~18	6.9~9.4%	8~10	3.9~5.2%
漢 文 I	4~6	2.0~3.1%	4~6	2.0~3.1%
漢 文 II	4~6	2.0~4.2%		
計	36~48	17.8~25.0%	26~32	12.8~16.6%

<1單位:週1時間(50分)씩 한 學期(17週)>

以上과 같이 우리나라는 敎科時間配當으로 보아도 中國이나 日本보다 적게 되었으며, 中學校의 경우나 마찬가지로 우리나라는 漢字와 漢文을 接하고 학습할 수 있는 기회가 국어와 漢文時間으로 局限된 셈인데 비해, 中國이나 日本에서는 全敎科를 통해서 學習의 機會가 주어진다는 점을 생각할 때, 여기서 말한 時間數나 比率만 가지고 比較하여 약간의 差가 있다고 하기에는

너무도 엄청난 거리가 있음을 否認할 수 없을 것이다.[173]

3)漢字의 學年別 配當[174]

우리나라에서는 國民學校 때에는 漢字를 전혀 指導하지 않기 때문에 中國·日本과의 比較는 할 수가 없다. 그러나 中學校에서 漢文科를 두어 教育用基礎漢字 1.800자 중 900자를 1학년에 350자, 2학년에 300자, 3학년에 250자씩 配當·指導하고 있으며, 국어과에서도 이 範圍의 漢字를 괄호 속에 넣고 單元마다 '공부할 문제'에서 몇 자씩 指導 하도록 하고 있다. 그리고 高校에서는 漢文Ⅰ에 教育用基礎漢字의 법위를 넘지 않는 題材를 選定·指導하도록 하고 있으며, 다만 人名·地名 등의 固有名詞와 學習效果를 위하여 必要하다고 認定되는 漢字는 이를 약간 追加指導할 수 있도록 許容하고 있다. 人文系의 選擇教科인 漢文Ⅱ에는 漢字의 制限을 두지 않고 있는데, 이것은 이미 共通必須教科인 漢文 Ⅰ까지에서 漢文의 基礎가 될 教育用漢字를 다 익힌 것으로 한 段階를 높이 보기 때문일 것 이다. 또한 국어Ⅰ에서도 중학 국어에서와 같이 약간의 漢字(教育用基礎漢字範圍)를 指導하도록 하고 있다.

다음은 韓·中·日의 漢字指導에 대한 學年別 配當을 表로 比較해본 것이다. <表>를 보면 다음과 같은 해석과 아울러 問題點이 提起 된다.[175]

中國에서는 國民學校 6년간에 약 3,000자 남짓한 漢字를 배우는데, 國語時間이 총 2,700시간이지만 이 시간만 아니라 全教科를 통하여 漢字로만 學習하므로 실제로는 8,700~9,120시간에 배우는 것이라 할 수 있다. 이것을 한 字當 學習時間으로 풀이하면 國語時間만으로 計算할 때 약 31분, 全教科로 하면 100~105분이나 된다.

---

173) 위 論文. p. 89.
174) 위 論文. pp. 89~90.
175) 위 論文. pp. 90~92.

<表> 教育用漢字의 學年別 配當比較表

學 校	學年	韓 國	中 國	日 本
國民學校	1		437	76(70)
	2		507	145(220)
	3		543	195(410)
	4		464	195(610)
	5		566	195(800)
	6		509	190(1,000)
	計		3,026	996
中學校	1 2 3	350 300 250		小學校學習漢字+當用漢字 〃 250~300 〃 300~350 〃 餘他 1,000
	計	900		
備 考		教育用基礎漢字의 나머지 900字는 高等學校에 配當하였으며, 漢文과 國語時間에 局限하여 指導함.	中學校 以後는 言及의 必要가 없을 것으로 생각됨	中學校까지 当用漢字學習을 完了함

日本에서는 小學校 6년간에 약 1,000자의 漢字를 배우는데, 國語時間이 총 1,532시간이며, 또한 이 시간뿐 아니라 모든 教科에서 漢字를 段階別로 混用하고 있으므로 실제로는 5,785시간에 배우는 것이라 할 수 있다. 全教科에 漢字가 使用된다 해서 물론 全時間이 漢字學習時間이라고 할 수는 없겠지만, 接觸할 수 있는 機會로 보고, 이것을 한 字當 學習時間으로 풀이할 때 國語時間만으로는 약68분, 全教科로 하면 260분이나 된다. 中學校 3년간의 國語時間은 총 455시간이지만 역시 全教科에서 漢字를 混用하고 있으므로 실제로는 더 많은 시간(3,150시간)에 漢字를 접하는 셈이다. 같은 方法으로 한 字當 學習時間을 풀이하면 國語時間만으로는 22.75분, 全教科로 하면 157.5분이나 된다.

그런데 우리나라에서는 國民學校때에는 漢字를 전혀 가르치지 않다가 中學校에 와서 週當 1~2시간, 3년간에 총 105~175시간의 漢文時間과 주당 4~5시간, 3년간에 총 490시간의 國語時間 중 적은 시간을 할애하여 900字의 漢字를 가르치고 있으므로 이것을 中國이나 日本을 경우처럼 한 字當 學習時間으로 풀이해 보면 漢文時間만으로는 5.25~8.75분, 國語時間을 합해도 29.75~33.3분에 不過하다는 計算이 된다.

여기서 漢字가 그들의 唯一한 言語表記手段인 中國의 경우는 그만 두고라도, 우리와 事情이 비슷한 日本은 어찌하여 小學校에서부터 全教科에서 漢字를 混用指導하고 많은 시간을 配當하고 있을까. 바꾸어 말하면 우리나라에서는 漢字教育을 中學校로 미루었을 뿐 아니라 漢文과 國語時間에 局限해서 하고 있는데 그 結果는 무엇인가. 이 問題에 대하여는 간단히 斷定하기는 어려울 것이나, 다만 言語는 어려서부터 反復學習함으로써 效果를 올릴 수 있다는 것은 英語의 早期教育이 提唱되고 있는 昨今의 傾向으로 보아 우리에게 示唆하는 바가 분명하다고 할 것이다.

專門的이며 學術的인 用語가 대부분 漢字語로 되어 있는 現實에서 漢字의 實力은 곧 語彙力이며, 국어의 學力은 곧 다른 教科와 直結 된다고 생각할 때, 漢字教育은 全教科의 教育力 向上을 위하여 必須的이란 말이 될 것이다.

中國語와 日本語의 教育과 漢字教育을 관련시켜 볼 必要가 있다.

第2外國語인 中國語나 日本語의 學習도 역시 着實하게 다져진 漢字教育의 바탕위에서 始作해야 效果를 거둘 수 있을 것이다. 따라서 漢字教育은 漢文教育에 先行되어야 한다. 漢字의 基礎的能力이 없이 漢文의 理解는 無理하기 때문이며, 오늘날 우리나라의 文字生活이 漢文보다는 漢字語의 理解에 필요한 漢字教育으

옛날 書堂에서도「千字文」을 마친 다음에야「童蒙先習」을 공부하게 하였으며, 「千字文」 學習은 2단계로 하였던 것으로 알고 있다. 처음에는 한자씩 訓·音을 떼어서 공부하고, 그것이 끝나면 한 句씩 붙여서 읽고 文章으로서 해석을 했던 것이다. 그것은

곧 1,000자 程度의 漢字는 理解하고서야 文章의 이해가 可能하다는 것을 오랜 歲月의 經驗을 통하여 깨닫고 거기에서 形成된 敎育의 方法이었다고 생각한다.

이렇게 漢字敎育을 한 다음에 漢文敎育도 해야 하며, 또 앞에서 지적한 바, 第2外國語 즉 中國語나 日本語의 學習도 效果를 올릴 수 있다고 생각한다.

아울러 漢字의 學年別 配當은 국민학교에서 使用되는 漢字語의 頻度를 바탕으로 學年別 基礎語彙를 選定하고 이 漢字語의 表記에 적합한 漢字를 선정하여 基礎漢字로 정한 다음에 해야 할 것이다.

(4)漢字의 書寫指導

文字言語에서 읽기와 아울러 쓰기는 빼놓을 수 없는 重要한 技能이다. 쓰기란 글씨 쓰기와 글짓기를 뜻하지만, 글짓기란 먼저 글자를 쓸 수 있는 다음에 할 수 있는 것으로, 글씨쓰기는 文字理解의 基本技能에 속하며, 여기서는 漢字學習이라는 觀點에 서서 글씨 쓰기 指導에 관하여 살피고자 한다.

國民學校敎育課程에는 물론 漢字의 글씨쓰기에 관하여 言及이 없지마는, 中·高等學校의 敎育課程에서도 국어과에서 바르고 깨끗한 글씨쓰기와 글씨의 나쁜 버릇을 고치도록 指導한다는 一般的인 쓰기指導에 대한 言及이 있고, 漢文科에서는 쓰기指導에 관하여는 별다른 言及이 없다.

結 論[176]

1. 漢字敎育은 漢文敎育에 先行하여 國民學校에서부터 실시해야 한다. 國民學校 敎科書에 사용된 7,000여개의 漢字語를 完全히 理解하기 위해서는 2,000여자의 漢字知識이 必要하며, 漢字

---

176) 위 論文. p. 93.

知識의 基礎 위에서만 漢文敎育도 가능하기 때문이다. 또한 漢字敎育의 基礎 위에서 第2外國語인 中國語나 日本語의 敎育을 할 때, 비로소 學習效果도 올릴 수 있을 것이다.

2. 國民學校에서부터 漢字를 가르치더라도 2,000餘字를 다 가르칠 수는 없을 것이므로 使用頻度가 높고 造語力이 강한 것 가운데서 國民學校 아동의 能力에 맞는 漢字를 선정하여 學年別로 配當해야 한다. 아울러, 이러한 漢字(基礎漢字)에 적합한 어휘(基礎語彙)를 선정하여 國民學校 단계에서 使用할 범위를 정해야 한다.

3. 敎育用漢字는 學年別 配當 범위에서 全敎科에서 混用·指導되어야 하며, 또한 국어시간에도 書寫指導를 통하여 漢字學習의 機會를 더욱 擴充해야 한다.

4. 敎育用基礎漢字는 日常語 表記에 적합한 常用漢字로 해야 한다. 그리고 국민 누구나가 받아야 하는 最低基準인 義務敎育期間(中學校)까지 모두 가르쳐야 할 것이다.

5. 한편, 漢字의 造語力이나 含蓄性·視覺性 등을 强調한 나머지 漢字를 濫用하여 固有語를 소홀히 하는 것은 옳지 못하며, 도리어 古語의 再生과 活用에도 힘써야 할 것이다. 漢字와 漢字語의 排擊은 外國語의 借用만을 더욱 助長해온 것이 이제까지의 우리의 言語現實이었으나, 이를 抑制하고 國語를 醇化하여 더욱 훌륭한 文化語로 가꾸어 나아가야 할 것이다.

(4) 國民學校부터 漢字敎育하라는 論說

李熙昇은 나의 國語觀에서[177]

> 國漢混用의 文章은 表音文字의 特長과 表意文字의 特長, 이 두 가지를 兼하여 利用하는 것이므로 意味의 把握도 正確하고, 讀書의 能率도 높아져서, 가장 理想的인 文字生活이 되는 同時에, 被

177) 語文硏究 38호, pp. 243~249.

教育者 個人들의 知識向上이나, 나아가서는 全國民의 活動能率이 增大되며, 따라서 우리 民族의 文化向上은 刮目할 境地에 이르게 될 것을 確信하여 마지않는다.

西洋史學者 金成植은 "나의 語文觀"에서178)

적어도 學問을 아는 사람에게는 漢字가 不可缺의 글자라고 생각된다. 無識한 사람, 학문의 必要性을 느끼지 않는 사람 또 우물안의 개구리마냥 小兒病的 愛國愛族者들은 한글專用을 固執했고, 하고 있고, 또 할 것이나, 그런 人間은 時代에 뒤떨어진 人間이요, 國民을 暗昧한 지경으로 몰아넣는 사람들이다. 한 가지 웃기는 일은, 어느 한글 主張者는 자기 아들에게 남몰래 자기집에서 漢字를 가르치고 있다는 이야기다.

우리에게 있어서, 漢字는 外國語가 아니다. 우리 祖上의 모든 創造的文化는 漢字로 적혀있다. 우리 國語도 그렇고 그리하여, 漢字를 모른다는 것은 우리 글자의 뜻도 모른다는 이야기가 된다.

그러나 漢字만큼 당장 必要한 글자는 없다. 가령 이웃나라 日本은 漢字를 가르치고도 世界 一流國으로 자처하고 있다. 自由黨시절 技術者 20명을 硏修次 日本으로 보냈었는데, 불과 1週日 만에 돌아온 적이 있다. 漢字를 모르기 때문에 技術訓練을 할 수 없다는 저쪽의 말이었다는 것이다. 過去 40年 가까이 漢字 廢止·한글專用으로 靑壯年層을 文盲狀態로 몰아넣은 것을 생각하면, 教育者의 立場에서 憤痛하기 이를 데 없다.

위에서 말한 바와 같이, 우리는 文化的으로 多元化 社會生活을 하고 있다. 그중에 先決해야 될 것은, 漢字의 復興이다. 아직 우리는 漢文化圈에 살고 있으므로, 國民學校에서부터 漢字를 早期教育하면 쉽게 漢字를 解得하게 되고, 그렇게 되면 日本語나 中國語도 쉽게 배우게 된다. 또 國漢混用하면, 우리 國語도 日本人이나 中國人에게 쉽게 解得되게 될 것이다. 그것이 國際社會의 國際文化交流를 쉽게 하는 길이 된다.

---

178) 語文硏究 44호, pp. 507~510.

辯護士 李太熙는 "國民學校에서의 漢字學習 절대로 어렵지 않다"179)에서

나는 國語學者도 아닌 하나의 法學徒이므로 深奧한 語文觀을 가지고 있을 리도 없다. 그러나 解放 후 한글主義者들이 漢字를 廢止한 데 대하여는 憤慨하지 않을 수 없다.

소위 한글主義者들은 한글과 漢字語에 관한 문제를 冷徹한 理性에 의하여 合理的으로 생각하려는 것이 아니고 感情的으로 다룬다.

日本에서는 國民學校에서는 물론 幼兒園에서부터 漢字敎育을 하고 있다고 한다.

한글主義者들은 漢字가 배우기 어렵다는 것을 들어 漢字廢止의 根據로 삼고 있으나 文敎部에서 定한 常用漢字 1,800字를 國民學校時節에 배운다는 것은 절대로 어려운 일이 아니다. 70세가 넘은 老人層은 다 經驗한 바이겠지만 나는 7세 前後하여 千字文을 數個月內에 다 외웠던 기억이 있다.

쉬운 것만 따르고 어려운 것은 피한다면 高等文化는 있을 수가 없고 低級文化만이 우리 社會에 범람할 것이다.

우리의 個人生活이나 社會生活의 規範은 儒敎, 佛敎, 基督敎등의 宗敎規範에 基礎를 두고 있다. 그러나 그 중에서도 우리 생활에 깊이 파고들어 있는 것은 儒敎의 規範이다. 極端的으로 말하면 漢字語를 廢止하자는 주장은 儒敎의 이와 같은 規範을 廢止하자는 것이나 다름이 없다.

南廣祐는 "國民學校부터 漢字敎育 陽性化하라"180)에서

-國漢混用 교과서로 敎育의 質 높여야-

先進祖國을 志向하는 이 마당에 우리는 한글專用의 未忘에서 벗어나야 한다. 同文化圈의 中共·日本勢의 浮上을 보라. 漢字敎育의 强化없이는 東洋文化圈에서 韓國의 先進化는 어렵다.

---

179) 語文硏究 45호, 卷頭言 1985, 「한글과 漢字」. pp. 194~197.
180) 語文硏究 45호, pp. 14~16, 1985. 4.

漢字말이 당당한 國語요, 漢字가 당당한 國字의 하나임을 인식해야 한다.

國字인 한글과 漢字는 각각 長短點이 있는 바 採長補短하는 國漢混用 체제가 理想的이다. 漢字는 한글의 단점을 보완하는 구실을 하며 視覺性·造語力·縮約力에 있어 한글에 비해 월등하다.

이제 國民學校부터의 漢字敎育 陽性化와 中·高·大에서의 漢字敎育强化를 强力히 촉구한다.

주장의 理由는 다음과 같다.

1.讀書를 위해서는 국어의 70%인 漢字語를 알아야 되며 漢字語를 알기 위해서는 그 母胎인 漢字를 알아야 한다.

日本이 世界第一의 讀書國임은 小學校에서 1,000字를 익히고 中學校까지에 常用漢字 1,945字(敗戰의 해인 1945년과 數字가 일치함에서 그들의 意志를 읽을 수 있다) 배워 讀書力을 기른 결과다. 유치원에서조차 漢字敎育이 행해져 實效를 거두고 있다 한다.

2.~8. 略

9. 義務敎育에서 常用漢字의 읽기만이라도 완성하면 自力으로 책을 읽게 되고 職場生活·社會生活을 편하게 할 수 있다.

우리도 國民學校에서의 漢字敎育을 陽性化하고 각급 學校의 모든 敎科書를 國漢混用으로 하여 敎育의 效果를 高揚하고 讀書하는 國民을 만들어 知力·論理力에 있어 日本을 앞질러야 할 것으로 생각한다.

우리는 中·日과 함께 漢字文化圈의 一員으로 共榮의 길을 가는 것이 先進祖國을 志向하는 이 時點에서 賢明한 길이라고 생각한다.

그는 다시 "敎育改革은 國漢混用으로"181)에서

'國漢文混用은 克日의 捷徑!'

果然 國漢混用이 克日의 지름길임에 틀림없다. 생각해보라. 우리의 땅이 日本보다 넓은가. 人口가 日本보다 많은가 地下資源이 日本보다 豊富한가. 그렇지 못하다. 거기다가 南北으로 갈려 있고

---

181) 總力安保 1985, 2월호,「한글과 漢字」. pp. 145~150.

北漢共産集團과 對峙하고 있는 것이다. 그렇다면, 克日의 길은 없는가? 있다. 知力과 論理力으로 이기는 길이 있다. 아는 것이 많아야 創造力이 생기고, 政治·經濟·文化에 남보다 앞서게 될 것이다.

오늘날 우리는 韓日同伴者時代에 있고 中共과의 交易이나 文化交流를 생각하고 있다. 그들의 浮上은 刮目할 만하다. 그런데 지금과 같은 한글專用 교육으로 知力에 있어 日本에 이기려면 학교교육에서 우리 中學 1년생이 日本의 中學 1년생을 이겨야 되고 우리 大學의 1년생이 日本의 大學 1년생을 이겨야 한다.

2. 漢字常用 모범國(일본·대만)=國民知力向上→自由와 繁榮

日本의 소위 明治維新 以來의 發展이나 第2次 世界大戰 뒤의 經濟大國으로서의 발돋움도 世界最高의 讀書力에 의한 것이라 할 수 있다. 日本人의 讀書力이 높은 것은 漢字·가나混用文에 그 까닭이 있다. 日語는 表意文字인 漢字로 적어야 하는 말과 表音文字인 가나로 적어야 하는 말로 되어 있다. 漢字·가나混用文은 그런 日本말을 적을 수 있는 表記로서, 이것이 讀書能力을 크게 높이고 있는 것이다.

3. 漢字力→國語力→國家力

國語의 70%가 漢字語이니 漢字力→國語力임을 理解할 수 있을 것이다.

漢字는 東洋의 共用文字이며 최근 日本語의 世界進出이 두드러진 것을 보아도 國語力→國家力을 알 수 있을 것이다.

先進祖國 첩경은 意識改革뿐
意識改革 첩경은 教育改革뿐
教育改革 첩경은 教材改革뿐
教材改革 첩경은 國漢混用뿐

옳으며 事理에 맞는 말들이다. 교육은 智育·德育·體育으로 집약된다. 健全한 身體에 健全한 精神이 깃들인다고 하니 몸이 튼튼해야 됨은 물론이다. 그러나 人間은 精神的 存在이므로 智育·德育으로 知力과 論理力도 重視해서 길러야 한다.

우리의 옛文化가 漢字文化일 뿐 아니라 中共勢·日本勢의 틈바구니에 있는 우리다. 같은 漢字文化圈을 形成하고 있는 것이다. 東洋 3國은 漢字와 漢文으로 意思소통을 해왔었다. 漢字·漢文을 알면 우리의 古典은 물론 中國과 日本의 古典도 통독할 수 있다.

이래서 우리는, 初·中·高校 모든 敎科書를 卽時 國漢混用으로, 國交漢字敎育을 卽時 復活하라고 主張하는 것이다.

(5) 國民學校에서 漢字敎育이 必要한 까닭

國語敎育學者 李應百은[182] "學校에서 漢字의 早期敎育의 필요한 까닭"[183]에서

I

가령 '낭림산맥'을 音綴로 배우면 기계적으로 외었다가 기계적으로 잊어버리게 되나, 意綴로 해 '狼林山脈' 곧 '이리가 나오는 숲으로 이어진 산줄기'란 뜻으로 파악하면 그 '이리(狼)'나 '숲'이 印象지어져 한번 배우면 永久히 잊지 않게 된다.

II

오늘날 敎科書에 音綴로만 등장된 漢字語 用語 중에는 일반 國語辭典에 標題語로 收錄되지 않은 것도 許多하다. 이들을 漢字로 表記해 놓으면 漢字를 字典에서 찾아 그 一次的인 뜻을 알 수 있게 될 것이다. 가령 高校「세계사」에 '조도, 채도, 흑도, 회도'가 나

182) 韓國語文敎育硏究會 會長.
183) 韓國語文硏究敎育硏究會 編. 한글과 漢字-國字論의 바른 길-. pp. 206~220.

오는데, 채도 이하는 國語辭典에 '彩陶, 黑陶, 灰陶'로 나오는데, '조도'는 나오지 않는다. 이를 '粗陶'라 表記해 놓으면 '거칠게 지은 陶器'라는 것을 쉽게 類推할 수 있을 것을 배우는 사람들로 하여금 그렇게 困境에 빠지게 한 것이다.

教科書에 漢字를 섞어서 教育하자는 것은 語義를 分明히 깨치고 그 語素를 이루고 있는 漢字들이 서로 결합해서 語彙擴張을 가장 능률적으로 해나갈 수 있기 때문이다. 우리는 나아가서 그들이 成人이 된 뒤 東洋文化圈에서의 문자生活 면에서 孤立되지 않게 하기 위하여 學校에서 漢字教育을 해야 한다.

Ⅲ(略)

Ⅳ(略)

Ⅴ(略)

Ⅵ

다행히 뜻있는 一線教師에 의해 國民學校에서 正課程 외로 漢字學習을 하여 국어 學力은 물론 모든 科目의 성적이 漢字를 모르는 어린이에 비해 비교도 안 될 만큼 올라간 事例가 속속 報告되고 있는 바, 어린이들은 漢字 공부가 재미있는 理由를 다음과 같이 말했다고 했다.

① 생각을 해서 알아냈을 때 기분이 좋다.
② 글자 하나로 여러 가지를 알게 되어 좋다
③ 한자의 훈으로 낱말의 뜻을 알아냈을 때 기분이 좋다.

한편, 漢字공부로 얻는 利益을 다음과 같이 말했다고 했다.

① 생각하는 힘이 생기는 것 같다.
② 모르는 말을 대하면 알고 싶어진다.
③ 어른 新聞을 보고 싶어진다
④ 아는 漢字가 눈에 띄면 기쁘다.

⑤ 玉篇이나 辭典을 자주 보게 된다.
⑥ 다른 공부에도 도움이 되는 것 같다.
⑦ 中學校에 가면 도움이 될 것이다.
⑧ 식구끼리도 漢字에 관심을 갖게 된다.
⑨ 漢字 때문에 칭찬을 자주 듣는다.
⑩ 친구끼리도 자랑이 된다.

이렇게, 어린이들은 漢字學習을 이른 시기부터 實施하는 데에 결코 무리를 안 느끼고 도리어 재미있고 보람 있게 생각하고 있으며, 學父兄들도 한사람의 반대도 없이 기뻐하고 激勵한다고 한다.

이러한 모든 寫實을 감안할 때, 漢字는 최소한 國民學校 入學期부터 국어 教科書에 露出 混用하고, 旣習漢字는 다른 教科書에도 노출 혼용하여 有機的인 反復學習이 가능하도록 教育課程과 教科書를 고칠 것이다.

(6) 漢字教育의 方法

南廣祐는 "國語教育의 綜合診斷"
-특히 初中等國語教育의 正常化를 위해-에서[184)]

具體案:語文硏究 34호(李應百·許元基)
國民學校 漢字教育 資料 [Ⅰ][Ⅱ][Ⅲ][Ⅳ] 語文硏究 34호 南廣祐(略)

具體案 Ⅱ(京畿國校의 경우)
日常 가장 많이 쓰는 漢子말을 주로 만들어 3학년에 200字, 4학년에 250字 5학년에 300字, 6학년에 350字, 計 1,200字의 常用漢字를 글 속에 넣어 教本을 만들어 가르친다.

---

184) 1985. 12. 13 仁荷大 師大 國語教育科 주최, 國語教育의 現場診斷 硏鑽會에서 行한 發表의 內容.

특별히 漢字時間을 두지 않고 每週日의 進度를 提示, 스스로 공부하고 日記글·기타 文章에 활용하여 익히고 進度考査를 치르고 다음 課에 넘어가는 方式을 쓴다. 6학년쯤 되면 新聞을 읽을 수 있으며, 그 밖의 情報매체도 읽을 수 있어 知識과 生活의 폭이 넓어져 있음을 볼 수 있다(語文生活 45호)

具體案 Ⅲ(仁憲國民學校의 경우)

80學年度부터 2학년 以上 하루 한 單語 위주로 授業日에 맞춰 각 학년마다 220單語로 하였다.(總 1,100單語)

漢字는 文敎部選定 1,800字 中에서 각학년 水準을 고려하여 國語科를 토대로 日常用語 중심으로 構成하였다.

單語式敎材로 만든 까닭은 漢文知識이 없는 敎師도 能히 指導할 수 있게 함이다.

實例:永久 길영·오래구, 길고 오램

以上 資料나 事例를 參考로 해서 指導 한다.

3. 中高校에서는 各各 漢文敎科書가 있어 漢文敎育用 基礎漢字를 다루게는 되어 있으나 敎育效果를 높이기 위해 그와는 별도로 國語敎科書를 다룰 때 計劃을 세워 그 音·訓과 漢字語의 발음, 그 뜻을 가르치고 그 쓰기 指導를 할 것이며 語彙敎育에 힘써야 한다.

具體案 全南敎育委員會 常用漢字敎本 中學校用(1984.12)

各學年 300字 計 900字

1학년 敎科書안 238字+敎科書 外 62字

2학년 敎科書안 263字+敎科書 外 37字

3학년 敎科書안 274字+敎科書 外 26字

計 敎科書안 775字+敎科書 外 125字

實例:

將	부 수	획 수	훈	음	출전		Page
					학 년	단 원	
	寸 (마디촌)	8	장수·장차	장	1~2	9~(1) 김종서장군	173

[例文]

① 설사 모든 것을 잃을지라도 아직 將來(장래)가 남아 있다 -보비-

② 將軍(장군)의 적성은 판단과 신중이다. -C. 타키투스·역사-

③ 勇將(용장)밑에 弱卒(약졸)없다 -영국 격언-

[解說]

① 將來라는 것은 가장 값진 재산이다. 다 잃어도 將來만 잃지 않으면 두려워 할 것이 없다.

② 정확한 판단력과 신중한 태도로 적을 대하면 절대 지지 않는다. 그래서 將軍은 판단력과 신중한 태도를 지녀야 한다.

③ 병졸들은 將帥(장수)를 따른다. 將帥가 용감하면 병졸도 용감하다.

[語彙]

*將校(장교):군대의 지휘관

*將來(장래):장차 옴. 앞날

*將帥(장수):군사를 거느리고 지휘하는 사람 ㊒將軍(장군)

*將卒(장졸):以下 뜻풀이는 생략

*將次(장차) *老將(노장)

*猛將(맹장) *名將(명장)

*智將(지장) *勇將(용장)

4. 國·中·高 國語敎育에서 공통적으로 힘써야 할 일

1) 國漢混用으로 日記를 쓰는 일, 計劃과 反省을 위해서도 좋고 文章力이 늘고 맞춤법의 熟達과 漢字쓰기를 익히기 위해서도 좋다.

2) 辭典 字典을 가지게 하고 그 찾기의 生活化 ····自力으로 국어공부 하는 訓練을 위해 必須的이다.

3) 新聞 읽히기, 특히 中·高에서는 小說도 읽고 連載物이나 時事評論이나 社說을 읽혀라 時事評論을 읽고 느낌을 써보기도 하고 社說을 읽어 그 論旨를 간추려 보기도 하며 모르는 漢字는 字典을, 뜻 모르는 漢字말은 辭典을 찾아서 익히도록 指導한다. 이것이 바로 論述考査의 對備策이다.

4) 讀書指導를 하고 讀後感이나 줄거리를 요약하게 한다. 교과서만의 국어공부로 入試準備가 되는 것은 아니다. 國民學校에서는 童話 童謠로 시작해서 中高에 이르러 隨筆 小說등 名作도 좋지만 東洋의 典籍이나 우리의 古典등 스스로 접근 할수 있게 해야 한다. 그러기 위해서 語彙力伸張을 해야 되고 漢字語의 母胎인 漢字敎育의 必要性이 浮刻되는 것이다.

5) 각급학교에서 특히 國民學校 低學年(그 以前이 더 중요하지만)부터 發音敎育을 해야 되며, 그러기 위해 敎師가 師弟同參의 熱意가 필요하다. 맞춤법이나 漢字가 틀리는 것은 부끄럽다고 생각하면서 發音이 틀리는 것은 예사라고 생각한다면 그 것은 잘못이다.

더욱이 英語의 액센트는 바르게 하려고 하면서 내나라 發音에 대해서는 무관심 하다면 크게 잘못이다.

우리는 文化民族이요, 연면히 이어온 傳承發音이 있다.

發音指導例

①② 순우리말(省略)

③ 漢字·漢字말의 長短音例:

긴 소 리····史使四死事 正定整鄭···

짧은소리····師私寺社寫 政丁情貞庭····

긴 소 리····將校 將帥 將兵 將卒 將星

짧은소리····將來 將次 將軍

④ 漢字말의 사이된소리

사이된소리…·肺病 風病 心臟病 流行病 …

예 사 소 리…重病 問病 疾病 熱病…

6) 한글과 漢字가 함께 國字임을 認識해서 指導方法을 연구하면 語彙가 확충되어 國語의 힘이 붙을 것이다.

이 경우, 학생의 自發學習을 誘導하고 칭찬과 격려를 아끼지 말아야 한다.

한글 指導例:(略)

漢字의 指導例:

① 訓蒙字會식 …‘身體’부분에

身體顔面形容頸首頂顔眼目眉肩拳口舌唇齒臂掌指喉咽耳鼻心
肝肺腸胃膽腎胸背腰膝尿髮腹呼吸息膚骨足脚影音聲性情志意
器冷笑涙血汗便糞眠夢覺….

·표의 ‘月’은 ‘육달월’ 즉 肉體의 뜻이 있음

∨표의 ‘口’는 ‘입’과 관계 있는 글자

② 新增類合식…地理

山川溪峯丘岸巖樹林泉洞谷池郊野田原水火塵沙石泥土海島江湖
浪波草木鳥獸

·표는 ‘氵삼수변 물수水변’, ‘물’과 관계 있는 글자들.

③ 部首別…계집녀女변(妻姉妹婦婚姑娘…)얼음빙冫이수변(冬冷凉凍…) 비우雨변(雨雪雲電霜雷霧…)

④ 漢字音別…기(己記起紀忌其期基旗欺幾譏奇寄騎氣技旣氣技旣豈棄祈企飢器妓)

·표는 ‘己’, ∨표는 ‘其’가 音부분

⑤ 訓이 反對거나 비슷한 것

高低 長短 廣狹 晝夜 明暗 吉凶 禍福 優劣 勝敗 善惡 强弱
虛實 京鄕 發着 集散 昇降 斷續 始終 早晚 尊卑 可否 得失
朝夕 起伏 問答 輕重 深淺 眞假 攻防 出缺 安危 主從 表裏

生死 古今 往來 新舊 送迎 功過 正誤 順逆 動靜 有無 進退 貧富 貴賤 是非 曲直 賣買 授受 難易….
思慮 感想 慈愛 憂愁 意思 怨恨 心情 堅固 家庭 知識 肉身 尺度 茂盛 技藝 永遠 恒常 扶助 硏究 施設 神仙 皇帝 仁慈 淨潔 申告 精誠 到達 崇高 洞里 佛寺 希願…

등을 漢字로 써서 가르치면 反對나 類義概念이 쉬 파악되고 思考力이 伸長된다.

⑥ 本籍·現住所·學校이름, 自己姓名·本貫·父母 이름·學校선생님이나 친구 이름, 愛國歌·校訓·級訓 등 生活環境이나 周邊事項에서 漢字指導資料를 취한다.

部首別 漢字音<長短音별 포함>別로 字典을 利用하여 漢字를 自力으로 익히도록 勸奬하고 한달 한번 정도의 試驗으로 成長을 확인하여 칭찬한다.

끝맺이

1. 國民學校 2학년까지 한글을 體系的으로 가르쳐 완전히 깨치게 한다.

2. 國民學校부터 각 교과서를 活用해서 漢字의 音訓指導와 發音指導를 하고 中高를 卒業할 때까지 최소한 基礎漢字 1,800字의 完全習得을 目標로 한다.

3. 日記쓰기·新聞읽히기·冊읽기·辭典 字典찾기 등을 自力으로 하도록 해서 語彙를 확충하고 文章力을 기르도록 한다.

우리가 日本人의 讀書量의 22%라는 統計가 있다. 讀書하는 국민이 되어야겠다.

위 硏鑽會에서 서울教育大教授 鄭愚相도 '國民學校 國語科 教育의 現場診斷'을 통해 "우리 國語의 70%정도가 漢字에 語源를 둔 漢字語로 이루어지고 있다. 이러한 우리말을 漢字指導없이 비슷한 말, 반대말 등을 對照하거나 短文짓기로 指導하고 있으나 그 意味의 正確性이나 單語의 活用性이 부족하여 思考力까지 沮害시키고 있는 實情이다"라고 指摘하고 "造語力이나 語彙擴張이라는 次元에서 볼 때 反省해야 할 점이 있다"라고 했다.

결론으로 語彙指導는 國語의 올바른 理解와 造語力 내지 思考力을 伸張시키기 위해 漢字指導를 하되, 國語敎科書에 露出 시키거나 幷記하지 말고「漢字敎本」을 별도로 制定하여 指導하기를 주장하고 있다.

(7) 國民學校에서의 漢字敎育 現場報告

<責任硏究者> 吳之湖, <補助硏究者> 鄭燦龍 張喜久 金甲植 金冠均은 "國語·國字政策의 方向定立을 위한 硏究"185)-韓國兒童의 思考能力 低下 現象과 그 原因에 대한 調査硏究-라는 硏究를 한 바, 幼兒園·成人班을 제외한 國民學校에서의 漢字敎育 現場報告만을 要約해서 싣는다.

연구의 方法

國民學校에 있어서의 漢字實驗 敎育과 幼兒園 幼兒에 대한 漢字의 早期敎育 및 漢文學院을 통한 成人(한글世代)의 漢字敎育등을 보다 넓게 實施한다. 각 分野別 硏究擔當者는 아래와 같이 결정하여 推進하였다.

指導對象	硏究者名	勤 務 處	適 用 對 象 者
幼 稚 園	鄭 燦 龍	湖南漢文學院	幼 稚 園·園 兒
國民學校	張 喜 久	光州鷄林國民學校	國民學校一,二,三,四學年
國民學校	金 甲 植	서울 冲岩 國民學校	國民學校五, 六學年
成 人 班	金 冠 均	光州YMCA外國語學院	成 人 및 高 校 生

185) 語文硏究 41호, pp. 168~174, 1984,6, 국어교육과 漢字문제, pp. 229~296, 韓國精神文化硏究院, 1985. 3. 15.

研究의 實行

1. 幼稚園 幼兒의 漢字指導(略)

2. 國民學校 全學年의 段階的인 漢字 學習指導

(1) 漢字實驗指導의 內容과 基礎調査:1976년에 漢字實驗指導를 위한 基礎調査 및 問題分析을 바탕삼아 1977년에는 1學年 45명을 對象으로 하여 漢字의 初步指導를 試圖하였다.

(2) 1978년에는 2學年 57명을 對象으로 하여 '漢字基礎指導'를 하였으며, 1979년에는 3學年 64명을 對象으로 하여 漢字의 '深化指導'를 實施하였다.

또한 1980년에는 4學年 65명을 對象으로 하여 亦是 漢字의 深化指導를 한바 있으며, 1981년에는 5學年, 1982년에는 6學年을 계속하여 指導함으로써 段階的이며 보다 體系的인 指導로 一貫된 學習內容을 갖도록 하였다.

1) 漢字 實驗指導의 段階(略)

2) 漢字指導 時間과 그 內容(略)

3) 基礎調査 및 問題分析

大韓教育聯合會가 1975년에 提出한 建議書에 따르면 標集對象人員 289명 중 82%가 國民學校에서의 漢字教育을 願하고 있는 것으로 밝혀졌다.

筆者가 1976년에 調査해 본 바에 의하면 教師 學父母 710명 중 80.4%가 國民學校에서의 漢字指導를 願하고 있었다. 또한 1980년 12월 光州 鷄林國民學校學父母 4,718명을 對象으로 國民學校 漢字學習指導에 대해서 그 意思傾向을 說問해 보았던 바 77.6%가 國民學校 漢字教育을 贊成하고 있었으며, 學校方針에 따라서 實施해 줄 것을 11.7%가 應答해 주었다. 이에 대해서 反對하는 경향은 全體中의 80명인 1.7%만이 應答하고 있어 國民學校 漢字早期教育을 89.3%가 願하고 있는 경향이었다.

위의 結果를 볼 때 大多數의 國民은 國民學校의 漢字教育을

根本的으로 願하고 있는 것으로 判斷되고 있으며, 特別時間을 設定한다거나 國語時間과 倂行하여 指導해 줄 것을 원하고 있었다.

3. 光州 光川國民學校 全校生의 漢字指導

光州 光川國民學校에서는 1975년 4월 1學期부터 6學年까지 각 學年當 1개 學級씩을 實驗學級으로 選定하여 指導했던 結果 期待 이상의 큰 成果를 얻은 바 있어, 同年 9월부터 1978년까지 4년간 全校生을 對象으로 漢字指導를 實施하였다.

1) 指導時間:課外 30分씩

2) 指導內容

① 1~6學年 全敎科 全課程에서 漢字語 調査

② 빈도수, 난이도 등을 감안하여 學年別 漢字敎育課程編成

學年別 指導 漢字數

學 年	1	2	3	4	5	6	計
배당漢字數	64	98	126	169	264	277	1,008

(3) 指導 方法

① 아침자습時間, 점심時間, 방과후, 家庭學習時間을 利用하여 每日 週別 配當漢字게시

② 夏季, 冬季放學 課題로 提示: 放學生活 計劃表에 1日 1漢字 및 漢字語를 學習토록 함.

③ 敎科學習指導와 倂行指導:漢字訓의 풀이로 낱말의 풀이가 容易한 낱말을 學習의 轉移度를 높여 指導함.

④ 漢字指導를 위한 敎職員 硏修實施: 資源人士를 초빙하여 硏修實施, 玉篇찾는 法, 주소 및 本籍 쓰는 法 硏修, 1,800常用漢字 읽고, 쓰고, 외우기 硏修

⑤ 漢字指導結果 確認: 每月末 一齊考査와 倂行하여 漢字의 音 쓰기, 뜻풀이 등을 評價함. 수시 漢字 學習帳 檢査를 實施함.

4. 光州 鷄林國民學校 全校生의 漢字 指導(略)
5. 成人班의 漢字 漢文指導(略)

結論 및 提言

1. 結論

本研究의 調査結果에 의하면, '한글'(한글로 된 말)로 思考하면 腦細胞의 稼動이 거의 停止된다. 그런데 이들에게 漢字를 習得케 하면 이와는 正反對의 現象을 나타내게 된다. 事物의 意味를 알게 되는 까닭으로 思考活動이 활발하게 되고 判斷力, 想像力, 推理力의 開發이 顯著해짐을 보게 되었다.

筆者는 여기서 다시 한 번 명확히 말한다. 兒童에게 漢字語를 漢字로만 가르치면 가르치는 즉시부터 그들의 學力低下現象과 이에 따른 모든 問題;精神의 野蠻化, 情緖의 荒廢, 道義의 頹弛 등이 밑바닥으로부터 解決될 것으로 믿고, 다음과 같은 結論을 내린다.

(1) 幼稚園 園兒에게 漢字를 指導한 결과, 어린이는 記憶力이 왕성하여져서 語彙의 3培를 보다 빨리 보다 정확히 기억하였다.

(2) 國民學校 1學年 때부터 (1977년) 6學年 때까지 (1982년) 段階的인 漢字指導를 실시했던 결과 語彙力이 풍부해져 國語實力이 크게 伸張되었을 뿐만 아니라 算數, 自然 科學 등의 專門的인 用語理解에도 많은 도움을 주었다.

(3) 光州 光川國民學校와 光州 鷄林國民學校에서 全校生에게 漢字指導를 실시했던 결과(1975~1978, 1978~1980)漢字實力이 월등이 向上되고 社會適應力이 길러졌다.

(4) 成人들에게 漢字를 指導했던 결과 新聞이나 專門書籍 등

讀書를 自由롭게 할 수 있어 時事에 밝아졌을 뿐아니라 道義를 崇尙할 줄 아는 知性人이 되었다.

2. 提言

國民學校 1學年에서부터 段階的인 漢字敎育을 實施하여 初·中·高校의 全 敎育課程에서 國語에서의 漢字混用敎育을 실시할 것을 바란다. 그렇게만 하면 爲政當局과 國民이 한결같이 골머리를 앓고 있는 學校敎育 전반에 걸친 모든 否定的 現想이 그 근본에서부터 是正되리라는 것을 筆者는 다시 한 번 强調한다.

한글專用敎育의 非理 病弊를 지적하고 漢字敎育의 필요성이나 그 方法 등을 提示한 글은 語文敎育에만도 다음과 같은 것들이 있다. 다른데서 言及된 것은 略한다.

學生들은 音만 적은 漢字語를 어떻게 消化하고 있는가? 崔濬文(1호)

大學生의 國語(漢字語) 實力調査報告<統計分析 및 所感, 南廣祐(1호)>

아쉬운 國交生의 漢字敎育, 李台珪(2호)

中學校 漢字指導의 敎科的 方法, 尹埜重(3호)

計理上에 나타난 한글專用敎育의 非理·病弊와 그 處方(1)(2), 宋鐘萬(3호, 4호)

國民學校에 있어서 漢字敎育의 必要性, 韓麟敎(9호)

漢字敎育은 이를수록 좋다, 安貞媛(9호)

國民學校에서의 漢字敎育의 實際, 李桂南(10호)

한글專用과 漢字敎育, 李鐘殷(10호)

國民學校 漢字實驗敎育의 實際, 光州 光川國民學校(11호)

한글世代-그 暗黑 無知의 30年, 梁曉星(12호)

漢字敎育의 正道 安承德(14호)

國民學校 5學年 漢字指導를 통한 槪念擴充 및 類推力伸張에 관한 硏究, 李之世(14호)

國語教育問題 管見, 南廣祐(15,16호)

漢字教育의 現場, 宋鍾萬(15,16호)

漢字語의 理解를 높이기 위한 指導方法에 관한 實踐硏究, 李漢昇(15,16호)

早期指導로 效果를 올릴 수 있는 漢字教育方案, 金昌武(15,16호)

漢字教育과 科學立國, 梁奎生(17호)

國民學校 漢字教育에 관한 硏究, 吳世慶(17호)

國語教育의 非理와 解決策, 安承德(25,16호)

初中校 全教科書에 國漢文混用을, 朴湧植(25,26호)

國語教育과 漢字教育, 李桂一(25,26호)

國語教育의 正常化를 위한 效率的 方法摸索, 崔濬文(25,26호)

漢字葬送政策에 대한 抗辯, 宋鍾萬(25,26)

漢字教育의 普遍化, 柳根秀(25,26)

국어辭典 語彙의 類別構成比로 본 漢字語의 重要度와 教育問題, 李應百(25,26호)

國語에 어두운 大學生, 朴榮順(27호)

國民學校 漢字教育 實踐事例, 安貞媛(28호)

全人教育을 돕는 資料로서 思考하고 探究하는 漢字공부의 實際, 金甲植(28호)

漢字學習班과 非學習班과의 比較에서 본 漢字學習의 教育的效果, 張喜久(28호)

國民學校 4學年에서의 漢字教育 實況報告, 蘇正子(28호)

國民學校 漢字教育의 現況報告(28호)

國民學校 國語教育改善方案硏究와 그 資料開發 國民學校 漢字教育資料 Ⅰ,Ⅱ,Ⅲ,Ⅵ, Ⅵ, 南廣佑·李應百外 2人(34호)

우리 學校의 漢字教育, 姜熙俊 語文硏究 45호

以上에서 崔濬文·宋鍾萬·韓麟敎·安貞媛·李桂南·梁曉星·安承德·李之世·李漢昇·金昌武·吳世慶·朴湧植·金甲植·張喜久·蘇正子·姜熙俊의 글은 “國語教育의 改革을 위하여- 一線 國語教師의 批判과

提言 (韓國語文敎育硏究會編 一潮閣발행 1986. 10. 30)"에 실림.

(8) '한글만의 表記' 敎科書로 敎育을 받은 大學生의 證言

'한글만의 表記' 敎科書의 敎育은 愚民化 敎育이다[186] 沈相均 <大學生>

나는 被敎育者로서의 體驗으로 이제 한글전용 敎育의 虛像을 告發하겠다.

中學校 1년 때 物象선생님이 '가시광선'의 뜻을 여러 학생들에게 차례로 물어 본 적이 있다. 모든 對答이 틀렸고 선생님이 '눈으로 볼 수 있는 고아선'의 意味라고 일러 주었다.

'可視光線'의 그 엄청난(?) 뜻을 우리에게 어렵게 어렵게 가르쳐 주었다. 나는 大學 講義室에서도 이와 비슷한 경우를 經驗했다. 某 敎授가 다섯 學生에게 차례로 '초토화'의 뜻을 물었다. 모두 틀렸거나 대답을 못했다. 敎授는 한심스럽다는 표정으로 "내가 學校 다닐 때는 中學校 2년 때 쯤이면 이 정도의 뜻은 바로 알 수 있었는데 요즘 大學生들은 이 모양이니…."하셨다. 나는 이렇게 그 교수님께 여쭙고 싶다. "敎授님은 學生時節에 漢字를 獨學하셨나요? 저희가 '초토화'를 모르는 것은 학교에서 한자를 가르쳐 주지 않았기 때문입니다. '초토화'를 모르는 것이 저희의 잘못입니까?"

이러한 現行 한글전용 敎育의 잘못을 痛嘆하며 서울의 京畿, 仁憲國民學校 등에서 別途의 漢字敎材를 만들어서까지 漢字를 가르치고 있는 것이며 한글전용敎育을 받은 한글세대 學父母들이 子女의 漢字敎育에 열을 올리고 있는 것이다.

現在 中學校敎科書에서 漢字가 들어 있는 책은 週當 한 時間의 '漢文'과 '문학(文學)'같은 형태로 한글·漢字가 倂記되어 있는 '國語'敎科書이다. 國語책의 한글·漢字 倂記表記는 한글表記를 보

186) 語文硏究 48호, 1985. 12.

고 理解하지 못하면 括弧안의 漢字를 보라는 意圖겠지만 이는 분명히 欺瞞이다. 한글 表記를 보고 이해하지 못하면 括弧 안의 漢字를 보고 理解할 수는 있는 能力이 中·高等學生에게 있는가? 他教科書와 比較해 보면 이러한 國語表記의 矛盾이 드러난다. 즉, 漢字知識이 없이는 理解가 곤란하며 자칫하면 엉뚱한 뜻으로 알게 되는 社會科學·自然科學 教科書의 "당좌이체부보·예수금·감자차익·조적식구조·산복공사방공사·박거식계류분상기동형·견종법·방곡령·대의정치·감사원·상장회사·단자회사·무고죄·점이지대·선상지·감조하천·경동지형·전등위면·전기영동·축중합반응·방향족·남조류·편모류·골지체·엽상식물·관속식물·조균식물·진균식물·선구동물·모악동물·윤형동물·광인산화·전정기관·전성설·치사유전·한성유전·건성천이·세차운동·방상절리·연흔·파단도시·제현율·실생번식·창방조생·포목조생·분서갱유·이이제이·점화식·조소·소조·소묘……" 등의 表記는 순 한글이고, 理解에 별지장이 없는 國語책의 "국가·수필문학·언어의 구조·종합예술·모방·자연의미……"등의 表記에서는 오히려 한글 옆에 漢字를 달아 놓은 것이다. 나는 정말 이러한 教育實狀을 傍觀하고 있는 韓國의 爲政者, 官僚. 教師들에게 幻滅을 느끼고 있다. '한글世代'와 우리 後代를 더 이상 바보로 만들지 말기를 요망한다.(以下 略)

(9) 국민학교 漢字教育復活과 漢字混用교과서 편찬을 바라는 各 學術團體·學界·教育界·政治人·法曹界·言論界·宗教界·文壇人 등 著名人士와 國中高教師와 市民의 熱火 같은 建議

旧共和黨政權이 한창 한글專用으로 치달을 무렵인 1969년에 발족한 韓國語文教育研究會가 오로지 漢字教育復活과 그 强化를 促求해 온 것은 漢字教育이 "國語教育의 지름길"이요, "국어를 媒體로 하는 모든 教育의 效果를 增進하는 要諦"임을 확신하는 때문이다.

旧政權時에 꾸준히 建議書·聲明書를 통해 漢字敎育을 국민학교부터 할 것과 모든 교과서를 國漢混用으로 할 것을 促求했었으나 일부 편협한 한글專用論者의 주장에 귀를 기울인 前任 대통령과 그 意思를 떠받들던 旧政權에 의해 實現을 보지 못했던 것이다.

그러나 第五共和國이 발족된 후로는 한글專用論이 퇴색하고 漢字敎育의 氣運이 점차 擴散되고 있는 實情이다.

다음은 第五共和國 이후에 韓國語文敎育研究會(會長 李熙昇) 語文敎育是正促進會(代表 申淳彦) 韓國國語敎育研究會(會長 李應白)등이 낸 建議등을 밝힌 것이다.

1) 韓國語文敎育研究會(會長 李熙昇)

『大統領閣下께 드리는 建議書』-국민학교 漢字敎育復活과 漢字混用 교과서 편찬을 바라는(1981.5.31)語文研究 30호

<支持署名者>

前次 73個 學術團體와 345名의 有志(1978.7.4 現在)

第1次 語文研究 30호~第8次 語文研究 42·43호 合計 4,571名(1984.8.31 現在) (名單省略)

2) 韓國語文敎育研究會(會長 李熙昇)

『語文敎育政策是正에 관해 國會議長께 드리는 請求書』(1981.10.15) <請求人>

學界등 文化界 人士 50名(名單省略)

3) 韓國語文敎育研究會(會長 李熙昇)

語文敎育是正促進會(會長 申淳彦)

『大統領閣下께 드리는 建議書』-國民學校 漢字敎育復活과 漢字混用 교과서 편찬을 바라는-(1984.11.13) 語文研究 44호

<贊同署名者>(「漢字抹殺政策是正呼訴文」에 대한)

서울 儒道會 總本部 李重基등 8,568名(名單省略)

4) 語文敎育是正促進會(代表 申淳彦 沈亨澤 郭鐘達 金容牛 柳正基)

『文字鎖國 解除 促求書』(1985.8.1) 語文研究 48호

5) 語文教育是正促進會(代表 申淳彦 沈亨澤 朴在田 金容牛 柳正基)

『漢字混用教育 請求書』(1985.) 語文研究 48호

6) 한국 국어교육 연구회(會長 李應百)

『文字教育政策是正促求建議文』(1985.7.5)

(民主正義堂 總裁 貴下) 語文研究 49호

(10) 앞으로의 漢字教育

1. 앞으로 새로 改正될 각급학교(國·中·高) 教育課程에서는 漢字教育條項이 新設되어야 한다.

2. 國·中·高에서 國語教育의 一環으로 국어교육이 行해지고 각급학교의 모든 教科書가 國漢混用으로 改編될 경우에는 독립 教科인 漢文教育은 政策的으로 다시 研究되어야 한다.

3. 漢字教育의 具體的 方案

학교에서의 漢字教育이라고 해서「訓蒙字會」의 3,360자나「新增類合」의 3,000자를 다 가르치자는 것은 아니고 2,000字 정도를 上限線으로 하는 國民常用漢字도 좋고 아니면 教育用漢字도 좋다. 中高 漢文教育用 基礎漢字 1,800자를 바탕으로 150~200자 가량을 添削하고 아울러 姓名用 , 地名用 漢字를 150~200자 選定하여 常用도 하고 教育도 함으로써 학교와 사회의 乖離를 보인 非理를 是正하자는 것이다.

이 1,800~2000자의 漢字를 초등학교부터 段階的으로 教育을 하라는 것이 識者들의 衆論이 아닌가 한다.

<具體的 方案>

國民學校

漢字選定에 있어서 4학년까지엔 中學校用 基礎漢字 900자 중에서 選定하고 5,6학년에 限해서 高校用 基礎漢字 중에서도 選

定한다(그러나 基礎漢字를 참고로 하되 새로 選定하는 것이 더 바람직하다). 例:汽, 曜, 姓名用漢字

<表> 漢字의 各級學校 各學年 配定案

학교	학년	읽기		쓰기
		第1案	第2案	
國校	1	40~50자		
	2	80~100자		
	3	120~150자		
	4	200자	각200자	100자
	5,6	각230~250자		각150~200자
	計	900~1,000자	600자	400~500자
中校	1,2,3	각300~350자	각300자	각200~170자
	計	900~1,000자	900자	600~500자
高校	1,2,3		각100~200자	각250~350자
	計	1,800~2,000자	1,800~2,000자	1,800~2,000자

읽기·쓰기 案은 韓·中·日 常用漢字 一覽表 참조.

4. 韓國語文敎育硏究會에서는 1979년에 基礎漢字 1,800字中 약170字의 添削을 하여 常用漢字 1,8000字案 을 만든 바 있다.(語文硏究 21호)

新聞用 略字(試案) 選定은 1981년에 했다.(語文硏究 30호)

이 常用漢字 및 略字는 '韓·中·日 常用漢字 一覽表' 참조

5. 앞으로의 漢字敎育

- 특히 國民學校에서의 文字敎育을 중심으로 -필자는 1982년에 國民學校 國語敎育改善方案硏究와 그 資料開發(語文硏究 34호 所載)을 李應百등과 峨山財團의 硏究費로 진행한 바 있다.

國民學校 國語敎育改善방안연구와 그 資料開發

南 廣 祐·許 元 基

<仁荷大師大 敎授><仁川 新光國校 敎師>

1. 文字教育 改善方向(略)

2. 國民學校에 있어서의 文字指導의 目標

한글을 완전히 읽고 쓰게 하며, 基礎漢字 중 900字 안팎을 완전히 읽을 수 있게 하고, 그 뜻을 알도록 한다. 다만 쓰기는 획수가 적고 쉬운 것을 쓸 수 있도록 권장하는 데 그친다.

3. 國民學校 國語科 學年目標 論議

1학년

(마)項:한글 基本音節表에 친숙하게 하고, 한글의 짜임을 파악시켜 읽고 쓰게 하며, 常用基礎漢字 40~50字를 읽게 한다.

2학년

(마)項:한글 基本音節表에 익숙하게 하여 重母音과 받침글자를 읽고 쓰게 하며, 常用基礎漢字 80~100字를 읽게 한다.

3학년

(마)項:한글 기본음절표를 응용하여 重母音·된소리·받침글자 등 모든 글자를 확실히 읽고 쓰게 하며, 常用基礎漢字 120~150字를 읽게 한다.

4학년

(마)項:한글 字母의 구조를 다양하게 응용하여, 文字를 읽고 쓰는 데 익숙하게 하며, 常用基礎漢字 200字 정도의 읽기와 100字 정도를 쓸 수 있는 初步的 機能을 숙달시킨다.

5학년

(마)項:文章의 읽기와 쓰기 기능을 더욱 충실히 하여 글의 主題나 要旨 정확히 파악 할 수 있게 하고, 常用基礎漢字 230字 정도의 읽기와 150字 정도의 쓰기에 기초 기능을 익힌다.

6학년

(마)項:文章의 읽기와 쓰기의 응용기능을 길러 생활에 적용할 수 있게 하고, 常用基礎漢字 250字 정도의 읽기와 200字정도의 쓰기 기능에 충실을 기한다.

이상의 學年目標가 現行 國民學校 教育課程 學年目標에 삽입 또는 수정·보완되어야 할 필요가 있으며 이에 따른 指導指針이 마련되어야 한다고 본다.

4. 文字敎育의 方法

(1) 한글敎育의 方法

① 入門期 한글지도의 方法
② 한글의 基礎的 指導方法
③ 學年別 구체적 指導方法

(①~③: '한글의 能率的 學習方法' 參照)

(2) 漢字敎育의 方法

(Ⅱ) 北韓의 漢字敎育[187]

1958년 3월 金科奉時代가 끝난 뒤 言語政策에 대한 방향은 전환되기 시작했는데, 그 공식적인 표명은 1964년 1월 3일 言語學者들과의 간담석상에서 한 金日成 教示였다. 이것은 1966년 5월 14일 교시에서도 '문화어'를 중심으로 거듭 천명되었으며, 여기서 제시된 基本原則은 앞으로의 새로운 정책에 진로를 결정한 것으로 주목된다.

일반적으로 共産圈에서는 言語를 중요시하지만, 두 차례에 걸친 教示의 내용은 文字革命·漢字語·外來語·漢字敎育·綴字法·言語淨化(文化語)·語文政策 등 言語問題 전반에 대하여 소상한 방침을 제시한 것이다.

187) 金敏洙, 「北韓의 言語敎育」 pp. 87~97.

漢字語는 굳어진 것만 쓰도록 제한하고, 外來語는 범람한 것을 정리하고, 漢字는 남북이 통일될 때까지 가르쳐서 읽고 쓰게 해야 하고, 綴字法은 띄어쓰기를 조절해서 어느 정도 해결하고, 言語淨化는 語文學硏究所가 통제기관으로서 쉽고 좋은 말로 다듬어 가야하고, 語文敎育은 학교에서의 개선·강화와 교과서의 재검토 및 기관에서의 國語學習의 制度化 등을 강구해야 한다는 것 등이다. 특히 여기서 한글專用과 漢字敎育의 부활은 새로운 전화이며, 나머지는 綴字法의 改定과 文化語 運動으로 집약해서 볼 수가 있다.

각급 학교의 言語政策은 '言語가 發展과 鬪爭의 도구라는 관점에서 社會主義的인 文化는 國語에 대한 要求性을 더욱 높이고 있어 제 역할을 충분히 수행할 수 있도록 함'에 목적이 있다고 했다. 이러한 言語敎育의 授業時間에 나타난 비중은 다음과 같다.

人 民 學 校

(1959~60년도)

학기 / 과목	1학년 上	1학년 下	2학년 上	2학년 下	3학년 上	3학년 下	4학년 上	4학년 下	總時間數
總 週 數	16	18	16	18	16	18	16	18	
國　　語	13	13	14	14	14	14	9	9	1,700(47.1%)
週間時間	25	25	26	26	26	26	29	29	3,604(100%)

中 學 校

(1962~63년도)

학기 / 과목	1학년 上	1학년 下	2학년 上	2학년 下	3학년 上	3학년 下	總時間數
總 週 數	16	18	16	18	16	18	
文　　法	3	3	3	3	2	2	272
文　　學	5	5	4	4	4	3	424](20.6%)
露　　語	3	3	3	3	3	6	306(9.09%)
週間時間	32	32	33	33	34	34	3,366(100%)

言語敎育의 重要性에 비추어, 人民學校는 47%나 되는 시간을 배당했고, 中學校에서는 20%에 해당한다.

1967년 이후의 新學制에서 취하고 있는 敎育課程은 자세히 알기 어려우나, 言語敎育은 종전의 예와 거의 같은 것으로 짐작된다. 그러나 1964년과 1966년 교시에 따라 中學校와 高等學校에서 漢文이 1968년도부터 새로 과해지고 있는 것으로 들린다. 그리고, 英語도 새로 과하고 있다고 한다. 이로 인해서, 주당 3시간의 露語가 1시간으로 줄고, 대신 漢文 1시간에 英語 1시간으로 되었다는 것이다. 그러면, 外來語의 시간은 아주 미소한 비율에 지나지 않는다. 원래부터 露語敎科書는 會話나 言語學習이 목적이 아니라 技術用語를 위주로 한 것이었다.

이러한 실용적인 外國語敎育의 목적과 방법은 南韓에 비하면 서로 비교가 안될 만큼 다른 성격이다.

北韓의 言語敎育은 1946년 3월 20個政綱 이후부터 양상을 달리하기 시작하여, 1948년 9월 政府수립 이후부터 共産圈 특유의 言語 중심으로 방향을 굳혀갔다. 그런데 그후 1953년, 1960년, 1967년의 學制개편이 거듭되었으나, 言語敎育의 기본방향은 큰 변동이 없었다. 다만, 1964년과 1966년의 교시에 따라 1968년부터 1949년 이래로 한글專用과 더불어 폐지했던 漢字敎育을 부활했다. 동시에 英語敎育도 곁들여 南北이 벌어진 반면에 우연히나마 부분적인 접근상을 보이고 있다.

반면에, 이러한 文化語運動과 漢字敎育이 어느 면으로든지 한글專用에 대한 補完策의 성격을 지닌 것이라면 言語政策史上 큰 과제를 안겨주는 일일 것이다. 그들의 義務敎育 9개년중 中學校 5개년에 漢文을 과하게 된 경위가 무엇을 뜻하는가? 그들의 한글專用이 20여년을 지나면서 완전한 성공을 거두었는데도 漢字敎育을 부활했겠는가? 특히 1964년 金日成 교시에서 대학을 나온 사람들도 조선말을 잘못 쓰는 것으로 보아 학교에서 제대로 가르치지 못한 것 같다고 했는데, 그 이유가 어디 에 있겠는가?

<參考文獻과 資料>

◉ 韓國關係

訓蒙字會 新增類合과 各種 諺解文獻
字典釋要 新字典 등 東亞漢韓大辭典 1963년
常用漢字 1,966字 中央日報 1966
〃 2,000字 東亞日報 1968
〃 2,000字 韓國新聞人協會 1968
SEL-SHA 字音別·頻度順 漢字辭典 서울신문 1983
文字頻度調査 文敎部 1955
中校國語敎科書에 쓰인 漢字, 申鉉根 調査 1973
國校國語敎科書에 쓰인 漢字, 南基恒 1973·1974
漢字使用期敎科書에 쓰인 漢字, 李應百 調査 1978
83·84 新聞(6개) 1箇月分 漢字 國語研究所 1985
84 雜誌(16종) 1箇月分 漢字 國語研究所 1985
국민학교 교육과정 1982
중학교 〃 1982
고등학교 〃 1982
국어국문학 44·45호 1969
한글학회 50년사 1971
韓國語文敎育研究會 「語文研究」 13~48호, 1978~1985
국어국문학회 國語國文學會 30年史 1983 一潮閣
韓國語文敎育研究會「한글과 漢字」 1985 一潮閣
韓國精神文化研究院「국어교육과 漢字문제」 1985
趙潤濟 韓國文學史 서울東國文化社 1963
朴定緖 國語의 將來와 漢字의 再認識 壯文社 1968
南廣祐 朝鮮(李朝) 漢字音研究 東亞出版社 1969
〃 現代國語國字의 諸問題 1970
〃 國語國字論集 一潮閣 1982
吳之湖 國語에 對한 重大한 誤解 1971
〃 알파벳트 文化의 終焉 서울工研社 1979
金敏洙 國語政策論 高大出版部 1973

〃 北韓의 國語硏究 高大出版部 1985
韓國開化期敎科書叢書 [1]~[8] 亞細亞文化社 1977
崔鎭宇 新聞報道記事論 中央出版印刷 1983
閔丙俊 解放以後 文字政策硏究 1983
鄭晋錫 韓國現代言論史論 전예원 1985
宋南憲 解放三年史 까치社 1985
各新聞

◉ 日本關係

石井 勳 私の漢字敎室 名古屋·東京黎明書房 1961
國語學(國語國文學硏究史 大成15 東京三省堂 1961
諸橋轍次 漢字漢語談義 大條館書店 1961
石井 勳 漢字による才能開發 -三歲からの漢字敎育 東京講談社 1970
毛利昌 新当用漢字 意味用例辭典 東京櫻楓社 1972
國語學會編 國語學大辭典 東京堂出版 1975
岩波講座 日本語 3 國語國字問題 岩波書店 1977
〃 日本語 8 文字 岩波書店 1977
現代作文講座 文字と表記 林大/林四郎/森岡健二編 東京 明治書院 1977
寺本前彦·瀨戶仁編 改訂中學校 學習指導要領の展開 國語科編 東京 明治圖書 1977
倉石武四郎 漢字·日本語·中國語 東京くろしお出版 1981
第一法規編集部編 常用漢字一付 育漢字·人名用漢字 東京 第一法規出版 株式會社 1981
大橋久利 グングン頭のよくなる漢字敎育入門 東京ダイナミックセラーズ 1983
日本文部省檢定敎科書 國語 小學校用 12卷 1981 光村圖書
〃 現代の國語 中學1·2·3 改訂版 1983 三省堂
〃 高等學校 國語1·2·3 改訂版 1984 大 修館書店

◉ 中國關係

中國語學辭典 日本東京 江南書院 1958
中國語學新辭典 日本 光生館 1969
國民學校常用漢字彙硏究 國立編譯館主編 臺灣中華書局 印行 1967

杜學知編著 文字學論叢 正中書局行 臺北 1971
汪學文著 論中共的 文字改革, 臺灣 1978
衛聚賢著 文字學 黎明文化事業股份有限公司, 臺北 1979
國民小學 國語 國立編譯館主編 1980~1985
首冊 (一年級 上學期)은 1985년版
第1·3·5·7·9·11冊 각각 1985년版
第2冊은 1982년版 第4冊은 1983년版
第6冊은 1984년版 第8冊은 1981년版
第10冊은 1980년版 第 12冊은 1980년版
倉石武四郎著作 第2卷 漢字·日本語·中國語, 東京くろしお出版 1981
さわとう けいし中う 中國の文字改革, 東京くろしお出版 1981
黃中著 語文爲敎育之本, 正中書局 印刷 1982
常用國字標準字體表 敎育部硏究公布 1982
次常國字標準字體表 敎育部印 1982
宋在祿 簡體字硏究 問題와 硏究社 1983
成元慶 中共簡化字 建國大出版部 1985

五. 結論

1. 漢字問題

中共의 常用漢字는 1952년 2,000字(一等常用字 1,010字, 次等常用字 490字, 補充字 500字)라는게 있고 1957년 吳怡耕·吳揚 三千常用字用法이란게 있다.

毛澤東選集 4권 本文을 조사한 결과 100번 以上 나오는 것이 746字로 全體의 94.3%, 50~100번 나온 것이 222字로 2.5%, 5번 以下 나온 것이 2千餘字라는 것인데 常用漢字중 쓰인 것은 1,837字라고 한다.

臺灣에서는 常用國字標準字體表(1979년, 4.808字), 次常用國字標準字體表(1982년 4,300字)가 나온 바 있다.

日本에서는 常用漢字 1,945字(1981년)요 人名用漢字로 합하면 2,111字인데 制限的인 것은 아니다.

北韓은 1946년말부터 1947년초 사이에 漢字廢止를 단행하고 1949년에는 이를 完了하였다. 이것은 社會主義革命 달성을 위한 수단이었다. 20년이 지난 1968년부터 漢字教育이 復活되었다 하고 최근 日本 朝總聯에서 발행되는 각급학교의 각종교과서에는 漢字를 露出混用하고 略字까지 등장하고 있다.

韓國은 美軍政下 한글전용政策으로 출발하여 해방된 감격과 흥분 속에 내말과 내 글을 되찾았다는 民族的感情이 앞서 우리 文化의 傳統이나 내말 속에 차지하고 있는 漢字말의 比重이 큰 것을 따질 겨를도 없이 내 '國語에 對한 理解不足'과 '漢字에 대한 認識不足'으로 한글전용法案통과라는 非理를 저지르고 말았던 것이다.

한글과 漢字가 각각 國字라는 사실을 몰각하였고 優秀한 表音文字인 한글과 그 視覺性이나 造語力·縮約力의 長點을 지닌 表意(表語)文字의 混用이야말로 採長補短할 수 있는 理想的 文字體系임을 미처 깨닫지 못했던 것이다.

李承晩·朴正熙 대통령으로 이어지는 한글專用으로의 執念, 일부 한글專用者의 偏執은 民族文化나 民族教育의 앞날을 위해 이제 조용해지기를 그들의 위해서도 빌뿐이다.

이제 필자는 현행 基礎漢字는 漢文教育用이므로 添削作業을 해서 漢文教育用漢字거나 아니면 國民常用漢字案을 만들었으면 하는 것이다.

참고로 韓國語文教育硏究會 常用漢字 1,800字案을 만들 때의 選定作業을 소개한다.[188]

常用漢字란

一般國民이 日常生活을 하는데 不便이 없을 정도로 알고 있어

---

188) 語文硏究 21호, pp. 7~11.

야 할 漢字를 뜻한다. 日常生活에 불편이 없을 정도라 함은 新聞·雜誌나 敎養書籍을 읽을 수 있고 從事하는 業務處理에 支障이 없어야 함을 말한다.

常用漢字選定對象字

漢文敎育用 基礎漢字나 各新聞社 現用漢字를 주로 對象으로 하고 古文獻(訓蒙字會등 漢字學習書나 四書諺解 등 諺解文獻)에서 調査된 漢字도 審査對象으로 하였다.

各新聞社라 함은 朝鮮·東亞·韓國·京鄕·中央·서울신문사를 뜻한다. 이중 2個社에서는 韓國新聞協會 選定漢字 2,000字를 採擇하고 있으므로 자연 韓國新聞協會 選定漢字도 選定對象이 된 셈이다.

常用漢字 選定基準

1. 常用漢字는 그 頻度數와 造語上의 有效性을 考慮하였다.
2. 同音異義語와의 識別이 어렵거나 한글만의 表記로 難解한 것을 考慮하고 部首字나 音符字도 考慮하였다.
3. 그 밖의 一貫性 均衡性을 유지하는 面도 考慮하였다.

常用漢字 選定을 위한 基礎作業

1. 初·中·高 國語敎科書에 나오는 漢字語에 쓰인 漢字 및 그 頻度調査
2. 各新聞社 現用漢字一覽表에 의한 漢字調査
3. 初 ·中 ·高 敎育課程에 나타난 學術用語에 쓰인 漢字調査
4. 文敎部 頻度調査에 나타난 漢字
5. 石峯千字文·新增類合·訓蒙字會 등 옛 漢字學習書나 四書諺解·小學諺解·佛經諺解, 그 밖의 朝鮮(李朝)朝의 諺解文獻에 나타난 漢字調査

5. 東亞出版社刊 漢韓大辭典에 依據하여 造語力調査

常用漢字(敎育漢字)案 1,800字(韓·中·日 常用漢字一覽表 참조)

漢文敎育用 基礎漢字
1,800字中 常用漢字(敎育漢字), 1,800字案에서 削除 및 補充案

表1~(1) 削除案

甛竟頃卿坤戈瓜郭掛愧狗苟鷗俱丘懼厥閨僅禽其畿豈那娘乃奈泥
但旦潭桐藍廊梁祿屢磨茫罔孟冥暮矛茂霧憫倣栢屛譜卜鳳赴朋崩婢
妃聘祀桑嘗裳叙恕昔栗誰須雖睡孰盾脣矢晨芽雁謁殃涯厄也耶於焉
余汝予亦硯燕詠吾梧傲嗚翁曰畏遙欲于又尤云謂猶惟愈閏吟泣矣已
而夷玆恣雌爵盞墻哉滴笛粘蝶堤憎只且捉慚滄悽聽肖詞枕墮托濯琢
怠殆兎播頗飽楓匹巷奚軒絃弦亨螢兮乎毫禾曉喉毁輝携噫

以上 169字

表1~(2) 補充案

憾坑乞揭隔牽繫雇款狂傀絞膠僑購歐掘窟圈闕軌糾筋棋汽尿尼溺
膽戴垈塗悼棟屯謄裸 拉煉獵籠療僚硫魔摩膜灣網魅蔑帽侮搬伴紡俳
賠閥僻覆俸縫匪飼赦唆傘揷誓瑞碩繕纖攝貰紹搜垂屍殖腎握癌押液
躍孃閱厭預穩擁妖曜熔鬱苑尉融凝磁宰沮殿窃呈偵劑彫措釣綜駐註
珠奏鑄週准旨脂震診津塵窒輯餐札刹隻撤諜滯逮遞焦秒哨趨衷蹴軸
卓託誕胎覇偏坪砲怖拋鋪虐翰艦嫌峽型衡濠酷靴幻滑廻勳

以上 169字

이번 確定된 常用漢字 1,800字의 造語力을 조사한 바 그 통계는 다음과 같다.

앞에 놓여 이루어진 單語數 85,370
뒤에 놓여 이루어진 單語數 14, 812
합 100,182

이제 새로운 資料도 더 생겼고 日本이나 中共의 常用漢字, 臺灣의 常用國字標準字體表나 國民學校常用字彙研究 등도 참고로 하여 國語研究所에서 새로운 敎育用漢字(아니면 國民常用漢字)案을 만들었으면 한다.

이밖에 姓名用漢字도 考慮하는 것이 좋다고 생각한다. 필자 調査에 의하면 姓 258姓中 基礎漢字에 없는 것이 75字요, 韓國姓氏大觀과 서울전화번호부(1971. 9)에 이름字에 많이 쓰이는 字를 조사해 본즉 基礎漢字에 들어 있지 않은 것中 姓字에 들어 있는 것을 除外하고 1百11字였다.

앞으로 敎育用漢字(혹은 國民常用漢字)나 姓名用漢字 범위 안에서 이름을 짓도록 勸奬하는 것이 오히려 漢字를 줄여가는 길이 아닌가 한다.

한글作名이 있기는 하나 漢字를 이용하는 作名法이 오랜 傳統일뿐 아니라 여러 가지 長點이 있어 그대로 유지하는 것이 좋을 듯하다.[189)]

姓名. 地名 등, 漢字漸減을 전제로 한다면 그에 대한 연구가 있어야 될 것으로 보고 私見을 편 일이 있다.[190)]

略字案도 韓國國文敎育研究會 것이 있어 韓中日 常用漢字 一覽表에 收錄해 놓았다. 여기에서 한 가지 분명히 밝혀 둘 것은 지금 우리나라에서 흔히 쓰이고 있는 略字(半字)를 흔히 日本式略字라고들 비난하지만 千萬不當한 말 들이다. 필자 調査에 의하면 몇字를 除하고는 모두 우리 古文獻이나 中國文獻에 근거가 있는 것들일 뿐 아니라, 逆으로 日本略字라는 것이 10字정도의 出處를 찾지 못했을 뿐, 거의가 우리 古文獻에 나오는 것들이고 그렇잖으면 中國文獻에 있는 것들이다.[191)]

---

189) 拙著 國語國字論集 pp. 192~193, 一潮閣, 1982.

190) 拙著 改訂 「現代國語國字의 諸問題」 pp. 77~81, 136~137, 150~151, 247~248, 隨想集 「살맛이 있다」, '한글百景' pp. 126~129, 一潮閣, 國語國字論集 pp. 58~60.

191) 拙著, 漢字略字 日本式 아니다. 月刊朝鮮 1983. 12월호, 韓國略字에 대하여 語文研究 39·40호 一潮閣, 1983. 12.

2. 漢字敎育問題

北京의 第2實驗小學의 校長은 "보통은 1,2年生에 1,200字쯤이지만 지금은 大躍進의 時代니까 1,800字쯤 외게 하고자 생각하고 있다."라는 倉石武四郞이 證言192)이 있는데 그에 依하면 최초 1개월후~2개월(로마字를 5週間 60時間에 걸쳐 읽고 쓸 수 있게 한다고 되어 있는데도 있음)은 로마字學習을 하고 그것이 끝나면 漢字에 로마字로 루비를 달아 漢字만의 讀本에 의해 교육을 한다. 5년제 小學校에서 배워야 하는 漢字數는 3,500字(필자註, 3,000字쯤이라 하기도 한다)쯤이라 한다.193)

臺灣에서는 로마字 아닌 注音符號를 10週동안 가르친 다음 第1冊부터 第12冊까지를 6년간에 대해 두冊씩 배부가 되는데 第8冊까지는 모든 漢字에 注音符號가 달려 있고 第9冊부터는 新出字만 欄外에 注音符號를 달아 있다.

發行年度가 같은 한 벌의 冊은 아니지만 12冊에 나타나는 新出字는 總2,838字다. 中共이나 臺灣의 國語時間이 우리보다 월등히 많음은 그들의 漢字專用의 나라니만큼 우리와는 事情이 다르므로 同一하게 論할 수는 없다. 어떻든 그들은 全科目에 걸쳐 漢字를 배울 수 있는 셈이므로 3千字 안팎의 漢字敎育을 全天候式으로 받고 있는 것이다.

1·2학년 1,800字쯤의 漢字敎育을 목표로 하는 意志라면 克服할 수 있는 글字數다.

日本은 가나文字, 그것도 가다까나 히라가나가 있어 漢字와 混用하는 體制가 확립되어 있으므로 中國처럼 많은 漢字를 필요로 하지 않는다. 그들은 지금 1,945字의 常用漢字와 人名用漢字를 합쳐 2,111字를 敎育하기로 되어 있다.

拙稿, 日本略字에 대하여 兪昌均博士 環甲 紀念論文集 pp. 185~216, 1984. 12.

192) 漢字·日本語·中國語, pp. 144~145.

193) 東亞日報, 1981. 9. 19(土) 3面 "漢字 宗主國의 文字고민".

小학교까지에 996字, 中학교까지에 常用漢字의 읽기를 완성하고 高校까지에 쓰기(書寫)의 완성을 목표로 한다고 되어 있지만 一線에서는 中學校까지에 常用漢字의 敎育완성을 목표로 한다는 것이다.

특히 그들은 모든 敎科書가 表音主義 득세에 대한 批判이 高潮되어 表意派의 입김이 드세어져 가고 있는 듯하다.

또한 그들은 모든 敎科書가 漢字가나混用이므로 漢字敎育의 기회는 日語(國語)시간만이 아닌 全天候式이다.

그런데 日本의 每日新聞편집위원인 大橋久利는 '쑥쑥 머리가 좋아지는 漢字敎育入門'194) 표지에서 "家庭에서 할 수 있는 世界에서 注目되는 石井式能力開發法은 이것이다!!"라고 했다. 그 石井勳은 "5百字 정도의 漢字라면 小學校에 가기 前에 쉽게 읽을 수 있게 된다"고 證言하고 있다. 大阪의 小路幼稚園은 이 石井式漢字敎育을 최초로 導入한 유치원인데 이 유치원에서는 論語를 가르치고 唐詩를 가르치고도 있다. 그런데 이 유치원 年班長이면 대체로 千字 가깝게 읽을 수 있다는 것이다.

한글전용으로 一貫하던 北韓조차도 1968년부터 漢字敎育이 復活되었다는 것이다. 中學校 1學年부터 漢字敎育을 하는데 그들의 소위 人民學校가 4년제요, 學齡이 1년 낮다 하므로 우리의 國民學校 4학년부터 漢字敎育을 하고 있는 셈이다.

한 가지 주목 할 만한 것은 그들이 인민학교에서 한글전용교육이라고 하지만 1학년(總25시간 中 13시간), 2,3학년(總26시간 중 14시간) 4학년(總29시간 中 9시간)으로 1,2,3학년에선 半 以上의 시간을, 總比率로 47.1%가 국어시간이라는 점이다.

그러므로 비록 한글表記로 국어교육을 받지만 적잖은 漢字말의 뜻을 익힐 수 있다는 點을 留意할 필요가 있다.

이제 우리의 경우, 先進祖國을 志向한다고 하고 86·88의 國際的大行事를 앞두고 있다.

---

194) グングン頭のよくなる漢字教育入門 東京ダイナミックセラーズ발행, 1983. 8.

中共·日本의 浮上은 두드러지고 우리는 그들과 同文化圈의 一員이다. 우리가 知力에 있어 그들에게 뒤질 수는 없다. 知力은 讀書에서 생기고 讀書는 국어의 힘에서, 국어의 힘은 太半인 漢字語의 母胎인 漢字의 힘에서 由來한다.

과거는 접어두고라도 文化交流를 위해서나 交易上으로도 漢字공부는 必須的이요, 日本略字나 中共簡化字도 學校教育에서 다루어져야 한다.

1. 국민학교 1학년부터 漢字教育을 한다.

2. 모든 教科書는 國漢混用으로 한다.

3. 국민학교 低學年에서는 '한글깨치기'를 먼저 해야 하는 일, 漢字指導는 그 읽기에 重點을 둔다.

漢字에는 人名·地名과 配定漢字나 生活用漢字語에 讀音을 달아주어 자주 漢字를 눈에 익히게 한다.

4. 국민학교에서 900~1,000字 정도의 音·訓·발음을 가르치고 半數 정도의 쓰기를 勸奬한다.

5. 中學校에서 나머지 漢字의 音·訓·발음을 가르치고 1千字 정도의 쓰기를 勸奬한다.

6. 高等學校 졸업까지의 教育用漢字 1,800字의 읽기·쓰기를 완성한다.

7. 각학년 國語時間에 배울 漢字는 각 教科書에 露出混用하고 필요한 경우, 배우지 않은 漢字에는 讀音을 달아준다.

끝으로, 우리가 吟味할만한 사례 몇 가지를 덧붙여 둔다.

① 82년 타임誌는 個人보다 社會에 더 큰 비중을 두는 「新儒教精神」에 입각한 勞動倫理가 韓國·日本·홍콩·臺灣·싱가포르 경제발전의 원동력이라고 지적했다.

② 中共에서 孔子의 再評價가 이루어져 社會秩序의 回復과 經濟成長을 위한 思想的武器로 孔子의 思想은 復權됐다.

③ 83년 4월 레이건 行政府가 「教育向上委員會」로 하여금 「危機報告書」 라는 것을 만들라 했는데, 「美國은 지금 危機에 處해 있다. 美國의 教育制度는 쉬운 것을 좋아하는 風潮 때문에

엉망이 되고 있다. 만약 五列이 美國에 이러한 敎育을 하도록 만들었다면 그것은 美國에 대한 宣戰布告다. 사실 우리는 지금 우리도 모르는 사이에 敎育的武裝解除를 당하고 있다.」

〈『연구보고서』 제1집, 국어연구소, 1987.〉

常用漢字 制定을 提唱한다

-教育用 基礎漢字를 常用漢字로 하고 姓名用 漢字追加 등 補完이 필요하다-

1

1,800字의 中·高教育用 基礎漢字를 選定발표한 것은 劃期的인 것으로 당국의 英斷을 致賀해 마지 않는다.

이제 해방 후 한글專用論者에 의해 誤導되었던 語文政策은 바로잡힐 단계에 다다랐다고 본다.

全世界를 로마字文化圈과 漢字文化圈으로 兩大分하면 우리는 漢字文化圈에 속해 있는 것이다. 우리의 과거 文化遺産이 漢字文化라 하여 지나친 말이 아니요, 우리말의 太半이 漢字말이라 함도 누구나 아는 事實이다. 뿐만 아니다. 그 漢字말이 우리의 思想感情을 나타내는 국어의 脊椎를 이루고 있다는 사실도 否認할 도리가 없다.

해방 후 일부 편협한 한글主義人士가 日本의 敗戰이 漢字사용으로 科學文明이 뒤떨어진 결과로 빚어진 것이라 하고 漢字의 본고장 中國(中共)에서조차 漢字亡國論이 일어나 머잖아 漢字는 없어질 운명에 있는 것처럼 高唱했지만 사실은 그런 것도 아니었다.

지금 世界는 兩極에서 多極化하여 美蘇時代는 지난 때의 일이요, 美 蘇 中共 三極이니 美 蘇 中共 日 四極이니 西歐를 하나 더 넣어 五極이니 하고 있는데 漢字文化圈의 日·中共이 그中 二極을 이루고 있는 현실인 것이다. 그런데 우리는 地政學的으로 그 二極의 중간에 자리잡고 있는 것이다.

이웃 日本은 진즉부터 常用漢字 1,850字와 人名追加漢字 92字를 정하여 常用하고 있다.

그런데 日本의 常用漢字中엔 文部省整理案新字体 419字(来内偽…)와 第一次制定略字 131字(属宝独…)가 포함되어 있다. 어려운 漢字를 略字化해서 쉽게 익혀 쓰자는 것이다. 사실상 漢字가 어렵다는 것은 글자數가 많다는 것과 畫이 복잡한 것이 있다는데 있다. 그래서 그들은 代用字(聯→連, 輯→集…)도 實用하고 있는 것이다.

그들의 當用漢字 使用上의 注意란 것을 보면 다음과 같다.

가. 當用漢字로 쓸 수 없는 말은 다른 말로 바꾸든지 아니면 가나로 쓴다.

나. 代名詞·副詞·接續詞·助動詞·助辭는 되도록 가나로 쓴다.

다. 外國의 地名·人名은 가나로 쓴다. 다만 「米國」 「英國」 등 用例는 從來의 慣習을 따라도 무방하다.

라. 外來語는 가나로 쓴다. 動植物 이름도 가나로 쓴다. 畫

마. 專門語에 대해서는 이 表를 基準으로 하여 整理하는 것이 바람직하다.

그들의 當用漢字(新字體 略字까지 포함해서)는 官廳·學校를 비롯해서 新聞 雜誌 등 一般社會에서 通用이 되어 步調의 一致를 보이고 있는 것이다.

中共의 경우, 漢字專用의 나라로 그 글자數가 너무 많다는 사실과 따라서 文盲이 많다는 점 등에서 漢字폐지 문제가 자주 擧論되고 있으나 현재로선 다만 常用漢字를 정했으며 그중 一部를 簡字化(略字化)했고 普通話(共通語) 普及과 漢語併音案(普通話인 北京語 발음표기案)을 마련해 실시중인 것으로 알려져 있다.

지난 4월 "中共, 漢字 대신 로마字 使用計劃, 郭沫若 '紅旗'에

밝혀"라는 표제의 신문보도가 있었다.

그러나 당장 로마字化하겠다는 것이 아니고 궁극적인 목표가 로마字化에 있다는 것이요, 이 계획이 이루어지려면 상당히 오랜 세월이 要하게 될 것이라고 展望하고 있는 것이다.

생각하건대 漢字專用을 하자니 文盲이 많은 현실에서 改革主義者들이 생각해 낸 窮餘策이나, 이것이 과연 성공할 것인지는 未知數이니만치 덮어놓고 한글專用의 口實을 여기에서 찾으려 할 것은 아니다.

그런데 우리나라나 日本은 다행히 각각 '한글'이나 '가나'라는 表音文字를 가지고 있어 中國과는 다른 與件下에 있는 것이다. 漢字專用으로 文盲이 많은 民族的 苦悶이 우리에겐 없다는 것이다. 한글 專用만이 愛國의 길이요, 民族文化 發展의 要諦인 양 주장하지만 결과는 正反對인 것이다.

이웃 日本의 경우, 明治時代의 발전도 第二次大戰後의 興隆도 함께 세계 최고의 讀書力에 의한 것이라 할 수 있을 것이라는 주장이 있다. 日本人처럼 讀書나 新聞雜誌를 잘 읽는 人種은 없을 것이라는 것이다. 이 특이성이 日本의 知識과 技術을 向上시켜 短時日에 先進國文明을 뒤쫓게 하고 드디어는 앞지르게 한 最大의 理由라는 것이다.

그런데 日本人이 外國人에 比해 讀書能力이 높은 것은 漢字가나混用文에 그 까닭이 있다는 것이다. 日語는 表意文字인 漢字로 적어야 하는 말과 表音文字인 가나로 써야 하는 말로 되어 있다. 漢字가나混用文은 그런 日本語 때문에 발생된, 世界에 유례없는 表現法으로 이것이 讀書能力을 퍽 높이고 있는 것이라는 것이다.

表意性에 뛰어난 漢字라도, 漢文이나 현재의 中國語와 같이 漢字만이 나란히 있으면 결코 읽기 쉬운 것은 아니다. 漢字만의 文章도 가나만의 文章도 읽기 어려운 것이다. 이에 比해 漢字와 가나가 적당히 섞여있는 漢字가나混用文은 쌍방의 특징을 살려 讀書를 손쉽게 하게 하고 있는 것이라는 것이다.

이것은 우리의 경우도 같다고 생각한다. 순한글문장보다 國漢

混用文이 훨씬 讀解에 能率的인 것이다.

학교교육에서 1,500~2,000字 정도의 漢文敎育을 하는 것이 그렇게 큰 負擔이 되는 것은 아니다. 漢字가 어렵다는 것은 그 쓰기에 있는 것이지만 그 뜻이나 읽기 즉 音·訓을 익히는 것이 그렇게 어려운 것은 아닌 것이다.

일찍이 우리나라에서 과거에 千字文이나 類合이나 訓蒙字會를 가지고 漢字敎育을 한 다음에 經書나 史記를 공부케 했던 先驗이 있다. 그런데 類合 中 新增類合에는 3,000字, 訓蒙字會에는 3,360字가 있는바 지금 그렇게 많은 漢字를 가르치자는 것이 아니고 經書니 史記니 하는 것을 모든 학생에게 가르치자는 것도 아니다. 오히려 初·中·高에서는 국어교육의 一環으로 漢字敎育을 하는 것이 더 바람직한 일이다. 漢文敎育은 이 漢字교육의 바탕위에 中·高·大에서 行해져야 할 것이다.

500字 정도의 漢字는 小學校 入學前에 손쉽게 읽을 수 있게 된다는 日人의 實驗報告도 있고 70년 9월 현재로 日本에선 200餘 幼稚園·保育院 등에서 漢字敎育으로 實效를 거두고 있다는 것이다. 漢字가 어렵다는 것은 어른의 杞憂에 지나지 않는다. 義務敎育만으로 학업을 폐하는 이가 얼마나 많은가. 이들에게 1,000字 정도의 漢字를 가르쳐 環境에 適應할 수 있는 能力을 賦與하고 獨學이라도 할 수 있는 힘을 길러 주는 것이 참 愛國의 길인 것이다.

要컨대 한글이나 가나와 같은 表音文字를 아울러 가지고 있는 우리나 日本은 漢字專用의 中國과는 다른 與件下에 있느니만치 우리의 경우, 中國보다는 日本의 語文政策이 더 참고가 됨을 認識해야 할 것이며 漢字의 機械化도 實用단계에 다다랐다는 사실을 아울러 인식해야 할 것이다.

越南의 경우 19C 佛國治下에 漢字나 字喃(漢字를 模倣한 越南文字)을 버리고 로마字를 國字로서 普及시켰다는 것인데 젊은 學徒들이 漢字를 모름으로 해서 제나라 國學을 外面하는 실정으로 自己喪失의 길을 걷고 있는 셈이다.

北韓의 경우, 해방직후부터 한글專用을 해온 것이 틀림없는 듯하다. 그러나 그들도 64년엔가 金日成의 이른바 敎示가 있은 뒤로 68년부터인가 中·高·大에서 각각 週 1時間씩 漢字漢文교육을 한다는 소식이다. 그런데 中學 1학년이란 것이 우리 國民學校 5학년에 해당한다는 것이다.

2.

一部 한글專用論者는 中學校에서의 漢文敎育을 選擇으로 돌리라 하고 한글版 교과서를 固守하라고 주장한다. 한글版 교과서가 빚은 갖가지 폐단을 그들은 外面하려 한다.

語文敎育의 正道는 71년 9월 政府諮問에 대한 學術院의 院議에 의한 答申으로 밝혀진 것이다.

"국민학교로부터 단계적으로 漢字敎育을 實施하되……"

의 主文이 그것이다.

한편 72. 7. 8, 51個 學術團體가 漢字·漢文敎育方案에 關한 建議書 —基礎漢字制定을 歡迎하며—를 내어 국민학교부터의 漢字교육과 國漢混用敎科書 편찬을 促求하고 나섰는데 이것이야말로 愛國·憂國의 衷心에서 나온 것임을 알아야 할 것이다. 그 建議書 내용은 다음과 같다.

建 議 書

우리들 各學會 및 研究會 研究所는 文敎當局이 오는 2學期부터 中學校에서 漢文을 敎育하기로 決定하고 敎育用 基礎漢字를 選定發表했음에 대해 그 一大英斷을 크게 歡迎하는 바입니다. 漢字敎育이 바로 國語敎育의 지름길이요, 모든 敎育效果增進의 要諦임을 確信하는 우리는 이 決定에 더욱 語文敎育의 正常化를 期하기 원하여 다음 몇 가지 事項을 建議하는 바입니다.

1. 전연 漢字知識이 없는 中學生에게 漢文敎育을 實施하려면 最小限 週 2時間은 履修케 해야 敎育的 實效를 거둘 수 있다.

2. 漢文教育에 앞서 漢字教育을 함이 順序요, 漢字의 教育 또한 되도록 어려서부터 行함이 效率的이라 함은 과거 우리들의 경험과, 다른 나라의 實驗結果 밝혀진바 국민학교부터 국어교육의 一環으로 漢字教育을 되도록 속히 行하여 愚民量産의 과거를 淸算하라.
   이웃 日本에서는 小學校에서 1학년(76字)부터 모든 教科書에 漢字를 混用하여 9百 96字를 가르치고, 小學校 4學年부터 國語教科書에서 로마字의 읽기와 쓰기(英語教育이 아님)를 다루기로 되어 있다. 義務教育으로 環境에 適應할 수 있는 能力을 기르자는 積極的 姿勢인데 他山之石이 된다.
3. 基礎漢字는 確定된 뒤에도 硏究를 거듭하여 名實 함께 語文生活과 語文教育의 基礎가 되도록 補完할 수 있는 여유를 둠이 좋다.
4. 漢文 文章選定에 있어 固有名詞字, 虛字 등 필요한 글자로 基礎漢字에서 빠진 것은 讀音이나 脚注를 달아 指導할 수 있도록 하는 등 融通을 둠이 좋다.
5. 教育은 有機的, 反復的으로 행할 때 더욱 그 效果를 거둘 수 있음에 비추어 모든 教科書에서도 필요한 漢字를 露出混用하여(다만 現實的事情을 勘案하여 당분간 漢字에 讀音을 달거나 漢字를 括弧 속에 넣어 理解에 도움이 되도록 할 것이다.) 70년도 순한글版 教科書가 教育上 莫大한 支障을 招來하였던 前轍을 다시 밟아서는 안 된다.
6. 특히 國語科教科書에서는 漢字를 露出混用하여 漢文教育과 國語教育의 實效를 더욱 높이도록 할 것이다.
7. 各級學校 教師에게 基礎漢字 教育講習을 철저히 하고 한편 漢文教育을 담당할 教師養成을 힘써야 할 것이다.

이 建議書에 同意連署한 學術團體名과 同意當時의 代表者 이름은 다음과 같다.

韓國語文教育硏究會(李熙昇) 국어국문학회(全光鏞) 국어학회(李崇寧) 震檀學會(李丙燾) 白山學會(金庠基) 韓國漢學會(李相殷) 哲學硏究會(李奭熙) 中國語文學會(張基槿) 中國學會(金俊燁) 獨語獨文學

會(姜斗植) 韓國佛語佛文學會(吳鉉堣) 大韓地理學會(盧道陽) 大韓化學會(金東一) 韓國生物科學協會(李敏載) 大韓敎育美術研究會(朴得錞) 大韓出版學會(安春根) 考古學協會(金庠基) 東岳語文學會(李丙疇) 語文研究會(楊濟七) 韓國英語英文學會(呂石基) 韓國經濟史學會(趙璣濬) 大韓電氣學會(尹日重) 韓國移植學會(奇龍肅) 韓國民俗學會(任東權) 韓國圖書館學會(李鳳順) 大韓國際法學會(李漢基) 興韓水産研究會(鄭文基) 大韓病理學會(金永濟) 東方研書會(閔泰植) 韓國美術史學會(黃壽永) 韓國國語敎育研究會(李應百) 歷史敎育研究會(金聲近) 韓國倫理學會(金斗憲) 韓國生物學會(任炯彬) 儒道會總本部(李家源) 韓國古典文學研究會(金烈圭) 大韓藥學會(禹麟根) 韓國宗敎史學會(尹聖範) 大韓生藥學會(鄭東奎) 東亞文化研究委員會(金載元) 韓國에스페란토學會(崔德新) 韓國基督敎信仰同志會(林一) 韓國國樂學會(李惠求) 大韓生理學會(申東憲) 極東問題研究院(徐仲錫) 韓國文化研究所(金字正) 韓國農業政策學會(朴根昌) 韓國心理研究所(李鍾宅) 韓國文化人類學會(李杜鉉) 斯文學會(閔泰植) 唯正學會(李大偉)

학교교육의 경우 當局에 의해 虛心坦懷하게 이 建議가 받아들여질 때 우리 교육은 참으로 오래간만에 正常의 길을 걷게 될 것이다.

3.

나는 이 기회에 教育用基礎漢字를 教育用으로만 묶을 것이 아니라 온 國民의 常用漢字로 해서 日本에서처럼 官廳 學校를 비롯하여 新聞 雜誌 등 一般社會에서까지 通用해서 이제는 종래와 같은 한글專用의 官廳과 학교, 國漢混用의 社會로 兩分되어 平行線을 걷는 不條理를 清算하기를 희망한다.

해방 후 祖國光復의 흥분 속에 내말과 내글을 되찾았다는 감격은 한글專用이 愛國이라는 일부 편협한 한글 主義者에 의해 誤導되어, 결과적으로는 中高教育을 마치고도 제나라 신문하나 제대로 못 읽는 愚民을 量産하기에 이르렀던 것이다.

이제 새삼스레 과거를 들출 생각은 없다. 漢字를 制限해서 常用漢字制定, 略字·代用字의 制定, 맞춤법의 改定, 國語의 淨化, 우리말의 開發 등이 우리들의 衆智를 모아야 할 課題들이다.
基礎漢字가 1,800字요, 68년 1월 1일을 期해 발표된 韓國新聞協會, 漢字制限案의 漢字가 2千字니만치 그 調節은 그렇게 어려운 것은 아니라고 본다.

新聞協會의 漢字制限案[195] 자체가 各新聞社案과 文敎部案, 日本의 當用漢字 등이 참고되어 있으므로 學界·敎育界·言論界 등이 한자리에 모여 意見을 교환하면 쉽게 單一案을 마련할 수 있을 것이다. 과거와 같은 官에 의한 一方通行的 思考方式으로 語文政策을 다루지 말기를 바랄 뿐이다.

필자는 漢文敎育用 基礎漢字 選定을 보고[196]라는 一文에서 文敎部選定漢字의 테두리를 크게 벗어나지 않는 범위 안에서라면 '竭箱…' 등 69字를 삭제하고 '肝裳…' 등 81字를 補完하기를 희망한다고 하였다.

그리고 앞으로 혹 漢文敎育에선 1,800字가 적다하여 2千字정도의 漢字數가 필요하다고 해서 字數를 늘리는 경우가 있다면 다음과 같은 글자中에서 選定되기를 희망한다라 하여 基礎漢字審議過程에서 삭제된 것과 石峯千字文 新增類合 訓蒙字會 등 옛 漢字學習書나 四書諺解(論語 孟子 大學 中庸) 小學諺解 佛經諺解 등 各種 諺解文獻에서 추린 것 중 사용頻度를 고려해서 '肝揭隔狂…' 등 641字를 들어 놓은 바 있다.

앞에서 필자는 日本의 경우, 人名用 漢字 92字가 當用漢字 1,850字와는 별도로 追加되어 있음을 소개한 바 있다. 이와 같은 追認作業을 日本의 흉내라 해서 忌避할 것은 없다. 굳이 흉내라 할 것도 없다. 우리도 필요하니까 쓰자는 것뿐이다.

新聞 등에서 자주 接하는 '姬 崔 趙 閔…' 등을 모른대서야 되

195) 拙著 現代國語國字의 諸問題 一潮閣 V. 6. 韓國新聞協會 漢字制限案을 審議하고 pp. 148~152.
196) 새교육 72. 8월호 pp. 13~20

겠는가. 姓名用 漢字追加 등 補完作業이 필요하다. 필자는 韓國姓氏大觀(創造社刊)과 서울 전화번호부(71. 9. 1)에서 다음과 같은 姓名用漢字를 추려내었다.

1. 姓은 收錄總數 258字中

大姓 金 李 朴 崔 鄭 5姓

著姓 姜 趙 尹 張 林 韓 吳 申 徐 權 黃 宋 安 柳 洪 全 高
孫 文 梁 裵 白 曺 許 南 劉 沈 盧 河 丁 成 車 具 郭
禹 朱 任 田 羅 辛 閔 兪 池 陳 嚴 元 蔡 千 方 姜
50姓

貴姓 玄 孔 咸 卞 楊 廉 邊 呂 秋 都 魯 石 蘇 愼 馬 薛 吉
宣 周 延 魏 表 明 王 房 潘 玉 奇 琴 陸 孟 印 諸 卓
魚 鞠 牟 蔣 殷 秦 片 余 龍 慶 丘 芮 奉 史
48姓

稀姓 夫 程 昔 賈 庾 太 卜 睦 桂 皮 晋 杜 甘 智 董 陰 溫
邢 章 賓 扈 景 葛 錢 左 于 彭 范 承 尙 簡 眞 夏 偰
施 胡 毛 漢 柴 邵 韋 唐 42姓

僻姓 道 甄 陶 萬 昌 平 公 段 荀 葉 鍾 弓 昇 强 龐 大 天
冰 化 襄 邕 浪 濂 西 連 國 馮 永 堅 莊 判 伊 箕 乃
墨 路 異 麻 邦 菊 采 楚 班 包 斤 45姓

珍姓 弼 阿 梅 海 彬 舜 袁 星 肖 宗 曲 占 燕 夜 頓 鄒 彈
鷸 雲 倉 慈 雷 單 菜 雍 凡 洙 米 敦 姚 后 鳳 順 汝
君 謝 俊 彊 樑 端 邱 扁 森 冰 奈 剛 介 賴 碩 芸 丕
艾 先 舍 淳 恩 閻 應 鮑 旁 60姓

複姓 南宮 皇甫 司空 鮮于 諸葛 西門 獨孤 東方 8姓

基礎漢字에 없는 것

賈 葛 姜 彊 甄 邱 鞠 鷸 箕 頓 董 杜 樑 呂 濂 盧 魯 劉 牟
閔 潘 龐 旁 裵 范 卞 甫 丕 彬 薛 偰 邵 宋 洙 荀 舜 淳 柴
艾 襄 閻 芮 吳 邕 雍 姚 禹 芸 袁 魏 韋 兪 庾 尹 殷 伊 蔣
鄭 趙 曺 晋 蔡 采 楚 崔 鄒 卓 彭 扁 鉋 馮 弼 邢 扈 后

75字

2. 이름字에 많이 쓰이는 것으로 基礎漢字에 들어있지 않은 것中 姓字에 들어 있는 것 除外하고 들어 보이면 다음과 같다.

珏 杰 瓊 炅 奎 圭 珪 揆 兢 冀 耆 岐 麒 悳 燾 惇 亮 麟 冕
慕 穆 玟 炳 柄 秉 昞 昺 輔 馥 鵬 庠 奭 碩 晳 錫 璿 卨 燮
晟 銖 湜 軾 彦 淵 姸 衍 燁 鈺 耀 溶 瑢 鏞 鎔 祐 旭 郁 昱
煜 媛 瑗 允 胤 翊 滋 晶 禎 楨 鼎 祚 珠 濬 址 稷 稙 震 璨
燦 瓚 昶 彰 埰 喆 澈 鐸 台 兌 杓 泌 翰 赫 爀 鉉 炫 馨 瀅
衡 鎬 昊 皓 煥 桓 晃 勳 熏 薰 烋 欽 姬 禧 1百 11字

앞으로 基礎漢字나 姓名用漢字 범위 안에서만 이름을 짓도록 勸奬하는 것이 오히려 漢字를 줄여가는 길이 아닌가 한다.

한글 作名이 있기는 하나 漢字를 利用하는 作名法이 오랜 傳統뿐 아니라 여러 가지 長點이 있어 그대로 維持하는 것이 좋을 듯하다.

한편 地名에 있어선 道市郡區邑面洞里 이름은 基礎漢字나 姓名用漢字 범위 안에서 地名變更을 하든지 아니면 現傳하는 순 우리말식 地名을 採擇하는 法的措置를 하고 一部 필요한 漢字는 追認해도 좋을 것이다.

이렇게 해서 常用漢字를 確定, 長期計劃으로 漢字漸減의 方案을 摸索하도록 하고 一絲不亂의 語文生活을 온 國民이 할 수 있도록 하는 것이 바람직하다.

한글 專用이 아닌 한글 愛用은 우리가 國産愛用을 권장하듯이 폐단이 없는 限에서 권장하는 게 좋다.

〈『국어교육』 18~20 合併號, 旗竿 孫洛範先生 回甲記念論文 特輯, 한국국어교육 연구회, 1972. 12.〉

常用漢字 研究

— 常用漢字는 국민학교부터 敎育해야 한다—

1979年 3月 31日字 日本의 大阪朝日新聞에 의하면 종래의 當用漢字表에 대신할 새 漢字表 만들기를 審議해 온 第13期 國語審議會는 總會를 열어 常用漢字表案에 意見을 모아 文相에게 中間答申을 했다 한다.

常用漢字表案은 當用漢字表(1,850字)에다 새로 95字를 늘리고, 當用漢字表에서 19字를 줄여 1,926字로 되어 있다.

當用漢字表가 '日常 使用하는 漢字의 範圍'를 정한 制限色이 짙었던 것임에 比해 常用漢字表案은 '一般社會에서 漢字를 쓸 경우의 便利'를 고려하고 있는 것이 特色이다.

그러나 戰後漢字의 負擔을 極力 줄이려고 하는 생각에서 만든 當用漢字表에 比해 漢字를 늘리는 방향이어서 그들의 語文政策의 큰 轉換을 뜻하는 것으로 보인다.

그런 만큼 國民生活에 미치는 영향은 커서 審議會는 當初, 30日 最終答申을 하고 올 가을부터 內閣告示로 常用漢字表 採用을 할 豫定이었으나 總會直前에 審議會長이 다시 한 번 널리 各層의 意見을 듣고 싶다고 提案하여 總會에서 이를 받아들여 이번엔 中間答申으로 그친 것이다.

文化廳은 6월부터 東京 등 5個所에서 說明會를 연다 한다. 따라서 常用漢字表의 採用은 當初豫定보다 半年에서 1年 늦어질

展望이다.

當用漢字表案은 法令 公用文 新聞 雜誌 放送 등 一般 社會生活에서 使用하는 경우의 共通性이 높은 漢字를 採用, 漢字를 쓸 경우의 便利를 目的으로 만들어진 것이다.

當用漢字 1,850字는 終戰後 46년 11월 16일 內閣訓令·告示로서 制定된 것인데 當時의 美國敎育使節團이 '漢字의 學習이 日本의 敎育에 큰 障碍가 되어 있으며 언젠가는 文字言語에서 漢字가 全廢되어 表音文字가 採用될 것이 아닌가'라는 內容을 담은 報告書를 提出하였는데 그것이 日本의 國語審議會의 方向에 크게 影響을 미친 것으로 말하고 있다.

'當用漢字'라는 말 자체가 '當分間 使用되는'의 뜻이 담겨 있으므로 언젠가는 더 줄이겠다는 意圖가 숨겨져 있었다고 보아야 할 것이다.

이른바 敎育用漢字 881字란 것이 바로 最終的으로 義務敎育期間中 읽고 쓸 수 있게 한다는 性格의 것이었으므로 當用漢字를 廢하고 이 敎育漢字를 목표로 漢字를 줄여 보겠다는 생각이었을 것이다.

그러나 日本 文部省에서 1968년 7월에 告示로서 발표하고 1971년도부터 施行하여 오는 現行 '小學校學習指導要領'에 의하면 敎育漢字 881字에 備考漢字 115字를 보태서 996字(필자가 가지고 있는 74년도용 敎育出版株式會社發行 日語敎科書엔 1,001字)의 漢字를 指導하도록 되어 있으므로 事實上 約 千字를 읽고 그 大體를 쓸 수 있도록 하겠다는 것이다. 中學校에서는 小學校에서 배운 千字를 더욱 익히도록 하고 그 밖의 當用漢字도 適切히 쓸 수 있도록 노력해야 한다로 되어 있다.

그런데 敎育關係者의 말에 따르면 戰後 小學校에서는 1,350字를 가르쳤는데 現在 國語(日語)의 授業時間이 半程度로 줄어들어 戰前 時間의 比率로 따지면 750字 정도밖에는 가르칠 수 없다고 한다는 것이다. 그러므로 千字라는 數字는 漢字發育의 密度가 매우 짙어 아이들의 負擔은 가볍지 않다.

그 위에 中學校를 포함해서라고는 하지만 이번에 늘리려고 하는 76字를 새로 가르치려 한다는 것은 無理라는 意見도 많다 한다.

漢字敎育은 現場에 맡겨라 하는 理由가 이런 데 있다는 것이다. 그러나 新聞 등에 나오는 漢字를 배우지 않은 채 義務敎育을 마친다는 것이 옳을 것인지라는 疑問을 다는 것을 잊지 않았다.

中間答申의 前文에 '常用漢字表의 趣旨를 考慮하여 漢字敎育이 適切히 行해지는 것이 바람직하다'고 한 것을 보면 결국 小, 中學校에서 이 常用漢字表에 의한 漢字敎育이 行해지기를 바라고 있는 것이 틀림없다.

그들의 國語審議會가 國語施策의 改善에 관해 諮問을 받은 것은 66년 6월이고 常用漢字表 등의 改善에 관해 檢討를 시작한 것은 72년의 第11期 審議會로 今回까지 3期 6년간에 걸쳐 30回의 總會를 包含하여 180回의 會合을 가졌었다. 第13期 審議會는 77년 4월에 發足하여 前期 審議整理한 試案을 가지고 公聽會를 열기도 하고 官廳이나 民間團體의 意見을 듣기도 하여 漢字表의 最終案을 推進해 왔던 것이다.

年前의 어느 外紙에 의하면

> "中共에서는 한국의 國漢文混用과 비슷한 로마字 混用으로 옮겨갈 것 같다. 이미 국민학교 등에서는 로마字 混用이 널리 試用되고 있어 부분적으로 實用化되고 있다고 할 수 있을 정도다.
>
> 公式文書에서 로마字 混用文이 漢字만으로 된 글을 대신하게 되기까지엔 긴 時間이 필요하겠지만 대중의 日常生活에서는 차차 實用의 범위를 넓혀 갈 것 같다.

混用되는 로마字를 中共에서 倂音(삥인)이라고 한다. 예를 들자면 前面(圖版)과 같은 국민학교 1年生 副敎材의 一部를 들 수 있다.

中共에서는 漢字의 發音을 로마字로 表記하는 것은 이미 一般

化돼 있어서 표준적인 中國語辭典인 新華字典의 배열도 발음의 로마字 순서로 돼 있다.

국민학교에서도 우선 로마字로 낱말의 발음을 배우고 있으니까 漢字를 충분히 모르는 低學年生이 로마字混用文을 常用하는 것은 자연스런 추세라고 할 수 있다.

그러나 漢字에 대한 中國人들의 愛着도 보통 강한 게 아니다. 따라서 로마字 表記에의 移行이 急피치로 進行되리라곤 생각되지 않지만, 大衆 특히 젊은 층의 요구가 뒷받침돼 "로마字表記가 서서히 基盤을 넓혀가 漢字와의 「長期共存」 體裁로 들어갈 것은 확실한 것 같다"는 것이다.

아닌 게 아니라 漢字專用을 해 오던 中國으로선 漢字學習에 대한 부담이 너무나 크기 때문에 文盲이 많을 수밖에 없는 現實에서 中共의 改革主義者(共産主義者)들이 案出한 것이 로마字混用인 바 이는 마치 우리나라의 國漢混用이나 日本의 漢字假名混用文과 相通하는 데가 있다고 할 만하다.

우리나라 학교 교육의 경우 解放이 되자 日帝에 의해 抑壓받던 내말과 내글을 되찾은 感激에다, 朝鮮語學會事件으로 투옥됐던 一部 한글 專用論者에 의해 '한글專用이 愛國의 길'인 양 誤導되어 漢字無識의 半文盲을 量産해 왔다.

우리나라의 文化가 漢字文化라 해도 過言이 아니요, 우리말의 太半이 漢字말일 뿐 아니라, 그 脊椎와도 같은 存在요, 同音異義語(不正, 不貞, 不定, 不淨, 不精…) 한글家(사기·사실·사감·사고·사장·사전·사표·사제…) 한글 兄弟(의사·은사·관사·면사·독사·대사·치사·공사·상사…)가 너무나 많아 한글專用이 얻는 것보다 잃는 것이 많다는 엄연한 事實을 外面했었던 것은 不幸한 일이었다. 곰곰 생각해 보면 오늘날 日語의 殘滓가 橫行하고 西歐系 外來語가 氾濫하여 우리말 특히 漢字말의 발음이 엉망이 되어 국어의 汚染이 극심한 것은 아무래도 한글專用교육 내지는 한글專用政策에 그 원인의 太半이 있는 것이 아닌가 하는 것이다.

日語의 殘滓나 西歐系 外來語를 줄이려면 순우리말이나 漢字

말로 바꿔 보는 방법밖에 없다. 해방 후 그 노력이 一部人士에 의해 試圖됐었다.

그러나 돌이켜 보면

1. 순우리말로 바꿔 보는 경우, 傳統的인 造語法에 맞아야 되고 簡潔해야 民衆의 共感을 얻게 되고 普及도 되었을 것인데 傳統的 造語法을 모른 채 억지 造語를 했으며 그나마도 많은 音節의 길어진 말로 되어 實效를 거두지 못했다.

2. 漢字말로 바꿔 보는 노력을 기울였더라면 오히려 簡潔正確한 새말을 어느 정도 만들 수 있어 日語 殘滓나 西歐系 外來語를 줄일 수도 있었을 것인데 漢字말 造語를 忌避했을 뿐 아니라 오히려 '動物 植物 文法' 같은 漢字말 조차 이것을 순 우리말로 고치는 노력을 하고 '다꾸앙'이나 '다다미' 같은 말까지를 고쳐 보려는 쓸데없는 노력으로 時間과 힘을 浪費했다.

3. 漢字말이 엄연히 우리말의 核心이요, 또한 漢字가 지니고 있는 長點인 視覺性·造語性·縮約性을 앞으로도 이용하여 우리말을 만들어내는 수밖에 없고 簡潔正確한 漢字말을 忌避할 아무런 理由도 없는데 漢字말을 中國語쯤으로 생각하는 일부 沒知覺한 사람들에 의해 受難을 하고 있는 것이다.

우리 固有의 漢字音에 의해 쓰이고 있는 漢字語는 엄연히 우리 國語라는 사실을 옳게 認識해야 하는데 그렇지를 못하니 유감이다.

이런 漢字語 忌避의 心理는 漢字語를 쓸 바에야 차라리 西歐系 外來語를 쓰는 것이 낫다는 생각에서인지 月給이 '샐러리'로, 賞與金이 '보너스'로, 雪糖이 '슈거'로 바꿔어 쓰이고 있는 풍조마저 생기기에 이르렀다.

한편 漢字無識은 '丁, 鄭' '成人, 聖人'의 구별을 못하게 만들어 놓았고, '敦岩洞'을 '도남동'으로, '葛峴洞'을 '가련동'으로 쓰는가 하면 '太氏'인 어머니를 '犬氏'로 쓴 異變 등이 속출하고 있는 것이다. 멀쩡히 살아 있는 제 恩師의 '명복'을 빈다는 弟子가 있는가 하면, 愛國歌의 '華麗江山'의 '華麗'를 '하려'로 쓴 大學生이 있기도 하다.

蔽一言하고 中·高 졸업생들이 제나라 新聞 하나 제대로 못 읽는다면 言語道斷이라 할 밖에 없다. 이 일은 하루 빨리 是正되어야 한다.

그런 의미에서 現在 中·高에서만 漢字敎育을, 그것도 아주 不誠實하게 行해지고 있음을 指摘하면서

1. 국민학교부터 漢字敎育을 할 것
2. 모든 敎科書에 常用漢字를 混用 또는 倂用할 것을 要望하는 것이다.

다음에 韓國語文敎育硏究會案 常用漢字 1,800字를 紹介하고 私見을 붙이려 한다.

이 常用漢字 1,800字란 文敎部制定 漢文敎育用 基礎漢字 中에서 170字를 添削하여 만든 것이다.

造語力調査는 東亞出版社刊 漢韓大辭典에 依據해서 한 것으로 '낱말數 앞'이라 함은 例컨대 '家'字가 앞에 놓여 이루어진 '家計, 家產, 家庭, 家畜…' 등 낱말의 數를 意味하는 것이며, '낱말數 뒤'라 함은 '國家, 農家, 民家, 分家…' 등을 뜻하고 그 옆에 +표를 한 것은 辭典에는 漏落되어 있으나 더 생각나는 것을 加算한다는 것이다.

妹家 賣家 都家 喪家 生養家……

등 追加되는 낱말 數다.

新聞採擇이라 함은 各 신문사에서 쓰고 있는 漢字를 뜻하고 協會選定이라 함은 韓國新聞協會選定을 뜻하는데 이것은 1967년 11월 25일로부터 12월 16일까지 8次 會合을 통해 이루어진 것이다.

당시 審査委員으로 委囑된 이는

金庠基 李崇寧 李家源 南廣祐 (以上學界) 劉鳳榮 (言論界)

이었는데 각 新聞社의 漢字制限案 등 資料를 받아 각기 검토한 결과 東亞日報社案을 토대로 하고 他社案과 文敎部案, 日本의 當用漢字 등을 참고로 하여 逐字審議를 했었다.[197)]

그런데 朝鮮·東亞·韓國·京鄕·中央·서울신문社의 6個社 中 2個社(朝鮮·서울)에서는 이 協會案을 採擇하고 있다는 것이지만 "但固有名詞·古典引用文·調査資料原文引用의 경우는 制限漢字에 拘碍받지 아니하며 한글만의 表記로 難解한 것이나 混同을 가져올 憂慮가 있는 것은 괄호 안에 漢字를 記入하여 理解를 돕는다"라는 但書를 달아 있으므로 실제론 2,000字 以上을 쓰고 있는 것이 틀림없다.

東亞日報는 2,000字로 制限使用한다는 것으로 一般記事用으로 1,600字, 豫備漢字라 하여 400字는 特殊記事 등에만 쓴다는 것이요, 中央日報·京鄕新聞·한국일보의 保有活字(漢字)는[198)]

	1級	2級	3級	計
A社	401	1,140	988	2,529
B社	402	1,140	1,140	2,682
C社	407	1,890		2,297

이어서 결국 모든 신문이 모두 2,000字 以上의 漢字를 쓰고 있는 셈이다.

中央日報·京鄕新聞 두 社는 각각 1級·2級·3級 漢字로 가른데 比해 한국일보는 1級·2級으로만 갈라 있다.

新聞採擇欄 中 ○표는 採擇을, ∨표는 不採擇을, 1·2·3은 각각

197) 拙著, 改訂 現代國語國字의 諸問題, 漢字의 制限使用과 略字制定問題 6. 韓國新聞協會 漢字制限案을 審議하고. 一潮閣. 初版 1970. 5. 30. 改訂版 1973. 3. 5.

198) 語文研究 10호 卷頭言, 常用漢字制定을 提唱한다, 一潮閣. 1975. 12. 20.

1級·2級·3級 漢字임을 보인 것이다.

頻度順·頻度欄 中, 國校 국어교과서 頻度조사는 73·74년 발행의 教科書에 의한 것인데 南基恒의 조사[199]다. 다만 이중 '생각'을 '生覺'으로 알고 통계를 낸 것이므로 이 두 글자의 統計는 修正되어야 한다.

中校 국어교과서의 頻度數와 頻度順조사는 申鉉根[200]에 의해 73년 발행의 教科書에 의한 것이고 李應百의 發表는 '國民學校 基本語彙의 漢字研究'로 '어린이 책에 나타난 漢字語에 쓰인 漢字'를 통계로 처리한 것이다.

文教部制定 常用漢字 1千3百字라 함은 1950년[201] 制定한 1千字에 57년에 追加制定된 3百字를 합친 1千 3百字를 뜻하는 것으로 ×표는 常用漢字 1千3百字에 該當하는 글자다.

읽기 指導 ⅠⅡ案, 쓰기 指導 國·中·高校配定案, 略字案은 私案[202]을 提示한 것이다.

以上 여러 統計資料로 漢字문제를 가지고 매듭을 지어 보려하던 차에 李應百의 漢字併用期의 中高教科書에 나타난 頻度順頻度[203]가 발표되어 이 資料도 참고로 싣는다.

韓國語研 常用漢字 1,800字의 造語力은 10萬 單語 以上이다.

앞에 놓여 이루어진 單語數	85,310
뒤에 놓여 이루어진 單語數	14,812
	100,182

199) 南基恒, 國民學校 國定國語教科書의 漢字使用에 關한 研究 慶熙大教育大學院 碩士論文.

200) 「중학국어」 漢字語에 들어 있는 漢字研究, 語文研究 3집.

201) 語文研究 7·8 合併號. 1957. 5. 31.

202) 常用漢字 1,800字, 그 教育의 具體的 方案, 語文研究 17號. pp. 321~329. 1977. 11. 30.

203) 李應百, 漢字併用期의 中·高 教科書에 나타난 漢字實態, 語文研究 18·19 合併號. pp. 45~93. 1978. 6. 漢字併用期의 中·高 教科書에 나타난 漢字目錄(ㄱㄴ順), 국어교육 33호. pp. 93~140. 1978. 12.

△ 표는 基礎漢字外 漢字로 常用漢字로서 補充하겠다는 글자 170字

漢字	造語力			新聞採擇					頻度順			頻度			文敎部制定常用漢字 1千3百字	읽기 指導	指導	쓰기 指導	略字案	漢字併用期의 中高敎科書에 나타난	
	낱말數(앞)	낱말數(뒤)	+加算될 낱말數(뒤)	協會選定(朝鮮·서울)	東亞日報	中央日報	京鄕新聞	한국일보	55년 文敎部조사 漢字使用	中校 국어교과서 漢字語에 쓰인 漢字	어린이 책 漢字語에 쓰인 漢字	國校 국어교과서漢字語에 쓰인 漢字	中校 국어교과서 漢字語에 쓰인 漢字	어린이 책 漢字語에 쓰인 漢字		Ⅰ案 國·中校配定案 各 9百字	Ⅱ案 國·中·高校配定案 各 6百字	國·中·高校配定案	常用되고 있는 것 中에서 選定	頻度順	頻度
家	183	43	+42	○	○	1	1	1	42	69	103	80	209	135	×	國	國	國		49	331
加	132	7		○	○	1	1	1	301	562	391-1	14	27	34	×	國	國	國		127	173
可	83	5		○	○	1	1	1	413	728		10	18			國	國	國		223-1	66
歌	37	22		○	○	2	2	2	689-4	244		9	71			國	國	國		146-1	148
街	22	3		○	○	1	1	1	599-5	907	726-1	5	11	11	×	國	國	高		270-1	19
價	15	22		○	○	1	1	1	467	422		6	37			國	國	國	価	99-1	215
假	127	1		○	○	2	2	2	365-2	489	635-1	9	32	14	×	國	中	中	仮	228-1	61
架	15	5		○	○	3	3	∨	802-5	776		1	16			中	中	中		276-1	13
暇	3	8		○	○	2	2	2	776-2	952		3	9			中	中	中	昄	285-1	4
佳	55	0	+6	○	○	3	2	2	825-1	1258			3			中	高	高		281-1	8
各	91	0	+3	○	○	1	1	1	65	120	44	101	146	292	×	國	國	國		258-1	31
覺	18	17		○	○	2	2	2	366-2	672		447	21			國	中	中	覚	152-1	141
刻	57	17		○	○	2	2	2	566-1	775	756-1	3	16	10	×	中	中	中		248-1	41

角	77	7		○	○	2	2	2	164	999	106	9	8	133	×	國	中	中		146-2	148
閣	17	8		○	○	2	2	2	706-3	912		9	10			中	中	中		265-1	24
却	7	7		○	○	2	2	2	723-6	1930			1			中	高	高		264-1	25
脚	24	10		○	○	2	2	2	798-12	1257			3			中	高	高		271-1	18
間	89	14		○	○	1	1	1	19	27	15	135	313	482	×	國	國	國		96-1	224
看	34	1		○	○	2	2	2	784-2	1182		26	4			國	國	高		276-2	11
簡	64	2		○	○	3	2	2	552-3	386	385-1	17	45	35	×	國	中	中		255-1	34
干	34	5		○	○	2	3	2	486-2	417-1	464	7	30	26		國	中	中		264-2	25
肝	23	3		○	○	2	3	2	723-6	1330		2	2			中	中	中		260-1	29
刊	11	4		○	○	2	2	2	707-1	308			56			中	中	中		253-1	36
幹	17	8		○	○	2	2	2	707-2	950			9			中	中	中		264-3	25
懇	20	0	+1	○	○	2	2	2	718-3	1180			5			中	中	中			
姦	31	0	+5	○	○	3	3	∨	827-8	1728			1			中	高	高		286-3	3
渴	16	2		○	○	2	2	2	806-9	1437			1			中	高	高		281-2	8
感	112	18		○	○	2	2	1	418-3	31	189-1	38	301	75	×	國	國	國		73	285
監	50	7		○	○	1	1	1	195	353	430-1	8	49	29	×	國	中	中	监	227-1	62
敢	9	2		○	予	2	2	2	663-1	635	548-1	20	23	19	×	中	中	高		276-3	13
減	54	7		○	○	2	2	2	598-2	1255			3			中	中	中		195-1	94
鑑	16	5		○	○	2	2	2	762-4	851	606-1	44	13	15		中	中	高	鑑	255-2	34

甘	52	0	+2	○	予	3	3	2	811-7	1733		15	1			中	高	高		271-2	18
△憾	3	2		∨	∨		2	2		外78			6			中	高	高			
甲	74	6		○	○	2	2	2	663-2	792	695-1	10	15	12	×	中	中	中		213-1	76
江	54	3		○	○	1	1	1	218-1	208	231-1	103	86	64	×	國	國	國		179-1	110
強	107	5		○	○	1	1	2	240-2	280	472-1	31	61	25	×	國	國	國		155	136
降	48	0	+5	○	○	2	2	2	711-5	1738			1			國	國	高		268-22	21
講	63	9		○	○	1	1	1	627-3	650	519-1	9	22	21	×	國	中	中		266-1	23
康	28	3		○	○	2	2	2	590-1	774	295-1	8	16	50	×	國	中	中		261-1	27
綱	13	5		○	○	2	2	2	641-3	902		6	11			中	中	中		257-1	32
剛	41	4		○	予	2	3	2	792-2	1184		9	4			中	高	高		271-3	18
鋼	8	0	+2	○	○	2	2	2	836-273	1736			1			中	高	高		269-1	20
開	183	6		○	○	1	1	1	249-2	278	529-1	64	62	20	×	國	國	國		142-1	152
個	29	2		○	○	1	1	1	113	195	12	34	92	497	×	國	國	國		200-1	89
改	93	3		○	○	2	1	1	396-1	649		7	22			國	國	國		216-1	73
介	40	5		○	○	2	2	2	552-1	631	660-1	1	23	13	×	中	中	中		239-1	50
槪	23	3		∨	○	2	2	2	412-2	561	408-1	7	27	32	×	中	中	高		263-1	26
蓋	18	0	+7	○	○	3	3	2	833-68	751			17			中	高	高		270-2	19
慨	6	2		○	予	3	3	2	770-1	1339			2			中	高	高		286-8	3
皆	12	0	+1	○	○	2	2	2	828-26	1735			1			中	高	高		286-7	3

客	108	17		○	○	2	2	2	454-1	530		4	29			國	國	國		223-2	66
更	26	6		○	(경)	1	1	2	703-5	1083		2	6			中	中	中		242-1	47
△坑	9	4		○	○	3	3	∨	836-39							中	高	高		283-4	6
去	48	8		○	○	2	2	2	374	515	726-2	12	30	11	×	國	國	高		240-1	49
巨	89	0	+3	○	○	2	2	2	707-1	888		13	11			國	國	國		250-1	39
擧	56	11		○	○	1	1	1	310	645		6	22			國	中	中	挙	180-1	109
居	51	18		○	○	2	2	2	704-3	1365		1	2			中	中	中		240-2	49
拒	15	0	+2	○	○	2	2	2	658-3	965		4	9			中	中	中		277-1	12
距	10	0	+2	○	○	2	2	2	447-2	1152	422-1	5	5	30	×	中	中	中		268-1	21
據	5	8		○	○	2	2	2	596-1	1049		2	8			中	中	高	拠	266-2	23
建	62	4		○	○	1	1	2	380-2	293		21	59			國	國	國		192-1	97
件	6	6		○	○	1	1	1	189	189	104-1	41	95	134	×	國	中	中		212-1	77
健	34	5		○	○	2	2	2	423	444	189-2	1	37	75	×	國	中	中		252-1	37
乾	116	0	+3	○	○	3	2	2	612-1	1363	726-3		2	11	×	中	高	高		179-2	110
傑	16	4		○	予	2	3	2	840-1	1095		1	6			國	中	中		284-6	5
△乞	26	0	+5	○	∨	3	3	2	792-1	外 132			4			中	高	高		286-9	3
檢	68	6		○	○	2	2	2	425-1	764		11	16			中	中	中		231-1	58
劍	31	9		(劍)	2	3	2	(劍)	797-1	964		1	9			中	中	高		269-2	20
儉	11	3		○	予	3	3	∨	831	1363		2	2			中	高	高		281-3	8

△掲	8	0		○	○	2	2	2	800-8	外		1	2			中	高	高		286-10	3
格	27	24		○	○	1	1	1	302-1	232 133		21	134			國	中	中		171-1	119
激	39	5		○	○	2	2	2	530-2	375	756-2	12	46	10	×	國	中	中		259-1	30
擊	31	17		○	○	2	2	1	330-2	702	606-2	27	19	15	×	國	中	中		254-1	35
△隔	38	0	+2	○	○	2	3	2	753-6	外			6			中	高	高		269-3	20
見	59	17		○	○	1	1	1	273	77 135	185-1	88	131	78	×	國	國	國		226-1	73
堅	25	1		○	○	2	2	2	779-2	1479		2	1			中	中	中	坚	269-4	20
犬	19	10		○	予	∨	∨	2	819-9	1490			1			中	高	高		277-2	12
絹	7	3		○	○	2	2	2	729-3	1635		1	1			中	高	高		269-5	20
肩	18	6		○	予	3	2	2	831-57	1636			1			中	高	高		287-16	2
遣	7	3		○	○	2	2	2	780-6	1375			1			中	高	高	遣	286-12	3
△牽	18	0		○	○	3	3	2	798-11	外			2			中	高	高		279-3	10
結	116	11		○	○	1	1	1	107	233 188	401-1	43	96	33	×	國	國	國		81	267
決	59	18		○	○	1	1	1	172	150	222-1	51	116	66	×	國	國	國		175-1	115
缺	30	3		○	○	2	2	2	674-6	545		8	28			國	中	中		254-2	35
潔	10	8		○	○	2	2	2	717-3	759		5	16			國	中	中		273-2	16
兼	54	0	+4	○	○	2	2	2	610-2	1374		3	2			中	中	中	兼	276-4	13

謙	21	1		○	予	3	3	2	797-4	1155		2	5			中	中	高	謙	273-3	16
京	70	8		○	○	1	1	1	809-1	1373		4	2			國	國	國		200-2	89
景	36	25		○	○	2	2	2	460	213	118-1	93	85	122	×	國	國	國		197-1	92
敬	52	10		○	○	2	2	2	643-2	700		43	19			國	國	國		260-2	29
競	40	2		○	○	2	2	2	465-1	1054	519-2	21	7	21	×	國	國	國		257-3	32
慶	25	0	+2	○	○	1	2	1	809-8	896		12	11			國	中	中		243-1	46
警	72	6	+2	○	○	1	1	1	419	406	200-1	22	42	71	×	國	中	中		274-1	15
驚	51	0	+4	○	○	2	2	2	779-9	1482			1			中	中	中		272-1	17
經	170	9		○	○	1	1	1	93	183	391-2	6	98	34	×	國	中	中	経	70-1	293
輕	105	0	+2	○	○	2	2	2	643-3	947		3	10			國	中	中	軽	251-1	38
鏡	14	7		○	○	3	2	1	566-2	1053	606-3	21	7	15	×	中	中	高		237-1	52
境	10	19		○	○	2	2	2	159	123	162-1	24	145	90	×	國	中	中		230-1	59
耕	33	8		○	○	3	2	2	558-2	1483		6	1			中	中	高		257-2	32
傾	56	2		○	○	3	2	2	561-1	1052			7			中	中	中		265-2	24
徑	12	0	+5	○	○	3	3	2	786-3	1627			1			中	中	高	径	269-6	20
庚	23	0	+3	○	予	2	3	2		1630			1			中	中	高		286-14	3
硬	32	1		○	○	2	3	2	805-12	1628			1			中	中	高		246-1	43
計	50	15		○	○	1	1	1	98	292	46	41	59	285	×	國	國	國		87-1	254
界	11	15		○	○	1	1	1	116	122	72	78	145	207	×	國	國	高		160	131
季	27	7		○	○	2	2	2	697-	701	574-	1	19	16	×	國	國	高		264-4	25

繼	39	3		○	○	2	1	1	1 323	383	1 162	45	46	90	×	國	中	高	継	252-3	37
係	12	1		○	○	1	1	1	ㅣ 2 155	398	ㅣ 2 317	23	44	46	×	國	中	中		215-1	74
械	2	2		○	○	2	2	2	519	730	ㅣ 1 239	34	17	62	×	中	中	高		251-2	38
系	8	0	+3	○	○	2	2	2	ㅣ 3 561	867	ㅣ 1	1	12			中	中	中		184-1	105
階	28	3		○	○	3	2	2	ㅣ 5 507	653		1	21			中	中	中		232-1	57
戒	40	10		○	○	2	2	2	ㅣ 2 712	1021			8			中	中	中		270-3	19
契	33	0	+5	○	○	2	2	2	ㅣ 2 633	971		1	9			中	中	中		229-1	60
鷄	79	4		○	○	2	2	2	ㅣ 1 784	1369			2			中	高	高		270-4	19
溪	3	0		○	○	2	2	2	ㅣ 6 814	1279		2	3			中	高	高		252-2	37
啓	44	7		○	○	2	2	2	ㅣ 9 777	1433		3	2			中	高	高		269-7	20
桂	29	1		○	○	2	2	2	ㅣ 3 802	1020		2	8			中	高	高		279-4	10
癸	13	0		○	予	3	3	2	ㅣ 5	1631			1			中	高	高		285-8	4
△繫	20	0	+1	○	予	3	3	2	833							中	高	高		287-23	2
古	168	12		○	○	2	2	2	ㅣ 57 447	?	635	8	?	14	×	國	國	國		107-1	197
故	31	9		○	○	1	1	1	ㅣ 1 466	319	ㅣ 2 169	40	54	87	×	國	國	國		255-3	34
苦	85	11		○	○	2	2	2	416	295	ㅣ 1 327	36	58	44	×	國	國	國		243-2	46
固	44	4		○	○	2	2	2	ㅣ 1 564	571	ㅣ 1	5	27			國	國	國		202-1	87
告	52	21		○	○	1	1	1	312	219		8	84			國	國	國		221-1	68
高	259	6		○	○	1	1	1	199	176	327	51	104	44	×	國	國	國		74-1	283
考	42	13		○	○	2	2	2	482	559	ㅣ 2	6	28			國	中	中		231-1	58

庫	25	12		○	○	2	2	2	656-1	729		17	17			中	中	中		243-3	46
孤	88	0	+5	○	○	3	2	2	712-1	587	726-4	7	25	11	×	國	中	中		255-4	34
稿	80	+10		○	○	2	2	2	788-8	249		7	70			中	中	中		279-5	10
姑	25	0	+6	∨	予	3	3	2	771-2	1217			4			中	高	高		287-24	2
枯	34	2		○	○	3	2	2	822-8	1578			1			中	高	高		283-7	6
鼓	43	3		○	○	3	3	2	711-6	1216		8	4			中	高	高		273-4	16
△雇	7	2		○	○	2	2	2	823-22							中	高	高		281-4	8
顧	34	6		○	○	2	2	2	773-3	969			9			中	高	高		279-7	10
曲	79	23		○	○	2	2	2	492	175	263-1	9	104	55	×	國	國	國		179-3	110
谷	9	5		○	○	2	2	2	761-4	1435		22	2			國	國	國		238-1	51
穀	37	6		○	○	2	2	2	518-3	1055	439-1	22	7	28	×	中	中	中		250-2	39
哭	6	2		○	○	3	3	2	801-4	1436		3	2			中	高	高			
困	29	3		○	○	2	2	2	531-1	874		4	11			國	中	中		278-1	12
骨	68	22		○	○	2	2	2	701-4	856		2	12			中	中	中		183-1	106
工	85	29		○	○	1	1	2	101	118	20	298	149	395	×	國	國	國		108	196
功	70	9		○	○	2	2	2	489	456	606-4	30	36	15	×	國	國	國		243-4	46
空	180	13		○	○	1	1	1	105	286	98	60	59	148	×	國	國	國		174-1	116
共	121	5		○	○	1	1	1	224	210	56	48	85	251	×	國	國	國		112	190
公	309	8		○	○	1	1	2	121	186	385-2	88	96	35	×	國	國	國		66	304
攻	50	2		○	○	2	2	2	603-	1577	606-	13	1	15	×	國	中	中		275-1	14

									3		5										
供	50	2		○	○	2	2	2	691-1	777		5	15			中	中	中		260-3	29
恭	28	0	+2	∨	予	3	3	2	775-7	970		4	9			中	中	中		269-9	20
恐	28	0	+1	○	○	2	2	2	735-2	1281		5	3			中	高	高		269-8	20
貢	31	4		○	予	3	3	2	736-4	1576			1			中	高	高		258-2	31
孔	45	2		○	○	2	2	2	808-2	1434		3	2			中	高	高		205-3	39
果	32	8		○	○	2	2	1	103	141	112-1	63	123	124	×	國	國	國		154-1	138
科	62	19		○	○	1	1	1	271	226	263-2	38	80	55	×	國	國	國		147-1	147
過	117	6		○	○	1	1	1	438	318	726-5	35	54	11	×	國	國	國	過	136	163
課	26	4		○	○	1	1	1	437	761		2	16			國	中	中		234-1	55
誇	11	0	+3	○	予	3	3	2	825-26	1056			7			中	中	中		283-8	6
寡	34	2		○	○	3	3	2	757-2	1572			1			中	高	高		285-13	4
官	185	13		○	○	1	1	1	186	411	635-3	38	42	14	×	國	國	國		110	194
關	62	5		○	○	1	1	1	62	112	138-1	39	153	105	×	國	國	高	関	103	209
觀	102	18		○	○	1	1	1	665-3	299	756-3	20	57	10	×	國	國	高	观	145-1	149
館	19	15		○	○	2	2	2	717-8	161		22	110			中	中	中	館	239-2	50
慣	16	2		○	○	2	2	2	786-4	826	695-2	1	3	12	×	中	中	中		257-4	32
管	65	11		○	○	1	1	1	77-3	922	422-2	8	10	30	×	中	中	中		141-1	153
冠	36	8		○	○	2	2	2	720-1	1059		3	7			中	中	中		250-4	39

貫	31	4		○	○	2	2	2	717-7	1227			4			中	高	高		264-5	25
寛	36	0		○	○	2	2	2	817-6	1591		1	1			中	高	高		280-5	9
△款	19	6		○	○	3	1	1	810-5							中	高	高		276-5	13
光	85	37		○	○	1	2	2	313	360	756-4	51	49	10	×	國	國	國		77-1	277
廣	107	1		○	○	2	2	2	820-10	320		31	54			國	國	國	広	223-3	66
鑛	48	6		○	○	2	2	2	424	1226		5	4			中	中	中	鉱	185-1	104
狂	60	4		○	○	2	2	2	794-10	外 79			6			中	高	高		271-4	18
△怪	41	4		○	○	2	2	2	422-4	1058		4	7			中	中	中		277-3	12
塊	9	5		○	予	3	3	∨	827-7	1589			1			中	高	高		269-10	20
△傀	6	0	+1	○	予	2	2	2	783-1		519-3	2		21		中	高	高		288-49	1
壞	11	0	+3	○	○	2	2	2								中	高	高		271-5	18
交	140	10		○	○	1	1	1	163	425	322-1	10	40	45	×	國	國	國		139-1	156
校	54	13		○	○	1	1	1	133	11	2	112	482	1206	×	國	國	國		195-2	94
教	148	42		○	○	1	1	1	74	82	45	289	180	289	×	國	國	國		71	291
橋	12	11		○	○	2	2	2	735-4	1586			1			國	國	高		261-2	28
較	5	1		○	予	3	2	2	408	527	348-1	48	30	40	×	中	中	高		270-5	19
巧	28	7		○	○	3	3	2	769-2	1158		2	5			中	中	中		259-2	30
△僑	8	0	+2	○	○	2	2	2	801-1	外 230	695-3		2	12		中	高	高		285-16	4
嬌	28	0		○	○	3	3	2	825-17	1584			1			中	高	高		282-5	7
郊	15	3		○	○	2	3	2	819-15	1225			4			中	高	高		281-7	8
△絞	8	0		○	∨	3	3	∨	829							中	高	高		288-53	1

膠	21	0	+3	○	∨	3	3	2	– 47 825							中	高	高		271-6	18
口	125	16		○	○	2	2	1	– 23 261	558	150	19	28	98	×	國	國	國		181-1	105
區	20	5		○	○	1	1	1	386	509	– 1	7	31			國	國	國	区	222-1	67
九	132	1		○	○	1	1	1	208	1103	556	6	6	18	×	國	國	國		209-1	80
究	17	10		○	○	1	1	1	260	232	– 1 222	53	78	66	×	國	國	高		230-2	59
求	39	9		○	○	1	1	1	246	361	– 2 122	53	49	121	×	國	國	國		217-1	72
救	61	0	+3	○	○	2	2	2	619	1022	– 1	24	8			國	國	國		267-1	22
具	60	25		○	○	2	2	2	– 2 498	608	332	12	24	43	×	國	中	中		183-2	106
球	23	12		○	○	2	2	2	– 2 377	299	– 1 108	16	43	130	×	國	中	中		157-2	134
舊	131	8		○	○	2	2	2	– 1 440	210	– 1 255	8	74	58	×	國	中	中	旧	241-1	48
句	28	20		○	○	2	2	2	762	514	– 1	12	31			國	中	中		236-1	53
久	24	6		○	○	2	2	2	– 1 748	1102			6			中	中	中		251-3	38
拘	27	0	+1	○	○	2	2	2	– 1 631	878		3	11			中	中	中		272-2	17
構	30	4		○	○	2	2	2	484	307		8	56			國	中	中		157-1	134
△購	10	0		○	○	2	2	2	762							中	高	高		274-2	15
△歐	18	4		○	○	2	2	2	– 7 836							中	高	高	欧	244-1	45
驅	28	3		○	○	3	2	2	– 116 746	1304		1	3			中	高	高	駆	270-6	19
龜	40	1		○	予	3	3	2	– 6 832	1650		1				中	高	高	亀	282-6	7
國	385	31		○	○	1	1	1	– 76 1	4	6	361	748	754	×	國	國	國	国	2	850
局	35	16		○	○	1	1	1	306	389	484	33	45	24	×	中	中	中		176-1	113
											–										

											1										
菊	10	5		○	予	3	2	2	715-4	976		5	9			中	高	高	菊	279-8	10
軍	202	18		○	○	1	1	1	46	178	41	301	90	309	×	國	國	國		104-1	204
郡	15	1		○	○	1	1	1	547-3	1032		30	8			國	國	國		242-2	47
君	36	15		○	○	2	2	2	439	315			55			中	中	中		200-3	89
群	51	0	+5	○	○	2	2	2	755-6	1237	635-4		4	14	×	中	高	高		216-2	73
屈	46	2		○	○	2	3	2	749-2	204		2	14			中	中	中		265-4	24
掘	10	4		○	○	3	3	2	794-6							中	高	高		280-7	9
△窟	3	3		○	○	3	3	2	765-2	外 237	635-5	17	2	14		中	高	高		275-3	14
宮	76	8		○	○	2	2	2	554-2	803		14	14			中	中	中		252-4	37
窮	87	3		○	○	3	2	2	619-3	828	695-4	7	13	12	×	中	中	高		270-7	19
弓	25	4		○	○	3	3	2	831-19	1643			1			中	高	高		246-2	43
權	87	27		○	○	1	1	1	245	396	660-2	13	44	13	×	國	國	高	权	43	350
卷	31	7		○	○	3	2	2	616-2	582	352-1	14	26	39	×	國	中	中		278-3	11
勸	56	1		○	○	3	2	2	662-1	786	519-4	2	15	21	×	國	中	中	劝	274-3	15
券	5	13		○	○	2	2	∨	689-1	1300			3			中	高	高		260-4	29
拳	16	2		○	○	2	3	2		1160			5			中	高	高		284-9	5
△圈	10	7		○	○	2	3	2	800-3	外 131		2	4			中	高	高		265-5	24
△闕	35	5		○	予	3	3	2	707-5	外 80		9	6			中	高	高		283-12	6
△軌	11	4		○	○	3	3	2	835-147	外 126	660-3		4	13		中	高	高		274-4	15
貴	70	5		○	○	2	2	2	452	358		51	49			國	國	國		224-1	65

鬼	50	6		○	予	3	3	2	725-9	1299	606-6	5	3	15		中	中	中		280-8	9
歸	98	4		○	○	2	2	2	646-1	877		2	11			中	中	中	帰	245-1	44
規	41	5		○	○	1	1	1	450-2	397		6	44			國	中	中		176-2	113
叫	16	2		○	予	3	3	2	831-10	1546			1			中	高	高			
△糾	19	1		○	○	3	3	2	829-46							中	高	高		284-11	5
均	27	1		○	○	2	2	2	558-1	729	529-2	2	10	20	×	國	中	高		199-1	90
菌	9	0	+3	○	○	2	2	2	623-3	1549			1			中	高	高	菌	215-2	74
極	100	15		○	○	2	2	1	253	350		61	50			國	國	高		174-2	116
劇	55	11		○	○	2	2	2	642-1	146	756-5	50	121	10	×	國	中	中		216-3	73
克	15	1		○	予	2	3	2	779-1	928		2	10			中	中	中		270-8	19
近	85	10		○	○	2	1	1	210	287	241-1	25	59	61	×	國	國	國		207-1	82
根	41	14		○	○	2	2	2	400-2	510		6	31			國	國	國		198-1	91
勤	42	11		○	○	1	1	2	599-2	1030		11	8			國	中	中		269-11	20
謹	26	1		○	○	3	2	2	821-24	1722		1	1			中	高	高		284-12	5
斤	5	0	+2	○	予	2	2	2	781-3	1620			1			中	高	高		281-10	8
筋	22	0	+2	○	○	3	3	2		外 365			1			中	高	高		226-2	63
金	338	27		○	○	1	1	1	45	203	89	84	88	163	×	國	國	國		16	금 469 김 125 594
今	48	12		○	○	1	1	1	47	129	48	51	138	279	×	國	國	國		265-6	24
禁	88	10		○	○	2	2	2	598-3	1177			5			中	中	中		258-3	31

錦	40	0	+1	○	○	2	2	2	818-12	1128		2	6			中	中	高		276-7	13
琴	15	6		○	予	3	3	2	733-2	1532			1			中	高	高		278-4	11
急	82	15		○	○	2	2	2	401-1	684	430-2	21	20	29	×	國	國	高		253-2	36
給	35	16		○	○	2	2	1	277	404		2	43			國	中	中		199-2	90
及	8	0	+5	○	○	1	1	1	727-1	1324		1	3			中	中	中		260-5	29
級	6	13		○	○	2	2	2	399-3	432	574-3	16	38	16	×	國	中	中		220-1	69
肯	12	0	+1	○	予	2	3	2	817-13	1719			1			中	高	高		285-23	4
己	17	5		○	○	2	2	2	66	30	71	152	303	212	×	國	國	高		236-2	53
記	58	20		○	○	2	2	2	693-2	37		30	287			國	國	國		85	256
期	27	29		○	○	1	1	1	129-2	291	322-2	14	59	45	×	國	國	國		42-2	351
氣	140	0	+57	○	○	1	1	1	17	100	21	126	167	388	×	國	國	國		42-1	351
技	24	12		○	○	2	2	2	380-1	379	352-2	52	46	39	×	國	國	國		186-1	103
基	47	5		○	○	1	1	1	426	548	574-4	19	28	16	×	國	國	國		115-1	186
旗	26	15		○	○	2	2	2	700-3	1178	497-1	66	5	23	×	國	國	高		273-5	16
機	83	18		○	○	1	1	1	68	119	79	148	146	188	×	國	中	中		38	360
奇	115	4		○	○	2	2	2	687-3	418	565-1	24	41	17	×	中	中	中		257-5	32
騎	34	4		○	予	3	3	2	802-13	1376		16	2			中	中	高		263-2	26
器	24	20		○	○	2	2	2	217-2	567	263-3	30	27	55	×	國	中	中		61-1	310
汽	12	0		○	予	3	3	2	622-1	外 22	695-5	7	12	12	×	中	中	中		279-9	10
紀	37	13		○	○	1	1	1	354	356			49			中	中	中		229-2	60
起	66	7		○	○	2	2	2	693-2	892		1	11			國	中	中		212-2	77

寄	49	1		○	○	2	2	2	578-2	1132		4	6			中	中	中		256-1	33
忌	17	2		○	○	2	2	2	799-4	1252			4			中	高	高		283-14	6
欺	23	1		○	○	2	2	2	804-4	1727			1			中	高	高		287-53	2
△棋	11	1		○	○	3	3	∨	819-4							中	高	高			
幾	21	0	+2	○	予	3	3	2	792-7	1377			2			中	高	高		274-6	15
既	46	0	+2	○	○	2	2	2	778-3	1724			1			中	高	高		279-10	10
祈	21	0	+1	∨	○	3	2	2	776-4	946		18	10			中	高	高		285-24	4
棄	18	8		○	○	2	2	2	769-2	1327		1	3			中	高	高		279-11	10
企	14	0	+2	○	○	1	2	2	687-1	997			9			中	高	高		234-2	55
畿	14	0	+1	○	○	3	3	2	802-12	1725			1			中	高	高	飢	281-11	8
緊	36	0	+2	○	○	2	2	2	615-2	597			25			中	中	中	紧	261-3	28
吉	38	3		○	○	2	2	2	800-2	125		56	143			國	中	中		258-4	31
諾	4	4		○	○	2	2	2	638-3	1379			2			中	高	高		287-58	2
難	61	18		○	○	1	1	2	358	507	756-7		31	10	×	國	中	中		220-2	69
暖	11	4		○	○	3	3	∨	674-2	1723			1			中	高	高		266-4	23
南	161	5		○	○	1	1	1	80	494	202-1	107	32	70	×	國	國	國		101-1	211
男	43	6		○	○	1	2	2	243	462	222-3	36	35	66	×	國	國	國		254-3	35
納	40	14		○	○	2	2	2	581-	996			9			國	中	中		228-2	61

									2												
內	345	30		○	○	1	1	1	182	76	115	123	188	123	×	國	國	國		93-1	233
											- 1										
耐	21	0	+2	○	○	3	3	2	804	1129			6			中	中	中		266-5	23
									- 9												
女	139	15		○	○	1	1	2	109	59	86	54	241	175	×	國	國	國		174-3	116
年	121	41		○	○	1	1	1	10	12	5	269	476	857	×	國	國	國		105	201
念	26	20		○	○	2	2	1	367	237	302	17	76	49	×	國	國	國		181-2	108
											- 1										
寧	21	2		○	予	2	2	2	686	519	241	51	30	61	×	中	中	高		257-6	32
									- 1		- 3										
努	3	0		○	予	2	2	2	458	388	271		45	54	×	國	國	國		272-4	17
											- 1										
奴	25	2		○	予	3	3	2	639	891		27	11			中	中	中		236-3	53
									- 1												
怒	22	2		○	○	2	2	2	691	536		35	27			國	中	中		275-4	14
									- 2												
農	119	15		○	○	1	1	1	79	205	61	128	87	216	×	國	國	國		139-2	156
濃	22	0		○	○	3	2	2	792	1534			1			中	高	高		262-2	27
									- 12												
腦	27	7		○	○	2	3	2	764	1533			1			中	高	高		250-5	39
									- 2												
惱	5	3		∨	予	3	3	2	792							中	高	高		280-11	9
									- 8												
△尿	12	6		○	○	3	3	∨	810							中	高	高		255-5	34
									- 1												
能	38	17		○	○	1	1	1	396	372	17		47			國	國	國		163-1	128
									- 2												
△尼	11	2		○	○	2	3	∨								中	高	高		286-35	3
△溺	7	0	+1	∨	○	2	3	2	835							中	高	高		285-28	4
									- 82												
多	100	0	+6	○	○	1	2	1	334	321		16	54			國	國	國		141-2	153
									- 2												
茶	46	4		○	○	2	2	2	379							中	中	高		262-17	다79 차533
單	134	5		○	○	2	2	2	233	279	171	15	61	86		國	國	國	単	126-1	174
短	80	3		○	○	2	2	2	642	551		3	28			國	國	國		232-2	57
									- 4												

端	41	15		○	○	2	2	2	594	368	352 ǀ 3	11	48	39	×	國	中	中		226-3	63
團	35	10		○	○	1	1	1	315	380		63	46	49	×	中	中	中	団	180-2	109
段	7	5		○	○	2	2	2	567	537	510 ǀ 1		29	22	×	中	中	中		231-3	58
斷	71	28		○	○	2	2	2	376 ǀ 1	409			42			中	中	高	断	170-1	120
丹	37	2		○	予	3	2	2	741 ǀ 1	993	332 ǀ 2	28	9	43		中	中	中		253-3	단35 란36
壇	10	0	+5	○	○	2	3	2	763 ǀ 1	865			12			中	中	高		266-6	23
檀	18	0	+1	○	○	3	3	1	700 ǀ 1	1325			3			中	中	中		272-5	17
達	31	20		○	○	1	1	1	152 ǀ 2	172	142 ǀ 1	81	105	104	×	國	國	高	達	218-1	71
談	15	24		○	○	1	1	1	410 ǀ 2	416	756 ǀ 8	30	41	10	×	國	中	中		258-5	31
擔	21	4		○	○	2	2	2	535 ǀ 3	696	695 ǀ 6		19	12	×	國	中	中	担	262-3	27
淡	38	3		○	○	3	2	2	806 ǀ 8	1246			4			中	高	高		264-6	25
△膽	18	8		○	∨	∨	3	2	791 ǀ 5	外	19		13			中	高	高		280-12	9
答	21	11		○	○	2	2	2	356	289	99	68	59	147	×	國	國	高	荅	258-6	31
沓	6	3		○	○	3	3	2	692 ǀ 2	1320			3			中	高	高		282-9	7
踏	18	0	+1	○	○	2	3	2	820 ǀ 27	1700			1			中	高	高		281-13	8
當	87	13		○	○	1	1	1	26	132	88	84	135	170	×	國	國	國	当	186-2	103
堂	33	11		○	○	2	2	2	417	445		85	37			國	國	國		226-4	63
唐	93	1		○	予	2	2	2	723 ǀ 3	837			13			中	中	中		240-3	49
黨	31	15		○	○	1	1	1	314 ǀ 2	808	241 ǀ 4		14	61	×	國	中	中		182-1	107
糖	13	10		○	○	3	2	2	540 ǀ 4	1703	574 ǀ 5		1	16	×	中	高	高		198-2	91

col1	col2	col3	col4	col5	col6	col7	col8	col9	col10	col11	col12	col13	col14	col15	col16	col17	col18	col19	col20	col21	col22
大	804	19		○	○	1	1	1	12	14	18	288	451	417	×	國	國	國		7	716
代	127	16		○	○	1	1	1	54	40	122-2	70	279	121	×	國	國	國		39	359
對	103	5		○	○	1	1	1	23	16	26	207	409	357	×	國	國	國	対	63-1	309
待	32	10		○	○	2	2	2	485	473	756-9	32	34	10	×	國	國	高		270-9	19
臺	30	12		○	○	2	2	2	308-1	275	184	55	62	79	×	中	中	中	(台)	171-2	119
隊	5	7		○	○	1	1	1	349	403	216-1	44	43	67	×	國	中	中	隊	259-3	30
帶	30	10		○	○	2	2	2	258-2	807	606-7	13	14	15	×	國	中	中		153-1	139
△坐	2	0		○	○	2	3	∨	832-11	外 355			1			中	高	高		288-103	1
貸	27	1		○	○	2	2	2	358-1	1498			1			中	高	高		220-3	69
△戴	11	0	+2	○	∨	3	3	2	814-4	外 362			1			中	高	高		284-21	5
德	41	33		○	○	2	2	2	545-1	614	726-6		24	11	×	國	國	國		195-3	94
度	27	22		○	○	1	1	1	48	124	101	60	143	142	×	國	國	國		24	441
道	116	53		○	○	1	1	1	88	174	87	128	104	173	×	國	國	國	道	65	305
圖	37	13		○	○	2	2	2	345	142	131-1	67	122	109	×	國	國	國	図	131-1	169
到	23	2		○	○	2	2	2	512	713	497-2	11	19	23	×	國	國	國		272-6	17
島	15	9		○	○	2	2	2	316	1092		15	6			國	國	國		184-2	105
都	100	9		○	○	1	1	2	187	335	259-1	19	52	56	×	國	國	國		195-4	94
逃	23	0	+3	○	○	2	2	2	927-4	1047		38	8	52	×	國	中	中	逃	284-22	5
導	18	12		○	○	1	1	1	406	346	726-7		51	11	×	國	中	中		186-3	103
徒	40	9		○	○	2	2	2	585	1091			6			國	中	中		253-4	36
刀	48	11		○	○	3	3	2	780-1	1087			6			中	中	中		280-13	9
盜	20	5		○	○	2	2	2	649-	1356			2			國	中	中		286-41	3

途	3	10		∨	○	2	2	2	2 617 ㅣ	909			11			中	中	中	途	273-6	16
渡	19	4		○	○	2	2	2	2 741 ㅣ	1784			1			中	高	高		268-2	21
倒	31	8		○	○	2	2	2	7 758 ㅣ	1493			2			中	高	高		274-7	15
桃	25	3		○	予	2	2	2	2 682 ㅣ	1355			2			中	高	高		270-10	19
挑	8	0		○	○	2	2	2	3 823 ㅣ							中	高	高		285-30	4
跳	14	0	+2	○	○	3	3	2	5 829 ㅣ	1472			2			中	高	高		281-15	8
稻	10	3		○	○	3	3	2	57 824 ㅣ	1783			1			中	高	高		282-11	7
陶	35	0	+2	○	○	3	3	2	19 759 ㅣ	1272			3			中	高	高		251-4	38
△塗	24	1		○	予	3	3	2	4 822 ㅣ							中	高	高		274-8	15
△悼	10	5		○	○	2	3	2	5 836 ㅣ							中	高	高		286-39	3
讀	29	14		○	○	2	2	2	70 595 ㅣ	67	726 ㅣ	58	214	11	×	國	國	國		216-5	73
獨	116	5		○	○	1	2	1	3 268 ㅣ	74	8 378 ㅣ 1	52	190	36	×	國	國	高	独	145-2	149
毒	39	19		○	○	2	2	2	2 500	854			13			國	中	中		226-5	63
督	20	14		○	○	1	1	1	642 ㅣ	908			11			國	中	中		264-7	25
篤	19	3		○	予	3	3	2	3 823 ㅣ	1779			1			中	高	高		288-108	1
豚	8	1		○	○	2	3	∨	13 828 ㅣ	1438			1			中	高	高		287-69	2
敦	24	0		○	予	2	2	2	40 835 ㅣ	1782			1			中	高	高			
突	31	4		○	○	2	2	2	68 540 ㅣ 3	855			13			中	中	中		260-6	29

同	258	12		○	○	1	1	1	51	102	84	174	166	179	×	國	國	國	仝	84-1	258
洞	44	0	+1	○	○	1	1	1	828 ¦ 21	1471		55	2			國	國	國		264-8 통4 동5	25
東	153	6		○	○	1	1	1	173	329	131 ¦ 2	153	53	109	×	國	國	國		77-2	277
冬	42	16		○	○	2	2	2	714 ¦ 1	1046			8			國	國	國		255-6	34
動	77	31		○	○	1	1	1	49	19	39	206	370	313	×	國	國	國		14	609
童	41	7		○	○	2	2	2	615 ¦ 1	572	204 ¦ 1	37	26	69	×	國	國	國		261-4	28
銅	53	4		○	○	2	2	2	691 ¦ 5	1013	414 ¦ 1		8	31	×	中	高	高		218-2	71
凍	26	2		○	○	2	2	2	803 ¦ 1	1786			1			中	高	高		264-9	25
△棟	4	1		○	∨	2	3	2	828 ¦ 18							中	高	高		288-116	1
豆	30	3		○	○	2	2	2	695 ¦ 3	1202		12	4			國	國	高		268-3	21
頭	65	13		○	○	1	1	2	291	822		6	14			國	國	國		197-2	92
斗	34	4		○	予	2	2	2	826 ¦ 14	1354		1	2			國	國	國		269-13	20
△屯	31	0	+1	○	∨	3	3	2	819 ¦ 1	外 227			2			中	高	高		285-32	4
鈍	18	5		○	予	3	3	2	798 ¦ 16	1357			2			中	高	高		287-73	2
得	70	15		○	○	2	2	1	430 ¦ 1	821		7	14			國	國	國		213-2	76
等	57	15		○	○	1	1	1	28	117	9	24	150	543	×	國	國	國		176-3	113
登	55	2		○	○	2	2	2	626	518			30			國	國	國		248-2	41
燈	31	13		○	○	2	2	2	495 ¦ 4	471	695 ¦ 7	17	35	12	×	國	國	高	灯	243-5	46
△騰	15	4		○	○	2	2	2	757 ¦ 5	外 75			6			中	高	高		271-8	18
△謄	11	0		○	∨	3	3	2								中	高	高			
羅	49	5		○	○	2	2	1	779 ¦ 7	673		16	21			國	中	中	罖	222-2	67
△裸	14	0	+3	○	∨	3	3	2	822 ¦							中	高	高		281-17	8

									26												
落	116	15		○	○	2	2	1	376	362	756-11	5(낙) 7(락)	48		×	國	國	高	落	189-2	100
樂	81	15		○	○	2	2	2	178	148		69	117			國	國	國		128-1 락285 악1114	173
絡	5	4		○	○	2	2	2	704-6	853	606-8		13		×	中	中	高		282-13	7
洛	22	0	+1	○	予	2	2	2		1439			1		×	中	中	高		277-6	12
亂	64	15		○	○	2	2	2	319-1	334	529-4	16	52	20	×	國	中	中	乱	228-3	61
卵	18	4		○	○	3	2	2	692-1	1732			1			中	高	高		225-1	64
蘭	43	0	+5	○	予	2	2	2	834-78	1731			1			中	高	高	蘭	279-12	10
欄	9	3		○	○	3	2	2	666-2	1135			5			中	高	高		282-14	7
爛	17	0	+2	∨	予	3	3	2	701-1	794			15			中	高	高		280-14	9
覽	6	4		○	○	2	2	2	693-1	793			15			國	中	中	覧	269-14	20
濫	23	0	+1	○	○	2	2	2	779-5	1183			4			中	高	高	濫	270-11	19
△拉	10	0	+1	○	○	2	2	2	814-6	外 353			1			中	高	高		285-27	4
朗	10	2		○	○	3	2	2	720-2	271			63	18	×	中	中	中		275-5	14
浪	20	6		○	○	2	2	2	725-5	906			11			中	中	高		253-5	36
郎	12	5		○	○	2	3	2	710-2	1133			5			中	中	中		255-7	34
來	60	17		○	○	1	1	1	118	199	138-2	55	89	105	×	國	國	國	耒	177-1	112
冷	72	1		○	○	2	2	2	610-1	1082			6			國	中	中		228-4	61
略	25	19		○	○	2	2	2	622-	687	529-	16	20	20	×	國	中	中		243-6	46

掠	6	0	+1	○	予	3	3	2	2 794 -	1740	5		1			中	高	高		286-52	3
量	23	20		○	○	1	1	1	7 127	621	144 -	13	24	103	×	國	國	國		89-1	248
良	78	13		○	○	2	3	2	436 -	606	1	5	25			國	國	國		219-1	70
兩	140	0	+1	○	○	1	1	2	2 374 -	711	472 -	1	19	25	×	國	國	國		213-4	76
糧	14	4		○	○	2	2	2	1 599 -	1137	2 439 -		5	28	×	國	中	中	粮	274-10	15
凉	16	5		○	予	2	2	2	4 793 -	1441	2		1			中	高	高		283-19	6
諒	5	0	+4	○	予	3	2	2	8 809 -	1747			1			中	高	高		288-132	1
旅	52	0	+3	○	○	2	2	2	21 568 -	401	439 -	19	43	28	×	國	國	高		264-10	25
麗	31	6		○	○	2	2	2	3 723 -	448	3 635 -	23	36	14	×	國	中	中		225-2	64
慮	2	12		○	○	2	2	2	7 802 -	637	6 565 -		22	17		國	中	中		282-15	7
勵	7	5		○	○	3	3	2	4 675 -	916	2		10			中	中	中		281-18	8
力	37	72		○	○	1	1	1	1 73	73	189 -	83	193	75	×	國	國	國		25	424
歷	44	10		○	○	2	2	2	309	171	3 331 -	24	105	42	×	國	國	國		233-1	56
曆	14	9		○	○	3	2	2	725 -	1448	1 464 -		1	26		中	高	高		251-5	38
連	130	0	+1	○	○	1	1	2	4 368	458	2 332 -	8	25	43	×	國	中	中		189-1	101
練	23	6		∨	○	2	2	2	640 -	630	3 210 -	33	23	68	×	國	中	中		254-4	35
聯	39	4		○	○	1	1	1	1 455	267	1 660 -	27	64	13	×	中	中	高	联	221-2	68
鍊	14	5		○	○	2	2	2	714	710	5		19			中	中	高		271-9	18

蓮	41	0	+5	○	予	2	2	2	ㅣ 8 715	1333			2			中	高	高	蓮	277-7	12
△煉	11	0		○	○	2	3	2	ㅣ 5 831		529			20		中	高	高		283-21	6
△戀	16	4		○	○	2	2	2	ㅣ 42 709	1334	ㅣ 6		2			中	高	高	恋	283-22	6
憐	6	0	+6	○	予	3	3	2	ㅣ 5 830	1744			1			中	高	高		287-102	2
列	46	15		○	○	2	2	1	ㅣ 12 595	647	510	7	22	22	×	國	國	國		195-5	95
烈	17	10		○	○	2	2	2	ㅣ 1 499	703	ㅣ 2		19			國	中	中		(260) 265-7 284-271	렬24 열5 29
劣	20	7		○	○	2	3	2	775	1276			3			中	中	中		280-15	9
裂	12	5		○	○	2	2	2	ㅣ 2 699	1797			1			中	高	高		259-4	30
廉	37	2		○	予	2	2	2	ㅣ 4 746	1364			2			中	中	高	廉	278-7	11
△獵	21	5		○	∨	3	3	2	ㅣ 3 817	外			1			中	高	高		273-7	16
令	73	17		○	○	1	1	1	ㅣ 10 197	403 392	235	42	44	63	×	國	國	國		199-3	90
領	55	10		○	○	1	1	1	196	331	ㅣ 1 484	16 25(영)	53	24	×	國	國	國		165-1	126
靈	98	8		○	○	2	2	2	660	743	ㅣ 2 695		17	12		中	中	高		244-2	45
零	26	0		∨	○	2	3	2	ㅣ 2 729	1796	ㅣ 8 660		1	13		中	高	高		277-8	12
嶺	24	0	+3	○	○	2	2	2	ㅣ 2 705	1210	ㅣ 6		4			中	高	高	岺	260-7	29
例	27	23		○	○	2	2	2	ㅣ 4 429	196	222	41	92	66	×	國	國	國		226-6	63
禮	85	34		○	○	2	2	2	ㅣ 1 501	428	ㅣ 4 472	20	40	25	×	國	國	國	礼	187-1	102

路	36	37	○	○	1	1	1	550-1	544	222-5	32	28	66	×	國	國	國		157-3	134
老	146	14	○	○	2	2	2	501-4	492	439-4	14	34	28	×	國	國	國		216-4	73
勞	71	9	○	○	1	1	2	402	628	439-5	20	23	28	×	國	國	高	労	203-1	86
露	40	9	○	○	3	2	2	695-4	1048			8			中	中	高		244-3	45
爐	9	9	○	○	3	2	2	656-4	1151	529-7		5	20	×	中	中	高	炉	257-8	32
綠	69	5	○	○	2	2	2	563	938	484-3	14	10	24	×	國	國	高		233-2	56
錄	16	10	∨	予	3	∨	∨	476-4	224	726-9	27	81	11	×	國	中	中		227-2	62
鹿	31	4	∨	予	3	2	2	824-31	1634			1			中	高	高		278-9	11
論	82	33	○	○	1	1	1	115-2	35	189-4	40	294	75	×	國	國	國		106-1	200
弄	34	4	○	予	3	3	2	703-1	1214			4			中	高	高			
△籠	14	2	○	○	3	2	2		外 244			2			中	高	高		286-59	3
賴	4	4	○	○	2	2	2	714-7	949			9			中	高	高		285-37	4
雷	58	7	○	○	3	3	2	796-10	1280			3			中	高	高		280-17	9
料	15	20	○	○	1	1	1	190	387	204-2	33 41(요)	45	69	×	國	國	高		86-1	255
了	10	6	○	○	2	2	2	782-1	1213			4			中	高	高		280-18	9
△僚	12	5	○	○	2	2	2	836-8	外 243			2			中	高	高		276-9	13
△療	10	5	○	○	2	2	2	690-	外 398	660-		1	13		中	高	高		267-2	22

									1		7									
龍	101	2		○	予	2	2	2	773-6	1019	484-4	14	8	24	×	中	中	中	竜	222-3	67
樓	17	13		○	○	3	3	2	779-4	1018			8			中	中	高		261-5	28
累	35	4		○	○	3	3	2	787-6	1488			1			中	高	高		268-4	21
涙	9	9		○	予	3	2	2	831-39	1625			1			中	高	高		279-14	10
漏	42	4		○	○	2	3	2	798-8	1507			1			中	高	高		275-6	14
流	146	34		○	○	2	2	2	162	488	574-6	5	33	16	×	國	國	國		75-1	281
類	40	10		○	○	1	1	1	161	225	196-2	41	80	73	×	國	中	中		70-2	293
柳	24	2		○	○	2	2	2	806-7	1575			1			國	中	中		255-8	34
留	38	8		○	○	2	2	2	639-2	636		11	22			國	中	中		249-1	40
硫	11	0		○	○	3	3	2								中	高	高		244-4	45
六	168	0	+3	○	○	1	1	1	141	1215	311-1	2	4	47	×	國	國	國		205-3	84
陸	44	4		○	○	1	1	2	391	797	391-4	41	14	34	×	國	國	國		217-4	72
倫	13	6		○	○	2	2	2	799-1	1100			6			中	高	高		266-7	23
輪	48	8		○	○	3	2	2	782-8	1023			8			中	中	中		260-9	29
律	26	16		○	○	1	1	2	479	469	756-12	1	35	10	×	國	國	高		192-2	97
率	26	9		(솔)	○	2	2	2	487-2	1223	439-6		4	28	×	中	中	中		164-1	127
栗	12	10		○	予	3	3	2	823-6	1492			1			中	高	高		273-8	16
隆	33	0	+1	∨	予	3	2	2	811-14	1561			1			中	高	高		277-9	12

陵	43	2		○	○	2	2	2	827-26	1567			1			中	高	高		264-11	25
里	22	7		○	○	1	1	1	427	586	422-3	10	26	30	×	國	國	國		221-3	68
理	85	36		○	○	1	1	1	37	41	204-3	98	277	69	×	國	國	國		18	545
利	76	27		○	○	1	1	1	89	211	78	12	85	189	×	國	國	國		69	299
離	75	6		○	○	2	2	2	322	692	422-4	10	19	30	×	中	中	中		164-2	127
履	23	2		○	○	2	2	2	799-3	823			13			中	中	中		275-7	14
李	33	0	+1	○	○	1	1	1	835-68	1157			5			中	中	中		89-2	248
吏	44	12		○	○	2	2	2	672	1057			7			中	中	中		258-7	31
裏	15	3		○	予	3	2	2	782-7	外 裡	405		1			中	高	高		277-10	12
梨	12	0	+1	○	予	2	2	2	829-19	1568			1			中	高	高		270-14	19
隣	30	0	+3	○	○	2	2	2	812-17	1552			1			中	高	高		280-19	9
林	28	21		○	○	1	1	2	673-3	714	726-10	19	18	11		國	國	國		150-3	144
臨	60	6		○	○	2	3	2	597	796			14			中	高	高	临	244-5	45
立	95	23		○	○	1	1	1	191	137	400-2	49	127	33	×	國	國	國		77-3	277
馬	148	22		○	○	2	1	2	509-3	1065	606-9	15	7	15	×	國	國	國		207-2	82
△魔	16	6		○	○	3	2	2	758-9	外 158		12	3			中	中	高		283-28	6
痲	37	5		○	○	2	2	2	735-7	1610			1			中	高	高		225-3	64
△摩	21	1		○	予	3	3	2	755-4	外 351			1			中	高	高		266-8	23
幕	21	12		○	○	2	2	2	618	800	430-3	16	14	29	×	中	中	中		264-12	25
莫	34	0	+2	○	予	3	2	2	677-	801			14			中	中	高		278-11	11

									3												
漠	6	0	+1	○	○	2	2	2	700-2	1111	660-8		6	13	×	中	中	高		276-11	13
△膜	4	10		○	○	3	3	2	662-2							中	高	高		225-4	64
萬	214	3		○	○	1	1	1	67	131	271-2	82	135	54	×	國	國	國	万	146-3	148
滿	83	8		○	○	1	1	1	441	485	660-9	18	33	13	×	國	國	高		209-2	80
晚	54	4		○	○	2	2	2	806-6	1293			3			中	中	中		273-9	16
漫	23	2		○	○	2	3	2	784-3	924	456-2		10	27		中	中	中		272-8	17
慢	14	7		○	予	2	3	2	763-4	1289			3			中	高	高		282-19	7
蠻	24	2		○	予	3	3	2	805-17	1555			1			中	高	高	蛮	288-167	1
△彎	6	0	+3	○	○	2	2	2	678-3	外160	606-10		3	15	×	中	高	高		261-7	28
末	54	16		○	○	2	2	2	443	690	290-1	3	19	12	×	國	國	國		230-3	59
亡	54	5		○	○	2	2	2	400-1	474	283-2	64	34	52	×	國	國	國		259-5	30
望	65	37		○	○	2	2	2	323-1	325	439-7	61	53	28	×	國	國	國		214-1	75
妄	26	0	+2	○	○	3	3	2	792-4	1232			4			中	中	中		286-70	3
忘	19	3		○	○	2	2	2	708-1	1604			1			中	高	高		281-22	8
忙	12	6		○	予	3	3	2	812-5	1603			1			中	高	高			
△網	21	6		○	○	2	2	2	755-5	外220			2			中	高	高		204-1	85
買	24	3		○	○	1	1	1	753-5	1288		3	3			國	國	高		239-3	50
賣	55	5		○	○	1	1	1	501	1163			5			國	國	高		207-3	82

毎	52	0		○	○	2	2	2	ㅣ 2 516	735	422	10	17	30	×	國	國	高		268-5	21
妹	8	3		○	○	2	2	2	ㅣ 2 738	1109	ㅣ 5	7	6			國	國	高		286-72	3
梅	29	0	+3	○	予	3	2	2	ㅣ 2 790	1423		24	2			中	中	高		276-12	13
埋	23	0	+1	○	○	3	3	2	ㅣ 6 776	1647			1			中	高	高		283-29	6
媒	23	3		○	○	2	3	2	ㅣ 1 809	1287			3			中	高	高		249-2	40
△魅	3	0		○	∨	3	3	2	ㅣ 6 805	外			9			中	高	高		285-44	4
脈	17	15		○	○	2	2	2	ㅣ 22 320	39 781			15			國	中	中		245-3	44
麥	36	8		○	○	2	2	2	719	1646			1			中	高	高	麦	257-9	32
猛	39	2		○	○	3	2	2	ㅣ 5 704	1162		10	5			中	中	中		280-20	9
盟	12	4		○	○	1	1	1	ㅣ 4 577	1329			4			中	高	高		239-4	50
盲	33	2		○	○	3	3	2	ㅣ 1 778							中	高	高		263-4	26
面	105	34		○	○	1	1	1	ㅣ 5 91	107	235	42	159	63	×	國	國	國		61-2	310
免	49	5		∨	○	2	2	2	658	1062	ㅣ 2		7			中	中	中		232-3	57
勉	8	2		○	予	3	2	2	ㅣ 1 824	1107			6			中	中	中		283-30	6
眠	5	5		○	○	2	2	2	ㅣ 4 801	1559			1			中	高	高		266-9	23
綿	35	5		○	○	2	2	2	ㅣ 15 393	1425			2			中	高	高		251-6	38
滅	19	14		○	○	2	2	2	685	1026			8			中	中	中		246-3	43
△蔑	7	0	+2	○	∨	3	3	2	ㅣ 3 752	外			1			中	高	高			
明	128	29		○	○	1	1	1	ㅣ 3 82	347 84	128	115	178	114	×	國	國	國		64	306

											-1										
命	36	37		○	○	1	2	1	183	144	175-1	59	121	83	×	國	國	國		143-1	151
名	144	49		○	○	1	1	1	258-1	106	27	77	160	353	×	國	國	國		131-2	169
鳴	24	4		○	予	3	2	2	783-8	1561		14	1			國	中	高		272-9	17
銘	17	5		○	予	2	3	2	804-16	778			15			中	中	中		283-33	6
母	52	17		○	○	2	2	2	244	281	89-1	12	60	51	×	國	國	國		178-1	111
模	30	1		○	○	2	2	2	582-2	217	51-1		84	263	×	國	中	中	模	257-10	32
毛	72	0	+5	○	○	2	2	2	645-3	1595			1			中	中	中		207-4	82
幕	8	7		○	○	2	3	2	749-3	1024			8			中	中	中	幕	281-23	8
謀	32	10		○	○	2	2	∨	620-2	1105			6			中	中	中			
貌	6	0	+6	○	○	3	3	2	769-4	1060			7			中	中	高		288-182	1
募	12	5		○	○	2	2	2	752-1	1025	635-9		8	14		中	高	高		284-31	5
某	17	0	+1	○	○	3	2	2	745-6	1592			1			中	高	高		279-15	10
△帽	16	8		○	予	3	3	2	697-2	外23			12			中	高	高		287-115	2
△侮	8	4		○	∨	3	3	2	774-2	外72			6			中	高	高		286-76	3
木	199	23		○	○	2	2	2	259	468		72	35			國	國	國		134-1	165
目	49	18		○	○	1	1	1	204	154	222-6	38	112	66	×	國	國	國		166	125
牧	41	3		○	○	2	2	2	223	1431	472-5	19	2	2	×	國	中	中		246-4	43
睦	3	2		○	予	2	2	2	810-	1110			6			中	中	高		286-78	3

									8												
沐	13	0	+2	∨	予	3	3	2	790-7	1284	574-7		3	16		中	高	高			
沒	54	6		○	○	2	2	2	713-3	1063			7			中	中	中		267-3	22
蒙	47	0	+4	○	○	2	3	2	781-5	1230			4			中	高	高	蒙	260-11	29
夢	30	0	+6	○	○	2	3	2	795-1	1422			2			中	高	高	夢	263-5	26
妙	53	10		○	○	2	2	2	689-3	641	635-10	9	22	14	×	國	中	中		251-7	38
墓	29	4		○	○	2	3	2	784-1	540	484-5	9	29	24		中	中	中	墓	269-16	20
卯	14	0	+5	○	予	∨	∨	2		1602			1			中	高	高		284-33	5
廟	27	0	+4	○	○	3	3	2	795-2	1601			1			中	高	高		274-12	15
苗	9	2		○	○	3	2	2	478	1556			1			中	高	高	苗	280-23	9
無	579	5		○	○	1	1	1	138	136	695-10	32	129	12	×	國	國	國		62-1	308
武	92	12		○	○	2	2	2	525	675	408-2		20	32	×	國	國	國		163-2	128
務	4	27		○	○	1	1	1	153-1	311	726-11	5	55	11	×	國	國	國		144-1	150
舞	37	10		○	○	2	2	2	670-4	640		13	22			國	中	中		233-3	56
貿	13	0	+1	○	○	2	2	2	505-2	1600			1			中	中	中		268-6	21
戊	4	0	+1	○	予	3	3	2		1645			1			中	高	高		288-186	1
默	38	4		○	○	2	2	2	722-9	639			22			中	中	中		282-22	7
墨	52	0	+4	○	予	2	3	2	821-6	1598			1			中	高	高		276-13	13
門	104	31		○	○	2	2	1	128	143	66	86	121	218	×	國	國	高		165-2	126
問	40	21		○	○	1	1	1	78	130	127	151	137	116	×	國	國	國		204-2	85
聞	20	24		○	○	2	2	1	456	61	154-1	52	229	95	×	國	國	國		249-3	40
文	227	79		○	○	1	1	1	57	3	159-	115	801	92		國	國	國		8	695

物	97	80		○	○	1	1	1	9	49	1 14	177	263	492	×	國	國	國		4	765
勿	21	0	+2	∨	予	3	2	2	289 ㅣ 1	260	283 ㅣ 3	20	66	52	×	中	中	高		284-34	5
未	129	0	+5	○	○	2	2	1	398 ㅣ 1	715	352 ㅣ 4	17	18	39	×	國	國	國		210-1	79
味	9	31		○	○	2	2	2	334 ㅣ 1	159	352 ㅣ 5	52	110	39	×	國	國	國		201-1	88
米	33	11		○	○	2	2	2	695 ㅣ 2	1106			6			國	國	國		253-6	36
美	113	11		○	○	1	1	1	436 ㅣ 1	166	289 ㅣ 2	31	108	51	×	國	國	國		126-2	174
微	75	6		○	○	2	2	2	134	424		11	40			中	中	中		237-2	52
尾	23	7		○	予	3	3	2	800 ㅣ 6	1426			2			中	高	高		262-4	27
迷	22	2		○	○	3	3	2	759 ㅣ 3	1562			1			中	高	高	迷	268-7	21
眉	12	1		○	予	3	3	2	818 ㅣ 7	1286			3			中	高	高		287-119	2
民	134	0	+10	○	○	1	1	1	16	17	13	227	390	496	×	國	國	國		34-1	374
敏	12	7		○	予	2	2	2	786 ㅣ 5	1428		57	2			國	中	中		278-12	11
密	83	13		○	○	2	2	2	742 ㅣ 3	475	574 ㅣ 8	17	34	16	×	國	國	國		206-1	83
蜜	19	0	+3	○	予	3	3	2	824 ㅣ 23	1594			1			中	高	高		281-24	8
拍	10	2		○	予	3	3	2	785 ㅣ 6	827	756 ㅣ 13	21	13	10		國	中	中		285-49	4
朴	8	3		○	○	1	2	2	636 ㅣ 2	638		34	22			國	中	中		219-2	70
迫	15	7		○	○	2	2	2	592	734			17			中	中	中		280-25	9
博	58	2		○	○	2	2	2	584 ㅣ 1	733	606 ㅣ 11		17	15	×	國	中	中		252-5	37
薄	70	6		○	○	2	2	2	729 ㅣ 4	1061			7			中	中	中	薄	269-17	20
泊	5	5		○	○	3	2	2	831 ㅣ 37	827			13			中	高	高		288-198	1

半	170	9		○	○	2	2	2	229	455	277-1	18	36	53	×	國	國	國		174-4	116
反	134	5		○	○	1	1	1	240-1	204	263-4	27	242	55	×	國	國	國		88	251
班	36	5		○	○	2	2	2	504	127	152-1	56	141	97	×	國	國	高		245-4	44
飯	29	7		○	○	3	2	2	713-6	1066	574-9		7	16	×	中	中	中	飯	281-27	8
△伴	20	3		○	○	3	2	2	798-1	外134			4			中	高	高		278-13	11
叛	12	2		∨	○	2	2	2	835-9	1527			1			中	高	高		284-36	5
返	23	1		∨	○	2	2	2	790-10	1412			2			中	高	高	返	281-26	8
般	7	6		○	○	1	1	1	269	241	695-11		73	12	×	中	高	高		241-2	48
△搬	5	0	+1	○	○	2	2	2	731-4							中	高	高		281-28	8
盤	37	7		○	○	2	2	2	811-9	1115			6			中	高	高		238-2	51
發	182	21		○	○	1	1	1	14	26	34	125	329	320	×	國	國	國	発	60	311
髮	9	17		○	○	2	2	2	799-12	977			9			國	中	中		274-13	15
拔	19	5		○	○	3	3	2	790-4	1528			1			中	高	高		271-11	18
方	115	62		○	○	1	1	1	18	47	30-1	138	264	333	×	國	國	國		86-2	255
防	81	0	+2	○	○	1	1	2	355	287	660-11	17	15	13	×	國	國	國		178-2	111
放	113	7		○	○	2	2	2	317	170	110	91	105	127	×	國	國	國		175-2	115
房	25	13		○	○	2	2	2	90	296	95	92	58	153	×	國	國	高		266-10	23
訪	8	5		○	○	2	2	2	743-3	755			16			中	中	中		282-26	7
妨	4	0	+1	○	○	2	2	2	709-3	862			12			國	中	中		284-40	5
邦	22	4		○	○	2	2	2	746-	841			13			中	中	中		261-8	28

									5													
△紡	12	2		○	○	2	2	2	741 ㅣ 9	外 221			2			中	高	高		258-8	31
芳	34	2		○	予	3	3	2	829 ㅣ 51	1649			1			中	高	高		276-14	13
傍	27	3		∨	○	2	3	2	805 ㅣ 2	1480			1			中	高	高		284-41	5
拝	49	7		○	○	2	2	2	703 ㅣ 3	895	695 ㅣ 13	10	11	12	×	國	國	國	拜	271-12	18
配	51	10		○	○	1	1	2	306	385		26	45			國	中	中		197-3	92
排	54	1		○	○	2	2	2	694 ㅣ 1	742	574 ㅣ 10		17	16	×	中	中	中		218-3	71
背	50	6		○	○	2	2	2	692 ㅣ 4	492			32			國	中	中		242-3	47
倍	29	4		○	○	2	2	2	612 ㅣ 2	1017	187 ㅣ 1		8	76	×	中	中	中		263-6	26
培	8	1		○	○	2	2	2	573 ㅣ 1	1099			6			中	中	中		265-9	24
輩	4	5		○	○	3	2	2	545 ㅣ 2	811			14			中	中	高		281-30	8
杯	8	5		○	○	3	盃	∨	832 ㅣ 30	1370			2			中	高	高		287-126	2
△賠	6	0		○	○	2	3	2	805 ㅣ 18							中	高	高			
△俳	11	0		○	○	2	2	2	831 ㅣ 8							中	高	高		281-29	8
白	329	15		○	○	1	1	2	71	400	660 ㅣ 12	55	43	13	×	國	國	國		62-2	308
百	148	1		○	○	1	1	1	383	243	391 ㅣ 5	38	71	34	×	國	國	國		205-1	84
伯	19	8		○	○	2	2	2	822 ㅣ 1	1484			1			中	高	高		275-10	14
番	16	7		○	○	1	1	1	102	93	11	17	170	511	×	國	國	國		277-13	12
飜	24	0	+1	○	○	3	2	2	781 ㅣ 8	1011			8			中	中	高		283-36	6
繁	22	0	+1	○	○	2	2	2	634 ㅣ	899			11			中	中	高		268-8	21

									2											
煩	37	0	+5	∨	予	3	3	2	749-5	1486			1			中	高	高		283-37	6
罰	13	10		○	○	2	2	2	717-5	1212	726-12	17	4	11	×	國	中	中		268-9	21
伐	18	8		○	○	2	2	2	678-2	1154			5			國	中	中		266-11	23
△闕	2	5		○	○	3	3	2	806-15							中	高	高		273-11	16
凡	24	5		○	○	2	2	2	747-1	812			14			中	中	高		275-11	14
範	4	6		○	○	2	2	2	633-4	842			13			中	中	中		243-7	46
汎	21	0	+1	○	○	2	3	2	833-33	1632			1			中	高	高		280-28	9
犯	52	15		∨	∨	3	3	∨	559-1	1397			2			中	高	高		277-14	12
法	165	78		○	○	1	1	1	30	43	82-1	92	267	181		國	國	國		9	682
壁	29	0	+5	○	○	2	2	2	471	491	439-8	12	32	28		國	中	中		244-6	45
△僻	33	1		○	∨	3	3	∨		外 419			1			中	高	高		287-133	2
碧	27	0	+1	○	予	3	3	2	834-61	1487			1			中	高	高		279-17	10
變	26	11		○	○	1	1	1	181-2	227	148-1	30	80	99	×	國	中	中	変	121-1	180
辯	26	11		○	○	2	2	2	609-2	627			23			中	中	高		263-7	26
邊	52	17		○	○	2	2	2	327	770	660-13		16	13	×	國	中	中	辺	223-4	66
辨	32	0	+2	○	○	3	3	2	773-2	1639			1			中	高	高		281-31	8
別	160	19		○	○	1	1	1	145-1	173	230	20	104	65	×	國	國	國		168-1	122
兵	96	46		○	○	2	2	1	343-	790	366-	64	15	37	×	國	國	國		178-3	111

病	87	14		○	○	2	2	2	1 157	348	3 102	65	51	137	×	國	國	國		167-1	124
丙	23	0	+1	○	○	2	2	2		1467			1			中	高	高		273-12	16
竝	30	0	+3	(倂)	予	2	3	2(倂)	766 1	1774			1			中	高	高		280-29	9
保	112	5		○	○	1	1	1	179	427	378 2	21	40	36	×	國	國	國		146-4	148
報	40	26		○	○	1	1	1	343 1	269	635 11	23	63	14	×	國	國	國		215-3	74
步	51	16		○	○	2	2	2	607 3	899		3	11			國	國	高		244-7	45
普	40	0	+1	○	○	2	2	2	288	506	235 3	19	31	63	×	國	中	中		240-4	49
寶	73	12		○	○	2	2	∨	745 3	961		23	9			國	中	中	宝	234-3	55
補	89	4		○	○	1	1	2	433	746			17			中	中	中		207-5	82
服	28	43		○	○	2	2	2	275	366	726 13	35	48	11	×	國	國	高		234-4	55
福	47	6		○	○	2	2	2	388 1	443	311 2	36	37	47	×	國	國	國		226-7	63
復	55	8		○	○	2	2	2	453	688		32	20			國	國	國		222-4	67
複	101	1		○	○	2	2	2	527	724	565 4		18	12	×	中	中	中			
腹	34	13		○	○	3	2	2	826 24	1470			1			中	中	中		273-13	16
伏	60	7		○	○	2	2	2	785 1	1010			8			國	中	高		265-10	24
△覆	44	2		○	∨	3	3	2	794 13							中	高	高		277-16	12
本	161	53		○	○	1	1	1	99	75	472 6	55	189	25	×	國	國	國		75-2	281
奉	83	0	+1	○	○	2	2	2	754 3	577		37	26			國	中	中		270-16	19
峯	3	10		(峰)	(峰)	2	2	2峰	805 4	942		32	10			中	中	中		236-4	53
逢	22	0	+3	○	予	2	3	2	802 8	1271			3			中	中	高	逢	285-63	4

封	81	5		○	○	2	2	2	537-2	767	464-3	17	16	26	×	中	中	中		288-5	61
△倖	6	0	+6	○	○	2	3	2	807-2	外 334			1			中	高	高		281-32	8
△縫	7	0	+2	○	∨	3	3	2	793-10	外 173			3			中	高	高	縫	282-28	7
蜂	16	3		∨	予	2	3	2	749-7	1204			4			中	高	高		282-29	7
父	41	14		○	○	2	2	2	303	266	366-4	19	64	37	×	國	國	國		248-3	41
部	33	14		○	○	1	1	1	33	80	61-1	60	184	223	×	國	國	國		72-1	290
富	43	5		○	○	2	2	2	476-1	533	529-8	13	29	20	×	國	國	國		218-4	71
婦	26	10		○	○	2	2	2	495-2	367	510-3	6	48	22	×	國	國	國		258-9	31
否	23	11		○	○	2	2	2	632-2	940		3	10			國	國	國		245-5	44
夫	26	15		○	○	2	2	2	284	116	35		151	319	×	中	中	中		235-1	54
附	57	0	+2	○	○	1	1	1	425-2	1179	660-14	7	5	13	×	中	中	中		238-3	51
負	23	3		○	○	2	2	2	658-2	894		10	11			中	中	中		264-13	25
副	84	1		○	○	2	2	2	555-2	722			18			國	中	中		228-6	61
扶	24	0	+2	○	○	2	2	2	803-2	1359			2			國	中	中		272-11	17
付	23	6		○	○	2	2	1	684-1	697	327-3		19	44	×	中	中	中		270-18	19
府	16	0	+2	○	○	1	1	1	255-1	482	408-3		33	32	×	中	中	高		201-2	88
符	18	2		○	○	3	3	2	797-3	840			13			中	高	高		272-12	17
浮	95	1		○	○	2	3	2	795-7	1790			1			中	高	高		248-4	41
腐	25	2		○	○	2	2	2	709	1323			3			中	高	高		241-3	48

賦	17	5		○	○	2	2	2	- 8 666	1540			1			中	高	高		235-2	54
膚	10	0	+3	○	予	3	3	2	- 3 774	1383			2			中	高	高		283-40	6
簿	7	7		○	○	2	2	2	- 3 582	1382			2			中	高	高		251-8	38
北	121	6		○	○	1	1	1	- 3 123	521	249	43	30		×	國	國	國		135	164
分	229	20		○	○	1	1	1	8	62	- 1 10	80	226	540	×	國	國	國		19	522
憤	17	10		○	○	3	2	∨	656	1319		9	3			國	中	中		280-31	9
粉	49	12		○	○	2	2	2	- 2 570	989			9			國	中	中		212-3	77
紛	32	1		○	○	2	2	2	- 2 736	1321			3			中	高	高		277-17	12
墳	10	0	+2	○	○	3	2	2	- 3 813	1493			1			中	高	高		279-20	10
奔	28	2		○	予	2	3	2	- 4 763	1491			1			中	高	高		287-141	2
奮	27	3		○	○	3	2	2	- 2 699							中	高	高		278-14	11
不	630	0	+6	○	○	1	1	1	- 1 72	98	366	80	168	37	×	國	國	國		50	330
佛	115	9		○	○	1	1	1	470	988	- 5 565	7	9	17	×	國	中	中	仏	194-1	95
弗	6	0	+1	○	予	1	3	2	- 1 771	1702	- 5		1			中	高	高		274-14	15
拂	17	0	+5	○	○	2	2	2	- 3 431	1496			1			中	高	高	払	257-11	32
非	110	2		○	○	1	1	2	528	682		1	30			國	國	國		211-1	78
悲	46	3		○	○	2	2	2	540	611		5	24			國	國	國		252-6	37
比	60	4		○	○	2	2	2	- 1 206	262	146	44	66	102	×	國	國	國		187-2	102
備	33	20		○	○	1	1	1	194	284	249	42	60	59	×	國	國	高		210-2	79
飛	100	1		○	○	2	2	2	340	483	- 2 169 -	56	33	87	×	國	中	中		245-6	44

											2										
碑	11	6		○	○	3	2	2	788-6	1173		10	5			國	中	中		267-6	22
費	9	19		○	○	1	1	1	219	422		12	40			國	中	中		175-3	115
秘	61	3		○	○	2	2	2	770-5	680	574-11	12	20	16	×	國	中	中		261-9	28
批	16	0	+2	○	○	2	2	2	686-4	595			25			國	中	中		264-14	25
肥	28	5		○	○	2	2	2	713-4	1503		6	1			中	中	中		246-6	43
鼻	40	2		○	○	3	3	2	829-68	1500			1			中	高	高		277-18	12
卑	34	4		○	予	3	2	2	766-2	986			9			中	高	高		260-12	29
△匪	11	0	+3	○	予	3	3	2	806-2		366-6			37		中	高	高			
貧	38	3		○	○	2	2	2	727-4	1121		8	6			國	國	高		260-13	29
賓	20	7		○	○	2	2	2	807-18	1393			2			中	高	高		285-69	4
頻	12	0		○	予	3	3	2	802-11	1505			1			中	高	高		286-100	3
氷	86	0	+5	○	○	2	2	2	735-1	1394		4	2			國	國	國		250-6	39
士	31	0	+17	○	○	2	2	2	226	216	179-1	97	84	81	×	國	國	國		177-2	112
社	89	10		○	○	1	1	1	108	48	177-1	23	263	82	×	國	國	國		102	210
史	48	16		○	○	2	2	2	287	168	339-2	26	108	42	×	國	國	國		139-3	156
使	40	17		○	○	1	1	1	228	254	295-2	39	68	50	×	國	國	國		170-2	120
射	42	8		○	○	2	2	2	505-1	832	327-4	10	13	44	×	國	國	高		181-3	108
謝	21	10		○	○	2	2	2	602	610	422-6	19	24	30	×	國	國	國		257-12	32

四	266	3		○	○	1	1	1	70	496	91	17	32	160	×	國	國	國		148-1	146
事	82	36		○	○	1	1	1	22	13	38	200	470	314	×	國	國	國		35	368
思	42	10		○	○	2	2	1	319-3	180		1	100			國	國	國		142-2	152
師	52	23		○	○	2	2	2	351	552	283-4	80	28	52	×	國	國	國	师	222-5	67
死	103	26		○	○	2	2	2	469	663		8	21			國	國	國		228-7	61
舍	20	11		○	○	2	2	2	573-2	720	366-7	3	18	37	×	國	國	高		269-18	20
詞	24	12		○	○	2	3	2	786-11	643			22			中	中	中		177-3	112
沙	48	0	+2	○	○	3	2	2	392	1069	200-2		7	71	×	國	中	中		224-2	65
似	3	7		○	○	3	2	2	774-1	935	756-14		10	10	×	中	中	高		262-5	27
絲	23	0	+10	○	○	2	2	2	646-2	1405	311-3		2	47	×	國	中	高	糸	226-9	63
仕	11	4		○	○	3	3	2	796-1	788			15			中	中	高		283-44	6
寺	21	7		○	○	2	2	2	684-2	1243			4			國	中	中		194-4	90
私	164	4		○	○	2	2	2	565	836			13			中	中	中		191-1	98
司	92	5		○	○	2	2	2	513-1	525			30			中	中	中		219-3	70
査	31	7		○	○	1	1	1	237	642	332-4	53	22	43	×	國	中	中		236-6	53
寫	46	11		○	○	2	2	2	516-1	288	464-4	17	59	26	×	國	中	中		206-2	83
辭	42	17		○	○	2	2	2	729-6	264		37	64			國	中	中	辞	236-6	53
巳	14	0	+5	○	予	∨	3	2		1609			0			中	高	高		283-45	6
△飼	5	1		○	○	3	3	2	829-63	外 143			3			中	高	高		279-23	10
蛇	31	2		○	予	3	3	∨	813-16	1675			1			中	高	高		279-22	10
捨	11	1		○	予	2	2	2	784-2	1240			4			中	高	高		279-24	10

邪	53	3		○	予	3	3	2	804-15	1671			1			中	高	高	271-13	18
賜	31	6		○	予	3	3	2	826-32	1408			2			中	高	高	280-33	9
斜	37	2		○	○	3	3	2	496-2	1668			1			中	高	高	258-10	31
詐	20	2		○	○	2	2	2	813-17	1667			1			中	高	高	287-149	2
斯	11	0	+1	○	予	3	2	2	804-14	1522			1			中	高	高	279-25	10
△敉	11	4		○	○	3	3	2	821-25	外 433			1			中	高	高	280-32	9
△唆	1	2		○	∨	3	3	2	826-3							中	高	高	288-248	1
削	37	2		○	○	2	3	2	809-4	1699			1			中	高	高	278-16	11
朔	27	0	+6	○	予	3	3	2	813-9	1388			2			中	高	高	284-50	5
山	320	21		○	○	1	1	1	171	55	23	390	249	381	×	國	國	國	28	413
産	62	20		○	○	1	1	1	43-2	261	58-1	91	66	229	×	國	國	國	84-2	258
算	20	24		○	○	1	1	1	268-2	433	90	6	38	161	×	國	國	國	144-2	150
散	78	14		○	○	2	2	2	548-2	624		10	23			中	中	中	201-3	88
酸	23	7		○	○	2	2	2	276	1391	289-3		2	51	×	中	高	高	54	321
△傘	2	4		○	∨	3	3	2	781-1	外 25			12			中	高	高		
殺	46	22		○	○	2	2	2	502	1244			4			中	高	高	247-1	42
三	604	2		○	○	1	1	1	39	242	158	59	71	93	×	國	國	國	59	313
森	11	0	+1	○	予	3	2	2	729-2	1075			7			中	高	高	282-33	7
△揷	15	0		○	○	3	3	∨	812-8							中	高	高	283-48	6
上	290	24		○	○	1	1	1	25	33	96	148	297	151	×	國	國	國	67	303
常	108	0	+6	○	○	2	2	2	209	232	104	79	78	134	×	國	國	國	147-2	147

賞	35	8		○	○	2	2	2	664	607	ㅣ 2 352	51	24	39	×	國	國	國		261-10	28
相	134	19		○	○	1	1	1	ㅣ 1 185	160	ㅣ 6 756	56	110	10	×	國	國	國		101-2	211
想	11	17		○	○	2	2	1	289	104	ㅣ 16 756	26	164	10	×	國	國	國		104-2	204
商	107	13		○	○	1	1	1	ㅣ 2 170	588	ㅣ 17 519	4	25	21	×	國	國	國		118	183
傷	47	12		○	○	2	2	2	473	689	ㅣ 6 430	9	19	29	×	國	中	中		240-5	49
象	37	13		○	○	2	2	2	ㅣ 1 378	253	ㅣ 4	10	68			中	中	中		129-1	171
像	4	14		○	○	2	2	2	601	457		11	36			中	中	中		194-2	95
床	4	0	+11	○	○	3	2	2	377	384	235	36	46	63	×	中	中	中		253-7	36
狀	12	16		(장)	(장)	1	1	1	ㅣ 2 318	470	ㅣ 4 606		35	15	×	中	中	中	狀	123	상164 장14 178
詳	30	3		○	○	2	2	2	779	1101	ㅣ 13		6			中	中	高		281-7	8
尙	65	2		○	○	2	2	1	ㅣ 9 740	1221			4			中	高	高		263-8	26
喪	51	10		○	○	2	2	2	ㅣ 2 706	1218			4			中	高	高		256-2	33
償	7	9		○	○	2	2	2	ㅣ 1 665	1686	414		1	31	×	中	高	高		261-11	28
霜	37	7		○	予	3	3	2	ㅣ 1 809	1219	ㅣ 2		4			中	高	高		277-20	12
祥	11	4		○	予	2	2	2	ㅣ 24 800	1579			1			中	高	高		280-34	9
雙	98	1		○	○	3	2	2	ㅣ 10 678	1310			3			中	高	高	双	241-4	48
塞	6	0	+5	(색)	予	3	3	2	ㅣ 4 745	1685			1			中	高	高		282-34	7
色	67	62		○	○	2	2	2	ㅣ 1 211	236	68 ㅣ	51	76	213	×	國	國	國		76	278

											1										
索	17	6		○	○	2	2	2	787-5	981			9			中	中	中		272-13	17
生	314	45		○	○	1	1	1	2	2	3	915	1017	1138	×	國	國	國		12-1	613
西	152	5		○	○	1	1	1	151	454	408-4	58	36	32	×	國	國	國		119-1	182
書	114	108		○	○	1	1	1	169	42	317-2	99	270	46	×	國	國	國		74-2	283
暑	22	8		○	○	2	2	2	819-10							中	中	中		277-21	12
序	17	6		○	○	2	2	2	603-1	465	529-9		35	20	×	國	中	中		238-4	51
緒	6	14		○	○	2	3	2	794-12	719			18			中	中	高		276-15	13
署	7	12		○	○	1	1	1	639-3	1034	756-18	7	8	10	×	中	高	高		266-12	23
庶	41	3		○	○	2	2	2	773-1	1118			6			中	高	高		264-15	25
徐	18	0	+1	○	○	2	2	2	830-10	1674			1			中	高	高		261-12	28
△誓	12	3		○	○	3	3	2	755-5	外 129			4			中	高	高		282-35	7
△瑞	24	0	+1	○	○	2	2	2	829-38							中	高	高		282-36	7
石	219	28		○	○	1	1	2	150	395	263-5	62	44	55	×	國	國	國		44	347
夕	21	0	+6	○	○	2	2	2	756-1	718		14	18			國	國	國		265-11	24
席	21	22		○	○	2	2	2	494	626		17	23			國	國	國		267-8	22
釋	33	6		○	○	2	2	2	687-8	685			20			中	中	中	釈	261-13	28
惜	12	3		○	○	2	2	2	824-9	1662			1			中	高	高		287-158	2
析	2	2		○	○	2	3	2	589-1	847			13			中	高	高		267-7	22
△碩	13	0		○	○	3	2	∨	832-							中	高	高		284-74	4

先	177	7		○	○	1	1	1	43 69	28	8	264	310	582	×	國	國	國		183-3	106
線	14	32		○	○	1	1	1	85	377	150 ı 2	32	46	98	×	國	國	國		63-2	307
選	40	12		○	○	1	1	1	242	343	244 ı 1	15	51	60	×	國	國	國		143-2	151
善	71	11		○	○	2	2	2	554 ı 1	547	726 ı 15	8	28	11	×	國	國	國		194-3	95
船	63	27		○	○	2	2	2	681 ı 2	297	68 ı 2	68	58	213	×	國	國	高		187-3	102
宣	74	0		○	○	2	2	2	589 ı 1	599		9	25			中	中	中		220-4	69
鮮	35	2		○	○	1	1	1	731 ı 6	600			25			國	中	中		232-4	57
仙	72	0	+5	○	予	2	2	2	730 ı 1	1098			6			國	中	中		247-2	42
旋	18	8		○	○	2	2	2	714 ı 3	1254			4			中	高	高		273-16	16
禪	45	3		○	○	3	3	∨	822 ı 16	1529			1			中	高	高	禅	264-16	25
△繕	7	0	+3	○	∨	3	3	2	871 ı 10							中	高	高		286-110	3
說	23	33		○	○	1	1	1	207	20	199	44	354	72		國	國	國		80-2	설268 열1 269
設	27	15		○	○	1	1	1	231	364	574 ı 12	3	48	16	×	國	國	國		217-2	72
雪	60	12		○	○	2	2	2	675 ı 4	1131			6			國	國	高		235-3	54
舌	28	9		○	予	3	3	2	779 ı 8	1326			3			中	高	高		280-35	9
△纖	30	0	+1	○	∨	3	3	2	825 ı 21							中	高	高		222-6	67
涉	8	4		○	○	2	2	2	641 ı 2	1130			6			中	中	高		275-13	14
△攝	19	0	+3	○	∨	3	3	2	809 ı 11	外 156	606 ı 14		3	15		中	高	高		266-13	23

成	111	23	○	○	1	1	1	135	114	439-9	67	151	28	×	國	國	國		27	419
城	34	12	○	○	1	2	1	496-1	995		26	9			國	國	國		187-4	102
誠	24	6	○	○	2	2	2	587-3	265		35	64			國	國	高		248-5	41
性	50	37	○	○	1	1	1	75	65	366-8	45	217	37	×	國	國	國		3	843
姓	9	9	○	○	2	2	2	459	741	635-14	22	17	14	×	國	國	高		283-51	6
星	50	23	○	○	2	2	2	503-2	699		9	19			國	國	國		172-1	118
聖	205	11	○	○	2	2	2	613-3	495		9	32			國	國	國		201-4	88
聲	58	32	○	○	1	1	2	548-4	247		16	70			國	國	高	声	201-5	88
盛	50	4	○	○	2	2	2	363-2	579	756-19	9	26	10	×	國	中	中		263-9	26
省	21	3	○	○	2	2	2	540-2	568		12	27			國	中	中		226-8	63
世	118	28	○	○	1	1	1	97	36	30-2	213	294	333	×	國	國	國		109	195
稅	29	21	○	○	1	1	1	263	994	310	7	9	48	×	國	國	國		129-2	171
歲	59	9	○	○	2	2	2	303-2	365	204-4	55	48	69	×	國	國	高		259-6	30
細	94	6	○	○	2	2	2	348-2	596	277-2	60	25	53	×	國	國	國		159	132
勢	26	20	○	○	1	1	1	256-1	290	556-4	20	59	18	×	國	國	國		172-2	118
洗	37	2	○	○	2	2	2	671-1	810	519-7		14	21	×	國	中	中		258-11	31
△貫	12	2	○	∨	3	3	2	808-9							中	中	中		287-165	2
小	327	12	○	○	1	1	1	168	39	283-5	49	283	52	×	國	國	國		107-2	197
少	57	13	○	○	2	2	1	403	58	68	119	243	213	×	國	國	國		228-8	61

笑	17	10		○	○	2	2	2	1 676	659	3	5	21			國	國	高	282-38	7
所	91	16		○	○	1	1	1	3 95	153	179	43	113	81	×	國	國	國	133-1	167
消	96	3		○	○	2	2	2	257	393	2 181	27	44	80	×	國	國	國	202-2	87
素	86	16		○	○	2	2	2	192	185	1 295	22	97	50	×	國	國	高	34-2	374
掃	17	2		○	○	2	2	2	714	1247	3 339	23	4	42	×	國	中	中	283-52	6
訴	19	8		○	○	2	2	2	2 654	839	3		13			中	中	中	242-4	47
蘇	34	0	+1	○	○	1	1	1	2 808	463			35			國	中	高	271-14	18
疎	63	0	+2	(疏)	○	3 (疏)	3 (疏)	2	8 760	864			12			中	中	高	280-36	9
騷	18	0	+1	○	○	3	2	2	4 759	1078			7			中	中	高	281-41	8
召	25	1		○	○	2	2	2	5 801	1248			4			中	高	高	284-55	5
昭	30	0	+2	○	予	2	2	2	3 830	1713		10	1			中	高	高	287-166	2
△紹	9	0		○	∨	2	2	2	19 748							中	高	高	288-273	1
燒	31	0	+3	○	○	2	2	2	5 728							中	高	高	263-10	26
蔬	8	0	+3	∨	予	3	3	2	3 509	1709	391		1	34		中	高	高	279-28	10
速	30	10		○	○	2	2	2	2 338	522	6 574	18	30	16	×	國	國	國	223-5	66
俗	79	18		○	○	2	2	2	2 570	493	13 756	36	32	10	×	國	國	國	253-8	36
續	28	7		○	○	2	1	1	1 305	316	20 162	45	55	90	×	國	中	中	227-3	62
									2		3									

束	15	6		○	○	2	2	2	561-3	665	352-7	14	21	39	×	國	中	中		254-5	35
屬	49	0	+5	○	○	2	2	2	390-2	721	510-5		18	22	×	國	中	中	属	200-4	89
孫	22	6		○	○	2	2	2	582-1	937		7	10			國	國	國		264-17	25
損	23	6		○	○	2	2	2	472	1126			6			中	中	中		239-6	50
松	65	8		○	○	2	2	2	714-5	753		7	16			國	國	國		245-7	44
送	31	19		○	○	1	1	1	376-2	229	378-3	66	80	36	×	國	國	國		233-4	56
訟	11	2		○	○	2	2	2	791-6	1701			1			中	高	高		280-37	9
頌	12	2		○	○	3	3	2	800-14	1385			2			中	高	高		285-77	4
誦	10	4		∨	予	∨	3	∨	830-44	1387			2			中	高	高		284-60	5
刷	9	2		○	○	2	2	2	801-2	327			53			中	中	中		275-15	14
鎖	18	5		○	○	2	3	2	788-12	1497			1			中	高	高		259-8	30
衰	47	3		○	○	3	2	2	661-4	1076			7			中	中	中		262-6	27
水	346	47		○	○	1	2	2	96	191	185-2	183	95	78	×	國	國	國		11	624
手	98	32		○	○	2	2	2	158	190	138-3	75	95	105	×	國	國	國		161-1	130
數	67	89		○	○	1	1	1	36	89	22	50	174	385	×	國	國	國		22	445
受	93	8		○	○	1	1	1	332	681		7	20			國	國	國		197-4	92
授	14	4		○	○	2	2	2	579-4	1038	574-15	12	8	16	×	國	國	國		262-7	27
收	70	13		○	○	1	1	1	250	523		39	30			國	國	國		150-1	144
守	77	7		○	○	2	2	2	598-1	1037		19	8			國	國	國		242-5	47
樹	37	10		○	○	2	2	2	539-1	679		16	20			國	國	高		223-6	66
修	93	7		○	○	2	2	2	536	591		12	25			國	國	國		213-3	76

首	79	9		○	○	1	1	2	493	484		2	33			國	國	國		236-7	53
壽	38	0	+5	○	○	2	2	2	689-2	1401		40	2			中	中	中		263-11	26
輸	33	3		○	○	1	1	1	338-1	982	472-6	25	9	25	×	中	中	中		236-8	53
殊	31	3		○	○	2	2	2	651-1	590			25			中	中	高		267-9	22
秀	20	3		○	○	2	2	2	692-3	885	660-17	32	11			中	中	中		265-12	24
隨	53	0	+4	○	○	2	2	2	730-2	1035			8			中	中	中		259-9	30
遂	7	3		○	○	2	2	2	719-4	1124			6			中	中	中		275-16	14
愁	33	7		○	○	2	3	2	796-3	1315			3			中	高	高		276-16	13
獸	21	4		○	○	2	2	2	795-9	1172			5			中	高	高		259-10	30
帥	3	3		○	○	3	3	2	775-5	1036	726-16	13	8	11	×	中	高	高	帅	282-41	7
需	8	5		○	○	2	2	2	640-2	983			9			中	高	高		248-6	41
囚	8	7		○	○	3	3	2	816-3	1688			1			中	高	高		287-169	2
△搜	18	0		○	○	3	2	2	799-5							中	高	高		283-54	6
△垂	40	1		○	○	2	3	2	666-1	外 216	574-14		2	16		中	高	高		273-17	16
宿	83	10		○	○	2	2	2	669-1	1072	472-7	4	7	25	×	國	國	國		272-16	17
叔	14	2		○	○	3	3	2	802-1	1403			2			國	中	中		283-55	6
肅	22	4		○	○	2	2	2	754-8	1071			7			國	中	中	肃	271-15	18
熟	66	10		○	○	2	2	2	653-2	1119			6			中	中	中		262-9	27
淑	20	2		○	予	2	2	2	823	1404		38	2			中	高	高		279-32	10

									-9												
順	57	6		○	○	2	2	2	555-2	538	756-21	100	29	10	×	國	國	國		222-7	67
純	82	5		○	○	2	2	2	477	430			39			國	中	中		189-3	100
瞬	6	1		○	予	∨	3	2	576-2	662	574-17		21	16	×	中	中	高		282-43	7
旬	14	5		○	○	2	2	2	569	1170			5			中	高	高		281-44	8
殉	10	0		○	○	2	2	2	772-4	1407			2			中	高	高		284-63	5
循	20	1		○	予	3	3	∨	796-2	1544			1			中	高	高		274-16	15
巡	61	0	+1	○	○	2	2	2	610-3	1169	332-5		5	43	×	中	高	高	巡	283-56	6
術	14	16		○	○	1	1	2	247	85	159-2	63	177	92	×	國	國	高		113	188
戌	8	0	+5	○	予	3	3	2								中	高	高		282-45	7
述	6	6		○	○	2	2	2	757-4	1074			7			中	高	高		270-19	19
崇	54	1		○	予	2	2	2	741-3	831			13			國	中	中		262-10	27
習	29	24		○	○	2	2	2	326-1	332	249-3	33	52	59	×	國	國	國		212-4	77
拾	8	0	+3	○	○	1	1	2	795-4	1312			3			中	高	高		274-17	15
濕	29	5		○	○	3	2	2	531-2	1506	660-18		2	13	×	中	高	高	湿	251-9	38
襲	18	8		○	○	2	2	2	753-4	1396			2			中	高	高		275-17	14
勝	37	16		○	○	2	2	2	544-2	806	726-17	24	14	11	×	國	國	高		256-3	33
承	53	2		○	○	2	2	2	609-1	833			13			國	國	國		242-6	47
乘	50	12		○	○	2	2	2	754-2	1513			1			中	高	高		264-18	25
升	20	0	+2	○	予	2	2	2		1671			1			中	高	高		277-23	12
昇	25	1		○	○	2	2	2	771-	1398			2			中	高	高		265-13	24

									4												
僧	52	13		○	○	2	3	2	748-2	1242			4			中	高	高	僧	237-3	52
示	15	15		○	○	1	1	1	382	410	422-7	14	42	30	×	國	國	國		203-2	86
視	47	17		○	○	2	2	2	429-2	369		6	48			國	國	國		117-2	184
時	121	19		○	○	1	1	1	13	9	7	217	514	698	×	國	國	國		51	329
詩	88	13		○	○	2	2	2	481	24	317-3	41	335	46	×	國	國	國		117-1	184
市	54	5		○	○	1	1	1	143	255	61-2	57	68	233	×	國	國	國		168-2	122
始	32	4		○	○	2	2	2	165	207	47	136	86	283	×	國	國	國			
施	35	3		○	○	1	1	1	404	834	339-4	19	13	42	×	國	國	國		258-12	31
試	63	7		○	○	1	1	2	680	464	352-8	10	35	39	×	國	中	中		238-5	51
是	13	3		○	○	2	1	2	285	429	302-3	10	39	49	×	國	中	中		267-10	22
侍	61	4		○	予	3	3	2	743-1	1656			1			中	高	高		282-46	7
△屍	11	0	+2	○	○	2	3	2	831-15	外 138			4			中	高	高		288-290	1
氏	6	0	+1	○	○	2	1	1	122	879	606-15		11	15	×	中	中	中		222-8	67
植	36	6		○	○	2	2	2	255-2	737	255-2	49	17	58	×	國	國	國		150-2	144
食	100	33		○	○	2	2	2	120	274	80-1		62	182	×	國	國	國		70-3	293
式	18	22		○	○	1	1	1	153-2	134	277-3	29	132	53	×	國	國	國		58-1	314
識	15	13		○	○	1	1	2	326-2	238		23	75			國	國	高		186-5	103
息	23	15		○	○	2	2	2	333	273	295-4	40	62	50	×	國	中	中		265-14	24
飾	11	8		○	○	2	3	2	752-	1033			8			中	中	高	飾	263-12	26

									5												
△殖	6	5		○	○	2	3	2	736							中	高	高		247-3	42
									|											
									1												
新	198	10		○	○	1	1	1	225	46	189	59	264	75	×	國	國	國		98	219
											|										
											5										
申	37	3		○	○	2	2	2	747	756		4	16			國	國	國		248-7	41
									|											
									3												
神	141	10		○	○	1	1	1	205	71	107	170	208	182	×	國	國	國		41	353
身	48	24		○	○	2	2	2	15	138	154	46	125	95	×	國	國	國		194-4	95
											|									
											2										
信	98	24		○	○	1	1	1	202	181	565	71	98	17	×	國	國	國		115-2	186
									|		|									
									1		6										
臣	23	28		○	予	2	2	2	541	539		59	29			國	國	國		207-6	82
辛	29	1		○	○	2	2	2	831	1409			2			中	高	高		271-16	18
									|											
									71												
伸	13	1		○	予	2	2	2	829	1661			1			中	高	高		264-19	25
									|											
									6												
愼	25	0	+1	○	○	2	2	2	795	1301			3			中	高	高		282-49	7
									|											
									3												
△腎	15	0	+2	○	∨	3	3	∨								中	高	高		282-48	7
實	174	20		○	○	1	1	2	27	22	118	100	351	122	×	國	國	國	実	30	398
											|									
											2										
室	19	28		○	○	2	2	2	359	344	124	57	51	118	×	國	國	國		202-3	87
											|									
											1										
失	83	9		○	○	2	2	2	412	467	635	24	35	14	×	國	國	國		207-7	82
									|		|									
									1		16										
心	147	112		○	○	1	1	1	61	45	57	172	265	239	×	國	國	國		78	274
深	116	4		○	○	2	2	2	707	1113			6			中	中	中		236-9	53
									|											
									3												
甚	5	0	+6	○	予	2	2	2	410	570	347		27	41	×	國	中	高		287-177	2
									|											
									1												
審	18	5		○	○	2	2	2	387	736			17			中	中	中		237-4	52
尋	17	1		○	予	∨	3	2	748	1412			2			中	高	高		283-60	6
									|											
									3												
十	147	0	+11	○	○	1	1	1	6	314	112	29	55	124	×	國	國	國		193-1	96
											|									
											2										
兒	34	15		○	○	2	2	2	539	693	726	57	19		×	國	國	高		258-13	31
									|		|									

我	19	7		○	○	2	2	1	1 713 ǀ	1234	18		4			中	高	高		250-7	39
牙	27	0		○	予	3	3	2	2 812 ǀ	1547			1			中	高	高		265-15	24
雅	43	7		○	予	3	3	2	13 656 ǀ	927			10			中	高	高		259-11	30
亞	45	6		○	○	1	1	2	6 719 ǀ	1550			1			中	高	高	亜	215-4	74
阿	71	0	+2	○	○	2	3	2	1 741 ǀ	1296			3			中	高	高		272-17	17
餓	10	2		○	○	3	3	2	10 820 ǀ	1612			1			中	高	高	餓	286-127	3
惡	122	0	+10	○	○	2	2	2	31 449	512		4	31			國	國	國	悪	234-5	55
嶽	11			○	○	2	2	2	893 ǀ	1418			2			中	高	高	岳	272-18	17
握	7	2		○	○	2	3	2	10 770 ǀ	外			8			中	高	高		281-48	8
安	155	8		○	○	1	1	1	2 214	48 178	115 ǀ	120	103	123	×	國	國	國		139-4	156
眼	55	14		○	○	2	2	2	610 ǀ	757	2 400 ǀ	12	17	33	×	國	中	高		227-4	62
岸	7	7		○	○	2	2	2	4 362	1165	3 456 ǀ	7	5	10	×	中	中	中		248-8	41
案	26	22		○	○	1	1	1	575 ǀ	858	22		12			國	中	高	桊	220-5	69
顔	23	10		○	○	3	3	2	1 774 ǀ	1294			3			中	高	高		272-19	17
暗	81	3		○	○	2	2	2	4 679	655			21			中	中	中		221-4	68
巖	22	0	+1	(岩)	予	3	2	2	627 ǀ 1	1606			1			中	高	高	岩	183-4	106
△癌	1	6		∨	∨	2	3	∨								中	高	高		284-67	5
壓	41	0	+10	○	○	2	2	2	366 ǀ	555			28			國	中	中	圧	170-3	120
△押	19	2		○	○	2	2	2	1 818 ǀ	外			2			中	高	高		279-33	10
仰	46	5		○	○	2	2	2	4 678	262 925			10			中	中	中		264-20	25

									-1												
央	2	1		○	○	1	1	2	511-1	1290	497-3		3	23		中	高	高		263-13	26
愛	97	21		○	○	2	2	2	374-2	305	756-23	28	56	10		國	國	國		219-4	70
哀	67	1		○	○	2	2	2	705-2	875			11			中	中	中		258-14	31
額	10	8		○	○	1	1	1	220	972			9			中	高	高		210-3	79
△液	17	5		○	○	3	2	2	510-2	外 208	574-18		2	16	×	中	高	高		174-5	116
野	139	17		○	○	1	1	2	374-3	556	366-9	18	28	37	×	國	國	國		208-1	81
夜	65	0	+6	○	○	2	2	2	677-1	782		7	15			國	國	國		243-8	46
藥	105	25		○	○	2	2	2	311	440	244-2	52	38	60	×	國	國	國	薬	205-2	84
弱	31	15		○	○	2	2	2	414-1	498	497-4	20	32	23	×	國	國	國		235-4	54
約	28	2		○	○	1	1	1	145-2	221	112-3	44	81	124	×	國	國	國		116	185
若	15	2		○	予	3	2	2	490-1	486	439-10	9	33	28	×	中	中	高	若	275-18	14
△躍	7	6		○	○	2	2	2	725-8	外 71			6			中	高	高		276-17	13
羊	37	5		○	○	3	3	2	490-1	1285	439-11	2	3	28	×	國	國	高		267-11	22
洋	99	10		○	○	1	1	2	156	441	389-4	38	38	51	×	國	國	國		211-2	78
陽	70	4		○	○	2	2	2	475	499	400-4	34	32	33	×	國	國	國		158-1	133
養	71	8		○	○	2	2	2	256-2	258	255-3	22	67	58	×	國	國	國		141-3	153
様	5	7		○	○	2	2	2	560	218	51-2	89	84	263	×	國	中	高		241-5	48
揚	21	10		○	○	2	2	2	712-	557			28			中	中	中		254-6	35

									3												
楊	18	0	+2	○	○	2	2	2	805-8	1283			3			中	高	高		271-17	18
壤	5	0	+5	○	○	3	3	2	623-2	1160			5			中	高	高		273-19	16
△孃	0	2		∨	∨	2	2	2	718-2	外 12			18			中	高	高			
讓	9	6		○	○	3	2	2	557-2	1430			2			中	高	高		271-18	18
魚	94	7		○	○	2	2	2	574-5	1104	472-8	23	6	25	×	國	國	國		197-5	92
漁	52	3		○	○	2	2	2	650-2	1432	606-16	3	2	15	×	國	國	高		198-3	91
語	61	28		○	○	2	2	1	363-3	66	756-24	45	215	10	×	國	國	國		72-2	290
御	96	6		○	○	∨	3	2	788-1	1159			5			中	高	高		267-12	22
億	11	0	+1	○	○	1	1	1	732-1	857		6	12			國	國	高		275-19	14
憶	5	0	+3	○	○	3	2	2	584-2	500			3			中	高	高		279-35	10
抑	23	0	+2	○	○	2	2	2	725-3	585			26			中	高	高		279-34	10
言	86	42		○	○	1	1	1	325	46		22	142			國	國	國		128-2	172
嚴	81	10		○	○	2	2	2	501-1	508		18	31			國	中	中	严	249-4	40
業	35	49		○	○	1	1	1	32	154	85	93	114	176	×	國	國	國		32	381
餘	110	3		○	○	1	1	1	272	378		60	46			國	國	高	餘	217-3	72
如	62	0	+3	○	予	2	2	1	293	625	332-6	7	23	43	×	國	國	國		262-11	27
與	28	16		○	○	1	1	2	463	478			33			國	中	中	与	230-4	59
興	22	2		○	予	2	3	2	699-5	1537			1			中	高	高	興	275-20	14
域	1	8		○	○	2	3	2	390-1	666	259-2		21	56	×	國	中	中		222-9	67
逆	62	8		○	○	2	2	2	641	991			9			國	中	中		242-7	47
役	18	19		○	○	2	2	2	561-	1039			8			中	中	中		219-5	70

									2												
驛	33	2		○	○	1	1	1	668-4	1176			5			中	中	中	駅	274-20	15
譯	18	12		○	○	2	2	2	729-5	990			9			中	中	高	訳	274-19	15
易	33	11		○	(이)	2	2	2	461	1710			1			中	高	高		241-6	48
疫	8	7		○	○	3	2	2	796-6	1708			1			中	高	高		262-12	27
然	5	0	+13	○	○	1	2	1	124	109	244-3	87	156	60	×	國	國	國		94	228
研	20	0	+2	○	○	1	1	1	280	235	222-8	54	77	66	×	國	國	高		244-9	45
煙	48	11		○	○	2	2	2	606-1	890	430-5	14	11	29	×	國	國	高		266-15	23
演	39	8		○	○	1	1	1	590-2	105	456-4	44	164	27	×	國	中	中		224-3	65
鉛	25	2		○	○	2	2	2	629	1175	167-1	10	5	88	×	國	中	中		232-5	57
宴	21	6		○	○	2	2	2	757-1	1174			5			中	中	中		283-64	6
緣	28	13		○	○	2	3	2	670-3	1077			7			國	中	中		259-12	30
沿	23	0		○	○	2	2	2	652-2	1494			1			中	高	高		271-19	18
燃	11	0	+2	○	○	3	2	2	650-3	1704			1			中	高	高		238-6	51
延	59	4		○	○	2	2	2	651-1	1318			3			中	高	高		258-15	31
軟	50	2		○	○	3	3	2	677-4	1125			6			中	高	高		244-10	45
熱	71	11		○	○	2	2	2	217-2	334	165-1		52	89	×	國	國	國		119-2	182
悅	16	6		○	予	3	3	2	826-12	1389			2			中	高	高		281-47	8
△閱	19	3		○	○	3	3	2	820-29	外 59			7			中	高	高		285-90	4

染	23	6	○	○	2	2	2	627-2	1501	606-17	22	1	15	×	國	中	中		200-5	89
炎	22	2	○	○	2	3	2	771-5	1390			2			中	高	高		242-8	47
鹽	49	5	○	○	2	2	2	658-4		695-15			12	×	中	高	高	塩	114-1	187
△厭	29	0	○	∨	3	3	2	820-3							中	高	高		288-339	1
葉	35	12	○	○	2	2	2	552-2	695	484-6		19	24	×	國	中	中	葉	202-4	87
榮	38	4	○	○	2	2	2	630-2	593		23	25			中	中	高	栄	237-5	52
永	70	0	○	○	1	2	2	530-1	394	756-25	25	44	10	×	國	國	國		231-4	58
英	54	3	○	○	1	1	1	722-8	157		217	111			國	國	國		196-1	93
營	77	18	○	○	1	1	1	234	580	362-1	7	26	38		國	中	中	営	142-3	152
迎	26	5	○	○	2	2	2	747-6	1122		8	6			國	中	高	迎	269-19	20
泳	0	4	○	○	2	2	2	827-25	1574	439-12	40	1	28	×	中	中	高		265-16	24
映	24	2	○	○	2	2	2	591-2	283	439-13		60	28	×	國	中	中		215-5	74
影	19	12	○	○	2	2	2	339	569	574-20		27	16		中	中	高		259-13	30
△預	16	2	○	○	2	2	2	442	外33		11	10			中	中	高		265-17	24
藝	27	31	○	○	2	2	2	451-2	165	497-5	27	109	23	×	國	中	中	芸	168-3	122
豫	90	2	○	○	1	1	1		303	439-14		57	28	×	國	中	中		231-5	58
譽	4	5	○	○	2	2	2	707-4	984			9			中	中	中	誉	275-21	14
銳	24	2	○	○	2	3	2	788-11	1576			1			中	高	高		283-67	6

五	282	0	+3	○	○	1	1	1	76	497	216-2	9	32	67	×	國	國	國		139-5	156
午	31	4		○	○	1	1	1		302	82-2	25	57	181	×	國	國	國		239-7	50
誤	45	4		○	○	2	2	2	687-7	936			10			國	中	中		270-21	19
悟	10	7		○	予	3	3	2	775-8	1311			3			中	高	高		286-139	3
娛	7	0	+1	○	予	3	3	2	723-4	884			11			中	高	高		280-41	9
烏	63	0	+2	○	予	3	3	2	836-29	1684			1			中	高	高		279-37	10
汚	24	0	+1	○	○	2	3	2	810-6	1309			3			中	高	高		277-24	12
玉	187	5		○	○	2	2	2	704-5	623	422-8	30	23	30	×	國	國	國		229-3	60
獄	20	9		○	○	2	2	2	676-2	882		11	11			中	中	高		279-38	10
屋	28	6		○	○	2	3	2	769-1	1518			1			中	高	高		273-20	16
温	97	5		○	○	2	2	2	221	881	196-3	63	11	73	×	國	國	國		156-1	135
△穩	11	4		○	○	3	3	2	758-7	外 115			4			中	高	高		284-78	5
△擁	9	0	+1	○	∨	2	3	2	805-5	外 70			5			中	高	高		287-199	2
臥	28	0	+5	○	予	3	3	2	832-55	1666			1			中	高	高		284-80	5
瓦	44	0	+5	○	○	2	2	2	827-31	1273			3			中	高	高		284-79	5
完	62	3		○	○	1	1	2	282	351	497-6	24	50	23	×	國	國	國		215-6	74
緩	35	1		○	○	2	3	2	775-10							中	高	高		277-25	12
王	128	12		○	○	2	2	2	1811-	301	231-		57	64	×	國	國	國		77-4	277

									1		2									
往	41	3		○	○	3	2	2	702-1	887			11			國	國	高	278-20	11
外	294	0	+2	○	○	1	1	1	83	96	135	60	169	108	×	國	國	國	72-3	290
要	81	14		○	○	1	1	1	40	32	172-1	90	300	85	×	國	國	國	99-2	215
△曜	4	2		○	○	2	2	2	758-6	外 41	327-5	48	31	44	×	國	國	高	282-57	7
搖	24	1		○	予	2	3	2	803-2	1222	529-10	9	4	20		中	中	中	282-56	7
謠	3	5		○	○	3	2	2	716	731	548-2	13	17	19	×	國	中	中	262-13	27
腰	18	3		○	予	3	3	2	831-58	1582			1			中	高	高	285-94	4
△妖	35	0		○	∨	3	3	2	792-6	外 116	695-16		4	12		中	高	高	287-207	2
浴	16	7		○	○	2	2	2	762-3	1220	574-21		4	16		中	中	中	283-70	6
慾	9	0	+10	∨	○	2	2	2	534	920	756-26	15	10	10	×	中	中	中	249-5	40
辱	8	8		○	予	3	3	2	637-1	762	726-19		16	11		中	中	高	280-42	9
用	58	49		○	○	1	1	1	53	82	76-1	97	180	193	×	國	國	國	53	325
容	46	8		○	○	2	2	2	399-2	110	378-4	36	155	36	×	國	國	國	197-6	92
勇	31	6		○	○	2	2	2	749-1	421	202-2	39	41	70	×	國	國	國	263-14	26
庸	35	4		○	予	3	3	2	826-9	1509			1			中	高	高	279-39	10
△熔	18	0			予	2	2	2								中	高	高	268-11	21
右	61	2		○	○	2	2	1	533	674		5	20			國	國	國	255-9	34
雨	47	24		○	○	2	2	2	634-3	830		38	13			國	國	國	223-7	66
友	19	23		○	○	2	2	2	695-1	370		6	48			國	國	國	242-9	47
牛	82	8		○	○	2	2	2	637	1282	510	11	3	22	×	國	國	國	242-11	47

優	89	5		○	○	2	2	2	ㅣ 2 464	553	ㅣ 6 660	11	28	13	×	國	中	中		232-6	57
郵	37	0	+2	∨	○	2	1	1	742	1070	ㅣ 21 352	59	7	39	×	國	中	高		282-59	7
宇	12	4		○	○	2	2	2	ㅣ 5 783	412	ㅣ 9 295	15	42	50		中	中	高		260-16	29
遇	5	10		○	○	3	2	2	ㅣ 3 201	167	ㅣ 5 259	16	108	56		國	中	中	遇	276-21	13
憂	41	4		○	○	2	2	2	755	1073	ㅣ 3		7			中	中	中		283-73	6
偶	32	4		○	○	3	2	2	ㅣ 3 723	1308			3			中	高	高		276-20	13
羽	33	0	+3	∨	予	3	3	2	ㅣ 1 817	1677			1			中	高	高		279-41	10
愚	53	4		○	予	2	3	2	ㅣ 12 820	1670			1			中	高	高		283-72	6
雲	114	10		○	○	2	2	2	ㅣ 13 749	1211		2	3			國	國	國		186-4	103
運	109	16		○	○	1	1	1	ㅣ 8 111	121	50	112	145	271	×	國	國	國	運	107-3	197
韻	25	10		○	○	3	3	2	ㅣ 2 802	717			18			中	中	中		265-18	24
△鬱	40	0	+6	○	∨	3	3	2	ㅣ 10 655	外			20			中	高	高	杰	276-22	13
雄	52	4		○	○	2	2	2	667	6 534		6	29			國	國	高		222-10	67
願	18	17		○	○	1	1	1	ㅣ 2 470	546	484	16	28	24	×	國	國	國		251-10	38
園	23	11		○	○	2	2	1	ㅣ 2 574	376	ㅣ 7 519	32	46	21	×	國	國	國		229-4	60
遠	113	8		○	○	2	2	1	ㅣ 1 516	578	ㅣ 8 756	27	26	10	×	國	國	國		206-3	83
元	102	12		○	○	2	2	2	ㅣ 3 274	968	ㅣ 28 695	7	9	12	×	國	國	國		120	181
員	10	28		○	○	1	1	1	126	115	ㅣ 17 283	60	151	52	×	國	國	高		157-4	134

											-6										
院	12	0	+16	○	○	1	1	1	331	566	302-15	17	27	49	×	國	國	國		146-5	148
原	152	8		○	○	1	1	1	112	128	408-5	70	138	32	×	國	國	國		56	318
怨	41	0	+3	○	○	2	3	2	731-2	723		9	18			國	中	中		275-22	14
源	3	11		○	○	2	2	2	544-3	760	756-27		16	10	×	國	中	高		142-4	152
援	14	5		○	○	1	1	2	526-3	998			9			國	中	中		268-12	21
圓	62	3		○	○	2	2	1	92	453	54-1		36	261	×	國	中	中	円	171-3	119
△苑	5	0	+2	○	○	2	3	2	830-40							中	高	高	苑	282-60	7
月	131	33		○	○	1	1	1	87	68	33	136	212	325	×	國	國	國		142-5	152
越	43	4		○	○	2	2	2	657-1	1382			2			中	高	高		246-7	43
位	30	33		○	○	1	1	1	267	481	216-3	24	33	67	×	國	國	國		131-3	169
危	61	1		○	○	2	2	2	519-1	609	414-3	18	24	31	×	國	國	高		257-13	32
偉	22	1		○	○	2	3	2	599-1	524	726-20		30	11	×	國	國	高		274-21	15
爲	35	8		○	○	1	2	1	605-2	44	36	110	265	317	×	國	中	中	為	227-5	62
圍	11	4		○	○	2	2	2	547-1	371	660-22	11	47	13	×	國	中	中	囲	258-16	31
衛	34	12		○	○	2	2	2	562-2	678		9	20			國	中	中		235-6	54
△尉	6	6		○	○	2	2	2	836-56	外 175		20	3			國	中	中		286-152	3
慰	26	3		○	○	2	2	2	673-2	739	430-6	12	17	29	×	國	中	中		280-43	9
威	35	0	+2	○	○	2	2	2	595-	694		9	19			國	中	中		250-8	39

									2											
委	64	0	+2	○	○	1	1	1	342-2	435	385-3		38	35	×	國	中	中		235-5	54
僞	43	3		○	○	2	2	2	81	1678			1			中	高	高	偽	279-42	10
緯	4	3		○	○	2	3	2	724-2	1524			1			中	高	高		266-17	23
違	39	3		○	○	2	2	2	767-5	1641			1			中	高	高	違	278-21	11
胃	34	0	+1	○	○	2	2	2	715-6	1241			4			中	高	高		268-13	21
由	17	5		○	○	1	1	1	176	138	181-2	36	125	80	×	國	國	高		213-5	76
油	50	15		○	○	2	2	2	475	1402	472-9	6	2	25	×	國	國	國		179-4	110
有	207	16		○	○	1	1	1	146	230	317-4	34	79	46	×	國	國	國		57	317
遺	115	4		○	○	2	2	2	510-3	592		10	25			國	國	高	遺	212-5	77
維	14	1		○	○	2	2	2	579-5	835	726-21	16	13	11		國	國	高		204-3	85
幼	36	2		○	○	3	2	2	725-2	1400			2			中	中	中		264-22	25
遊	80	14		○	○	2	2	2	638-4	1395			2			中	中	中	遊	209-3	80
乳	42	7		○	○	2	2	2	638-1	1313	510-7	8	3	22	×	國	中	中		201-6	88
裕	3	3		○	予	3	3	2	721-4	979			9			中	中	高		275-23	14
悠	16	6		∨	予	3	3	2	788-2	1116			6			中	中	高		280-44	9
唯	28	0	+1	○	○	3	3	2	741-2	1120			6			中	中	中		270-22	19
柔	34	5		○	○	2	3	2	798-6	1515			1			中	高	高		268-14	21
酉	10	0	+5	○	予	3	3	2		1693			1			中	高	高		283-76	6
儒	38	6		○	○	3	3	2	725-	1392			2			中	高	高		243-9	46

幽	87	0	+2	○	予	3	3	2	1 810-2	1399			2			中	高	高		278-22	11
誘	31	1		○	○	2	3	2	730-5	1238			4			中	高	高		251-11	38
育	10	12		○	○	1	1	2	295	381	118-3	33	46	122	×	國	國	國		226-10	63
肉	87	14		○	○	2	2	2	509-1	931		3	10			國	國	國		210-4	79
潤	14	4		○	予	2	2	2	777-5	1304			3			中	高	高		251-12	38
△融	17	2		○	○	2	2	2	701-2	外 120			4			中	高	高		234-6	55
恩	62	21		○	○	2	2	2	688-1	606-18		19		15	×	國	國	國		266-18	23
銀	126	5		○	○	1	1	2	215	589	263-6	33	25	55	×	國	國	高		157-5	134
隱	90	0	+5	○	予	2	3	2	771-6	829			13			國	國	高		257-14	32
乙	30	2		○	○	2	2	2	775-1	1307			3			中	中	中		269-20	20
育	65	24		○	○	2	2	2	292	60	124-2	52	239	118	×	國	國	國		92	237
陰	136	3		○	○	2	2	2	686-5	880			11			國	國	高		242-12	47
飮	37	7		○	○	2	2	2	381	661	216-4		21	67	×	國	國	國	飲	276-4	33
淫	56	0	+5	○	予	2	2	2	820-20	1648			1			中	高	高		288-389	1
邑	30	1		○	○	2	2	1	624-4	934		15	10			國	國	國		265-19	24
應	84	11		○	○	2	2	2	514	738		10	17			國	中	中	応	172-3	118
△凝	25	0		○	∨	3	3	2	817-2							中	高	高		273-23	16
衣	60	8		○	○	2	2	2	539-2	785	726-22	6	15	11	×	國	國	國		232-7	57

義	81	35		○	○	1	1	1	154	145	289-5	60	121	51	×	國	國	國		33-1	375
議	40	22		○	○	1	1	1	137	95	352-10	38	170	39	×	國	國	國		96-2	224
意	60	47		○	○	1	1	1	117	63	239-2	121	223	62	×	國	國	國		83-2	259
疑	42	3		○	○	2	2	2	538	677		11	20			國	中	中		258-18	31
醫	47	10		○	○	2	2	2	545-3	860	400-5	15	12	33	×	國	中	中	医	235-7	54
依	49	1		○	○	2	1	1	222	420	300-6		41	49	×	國	中	中		258-17	31
儀	47	11		○	○	2	2	2	729-1	783			15			國	中	中		233-5	56
宜	15	5		○	予	2	2	2	745-2	1548			1			中	高	高		280-45	9
二	175	0	+2	○	○	1	1	1	29	859	244-4	8	12	60	×	國	國	國		114-2	187
異	104	5		○	○	3	2	2	348-1	438	115-3	59	38	123	×	國	國	國		153-2	139
耳	48	7		○	○	2	3	2	760-5	1551			1			國	國	國		270-23	19
移	68	2		○	○	1	1	1	455	676	635-18	18	20	14	×	國	國	高		214-2	75
以	49	1		○	○	1	1	1	129-1	169	339-1	29	106	42	×	國	中	中		254-7	35
貳	8	0	+2	○	○	1	1	1		1617			1			中	高	高	弍	281-52	8
益	11	10		○	○	1	3	1	444	780		6	15			國	國	國	益	185-2	104
翼	18	8		○	○	3	2	2	778-11	1424			2			中	高	高		274-23	15
人	83	46		○	○	1	1	1	4	7	29	338	598	340	×	國	國	國		10	634
認	19	6		○	○	1	1	1	371	476		9	34			國	國	國		214-3	75
因	38	11		○	○	2	2	2	324	763	695-18	14	16	12	×	國	國	國		224-4	65
印	4	17		○	○	2	2	2	483-1	151		14	114			國	國	國		203-3	86
引	70	4		○	○	2	2	2	434-1	732		2	17			國	國	國		206-4	83

仁	48	5		○	○	1	2	2	807-1	1161		84	5			國	國	國		207-8	82
忍	19	3		○	予	3	2	2	775-6	921			10			中	中	中		278-24	11
寅	18	0	+5	○	予	2	2	2		1566			1			中	高	高		281-53	8
姻	19	2		○	予	3	3	2	711-1	1560			1			中	高	高		283-82	6
一	538	15		○	○	1	1	1	7	23	24	114	347	370	×	國	國	國		13	611
日	150	52		○	○	1	1	1	21	15	4	261	426	639	×	國	國	國		48	335
逸	32	5		○	○	3	2	2	819-14	487			33			中	中	高	逸	276-24	13
壹	4	0		○	○	1	1	1		1596			1			中	高	高	壱	277-27	12
任	40	24		○	○	1	1	1	281-1	341	366-10	33	51	37	×	國	中	中		133-2	167
壬	140		+1	○	予	3	3	2		923			10			國	中	中		276-25	15
賃	18	6		○	○	2	2	2	743-3	1593			1			中	高	高		254-8	35
入	131	24		○	○	1	1	1	147	306	726-23	6	56	11	×	國	國	國		117-3	184
子	79	24		○	○	1	1	2	35	111	42	139	254	303	×	國	國	國		29	400
字	33	21		○	○	2	2	2	335-1	52	181-3	65	256	80	×	國	國	國		149	145
自	425	2		○	○	1	1	1	5	6	19	314	623	416	×	國	國	國		26	421
者	0	26		○	○	1	1	1	50	25	172-2	61	334	85	×	國	國	國		52	328
姉	10	1		○	○	2	2	2	816-4	1317		5	3			國	國	國	姉	288-410	5
資	57	6		○	○	1	1	2	270	446	756-29	15	37	10	×	國	中	中		132-1	168
慈	7	3		○	○	2	2	2	760-3	660			21			中	中	中		263-18	26
姿	7	3		○	○	2	2	2	772-2	535	556-5	4	29	18	×	國	中	中		266-19	23
△磁	18	0		○	○	2	3		468	外 325	660-23		1	13	×	中	高	高		219-7	70
紫	77	0	+3	○	予	3	3	2	732-4							中	高	高		259-14	30
刺	32	2		○	予	3	2	2	704	933			20			中	高	高		267-14	22

作	120	26		○	○	1	1	1	- 1 41	10	17	198	513	435	×	國	國	國		87-2	254
昨	20	0	+2	○	○	2	2	2	645	1068	464	13	7	5	×	國	中	中		288-414	1
酌	9	3		○	予	3	3	2	- 2 577	1239	- 5 574		4	16		中	高	高			
殘	103	2		○	○	2	2	2	- 2 575	1067	- 22		7			中	中	中	残	245-8	44
暫	14	0		○	予	3	2	2	- 2 415	805	271	20	14	54	×	中	中	高			
潛	68	0	+2	○	○	2	2	2	790	932	- 3		10			中	中	高		275-24	14
蠶	33	6		○	○	2	2	2	- 8 780	1306			3			中	高	高	蚕	273-24	16
雜	125	9		○	○	2	2	2	- 5 405	223	529	14	81	20	×	國	中	中		212-6	77
長	256	22		○	○	1	1	1	- 2 94	99	- 11 51	74	167	263	×	國	國	國		45	345
將	53	14		○	○	2	2	1	254	423	- 3 136	150	40	107	×	國	國	國	将	245-9	44
場	18	19		○	○	1	1	1	166	101	40	150	166	311	×	國	國	國		140	155
章	26	11		○	○	1	1	1	529	184		7	97			國	國	高		210-5	79
壯	13	0	+6	○	○	2	2	2	254	581	302	32	26	49	×	國	中	中	壮	261-14	28
裝	20	11		○	○	2	2	2	335	657	- 7 548	18	21	19	×	國	中	中	装	237-6	52
帳	20	9		○	○	2	2	2	- 2	526	- 3	24	30			國	中	中		239-8	50
奬	15	2		○	○	2	2	2	709	754		18	17			國	中	中	奨	279-44	10
莊	14	3		○	○	2	3	2	- 2 798	658			21			中	中	高	荘	261-15	28
張	26	6		○	○	2	2	2	- 13 319	282	210		60	68	×	國	中	中		212-7	77
障	11	0	+2	○	○	2	2	2	- 2 574	789	- 3 497		15	23	×	國	中	中		261-16	28
臟	6	8		○	○	3	3	2	- 4 721	1040	- 7 565		8	17	×	中	中	中		263-19	26
葬	20	13		○	○	2	2	2	- 3 734	893	- 7		11			中	中	中	葬	283-86	6

									-4											
掌	35	7		○	○	2	3	2	728-2	866	695-21		12	12		中	中	高	278-25	11
粧	12	5		○	予	3	3	2	925-6	1250			4			中	高	高	282-64	7
丈	14	4		○	予	3	2	2	790-1	978			9			中	高	高	282-63	7
藏	23	14		○	○	2	2	2	624-3	1249	695-20		4	12	×	中	高	高	214-4	75
腸	21	11		○	○	3	3	2	617-1							中	高	高	271-20	40
才	50	25		○	○	2	2	2	730-3	594	439-15	16	25	28		國	國	國	248-9	41
材	13	16		○	○	2	2	2	375-1	192	378-5	27	93	36	×	國	國	國	170-4	120
財	53	11		○	○	1	1	1	340-2	520		8	30			國	國	國	192-3	97
在	52	15		○	○	1	1	1	262	357	497-8	20	49	23	×	國	國	國	187-5	102
再	128	0	+1	○	○	2	2	2	535-1	549		3	28			國	國	國	189-4	100
裁	32	7		○	○	2	2	2	465-2	809	660-24		14	13		中	中	中	230-5	59
災	19	7		○	○	2	2	2	625-1	1127			6			中	中	中	267-16	22
栽	2	0	+1	○	○	2	2	2	593-3	1322		6	3			中	高	高	281-56	8
載	10	10		○	○	2	2	2	738-5	1539			1			中	高	高	273-26	16
△宰	18	2		○	∨	2	2	2	801-7	外			1			中	高	高	283-87	6
爭	28	0	+5	○	○	2	2	1	420-1	327 342	277-5	27	51	53		國	國	國	210-6	79
低	47	2		○	○	2	2	2	647-1	1245			4			國	國	國	224-5	65

貯	18	0	+1	○	○	2	2	2	574-3	1384	210-4	62	2	68		國	國	國		251-13	38
著	74	7		○	○	2	2	2	366-1	740			17			中	中	中	著	273-27	16
底	18	7		○	○	2	2	2	593-2	758			16			中	高	高		249-6	40
抵	16	1		○	○	2	2	2	688-2	1386			2			中	高	高		254-9	35
△沮	12	0		○	○	2	3	2	804-5							中	高	高		280-49	9
敵	42	13		○	○	2	2	1	735-3	664	556-6	85	21	18	×	國	國	國		248-10	41
的	13	15		○	○	1	1	1	140	5	391-7	66	655	34	×	國	國	國		1	1160
赤	115	0	+2	○	○	2	2	2	793-13	683		6	20			國	國	高		220-6	69
適	43	3		○	○	2	2	1	308-2	612		9	24			國	中	中	適	217-5	72
積	87	10		○	○	2	2	2	450-1	686	556-7	20	20	18	×	國	中	中		183-5	106
績	1	6		○	○	2	2	2	687-5	712	660-25	8	19	13	×	國	中	中		268-15	21
寂	15	4		○	予	3	3	2	767-1	1316		7	3			中	中	高		281-58	8
籍	4	20		○	○	3	2	2	674-5	886			11			中	中	中		255-10	34
賊	28	8		○	○	3	2	2	714-6	985		7	9			國	中	中		263-20	26
摘	10	0	+1	○	○	2	2	2	709-6	987			9			中	高	高		279-45	10
跡	1	6		○	○	3	3	2	701-3	1123			6			中	高	高		276-27	13
典	87	29		○	○	2	2	2	682-1	156		35	111			國	國	高		178-4	110
前	183	26		○	○	1	1	1	58	108	65	96	156	219	×	國	國	國		121-2	180
田	46	13		○	○	1	2	2	674	953		3	9			國	國	國		173-1	117

全	154	8		○	○	1	1	1	ー 4 63	113	61	68	152	223	×	國	國	國		100	213
展	26	3		○	○	2	2	2	290	228	ー 3 322	31	80	45	×	國	國	國		231-6	58
戰	100	40		○	○	1	1	1	86	222	ー 5 277	103	81	53	×	國	國	國	戦	111-1	193
電	49	10		○	○	1	1	1	755	234	ー 6 94	62	78	156	×	國	國	國		58-2	314
傳	110	0	+11	○	○	1	1	1	ー 8 160	77	194	111	187	74	×	國	國	國	伝	101-3	211
錢	29	10		○	○	2	3	1	539	1149	ー 1	27	5			國	中	中	銭	254-10	35
轉	103	11		○	○	2	2	2	ー 1 490	752	204	11	17	69	×	國	中	中		156-2	135
△殿	27	6		○	○	3	3	2	ー 3 517	外 34	ー 5	12	10			中	中	中		251-14	38
專	80	0	+2	○	○	2	2	2	607	652			22			國	中	中		218-5	71
絶	123	16		○	○	2	2	2	ー 1 427	447	756	8	36	10	×	國	國	國		202-5	87
節	61	28		○	○	1	1	1	ー 2 212	179	ー 30 400	41	101	33	×	國	國	國		130	170
切	57	8		○	○	2	2	2	ー 2 520	294	ー 6 606	13	59	15	×	國	中	中		232-8	57
折	36	5		○	○	2	2	2	722	1201	ー 20		4			中	高	高		261-17	28
△窃	16	1		○	○	2	2	2	ー 3 814							中	高	高			
點	40	27		○	○	1	1	1	ー 13 84	94	80	69	170	182	×	國	中	中	点	95-1	229
漸	27	1		○	予	3	3	2	752	272	ー 2 231	53	63	64		中	中	高		273-28	16
占	27	2		○	○	2	2	2	ー 2 616	943	ー 3		10			國	中	中		262-14	27
店	8	9		○	○	1	1	1	ー 6 675	1014			8			國	中	中		249-7	40

									-2												
接	71	14		○	○	2	2	2	200	245	529-12	21	71	20	×	國	國	國		151	142
正	236	25		○	○	1	1	1	152-1	97	263-7	67	168	55	×	國	國	國		68	300
政	75	36		○	○	1	1	1	38	194	204-6	28	93	69	×	國	國	國		47	338
情	84	42		○	○	1	1	1	136	50	154-3	68	258	95	×	國	國	國		111-2	193
精	133	7		○	○	1	1	1	232	90	216-5	130	171	67	×	國	國	國		124	171
定	129	34		○	○	1	1	1	44	56	165-2	49	249	89	×	國	國	國		21	496
庭	21	3		○	○	2	2	2	296	501	519-9	14	31	21	×	國	國	國		257-15	32
停	51	3		○	○	2	2	2	544-1	1012	606-21	7	8	15	×	國	國	國		262-15	27
整	38	2		○	○	2	2	2	495-3	528	660-26	17	29	13	×	國	中	中		202-6	87
程	18	10		○	○	2	2	1	278	252	271-4	30	69	54	×	國	中	中		201-7	88
頂	17	2		○	○	2	2	2	767-8	744			10			中	中	中		266-20	23
亭	12	0	+5	○	○	2	2	2	724-1	913			10			中	中	中		267-17	22
靜	43	4		○	○	2	2	2	660-3	951			9			國	中	中		260-17	29
貞	37	2		○	予	2	2	2	811-12	1001			8			中	中	中		271-21	18
廷	17	6		○	○	2	2	2	681-1	911			10			中	中	高		274-24	15
丁	47	5		○	○	2	2	2	705-1	1358			2			中	高	高		256-5	33
訂	6	5		○	○	3	3	2	825-25	1080			6			中	高	高		283-90	6

井	19	3		○	予	2	2	1	718-1	1780			1			中	高	高		276-28	13
△偵	11	0	+2	○	○	2	3	2	790-2							中	高	高			
淨	47	3		○	○	2	2	2	702-2	1081			6			中	高	高		269-21	20
征	23	4		○	○	2	2	2	638-2	1181			4			中	高	高		262-16	27
△呈	16	4		○	∨	2	2	2	829-8	外 456			1			中	高	高			
弟	7	18		○	○	2	2	2	412	246	339-7	40	70	42	×	國	國	國		272-22	17
第	82	4		○	○	1	1	1	129-3	209	97	48	86	150	×	國	國	國		205-4	84
題	25	9		○	○	1	1	1	114	78	131-3	135	185	109	×	國	國	國		180-3	109
製	53	12		○	○	1	1	1	608-2	634	660-27	17	23	13	×	國	國	國		177-4	113
祭	20	8		○	○	3	2	1	589-2	529	756-3	19	29	10	×	國	中	中		220-7	69
際	4	0	+3	○	○	1	1	1	334-3	363	348-2	11	48	40	×	國	中	中		204-4	85
濟	30	7		○	○	1	1	1	230	632	497-9	52	23	23	×	國	中	中	済	169-1	121
諸	67	1		○	○	1	1	1		903			11			中	中	中		244-11	45
提	35	1		○	○	1	1	1	670-1	819			14			國	中	中		230-6	59
帝	43	11		○	○	2	2	2	483-2	904			11			國	中	中		181-4	108
除	55	0	+5	○	○	2	2	2	518-3	1041			8			國	中	中		224-6	65
制	45	17		○	○	1	1	1	177	354	529-13		49	20	×	國	中	中		33-2	374
齊	42	3		○	予	2	2	2	781-9	1002	556-8		8	18	×	中	高	高	斉	254-11	35
△劑	0	8		○	○	2	2	2	568							中	高	高	剤	167-2	124

助	35	8		○	○	1	1	2	ㅣ 2 503	620		17	24			國	國	國		189-5	100
祖	30	10		○	○	2	2	2	ㅣ 1 372	231	556 ㅣ 9	33	79	18	×	國	國	國		173-2	117
朝	112	17		○	○	1	1	1	519	531		9	29			國	國	國		187-6	102
造	53	14		○	○	1	1	1	ㅣ 2 364	502		16	31			國	國	國	造	114-3	187
鳥	29	11		○	○	2	2	2	766	1449		3	1			國	國	高		239-9	50
調	50	18		○	○	1	1	1	ㅣ 6 169	88	263 ㅣ 8	84	176	55	×	國	國	高		80-1	269
操	20	6		○	○	3	2	2	553	407	348 ㅣ 3		42	50	×	中	中	中		271-22	18
條	19	5		○	○	1	1	1	ㅣ 1 279	431	660 ㅣ 28		38	13	×	國	中	中	条	154-2	138
組	18	0	+2	○	○	1	1	1	ㅣ 1 357	390	497 ㅣ 10		44	23	×	國	中	中		162-1	129
照	38	10		○	○	2	2	2	714	871			12			中	中	中		243-10	46
早	56	1		○	○	2	2	2	ㅣ 4 750							中	高	高		266-21	23
兆	8	8		○	○	3	3	2	816							中	高	高		279-46	10
租	21	4		○	予	2	3	2	ㅣ 2 814	1743			1			中	高	高		235-9	54
燥	9	3		○	○	2	2	2	ㅣ 12 611	1337			2			中	高	高		253-10	36
潮	19	5		○	○	2	2	2	ㅣ 1 699	1262			3			中	高	高		218-6	71
△彫	17	2		○	○	3	3	2	ㅣ 3 787	外 69			6			中	高	高		258-21	31
△措	11	1		○	○	2	2	2	ㅣ 1 743							中	高	高		288-451	1
△釣	17	0		∨	∨	3	∨	∨	ㅣ 2 836							中	高	高		283-92	6
弔	34	0	+2	○	○	2	3	∨	ㅣ 269 821	1447			1			中	高	高		282-66	7

									❘ 4											
足	25	10		○	○	2	2	2	373	402	574	20	43	16	×	國	國	國	216-6	73
											❘ 23									
族	30	39		○	○	2	2	1	100	64	148	84	221	99	×	國	國	國	83-1	259
											❘ 2									
脅	69	9		○	○	2	3	2	579	415		14	41			國	國	國	241-7	48
									❘ 3											
存	31	4		○	○	2	2	2	524	560			27			國	中	中	200-6	89
卒	27	8		○	○	2	2	2	537	727			18			國	中	中	279-47	10
									❘ 1											
拙	28	5		○	○	3	3	2	820	1348			2			中	高	高	284-102	5
									❘ 14											
種	42	14		○	○	1	1	1	104	347	147	33	51	101	×	國	國	國	161-2	130
終	64	5		○	○	2	2	2	549	459	606	9	35	15	×	國	國	高	232-9	57
											❘ 22									
宗	99	6		○	○	2	2	2	513	605	574	41	25	16	×	國	國	國	93-2	233
									❘ 2		❘ 24									
從	37	2		○	○	2	2	1	432	750			17			國	中	中	229-5	60
△鍾	26	0	+3	○	○	2	2	2	606	1086	348		6	40	×	國	中	中	260-18	29
									❘ 2		❘ 4									
縱	37	2		○	○	2	2	2	717	1140			5			中	高	高	269-22	20
									❘ 4											
△綜	19	1		○	○	2	2	2	711		574			16	×	中	高	高	268-16	21
									❘ 4		❘ 25									
左	134	2		○	○	2	2	1	521	824		4	13			國	國	國	256-6	33
座	25	14		○	○	3	2	1	407	618			24			國	中	中	251-17	38
佐	20	2		○	予	2	2	2	821	外			1			中	高	高	271-23	18
									❘ 1	464										
坐	58	0	+5	○	○	2	3	2	830							中	高	高	278-26	11
									❘ 4											
罪	48	20		○	○	2	2	2	385	707	574	12	19	16	×	國	國	國	247-4	42
											❘ 26									
主	178	41		○	○	1	1	1	34	57	100	141	245	144	×	國	國	國	15	595
注	35	3		○	○	2	2	2	305		231	58		64	×	國	國	國	253-11	36
									❘ 1		❘ 4									
住	18	7		○	○	2	2	2	397	706	756	2	19	10	×	國	國	國	242-13	47
											❘ 32									

走	29	8		○	○	2	2	2	703-6	1344		10	2			國	國	國		248-11	41
△週	16	6		○	○	1	1	2	550-2	外 3		7	34			國	國	高	週	250-9	39
州	14	0	+15	○	○	1	1	1	828-13			43				國	中	中		148-2	469
△奏	21	9		○	○	2	2	2	772-1			34				中	中	中		285-127	4
宙	3	1		○	○	2	3	2	786-2	408	295-6		42	50		中	中	高		265-20	24
酒	135	18		○	○	2	2	2	511-2	1267			3			中	中	中		253-12	36
書	24	1		○	○	3	3	2	786-6	339			52			中	中	中		281-60	8
周	77	2		○	○	2	2	2	543-1	503	600-29		31	13	×	國	中	中		210-7	79
洲	2	0	+7	○	○	2	2	2	589-2	1754			1			中	高	高		267-18	22
柱	16	6		○	○	2	2	2	792-9	1266			3			中	高	高		236-10	53
朱	52	0	+3	○	○	2	2	2	698-3	1346			2			中	高	高		243-13	46
株	17	1		○	○	1	1	1	628-2							中	高	高		248-12	41
△珠	21	2		○		2	2	2	791-4	外 53			8			中	高	高		268-17	21
△鑄	17	0		○	○	3	3	2	817-5							中	高	高		259-15	30
舟	18	6		○	予	3	3	2	833-65	1187			4			中	高	高		277-29	12
△駐	14	0	+1	○	○	2	2	2	736-5							中	高	高		283-94	6
竹	86	5		○	予	2	3	2	776-5	1343		4	2			國	國	國		253-13	36
準	31	6		○	○	1	1	1	298	164	249-	49	109	59	×	國	中	中		191-2	98

											4										
俊	25	2		○	予	2	2	2	831-2	1752			1			中	高	高		285-128	4
遵	11	0	+1	○	予	2	3	2	811-13	1751			1			中	高	高	遵	283-96	6
△准	6	0		○	○	2	2	2								中	高	高		282-67	7
中	320	56		○	○	1	1	1	60	18	32	194	370	331	×	國	國	國		23	442
重	154	14		○	○	1	1	1	139	87	255-4	68	176	58	×	國	國	國		86-3	225
衆	44	6		○	○	2	2	2	411	355		5	49			國	國	國		242-14	47
仲	33	1		○	○	2	2	2	791-1							中	高	高		275-27	14
卽	53	0	+2	○	○	2	2	2	238	257	378-6		68	36	×	中	中	中	即	279-48	10
增	50	0	+2	○	○	1	1	2	473-2	817		2	14			國	國	國	増	236-11	53
證	29	13		○	○	1	1	1	802-2	504		27	31			國	國	高	証	197-7	92
曾	21	0	+1		予	3	1	2	809-15	1341			2			中	高	高	曽	282-69	7
贈	14	4		○	○	2	2	2	825-28	1769			1			中	高	高	贈	284-108	5
症	4	6		○	○	2	2	2	677-2	1463			1			中	高	高		229-6	60
蒸	26	0	+1	○	○	3	2	2	668-3		456-6			27	×	中	高	高		241-8	48
支	77	5		○	○	1	1	1	227	564		15	27			國	國	國		175-4	115
地	237	37		○	○	1	1	1	3	54	28	207	252	349	×	國	國	國		17	571
紙	62	23		○	○	2	2	2	216	214	60	124	84	225	×	國	國	國		198-4	91
至	94	6		○	○	2	2	1	532	352	93	59	50	156	×	國	國	國		257-16	32
知	84	8		○	○	1	1	1	341	298		15	58			國	國	國		148-3	146
指	70	10		○	○	1	1	1	328	200	510-8	21	88	22	×	國	國	國		163-3	128
志	22	14		○	○	2	2	2	605-1	576		10	26			國	國	國		225-5	64
止	17	9		○	○	2	2	2	486-4	919		2	10			國	國	國		247-5	42
枝	11	2		○	予	3	2	2	405-	1767			1			中	高	高		266-22	23

智	34	22		○	○	2	2	2	1 691-3	543			28			國	中	高		250-10	39
誌	5	7		○	○	2	2	2	694-4	163	529-14		109	20		國	中	中		255-11	34
之	3	0	+20	○	○	2	2	2	579-1	1007			8			中	中	中		217-6	72
遲	23	0	+2	○	○	2	2	2	767-6	1144			5			中	中	高		248-110	5
持	32	9		○	○	1	1	2	487-2	748	726-26	8	17	11	×	國	國	國		228-9	61
池	7	3		○	○	2	2	2	820-18	1195	726-25		4	11		中	高	高		235-10	54
△旨	5	11		○	○	2	2	2	793-5	外 51			8			中	高	高		276-29	13
△脂	13	5		○	○	2	3	2	731-5	外 454	695-22		1	12		中	高	高		193-2	96
直	132	14		○	○	2	2	1	198	239	128-2	18	75	114	×	國	國	國		153-3	139
織	52	25		○	○	1	1	1	395	417	695-23	15	41	12	×	國	國	國		196-2	93
纖	12	5		○	○	2	2	2	314-1	816		8	14			國	中	中		138	157
進	60	21		○	○	1	1	1	252	251	430-7	36	69	29	×	國	國	國	進	126-3	174
眞	98	4		○	○	2	2	2	336-2	193	464-6	41	93	26	×	國	國	國		132-2	168
陣	22	0	+10	○	○	2	2	2	657-2		756-33	8		10	×	國	中	中		263-21	26
盡	19	4		○	○	2	2	2	747-4	1194			4			國	中	中		271-24	18
辰	16	5		○	予	3	3	2	816-15	1006			8			國	中	中		267-19 진 20 신 2	22
珍	42	0	+2	○	予	2	2	2	803-6	1143			5			國	中	中		276-30	13
振	37	2		○	○	2	2	1	608	1765			1			中	高	高		249-8	40

									ㅣ 1												
△震	35	6		○	○	3	3	2	793 ㅣ 16	外 324	606 ㅣ 23		1	15		中	高	高		258-22	31
陳	48	0	+2	○	○	2	2	2	802 ㅣ 9	1762			1			中	高	高		273-29	16
鎭	49	3		○	○	2	2	2	735 ㅣ 6	1193			4			中	高	高		258-23	31
△診	10	8		○	予	2	2	2	803 ㅣ 6	1143			5			中	高	高		287-261	2
△津	20	0	+1	○	○	2	2	2	794 ㅣ 9	外 460			1			中	高	高		260-20	29
△塵	22	7		○	∨	3	3	2	813 ㅣ 3							中	高	高		272-23	17
質	32	13		○	○	1	1	2	119	276	177 ㅣ 2	26	62	82	×	國	國	國	质	37	361
秩	10	0	+2	○	○	2	2	2	732 ㅣ 3	815	756 ㅣ 34		14	10		中	中	中		274-26	15
疾	33	7		○	○	2	2	2	698 ㅣ 4	1349			2			中	高	高		271-25	18
姪	6	0	+5	○	予	3	3		830 ㅣ 6	1761			1			中	高	高			
△窒	9	0		○	○	3	3	2	625 ㅣ 2							中	高	高		259-16	30
集	40	19		○	○	1	1	1	508	147	635 ㅣ 20	15	118	14	×	國	國	國		125	175
執	72	3		○	○	2	2	2	674 ㅣ 1	1142			5			中	高	高		258-24	31
△輯	6	1		○	○	2	2	2	763 ㅣ 6	外 1			60			中	高	高		278-29	11
徵	33	8		○	○	2	2	2	535 ㅣ 2	461		20	35			中	中	中		230-7	59
懲	22	1		○	○	2	2	2	801 ㅣ 9	1192			4			中	高	高		282-70	7
次	39	15		○	○	1	1	1	203	162	111	70	109	125	×	國	國	國		219-8	70
車	52	16		(차)	(차)	2	2	1	233	312	196	1	55	73	×	國	國	國		220-8	

											(거)-1 92 (차)			(거) 157 (차)						거 2 차 67	69
差	53	9		○	○	2	2	2	497	668	606-24		21	15	×	國	中	中		195-6	94
此	33	0	+2	○	予	3	2	1	727-3	1191			4			中	高	高		274-27	15
借	51	3		○	○	2	2	2	365-1	1759			1			中	高	高		227-7	62
着	74	7		○	○	1	1	1	336-1	646	378-7	10	22	36	×	國	國	國		193-3	96
錯	23	2		○	○	2	3	2	767-7	1209			4			中	高	高		277-30	12
讚	12	4		∨	○	3	2	2	654-3	595	484-8	28	25	24	×	國	中	中	讃	283-97	6
贊	25	4		○	○	2	2	2	742-3	725			18			中	中	中	賛	279-50	10
△餐	6	0	+5	○	○	2	2	2	827-45							中	高	高		287-264	2
察	13	15		○	○	1	1	1	409	505	362-2	24	31	38	×	國	國	高		269-23	20
△札	4	14		○	○	2	3	2	800-9							中	高	高		283-98	6
△刹	9	0	+3	○	予	3	∨	∨	807-4							中	高	高		285-131	4
參	95	6		○	○	1	1	1	342-1	323	391-8	18	54	34	×	國	國	高	参	241-9 참 41 삼 7	48
慘	35	2		○	○	2	2	2	634-1	1194			6			中	中	中	惨	284-114	5
唱	14	14		○	○	2	2	2	758-4	900	414-4	32	11	31	×	國	國	國		273-30	16
窓	11	11		○	○	3	2	2	548-3	617	210-5	89	24	68	×	國	國	國		270-25	19
創	38	3		○	○	2	2	2	578-1	259		10	67			國	國	國		203-4	86

昌	14	2		○	予	2	2	2	893-8	1476			1			中	高	高		253-14	36
倉	33	5		○	○	2	2	2	722-1	1479			1			中	高	高		266-23	23
蒼	38	0	+1	○	予	3	3	2	728-4	898			11			中	高	高	蒼	274-28	15
採	40	2		○	○	2	2	2	603-2	外 319			1			國	中	中		247-6	42
彩	28	5		○	○	2	2	2	709-2	745	756-35		17	10	×	中	中	中		246-9	43
菜	27	3		○	○	3	3	2	414-2	1466	391-9		1	34	×	中	高	高	菜	245-10	44
債	16	10		○	○	2	2	2	548-1	1770			1			中	高	高		216-7	73
責	22	8		○	○	1	1	2	491-2	613	653-21	1	24	14	×	國	國	國		239-10	50
策	16	15		○	○	1	1	1	281-2	845			13			中	中	中		254-12	35
冊	29	4		○	予	3	2	2	286	51	54-2	358	257	275	×	中	高	高		284-116	5
處	50	5	+5	○	○	1	1	1	130	187	302-8	32	96	49	×	國	國	國	処	185-3	104
妻	29	8		○	○	2	2	2	715-1	1097			6			中	中	中		275-28	14
拓	7	3		○	○	2	2	2	717-2			65				中	中	高		278-31	11
尺	34	3		○	○	3	2	3	723-5							中	中	中		235-11	54
戚	18	3		○	○	3	2	2	779-3							中	中	中		283-99	6
斥	19	3		○	予	∨	2	2	798-5							中	高	高		277-31	12
△隻	13	0		○	∨	2	2	2	733-3	外 147		26	3			中	高	高		287-274	2
天	471	19		○	○	1	1	2	241	340	635-	45	52	14	×	國	國	國		40	357

千	118	0	+10	○	○	1	1	1	125	374	22 244-5	23	46	60		國	國	國		190-1	99
川	26	3		○	○	1	1	1	746-1	1278		10	3			國	國	國		221-5	68
泉	14	14		○	○	2	2	2	776-1	1015			8			國	中	中		255-12	34
賤	45	4		○	予	3	2	2	712-4	1051			7			中	中	中	賎	268-19	21
踐	15	1		○	予	2	2	2	765-4	1050			7			中	中	高	践	279-53	10
薦	19	3		○	○	2	3	2	776-7	1108			6			中	中	高	薦	287-278	2
淺	29	0	+2	○	予	3	2	2	833-36	1798			1			中	高	高	浅		
遷	29	2		○	○	2	3	2	738-6	1277			3			中	高	高	遷	280-52	9
鐵	142	12		○	○	2	2	1	283	1114	131-4	20	6	109	×	國	國	高	鉄	157-6	134
哲	11	7		○	○	2	2	2	747-2	960			9			中	中	中		255-13	34
徹	4	1		○	○	2	2	2	780-2	930			10			中	中	高		278-32	11
△撤	20	0		○	○	2	2	2	685-2							中	高	高		285-133	4
尖	14	0	+2	○	予	3	3	2		1644						中	高	高		279-54	10
添	30	1		○	○	2	2	2		1542			1			中	高	高		279-55	10
妄	6	0	+6	○	予	3	3	2	740-1	1543			1			中	高	高		287-281	2
△諜	4	3		○	○	2	3	2		外 11	366-11		18	37		中	高	高		288-501	1
青	200	6		○	○	1	1	1	347	326	317-5	22	53	46	×	國	國	國		156-3	135
請	59	4		○	○	1	1	1	446	382	726-27	6	46	11	×	國	國	國		260-22	29
清	209	2		○	○	2	2	1	588	419	339-	77	41	42	×	國	國	高		175-5	115

											8										
廳	3	10		○	○	1	1	1	562-2	802			14			國	中	中	庁	269-24	20
聽	44	11		○	○	2	2	2	777-6	436			38			國	國	高		254-13	35
晴	17	2		○	○	3	2	2	793-6	1642			1			中	高	高		284-118	5
體	64	37		○	○	1	1	1	59	79	74		185	205	×	國	國	高	体	12-2	613
替	9	6		○	予	2	3	∨	749-4	1031			8			中	高	高		268-20	21
△滯	22	6		○	○	2	2	2	744-1	外 87			5			中	高	高		274-30	15
△逮	7	0	+1	○	∨	2	3	2	792-14	外 107			4			中	高	高	逮	288-507	1
△遞	27	4		○	○	2	2	∨	804-14	外 109	756-36		4	10	×	中	高	高	逓	275-29	14
草	111	16		○	○	2	2	2	360	784	695-25	21	15	12	×	國	國	國	草	211-3	78
初	140	8		○	○	2	2	2	346-1	300	695-24	15	57	12	×	國	國	國		223-8	66
招	33	0	+3	○	○	2	2	2	357-3	861	756-37		12	10	×	國	中	中		272-24	17
超	47	2		○	○	2	2	2	742-4	1236			4			中	高	高		250-11	39
抄	16	0	+3	○	○	3	3	2	810-3	1569			1			中	高	高		284-121	5
△秒	16	0		○	○	2	2	2	722-7	外 17	529-15		14	20	×	中	高	高		283-101	6
△哨	9	0		○	○	3	3	∨	798-2	外 196			2			中	高	高			
礎	6	2		○	○	2	2	2	648-2	1235			4			中	高	高		277-32	12
△焦	19	0		○	○	3	3	2	742-2	外 201			2			中	高	高		270-27	19
促	24	2		○	○	3	2	2	668-1	975	756-38		9	10	×	中	中	中		272-25	17

觸	31	3		○	○	2	3	2	728-5	1112			6			中	中	高		239-11	50
燭	15	0	+5	○	予	3	3	2	810-7	1622						中	高	高		289-192	3
村	42	12		○	○	2	1	2	557-1	583	510-9	35	26	22	×	國	國	高		253-15	36
寸	52	2		○	○	2	1	2	686-2	652	726-28		21	11	×	國	中	中		280-53	9
總	71	0	+2	○	○	1	1	1	294	437	414-5		38	31	×	國	國	國		187-7	103
銃	28	7		○	○	2	2	2	635-2	584	484-9	45	26	24	×	國	國	國		273-32	16
最	93	0		○	○	1	1	1	248	405	408-6		43	32	×	國	國	國		184-3	105
催	13	0	+2	○	○	1	1	1	645-1	1297			3			中	高	高		286-196	3
秋	93	13		○	○	2	2	2	688-4	622		11	23			國	國	國		229-7	60
追	83	1		○	○	2	2	2	627-5	1029			8			中	中	中		242-15	47
推	64	1		○	○	2	3	2	685-1	876			11			國	中	中		254-14	35
抽	19	0		○	予	2	3	2	814-5							中	高	高		271-27	18
醜	31	1		○	予	3	3	2	814-16	1295			3			中	高	高		288-519	1
△趨	28	0	+1	○	∨	3	3	2	823-18							中	高	高		281-66	8
祝	40	3		○	○	2	2	2	715-3	691	497-11	9	19	23	×	國	國	國		257-20	22
蓄	13	2		○	○	2	2	2	717-6	1553	660-31	38	1	13	×	國	國	高	蓄	256-7	33
築	15	5		○	○	2	2	2	656-5	511		9	31			國	中	中		264-23	25
縮	24	11		○	○	2	2	2	685-	926	660-		10	13	×	國	中	中		245-11	44

									4		32										
丑	9	0	+5	○	予	3	3	2		1616						中	高	高		286-197	3
畜	13	5		○	○	2	2	2		1613						中	高	高		255-14	34
逐	29	4		○	○	2	3	2	788-15	1611						中	高	高	逐	278-34	11
△蹴	8	0	+2	○	○	2	2	2	793-14	外273	695-26		2	12		中	高	高		286-198	3
△軸	2	4		○	○	3	3	2	777-8	外315			1			中	高	高		258-25	31
春	124	17		○	○	1	2	2	652-1	513		2	31			國	國	國		199-5	90
出	191	34		○	○	1	1	1	180	220	385-5	41	82	35	×	國	國	國		91	241
忠	80	4		○	○	1	2	1	687-4	654		13	28			國	國	國		219-9	69
蟲	20	8		○	○	2	2	2	428	1064	574-29	7	7	16	×	國	國	高	虫	180-4	109
充	36	2		○	○	2	2	2	491-1	466			35			國	中	中		232-10	57
衝	23	3		○	○	2	2	2	644							中	中	高		271-28	18
△衷	8	4		○	∨	2	2	2	816-12							中	高	高		283-103	6
取	46	0	+6	○	○	1	1	1	235	359		7	49			國	國	國		220-9	69
趣	8	8		○	○	2	2	2	718-5	716	606-25		18	15	×	國	中	中		273-33	16
吹	24	1		○	予	3	3	2	822-3	1291			3			中	高	高		278-35	11
就	27	2		○	○	2	2	2	653-1	1292			3			中	高	高		271-29	18
酔	37	6		○	○	2	3	2	605-4	1417			2			中	高	高		272-26	17
臭	9	6		○	予	3	3	2	821-21	1554			1			中	高	高		276-31	13
側	47	4		○	○	2	1	1	510-1							中	中	高		269-25	20
測	31	5		○	○	2	2	2	584-3							國	中	中		240-6	49

層	42	6		○	○	2	2	2	307	798	311-4	52	14	47	×	國	中	高	層	181-5	10
治	66	14		○	○	1	1	1	144	313	295-7	11	55	50	×	國	中	中		147-3	146
致	33	14		○	○	2	2	1	430-2	268	366-12	25	63	37	×	國	國	國		239-12	50
置	20	14		○	○	1	1	1	265	439	574-30	20	38	16	×	國	中	中		205-5	84
値	1	4		○	○	2	2	2	623-1	654			21			中	中	中		198-5	91
恥	6	4		○	○	2	3	2	756-2	1028			8			中	中	中		284-127	5
齒	49	9		○	○	3	2	2	728-6	1420			2			中	高	高	歯	259-17	30
稚	13	0	+1	○	○	3	3	2	798-10	1421			2			中	高	高		283-104	6
則	3	19		○	○	2	2	2	495-1	349		10	50			國	國	國		170-5 칙 115 즉 5	120
親	97	9		○	○	2	2	2	251	103	161	45	165	91	×	國	國	國		203-5	86
七	96	0	+2	○	○	1	1	1	175	795	695-27	6	15	12	×	國	國	國		240-7	49
漆	28	2		○	予	3	3	∨	763-5	1000	259-4		8	56		中	高	高		273-34	16
侵	37	2		○	○	2	3	2	624-1	914	529-16	20	10	20		國	國	國		251-18	41
針	22	7		○	○	2	2	2	568-5	820			14			國	中	中		241-10	48
沈	70	4	+5	○	○	2	3	2	820-19							中	中	中		234-7 침 38 심 17	55
寢	29	3		○	○	2	2	2	673-1	1134	565-8		5	17	×	國	中	中		284-130	5
浸	29	0	+1	○	○	2	2	2	818-5	1256			3			中	高	高		258-26	28
稱	35	21		○	○	3	2	2	559-2	671	484-10		21	24		國	中	中		264-24	25
快	57	6		○	○	3	2	2	523	651	726	13	22	11	×	國	國	國		260-23	29

											-29										
他	66	6		○	○	1	1	1	758-1	1079		3	6			國	國	國		257-18	32
打	43	5		○	○	2	2	2	616-3	915			10			國	中	中		257-17	32
妥	12	0	+1	○	○	2	3	2	812-3	1329			2			中	高	高		283-106	6
濁	16	4		○	○	3	3	2	825-13	1332			2			中	高	高		274-31	15
△卓	37	2		○	○	2	2	2	765-1	外 281			2			中	高	高		264-25	25
△託	15	11		○	○	2	2	2	616-4	外 13	414-6		15	31		中	高	高		263-22	26
彈	44	12		○	○	2	2	2	486-3	633		33	23			國	中	中	弾	236-12	54
歎	12	9		(嘆)	○	2	2	2	38-1	872-12		6				國	中	中		271-30	18
炭	42	7		○	○	2	3	2	330-1	1185	289-6	5	4	51	×	國	中	中		152-2	141
△誕	12	5		○	○	2	3	2	798-14	外 277			2			中	高	高		285-141	4
脫	88	5		○	○	2	2	2	719-3	910			10			國	中	中		227-8	62
奪	15	3		○	○	2	2	2	713-1	1442			1			中	高	高		276-33	13
探	36	4		○	○	2	2	2	661-2	791	606-26		15	15	×	國	國	高		265-22	24
貪	38	1		○	予	3	3	2	777-7	1260		14	3			中	中	高		286-207	3
塔	2	5		○	○	2	3	2	728-1	948			9			中	中	中	塔	251-19	38
湯	33	6		○	○	3	2	2	762-4	1084			6			中	高	高		278-38	11
太	167	0	+2	○	○	2	2	2	486-1	573	400-7	79	26	33	×	國	國	高		170-6	120

態	2	17		○	○	1	1	∨	264	304	414-7	26	57	31	×	國	中	中		156-4	135
泰	17	0	+2	○	○	2	2	2	751-2	1259			3			中	高	高		272-27	17
△胎	39	8		○	○	3	3	2	800-12	外139			4			中	高	高		265-24	24
宅	10	12		○	○	2	2	2	480	779	391-3	27	15	34	×	中	中	中		280-55	9
擇	9	2		○	○	2	2	2	619-1	574			26			國	中	中	択	269-26	20
澤	13	8		○	予	2	2	2	739	955			9			中	中	高	沢	261-18	28
土	178	30		○	○	2	2	2	212-1		362-3	50		38	×	國	國	國		114-4	187
討	23	4		○	○	2	2	2	604	328			53			國	中	中		254-15	35
吐	34	2		○	予	3	3	2	820-4	1262			3			中	高	高		280-56	6
通	233	16		○	○	1	1	1	55	81	76-2	77	184	193	×	國	國	國	通	122	179
統	54	12		○	○	1	1	1	149	322	194-4	26	54	74	×	國	國	國		137	161
痛	38	12		○	○	2	2	2	633-3	773			16			國	中	中		267-21	22
退	92	14		○	○	2	2	2	611-2	709		13	19			國	國	國	退	237-7	52
鬪	20	10		○	○	2	2	2	596-6	648			22			國	中	高		269-27	20
投	78	1		○	○	2	2	2	614-1	1003			8			中	中	中		240-8	49
透	17	3		○	○	2	2	2	747-7	1261			3			中	高	高	透	235-12	54
特	135	2		○	○	1	1	1	202-2	86	137	47	177	106	×	國	國	國		169-2	121
波	32	16		○	○	2	2	2	524-2	619		16	24			國	國	國		199-6	90
破	115	11		○	○	2	2	2	507-1	670		6	21			國	國	國		240-9	49

派	24	10		○	○	1	1	2	489–1	901			11			國	中	中		162-2	129
罷	45	0	+3	○	○	2	2	2	789–3	1335			2			中	高	高		280-57	9
板	26	15		○	○	2	2	2	399–1	772	216–6	32	16	67	×	國	中	中		219-10	70
判	49	8		○	○	2	2	2	337	449			36			國	中	中		185-4	104
販	15	1		○	○	2	2	2	708–4	1445			1			中	高	高		270-29	19
版	14	20		○	○	2	2	2	524–3	490	497–12		32	23		中	高	高		247-7	42
八	190	2		○	○	1	1	1	31	818	529–17	6	14	20	×	國	國	國		218-7	71
敗	53	15		○	○	2	2	2	506	954	635–24	17	10	14	×	國	國	國		247-8	42
貝	20	0	+2	∨	予	3	3	2	825–27	1371			2			中	高	高		272-29	17
△覇	14	3		○	○	3	3	2	805–21							中	高	高		279-61	10
便	60	14		○	○	1	1	1	43–1	72	25	222	199	360	×	國	國	國		238-7 편 36 변 15	51
篇	6	0	+12	○	○	2	2	2	697–3	477	756–40	21	33	10	×	國	中	中		271-32	18
片	42	7		○	○	3	2	2	568–4	629			23			國	中	中		233-7	56
編	38	5		○	○	2	2	2	547	277			62			中	中	高		260-24	29
△偏	77	1		○	○	3	3	2	742–1	外 105			4			中	高	高		251-20	38
遍	9	0	+1	○	予	3	3	2	821–27	1742			1			中	高	高	遍	279-62	
平	197	11		○	○	1	1	1	111–1	177	138–4	85	104	105	×	國	國	國		82	262
評	20	16		○	○	2	2	2	614–2	414			41			中	中	高		242-16	47
△坪	2	1		○	∨	2	2	2	687–2	外 193			2			中	高	高		282-82	7

閉	33	3		○	○	2	2	2	794-14			2				國	國	高		271-33	18
廢	76	7		○	○	2	2	2	635-1	575			26			中	中	高		266-24	23
弊	25	9		○	○	3	2	2	571-1	1136			5			中	中	高		283-111	6
幣	7	4		○	○	2	2	2	793-4	1190			4			中	高	高		241-11	48
蔽	14	0	+4	○	予	3	3	2	833-69	1570			1			中	高	高	蔽		
肺	30	0	+1	○	○	2	2	2	748-6	1444			1			中	高	高		256-8	33
△砲	39	13		○	○	2	2	2	667-1	外 8		20	19			國	國	國		259-18	30
布	60	22		○	○	2	2	2	686-3	669		5	21			國	國	國		198-6 포 90 보 1	91
包	39	1		○	○	2	2	2	344	708		9	19			國	中	中		262-18	27
胞	6	0	+3	○	○	2	2	2	535-4	850	439-16		13	28	×	國	中	中		211-4	78
捕	22	4		○	○	2	2	2	570-4	1141			5			中	中	中		277-34	12
抱	29	1		○	予	2	3	2	804-3	1268			3			中	高	高		282-83	7
△怖	9	2		○	○	3	3	2	761-2							中	高	高		281-69	8
浦	22	4		○	○	2	2	2	816-8	1757		10				中	高	高		249-9	40
△鋪	11	2		○	○	3	3	2	792-15	外 310			1			中	高	高			
△抛	10	0		○	∨	2	3	2	785-4	外 188			2			中	高	高		283-113	6
暴	60	6		○	○	2	2	2	613-2	749		9	17			國	國	國		260-25	29
爆	23	6		○	○	2	2	2	448	1044		10	8			國	中	中		274-34	15
幅	4	8		○	○	2	2	2	731-1	917	660-33		10	13	×	中	中	中		271-34	18

表	71	11		○	○	1	1	1	77	29		108	303			國	國	國		90-1	243
標	49	6		○	○	2	2	2	422	212	385-6	42	85	35	×	國	中	中		213-6	76
票	2	7		○	○	2	2	2	249-1	1347	430-8	54	2	29	×	國	中	中		253-16	36
漂	27	0		○	○	3	3	2	820-21	1756						中	高	高		264-26	25
品	43	25		○	○	1	1	1	132	38	118-4	26	283	122	×	國	國	國		79	272
風	221	30		○	○	2	2	2	239	197	271-5	55	91	54	×	國	國	國		90-2	243
豊	44	0	+1	○	○	2	2	2	681-3	604	548-7		25	19	×	國	中	中	豊	251-21	38
避	30	8		○	○	2	2	2	537-3	705	456-7	30	19	28	×	國	中	中	避	277-35	12
皮	42	14		○	○	2	2	2	650-4	1345			2			中	高	高		195-7	94
彼	16	0	+2	∨	予	3	3	2	761-1	1188			4			中	高	高		279-65	10
疲	15	0		○	予	3	3	2	754-5							中	高	高		280-58	9
被	54	0	+2	○	○	2	2	2	694-3	1186	606-27		4	15	×	中	高	高		245-12	44
必	34	2		○	○	1	1	1	142	155	37	30	112	315	×	國	國	國		240-10	49
筆	51	34		○	○	2	2	2	599-3	726	167-2	13	18	88	×	國	國	高		259-9	33
畢	15	0	+2	○	○	2	2	2	715-2	1342			2			中	高	高		288-561	1
下	235	24		○	○	1	1	1	115-1	460	464-7	57	35	26	×	國	國	國		107-4	197
夏	55	0	+5	○	○	2	2	2	758-5	1138			5			國	國	國		262-19	27
河	50	8		○	○	2	2	2	363-1	1004		7	8			國	國	高		184-4	105
賀	14	4		○	○	3	2	2	784-5	1043	497-13		8	23	×	中	中	高		282-86	7

何	30	4		○	予	2	2	1	518-1	1750	43			300	×	中	高	高		268-21	21
荷	14	6		○	○	2	2	2	782-5	1749						中	高	高	荷	272-30	17
學	126	44		○	○	1	1	1	11	1	1	340	1241	1557	×	國	國	國	学	5	741
鶴	32	1		○	予	2	2	2	810-56	1265			3			中	高	高		274-35	15
△虐	6	0	+3	○	∨	3	2	2	762-6	外 102			5			中	高	高		282-87	7
限	34	0	+10	○	○	1	1	1	279-2	309	484-11	16	56	24	×	國	國	國		168-4	122
寒	115	13		○	○	2	3	2	636-1	1085		1	6			國	國	國		208-2	81
漢	75	6		○	○	2	2	2	691-4	317		39	55			國	國	國		131-4	169
韓	26	0	+10	○	○	1	1	1	831-80	158		52	111			國	國	國		171-4	119
恨	15	6		○	○	2	2	2	734-1	1042		7	8			國	中	中		272-31	17
閑	42	4		○	○	3	2	2	690-2	1264		11	3			國	中	中		266-25	23
汗	22	4		○	予	3	3	2	825-9	1748						中	高	高		275-34	14
旱	21	0	+3	○	○	2	2	2	803-4	1340			2			中	高	高		284-133	5
△翰	20	0	+3	○	○	2	2	2	735-5							中	高	高		282-88	7
割	44	1		○	○	2	2	2	526-1	1198	529-18		4	20	×	中	高	高		230-8	59
含	41	1		○	○	2	2	2	630-1	849			13			中	中	中		255-15	34
△艦	14	6		○	○	2	2	2	587-2	外 185		7	3			中	中	中	艦	267-22	22
咸	13	0		○	○	2	2	2		1464			1			中	高	高		279-66	10
陷	15	0	+2	○	○	2	3	2	727-5	1197			4			中	高	高		285-149	4

合	150	22		○	○	1	1	1	174	256	154-4	89	68	95	×	國	國	國		31	392
港	13	10		○	○	3	2	2	501-2	958	430-9	8	9	29	×	國	國	國		246-10	43
航	53	8		○	○	2	2	2	556	957		7	9			國	國	國		252-7	37
抗	29	3		○	○	2	2	2	543-2	479			33			國	中	中		229-8	60
恒	43	0	+2	○	予	3	2	2	476-3	563	464-8		27	26	×	中	中	高		258-27	31
項	17	5		○	○	1	1	1	535-5		541		28			中	中	高		233-8	56
海	314	21		○	○	1	1	1	193	413	756-41	67	41	10	×	國	國	國		46	344
害	10	19		○	○	2	2	2	188	542	456-8	15	28	27	×	國	國	國		201-8	88
解	119	13		○	○	1	1	1	218-2	149	606-28	20	117	15	×	國	國	國	解	156-5	135
亥	13	0	+5	○	予	∨	3	2		1350			2			中	高	高		287-303	2
該	23	1		○	予	3	2	2	725-7	1196			4			中	高	高			
核	14	2		○	○	2	2	2	754-7	1269			3			中	高	高		241-12	48
行	224	0	+41	○	○	1	1	1	24	53	64	140	253	222	×	國	國	國		36	363
幸	18	6		○	○	2	2	2	329	336	311-5	43	52	47	×	國	國	國		264-27	25
向	42	9		○	○	2	2	2	213	215	152-2	39	84	97	×	國	國	國		206-5	83
香	68	6		○	○	2	2	2	553-2	391		8	44			國	國	國		210-8	79
鄕	78	12		○	○	2	2	2	576-3	210	414-8	32	56	31	×	國	國	國		220-10	69
響	8	4		○	○	2	2	2	346-2	450	574-32		36	16	×	中	高	高		266-26	23
享	17	0	+4	○	予	2	3	2	771-1							中	高	高		282-89	7
許	32	7		○	○	2	2	2	515	771		9	16			國	國	國		251-22	38
虛	111	0	+5	○	○	2	2	2	542	603			25			國	中	中	虛	240-11	49

憲	15	6		○	○	1	1	1	580-1	956			9			國	中	中		235-13	54
獻	46	4		○	○	2	2	2	732-2	815			14			中	中	高	献	272-32	17
險	30	0	+4	○	○	1	1	2	350-2	602	250-5	35	25	59	×	國	中	中		259-19	30
驗	8	7		○	○	1	1	1	352	263	175-2	16	65	83	×	國	中	中		236-13	53
革	36	7		○	○	2	2	2	473-3	769			16			國	中	中		239-13	50
現	94	5		○	○	1	1	2	106	34	400-8	60	295	33	×	國	國	國		129-3	171
賢	46	7		○	○	2	2	2	752-4	918		19	10			國	國	國	賢	253-17	36
玄	68	1		○	○	2	2	2	722-5							中	高	高		239-14	50
顯	54	2		○	○	2	2	2	732-5	1005			8			中	高	高	顕	263-23	26
縣	16	1		∨	○	2	3	2	782-4							中	高	高		264-28	25
懸	61	1		○	○	3	2	2	804-2	1275			3			中	高	高		280-60	9
血	101	16		○	○	2	2	2	605-3	1150			5			國	國	國		142-6	152
穴	9	4		○	予	3	3	2	822-18	1795						中	高	高		281-71	8
△嫌	18	0	+1	○	∨	3	3	2	815-2							中	高	高	嫌	288-580	1
協	46	3		○	○	1	1	1	435	451	756-42	18	36	10	×	國	國	國		209-4	80
脅	17	1		○	○	2	2	2	746-4	1208			4			中	高	高		287-310	2
△峽	12	3		○	○	3	3		775-4	外 292			1			中	高	高		278-42	11
兄	17	22		○	○	2	2	2	587-	337	142-	99	52	104	×	國	國	國		276-34	13

形	55	25		○	○	2	2	2	1 131	140	2 73	79	124	206	×	國	國	國		55	319
刑	59	18		○	○	2	2	2	568 ǀ	768			16			中	中	中		241-13	48
△型	2	7		○	○	2	2	2	1 600	外			35			中	高	高		187-8	102
△衡	16	4		○	○	2	2	2	772 ǀ	2 外			3			中	高	高		227-9	62
惠	48	0	+4	○	○	2	2	2	6 731 ǀ	186 516	606 ǀ	21	30	95	×	國	中	中		263-24	26
慧	15	2		○	予	3	3	2	3 785 ǀ	747	29		17			中	中	高		279-67	10
號	22	3		○	○	1	1	1	4 375 ǀ	248	210 ǀ	6	70	68	×	國	國	高	号	225-6	64
好	7	4		○	○	2	2	2	2 620 ǀ	813	6		14			國	國	國		245-13	44
呼	39	4		○	○	2	2	2	1 632 ǀ	532	660 ǀ	34	29	34	×	國	國	國		232-11	57
湖	12	2		○	○	2	2	2	3 656 ǀ	870	34	17	12			國	國	高		236-14	53
護	39	10		○	○	2	2	2	3 388 ǀ	565	484 ǀ	32	27	24	×	國	國	高	護	214-5	75
戶	39	6		○	○	2	2	2	2 755 ǀ	1207	12		4			中	高	高		247-9	42
虎	65	0	+5	○	予	2	3	2	2 760 ǀ	1360			2			中	高	高		272-33	17
互	22	2		○	○	2	2	2	6 778 ǀ							中	高	高		268-23	21
胡	80	0	+3	∨	予	3	3	2	1 561 ǀ	1475			1			中	高	高		270-31	19
豪	49	6		○	○	2	2	2	4 675 ǀ	1205			4			中	高	高		266-27	23
△濠	6	0		∨	○	2	2	2	3 814 ǀ	外			2			中	高	高		284-140	5
浩	22	0	+1	∨	予	2	2	2	2 832 ǀ	286 1789						中	高	高		273-35	16
或	12	2		○	予	∨	2	1	35 266	270			63			國	中	中		288-590	1

									ㅣ 1												
惑	12	8		○	予	2	2	2	740	1093			6			中	中	中		278-43	11
									ㅣ 3												
△酷	20	2		○	∨	2	3	2	762	外			7			中	高	高		28-142	5
									ㅣ 8	61											
混	79	0	+1	○	○	2	2	2	576	452			36			國	中	中		226-11	63
									ㅣ 1												
婚	32	13		○	○	2	2	2	369	941			10			國	中	中		248-13	41
魂	21	7		○	○	3	2	2	675	889			11			中	中	高		266-28	23
									ㅣ 5												
昏	41	0	+3	○	○	3	3	2	795	1203			4			中	高	高		286-225	3
									ㅣ 5												
忽	17	0	+2	∨	予	3	3	2	778	963			9			中	高	高		284-143	5
									ㅣ 2												
紅	151	7		○	○	2	2	2	624	869			12			國	中	中		237-8	52
									ㅣ 2												
洪	37	0		○	○	2	2	2		962			9			中	高	高		255-16	34
弘	34	1		○	○	2	2	2	835	1778						中	高	高		273-36	16
									ㅣ 40												
鴻	34	0	+3	∨	予	3	2	2	833	1777						中	高	高		282-92	7
									ㅣ 91												
化	59	21		○	○	1	1	2	64	70	128	42	208	114	×	國	國	國		6	725
											ㅣ 3										
花	159	24		○	○	2	2	2	299	338	484	81	52	24	×	國	國	國	花	134-2	165
											ㅣ 13										
貨	35	13		○	○	1	1	2	457	1148		4	5			國	國	高		188-1	101
火	140	20		○	○	2	2	2	353	848	311	45	13	47	×	國	國	國		190-2	99
									ㅣ 2		ㅣ 6										
話	8	14		○	○	1	1	1	416	92	144	40	170	103	×	國	國	國		201-9	88
									ㅣ 2		ㅣ 2										
和	85	18		○	○	1	1	2	297	250	362	36	69	38	×	國	國	高		133-3	167
											ㅣ 4										
畵	92	16		○	○	2	2	2	531	201	108	9	88	130	×	國	中	高	畵	107-5	
									ㅣ 3		ㅣ 2									화 185 획 12	197
華	88	8		○	○	2	2	2	580	766	645	13	16	14	×	國	中	中	華	266-12	63
									ㅣ 2		ㅣ 25										

禍	22	4		○	○	3	2	2	700-4	1009			8			中	中	中		256-10	33
△靴	4	5		○	予	∨	3	2	809-25	外 140	756-43		4	10	×	中	高	高		288-595	1
確	35	3		○	○	1	1	1	184	182	695-29	21	98	12	×	國	國	高		208-3	81
穫	0	2		○	○	3	3	2	734-3	1469			2			中	高	高	穫	283-119	6
擴	9	0	+1	○	○	2	2	2	718-4	1353			2			中	高	高	拡	261-19	28
環	34	6		○	○	2	2	2	581-1	480	584-8		33	19	×	國	中	高		221-6	68
歡	31	2		○	○	2	2	2	726	945			10			國	中	高	歓	275-37	14
患	19	11		○	○	2	2	2	699-2		529-19			20	×	國	中	中		275-36	14
換	48	6		○	○	1	1	2	361	616			24			中	中	中		174-6	116
還	67	8		○	○	2	2	2	551-2	1088			6			中	中	中	還	254-16	35
丸	8	4		○	予	3	2	2	794-1	1200			4			中	高	高		280-61	9
△幻	29	2		○	○	3	3	2	811-2	外 285			2			中	高	高		281-74	8
活	65	5		○	○	1	1	1	56		58-2	87		229	×	國	國	國		97	223
△滑	33	0		○	○	3	3	2	783-6	外 187			2			中	高	高		261-20	28
黃	211	6		○	○	2	2	1	489-2	704		8	19			國	國	國		197-8	92
皇	63	5		○	○	2	3	1	649-1	846			13			中	中	高		260-27	29
荒	69	3		○	予	3	2	1	766-5	765		9	16			中	中	高	荒	279-69	10
況	1	8		○	○	1	1	1	777-4	1008			8			國	中	中		276-35	13
回	150	8		○	○	1	1	2	268-1	615		11	24			國	國	國		218-8	71

會	101	61		○	○	1	1	1	20	8		148	520			國	國	國	会	20	502
懷	41	7		○	○	2	3	2	782-2	1147			5			中	中	高		261-21	28
△廻	17	0	+4	○	○	3	2	2	755-1	外 291			1			中	高	高		255-17	34
灰	23	3		○	○	3	2	2	522	1199			4			中	高	高		241-14	48
悔	19	4		○	予	3	3	2	745-5	1270			3			中	高	高		285-158	4
獲	6	3		○	○	2	2	2	709-7	1772						中	高	高	獲	276-36	13
劃	9	0	+2	○	○	1	1	2	321		271-6			54	×	中	高	高		277-37	12
横	106	2		○	○	2	2	2	711-2	1352			2			中	高	高		263-17	26
孝	29	7		○	○	2	2	2	704-2	667		11	21			國	國	國		243-14	46
効	19	3		○	○	2	2	2	698-2	324	756-44	13	54	10	×	國	國	國		201-10	88
後	188	18		○	○	1	1	1	52	91	49	76	171	272	×	國	國	國	后	106-2	200
候	25	10		○	○	2	2	2	389	959	472-12	9	9	25	×	國	中	中		252-8	37
厚	33	8		○	○	2	2	2	738-1	1206			4			中	高	高		272-34	17
侯	15	4		∨	予	3	3	2	703-1	1146			5			中	高	高		275-38	14
訓	42	8		○	○	2	2	2	687	330	519-10	12	53	21	×	國	國	國		236-15	53
△勳	27	8		○	○	2	2	2	808-1							中	高	高		275-39	14
揮	18	2		○	○	2	2	2	643-1	744		10	17			國	中	中		263-25	26
休	67	7		○	○	2	2	2	498-1	967		11	9			國	國	國		259-20	30
凶	74	3		○	○	2	3	2	758-8	1095			6			國	中	中		279-70	10
胸	40	2		○	予	3	3	2	823-	1624			1			中	高	高		275-40	14

黑	109	3		○	○	2	2	2	16 651-2	844			13			國	國	國		221-7	68
吸	27	1		○	○	3	2	2	579-2	843			13			國	中	中		211-5	78
興	46	14		○	○	1	1	2		202		65	88			國	國	國	兴	168-5	122
喜	34	6		○	○	2	2	2	786-1	1366			2			中	中	中		266-29	23
希	24	0		○	○	2	2	2	607-2	601	439-17	21	25	28	×	國	國	國		270-33	19
稀	29	0	+1	○	○	3	3	2	788-7	1016		7	8			中	中	中		272-35	17
戲	25	6		○	○	3	3	2	756-3	285			60			中	中	高	戱	278-46	3
熙	6	0	+3	○	予	2	2	2		1800						中	中	高	煕	271-35	18

以上의 常用漢字案이 眞善眞美한 것일 수는 없다. 字種의 選定에 있어서도 얼마든지 異見이 있을 수 있다.

金斗燦씨는 이 常用漢字案에 대한 添削意見으로서

庚辛壬癸丑寅卯辰巳酉戌亥斯侯升縣騎韻碧臥烏舟眉庸桃唐丹弓栗琴屯羽臣井胡晴誦提銘皇御侍咸桂龜朴熙鴻李洛州洲濠苑或昭至懇以恭貌忽房弄悠阿齊愼溪穴勿朗幽蔬蠻鬱漆片飾絞叫蓋架匪憾斤蛇

를 빼고

腫酵鹹昆稼段遮赴喉裳譜倣暮頑癒褒泡粘霧携螢怠絃濯涯磨挾逝僧汁怒函括傭船紳剩堤訃播鯨齡凸凹褐睡捉悽渦咽噴矩冥拷蛋饒拐据溝戾匿墮把披翁飽賄藻輛菓粘箱枚扱袋廊雰膨脹愉

를 넣자[204]하였다.

앞으로 政府次元에서 漢文敎育用 基礎漢字 1,800字를 바탕으

204) 語文硏究 21호. pp. 12-13. 1979. 3. 一潮閣.

로 添削作業을 하여 常用漢字를 定할 경우를 생각해서 참고를 위해 末尾에 補完候補字의 統計資料를 덧붙여 두고자 한다.

통계란 것이 資料에 따라 偶然性이 介在하는 것이므로 絶對的일 수는 없다.

또한 使用頻度가 높은 漢字나 造語力이 强한 漢字를 常用漢字로 가려내는 것은 當然하지만 경우에 따라서는 同音異義語와의 識別(有感 遺憾, 一洞 一棟, 電子 電磁, 敗者 覇者)이나 一貫性(庚辛壬癸丑寅卯辰巳酉戌亥와 같은 十干十二支 등) 均衡性(將 領 尉, 亞 阿 歐) 한글 表記로 難解한 것(봉제=縫製, 봉직=縫織, 사료=飼料, 방사=放飼) 部首字(斤 犬 穴 弓 舟 貝) 音符字(奴 莫 弗 牙 貞 曾) 등도 考慮한 案이기는 하다.

필자는 漢字敎育의 具體的 方案[205]을 提示한 바 있다.

읽기 指導와 쓰기 指導를 갈라, 읽기 指導의 第一案으로는 國·中校에서 900字씩을 가르쳐 中學校 卒業까지에 常用漢字指導를 마침으로써 중학교 졸업생이면 신문 잡지나 敎養書籍을 읽을 수 있게 하자는 것이요,

第二案 國·中·高 各 600字씩 配定하자는 것인데 第一案이 더 바람직함은 물론이다.

第一案의 경우, 現行 국어교과서의 原文을 살리되 漢字語를 漢字로 써서 그 읽기 指導에 重點을 두어 指導하고 아울러 낱字의 音과 訓을 가르친다.

學年別 配定字數

1-1 25字

一大韓民國二學年先生三四山五門六運動會七八東南九十

1-2 25字

秋夕自車兄弟敎室對答中工場日月火水木金土歲拜百者江

---

205) 拙稿, 國語敎育問題 管見, 語文硏究 15·16合併號. 1977. 8. pp. 41~46.
拙稿, 常用漢字 1,800字, 그 敎育의 具體的 方案, 語文硏究 17號. pp. 321~329.

以下略 語文研究 15·16호 參照

第二案은 國語時間을 利用하거나 아니면 朝會前이나 下學後時間을 利用하여 읽기 指導를 한다.

이 경우, 配定案에 따라 국민학교 학생에 알맞은 漢字말에 의해 그 낱字의 音·訓과 漢字말의 뜻풀이를 해주는 方式을 취한다.

*표는 읽기 指導만

家(家庭 農家)加(加入 參加)可(許可)歌(歌手 愛國歌 校歌)街(街路樹 市街)價(物價 定價)假(假面)各(各道 各郡 各面)覺(自覺)角(三角)間(間接 時間)看(看護 看板)簡(簡單 簡便)干(干滿)感(感謝 感情)監(監視 監督)江(江山 江邊)强(强國 强者 强弱)降(降雨量 降雪)講(講堂 講演)康(健康)開(開學 開校)個(個人)改(改善 改正 改良)客(客地 客車 旅客)去(過去)巨(巨人 巨大 巨物)擧(擧手 選擧)建(建物 建築 建國)件(事件 物件 用件)健(健兒 健全)傑(傑作) 以下 略

指導方法에 대해서도 拙見을 말한 바 있으므로 줄인다.

×표는 姓, △표는 이름 돌림字, ○표는 地名.

苛	24	0		○	∨	3	3	∨	803–9	外 383			1	苛責 苛酷	283-1	6
嫁	8	3		○	∨	3	3	2	816–5					出嫁 改嫁	284-2	5
墾	3	1		○	予	3	3	2	820–7	外 376		4	1	開墾(改刊 開刊)	287-4	2
葛	18	0		∨	∨	3	3	∨	820–25	外 27		1		葛中 葛布 葛(×)	282-1	7
喝	4	3		○	予	3	3	∨	813–2	外 128		2	4	喝取 恐喝 一喝	288-9	1
疆	7	1		∨	∨	3	3	2		外 360	1	1		疆土 萬壽無疆	282-2	7
腔	5	0	+4	∨	∨	3	3	∨	830					口腔 滿腔	273-1	16

								-38								
凱	12	0	○	∨	3	3	2	824-3	外 367			1		凱旋(改善) 凱歌(改嫁)	282-3	7
訣	2	3	○	○	3	3	∨	815-15	外 388			2	1	永訣 訣別	287-18	2
膏	23	1	∨	∨	3	3	2	821-20						膏藥 絆瘡膏	279-6	10
拷	5	0	∨	∨	3	3	2	830-15	外 168			3		拷問(顧問)	285-9	4
坤	20	1	○	予	3	3	2	831-11	1510			1		乾坤 坤殿	285-11	4
菓	2	4	∨	∨	3	3	2	730-4	外 385	366-1	1	1	37	菓子 銘菓 茶菓	281-6	8
郭	11	3	○	○	2	3	2		1571					城郭 外廓 郭	278-2	11
棺	9	3	○	予	∨	∨	∨	821-12						棺 下官 入棺	286-21	3
括	8	4	○	∨	3	3	2	801-11	外 42			1		一括 包括	276-6	13
槐	14	0	∨	∨	3	3	∨							槐木 槐山	287-34	2
丘	21	2	∨	予	3	3	∨	805-1	1167		5			丘陵	265-3	24
溝	7	2	○	∨	2	3	2	804-6						地溝(地球) 下水溝	272-3	17
邱	0	0	○	○	1	2	2							大邱	286-28	3
鞠	10	0	∨	∨	∨	∨	∨	829-56						鞠	287-43	2
奎	12	0	○	∨	2	2	2				3			奎章閣 奎	281-8	8
圭	7	0	∨	∨	2	2	2	835-22						圭(奎 珪) 圭角	288-74	1
其	10	2	予	予	2	1	1	454-2	698		5	19		其(期基 旗箕 麒棋一部首字)	288-79	15

妓	10	5	∨	∨	3	3	2	659	外 127	4	妓生 名妓 娼妓 童妓	285-25	4
岐	11	2	○	∨	2	3	2				分岐(分期) 多岐	287-52	2
箕	23	0	∨	∨	3	3	2				×箕 箕子	284-14	5
畿	7	2	○	○	2	2	1				京畿(競技 景氣)	283-15	6
嗜	7	0	∨	∨	3	3	∨				嗜好(記號)	277-4	12
喫	14	1	○	∨	3	3	∨	834-9			喫煙 喫緊 滿喫		
匿	9	1	∨	∨	3	3	∨				隱匿 匿名	287-61	2
但	2	1	○	予	3	2	2	806-1	905	11	但只 但書 非但(緋緞)		
湍	3	0									長○湍	286-37	3
潭	8	2	∨	予	3	3	∨	831-40	1707	1	潭水 淸潭	282-8	7
賭	8	0	○	○	3	3	2	789-5			賭博 賭租 賭地	288-106	1
董	9	0	○	∨	∨	∨	∨	830-41	外 161	3	×董	286-43	3
痘	11	3	○	∨	3	3	2	813-11			種痘 牛痘 水痘	272-7	17
杜	31	0	○	∨	2	3	2	820-17	外 363	1	×杜 杜撰	271-7	18
酪	5	2	○	○	∨	∨	∨				酪農	280-9	9
廊	9	2	∨	予	3	3	2	633-2	873	12	廊下 行廊 畵廊(花廊)	286-51	3
梁	1	3	○	○	2	3	2	817-11	1734		梁山君子 跳梁 橋梁	263-3	26
驪	7	0	∨	∨	3	3	∨				○驪州	288-138	1
呂	18	0	○	予	2	3	∨	828-5			×呂(侶)	288-135	1
轢	3	1	○	○	3	3	2	833-46			轢死 軋轢	288-137	1
漣	6	0	∨	∨	3	3					○漣州	287-87	2
蓮	41	5	○	予	2	2	2	715	1332	2	蓮花 木蓮 睡蓮	277-7	12

									5							
獵	21	5		○	∨	3	3	2	817–10	外 403		1		狩獵 獵銃	273-7	16
零	26	0		∨	○	2	3	2	729–7	1796	660–6		13	零點 零細	277-8	12
醴	5	0		∨	∨	3	∨	∨						○醴川		
盧	9	0		∨	予	2	2	2	621					×盧	274-11	15
魯	13	2		○	予	3	3	2						魚魯 不辨鄒魯 ×魯	280-16	9
聾	8	1		○	∨	3	3	∨						聾啞 耳聾症		
賂	3	1		○	∨	3	3	∨	801–17					賂物 賄賂 贈賂		
遼	11	0		∨	∨	∨	3	2	836–266					遼遠	265-8	24
陋	21	1		○	∨	∨	∨	∨	外 165			3		陋醜 卑陋 陋地	285-38	4
劉	27	0		∨	予	2	2	∨						×劉	282-17	7
罹	6	0		○	∨	3	2	2	831–55	外 1203		1		罹災 罹病	288-162	1
粒	6	6		○	∨	3	3	2	832–49					粒子	261-6	28
磨	13	1		∨	○	3	3	2	814–11	1416		2		磨滅 琢磨	260-10	29
抹	12	0		○	○	3	3	2	825–7					抹消 抹殺	286-69	3
孟	24	1		○	○	2	2	2	812–4	1541		1		孟冬 孔孟 ×孟	270-15	19
沔	0	0												沔川		
冥	25	2		∨	予	3	3	∨	827–4	1228		4		冥福 冥想	286-74	3
溟	5	0	+1	∨	∨	3	3	∨		外 344		1		○溟州 東溟日記	280-21	9
暮	21	3		○	予	3	3	2	832–27	1564				歲暮 暮春→늦봄	284-32	5

歿	0	0	+3	∨	○	3	2	2	825-8	外 348		1		戰歿 病歿		
描	4	0		○	∨	3	3	2	781-2	外 16		15		描寫 素描	275-8	14
茂	8	1		○	予	2	3	2	775-12	1302		3		茂盛 茂生	277-12	12
巫	22	0							760-2	外 218	695-9	2	12	巫俗 巫歌	282-20	7
誣	15	0		○	∨	3	3	∨	831-66					誣告(無故)	288-189	1
霧	13	4		○	予	3	3	∨	827-43	1599				五里霧中 濃霧 霧散	275-9	14
汶	1	0		∨	∨	2	3	2						○汶山		
閔	8	0		○	○	3	3	2						×閔	280-24	9
悶	7	3		○	∨	3	3	2	831-22					苦悶 煩悶 罪悶		
舶	5	2		○	∨	2	3	2	776-6					船舶	284-35	5
駁	6	4		○	∨	3	3	2	826-38					反駁 痛駁 論駁	288-199	1
撲	4	0	+1	○	∨	3	3	2	831-28					撲滅 撲殺	286-82	3
潘	2	0		○	∨	3	3							×潘	288-203	1
肪	0	0	+3	○	∨	3	3	2	836-196		695-12		12	脂肪(地方 紙榜)	239-5	50
紡	12	2		○	○	2	2	2	741-9	外 221		2		紡績 混紡 紡織 紡絲(放射 房事)	258-8	31
裵	4	0		○	予	2	2	2						×裵	287-127	2
陪	31	0		○	∨	3	3	∨	820-30	外 352		1		陪席 陪審		
魄	0	2	+1	○	∨	3	3	2	825-30					魂魄 氣魄	286-55	4

癖	7	9		○	∨	∨	∨	∨		外 415		1		盜癖 性癖 契癖	284-44	5
卞	5	0		○	予	3	3	∨						×卞	286-85	3
炳	2	0		∨	∨	2	2	2						△炳	288-213	1
秉	10	0		∨	∨	2	2	2						△秉	284-45	5
柄	2	1		∨	∨	3	3	2	836-99					柄	285-59	4
譜	7	7		○	○	3	3	∨	764-3	1090		6		族譜 系譜 年譜	280-30	9
堡	4	0	+1	○	∨	3	3	∨	834-13					堡壘 橋頭堡	287-137	2
鳳	42	2		○	予	2	2	2	794			1		鳳凰 飛鳳	279-19	10
棒	5	2		○	○	3	3	2	826-15	外 411		1		棒高跳 鐵棒	270-17	19
赴	12	1		○	予	3	3	2	861-14	1538		1		赴任	288-225	1
剖	8	1		○	予	3	3	∨						解剖 剖棺斬屍	285-66	4
訃	3	1		∨	∨	3	3	∨	827-42					訃告 訃音		
敷	15	0		∨	∨	3	3	2	810-4					敷地 敷設(附設)	284-46	5
釜	10	0		○	○	1	2	2	836-287					○釜山	281-33	8
盆	11	0	+1	○	∨	∨	∨	∨	705-3	外 81	695-14	6	12	花盆 盆地 盆栽	283-42	6
糞	8	5		○	予	3	3	2	828-30					人糞 糞尿	278-15	11
噴	22	0		○	○	2	3	∨	771-1	外 249		2		噴出 噴水 噴火	267-5	22
妃	4	4		○	○	3	3	∨	804-1					王妃 妃嬪	282-30	7
泌	1	1		○	∨	3	3	∨	829-27					泌尿器 分泌	269-29	20

聘	15	4	∨	予	3	3	2	827-39	1512		1		招聘 聘丈		
憑	19	2	○	∨	3	3	2	825-6					證憑 憑藉	285-70	4
祠	11	1	○	○	3	3	2	820-24	外 121		4		祠堂 顯忠祠(佛國寺)	286-101	3
獅	7	0	∨	∨	3	3	2	808-6	外 95	635-12	5	14	獅子(嗣子) 獅子吼	286-102	3
泗	7	0	∨	∨	3	3	∨						○泗川	281-36	8
裳	3	1	∨	予	3	3	∨	821-23	1156		5		衣裳	284-51	5
敍	18	2	○	○	3	3	2	815-5	883		11		敍述 敍事體	272-14	17
逝	5	1	○	∨	3	3	2	833-81					逝去 急逝	288-263	1
棲	8	1	○	∨	∨	∨	∨	829-21			12		棲息 兩棲動物	278-18	11
抒	2	0	∨	∨	3	3	∨	830-14	外 24		12		抒情	278-17	11
舒	11	0	∨	∨	3	3	∨						○舒川	288-262	1
錫	5	2	○	○	2	2	2	756-5					朱錫 錫杖 △錫	274-15	15
昔	5	5	○	予	3	2	2	834-31	1663				×昔 今昔之感	284-53	5
腺	4	0	○	○	3	3	∨	805-14					扁桃腺 淋巴腺	244-8	45
薛	8	0	○	予	3	3							×薛	284-54	5
燮	2	0	∨	∨	2	2	2						△燮	285-76	4
塑	4	1	○	∨	∨	∨	∨						塑像 彫塑(嘲笑)	284-58	5
遜	8	6	∨	∨	3	3	2	763-7	外 46		8		恭遜 謙遜 遜色 不遜	284-59	5
宋	44	1	○	○	2	2	2						×宋	259-7	30
碎	14	4	○	予	2	3	2	812					粉碎 碎身 碎骨	280-38	9

									-15					
須	11	1		○	予	3	3	2	835-16	1502	1	必須 須要	283-53	6
睡	8	3		○	予	3	3	2	807-15	1517		睡眠(水面)	279-30	10
酬	9	2		○	∨	2	3	2	738-7	外 120	4	報酬(保守 保手) 酬價	285-79	4
袖	9	1		○	∨	3	3	∨	831-65			領袖(領收)	285-78	4
粹	4	3		○	∨	3	3	2	786-9	外 47	8	純粹	266-14	23
髓	2	6		○	予	∨	∨	2	821-31	外 428	1	骨髓 腦髓 精髓	262-8	27
洙	2	0		∨	∨	2	2	2		251		洙(△)		
淳	11	0		∨	∨	2	2	2	822-12	外 45	8	淳朴 淳厚 淳(×△)	282-42	7
紳	4	1		∨	∨	3	3	2	789-2	外 93	5	紳士 紳商	283-59	6
啞	9	2		○	∨	3	3	∨	826-4			聾啞 啞然(亞鉛)	288-301	1
庵	3	0	+2	○	○	3	2	∨	798-3	外 212	2	石窟庵 草庵 庵子	284-68	5
涯	5	2		∨	予	3	3	2	815-8	1233	4	生涯	286-129	3
厄	7	3		∨	予	3	3	∨	821-3	1577		橫厄 災厄 厄運 厄年	286-130	3
冶	18	1		∨	∨	3	3	∨	822-2	外 442	1	陶冶	270-20	19
釀	11	0		○	○	3	3	2	815-17			釀造家 釀酒	284-73	5
疫	8	7		○	○	3	2	2	796-	1708		免疫 防疫 檢疫	262-12	27

								6						
淵	29	1	∨	∨	2	2	2	825-11				淵源 深淵 △淵	268-10	21
盈	13	0	∨	∨	3	3	∨					○盈德	288-342	1
隸	8	2	○	∨	3	∨	∨	730-11	1516		1	隸書 奴隸 隸屬 隸下	269-15	20
吳	29	0	○	○	2	2	2	828-9				吳越同舟 △吳	272-20	17
沃	13	1	○	∨	2	2	2	807-9				沃畓 肥沃 沃○川	264-21	25
玩	17	1	○	∨	3	3	2	834-53				玩具 愛玩	288-357	1
腕	4	2	○	○	3	3	2	819-12	外 264		2	腕力 手腕 敏腕	284-81	5
倭	33	0	○	∨	2	3	∨	833-4		57		壬辰倭亂 倭寇	260-15	29
窯	1	1	○	○	3	3	∨	835-115				窯業 陶業	285-95	4
欲	9	2	○	○	2	3	2	822-11	825		13	欲望 欲求	272-21	17
溶	19	0	○	∨	2	2	∨	799-7	外 214		2	溶解 溶液	219-6	70
傭	17	1	○	∨	3	3	∨	807-3				雇傭傭人(用人宮認)	276-19	13
禹	7	0	○	予	2	2	2					×禹	285-99	4
祐	1	0	∨	∨	3	3	2					△祐	286-147	3
旭	4	0	∨	∨	3	2	2					旭日昇天 △旭	284-86	5
蔚	5	0	∨	○	2	2	2					蔚山 ×蔚珍	286-150	3
兪	6	0	○	予	2	2	∨					△兪(愉 鍮諭 癒揄)	284-91	5
尹	6	0	○	○	2	2	2	836-57				×尹	263-15	26
殷	23	0	○	∨	2	2	2	827-22				殷盛 殷昌	274-22	15

擬	21	6		○	∨	3	3	∨					擬人 擬態 模擬 擬古	280-46	9
誼	1	4		○	∨	3	3	∨	822-27	外 17		4	情誼(正義) 友誼	285-109	4
伊	25	0		∨	○	2	2	2					伊 伊太利	270-24	19
溢	7	4		○	∨	3	3	2	827-26				腦溢血 漲溢 海溢	285-114	4
姙	5	3	=妊	○	∨	3	3	2	821-7				姙娠 姙婦 避姙	283-84	6
剩	9	1		○	○	2	3	2	818-7				過剩 剩餘	266-16	23
諮	5	0		○	○	3	3	∨	835-140				諮問(自問自刎)	284-94	5
齋	37	2		○	∨	3	2	2	782-9				齋堂 齋醮 書齋	282-65	7
晶	3	3		○	∨	3	3	2	790-5	外 453		1	水晶結晶(結定)	235-8	54
鄭	10	0		○	○	2	2	2	815-16	外 68		6	鄭重鄭	227-6	62
艇	0	4		○	○	2	3	2	830-39				快速艇 舟艇 漕艇( ) 朝廷 調停( )	287-246	2
堤	3	2		○	○	2	3	2	574-2	1737			堤川 金堤	274-25	15
蹄	6	0		○	∨	3	3	∨					麟蹄 馬蹄	285-126	4
趙	8	0		○	○	2	2	2					趙	251-15	38
曹	14	7		○	∨	2	2	2	805-7				六曹 法曹界	258-20	31
踪	2	0	=蹤	○	○	3	3	∨	810-10	外 322		1	失踪		
憎	7	2		∨	予	2	3	2	809-9	1351		2	憎惡 愛憎	288-471	1
祉	0	1		○	∨	2	3	∨		外 113		4	福祉	280-51	9

晋	9	0		∨	○	2	2	2				晋(×)	260-21	29
秦	17	0		○	∨	2	3	2				秦(×)	268-18	21
餐	4	4		○	○	2	2	2	829-45			午餐 盛饌 晩餐	287-264	2
擦	0	1	+2	○	∨	3	3	2	170-3	外 317	1	摩擦 擦過傷 破擦音	279-51	10
彰	10	1		○	∨	2	∨	2	806-3			表彰		
敞	1	0		∨	∨	3	3	∨				高敞(○)	288-490	1
蔡	9	0		○	予	3	3	2				蔡(×)	287-273	2
拓	7	3		○	○	2	2	2	717-2		65	開拓 干拓 拓本	278-31	11
陟	4	1		∨	∨	2	2	∨				進陟 登陟	287-275	2
綴	6	2		○	∨	∨	3	2	830-34			綴字 連綴 點綴	286-189	3
喆	0	0		∨	∨	2	2	2				喆(△)	286-188	3
帖	17	2		○	○	3	3	∨	815-3	外 272	2	手帖 畫帖	288-500	1
牒	3	4		○	∨	3	2	2	821-15			移牒 通牒	288-501	1
硝	7	0		○	∨	3	3	2	812-14			硝酸(醋酸) 硝煙	265-21	24
囑	4	4		○	○	2	3	2	826-6			委囑 解囑 被囑		
叢	29	0		○	∨	3	3	2				叢書 論叢	286-194	3
崔	11	0		○	○	2	2	2				崔(×)	233-6	56
墜	4	2		○	○	2	3	2	801-6			墜落 擊墜	288-518	1
痴	16	3		○	○	3	3	2		外 495	1	白痴 音癡		
蕩	33	6		○	○	3	2	2	762-4	1084	6	蕩兒 放蕩 蕩平	283-108	6
怠	10	3		○	予	2	3	2	824-	1746		怠慢 倦怠	285-144	4

									7					
牌	11	8		∨	∨	3	3	2	791–3	外 104	4	防牌 感謝牌 馬牌	282-81	7
飽	16	1		○	予	∨	3	2	823–24			飽食 飽和	265-24	24
泡	7	3		∨	∨	3	3	2	827–24	外 312	1	泡末 水泡 氣泡 發泡	277-33	12
乏	9	5		○	∨	3	3	2	820–1	外 85		缺乏 窮乏	275-33	14
函	17	1	+2	∨	○	2	2	∨		外 295	1	書函 惠函	260-26	29
骸	3	3		○	○	3	3	∨	830–54	外 52	8	骸骨遺骸	284-135	5
絃	7	4		∨	○	3	3	2	803–8			絃樂器 管絃樂	282-91	7
峴	1	0		○	∨	2	2	2				峴 阿峴洞 葛峴洞	288-579	1
陜	0	0		∨	∨	3	3	∨				陜川	287-72	8
亨	2	2		○	予	2	3	2		1764		亨通 之亨利貞	287-311	2
螢	12	1		○	予	∨	3	∨	826–27	1477		螢雪之功 螢光燈	270-30	19
鎬	2	0		∨	∨	2	2	2	836–275			鎬 鎬京	284-141	5
乎	0	4		∨	予	3	3	2	754–1	1274	3	確乎 斷乎	288-586	1
毫	15	5		○	予	3	3	2	819–7	1788		豪傑 秋毫	285-153	4
糊	0	0		∨	∨	3	3	2	836–181	外 301	1	糊口 糊塗 模糊	275-35	14
煥	2	0		∨	∨	2	2	2				煥	278-44	11
喚	5	2		○	○	3	3	2	823–1	外 301	1	喚起(換氣) 召喚	284-146	5
賄	2	2		○	○	3		2				賂賄 贈賄		
朽	12	2		○	∨	3	3	∨				不朽 老朽(老後) 朽落	287-324	2
攜	10	1		○	○	2	3	2	827	1367	2	提携 携帶	286-231	

姬	4 3	○ ∨ 2 2 2	19 | 824 外 | 492 6	1	歌姬 舞姬 美姬 姬	288-620	1

〈『東洋學』第九輯, 檀國大學校 附設 東洋學硏究所, 1979.〉

常用漢字 1,800字, 그 敎育의 具體的 方案

提言

1. 常用漢字는 1,800字(324面~325面)로 足하다. 基礎漢字는 漢文敎育用이므로 相當數의 虛字 등이 포함되어 있다. 따라서 基礎漢字를 根幹으로 常用漢字를 調整하되 164字의 添削이 필요하다고 생각하는 바, 그 添削이 加해지기를 희망한다. (326面 削除集 補充案)

2. 中學校까지에 읽기를, 高等學校까지에 그 쓰기의 완성을 목표로 국민학교부터 단계적으로 읽기나 쓰기의 指導가 行해지기를 희망한다.

3. 이번 敎科書 改編 때에 各級學校 各敎科書에 國漢混用(倂用)이 되기를 희망한다.

語文敎育 正常化를 위한 文敎當局의 勇斷을 促求한다.

常用漢字란

一般國民이 日常生活을 하는데 不便이 없을 정도로 알고 있어야 할 漢字를 뜻한다. 日常生活에 불편이 없을 정도라 함은 新聞·雜誌나 敎養書籍을 읽을 수 있고 從事하는 業務處理에 支障

이 없어야 함을 말한다.

常用漢字 選定對象字

漢文敎育用基礎漢字나 各新聞社現用漢字를 주로 對象으로 하고 古文獻(訓蒙字會 등 漢字學習書나 四書諺解 등 諺解文獻)에서 調査된 漢字도 審査對象으로 하였다.

各新聞社라 함은 朝鮮·東亞·韓國·京鄕·中央·서울신문사를 뜻한다. 이중 2個社에서는 韓國新聞協會 選定漢字 2,000字를 採擇하고 있으므로 자연 韓國新聞協會 選定漢字도 選定對象이 된 셈이다.

各新聞社의 漢字現用實態는 다음과 같다.

	1級	2級	3級	計
A社	401	1,140	988	2,529
B社	402	1,140	1,140	2,682
C社	407	1,890		2,297
D社	韓國新聞協會選定漢字			2000
E社	但 固有名詞·古典引用例文·調査資料原文引用의 경우는 制限漢字에 拘碍받지 아니하며 한글만의 表記로 難解한 것이나 混同을 가져올 憂慮가 있는 것은 괄호 안에 漢字를 記入하여 讀者의 理解를 돕는다.			
F社	1,600	400(豫備漢字……特殊記事 등에만)		

常用漢字 選定基準

1. 常用漢字는 그 頻度數와 造語上의 有效性을 考慮하였다.

2. 同音異議語와의 識別이 어렵거나 한글만의 表記로 難解한 것을 考慮하고 部首字나 音符字도 考慮하였다.

3. 그 밖의 一貫性 均衡性을 유지하는 面도 考慮하였다.

常用漢字 選定을 위한 基礎作業

1. 初·中·高 國語教科書에 나오는 漢字語에 쓰인 漢字 및 그 頻度調査

2. 各新聞社 現用漢字一覽表에 의한 漢字調査

3. 初·中·高 教育課程에 나타난 學術用語에 쓰인 漢字調査

4. 文教部 頻度調査에 나타난 漢字

5. 石峯千字文·新增類合·訓蒙字會 등

옛 漢字學習書나 四書諺解·小學諺解·佛經諺解, 그 밖의 朝鮮(李朝)朝의 諺解文獻에 나타난 漢字調査

6. 東亞出版社刊 漢韓大辭典에 依據하여 造語力調査

常用漢字教育의 具體的 方案

(本項324面 上半部까지 前號分 再錄)

1. 국민학교

① 第一案(900字) 現行 국어교과서 原文을 살리되 漢字語를 漢字로 써서 그 읽기 指導에 重點을 두어 指導하고 아울러 낱字의 音과 訓을 가르친다.(327面~328面)

② 第二案(600字) 國語時間을 利用하거나 아니면 朝會前이나 下學後 時間을 利用하여 읽기 指導를 한다.(326面)

2. 漢字의 各級學校 各學年 配定案

3. 指導方案

학교 \ 학년		읽기 第一案	읽기 第二案	쓰기
校 國	1	40字		
	2	80字		
	3	120字		
	4	200字	} 各 200字	100字
	5. 6	각 230字		各 200字
	計	900字	600字	500字
中校	1. 2. 3	各 300字	各 300字	各 160~170字
	計	900字	900字	500字
高校	1. 2. 3		각 100字	各 300~350字
	計	1,800字	1,800字	1,800字

① 교과서에 나오는 漢字語의 指導는 漢字로 해야 그 理解가 빠르고 正確하며 오래 갈 것임을 認識하여 낱말풀이를 할 때나 그 發音指導를 할 때 漢字의 원뜻(訓)이나 聲調에 따라 하라.

<國語>(나라국, 말씀어) <나라의 말>, 이 경우, <國歌·國交·國軍·國旗·强國·建國·救國·大國……>의 뜻을 아울러 가르친다.

<聖人>(성인성, 사람인) <聖스러운 사람 거룩한 孔子·釋迦·그리스도와 같은 분>, 이 경우, '聖'字는 길게 發音되는 소리임을 알려 <聖歌·聖堂·聖母·聖書·聖職>의 發音과 뜻을 아울러 가르친다.

② 中學校에서는 「中學漢文」 指導와 連繫性 있는 教育을 하라.

③ 配定漢字를 部首別·音別·部門別로 갈라 掛圖를 만들라.

部首別 : 家 宅 安 守 宙 室 宿 宮……
雨 雪 雲 電 霜 露 雷 霧……
音 別 : 工 功 攻 恐 空 貢……
己 起 記 忌 紀……
部門別 : 一二三四五六七八九十百千萬億兆 前後左右 上中下東西南北

④ 字典을 사게 하고 찾는 법을 지도하라.

⑤ 소년조선「한자공부」, 소년한국「하루에 한 자씩 하자」에 의해 漢字自習을 시키라.

⑥ 漢字指導方法을 硏究하라.

앞 面	뒷 面		
天	하늘천	天職	하늘이 준 직무
天地	하늘과 땅	靑天	푸른 하늘
天才	하늘이 낸 뛰어난 재주	晴天	갠 하늘

위와 같은 漢字카아드를 만들어 아무데서나 아무 때나 공부할 수 있도록 하여 每日 한 字 도 좋고 두 字 석 字도 좋다. 꾸준히 지도하면 큰 負擔없이 익히게 된다.

熱意·誠意를 가지면 方法은 저절로 생기게 마련이다.

常用漢字(敎育漢字)案　1,800字

家加可歌街價假架暇佳各覺刻角閣却脚間看簡干肝刊幹懇姦渴感監敢減鑑甘憾
甲江强降講康綱剛鋼開個改介槪蓋慨皆客更坑去巨擧居拒距據建件健乾傑乞檢
劍儉揭格激擊隔見堅犬絹肩遣牽結決缺潔兼謙京景敬競慶警驚經輕鏡境耕傾徑
庚硬計界季繼係械系階戒契鷄溪啓桂癸繫古故苦固告高考庫孤稿姑枯鼓雇顧曲
谷穀哭困骨工功空共公攻供恭恐貢孔果科過調誇寡官關觀館慣管冠貫寬款光廣
鑛狂怪塊傀壞交校敎橋較巧僑矯郊絞膠口區九究求救具球舊句久拘構購歐驅龜
國局菊軍郡君群屈掘窟宮窮弓權卷勸券拳圈闕軌貴鬼歸規叫糾均菌極劇克近根
勤謹斤筋金今禁錦琴急給及級肯己記期氣技基旗機奇騎器汽紀起寄忌欺棋幾旣
祈棄企飢緊吉諾難暖南男納內耐女年念寧努奴怒農濃腦惱尿能尼溺多茶單短端
團段斷丹壇檀達談擔淡膽答畓踏當堂唐黨糖大代對待臺隊帶垈貸戴德度道圖到
島都逃導徒刀盜途渡倒桃挑跳稻陶塗悼讀獨毒督篤豚敦突同洞東冬動童銅凍棟
豆頭斗屯鈍得等登燈騰謄羅裸落樂絡洛亂卵蘭欄爛覽濫拉朗浪郞來冷略掠量良
兩糧涼諒旅麗慮勵力歷曆連練聯鍊戀憐列烈劣裂廉獵令領靈零嶺例禮路老勞
露爐綠錄鹿論弄籠賴雷料了僚療龍樓累淚漏流類柳留硫六陸倫輪律率栗隆陵里
理利離履李吏裏梨隣林臨立馬魔麻摩幕莫漠膜萬滿晩漫慢蠻灣末亡望妄忘忙網

買賣每妹梅埋媒魅脈麥猛盟盲面免勉眠綿滅蔑明命名鳴銘母模毛慕謀貌募某帽
暮侮木目牧睦沐沒蒙夢妙墓卯廟苗無武務舞貿戊默墨門問聞文物勿未味米美微
尾迷眉民敏密蜜拍朴迫博薄泊半反班飯伴叛返般搬盤發髮拔方防房房訪妨邦紡
芳傍拜配排背倍培輩杯賠俳白百伯番飜繁煩罰伐閥凡範汎犯法壁僻碧變辯邊辨
別兵病丙竝保報步普寶補服福復複腹伏覆本奉峯逢封俸縫蜂父部富婦否夫附負
副扶付府符浮腐賦膚簿北分憤粉紛墳奔奮不佛弗拂非悲比備飛碑費祕批肥鼻卑
匪貧賓頻氷士社史使射謝四事思師死舍詞沙似絲仕寺私司査寫辭巳飼蛇捨邪賜
斜詐斯赦唆削朔山産算散酸傘殺三森揷上常賞相想商傷象像床狀詳尙喪償霜詳
雙塞色索生西書暑序緖署庶徐誓瑞石夕席釋惜析碩先線選善船宣鮮仙旋禪繕說
設雪舌纖涉攝成城誠性姓星聖聲盛省世稅歲細勢洗小少笑所消素掃訴蘇疏騷召
昭紹燒蔬速俗續束屬孫損松送訟頌誦刷鎖衰水手數受授收守樹修首壽輸殊秀隨
遂愁獸帥需囚搜垂宿叔肅熟淑順純瞬旬殉循巡術戌述崇習拾濕襲勝承乘升昇僧
示視時詩市矢始施試是侍屍氏植食式識息飾殖新申神身信臣辛伸愼腎實室失心
深甚審尋十兒我牙雅亞阿餓惡岳握安眼岸案顔暗巖壓押仰央愛哀額液野夜藥弱
約若躍羊洋陽養樣揚楊壤孃讓魚漁語御億憶抑言嚴業餘如與輿域逆役驛譯易疫
然研煙演鉛宴緣沿燃延軟熱悅閱染炎鹽厭葉榮永英營迎泳映影預藝豫譽銳五午
誤悟娛烏汚玉獄屋溫穩擁臥瓦完緩王往外要曜搖謠腰妖浴慾辱用容勇庸熔右雨
友牛優郵宇遇憂偶羽愚雲運韻鬱雄願園遠元員院原怨源援圓苑月越位危偉爲圍
衛尉慰威委僞緯違胃由油有遺維幼遊乳裕悠唯柔酉儒幽誘育肉閏融恩銀隱乙音
陰飮淫邑應凝衣義議意疑醫依儀宜二異耳移以貳益翼人認因印引仁忍寅姻一日
逸壹任壬賃入子字自者姉資慈姿磁紫刺作昨酌殘暫潛蠶雜長將場章壯裝莊張障
臟葬掌粧丈藏腸才材財在再裁災栽載宰爭低貯著底抵沮敵的赤適積績蹟寂籍賊
摘跡典前田全展戰電傳錢轉殿專絶節切折竊點漸占店接正政情精定庭停整程頂
亭靜貞廷丁訂井偵淨征呈弟第題製祭際濟諸提帝除制齊劑助祖朝造鳥調操條組
照早兆租燥潮彫措釣弔足族尊存卒拙種終宗從鍾縱左座佐坐罪主注住走週州奏
宙酒晝周洲柱朱株珠鑄舟駐註竹準俊遵准中重衆仲卽增證曾贈症蒸支地紙至知
指志止枝智誌之遲枝池旨脂直職織進眞陣盡辰珍振震陳鎭診津塵質秩疾姪窒集
執輯徵懲次車差此借着錯讚贊餐察札刹參慘唱窓創昌倉蒼採彩菜債責策冊處妻
拓尺戚斥隻天千川泉賤踐薦淺遷鐵哲徹撤尖添妾諜靑請淸廳聽晴體替滯逮遞草
初招超抄秒哨礎焦促觸燭村寸總銃最催秋追推抽醜趨祝蓄築縮丑畜逐蹴軸春出

忠蟲充衝衷取趣吹就醉臭側測層治致置值恥齒稚則親七漆侵針沈寢浸稱快他打
妥濁卓託彈歎炭誕脫奪探貪塔湯太態泰胎宅擇澤土討吐通統痛退鬪投透特波破
派罷板判販版八敗貝覇便篇片編偏遍平評坪閉廢弊幣蔽肺砲布包胞捕抱怖浦鋪
抛暴爆幅表標票漂品風豊避皮彼疲被必筆畢下夏河賀何荷學鶴虐限寒漢韓恨閑
汗旱翰割含艦咸陷合港航抗恒項海害解亥該核行幸向香鄕響享許虛憲獻險驗革
現賢玄顯縣懸血穴嫌協脅峽兄形刑型衡惠慧號好呼湖護戶虎互乎胡豪濠浩或惑
酷混婚魂昏忽紅洪弘鴻化花貨火話和畫華禍靴確穫擴穫環歡患換還丸幻活滑黃
皇荒況回會懷廻灰　悔獲劃橫孝效後侯厚侯訓勳揮休凶胸黑吸興喜希稀戲熙

漢文敎育用　1,800字中 ……… 국민학교用

削除　164字　表 1~(1) ——— 中學校用

補充　164字　表 1~(2) 高等學校用

漢文敎育用 基礎漢字 1,800字中 常用漢字(敎育漢字) 1,800字案에서 削除 및 削除에 따른 補充案

表 1~(1) 削除案

甛竟頃卿坤戈瓜郭愧狗苟鷗俱丘懼厥閨僅禽其畿豈那娘乃奈泥但
旦潭桐藍廊梁祿磨茫　罔孟冥暮矛茂霧憫倣栢屛譜卜鳳赴婢妃聘祀桑
嘗裳叙恕昔栗誰須雖睡孰盾脣矢晨芽雁謁殃涯也耶於焉余汝予亦硯
燕詠吾梧傲嗚翁曰畏遙欲于又尤云謂猶惟愈閏吟泣矣已而夷玆恣雌
爵盞墻哉滴笛粘蝶堤憎只且捉慚滄悽聽肖詞枕墮托濯琢怠殆兎播頗
飽楓匹巷奚軒絃弦亨螢兮乎毫禾曉喉毁輝携噫　以上 164字

고딕體는 常用漢字를 2,000字로 할 경우라면 살릴 글자.

表 1~(2) 補充案

憾坑乞揭隔牽繫雇款狂傀絞膠僑購歐掘窟圈闕軌糾筋棋尿尼溺膽
戴垈塗悼棟屯騰謄裸拉煉獵籠療僚硫摩膜灣網魅蔑帽搬伴紡俳賠閥
僻覆俸縫匪飼赦唆傘揷誓瑞碩繕纖攝紹搜垂屍殖腎握押液躍孃閱厭
預穩擁妖曜熔鬱苑尉融凝磁宰沮殿窃呈偵劑彫措釣綜鍾駐註珠奏鑄
週准旨脂震診津塵窒輯餐札刹隻撤諜滯逮焦秒硝趨表卓誕胎覇偏坪
砲怖抛鋪虐翰艦嫌峽型衡濠酷靴幻滑廻勳　以上 164字

常用漢字(敎育漢字) 1,800字 案 Ⅰ(국민학교用 600字)

家加可歌價街各閣看感江强降開個改客去居建見結決京景敬競計界
季古故苦固告高曲谷工功空共公果科過官關觀光廣交校敎橋口區九
究求救國軍郡權貴極近根金今急己記期氣技基旗南男內女年念努農
能多單短達答當堂大代對待德度道圖島到都讀獨同洞東冬動童豆頭
斗得等登燈落樂來量良兩旅力歷列令領例禮路老勞綠論料流六陸律
里理利林立馬萬滿末亡望買賣每妹面明命名母木目無武務門問聞文
物未味米美民密半反班發方防放房拜白百番法別兵病保報步服福復
本父部富婦否北分不非悲比備貧氷士社史使射謝四事思師死舍山産
算三上常賞相想商色生西書石夕席先線選善船說雪成城誠性姓星聖
聲世稅歲細勢小少笑所消素速俗孫松送水手數受授收守樹修首宿順
術習勝示視時市始施植食式識新申神身信臣實室失心十兒惡安愛野
夜藥弱約羊洋陽養魚漁語億言業餘如然硏煙熱榮永英五午玉溫完王
往外要曜用容勇右雨友牛雲運雄原願園遠元員院月位危偉由油有遺
維育肉恩銀音陰飮邑衣義議意二異耳移益人認因印引仁一日入子字
自者姉作長將場章才材財再爭低貯敵的赤典前田全展戰電傳絕節接
正政情精定庭停弟第題製助祖朝造鳥調足族尊種終宗左罪主注住走
週竹中重衆證增支地紙至知指志止持直職進眞質集次車着察參唱窓
創責處天千川鐵靑請淸體草初村總銃最秋祝蓄春出忠蟲取治則親七
侵快他探太土通統退特波破八敗便平閉砲布暴表品風必筆下夏河學
限寒漢韓合港航海害解行幸向香鄕許現賢血協兄形號好呼湖護化花
貨火話和確活黃回會孝効後訓休黑興希

국민학교 읽기 600字 쓰기 500字

· 表 100字 쓰기 指導에서 除外(高等學校로)

常用漢字(敎育漢字) 1,800字案 表 Ⅰ(中學校用 600字)

假架暇覺刻角閣簡干肝刊幹懇監敢減鑑甲講康綱介概更擧居拒距
據件健傑檢劒格激擊堅缺潔兼謙慶警驚經輕鏡境耕傾繼係械系階戒
契考庫孤稿穀困骨攻供恭課誇館慣管冠鑛怪較巧球具舊句久拘構局

君屈宮窮卷勸鬼歸規均劇克勤禁錦給及級機奇騎器汽紀起寄緊吉納
耐寧奴怒茶端團段斷丹壇檀談擔唐黨臺隊帶逃導徒刀盜途毒督突羅
絡亂覽朗浪郞冷略糧麗慮勵連練聯鍊烈劣廉靈露爐錄龍樓類柳留輪
率離履李吏臨魔幕莫漠晩漫妄梅脈猛免勉滅鳴銘模毛慕謀貌牧睦沒
妙墓舞貿默勿微敏拍朴迫博薄飯髮訪妨邦配排背倍培輩飜繁罰伐凡
範壁變辯邊普寶補複腹伏奉峯逢封夫附負副扶府憤粉佛飛碑費秕批
肥詞沙似絲仕寺私司査寫辭散傷象像床狀詳索序暑緖釋宣鮮仙涉盛
省洗訴蘇疎騷掃續束屬損刷衰壽輸殊秀隨遂叔肅熟純瞬崇承試是氏
息飾深甚審眼岸案暗壓仰哀若樣揚御憶抑嚴與逆役驛譯域演鉛宴緣
染葉營迎泳映影預藝豫譽誤獄謠搖浴慾辱優郵宇遇憂韻怨源援圓爲
圍衛尉慰威委幼遊乳裕悠唯隱乙應疑醫依儀以忍逸任壬資慈姿昨殘
暫潛雜壯裝帳奬莊張障臟葬掌裁災著適積績蹟寂籍賊錢轉殿專切點
漸占店整程頂亭靜貞廷祭際濟諸提帝除制操條組照存卒從鍾座州奏
宙酒晝周準**卽**智誌之遲織陣盡辰珍秩徵差讚贊慘採彩策妻拓尺戚泉
賤踐薦哲徹廳聽招促觸寸追推築縮充衝趣側測層致置値恥針沈寢稱
打彈歎炭脫貪塔態宅擇澤討痛鬪投派板判篇片編評廢幣包胞捕爆幅
標票豊避賀恨閑含艦抗恒項響虛憲獻險驗革刑惠慧或惑混婚魂紅畫
禍環歡患換還皇荒況懷候揮凶吸熹稀**戲**熙

中學校 읽기 600字 쓰기 500字

· 表 100字 쓰기 指導에서 除外(高等學校로), 국민학교 900字, 中學校 900字로 할 경우 고딕體는 中學校로, 其他는 국민학교

常用漢字(敎育漢字) 1,800字案 表 I(高等學校用 600字)

佳却脚姦渴甘憾剛鋼慨皆蓋坑乾乞儉揭隔犬絹肩遣牽徑庚硬鷄溪
啓桂癸繫姑枯鼓雇顧哭恐貢孔寡貫寬款狂塊傀壞僑矯郊絞膠購龜菊
群掘窟弓券拳圈闕軌叫糾菌謹斤筋琴肯忌欺棋幾旣祈棄企飢諾暖濃
腦惱尿尼溺淡膽畓踏糖垈貸戴渡倒桃挑跳稻陶塗悼篤豚敦銅凍棟屯
鈍騰謄裸洛卵蘭欄爛濫拉掠凉諒曆蓮煉戀憐裂獵零嶺鹿弄籠賴雷了
僚療累淚漏硫倫栗隆陵裏梨隣痲摩膜慢蠻灣忘忙網埋媒魅麥盟盲眠
綿蔑募某帽侮沐蒙夢卯廟苗戊墨尾迷眉蜜泊伴叛返般搬盤拔紡芳傍

杯賠俳伯煩閥汎犯僻碧辨丙竝覆俸縫蜂浮腐賦符膚簿紛墳奔奮弗拂
鼻卑匪賓頻已飼蛇捨邪賜斜詐斯赦唆削朔酸傘殺森揷尙喪償霜祥雙
塞署庶徐誓瑞惜析碩旋禪繕舌纖攝召昭紹燒蔬訴頌誦鎖愁獸帥需囚
搜垂淑旬殉循巡戌述拾濕襲乘升僧侍屍殖辛伸愼腎尋我牙雅亞阿餓
岳握顔巖押央額液躍楊壤孃讓輿易疫沿燃延軟悅閱炎鹽厭銳悟娛烏
汚屋穩擁臥瓦緩腰妖庸熔偶羽愚鬱苑越僞緯違胃柔酉儒幽誘潤融淫
凝宜貳翼寅姻壹賃磁紫刺酌蠶粧丈藏腸栽載宰底抵沮摘跡折窃丁訂
井偵淨征呈齊劑早兆租燥潮彫措釣弔拙縱綜佐坐洲柱朱株珠鑄舟駐
註俊遵准仲曾贈症蒸枝池旨脂振震陳鎭診津塵疾姪窒執輯懲此借錯
餐札刹昌倉蒼菜債冊斥隻淺遷撤尖添妾諜晴替滯逮遞超抄秒哨礎焦
燭催抽醜趨丑畜逐蹴軸衷吹就醉臭齒稚漆浸妥濁卓託誕奪湯泰胎吐
透罷販版貝覇偏遍坪幣肺抱怖浦鋪抛漂皮彼疲被畢何荷鶴虐汗旱翰
割咸陷亥該核亨玄顯縣懸穴嫌脅峽型衡戶虎互胡豪濠浩酷昏忽洪弘
鴻靴穫擴丸幻滑廻灰悔獲劃橫厚侯勳胸

高等學校 읽기 600字 쓰기 800字

국민학교에서 100字, 中學校에서 100字

常用漢字(敎育漢字) 1,800字案 表 Ⅱ (국민학교用 900字)

家加可歌街假價各覺角間干看簡感監江强降講康開個改客去巨擧
建件健格激擊見結決缺潔京景敬競慶經輕境計界季繼係古故苦固告
高考孤曲谷穀困骨工功空共公攻果科過課官關觀光廣交校敎橋口區
九究求救球具舊句國軍郡權卷勸貴規均極劇近根勤金今急給級己記
期氣技基旗機器起吉難南男納內女年念努怒農能多單短端斷達談擔
答當堂黨大代對待隊帶德度道圖島到都逃導讀徒盜獨毒督同洞東冬
動童豆頭斗得等登燈羅落樂亂覽來冷量略量良兩糧旅麗慮力歷連練
列烈令領例禮路老勞綠錄論料流類柳留六陸律里理利林臨立馬萬滿
末亡望買賣每妹脈面免勉滅明命名鳴母模木目牧妙無武務門問聞文
物未味米美民微民敏密拍朴搏半反班發髮方防放房妨拜配背白百番
罰伐法壁變邊別兵病保報步普寶服福復伏本奉父部富婦否夫附負副
扶北分憤粉不佛非悲比備飛碑費秘批貧氷士社史使射謝四事思師死

舍沙紗寺査寫辭山産算三上常賞相想商傷色生西書序石夕席先線選
善船鮮仙說雪成城誠性姓星聖聲盛省世稅歲細勢洗小少笑所消素蘇
掃速俗續束屬孫松送水手數受授收守樹修首宿叔肅順純術崇習勝承
示視時市始施試是植食式識息新申神身信臣實室失心甚十兒惡安眼
案壓愛野夜藥弱約羊洋陽養樣魚漁語億言嚴業餘如與逆域然研煙演
鉛緣熱染葉榮永英營迎映豫藝五午誤玉溫完王往外要曜謠用容勇右
雨友牛優郵遇雲運雄原願園遠元員院怨源援圓月位危偉爲圍衛慰威
委由油有遺維乳育肉恩銀音陰飮邑應衣義議意疑醫依儀二異耳移以
益人認因印引仁一日任壬入子字自者姉資姿作昨雜長將場章壯裝張
障才材財在再爭低貯敵的赤適積賊典前田全展戰電傳錢專絶節切點
占店接正政情精定庭停整程靜弟第題製祭際濟提帝除制助祖朝造鳥
調條組足族尊存卒種終宗從鍾左座罪主注住走週州周竹準中重衆證
增支地紙至知指志止持智直職織進眞陣盡辰珍質集次車着讚察參唱
窓創採責處天千川泉鐵靑請淸廳體草初招村寸總銃最秋推祝蓄築縮
春出忠蟲充取趣測層治致置則親七侵針爆表快他彈歎炭脫探太態擇
土討通痛統退鬪特波破派板判八敗便篇片平評閉砲布包胞暴寢稱標
票品風豊避必筆下夏河學限寒漢韓恨閑合港航抗海害解行幸向香鄕
許虛憲險驗革現賢血協兄形惠號好呼湖護或混婚紅化花貨火話和畫
華確歡患活黃況回會孝効後訓休揮凶黑吸興希

국민학교 900字

常用漢字(教育漢字) 1,800字案 表 Ⅱ (中學校用 900字)

架暇佳刻閣脚却肝幹懇姦渴甘憾敢減鑑甲綱剛鋼介槪蓋慨皆更坑
居拒距據乾傑乞檢劍儉揭隔堅犬絹肩遣牽兼謙驚鏡耕傾徑庚硬械系
階戒契鷄溪啓桂癸繫庫稿姑枯鼓雇顧哭供恭恐貢孔誇寡館慣管冠貫
寬款鑛狂怪塊傀壞較巧僑矯郊絞膠久拘購歐驅龜局菊君群屈掘窟宮
窮弓券拳圈闕軌鬼歸叫糾菌克謹斤筋禁錦琴及肯奇騎汽紀起寄忌欺
棋幾旣祈棄企飢緊諾暖耐寧奴濃腦惱尿尼溺茶團段斷丹壇檀談膽畓
踏唐糖臺垈貸戴刀途渡倒桃挑跳稻陶塗悼篤豚敦突銅凍棟屯鈍騰謄
裸洛絡卵蘭欄濫拉朗浪郞掠冷涼諒勵曆聯鍊蓮煉戀憐劣裂廉獵靈零

嶺露爐鹿弄籠賴雷了僚療龍樓累淚漏硫輪倫率栗隆陵離履李吏裏梨
隣魔痲摩幕莫漠膜晩漫慢蠻灣妄忘忙網梅埋媒魅麥猛盟盲眠綿蔑毛
慕謀貌募某帽侮沐蒙夢墓卯廟苗貿戊默墨勿尾迷眉蜜迫薄泊飯伴叛
返般搬盤扳訪邦紡芳傍排倍培輩杯賠俳伯飜繁煩閥凡範汎犯僻碧辯
辨丙竝補複腹覆峯逢俸封俸縫蜂付府浮腐賦符膚簿紛墳奔奮弗拂肥
鼻卑匪賓頻飼似仕私司已飼蛇捨邪賜斜詐斯赦唆削朔散酸傘殺森揷
象像床狀詳尙喪償霜祥雙塞索署庶徐誓瑞釋惜析碩宣旋禪繕舌纖涉
攝訴疎騷召紹燒蔬損訟頌誦刷鎖衰壽輸殊秀隨遂獸帥需囚搜垂熟淑
瞬旬殉循巡戌述拾濕襲乘升昇僧侍屍氏飾殖辛伸愼腎深尋我牙雅亞
阿餓岳握岸顔暗巖仰央哀額液若躍揚楊壤孃讓御憶抑與役驛譯易疫
宴沿然延軟悅閱炎鹽厭泳影預譽銳悟娛烏汚獄屋穩擁臥瓦緩搖腰妖
浴慾辱庸熔宇憂偶羽愚韻鬱苑越尉僞緯違胃幼遊裕悠唯柔酉儒幽誘
潤融隱乙淫凝宜貳翼寅姻逸壹賃慈磁紫刺酌殘暫潛蠶莊臟葬掌粧丈
藏腸裁災栽載宰著底抵沮蹟寂籍摘跡折竊漸頂亭貞廷丁訂井偵淨征
呈諸齊劑操早兆租燥潮彫措釣弔拙縱綜佐坐奏宙酒晝洲柱朱株珠鑄
舟駐註俊遵准仲卽曾贈症蒸之遲枝池旨脂振震陳鎭診津塵秩疾姪窒
執輯徵懲此借錯贊餐札刹慘昌倉蒼菜債彩策冊妻拓尺戚斥隻賤踐薦
淺遷哲撤撤尖添妾諜聽晴替滯逮遞超抄秒哨礎焦促燭燭催追抽醜趨
丑畜逐蹴軸衝衷吹就醉臭側値恥齒稚漆沈浸妥濁卓託誕奪貪塔湯泰
胎宅澤吐投透罷販版貝覇編偏遍坪廢弊幣蔽肺捕抱怖浦鋪抛幅漂皮
彼疲被畢賀何荷鶴虐汗旱翰割含艦咸陷恒項亥該核響亨獻玄顯縣懸
穴嫌脅峽刑型衡慧戶虎互胡豪濠浩惑酷魂昏忽洪弘鴻禍靴穫擴環換
還丸幻滑皇荒懷廻灰悔獲劃橫厚侯勳休胸熹稀戱熙

中學校 900字

固有名詞用 漢字選定

1. 姓名用漢字는 韓國姓氏大觀과 서울 특별시 電話番號簿에서 추린 것 중 2, 3個 新聞社 以上이 採擇한 字

2. 地名은 都市郡名과 頻用되는 地名字와 外國名中 頻用되는 것으로 2, 3個 新聞社 以上이 採擇한 字

伽迦珏杆葛姜价杰儆炅璟郭槐邱圭奎珪揆競嶺麒畿岐耆湍悳燾惇杜萊樑驪呂漣玲醴魯盧劉栗麟孟冕沔謨穆汶彌閔玟珉潘裵筏卞昞炳昺柄秉甫輔馥蓬鳳釜鵬彬泗朔庠舒瑞錫奭晳璿薛卨燮晟宋洙銖淳舜湜軾鴨埃倻襄彦淵衍姸燁盈瑛吳墺鈺沃甕莞堯耀溶瑢鎔鏞祐禹昱煜旭郁蔚媛瑗魏兪踰尹允胤殷伊翊滋蔣楨晶禎旌鼎鄭蹄祚趙曺珠濬埈秦晉燦璨瓚彰昶敞蔡埰陟喆澈楚崔鐸灘兌台坡葡杓泌弼陜赫爀峴鉉炫馨瀅瑩炯昊鎬皓壕煥桓晃熏薰徽烋欽禧姬熹嬉羲

以上 195字

略字案

価仮昄覚監鑑挙抛堅遣兼謙輕經徑卿繼過觀關館廣鑛舊區驅鷗龜國菊權勸歸菌飢緊單斷團担當黨荅(台)道圖逃途獨仝隊燈羅落亂蘭覽藍濫來粮聯戀蓮廉岺禮勞爐龍臨万蠻夢蒙迷飯發拝變辺逢仏拂師絲辭状雙积禪聲屬帥肅巡濕僧飾實亞餓惡案雁岩壓若藥严餘与輿譯驛鹽榮營譽　藝遙遇運圓遠爲圍違僞遺飮應醫貳益壹逸殘蠶將壯莊裝奬適傳戰錢点齊濟劑條卽曽增證憎贈質贊讚參慘處淺賤鐵廳体草蓄蟲層齒通退透遍飽豊荷學解獻賢號護花擴歡會后輿熙

以上 197字(傍點한 것은 活字사정으로 省略함)

〈『語文研究』 제17호, 韓國語文教育研究會, 1977.〉

韓·中·日 共通常用漢字選定案 研究

序

筆者는 1991년 11월 15일~16일 兩日에 거쳐 제1회「漢字文化圈內의 漢字生活問題國際討論會」(서울 롯데호텔)에서 「漢字文化圈內의 常用漢字와 略字問題」, 1994년 9월 28일~29일 제2회 仝 國際討論會(서울 플라자 호텔)에서 「韓·中·日 略(簡)字의 접근을 위한 研究」라는 題下에 主題發表를 한 일이 있다.

本 研究는 그 續論이라 할 수 있다. 韓·中·日 共通常用漢字選定案 研究라는 이 論題는 1·2회 大會를 主管해 온 社團法人 亞細亞交流協會 鄭秉學 박사(前 國際漢字振興協議會長)와 協議하여 정한 것이다.

本論

1.韓國·日本에서의 漢字는 國字요(國字의 하나요), 韓·中·日에서의 漢字는 共通文字다.

漢字는 韓·中·日 文化의 基礎가 되는 文字인 동시에 이상 三國은 특별한 노력이 없이도 共通漢字의 字意로써 서로 意思를 통할 수 있는 편리한 文字다. 이상 韓·中·日 三國에 주어진 與件을 큰 資産으로 삼아 그 活用度를 높이도록 해야 할 것이다.

특히 漢字文化圈이 經濟的으로 浮上하는 東北亞地域圈의 核인 사실에 비추어 文字資源化의 필요성은 漸增하고 있다. 未來 指向的思考가 共通常用漢字의 선정에 必要한 理由도 여기에 있다고 생각한다.

필자는「日本의 漢字問題」라는 一文을 쓴 일이 있는데[206]그 글에서 日本의 國語國字에 관한 각 學者의 見解를 소개한 바 있다. 上田萬年, 保科孝一, 山田孝雄, 新村出, 安藤正次, 金田一京助, 倉石武四郎, 諸橋轍次 등 諸氏의 見解가 그것이다.

그 중에서 大漢和辭典으로 有名한 諸橋轍次박사[207]의 『漢字漢語談義』(1961. 10 東京 大修館書店 발행)에서 얼마를 추려 적는다.

○ 日本人 최초의 文字가 漢字이므로 나는 역시「漢字는 國字다」라고 본다.

○ 漢字는 廢止할 것도 아니며 廢止될 것도 아니다.

○ 小中學에서 가르치는 漢字는 대체로 2千字 정도면 좋다고 생각한다. 社會一般 즉 官私文書, 新聞雜誌用 文字는 반드시 小中學에서 가르친 것을 쓴다. 그러나 반드시 그 범위에 국한할 것은 없다. 地方的으로도 職業的으로도 階級的으로도 어떤 필요한 文字는 다르기 때문이다. 自由로 맡겨도 특수한 경우를 除하면 3,000字 以上 되는 일은 없다.

○ 略字는 許容文字로서 가르친다.

○ 表意文字와 表音文字에는 각각 長點이 있다. 귀로 들을 경우에는 表音文字 쪽이 좋지만 눈으로 볼 경우에는 表意文字 쪽이 좋다.

---

206) 徐廷範博士「華甲紀念論文集」(1986. 9. 集文堂刊) pp. 13-37.

207) 1883-1982. 東京高師卒 東京文理大名譽敎授「儒學の目的と宋儒の活動」,「儒敎講話」,「經史論考」,「論語の講義」,「老子の講義」「大漢和辭典」.

○ 漢字는 일단 記憶해 버리면 時間的으로도 空間的으로도 보기 쉽다는 點등 여러 長點이 있다. 漢字는 하나하나에 意味가 있으니까 써 익히면 一種의 '멋'(韻致)도 있어 무한한 快感을 느끼게도 되는 것이다. 漢字全廢할 경우 中國이나 日本에서 '數千年에 걸친 蓄積'된 文獻 즉 祖上이 쌓아온 귀중한 文化財가 모두 休紙가 될 것이 아닌가.

○ 魯迅이 漢字가 亡하지 않으면 中國이 亡한다고 하고 '漢字의 運命'(필자 注 倉石武四郞)을 論하는 사람이 있다. 魯迅같은 憂國詩人의 말은 일단 尊重한다. 그러나 그럴듯한 表現이 그것이 事實이라고 할 수는 없다. 逆으로 말하면 漢字는 中國사람이 世界에 남긴 훌륭한 文化財다. 漢字가 存在하는 限 中國은 亡하지 않는다.

○ 國字나 國語는 民族의 永遠한 重大問題다. 그 중대 문제를 어느 時代의 어느 特定의 政府 特定의 사람들이 規制하려고 생각하는 것은 망령된 생각이라고 생각한다. 더 謙虛하게 그리고 愼重하게 생각하지 않으면 돌이킬 수 없는 失敗를 自招하게 되는 것이다.

"漢字는 亡하지 않으면 中國이 亡한다"하고 '漢字의 運命'을 論함에 대해 그렇지 않다는 正論을 편 點에 全的으로 同意한다.

한편 필자는 「韓國에 있어서의 漢字문제에 대한 硏究」 라는 論文을 쓴 일이 있는데[208] 그 論文 二. 한글 專用論과 國漢混用論[209]에서 專用·混用 兩論을 소개한 바 있다. 이에서는 한글專用論者 중 그 元祖라고 할 수 있는 周時經과 그 뒤를 이은 金枓奉·李克魯·崔鉉培·金允經·鄭寅承·鄭寅燮·金善琪 제씨와 현 한글학회 會長 許雄씨의 所論은 접어두기로 하고 한글專用을 反對하고 國漢混用을 주장해온 玄相允·趙潤濟·李熙昇·金庠基·李崇寧·李相殷·劉鳳榮·吳之湖·柳正基 등 제씨의 所論중 李熙昇박사[210]의 所

208) 『연구보고서』 제1집(국어연구소 1987) pp. 5~320.
209) 上 論文 pp. 11-54.

論 一部를 소개하기로 한다.

> 言語와 文字는 歷史的 所産이기 때문에 그 傳統을 尊重하지 않을 수 없고, 또 社會的 成果이기 때문에 社會의 實情과 大衆을 無視할 수가 없다. 그뿐 아니라 民族文化의 向上은 隣接民族의 文化와의 交流로 인하여 促進되는 것이므로, 우리 四圍에 있는 民族의 言語·文字生活과 步調를 맞추지 않을 수 없다. 以上의 與件을 無視하거나 拒否할 境遇에는 우리 文化는 停滯·萎縮하게 될 것이요, 隣接文化와 沒交涉 狀態에 빠지게 되어, 끝끝내는 文化的 孤兒를 免하지 못하게 될 것이다.

또한 李相殷박사[211]는 한글專用敎育의 七大弊害와 그 是正策에서 한글專用의 語文敎育은 1. 國民의 知性低下, 2. 敎育의 效果 減退, 3. 國語의 混亂惹起, 4. 現實適應能力 不備, 5. 學術의 發展 沮害. 6. 文化傳統 抹殺, 7. 國際間의 孤立 自招의 七大弊害가 있다고 지적하고 그 是正策은 모든 敎科書를 국민학교(현 初等學校)부터 國漢混用으로 改編해야 된다고 주장했다. 正論이다. 필자는 著書나 論文, 論說[212]을 통해, 漢字는 時空을 超越한

---

210) 韓國語文敎育硏究會誌『語文硏究』創刊辭에서 1973. 9.
李熙昇 : 1986.-1989. 京城帝大 朝鮮語文學科 卒, 國語學者, 1942~45년 朝鮮語學會事件으로 囹圄生活. 서울大 名譽敎授·學術院 會員·韓國語文敎育硏究會 初代會長(1969.7~1988.3), 著書로는 『國文學硏究抄』, 『國語學論考』, 『한글맞춤법통일안강의』, 『國語學槪論』, 『국어대사전』 등.

211) 위 『語文硏究』 創刊號 pp. 27~29.
李相殷: 1905~1976 高大敎授, 哲學者. 學術院 會員·1969-1976 韓國語文敎育硏究會 副會長으로 한글專用의 反對運動에 獻身. 著書로는 『現代와 東洋思想』, 『退溪의 生涯와 思想』, 『儒學과 東洋文化』 등.

212) 著書:1970年 『現代國語國字의 諸問題』(菊版 322面, 改訂版 1973년, 一潮閣). 1982年 『國語國字論集』(菊版 370面, 一潮閣).
論文: 1987年 『韓國에 있어서의 漢字문제에 관한 硏究』(4·6倍版, pp. 5-320. 국어연구소).
論說: 1962年 "한글專用에 앞서야 할 일"(新思潮).
이밖에도 語文硏究·語文會報를 비롯하여 月刊 朝鮮, 朝鮮日報 등 誌·紙에 발표 論說 多數.

表意文字로서 優秀한 表音文字인 한글과 함께 國字다. 그 視覺性, 造語力·縮約力 등 한글에 比해 越等하며 簡潔正確한 漢字語를 배척할 理由가 없고, 앞으로도 永遠히 主要한 造語源이 漢字임을 認識할 필요가 있다고 주장해 왔다.

1995년 11월 15일『語文會報』15호에『한글과 漢字는 두 날개다』라는 一文을 쓴 바 있다. 그 一部를 소개하면 다음과 같다.

> …(前略)… 내 글자 「한글」을 사랑하는 나머지 한글에 지나친 짐을 지워준 것이다. 文字政策에 愛國이라는 感傷的인 정서를 섞어 국민을 誤導해 온 것이다.
>
> 漢字를 中國 글자 정도로, 漢字語를 中國語 정도로 생각하는 그릇된 論理가 너무 판을 친 것이다.
>
> 「漢字·漢字語」의 굴레에서 벗어나자는 생각은 一理가 없는 것은 아니다. 과거 너무 漢字나 漢字語에 依存(?)하는 추세에 있어 온 것이 사실이다.
>
> 한글愛用(한글專用이 아님)의 정신은 좋고 되도록 순우리말을 많이 開發해서 外國語·外來語의 남용을 삼가고 같은 값이면 다홍치마[同價紅裳]로 漢字말을 덜 쓰는 努力은 해봄직하다.
>
> 근원적으로 文化民族의 矜持 국어 사랑의 精神이 긴요한 것이다.
>
> 그러나 걱정할 일은 지나친 國粹主義的인 思考方式인대 이는 금물이다. 近來에 와서 漢字의 創始에 東夷族이 主役이었다는 設이 유력하게 擧論되고 있고 그러리라는 心證을 굳혀가고 있다. 실상 漢字는 外國글자 아닌 國字다.
>
> 漢字를 利用한 鄕札·吏讀·口訣 등 오랜 세월 不完全하게나마 우리말을 적어 온 글자요, 한글이 없었던 時節에 너무도 많은 漢字語들이 생겨났고, 우리文化가 漢字文化라 해도 좋을 정도로 우리 文化의 蓄積은 漢字로 이루어진 것이다.
>
> 뿐인가. 訓民正音 제정 후 첫 작품인 龍飛御天歌 「海東 六龍이 ᄂᆞᄅᆞ샤 일마다 天福이시니 古聖이 同符ᄒᆞ시니」 와 같은 國漢混用文이요 그 이후로 小說이나 諺簡 등 순한글로 된 것이 없는 것이 아니나, 漢籍이나 國漢混用의 古文獻이 많은 것이 또한 사실이요, 무엇보다도 오늘날 국어의 70%가 漢字말이라는 엄연한 현실, 悠久

한 漢字사용의 역사(三國 이전부터 二千數百年 써옴), 固有한 漢字音, 1920년대의 「조선일보」, 「동아일보」의 두 신문이나 開化期의 모든 교과서도 國漢混用이었고 國産漢字語가 많은 상황 등 어느 모로 보나 漢字를 國字로 보는 것이 타당한 것이다.

漢字語에는 中國産, 韓國産, 日本産이 있는 바 漢字傳來 이래 中世語 近世語까지에는 中國産, 國産 漢字語가 주류를 이루었으나 특히 19세기 후반기에 이르러 日本産 漢字語의 流入으로 文化用語, 學術用語 대부분이 그대로 中國이나 韓國에서도 通用되는 것이다.

學校, 文學, 哲學, 科學, 心理學, 社會學, 代表, 標準, 保險, 保證, 電話, 映畵, 冷藏庫 등이 日産인데 이들은 그대로 한국은 물론이요 中國에서도 쓰이고 있는 것들이다. 다만 그 發音이 다를 뿐이다. 이들을 韓國 漢字音으로 발음하면 韓國語가 되는 것이요, 漢字로 쓰면 韓·中·日이 같은 뜻으로 理解하는 것이다. 그러므로 漢字는 우리말을 적는 國字인 동시에 漢字文化圈에서 통용되는 共通文字인 것이다. 世界化시대, 亞太시대에 中·日語의 基礎도 되는 漢字이기도 하다.

「한글과 漢字는 두 날개다」라는 口號는 眞理다.

이들 國漢(한漢)混用論에 同調해 온 韓國語文教育硏究會를 비롯한 有關團體의 끈질긴 노력은 國內의 漢字回生氣運과 中日의 漢字恢復勢에도 힘입어 初等學校 3학년부터 학교裁量으로나마 600字 정도를 가르치겠다고 하니 進一步이긴 하다.

以上 日·韓 兩國에 있어서도 漢字는 한글이나 カナ文字와 함께 國字로 認識되고 있으며 同時에 韓·中·日 三國의 共通文字도 되는 것이다.

2. 韓·中·日 共通常用漢字選定의 意義

> 21世紀는 漢字威力發揮時代·共通常用漢字教育으로 後孫에게 共益을 주고 東洋倫理 恢復에 도움이 되기를

形便이 다른 三國이 모여서 共通漢字를 選定하려는 뜻은 작게는 漢字文化圈의 文化資產을 共有하고 이를 發展시켜 가기 위한 것이요 크게는 西歐文化와 兩大山脈을 이루는 漢字文化圈을 되살려 人類文化發展에 貢獻해 가기 위함이다.

특히 漢字文化圈의 東洋倫理는 장래 人類文化의 求心点이 돼주어야 한다고 생각한다.

필자는 94. 9 제2회 韓·中·日 國際討論會에서의 主題發表 論文 '끝맺이'에서 다음과 같이 言及한 일이 있다.[213]

> 92년 12월 中國 江澤民 總書記의 指示에서 "海峽兩岸의 漢字는 종전대로 現狀을 維持하고 장래의 討論을 기다린다"라고 하고 書法에 對해서는 藝術創作이므로 繁字體로 쓰건 簡體字로 쓰건 作者의 風格과 習慣에 따라야 할 것이다라고 한 것은 含蓄性있는 指示다.
>
> 韓·中·日 三國이 太平洋時代의 主役들이요, 漢字使用圈은 날로 躍進해갈 조짐이다. 이제 漢字 落後論은 淸算되어야 하며 物質文明에 짓눌렸던 東洋三國은 찬란했던 東洋文化의 繼承發展에 協調하여야 한다.
>
> 正體字(繁體字) 사용운동은 擴散되어 漢字文化圈의 同質性 회복을 위해 正字로의 回復運動(漢字復權운동)이 展開되었으면 한다. 이제 中國政府 韓·中·日 三國의 共用常用漢字 選定의 필요성에 共感하는 실정이라 한다.
>
> 컴퓨터 時代에 그 存在價値가 半減된 簡體字, 文盲退治의 一念으로 濫用·濫造되었던 簡體字에 대해 中國大陸에서 反省이 이루어져 同文化圈 相互間의 交流·交易·交信 등 여러 面에서 相互 理解를 增進시키는 契機가 되었으면 한다.

近來에 19世紀는 英·美의 世紀, 20世紀는 美國의 世紀, 21世紀는 亞細亞·太平洋時代의 世紀라고도 하고 漢字威力發揮時代라

---

213) 제2회 漢字文化圈內 生活漢字問題 國際討論會 「韓·中·日의 略(簡)字 접근을 위한 研究」. pp. 11-19중 18-19.

고도 한다. 韓·中·日 등 漢字文化圈이 浮上하는 時代임에 틀림없다.

회고해보면 西歐중심의 科學萬能 物質文明을 배경으로 한 西勢東漸은 로마字 優位論 漢字落後論에 이르렀고 심지어는 日本의 敗戰原因이 漢字라는 등의 論者까지 있을 지경이었다.

특히 第二次大戰後 中國의 共産化, 韓國의 南北分斷, 日本의 敗戰으로 자연 美蘇 兩大勢力이 韓·中·日에 至大한 影響力을 행사했으니 中共北韓이 蘇聯의 영향, 日 南韓이 美國의 影響下에 表音派의 得勢로 나타나 漢字의 退勢와 混亂이 大勢를 이루었다고 하겠다.

뿐만이 아니라 漢字의 退勢는 東洋의 傳統的인 精神文化의 萎縮, 東洋倫理의 墮落을 招來하기에 이르렀다.

그러나 이제 共産主義는 沒落했고 物質文明도 限界에 이른 느낌이다.

中國의 鄧小平 등장이래 孔子는 復權되고 簡體字와 더불어 繁體字의 필요성을 再認識하기에 이르렀으며 90年代의 開放政策과 더불어 漢字文化圈內에서의 情報交換이나 交易의 필요에 따라 空港(上海·北京·天津 등)의 公示板이나 道路 標識板·호텔 등의 看板에 繁體字가 늘어나고 있다. 2千萬部 이상 발행하는 人民日報의 경우도 그중 約 4百萬部가 繁體字 新聞이라 한다. 識繁寫簡의 文字政策도 점차 具體化되어 小學校교육에 導入되기에 이르렀다고 한다.

그런데 96. 7. 2 朝鮮日報에는

中 政府
對香港恢 行使主
倒 时
距1997年 7月 1日
365天
31,536,000秒

라는 天安門廣場에 設置된 中國政府의 香港主權恢復逆算時計는 7월 1일 現在 꼭 1年 남았음을 가리켰다.

中國人民日報는 史不可誣라는 論說을 통해 香港이 1百50年前 西歐列强의 손에 떨어진 것은 中國이 가난하고 落後하였던것이 原因이면 이제 香港이 祖國의 품으로 돌아오는 것은 强力하고 希望에 찬 中國의 산 證據라며 자랑스러워했다는 記事를 실었다.

中國의 回生은 東洋文化·東洋倫理, 바꿔 말하면 精神文化의 回生이며 漢字의 恢復勢를 促進시킬 것임은 분명하다.

韓·中·日 三國의 過去는 漢字와 儒佛의 文化基盤을 바탕으로 하면서 각기 固有의 文化를 形成해 왔다. 一面 恩怨의 歷史도 있었다. 먼 過去는 두고라도 가깝게 日淸戰爭 韓日合邦 太平洋戰爭 등 中日間, 韓日間의 不幸했던 관계가 있으니 이제는 大乘的 次元에서 旧怨을 씻고 정치 경제 문화 등 모든 面에서 善隣的 共榮관계를 鞏固히 함으로써 未來 人類共榮에 寄與할 수 있는 길을 찾도록 서로 努力하여야 한다.

그러기 위해서는 무엇보다도 三國의 語文學者들이 相互 理解와 互讓精神으로 眞摯하고 誠實하게 韓·中·日 共通常用漢字의 選定作業과 그 教育實踐方案 수립에 臨해야 할 것이다.

3. 韓·中·日 三國 漢字使用의 現況

日本國立國語研究所가 행한 「雜誌 90種調査」 및 「新聞調査」에 의한 「現代의 漢字」(1974년)란 小冊子를 보면 "新聞에서는 延字數 約 63萬字에 대해 異字數가 2,879字인데 雜誌에서는 總 28萬字에 대해 異字數가 3,828字다. 新聞과 雜誌에 出現한 漢字의 종류는 合計3,580字요, 兩者共通으로 出現한 漢字는 **2,641字**라 한다." "概略 約 2,000字가 비교적 잘 使用되는 것이라고 해도 좋다"라고 되어 있다.

韓國의 경우 : 漢字併用期(1945∼1964)의 中·高교과서에 나타

난 漢字目錄에는 3,503字가 수록되어 있는데[214] 국어연구소의 漢字語·外來語 使用 實態調査(1970-79年代)(1987 발행)에 의하면 3,332字의 漢字用例가 나오며 80年代(1985 발행)에 의하면 2,889字, 1993년 실태조사에는 **2,526字**가 나타나 있다.[215] 한편, 近來 **中國**에서 小說이나 新聞 등에 쓰이는 漢字의 數를 통계낸 것을 보면 **2,800字**에서 **3,200字**로 되어 있다 한다.[216]

以上으로 漢字文化圈의 核心國인 韓·中·日 三國 중 中國은 漢字專用國이므로 論外로 하고 韓·日 兩國의 70년대 이후의 實用漢字數를 대충 짐작할 수 있다.

한편 현재의 各國常用漢字數는 다음과 같다.

中國의 경우 : 2,000字에서 3,500字(常用 2,500, 次常用 1,000 1987년), 臺灣(中)은 常用漢字(4,808字), 次常用漢字(4,199字) 教育部(1982년)

日本의 경우 : 1,850字(當用漢字)에서 1,945字(常用漢字, 1981년) 別途로 人名用 284字

韓國의 경우 : 1,000字에서 1,300字의 常用漢字를 거쳐 1,800字(漢文教育用 基礎漢字)가 있다.

이와는 別途로 韓國語文教育研究會(<社> 韓國語文會)를 중심으로 有關學術團體가 常用漢字 2,000字案(1990. 11 『語文研究』 68호)과 準常用漢字 1,500字案(1992. 6 『語文研究』 74·75호)를 만들어 발표한 바 있다.

北韓에선 中學課程(韓國 初5~中2)에서 1,500字, 高校課程에서 2,000字, 大學에서 國漢文混用讀本에 의해 3,000字의 漢字교육이 행해지고 있다한다. (「語文教育二題, 語文研究 59·60호, 1988.12)

中國人 居住地域인 中國大陸과 싱가폴은 簡體字, 臺灣과 홍콩은 正體字(繁體字)를 사용한다 하나 漢字使用字數에 큰 差가 잇

---

214) 李應百 調査(『語文研究』 18·19號).

215) 필자 調査.

216) 陳泰夏: 『亞太時代 韓·中·日 東方文字 뿌리』(명문교육 94. 5).

을 것으로는 생각되지 않는다.

결국 韓·中·日 共通常用漢字 選定은 이 三國의 常用漢字를 중심으로 작업을 하여도 無理가 안될 듯하다.

4. 韓·中·日 共通常用 漢字案 選定原則

韓·中·日 현행 常用漢字를 중심으로 하되 韓國의 경우는 韓國語文敎育硏究會(<社> 韓國語文會)가 選定한 常用漢字 2,000字案[217]과 準常用漢字 1,500字案에 따른다.[218]

① 韓(北韓포함)·中(臺灣포함)·日 三國의 常用漢字: 1,632字

② 韓中·韓日·中日兩國의 常用漢字

韓中: 129字

韓日: 136字

(韓國의 準常用漢字中)中日: 99字

364字

以上 1,996字

③ 東洋三國의 固有名詞用 漢字 中에서

韓國의 常用漢字案 2,000字에 別途로 姓名·地名用 漢字 350字가 있고 日本 常用漢字 1,945字外에 人名用 漢字 284字가 있

---

217) 常用漢字 2,000字案이란

1. 文敎部(현 敎育部) 選定漢字 1,800字를 포함.
2. 頻度數나 造語上의 有效性.
3. 同字異義語의 辨別이 어렵거나 한글만의 표기로 難解한 것.
4. 一貫性과 均衡性.
5. 國際性 考慮.

初·中·高 敎育課程과 一般國民의 日常生活에 必要한 漢字.

218) 準 常用漢字 1,500字案이란

1. 固有名詞用 350字 포함.
2. 頻度數와 造語上의 有效性.
3. 國際性 考慮(中·日의 常用漢字와 北韓 3,000字)

大學課程의 敎育과 東洋文化圈內의 國際交流에 필요한 漢字를 考慮하여 選定.

다. 이 兩國의 固有名詞用 漢字와 中國의 姓名[219]·地名用 漢字를 머리에 두어 選定한다.

④ 東洋三國의 典籍을 解讀하는데 必須的인 漢字 中에서

⑤ 위③④外에 造語力·使用頻度·三國共用의 可能性 등을 考慮하여 追加字를 選定한다.

以上 367字

5. 韓·中·日 共通常用漢字 選定

1. 三國의 常用漢字 교육이 各國에서 一次的으로 尊重될 것임은 물론이다.

2. 이 韓·中·日 共通常用漢字 1,996字 중 ① 1,632字는 三國의 常用漢字에 들어 있으므로 문제될 것이 없고, ② 韓中(129字)·韓日(136字)·中日(99字)의 常用漢字는 三國의 共同利益을 위해 各國이 高等學校까지의 教育에서 다루어지기를 바라는 案으로서 提示하는 것이며 ③④⑤의 追加字(367)는 그 뜻과 正體字를 基準으로 自國音을 익히도록 한다.

3. 中國은 來年度부터 小學校에서 繁體字(正字)를 가르친다 하고 日本에선 高等學校에서 正體字를 가르치고 있다. 이제는 컴퓨터가 쓰기를 대신하므로 正體字로의 回歸로써 三國間 漢字共用化의 요청에 부응할 수 있다고 본다.

이미 中國이 56년 以來 익혀오고 써온 簡體字나 日本에서 終戰後부터 써온 略字를 갑자기 버릴 수 있는 것은 아니다. 個人의 嗜好로 簡體字 草書體 略字를 쓰는 것을 막을 길은 없겠으나 異體字의 정리가 시급한 課題이므로 教科書, 公用文書 등이나 컴퓨터에서는 正體字로 돌리는 共同努力이 필요하다고 생각한다. 다만 지나치게 劃數가 많은 漢字, 이미 韓·中·日 通用의 略字

219) 『中國姓氏大全』, 北京出版社 刊, 1987. 7, 第 1版, 1993. 9 4次印刷 참조, 百家姓 考慮.

는 現實化하는 것이 필요하다고 생각한다.

例: 万, 与, 双, 旧, 号, 礼, 虫, 医, 体, 岩, 岳, 宝, 点, 独, 蚕, 献, 辞, 痴,…

다음에 前 4항에서 제시한 ①~④의 選定原則에 기초를 두어 選定한

① 韓·中·日 共通常用 漢字
② 韓中·韓日·中日 共通常用漢字
③ 追加字案

을 보인다.(末尾에)

이 밖에 大學에서는 韓·中·日 共通常用漢字·追加漢字 外에 다른 나라 常用漢字에도 관심을 두어 教育하기로 한다.

끝으로 몇 분의 貴重한 견해를 여기에 紹介하여 參考삼도록 한다.

第2回 21世紀 漢字文化圈內 生活漢字問題 國際討論會(1994. 9. 28~29, 서울 Plaza Hotel)에서 石井 勳博士는 "漢字文化圈 諸國에 있어서의 漢字共通化에 對하여"[220]라는 論題로

"漢字를 使用하는 國家群이 같은 漢字를 같은 뜻으로 使用한다면 아무 問題가 되지 않으나 現實은 長久한 歲月에 결쳐서 各己 다른 漢字의 使用으로 서로 間에 距離가 생겨서 誤解의 原因이 되고 있다.

이것을 解決하기 위해서는 各國이 나름대로 必需로 하는 漢字를 내어 놓고 그 中에서 各國이 共通的으로 必要로 하는 漢字를 摘出해서 이것을 "共通漢字"로 하고, 意義用法이 各國마다 거의 같다고 認定되는 것을 "第一類漢字"로 하고, 各國이 서로 다른 것을 "第二類漢字"로 한다.

다음으로 自國에서는 必要하지 않거나 또는 重要하지 않지만

220) 『語文研究』 84號, pp. 554-555, 서울 韓國語文教育研究會 발행(1994. 12. 31).

他國에서는 必要한 것을 "第三類漢字"로 한다.

그후 各國에서 서로 使用하는 동안에 第三類漢字를 第一類漢字로 옮기거나 또는 可能한 限 줄이든가 해서 共用漢字를 增加해 나가야 한다.

라는 意見을 펴고 漢字는 世界共通文字로서 "에스페란토"以上으로 有效하며 널리 펴질 可能性이 크다고 믿는다"고 하였으며 日本의 必要漢字로서 1981년 制定한 1,945字 등의 常用漢字와 人名用漢字를 提示했다.

中國의 裘錫圭(北京大 교수)는 "漢字文化圈의 漢字異體字에 대한 考察"221)에서

> 同一한 漢字文化圈이라 해도 地域에 따라서 使用하는 漢字의 字形에 상당한 差異點이 보이고 있다. 이 글은 韓國, 中國, 臺灣, 日本 등 네 개 地域에서 현재 사용되고 있는 비교적 標準的인 印刷體 漢字字形을 예로 들어 그 차이점을 考察해 본 것이다….

위의 네 개 지역에서 사용되고 있는 漢字字形의 異同現況은 대략 다음의 다섯가지 境遇로 나눠볼 수 있다.

① 모두 같음. (全同)

② 모두 틀림. (全異)

③ 세 개 地域만 같음. (三他相同)

④ 두 개 地域씩 같음. (四地兩兩相同)

⑤ 두 개 地域만 같음. (兩地相同)

1. 이 네 개 지역의 漢字字形이 모두 같은 경우는 이루 헤아릴 수 없을 정도로 많기 때문에 일일이 列擧할 필요는 없을 것 같다.

2. 네 개 지역에서 쓰이는 漢字字形이 모두 틀리는 경우를 예로 들면 다음과 같다.

---

221) 『語文硏究』 84號, pp. 549-553(서울 語文教育硏究會, 1994. 12.31).

中國	臺灣	韓國	日本
乡	鄕	鄕	郷
县	縣	縣	県

*譯者注 : '縣'자는 대만과 한국에서 같은 字形으로 쓰이고 있는 듯.
*筆者注 : 『常用國字標準字體表』(1982年)에 의하면 '縣'으로 되어 있음.

두 번째 例는 중국이나 일본이나 簡體字를 사용하고 있기 때문인데 字形은 다소 차이가 있다. 臺灣과 韓國의 경우는 여전히 전통적인 字形을 계승하고 있는데 字形에 있어서는 역시 다소 差異를 보이고 있다.

3. 세 개 지역이 같은 경우는 다시 세분하자면 다음과 같이 네 가지 경우로 나눠볼 수 있다.
(1) 「대만 = 한국 = 일본」 ≠ 중국.
(2) 「중국 = 한국 = 일본」 ≠ 대만.
(3) 「중국 = 대만 = 일본」 ≠ 한국.
(4) 「중국 = 대만 = 한국」 ≠ 일본.

"이와 같은 例들은 같은 漢字文化圈이라고는 해도 상호간의 의사소통에 있어서 상당한 장애 요인이 될 것 같다."라고 말하고 "상호간에 障碍要因이 되거나 혹은 誤解의 소지가 있는 漢字의 異體字를 蒐集 整理한 뒤 辭典의 형태로 만들어 놓는다면 漢字文化圈내의 각종 交流-政治, 經濟, 文化 등 各方面에서- 더욱 효과적으로 漢字를 사용할 수 있으리라 생각된다."라고 맺고 있다.

臺灣의 陳新雄博士(臺灣 師範大學 교수)는 "漢字文化圈內의 원

활한 漢字使用을 위한 提案"[222]에서 中國의 文字簡化目標를 소개 比較하고 文字簡化의 缺點으로,

(1) 文字의 簡化는 中國의 古音體系를 紊亂시킨다.
(2) 文字의 簡化는 中國文字의 藝術性을 破壞시킨다.
(3) 海峽兩岸 同胞들이 人情을 나누는 것을 방해한다.
(4) 全世界 中國人들의 一體感을 沮害시킨다.

"中華民族이 수천년 동안이나 하나의 國家로 凝集될 수 있었던 까닭은 統一된 文字와 공통의 歷史, 그리고 孔子의 精神이 있었기 때문이다."(前 臺灣 師範大 魯實先교수)

끝으로 그는 結論에서 臺灣의 敎育部는 正體字의 標準化作業의 一環으로 컴퓨터 業界와의 合作하에 標準字形 開發을 추진하고 있음을 소개하고 "이렇게 된다면 漢字文化圈內에서 日常生活에서 사용하는 漢字는 더욱 쉬워질 것이며 나아가 意思疏通에도 더욱 편리하게 될 것"이라고 展望했다.

"그리고 장차 簡體字를 사용할 것인가 아니면 繁體字를 사용할 것 인가 하는 문제는 각기 特性이나 慣例에 따라 자연스럽게 채택할 것이며 컴퓨터에 채택하여 사용하고 보면 "便利함"에 따라 適者生存의 원칙에 따라 저절로 淘汰되게 될 것"이라는 希望的 見解를 보이고 있다.

韓國의 陳泰夏博士(明知大 교수)는 "漢字의 淵源과 東方文字로서의 活用方案"[223]에서

이제 漢字는 결코 中國만의 文字가 아니라, 東方의 共通文字이며, 世界化性을 가진 東方文字이다.

最近에 이르러 科學文明의 發達로 機械를 통한 文字의 傳達은 韓·中·日에서 使用하는 漢字의 字形을 統一함으로써 相互間에 便利를 圖謀할 수 있게 되었다.

---

222) 仝上, pp. 556-564.
223)『語文硏究』85號, pp. 32-37, 서울 語文敎育硏究會 발행(1995. 3. 30).

그러므로 漢字를 통한 三國의 結束과 東勢西漸의 時代를 열기 위해서도 각기 自國만의 與件에 執着할 것이 아니라, 三國의 共通便益을 꾀하여 果敢한 改革과 적극적인 協助가 必要하다고 생각된다.

漢字의 三要素 中에 子音은 이미 韓·中·日 三國이 各己 通用音을 가지고 있기 때문에, 지금에 와서 그 統一을 기한다는 것은 不可能하지만, 字形과 字義만 統一한다면 漢字는 視覺性의 文字이기 때문에 三國이 通用하는데 별 지장이 없을 것이다.

字義의 차이는 各國의 言語與件에 의하여 다소 발생하고 있으나, 根本的인 차이는 없기 때문에 별문제가 되지 않는다.

제일 問題가 되는 것은 字形의 異質化이다. 특히 一九五六年부터 中國에서 實施한 漢字簡化 政策은 漢字의 特性인 表意性을 무시하고, 字劃을 지나치게 簡化하고, 同音異字를 通用하도록 한 것은, 字劃의 便利를 圖謀한 것이 아니라, 文字生活의 混亂을 招來하였음은 否定할 수 없는 사실이다.

(1) 字劃을 무리하게 簡化한 例 : 瞭 → 了

(2) 固有의 人名까지 通音한 例 : 莊子 → 庄子

(3) 固有의 地名까지 通音한 例 : 瀋陽 → 沈阳

(4) 字義의 混亂을 招來한 例 : 師範 → 范

(5) 入聲字音을 混亂시킨 例 : 憶 → 忆

이러한 簡字化들은 韓國이나 日本에서는 절대로 許容될 수 없다. 만일 이러한 簡字化가 팩시(傳眞)나 컴퓨터(電腦)를 통하여 韓國이나 日本에 流入된다면, 거의 解讀될 수 없겠으나, 앞으로 지속적으로 流入될 때 점차적으로 通用되는 결과도 豫測할 수 있다. 이 때 中國의 簡化字가 끼치는 韓·日 文字 生活의 混亂은 莫大할 것이다.

본래 로마字化를 目標로 실시한 漢字簡化政策을 中國에서 早速히 是正하지 않고 계속 고집하여 쓴다면, 中國 자체의 不便은 물론, 三國間의 便利한 文字 生活의 疏通은 절대로 도모할 수 없을 것이다.

앞으로 三國이 共히 多樣한 字形의 異體字를 하나로 統一하고, 지나치게 繁雜한 字形을 簡略히 統一하고, 印刷體와 書寫體의 標準字形을 統一하는 것 등을 우선적으로 協議하여, 「東方文字」로서 活用의 科學化를 摸索하는 일은 매우 必要하고도 時急한 問題라고 생각된다라는 意見을 披瀝하였다.

以上 諸學者의 意見은 示唆하는 바가 매우 크다고 생각한다.

① 韓·中·日 共通常用漢字(1,632字)
韓國 字母順

家加假可佳歌價街架各角刻覺脚閣却間簡干看肝懇刊奸渴感減監甘
鑑敢甲强講江降剛康綱鋼開改介個概皆慨客更坑巨居車擧去拒據距
建健件傑檢劍儉揭格擊激隔見犬堅肩遣絹結決缺潔兼謙經輕警京敬
景傾驚競耕硬境慶鏡徑繼季階界系械溪戒計啓鷄桂高古苦孤稿告考
固鼓故顧庫枯曲穀谷困骨公空共工功攻供孔貢恭恐過科果課誇官觀
管關冠寬貫館慣款廣光鑛狂掛怪塊壞敎交校巧橋郊較絞口舊九具救
句求球構驅久拘究區丘歐購龜國局菊軍群君屈掘窮宮弓權勸卷券圈
拳軌歸歸貴鬼規叫糾均菌極劇克近根勤謹斤筋金禁今琴錦急給級及
肯氣奇機記起期基寄紀器旗騎技棄欺幾己忌企飢汽棋緊吉那難暖乃
南男納娘內耐女年念寧奴怒努農濃腦惱尿能泥尼多茶單斷短端團丹
檀壇段但鍛達淡談擔膽答踏當唐黨堂糖大代對臺帶待貸隊德道都刀
圖徒度倒陶導桃逃到盜島渡跳途稻挑塗悼獨毒讀督突同東動冬銅童
洞凍棟頭斗豆屯得等登燈騰羅落樂絡亂卵欄蘭濫覽藍郎朗廊浪來冷
略兩良量凉糧旅麗慮勵力歷曆連練戀蓮列烈劣裂廉獵靈令領零嶺禮
例老勞路露爐綠錄鹿論雷賴料了僚療遼龍漏累樓淚流類留柳六陸輪
倫律率栗隆陵理利離里裏李梨隣臨林立馬痲磨摩魔幕漠膜萬滿晩蠻
漫慢灣末望亡妄忘忙網賣每梅買埋妹麥脈猛盲盟面免綿勉眠滅名明
命鳴毛母謀模暮某慕矛帽侮木目牧沒夢妙苗墓茂武務無貿舞霧默文
門問聞物未美微米味尾迷眉民敏密薄博迫朴泊半反盤班飯返般伴搬

發拔方放防房芳傍訪倣妨紡配背拜倍杯培輩排賠白百伯魄煩番繁飜
伐罰閥犯凡範法壁碧邊變辯辨別兵病丙併竝保補寶步報普譜複服伏
復福腹覆本封奉峰縫鳳浮副附父富部夫婦否付腐負扶符府膚赴北分
粉紛奔奮憤墳不佛朋非飛秘比備悲鼻肥費批碑貧賓氷四私死事社司
師史辭使寫邪思射士斜査詞絲蛇謝舍寺似沙削山散産算酸傘殺三森
揷上相商常傷象霜桑賞詳狀想像償祥床箱喪尙雙色索生書西署序緖
敍徐誓瑞石席釋夕惜析先船善仙宣選線鮮旋雪說設舌纖涉攝聖成聲
性星盛城誠省姓世細歲稅勢洗小所素消少疏燒訴笑召掃紹俗屬速續
束損孫松送頌鎖刷衰水數手受首守收隨樹壽愁輸殊獸秀授需睡帥垂
搜修須宿熟肅叔純順巡循脣旬盾舜術述崇習濕襲拾乘承勝昇升時詩
試侍視市施始示是氏食植式息識飾殖新神信身臣申辛愼伸晨實失室
心深審尋甚十亞雅兒我餓芽阿惡握安眼案顔岸暗巖壓押仰央愛哀額
液野夜也藥弱約若躍洋養陽羊揚讓樣壤楊御魚語漁億憶言嚴業餘如
與逆易役譯疫域亦延煙軟演緣鉛宴沿硏然燃淵熱悅閱鹽染炎葉營永
英榮迎影映泳詠藝銳譽預五誤午汚悟娛玉屋獄溫穩翁擁完緩王往外
要搖腰謠遙堯浴辱欲用容庸勇優牛雨愚右憂友郵羽偶遇宇又運雲韻
雄原遠元圓員願園院援源月越委位危衛僞爲違威胃慰偉圍有遺遊油
乳柔幼誘唯由悠猶維裕儒肉育潤融銀隱恩殷乙陰音飮應凝義意衣議
儀醫依疑宜二異移耳以益翼人引仁因認忍印姻刃一日任入自子紫資
字刺者姿慈磁作昨殘潛蠶暫雜長將掌藏章場葬腸裝帳壯丈莊奬臟障
張再才在裁材災載栽宰爭著低底抵赤積敵適賊的籍摘滴笛跡績前全
戰傳典轉專田電錢展殿絶節切折竊點占漸店接正定精情政停丁淨靜
整貞程征庭井頂亭訂呈偵艇第諸製制除帝齊濟提題弟際堤朝調造早
照助祖鳥弔操租潮條組兆燥彫釣族足存宗終種從縱左座罪主酒周朱
注走州住晝舟柱株宙奏珠鑄駐洲竹準俊遵中重衆卽增證蒸贈症地至
知紙支指持志止遲枝誌池脂旨只直職織眞進鎭陳珍振陣盡震津診質
疾秩執集徵懲差借次且遮着錯贊察參慘創倉唱窓蒼昌暢採彩菜債冊
策責處妻尺斥千天川泉淺薦遷踐哲撤徹鐵添淸靑請聽晴廳體替遞逮
初草超招抄秒焦礎促觸寸村總聰最催秋追推醜抽祝縮逐築畜蓄春出
忠充蟲衝取醉就吹趣臭炊側測層治齒致置恥値則親七漆沈侵浸針稱

快他打妥濁彈炭歎誕脫奪探塔湯太泰態怠宅澤擇土吐討通統痛退投透特破波罷派把判板版販八貝敗覇便片編偏遍平評廢閉弊肺布包捕胞飽怖暴爆幅表標漂票品風豊被皮避彼疲筆必匹下夏河何荷賀學寒漢閑限韓汗恨割含陷艦合航恒港項海解害該核行幸鄕香向享響虛許獻憲險驗革現懸顯賢絃(弦)縣血穴嫌協脅峽形刑兄衡型惠慧豪護戶呼號互湖好胡虎浩惑酷混婚魂紅洪花火畵和華化貨禍話確擴穫還換環歡患丸幻活滑黃荒皇況會回懷灰悔獲橫孝曉效後厚候訓揮輝休携凶胸黑吸興喜戱希稀

② 韓中·韓日·中日 共通常用漢字(364字)
韓國 字母順

韓中 共通常用漢字(129字)

姦蓋乞牽頃竟繫姑哭瓜愧僑膠狗俱懼僅禽其豈旦載爛拉掠諒梁輛聯憐煉弄籠屢莫茫蔑貌蒙廟勿蜜叛汎栢僻卜逢蜂匪嘗裳塞蘇蔬誦誰雖屍腎牙雁殃碍予余燕厭烏傲嗚臥瓦歪畏妖傭熔于尤云怨愈已而墻鐘坐曾智之辰塵姪此捉讚餐慙斬戚賤尖哨燭趨枕托貪兎播篇蔽抛畢旱咸巷豪毫乎或昏忽禾廻劃喉毁

韓日 共通常用漢字(136字)

暇幹憾乾憩契係雇寡菓郭矯郡旣祈諾篤豚鈍膽裸錬硫吏履媒魅枚銘募墨舶髮邦俳俸賦簿敷拂崩卑妃頻賜詐仕捨赦飼唆澁庶署昔禪繕昭騷訟囚遂淑殉瞬僧矢紬岳謁涯厄抑驛豫曜緯尉幽吟泣貳逸壹賃姙雌姉諮爵酌粧貯寂廷祭措尊卒拙佐週仲憎窒札彰拓滯締肖銃軸衷稚寢墮濯卓託胎鬪坪幣抱浦砲虐抗軒玄螢靴侯勳姬

中日 共通常用漢字(99字)

嫁稼殼墾喝堪繭莖屆昆控罐括拐溝肌袋鈴齡隷虜壘厘(釐)粒抹冒耗描

猫畝紋蚊撲坊陪帆柄瓶僕棒剖噴盆棚沸濱卸牲逝扇塑宵醉酬繩薪迅櫻釀吳奧頑窯愉剩滋煮勻匠粘晶粗槽遭阻汁芝擦脹疊囑錘痴惰搭筒台婆膨泡披乏嚇狹喚慌繪朽犧

①② 韓·中·日 標準字體(1996字)

[一] 一丁七三下丈上不丙世且丘並
[丨] 中
[丶] 丸凡舟主
[丿] 乃久之(中)乏(中·日)乎(中)乘
[乙] 乙九也乞(中)乳乾(日)亂
[亅] 了予(中)事
[二] 二于(中)云(中)井互五亞
[亠] 亡交亦享京亭
[人] 人仁今介以付仕(日)他代令仙伐休伏仲(日)件任仰企位住伴佛何佐(日)伸似但作伯低余(中)依侍佳使供例來併信侵侯(日)便保促俊俗侮係(日)倍倣俸(日)值借倒俱(中)個候俳(日)修倫倉僞停假偉健偶偵側偏傍備傑傘傭(中)債傲(中)傳僅(中)傾催傷僧(日)僚僕(中·日)像僑(中)億儀僻(中)價儉儒優償
[儿] 元充兄光兆先克免兎(中)兒
[入] 入內全兩八六公共兵具其(中)典兼
[冂] 冊再冒(中·日)最
[冖] 冠
[冫] 冬冰冷凍凝
[几]
[凵] 凶出
[刀] 刀刃分切刊列刑別判利初刻券刷刺到制創前則剖(中·日)剛副割
創剩(中·日)劃(中)劇劍
[力] 力加功劣助努勇勉務動勞勝勳(勛)(日)募(日)勤勢勵勸
[勹] 勻(中·日)勿(中)包

[匕] 化北

[匚] 匠(中·日)匪(中)

[匸] 匹區

[十] 十千午升半卒(日)協卓(日)卑(日)南博

[卜] 卜(中)占

[卩] 印危卽卵卷卸(中·日)卻

[厂] 厄(日)厚原厭(中)

[厶] 去參

[又] 又友及反取叔受叛(中)

[口] 口可古右召司叫只史台(中·日)句吉吏(日)同吐各向名合否吳(中·日)呈君告吹吸含吟(日)味呼和周命哀咸(中)品哨(中)唐哲唆(日)哭(中)員商唱問喝(中·日)唯啓喜喪喚(中·日)喉(中)鳴(中)嘗(中)噴(中·日)器嚇(中·日)嚴囑(中·日)

[囗] 四囚(日)因回困固圈國圍園圓團圖

[土] 土地在坑坊(中·日)均坐(中)坪(日)垂型城埋域堅基堂執培堯堪(中·日)場堤報塞(中)塑(中·日)塗塔塊塵(中)境墓增墳墮(日)壁墾(中·日)壇壓墻(中)壘(中·日)壞壤

[士] 士壯壹(日)壽

[夊] 夏

[夕] 夕外多夜夢

[大] 大天夫太央失奉奇奔契(日)奏奧(中·日)奪奮

[女] 女奴妄奸妃(日)好妝(日)如妨妙妖(中)妊(日)妥妻委妹姑(中)始姓姊(日)姿姪(中)姦(中)威姻娘娛姬(日)婦婚婆(中·日)媒(日)嫁(中·日)嫌

[子] 子孔字存孝孤季孫學

[宀] 宇守宅安完宗定官宜宙宣室客宰害家宴宮宵(中·日)容寄寂(日)宿密寒富寧寡(日)實寢(日)察寬審寫寶

[寸] 寸寺封射尉(日)專將尊(日)尋對導

[小] 小少尖(中)尙就

[尢] 尤(中)

[尸] 尺尼局尿尾屈居屆(中·日)屍(中)屋展屢(中)層履(日)屬
[屮] 屯
[山] 山岸岩岳(日)峽峰島崇崩(日)嶺
[巛] 川州
[工] 工巨巧左差
[己] 己巳(中)巷(中)
[巾] 市布希帆(中·日)帝帥席師常帶帳幅帽幣(日)幕
[干] 干平年幸幹(日)
[幺] 幻幼幽(日)幾
[广] 序床店府底度庫庭座康庸庶(日)廊廉廢廟(中)廣廳
[廴] 廷(日)延建廻(中)
[廾] 弄(中)弊
[弋] 式
[弓] 弓弔引弟弦弱張强彈
[彡] 形彩彫彰(日)影
[彳] 役往征彼待律後徒徑徐得從御復循微徹德徵
[心] 心必忙忘忌志忍快忠忽(中)念怖怪性怒思怠急怨(中)恨恒恥恐恭恩息悟悔悅患悠情惜悼惑惡悲惠惰(中·日)慨惱愉(中·日)愚意慈感想愛愁愈(中)愼慌(中·日)愧(中)態慢慣慘慚(中)慶慧慮慕憂慰憐(中)憎(日)憤憲憩(日)憶憾(日)應懇徵懷懸懼(中)戀
[戈] 成戒我或(中)戚(中)戰戲載(中)
[戶] 戶房所扇(中·日)
[手] 手才打托(中)抄抗(日)技扶把批折投抑(日)承拉(中)拂(日)抹(中·日)拒招披(中·日)拓(日)拔拋(中)抽押拐(中·日)拙(日)拍抵抱(日)拘拜持指括(中·日)拾挑拳振捕捉(中)掠(中)探接掘措(日)掃掛推授採排捨(日)掌描(中·日)揷提握揭揮援換揚搭(中·日)搬搜損搖携摘撤摩撲(中·日)播(中)擁據擇操擔擊擦(中·日)擴攝
[支] 支收改攻放政故效救教敗敏敍敢散敬敵數(日)數整
[文] 文
[斗] 斗料斜

[斤] 斤斥斬(中)斯(中)新斷

[方] 方施旅族旋旗(中)

[无] 旣

[日] 日旦(中)早旨旬早(中)昔(日)易昌昆(中·日)明昏(中)昇春昭(日)映是星昨時晝晩晨普晴晶(中·日)景暑智(中)暗暇(日)暖暢暮暫暴曆曉曜(日)

[曰] 曲更書曾(中)替會

[月] 月有服朋朗望期朝

[木] 木本未末札(日)朽(中·日)朴朱束季材村枕(中)東果枝林杯板松析枚(日)染柱柔某架枯柄(中·日)査柏(中)柳校核案根桂栗桑栽格桃株梁(中)械棄梅條梨棟森棒(中·日)棋植棚(中·日)業極槪楊榮構樣標槽(中·日)模樓樂橫樹橋機檀(日人·中次)檢櫻(中·日)欄權

[欠] 次欲款欺歎歌歐歡

[止] 止正此(中)步武歪(中)歲歷歸

[歹] 死殃(中)殊殉(日)殘殖

[殳] 段殷殺殼(中·日)毁(中)殿

[毋] 母每毒

[比] 比

[毛] 毛豪(中)

[氏] 氏民

[气] 氣

[水] 水永汁(中·日)氾(中)求汗汚江池沙沈決沒汽泣(日)注泳泥河波法沸(中·日)油況沿治泡(中·日)泊泉泰洋洲洪流津洞洗活派浪消浦(日)浸海涉浮浴浩液涼淡添淺淸涯(日)淑(日)混淚深淨港渡減湖湯渴測滋(中·日)淵源溝(中·日)滅溫滑準溪演滴漠漏漂漢滿滯(日)漆漸漫漁潔潛潮潤濃澤濁激濱(中·日)濟濫濯(日)澀(日)濕灣

[火] 火灰災炎炊爲炭烈烏(中)焦無然煮(中·日)煙煉(中)煩照熔(中)熟熱燒燈燕(中)燃營燥燭(中)爆爐爛(中)

[瓜] 爭爵(日)

[父] 父
[片] 片版
[牙] 牙(中)
[牛] 牛牧物牲(中·日)特牽(中)犧(中·日)
[犬] 犬犯狂狀狗(中)狹(中·日)猛猶獄獎獨獲獵獸獻
[玄] 玄(日)率
[玉] 王玉珍班珠球理現琴瑞環
[瓜] 瓜(中)
[瓦] 瓦(中)瓶(中·日)
[甘] 甘甚
[生] 生產
[用] 用
[田] 田由甲申男畏(中)界畝(中·日)畜留略畢(中)異畫番當疊(中·日)
[疋] 疏疑
[疒] 疫疾病症疲痛痴(中·日)療
[癶] 登發
[白] 白百的皆皇
[皮] 皮
[皿] 盆(中·日)益盛盜盟盡監盤
[目] 目盲直省相眉看盾眞眠眼督睡瞬(日)
[矛] 矛
[矢] 矢(日)知短矯(日)
[石] 石硏砲(日)破硫(日)硬碎(中·日)碑磁碧確磨礙(中)礎
[示] 示社祈(日)祕祖神祝祥票祭(日)禁福禍禪(日)禮
[内] 萬禽(中)
[禾] 禾(中)私秀科秒秋租秩移程稅稀稚(日)種稱稿稼(中·日)穀稻積穫穩
[穴] 穴究空突窒(日)窗窯(中·日)窮竊
[立] 立童端競
[竹] 竹笑笛第符等策筆筒(中·日)答筋節管算箱範篇(中)築篤(日)簡簿(日)籍籠(中)

[米] 米粉粒(中·日)粗(中·日)精糖糧

[糸] 系糾紅紀約紡紋(中·日)素索純級納紙紛絃(弦)統紹細紳(日)組累終絞結絶紫絲絡給經絹綠緊網綱綿維締(日)練緯(日)編緣線緩縣縮績縫總縱繁織繕(日)繫(中)繭(中·日)繩(中·日)繪(中·日)繼續纖

[缶] 缺罐(中·日)

[网] 置罪署(日)罰罷羅

[羊] 羊美善着義群

[羽] 羽翁習翼翻

[老] 老考者

[而] 而(中)耐

[耒] 耕耗(中·日)

[耳] 耳聖聞聲聰聯(中)職聽

[聿] 肅

[肉] 肉肌(中·日)肖(日)肝育肺肥肩肯胃背胡胎(日)胞脂脅胸脈能脣脫腎(中)脹(中·日)腐腰腸腳腹腦膜膠(中)膚膨(中·日)膽臟

[臣] 臣臥(中)臨

[自] 自臭

[至] 至致臺

[臼] 與興舉舊

[舌] 舌舍

[舛] 舜舞

[舟] 舟航般舶(日)船艇艦

[艮] 良

[色] 色

[艸] 芳芝(中·日)芽花苦若茂苗英茫(中)荒草茶莖(中·日)莫(中)莊荷華著菌菊菜菓(日)落葉葬蓄蒙(中)蓋(中)蒸蒼蔽(中)蓮蔬(中)蔑(中)薪(中·日)薄薦藏藍藝藥蘇(中)蘭

[虍] 虎虐(日)處虛虜(中·日)號

[虫] 蚊(中·日)蛇蜂(中)蜜(中)螢(日)融蟲蠶蠻

[血] 血衆

[行] 行術街衛衝衡
[衣] 衣表衰衷(日)被袋(中·日)裁裂補裝裡裕裳(中)裸(日)製複襲
[襾] 西要覆
[見] 見規視親覺覽觀
[角] 角解觸
[言] 言計訂記討託(日)訓訪許設訟(日)詠評詞詐(日)訴診該詳試詩誇誠話誦(中)誌語認誓誤說誘諒(中)談誕請諸課調誰(中)論謀諮(日)諾(日)謁(日)謙講謠謄(日)謝謹譜識證議警譯護譽讀變讓讚(中)
[谷] 谷
[豆] 豆豈(中)豐
[豕] 豚(日)象豪豫(日)
[豸] 貌(中)貓(中·日)
[貝] 貝貞負財貢販責貫貨貪(中)貧貯(日)貳(日)費賀貴買貿資貸賊賃(日)賓賠賞賦(日)賤(中)賢賣賜(日)質賴購贈贊
[赤] 赤赦(日)
[走] 走赴起越超趣趨(中)
[足] 足距跡路跳踐踏躍
[身] 身
[車] 車軍軌軒(日)軟軸(日)較載輕輝輛(中)輩輪輸轉
[辛] 辛辨辭辯
[辰] 辰(中)辱農
[辵] 迅(中·日)巡迎返近述迫送逆迷退逃追通連速逝(中·日)造透逢(中)途逐逮週(日)逸(日)進運遊道遂(日)達違遇過遍遠遣遙遞適遮遷遵選遲遼遺避還遭(中·日)邊
[邑] 邪邦(日)那郊郎郡(日)部郭(日)都郵鄕
[酉] 酒配酌(日)酬(中·日)酸酷醜醉醫釀(中·日)
[釆] 釋
[里] 里重野量釐(中·日)
[金] 金針釣鈍(日)銃(日)鉛鈴(中·日)銀銅銘(日)銳錯錢鋼錄錐(中·日)錦鍊(日)鍾(中)鍛鎖鎭鏡鐵鑄鑑鑛

[長] 長
[門] 門閉開閑間閣閥閱闊(中·日)關
[阜] 防阿阻(中·日)附限院降陣除陪(中·日)陵陳陸陰陶陷隊階陽隆隔障際隨險隱隣鄰
[隶] 隸(中·日)
[隹] 雁(中)雅雄集雇(日)雌(日)雖(中)離雜雙雞難
[雨] 雨雪雲雷電零需震霜霧霸露靈
[靑] 靑靜
[非] 非
[面] 面
[革] 革靴(日)
[韋] 韓(中次)
[音] 音章竟(中)韻響
[頁] 頂頃(中)項順須預頑(中·日)頌領頻(日)頭額顏題類願顧顯
[風] 風
[飛] 飛
[食] 食飢飯飮飼(日)飽飾養餓餘餐(中)館
[首] 首
[香] 香
[馬] 馬駐騎騰騷(日)驅驚驛(日)驗
[骨] 骨體
[高] 高
[髟] 髮(日)
[鬥] 鬪(日)
[鬯]
[鬼] 鬼魂魄魅(日)魔
[魚] 魚鮮
[鳥] 鳥鳴鳳
[鹵] 鹽
[鹿] 鹿麗

[麥] 麥
[麻] 麻
[黃] 黃
[黍] 黏(中·日)
[黑] 黑墨(日)默點黨
[鼓] 鼓
[鼻] 鼻
[齊] 齊
[齒] 齒齡(中·日)
[龍] 龍
[龜] 龜

③④⑤ 三國共通常用漢字 追加字案(367字)
韓國 字母順

苛哥伽嘉賈軻迦駕茄艱杆揀竿葛竭勘柑紺撼岬匣糠岡腔姜慷疆凱漑渠巾鍵桀怯譴訣鎌庚卿梗頸鯨 瓊癸膏拷敲股坤鞏拱戈顆廓灌棺刮适卦傀槐乖轟宏攪喬矩邱窟厥闕圭奎戟隙畿岐箕喫拿捏捺囊奈紐溺匿蛋潭曇痰譚撞擡悳屠睹掉禱搗濤鍍禿瀆敦頓惇董瞳憧桐杜痘臀藤鄧洛酪烙瀾辣藍臘蠟萊亮倆呂濾黎魯盧蘆祿麓遼瞭陋劉謬勒肋痢麟燐(磷)娩彎沫罔煤邁孟萌棉皿冥摸茅沐睦穆卯戊紊們彌憫悶閔剝駁縛潘拌攀渤潑旁膀胚氾泛范餠輔甫馥鋒阜傅釜鵬婢憑巳砂祠些渣朔撒蔘滲翔恕舒棲嶼婿錫碩瀉腺閃陝醒晟沼宋袖粹髓穗竪孰淳戌蠅柴訊啞按癌埃耶於焉彦輿汝捐焰瑛吾澳莞脘曰旺倭耀繞慾溶蓉禹佑祐隅旭郁鬱熊苑媛猿謂韋酉兪惟尹允胤閏邑鷹矣毅擬伊夷寅壬恣玆庄蔣哉狄剪栓蝶挺鄭汀禎靖劑蹄梯曹趙綜挫做峻駿摯址晋秦疹迭輯刹站蔡采綴妾貼捷楚硝礁崔丑蹴沖殆套巴坡阪牌彭翰轄函杭亥奚杏赫亨饗馨峴縣弧濠皓鴻弘闊晃滉淮酵后嗅欽恰熙嬉

③④⑤ 韓·中·日 追加字 標準字體(367字)

[一] 丑
[丿] 乖
[二] 些
[亠] 亥亨亮
[人] 伊佑伽兪倆們倭做傅傀
[儿] 允
[冖] 冥
[几] 凱
[凵] 函
[又] 叢
[刀] 刮刹剝剪劉劑
[力] 勒勘
[匚] 匣
[匸] 匿
[卜] 卦
[卩] 卯卿
[厂] 厥
[口] 后吾呂哉哥啞喬喫嗅嘉囊
[土] 圭址坡坤埃
[士] 壬
[大] 夷奈奎套奚
[女] 妾姜娩婢婿媛嬉
[子] 孟孰
[宀] 宋宏寅
[尸] 尹屠
[山] 岐岡岬峻峴崎崔嶼
[己] 巳巴
[巾] 巾
[广] 庄庚廓
[弓] 弘弧彌彎

[彡] 彦彭
[心] 怯恰恣恕惟悶惇悳慷慾憧憫憑
[戈] 戈戊戌戟
[手] 拌按拱拷拿捏挺捐挫捺捷掉揀搗摸摯撞撒撼擬擡攀攪
[攴] 敦敲
[方] 於旁
[日] 旭旺晉晃晟曇
[曰] 曰曹
[月] 朔
[木] 杏杜杆杭柑桐柴桀栓梯梗棺棲棉楚槐
[欠] 欽
[歹] 殆
[殳] 毅
[水] 汀氾汝泛沐沖沼沫洛淳淮渠渣渤溶滉漑溺滲潑潭瀉潘澳濠濤濾瀆灌瀾
[火] 烙焉焰煤熙熊燐(磷)
[片] 牌
[犬] 狄猿
[玉] 瑛瓊
[用] 甫
[田] 畿疆
[疒] 疹痢痘痰癌
[癶] 癸
[白] 皓
[皿] 皿
[目] 睦瞳瞭
[矢] 矣矩
[石] 砂硝碩礁
[示] 祐祠祿禎禱
[禸] 禹

[禾] 禿秦穆穗

[穴] 窟

[立] 站竭

[竹] 竿箕籃

[米] 粹糠

[糸] 紊紐紺綜綴縛縣繞

[网] 罔

[羽] 翔翰耀

[耳] 耶

[肉] 肋股胚胤腔脘腺膀膏臀臘

[舌] 舒

[艮] 艱

[艸] 范茅苛茄苑玆莞萊萌葛蓉蔣蔡蔘董藤蘆

[虍] 盧

[虫] 蛋蝶蠅蠟

[衣] 袖

[言] 訊訣謂謬譚譴

[豆] 豎

[貝] 貼賈賭

[赤] 赫

[走] 趙

[足] 蹄蹴

[車] 軻輔輯轄輿轟

[辛] 辣

[辵] 迦迭适邁

[邑] 邑邱郁鄭鄧

[酉] 酉酪酵醒

[釆] 采

[金] 釜鋒錫鍍鍵鎌

[門] 閃閔閏闊闕

[阜] 阜阪陋陜隅隙
[靑] 靖
[革] 鞏
[韋] 韋
[頁] 頓頸顆
[食] 餠饗
[香] 馥馨
[馬] 駁駕駿
[骨] 髓
[鬯] 鬱
[魚] 魯鯨
[鳥] 鴻鵬鷹
[鹿] 麓麟
[黍] 黎

〈『亞細亞學報』第十九輯, 1996. 12.〉

韓·中·日 三國의 常用漢字와 略字問題

필자는 1970年 『現代國語國字의 諸問題』(菊版322面, 改訂版 1973年 一潮閣)를 낸 후 『國語國字論集』(菊版 370面, 1982년 一潮閣)을 낸 일이 있고, '韓國에 있어서의 漢字문제에 대한 硏究'(4·6倍版 pp. 5~320, 1987년 국어연구소)라는 論文을 쓴 일이 있다.

이 一聯의 硏究는 國語國字에 관한 것이지만 그 主流는 國漢混用論에 바탕을 둔 漢字硏究요, 本 論議도 이들 硏究에 근거를 둔 것이다.

韓·中·日 三國의 漢字問題

日本에 있어서 國語國字문제가 敎育上 政治上 문제로 提唱된 것은 19世紀 後半 1866년 前島 密의 漢字廢止 建白, 1873년(明治6년) 福澤諭吉의 漢字制限論 등이 있었다.

中國에서 漢字에 로마字로 發音을 표시하기 시작한 것은 1605(明 萬曆33)년 伊 宣敎師 Matteo Ricci에 의해서였지만 1892년 盧戇章이 로마字에서 힌트를 얻어 新字를 考案(字母數 55로마字式)하였고 한편, 1900년 王照의 官認 合聲字母, 1913년 39개의 注音字母 制定, 1918년 注音字母 公認, 1919년 白話가 强力해지는 등 語文의 改革이 추진되었고 우리도 甲午更張(1894)의 새

물결로 國語國字에 대한 認識이 提高되기 시작한 것이다.

19世紀 末葉의 한글聖經이나 독립신문(한글 전용)의 발간도 있었지만 한편, 1895년 "法律命令은 다 國文을 本을 삼고 漢譯을 附 或 國漢文을 混用흠"이라 하였고 같은 해 兪吉濬이 美洲留學에서 돌아와 學部大臣으로 있으면서 國漢混用體로 西遊見聞을 쓰는 한편 教科書(學部 發行 小學讀本)도 國漢混用體로 쓰는데 진력했었다.

그런데 이 韓·中·日 세 나라는 漢字文化圈으로서 共同的으로 안고 있는 苦悶이 있다. 그것은 漢字가 가지고 있는 여러 長點이 있음에도 불구하고 그 短點 또한 적지 않기 때문이다. 漢字의 四難, 즉 難認(알아보기 어렵고), 難記(기억하기 어려우며), 難寫(쓰기에 어렵고), 難用(활용하기에 어렵다)으로 해서 국민대중의 文化水準을 끌어올리는 데 큰 장애가 된다는 주장은 일단 肯定할 수 있다.

漢字는[224] 한 字 한 字에 뜻이 있는 만큼 자연 글자數가 많아지고(中國의 경우, 1716년에 나온 康熙字典에 47,035字(46,211字說도 있음)가 收錄되어 있다하고 中國의 文字改革委員會 公表에 의하면 漢字의 總數도 약 6萬字, 이 중 일반적으로 사용되는 字는 8,000~10,000字나 되며 常用字도 4,500字라 한다.[225] 따라서 劃數 많은 漢字(部首만도 17획짜리가 있고 字劃이 20획이상 짜리가 많으며 심지어 48획짜리도 있다.)[226]가 생기게 마련이요, 여러 가지 뜻이나 音을 가지고 있는 글자가 있는가 하면, 같은 音에도 數많은 글자(中國의 경우, 新華字典에 「bi」 라는 音節의 文字가 61字나 되며 우리의 경우, 漢文教育用 漢字 1,800字에만도 「사[sa]」 音의 漢字가 32字나 된다.)가 있어 배우기 어렵고 쓰기[書寫] 어려운 欠이 있다. 또한 機械化에 있어 어려

---

224) 張世祿, 漢字的改革和簡化, 1956年 7月 6日, 20日字 中國 光明日報(成元慶, 中共簡化字 p. 44에서).

225) 鄭海相譯編, 中國의 簡字, p. 28, p. 31 1978. 戊辰出版社.

226) 李家源·張三植編著, 漢字大典, 1973. 裕庚出版社.

움이 있음도 사실이다.

毛澤東의 "爲全民族中 百分之九十以上的 工農勞苦民衆服務 幷遂漸成爲他們的 文化(全民族 中 90% 以上이 勞動者 農民으로 수고하는 民衆을 위해 힘쓰고 아울러 점차로 그들의 문화를 이룩)"라는 주장이라든지,227) 우리나라에서 한글專用法案 第一讀會때 朱基瑢 文敎社會委員長의 趣旨說明 中, "3千萬民族 中 勞農이 8割인데, 그들은 國文만을 理解하므로 公用文書는 한글전용이 필요하다"고 한 말도 그럴 듯한 말들이다.228)

그러나 이제 韓·中·日 3國의 文字硏究는 科學的으로 진척되어 常用漢字數는 約2~3千字 안팎이면 되는 것이고, 劃이 많은 漢字는 略字니 簡體字니 해서 대담하게 劃을 줄이는 작업이 進行되었으며, 漢字混用의 워드프로세서(word processor)의 發展도 急進적이다.229)

그런데 漢字가 안고 있는 문제는 韓·中·日 3國이 각각 狀況이 다르다.

첫째로, 중국은 漢字專用으로 모든 말을 모두 漢字로 적는데 比해 우리는 한글이 있어 漢字로 적어야 할 것과 한글로 적어야 하는 말이 있다. 이 점 일본도 事情은 비슷한다. 漢字와 가나(그것도 平假名 片假名 2種)가 있어 漢字로 적을 말, 히라가나(ひらかな 平假名) 또는 가다가나(カタカナ 片假名)로 적을 말을 정해 구별표기를 하고 있는 것이다.

---

227) 成元慶, 中共簡化字, 建國大出版部(1985), p. 24.

228) 筆者, "한글 專用法案(1948)·漢字使用에 關한 建議案(1949) 可決을 오늘의 時點에서 되새겨 본다", 『語文硏究』 24號(1979), p. 545.

229) 金貞欽 칼럼: '尖端科學시대', 東亞日報(1986. 1. 29).
워드프로세서란 文書作成專用으로 만든 타이프라이터 크기의 小型컴퓨터다. 3천字~1萬字 정도의 漢字와 1萬~10餘萬 정도의 漢字熟語를 섞은 글을 쳐나갈 수 있는 컴퓨터化된 孔版打字機이자 타이프라이터와도 같은 것이다.
우리나라에서도 日本보다 4년 뒤떨어진 1982년 이래 商品化가 이루어지고 있다. 打字講習所에 가지 않고 설명서만 보고 2, 3개월만 쳐도 손으로 글을 作成할 때보다 2倍정도로 빨리 國漢英 혼용의 글을 印刷할 수 있다고 해서 文筆家나 敎授들 사이에 人氣를 끌고 있다.

둘째로, 現代中國漢字音은 新華字典에 의하면 415종이라 하고, 日本의 現代漢字音은 當用漢字音訓表에 의하면 특별한 것을 除하고 277종[230] (常用漢字로 字數가 95字 늘었으므로 약간의 변동이 있을 수 있다)이요, 우리는 金敏洙의 「새字典」에 의하면 490종 漢字音인 것이다. 이점 또한 약간 다른 사정이다.

그러나 많은 漢字數에 비해 적은 漢字音이므로 자연 同音異義語 등이 많을 것임은 必然的인 일로, 이것은 韓·中·日의 공통적인 문제점이긴 하되, 그 사정은 각각 다른 점이 있다.

셋째로, 中國의 경우는 聲調(聲調를 붙인 音節은 1,300여개)[231]라는 부담이 있으며, 일본에는 吳音이니 漢音이니 하는 것이 있고, 한편 여러 가지 訓으로 읽히는 漢字가 있다.

우리의 경우는 24字의 字母라고는 하나 실제로는 初·中 또는 初·中·終聲이 合用되어 音節字로서 實用되므로, 그 數는 19初聲×21中聲×7終聲(代表音 : ㄱㄴㄷㄹㅁㅂㅇ)=2,793(소리낼 수 있는 글자)이나 되는 부담이 있다는 점이다.

이점 일본의 가나文字와 비교하여 큰 부담임에 比해, 漢字는 대체로 一字一音인데 長短의 구별이 있기는 하나, 漢字의 부담은 日本이나 中國에 比해 훨씬 가볍다고 할 수 있다.

넷째로, 韓·中·日이 그 常用字種이 각각 얼마씩은 다르다는 點이다.[232] 특히 中國의 경우는 韓·日에 比해 字數가 많다는 점도 있지만 다른 字種의 常用字가 제법 눈에 띄며, 中國의 簡體字는 2,238字(2字가 중복되어 있음 1964년 5월 文字改革委員會 出版社 簡字總表)[233]나 되며 눈에 生疎한 것도 相當數 있다.

그러나 그렇다손 치더라도 東洋의 典籍(韓·中·日 등)이라는 것이 漢字로 되어 있다는 점과, 東洋 3國語의 主體가 漢字語라는

---

230) 岩波講座, 日本語3 國語國字問題4 漢字の問題 林大二 音訓, p. 107.

231) 鄭海相 譯編, 中國의 簡字, p. 21. 1988년 3월 戊辰出版社.

232) 筆者, 韓國에 있어서의 漢字問題에 대한 연구, 韓·中·日 常用漢字(略字포함) 一覽表 참조, 국어연구소 연구보고서 제1집 1987.

233) 上揭, 中國의 簡字 p. 55.

점뿐 아니라 西歐나 東歐와는 다르거나 맞서는 傳統的인 東洋倫理나 思想이 뿌리 깊어 傳統文化를 계승하려는 意識이 강하다는 점 등을 생각하면, 韓·中·日 3國 民族이면 누구나 漢字의 중요성을 否定해서는 안되고 否定할 수도 없을 것이다.

그런데 이 漢字問題에 있어서 각 나라마다 漢字數가 많고 배우기 어렵고 쓰기 어려워 自然 文盲이 많았었다는 民族的 自覺에서 각각 表音化 운동이 벌어졌으나 한편으론 적잖이 外勢의 使嗾 내지는 庇護 아래 進行되었음을 인식할 필요가 있다.

中國의 文字改革은 실로 國際共産黨과 소련의 文化侵略 음모로 그 主役은 당시 소련 共産黨書記長이던 스탈린에 의해서 책동된 것이라는 指摘이 있다.[234] 中國의 毛澤東이 共産化를 위해 傳統文化의 근간이 되는 儒教思想을 반대하여 批孔反儒운동을 벌이고[235] 그 一環으로 漢字를 버리고 로마字化를 궁극의 목표로 했다는 것이다.

北韓에서는 소련에서 돌아온 金日成이 소련의 庇護下에 執權하면서 傳統文化를 파괴하고 한글專用을 실시한 것도, 蒙古가 共産化되면서 자신들의 蒙古文字를 버리고 로마字化를 실시한 것도 같은 결과라고 指摘[236]한 말은 正鵠을 찌른 말로 생각한다.

漢字文化圈 중에서 제일 먼저 漢字를 버린 越南은 19世紀 불란서 統治下에서 로마字가 國字로서 보급되어 젊은 學徒들이 漢字를 모름으로 해서 國學을 外面하고 自主性을 상실하더니 드디

234) 汪學文, 「論中共的文字改革」, p. 3, 中華民國 67年(1978年) 2月發行, 中共文字改革之歷史背景. “國際共産黨對於語文的功用 特别重視 企圖把‘民族融合’與‘語文統一’僞作消滅民族 建立共産帝國 赤化世界後進一步奴役人類的措施而史遞林…中共文字改革實爲 國際共産黨與蘇俄文化 侵略陰謀下的重要節之一”

235) 三人行(筆名), 共匪摧殘文化再度破壞, p. 18. 成元慶, 中共簡化字, pp. 37~38.

236) 陳泰夏, 中國의 語文敎育實態와 在滿 韓人同胞들의 母國語 사랑 1. 中國의 語文敎育實態, 語文研究 48號(1985. 12), p. 536.

어는 共産化가 되었다.

日本의 경우, 敗戰後에는 聯合國의 代表로서 日本을 점령하고 있던 美軍은 總司令部의 이름으로 "日本의 敎科書를 모두 로마字로 하라"라는 방침을 내놓았다고 하고, 볼 少領이 그 急先鋒이었다 한다.[237)]

그는 어떻든 當用漢字가 制定(1946. 11) 당시에는 美國敎育使節團으로부터의 로마字移行의 示唆도 있어 漢字制限의 氣運이 充溢해 있었다고 한다.[238)]

우리의 경우, 1945년 11월에 美軍政廳 學務局이 '조선교육 심의회'를 조직하고 그 교과서 분과위원회에서 "한자사용을 폐지하고, 초등·중등학교의 교과서는 전부 한글로 하되, 다만 필요에 따라 한자를 도림(괄호)안에 넣을 수 있음"의 결의안을 12월 8일에 결의 채택하고 美軍政廳 學務局에 의해 公表된 것이다.[239)]

以上 韓·中·日 3國의 表音化 운동은 개괄적으로 退勢에 있는 것이 아닌가 한다. 中國에서 毛澤東이 言語改革 과도기 수단으로서 실시한 普通話와 簡體字의 보급은 成功하였으나, 최후의 목표인 로마字化운동은 延安時代부터 계속 中國語 로마字化 운동을 主導해 온 吳玉章의 中國語 表音案(1950년 公布)은 共通語(普通話)의 普及에는 크게 貢獻했다고 할 수 있으나 "이 表音案은 表音用으로 사용할 뿐이지 이것으로 漢字를 代替시킬 수는 없다"라고 한 그(吳玉章) 자신의 表現으로 그 限界를 드러낸 것이라고 할 수 있다.

日本의 敗戰後 충일했던 漢字制限의 氣運의 情勢가 크게 변화했으며, 우리 또한 漢字가 恢復勢에 있는 것이 아닌가 한다. 로마字化다, 가나文字化다, 한글 專用이다 하는 表音化 운동의 발

237) 大橋久利, ケソケソ 頭のよくなる 漢字教育入門(1983) pp. 185~, 東京タイナミツクセラーズ發行.

238) 村本前彦·瀨戶仁 編, 改訂中學校學習指導要領の展開 國語科編, 漢字に關する事項, 東京明治圖書 (1977. 8), p. 147.

239) 한글학회 50년사 Ⅳ. 교육·계몽·보급 6. 한글만 쓰기 운동(1) 교과서와 한글만 쓰기 운동(1971. 12). pp. 418~419.

상이 비슷한데, 東洋의 傳統이 그렇게 쉽사리 무너질 수는 없다.

中國은 지금 마르크스主義의 思想的 植民化에 맞서 傳統文化 價値를 높이기 위해 孔子를 내세우고 있다고 하며, 82년에 時事 週刊 타임誌는 個人보다 社會에 더 큰 比重을 두는 '新儒敎정신'에 입각한 勞動倫理가 韓國·日本·홍콩·臺灣·싱가포르 經濟發展의 原動力이라고 지적했다는 것이다. 社會秩序의 回復과 經濟成長을 위한 思想的 武器로 孔子의 思想은 復權됐다고 한다.[240][241]

現時點에서 우리의 경우, 國際舞臺에서 先進을 指向하고 있는 바, 中·日의 實情이 敍上한 바와 같은데

1. 中日 틈새에 끼여 있는 地政學的인 條件
2. 우리의 傳統文化가 漢字文化다.
3. 우리말의 70%가 漢字말이요, 그리고도 등뼈와 같은 存在다. 따라서 國語敎育의 지름길이 漢字敎育에 있으며, 知力高揚을 위한 독서력은 漢字力에서 비롯된다.
4. 傳統倫理는 우리의 古典을 읽는 데서 되찾을 수 있다. 古典 읽는 힘을 길러 民族性 恢復을 꾀할 일이다.
5. 韓·中·日 3國의 現用 常用性漢字나 그 略字가 얼마간 다르다고 하나 그 大體에 있어 크게 다른 것이 아니므로, 文化交流를 위해서나 交易의 實利를 위해서나 漢字는 尊重되어야 한다.

漢字는 時間과 空間을 超越한 存在이며, 視覺性 造語力 縮約力이 한글에 비해 월등한 文字다. 또한 漢字로 표기할 수 없는 말들은 한글이 補完해 주는 것이다. 漢字는 2千年 以上을 借用해온(우리말의 70%를 占하고 있는) 漢字말을 적는 國字요, 한글은 世宗이 만들어준 優秀한 國字로 순우리말을 적는다. 한글과 漢字는 현대 國語를 表記하는 相補的인 國字다. 表音 表意의 각 長點을 利用할 수 있는 國漢混用體制야말로 理想的이라고 아니할 수 없다.

---

240) 鄭海相 譯編, 中國의 簡字, pp. 46~47.
241) 中央日報 噴水臺(1985. 10. 5).

韓·中·日 常用漢字

韓·中·日 漢字문제에 있어서 常用漢字 現況은 어떠한가.

● 中國의 경우 : 毛澤東 執權후, 强力한 文字改革政策을 추진해온 中國은 1952년 6월 中國人民政府教育部公布 常用字表(2.000字)라는 것이 있어 一等常用字 1,010字, 次等常用字 490字 補充常用字 500字로 되어 있었는데, 최근 中國文字改革委員會 漢字處에서 나온 資料에 의하면 常用漢字 3.500字(常用漢字 2,500字, 次常用漢字 1,000字)로 되어 있다. 臺灣은 常用漢字 標準字體表 4,808字와 次常用漢字 標準字體表 4,399字란 것이 中華民國 71년에 教育部에서 공포된 바 있다.

● 日本의 경우 : 1946년 當用漢字 1,850字, 1951년 人名用漢字別表 92字이던것이 1981년 1,945字의 常用漢字와 166字의 人名用 漢字를 써오던 日本은 다시 118字의 人名用 漢字를 追加하고 있다. 한편 996字이던 教育用漢字는 1,006字로 늘어나고, 1年 76字→80字, 2年 145字→160字, 3·4年 各 195字→200字로 下級班의 教育漢字數를 늘리고 있다.

● 北韓의 경우 : 解放後 한글專用이던 北韓은 64년, 66년 두 차례에 걸친 金日成 教示에 의해 68년부터 漢字教育을 復活하고 漢文時間에 國漢文混用讀本에 의해 漢字教育이 행해지고 있다.

우리 초등학교 5학년부터 中2까지 1,500字, 大學까지에는 3,000字의 漢字教育을 하고 있다는 것이다.(北韓 漢字教育資料 1,500字, 3,000字는 語文研究 59·60호에)

79년 평양에서 발행한 漢文教育用 「國漢混用讀本」 과 83년 3월 北韓의 「인민학교, 고등학교 課程案」에 의하면 고등중학교 1학년(우리 國校 5)부터 國漢混用讀本으로 漢字教育을 하고 있으며, 우리 國5에서는 週2시간, 國6에서는 1학기에 週2시간, 2학

기에 1시간씩의 漢字교육을 하고 있는 것으로 보인다.(語文硏究 61호 '北韓의 漢字敎育')

以上과 같은 東洋文化圈의 現況은 우리로 하여금 語文政策이나 語文敎育政策의 一大改革을 하지 않으면 안될 緊急性을 切感하지 않을 수 없다.

大學生들이 新聞을 제대로 못읽고 敎材조차 읽지 못하는 현실, 심지어 父母姓名이나 제 姓名도 제대로 못쓰는 大學生이 있는 참상, 基礎漢字 1,000字의 읽기 쓰기 成績도 低調(語文會報 創刊號 참조)한 사실을 坐視할 수만은 없다.

이러한 현실에 대처하기 위해 語文政策 語文敎育政策 正常化 운동의 하나로 韓國語文敎育硏究會, 韓國國語敎育硏究會, 한국국어교육학회, 韓國漢文敎育硏究會 4個 學術團體에서는 1990. 11. 24 常用漢字 2,000字와 姓名 地名用 300字案을 발표한 바 있다.(「語文硏究」 68호와 語文會報 제2호)

韓國의 常用漢字 制定案

許多한 曲折 끝에 1972년 문교부에서 制定한 漢文敎育用 基礎漢字는 漢文敎育用으로는 물론이요, 日常生活用으로도 미흡하므로 그 내용을 보충하기 위하여 常用漢字案을 마련하였으니, 이는 傳統文化의 繼承發展과 東洋文化圈에서의 國際交流에 副應하기 위한 것이다.

[選定 기준]

1. 문교부 選定 基礎漢字 1,800字를 포함시킨다.
2. 頻度數와 造語上의 有效性을 고려한다.
3. 同音異義語의 식별이 어렵거나 한글만의 표기로 難解한 것을 고려한다.
4. 一貫性과 均衡性을 고려한다.

5. 國際性도 고려한다.

[경위 및 내용]

上記한 4個 學術團體는 공동으로 常用漢字2千字를 制定하였으니, 이것은 문교부 基礎漢字 1,800字(1772)에 2百字를 추가한 것이다.

이 2千字는 1979년 韓國語文敎育硏究會(初代會長 李熙昇)가 選定한 바 있는 상용한자 1,800字를 母胎로 한 것이다(語文硏究 21호에 게재). 1990년 上記한 4個 學術團體에서는 常用漢字 制定 審議委員 4人(金斗燦, 朴魯春, 成元慶, 徐康和)에게 위촉하여 選定作業을 진행시켰다.

이후 7次에 걸친 小委員會와 확대회의를 거치면서 審議한 결과 1990년 11월 24일 常用漢字 2千字를 最終 확정하였다. 별도의 姓名·地名用 漢字 300字도 審議 補完되어 첨부되었다. 필자 調査에 의하면 日本常用漢字 2,229字(人名用 포함) 중에는 우리 常用漢字案 2,300字(姓名·地名用 漢字 포함) 中 1,793字가 들어있다. 常用漢字 2千字案과 姓名·地名用 漢字 300字案은 省略(語文硏究 68호와 語文會報 2호 참조)한다. 4個 學會는 그 계속 作業으로 學術硏究나 大學敎育을 위해 1,500字(姓名用 地名用 漢字포함)의 準常用漢字의 選定을 하였다. 이것은 하나의 案에 불과 하므로 앞으로도 계속 各界의 意見을 들어 修正補完할 豫定이다.

이 3,500字案(常用漢字 2,000字 + 準常用漢字 1,500字)이 마련되면 日本·北韓은 물론, 中國 常用漢字의 대부분까지도 理解하는데 큰 不便은 줄어들 것이다.

韓國略字

1. 1967년 11월에 국어심의회 漢文分科 위원회에서 542字의

略字試案을 만들어 발표한 일이 있으나, 한글 專用論 측의 '二重負擔이 된다'. 儒林측의 '漢字는 한 點 한 劃이 모두 意味를 지니는 것인데 略字로 漢字의 生命을 잃게 한다'. 略字贊成論者조차 字數의 過多·草書體 채택 등에 異議와 같은 反對에 부딪혀 보류된 일이 있다.

2. 1981년 10월 韓國語文敎育研究會에서 181字의 略字(語文研究 30호 pp. 233~234 金斗燦, 1981. 一潮閣)를 제정하여 각 신문에 대해 그 사용을 권장했고, 1983년 4월에 이르러 朝鮮日報가 1차적으로 略字 90字를 채택하기에 이른 일이 있다(略字 181字는 語文研究 30호에) 그러자 日本 共同通信 黑田특파원 發信으로 朝鮮日報의 略字施用을 "便宜를 위해 民族主義 팽개치고 日本式略字 採擇이라고 讀賣·朝日 兩大신문이 報道하였다. 국내 一部 신문이 이에 同調하고 한글 專用論者의 一部 학자가 加勢한 바 있다.

그러나 日本式略字란 있을 수 없는 일로, 漢字가 中國에서 韓國을 거쳐 日本으로 들어간 것이므로 略字 또한 그런 經路를 밟아 傳授된 것으로 보는 것이 順理일 것이다.

필자는 名家筆譜, 均如傳, 三國史記, 三國遺事, 大東輿地圖, 墨跡 등 36資料를 뒤져 具體例를 들어서

"漢字略字 日本式 아니다"(月刊朝鮮 83. 12월호)
"韓國略字에 대하여"(語文研究 39·40호. 1983. 12)
"日本略字에 대하여"(『兪昌均博士 還甲紀念論文集』, 1986. 12)

라는 원고를 쓴 일이 있다.

日本의 常用漢字 1,945字 중 常學圖書編 "新しい國語の表記"(1981. 5)에 보면 357字의 略字 一覽表가 나와 있다. 이 357字의 日本略字(新字體)란 거의가 우리 古文獻에 實用例가 있고, 우리에게 없는 것은 中國文獻에 있는 것도 있다.

어떻든 略字란 實用의 便宜上 필요한 것이므로 國際性도 고려

해서 小異는 버리고 大同의 원칙으로 韓中日에서 현실적으로 通用의 可能性 있는 것으로 一次的인 合議를 보는 英斷이 바람직하다고 생각한다.

필자는 漢字略字에 대한 의견을 다음에 보이기로 한다.

(1) 漢字의 어려움은 글자의 過多와 그 과다에 따른 많은 劃을 가진 漢字의 쓰기에 있다. 그러므로 常用漢字 2,000字로 制限(固有名詞用 300字 別途)하되, 획수 많은 漢字는 쓰기를 平易하게 正確하게 하기 위해 略字가 필요하다.

覚·継·旧·亀·帰·担·乱·竜·万·宝·声·属·蚕·鉄·体·献·号……
들이 얼마나 쓰는 데 편리한가.

覚·挻·経·軽·継·観·関·旧·国·勧·権·帰·悩·脳·断·単·胆·当·党·対·独·灯·楽·乱·来·恋·礼·麦·発·宝·辞·声·属·寿·随·湿·厳·塩·誉·医·状·壮·戦·銭·窃·済·斉·条·従·昼·鉄·体·虫·酔·堕·豊·学·献·顕·号·会
以下 略 總 320字

筆者, 日本略字에 대하여 兪昌均 還甲紀念論文集 pp. 185~216 啓明大 出版部

(2) 韓國語研의 181字 略字는 우리 社會에서 통용되고 있는 것이므로 社會生活에 적응하기 위해서도 略字使用은 필요하다.

(3) 韓·中·日이 하나의 漢字文化圈을 이루고 있다. 우리 古典이나 中國古典에도 많은 略字가 나타나고(宋元 以來 俗字譜·中文大辭典에 나타난 實用例) 日本書籍도 年間 百萬部 가깝게 들어오고 있다는 바(83년 현재) 古典읽기나 文化交流라는 面에서도 略字를 반대할 것이 아니다. 특히 世界속의 韓國, 國際化時代의 추세 속에 文化의 鎖國主義가 이로울 것이 없다.

(4) 略字를 반대하는 의견에 두 갈래가 있다. 하나는 二重負擔이라는 것으로, 주로 한글전용論者에 의해 主導되는 의견이다. 아닌게 아니라 너무 一時에 많은 수효의 略字, 눈에 설고 新奇한 略字를 내놓는 일은 삼가야 한다고 생각한다.

中國에서 簡字가 문제된 것은

- 애써 漢字를 배워 온 사람들이 다시 무식장이가 된다.
- 海外의 수천만명 華僑들을 교육할 방법이 없다.
- 새로 略字를 배운 이들은 正字로 기록된 역사나 文物을 배우기 어렵다.
- 韓國·日本 등과 文化交流에 벽이 생긴다.

는 것 등이 그것이라 한다.

中國簡字라는 것은 너무 數가 많고, 또한 正字와는 딴판으로 된 것이 많아서, 위에 지적된 문제점이 있음이 사실이요, 中國簡字는 확실히 二重負擔이라고 할 만한다.

그러나 한두劃의 省略(殺·類·穀·隆)이나 부분 약화(学·挙·帰·师·监·倹·経·断·乱·恋·参·顕·焼·壌·残·献…)나 부분 省略(声·号·医…)이나 變形略化(岳·岩·塩·亀·竜·万·双…) 등이 모두 ① 正字를 推理할 수 있고 ② 우리 社會에 널리 通用되고 있을 뿐만 아니라 ③ 우리 古文獻에도 거의가 근거가 있는 것들이어서 이중부담이랄 것이 없다.

(5) 略字반대論의 또 하나의 갈래는 주로 儒林측 人士 가운데에 있는 것이 아닌가 한다. 漢字는 한 점 한 획이 모두 의미를 지니는 것인데 略字化하는 것은 無意味한 부호로 만들어 後生으로 하여 종래의 文獻을 보지 못하게 한다는 의견이다.

예를 들면 '突(穴+犬), 臭(自(코)+犬)' 자들이 개[犬]와 관련해서 만들어진 글자인데 '突·臭'처럼 '丶'을 덜어버려서 되겠느냐. '佛'字는 '亻+弗'로 '弗'은 '弓+刂'로 분석되는데 생명을 쏘아 죽이는 활[弓]을 '두 줄(刂)'을 그어서 부정한 것이다. '亻변'을 해서 大慈大悲한 부처의 思想을 가장 적절하게 설명한 것인데 이것을 '仏'로 해서야 되겠느냐 하는 주장이다. 漢字의 略化는 說文의 眞理에 어긋나고 六書의 體系가 무너져 漢字의 生命을 잃게 된다는 주장이 그것이다.

漢字教育이라는 面에서 생각하면 說文 解字式 방법이 효과적임이 틀림없다고 생각한다.

그러나 쓰는 面에서 생각하면 '龜·龍·獻·繼·屬·體·辭·蠶…'들이 어려운 것이 또한 사실이다.

이래서 아마 우리의 先人들이나 중국의 옛사람들이 일찍부터 略字를 써내려온 것이 아닌가 한다. 說文 眞理 固守의 '고지식'도 좋으나 '亀·竜·献·継·属·体·辞·蚕…' 등 略化의 '슬기'도 배제할 것이 아니다.

우리의 略語 '(←올아비+계집). 오누이(←올아비+누이)'나 英語에서 온 'K·O(←knock out) UN(←united Nation)'도 있지 않은가.

(6) 「헌신-獻身-献身」, 「의사-醫師-医师」, 「사령-辭令-辞令」의 예에서 「헌신·의사·사령」은 同音異義語도 있어서 視覺性에서 「獻身·醫師·辭令」을 당할 수 없고 「献·医·辞」는 視覺性을 충족시키면서 正字에 비해 획수가 줄어들어 쓰는데 편하다. 視覺的이고도 노력의 節減이 된다.

(7) 印刷媒體의 경우, 籌字하기 좋고 植字하기에 능률적인 利點이 있다고 본다. 작은 活字의 경우, 복잡한 字劃은 判讀도 어려운 不便이 있다.

(8) 앞으로 略字의 표준화문제도 서둘렀으면 한다.

學 - 学·斈·學　　國 - 国·囯

(9) 학교교육에선 正字를 가르치고 略字도 아울러 가르쳐 쓰기에는 略字도 許容하는 것이 좋을 것이다.

中國의 簡字

漢字가 楷書로 발전한 후에는 字體가 거의 定着되었다. 그 후의 漢字의 字體改革은 주로 略字의 出現에서 찾아 볼 수 있다. 漢字는 탄생 직후부터 略字가 있었고 따라서 漢字는 어려운 字와 略字가 共存해 왔다고 할 수 있다.

唐·宋 이후에 略字가 大量 출현했는데 만들어낸 略字로는 国·献·辞·学 등이 있고 古字를 利用한 蚕·虫·无 등이 있으며 宋·元·明代에 걸쳐 大衆에게 愛讀된 三國志·金瓶梅 그밖의 通俗小說 등에 宋·元 略字가 많이 쓰였다. 党·旧·団·単·炉·髄·湿·薬 등이 그

것이다.

이들 略字는 이미 名家 筆譜(卷一은 新羅의 眞興王巡狩碑·高句麗 廣開土大王 陵寢碑文이나 崔致遠·申崇謙 등의 筆跡~朝鮮初 人物의 筆跡)·均如傳·三國史記·三國遺事·高麗史 地理志·慶尙道 地理志·釋譜詳節 등에 나타나 있으며 현재 普遍化된 字體인 '艹·之·舍·主·羽·終 등도 모두 옛날부터 우리 古文獻에 用例를 보이는 것들이 있다.

艹 … 花·苦·落·葉 … 名家筆譜(新羅~朝鮮朝)·花潭集(1770년 刊行) 등

辶 … 遺·進·過·遇 … 名家筆譜·月印釋譜(世祖朝)·推案及鞫案(英祖朝) 등

위 中·韓 兩國의 略字는 自然히 日本으로 흘러 들어가 三國間의 略字란 교류되는 過程에서 若干의 異形態 略字나 固有略字도 생겨 났을 것이다.

漢字의 簡略化 문제에 대하여 毛澤東은 1951년에 "漢字의 表音化에는 많은 준비가 필요하며 表音化를 실현하기 前에 반드시 漢字를 簡略化하여 當面한 사용에 寄與함과 동시에, 여러 가지 준비를 積極的으로 추진해야 한다고 指示했다.

또 53年에는 漢字의 數는 대폭 줄여야 하므로 形態上의 簡略化와 數字上의 削減을 동시에 달성함으로써 비로소 簡略化를 成就할 수 있다고 指示했다"

1954년 末에는 漢字 簡略化案(草案)을 만들어내고 1956년 1월 國務院은 이 「漢字 簡略化 案」을 正式으로 公布했다.

이 案에 의하면 544개의 繁體字를 515개의 簡字로 簡略化했다. 그후 試用과 普及의 결과 1964년 5월, 文字改革 委員會는 簡字總表를 편집발행하여 簡字사용의 基準을 삼았다. 이 總表는 3개의 表로 나누어져

第1表 偏이나 旁으로 사용할 수 없는 簡字 352字

第2表 偏이나 旁으로 사용할 수 있는 簡字 132字와 簡略化된 偏·旁 14개

第3表 第2表의 簡字와 簡略化된 偏·旁을 써서 類推한 簡字가 1,754字

그러므로 總表에는 모두 2,238字의 簡字가 收錄되어 있으며, 2,264字의 繁體字가 簡略化한 것이 된다. 이들 簡字는 繁體字에 比해 合理的이어서 배우기 쉽고 외우기 쉬울 뿐만 아니라 쓰기 쉽고 字劃도 절반 가까이나 줄어들었다. 總表의 第1表, 第2表의 繁體字는 1字當 平均 16劃이 平均 8劃으로 第3表의 繁體字는 1字當 19劃이지만 偏과 旁을 簡略化한 후에는 11획으로 줄었다.[242]

그리고 1977년 12월에는 國務院의 承認을 얻어, 中國文字 改革委員會가 第2次 漢字簡略化案(草案)을 발표했는데 이 第2次案은 1986년 1월 全國 言語文字 工作會議 폐회식에서, 文字改革의 최고 책임자로 中共黨中央政治局員인 胡喬木으로부터 修正草案에 수록된 111개의 簡字에 대해서는 試用을 中止한다는 宣言이 있었다[243]

簡字는 正字에 比해 배우기 쉽고 쓰기 쉽다. 그러므로 노동자·농민·兵士·국민학교 어린이, 그리고 教師까지 포함한 넓은 층의 大衆이 簡字를 크게 환영하고 있는 것은 當然之事다.

그러나 앞에서 指摘한 여러 가지 問題点이 있음 또한 사실이다.

胡喬木은 1986년 1월 13일 폐회된 全國 言語文字 工作會議 폐회식에서 중요 講演을 하였다.

1. 建國初期의 言語文字 관계 活動으로 成果를 거두었다.

2. 30餘年동안의 成果를 충분히 消化하고 단단히 굳혀 中國의 言語文字의 발전을 위해 安定된 토대를 구축하는 일이다.

이 發表는 漢字簡略化에 指示한 態度를 보이는 行政府의 첫 公式發表로 그 意義는 매우 큰 것이며 過度한 簡略化가 가져온 여러 問題点에 대한 反應의 所産으로 볼 수도 있지 않을까 한다.

胡喬木은 그의 1983. 1. 23 文字改革문제 講話(中國의 月刊

---

242) 鄭海相 譯編, 中國의 簡字 pp. 54~55.

243) 앞 中國의 簡字, pp. 100~104.

雜誌「文字改革」의 편집부가 쓴 論文)을 통해 “과거 漢字의 漢字簡略化에서 準據했던 원칙과 방법은 완벽한 것이 아니었다”고 回顧하고 “일부 簡字는 漢字의 새로운 部品을 늘리는 結果가 되었다”라고 하여 예컨대 “衣”의 원래의 글자인 “農”은 字劃數가 많지만 “曲”字 밑에 “辰”자를 쓰는 “農”字라고 분명히 입으로 說明할 수 있으나 “农”으로 簡略化한 후에는 새로운 구성요소가 늘었을 뿐 아니라 그 구조를 설명할 수 없게 되었다.

“일부 글자는 한 劃을 늘리면 分解하기 쉬울 뿐만 아니라, 表現하기 쉬워지는데, 이런 글자는 역시 한 劃을 늘리는 것이 簡略化의 原則에 보다 부합된다”라고 하여 “步”자를 “止+少”로 分解할 수 있게 하는 것이 한 劃을 줄여 “步”로 한 것보다 낫다는 指摘이다.

이밖에도 “國家는 새로운 글자의 造字法을 規定하여 함부로 새로운 글자를 만드는 것을 막아야 한다” “되도록 이런 漢字를 일종의 形을 結合시킨 文字로 해야 한다”는 등 12개項에 걸친 意見을 提示하고 있는 것이다.[244)]

위 月刊誌「文字改革」편집부의 論文은 鄧小平 體制下의 文字改革方針과 任務를 이해하는데 매우 有效한 資料다.

한편 國家 言語文字 工作委員會 主任 劉導生은 全國言語文字工作委員會 開會式에서 「새 時代의 言語文字活動」이란 題下의 강연을 통해 「새 時代의 言語文字關係 活動方針과 任務」에 대해

● 文字改革에 대하여

앞으로 상당히 오랜 기간에 걸쳐 漢字는 法定文字로 계속 그 영향을 遂行한다. 現行 中國語 表音案은 漢字를 대신하는 表音文字가 아니라 中國語와 漢字의 學習에 共通語의 普及을 돕는데 있어 토를 달기 위한 것이다.

● 共通語의 보급에 대하여

244) 鄭海相 譯編, 中國의 簡略字 pp. 119~127.

共通語가

△ 敎育·學習用 言語가 되게 할 것.

△ 活動用 言語가 되게 할 것.

△ 宣傳用 用語가 되게 할 것.

△ 交際用 用語가 되게 할 것.

● 漢字의 硏究와 整理에 대하여

漢字의 簡略化는 매우 신중한 태도를 취해야하며, 文字를 一定期間 相對的으로 安定시킬 것이라고 하였다.

結 論

위에서 論한 바, 漢字가 지니고 있는 四難으로 해서 韓·中·日이 모두 苦悶을 해왔다. 그런데 특히 世界 二次大戰이후 이 三國이 民族的 自覺에서건 外勢의 使嗾건 그 複合的인 要因에서건 表音派가 得勢하였었다.

中國에선 毛澤東이 漢字폐지를 窮極의 목표로 라틴化(로마字化) 運動을 벌였고 日本에서도 한때 中國의 文字改革 운동에 자극을 받은 일이 있어 漢字 없애자는 방향의 文化行政을 하는 것이 進步의 方向이라고 생각하는 이가 있었으며 韓國 또한 한글專用의 氣流 속에 漢字 없애려는 努力이 계속되어 傳統漢字의 受難은 계속되어 왔다.

그러나 現在 그런 氣運은 대체로 퇴세인 듯하다. 中國이 簡字로 활발한 識字敎育이 행해지고 있으며 컴퓨터의 登場(情報工學의 發達)으로 漢字가 蘇生해 가고 있다. 鈴木修次는 「漢字再發見」이라는 책에 「中國의 最高智慧가 낳은 最高傑作 「漢字」는 傑出한 表現力·情報力·經濟力을 가지고 있다」는 指摘을 하고 있다.

中國의 常用漢字 3,500字(常用漢字 2,000字, 次常用漢字 1,000), 臺灣의 常用漢字 9,207字(常用 4,808, 次常用 4,399字), 日本이 1,945(人名用 漢字 166字 118字 追加, 日本工業規格 6,353), 韓

國은 漢文敎育用 基礎漢字 1,800字 韓國語文敎育硏究會 등 4個團體 共同으로 만든 常用漢字案 2,000字, (韓國標準硏究所選定 컴퓨터用 漢字 4,888字), 北韓 敎育用漢字(大學까지의) 3,000字는 各各 字種이 다른 것이 있지만 이 정도 數字의 漢字면 古典 읽기나 學術을 硏究하기에는(臺灣은 充分) 不足한 느낌이지만 그런대로 文化 交流나 交易上 그 所任을 다하는데 큰 몫을 할 수 있다고 생각한다.

그런데 問題는 中國의 簡字가 古典解讀이나 文化交流, 또는 交易上 큰 장애 要因이 되는 것이 아닌가 한다. 簡字의 出現이 漢字專用인 中國, 특히 二次大戰후 文盲이 많았던 中國大陸에서 외우기 쉽고 쓰기 쉽고, 使用하기 쉬운 長點이 있기 때문에 勞動者·農民·兵士·그리고 어린이들이 글자를 익혀 여러 가지 지식을 習得하는데 使用하기 때문에 환영을 받았었다는 점에서 肯定的인 점을 認定하면서도 앞에서 指摘한 바 있는 否定的인 面 또한 적지 않음을 指摘하지 않을 수 없다.

漢字의 어려움은 특히 쓰기[書寫]에 있다. 例컨대 '龍·龜'자가 여러 漢字 가운데 있을 때 그 識別이 어려운 것이 아니며 그 글자 쓰기가 어려우므로 '竜·亀(韓·日)'와 같은 略字化가 필요한 것이다. 그러나 컴퓨터의 登場으로 글자쓰기의 어려움은 크게 덜어지게 된 것이다.

1986. 1. 13 中國言語文字工作會議에서 文字言語方面 敎育責任者인 政治局員 胡喬木의 講演에서 "字典·百科事典 및 컴퓨터의 漢字記憶裝置에 많은 어려움이 수반하는 것을 피하기 위해 1977년에 公布한 第2次案의 110개 簡字의 使用을 중지하는 동시에, 社會에서의 用字의 혼란현상을 시정하는 조치를 취할 方針이다"라고 한 것은 簡字에 대한 再檢討도 있을 것임을 示唆한 것으로 보인다.

"漢字의 情報化는 漢字의 敎育·學習·打字·文選·組版·印刷와 檢索을 포함하여 특히 컴퓨터는 漢字를 이용할 수 있게 해야 한다. 이 문제가 해결되지 않는다면 우리나라 工業化, 近代化에 매우 不利하다"라고도 하고 具體的 原則과 方法을 提示하고도 있다.

中國의 簡字, 日本의 略字는 國家次元의 것이지만 韓國의 사정이 다르다. 다만 韓國語文敎育研究會(1981. 語文研究 30호 一潮閣)의 新聞用 略字(試案 181字)가 있을 뿐이다.

이 略字(簡字) 문제는 三國이 共同研究機構 같은 것을 만들어 最大限 一元化하는 作業으로 共同利益을 追求하는 노력이 있었으면 한다.

〈『語文研究』 第72號, 韓國語文敎育研究會, 1991.〉

漢字文化圈內 共通常用漢字 字形과 字數統一의 意義와 統一案

筆者는 1991년, 94년, 96년 3回에 걸친 國際漢字會議에서 각 論題를 가지고 발표한 바 있다. 21세기는 東北亞時代라 하고 漢字威力發揮時代라고도 한다. 특히 최근 香港이 中國의 품으로 돌아간 것은 中國의 回生을 알리는 靑信號요, 國民 總生産이 2030年에 美國을 앞지를 것이라는 新聞報道는 그 동안 西勢東漸으로 萎縮되었던 東洋文化, 東洋倫理, 바꿔 말하면 精神文化의 回生이며 漢字의 恢復勢를 촉진시킬 것임은 분명하다.

같은 漢字文化圈이라 하더라도 각각 漢字使用 歷史의 장단이 있고 字音·字形·字義 등 각각 相異한 변화로 제대로 共用文字로서의 機能을 다하는데 支障이 있다. 特히 簡體字나 略字가 만들어지고 또 使用方法에도 異同이 생겨 意思疏通이 잘 안되고 筆談도 어려워지게 된 현황이다.

韓·中·日 三國이 東北亞時代의 主役들이요, 漢字使用圈은 날로 躍進해갈 조짐이다. 漢字의 四難(難認, 難記, 難寫, 難用)이란 指摘 그대로 그런 일면도 있었으나 이제 컴퓨터의 發達로 難寫의 負擔이 해결되었고 로마字文化圈의 번성으로 지나치게 表音文字優位論이 일반화하다시피 되었던 과거와는 달리 漢字의 여러 長點 즉 視覺性·造語力·縮約力이 뛰어나고 簡潔·正確하며 時空을 超越한 點 등 漢字의 秀越性이 再認識되고 있다. 漢字落後論은 청산되어야 하며 物質 文明에 짓눌렸던 東洋三國은 찬란했던 東洋文化의 繼承發展에 제휴·협조해야 한다.

漢字는 작게는 같은 文化圈內를 여행할 때 出入國申告書라도 쓸 수 있어야 하고 道路 標識板이나 看板, 交換되는 名啣이라도 읽을 수 있어야 하며 간단한 用語로 筆談이라도 할 수 있어야 함은 물론이요, 크게는 文化交流·情報交換·交易 등 여러면에서 漢字 正体字(繁体字) 回生으로 東洋 三國의 後孫들에게 공익을 주어야 하며, 大乘的 次元에서 舊怨을 씻고 政治·經濟·文化 등 모든 면에서 관계를 鞏固히 함으로써 未來 人類共榮에 기여할 수 있는 길을 서로 찾도록 노력해야 한다. 이것이 漢字文化圈內 共通常用漢字 字形과 字數統一의 意義이기도 하다.

1. 漢字文化圈內 共通常用漢字 字數의 統一案

筆者는 第3回 大會에서 韓(北韓 포함)·中(臺灣 포함)·日의 常用漢字

韓國은 常用漢字 2,000字와 準常用漢字 1,500字
中國은 常用漢字 2,500字와 次常用漢字 1,000字
日本은 常用漢字 1,954字 외 人名用 漢字 284字(現在)

를 資料로 1,996字의 韓·中·日 共通常用漢字案과 東洋 三國의 東洋 典籍을 읽는데 必須的인 漢字 중에서 367字를 追加字로 提案하고 일차적으로 教科書·公用文書 등이나 컴퓨터에서 正体字로 돌리는 共同努力을 제안한 바 있다. 아울러 韓·中·日 通用의 略字(簡字)는 現實化하는 것이 필요하다는 意見을 덧붙인 바 있다. 그런데 第3回 大會 共同發表文 發表 및 討論會議에서 日本側에서는 統一 漢字는 康熙字典 所載의 漢字를 基本으로 하자는 案이 提示되었다. 中國側에선 調査硏究의 선행을, 臺灣側에선

常用漢字 統一의 前提가 되는 異体字 硏究結果에 대한 發表가 있었다. 前回 大會에서 發表된 中·日 代表들과 筆者의 所論을 기반으로 하고 기왕의 硏究를 참고로 하여 筆者의 '漢字 字形統一案'을 전개하려 한다.

回顧해 보면 漢字衰退의 歷史는 越南의 로마字化를 시발로 中國의 로마字化·簡體字化運動, 南·北韓의 한글專用運動, 日本의 終戰後 漢字制限 氣運의 情勢下 漢字衰退는 漢字自体에도 문제가 있었겠지만 아무래도 外勢에 의한 영향이 컸음을 否認할 수는 없을 것이다. 현재의 大勢는 漢字 恢復勢에 있다고 할 수 있다. 이 漢字 國際大會가 그 證票라고 생각한다. 漢字文化圈內의 新參諸國의 同參은 매우 慶賀스러운 일이다.

簡體字가 古典解讀이나 文化交流 또는 交易上 큰 障碍要因이 되는 것이 아닌가 한다. 簡體字 出現이 漢字專用인 中國, 특히 二次大戰 후 文盲이 많았던 中國 大陸에서 記憶하기 쉽고, 書寫하기 쉽고, 活用하기 쉬운 長點이 있기 때문에 勞農과 兵士, 그리고 어린이들이 글자를 익혀 여러 가지 知識을 습득하는데 사용하기 때문에 歡迎을 받았다는 점에서 肯定的인 점을 認定하면서도 否定的인 面을 지적하지 않을 수 없다.

2回 大會에서 臺灣의 陳新雄博士(臺灣 師範大學 敎授)는 "漢字文化圈內의 圓滑한 漢字使用을 위한 提案"에서 中國의 文字簡化目標를 소개 비교하고 文字簡化의 결점으로

(1) 文字의 簡化는 中國의 古音体系를 문란시킨다.
(2) 文字의 簡化는 中國文字의 藝術性을 파괴시킨다.
(3) 海峽兩岸 同胞들이 人情을 나누는 것을 방해한다.
(4) 全世界 中國人들의 一體感을 저해시킨다.

라는 指摘을 하고 "中華民族이 數千年 동안이나 하나의 國家로 응집할 수 있었던 까닭은 統一된 文字의 共通 歷史, 그리고 孔子의 精神이 있었기 때문이다."라는 前 臺灣 師範大學 魯實先

敎授의 소론을 덧붙이고 있다.

2. 漢字 文化圈內 共通常用漢字 字形의 統一案

제3回 國際漢字會議에서 日本側이 統一漢字는 康熙字典 所載의 漢字를 基本으로 하자는 案을 제시한 것은 正字體 回歸라는 大原則에서 一應 肯定的으로 생각할 수 있다. 本論을 誘導하기에 앞서 筆者의 關係論文集 《東北亞時代와 漢字·漢字敎育》目次의 大綱을 적어보면 다음과 같다.

(1) 韓國略字

筆者는 '한국 略字에 대하여'라는 一文을 쓴일이 있다. 그 論文에서 韓國 古文獻에 나타난 省畫·略畫 一覽을 보인바 있다. 1967년 11월에 文敎部에서 略字 542字를 制定한 일이 있었다. 그러나 당시 한글專用論者들은 "어리석은 일, 二重負擔을 주느니 차라리 한글專用을"이라 했고 "儒林側은 略字보다는 차라리 正字를"이라 해서 또한 反對를 했다. 한편 略字贊成論者들까지도 글자數가 너무나 많아 그야말로 負擔이 되는데다 草書體를 포함해서 너무 生疎한 것이 많자 '愼重을 期하라'는 소리를 높였다. 결국 略字 論議는 흐지부지되고 말았다.

그러다가 1981年 10月 韓國語文教育硏究會에서 181字의 略字(委員長 金斗燦)를 制定하여 各 新聞社에 대해 그 사용을 勸奬했고 1983年 4月에 이르러 朝鮮日報가 1次的으로 略字 90字를 채택하기에 이르렀다. 그러자 日本 新聞들이 이 問題를 取材報道함에 있어 "民族紙인 朝鮮日報가 드디어 日本式 略字를 採擇하기에 이르렀다 하고 90字 중 한 字를 뺀 모두가 日製略字"라고 했다.

韓國語文教育硏究會에서 略字制定을 한 일이 있어 筆者는 日本言論의 "90字 중 89字가 日製略字"라는 등의 報道에 대한 反駁 論文에서 韓國 古文獻에 나타난 略字(省畫·略畫된 글자나 俗字 異體字 등 包括的인 뜻으로)를 調査하여 그 90字가 韓國 古文獻이나 中國 文獻에 根據가 있음을 밝힌바 있다.

筆者가 그 前에 調査한 韓國 古文獻은 名家筆譜(卷 1은 新羅의 眞興王巡狩碑·高句麗 廣開土大王陵寢碑文이나 崔致遠·申崇謙 등의 筆跡으로부터 卷 6은 朝鮮 高宗朝까지의 人物中 名筆家들의 筆跡을 收錄해 놓음) 등 1860年代까지의 文獻, 日本略字의 영향을 받았다고 생각할 수 없는 時期의 文獻으로 限定했다. 그 文獻은 다음과 같다.

『均如傳』, 『三國史記』, 『三國遺事』, 『高麗史地理志』 137卷 중 56~58, 『慶尙道地理志』, 『釋譜詳節』, 『世宗實錄地理志』, 『訓民正音註解本』, 『月印釋譜』, 『三綱行實圖』, 『石峰千字文』, 『大東輿地圖』, 『大東地志』 등 36種의 文獻이다.

省畫·略畫 一覽 中에서

韓·中·日 三國 共通常用漢字案 硏究에 포함된 例의 일부는 表와 같다.

巠	示	臣	𠂤	皀	㓜	吅	巛	炏	𦥑	𦥯	爿	ノ	一	丶
圣		刂 鑑			⺍		⺍	⺍		⺍		皆 階	殼 廣 勤 難	
齊	雚	𢇇	𢇍	睪	𠅃	亞	屬	發	䜌	萬	良	辭	蜀	詹
					襄						良			
夾	虛	⺤	處	艹	辶	參	⺤	爿	盞	羽	夂	兟	艮	八
		ク						丬				㚘	艮	曽

個別化 略字 岩←巖 亀←龜 囗←国←國
塩←鹽 来←來 竜←龍
窃←竊 礼←禮 声←聲
鉄←鐵 双←雙 尽←盡
献←獻 岳←嶽 号←號

(2) 北韓의 略字

南·北韓의 略字 使用實態는 앞의 「韓國略字」로 把握할 수 있지만 南北 分斷 이후의 北韓에서의 略(簡)字 使用實態를 '조선사회과학원 언어학연구소 편찬, 조선교육도서출판사(중국 흑룡강 조선민족출판사)'에서 發行(1991. 4. 11)한 '한자말사전' 索引에 의해 살펴보면 다음과 같다. 지나친 僻字는 除外.

(辞)辭 (蚕)蠶 (姉)姊 (旦)擔 (壱)壹 (円)圓
(斗)鬪 (体)體 (悪)惡 (為)爲 (点)點 (窃)竊

茎径

(辺)邊 (台)臺 (号)號 (団)團 (処)處 (盖)蓋
(帰)歸 (岩)巖 (変)變 (節)節 (伝)傳 (畫)畫
(継)繼 (万)萬 (亀)龜 (楽)樂 (腸)腸 (価)價
(並)竝 (旧)舊 (双)雙 (薬)藥 (学)學 (剤)劑
(与)與 (湾)灣 (属)屬 (豊)豐 (虫)蟲 (断)斷
(余)餘 (参)參 (嘱)囑 (献)獻 (宝)寶 (間)閒

대체로 南韓에서 通用되고 있고 日本 採擇의 略字와 일치한다. 南韓에서 忌避하는 臺(台) 鬪(斗)까지 採擇한 것은 異色的이다. "返·迎·迫·退" 등 자주 쓰이는 것은 중국식 '辶'을 취하고 "迂, 迤, 逌" 등은 政體字"辶"을 취한 것은 活字 사정으로 그렇게 된 것이 아닌가 한다.

'娛·誤' 등은 吳, '直·値' 등은 '直'이다.

(3) 日本略字

日本은 1981年 3月 23日 「常用漢字表」(國語審議會 最終答申)가 作成되었는데 常學圖書編 "新しい國語の表記"(1981. 5. 11 發行)에 따르면 常用漢字 1,945字 중 357字의 略字를 一覽表로 보이고 있다. 다음의 「新舊字體對照表」가 그것이다.

※ 「常用漢字表」 의 新舊字體와 對照는 明治以來의 活字字體와의 連繫性을 보이기 위해 康熙字典體 活字를 括弧 안에 넣어 들어 놓은 것이다.

※ 이 資料에는 ① 艹 (++ 초두) 辶 (辶 책받침) ② 青 (靑), 主 (主), 舍 (舍), 羽 (羽), 終 (終) 등과 같이 顯著한 差異가 없는 것은 빼었다.

新字形	旧字形	新字形	旧字形	新字形	旧字形
臓	臟	獣	獸	亜	亞
胆	膽	増	增	偽	僞

挙	擧	寝	寢	僧	僧
銭	錢	嫌	嫌	単	單
辺	邊	寿	壽	唇	脣

(4) 中國의 簡體字

中國의 過大한 簡字, 지나치게 大膽한 簡略化 등이 中國 自體에서도 反省의 소리가 일고 있음은 "一部 簡字는 漢字의 새로운 部品을 늘리는 結果가 되었다고 하여 例컨대, '農→农'이 그것인데 '農'은 字畫은 많지만 '曲+辰'으로 분해하여 說明이 가능하다. 步→步는 '止+少'로 分解하는 것이 한 畫을 줄여 '步'로 한 것보다 낫다"는 意見提示로도 알 수 있다. 漢字 簡略化 1986年 1月 第2次案은 사용 중지가 宣言된 상태다. 어떻든 中國簡字가 韓·中·日간의 文化交流上 얼마간의 障碍가 됨은 事實이다.

中國의 新舊字形

新字擧例	新字形	旧字形	新字擧例	新字形	旧字形
冷零	⑤令	⑤令	花草	③艹	④++
净筝	⑥争	⑧爭	迪遠	③辶	④辶
拼屏	⑥并	⑧幷	社祺	④ネ	⑤示
翔翁	⑥羽	⑥羽	研形	④开	⑥幵
為搗	⑨為	⑫爲	都著	⑧者	⑨者
概慨	⑨既	⑪旣	鋪餤	⑧食	⑨食
鑛廣	⑪黄	⑫黃	廊螂	⑧郎	⑨郞

以下 略(동그라미 안의 숫자는 畫數)

上記 新旧字形對照 예는 常用漢字 實用手册(范可育 主編) 3,500의 附錄 一에 新旧字形對照 예가 나온다.

'艹ネ争并羽者為郎既殺黄虚' 등 新字形이 나오는 바 韓國 古文獻도 用例가 나오기도 하고 宋元以來俗字譜에도 그 用例가 보이는 것도 있으며 日本의 新舊字體對照表에도 있는 것들이어서 이들은 字形統一에 있어 中國의 新字体를 수용할 수 있는 첫째 條件이 될 수 있다고 생각한다.

(5) 臺灣의 常用國字標準字體

다음으로 가장 保守的인 態度를 견지해 오던 臺灣의 活用國字標準字體表라는 게 나온 것이 있다. 中華民國 71年 9月 1日 公告된 것이다. 그 甲表에 常用國字 4,808字를 收容해 있는데 中文大辭典 總字表 49,905字를 비롯, 日本基本漢字 3,000字(三省堂) 등 15種 文獻에서 楷書爲主로 選定하였고 乙表收次常用國字 6,341字(內含單位詞 9字) 丙表에 收罕用 4,399字라는 게 있다.

그런데 '取其筆畫取簡字 例如 取靴不取鞾 取舉不取擧 取其使用最廣者 例如 取炮不取砲 取疏不取疎(以下略)' 등 選定原則이 들어 있다. 그 常用漢字 標準字體表에 의하면

兎

餘 禮
館
俞

鈴
祠

領 祕

등이 康熙字典體가 아님에도 標準國字로 選定되어 있음은 中(大陸)·日 常用漢字를 念頭에 둔 것이 아닌가 하며 進取的인 태도를 보인 것으로 贊意를 보낸다.

이 臺灣의 常用漢字 標準字體表는 共通常用漢字 統一의 둘째번 資料가 됨직하다.

(6) 新嘉坡의 簡體字

新嘉坡는 1969年 頒行 502 簡體字表를 正式 採用한 바 있는

데 中國과 日本의 簡體字를 比較하여 中·日이 完全히 같은 簡體字, 日本에는 없고 中國에는 있는 簡體字, 中國에는 없고 日本에는 있는 簡體字, 中·日이 약간 또는 상당한 程度의 差異를 보이는 簡體字를 比較 檢討하여 統一字體를 選定하고 있다. 그 例의 일부를 들면 다음과 같다.

中·日 完全相同的 簡體字에서 選用
宝↓寶 ↓參 蚕↓蠶 ↓辭 ↓擔
点↓點 ↓會 旧↓舊 礼↓禮 ↓亂
日本에 없는 간체자로 중국에서 選用
↓筆 ↓衆 ↓龜 ↓務 ↓華
中國에 없는 간체자로 日本에서 選用
↓隨 ↓收 奇↓畸 希↓稀 坐↓座
日本·中國 간체자 중 차이 있는 것 選用
変↓変 庄↓庄 ↓處 气↓氣 ↓齊

이상 研究를 根據로 筆者가 1996年 11月 東京에서 열린 第3回 國際大會時 "韓·中·日 共通常用漢字選定案 研究"에서 提示한 바 있는 韓·中·日 共通常用漢字 1,966字(共通常用漢字 1,632字 + 韓中·韓日·中日 共通常用漢字 364字) + 三國 共通常用漢字 追加字 367字 = 2,363字(別添)의 ① 標準字體案 ② 標準略體字案을 提案하고자 한다.

1. 韓·中·日 三國에서 歷史的으로 略字(簡字) 使用例가 없는 것은 康熙字典體를 標準字體로 하는데 異議가 없을 것이다.
   家加佳歌街架各干 …… 一丁七三下大上不 ……
2. 臺灣의 常用國字標準字體表에서 受容한 字體를 共通常用標準字體로 한다.

嫌	女	偽伴令	人
層	尸	冷	冫
廓郎	广	場	土
僧愈愉	心	尊	寸
都者	者	嶽巌岳岩	山
謠説謙	言	強	弓
館飽餘飢	食	扇	羽
邊送迅	辵	脚脱	肉
静青	青	蠶蟲虫	虫

3. 中國에서 簡體字로 採擇한 常用字 중 韓·日 등에서도 같은 字形으로 사용하고 있는 것은 共通常用標準略體字로 하여 그 쓰기를 許容하기로 한다.
4. 韓·中·日에서 사용하고 있는 略(簡)字 중 特히 그 字形이 類似한 字로 各國 代表機構에서 論議하여 互讓의 精神으로 한 字形을 정하여 共通常用標準略體字로 하여 그 쓰기를 許容한다.

   単-单 対-对 辺-边 処-处 変-变 庄-庄(以下 略)

3. 草書體의 正字로의 原狀復舊 問題

草書化部首

爿 馬 貝 鳥 糸 金 食 門 車 見 頁 言 魚 常用漢字·次常用字 중 總計 410字이고 다른 部首에 들어 있는 草書體도 있는데 이를 합하면 462字다.

草書體는 쓰기를 쉽게 하기 위해 自然發生的으로 생겨난 오래된 書體이므로 그 生命이 維持될 것은 틀림없겠지만 컴퓨터 時代의 到來로 이제는 많은 畫의 漢字라도 그 音과 訓, 그리고 그 形만 익히면 쓰기의 어려움은 덜어주게 되었으므로 1次的으로 컴퓨터에서라도 이를 正字로 原狀復舊되었으면 하는 것이다.

이들 部首字가 古來로 韓·中·日에서 草書體로 쓰여온 것이 事

實이어서 生疎한 것은 아니나 中國에서 이 草書體를 部首字에도 導入한 것은 '簡字總表 第3表'에 의하면 1字當 19畫이지만 邊과 旁을 簡略化한 후 11畫으로 줄었다는 事實에서도 這間의 消息을 읽을 만하다. 簡化의 方便으로 部首를 草書體로 한 것이 分明하다.

그런데 草書體를 導入한 것은 오로지 中國뿐이요 韓·北韓·日·臺·新嘉坡(例 : 軽·絵)가 모두 正字體이므로 이는 中國側이 正字體로 돌리는 勇斷이 있으면 좋지 않을까 한다. 그런데 新嘉坡의 境遇 部首外 位置에서는 草書體로 하고 있다.(例 : 陈·渔)

康熙字典體론 '⻍'이 中國은 '⻌', 日本은 '⻎', 韓國은 古文獻(名家筆譜·月印釋譜<世祖朝, 15世紀 中期以後>)에 "遺, 運, 道, 遇, 進" 등이 나오고 中國의 宋元以來俗字譜에 모두 "迎·送·逃·退·造·追·還"처럼 '⻎'다. 歷史的으로 韓·中·日이 '⻌'로 一致하고, 臺灣도 같다. 다만 中國(北韓·新嘉坡)이 '⻌'을 簡體字로 擇한 것은 簡字總表第1表, 第2表는 繁體字 1字當 16畫이 平均 8畫으로 되었다는 統計로 뒷받침되듯이 1畫이라도 더 줄이겠다는 意識의 所産으로 본다.

⻍·⻌·⻎ 三字 중에서는 '⻎'이 藝術性과 歷史性이 있어 보인다. 다만 1畫이라도 줄이는게 좋겠다는 意見으로 기울면 그것도 無妨하다. 그러나 '聂 · 垒·步' 등의 글자보다는 '聶·畾·步'로 쓰고 "'聶'은 세 개의 '耳'字로 構成된 글자, '壘'는 세 개의 '田'字로 이루어진 글자, 그리고 '步'는 '止'와 '少'가 上下 結合된 글자"로 說明하면 字畫은 조금 많더라도 容易하게 읽힐 수 있지 않을까 한다. 무리하게 字畫만 줄이려 애쓰는 것보다 造字精神에 어긋나지 않으면서 쉽게 使用할 수 있는 글자는 그대로 두는 것이 옳다고 생각한다.

같은 理致로 "單→単单, 勞→労劳"로 略字化하느니보다 "'口' 둘, '火'" 둘로 기억하면 記憶하기도 쉽고, 康熙字典体도 살릴 수 있어 原形保存이 되어 좋지 않을까 생각한다.

大漢和辭典으로 有名한 諸橋轍次가 「漢字漢語談義(1961. 10.

東京 大修館書店)」에서,

> "◈ 魯迅이 '漢字가 망하지 않으면 中國이 亡한다'하고 '漢字의 運命(筆者 注 倉石武四郞)'을 論하는 사람이 있다. 魯迅 같은 憂國詩人의 말은 일단 尊重한다. 그러나 표현이 그럴듯하다고 해서 그것이 事實이라고 할 수는 없다. 逆으로 말하면 漢字는 中國사람이 世界에 남긴 훌륭한 文化財다.
>
> ◈ 國字나 國語는 民族의 永遠한 重大問題다. 그 重大問題를 어느 시대, 어느 특정 정부나 특정의 사람들이 規制하려고 생각하는 것은 妄佞된 것이라고 생각한다. 더 謙虛하게, 그리고 愼重하게 생각하지 않으면 돌이킬 수 없는 失敗를 自招하게 되는 것이다."

라고 한 것은 不屈의 意志로 平生을 東洋最大의 大辭典을 펴낸 著者의 永遠의 眞理를 담은 貴重한 意見이 아닐 수 없다. 文化的 良識이 있는 이의 重大한 警告다.

이상 筆者가 第3回 東京大會에서 發表한 '韓·中·日 共通常用漢字案研究'와 이번 大會에서 내놓는 '漢字文化圈內 共通常用漢字 字形과 字數統一의 意義와 統一案'이 東洋 漢字文化圈內 各國語文學者와 政府當局 擔當者들의 協議資料로써 活用되기를 期待한다.

以下 本 研究 관련 資料는 『月刊朝鮮』 '97. 1에 揭載된 '韓·中·日 共通常用漢字案 研究'와 韓國語文敎育研究會 刊 『東北亞시대와 漢字·漢字敎育(1996. 11. 20 南廣祐)』을 참조바람.

〈『語文研究』 第96號, 韓國語文敎育研究會, 1997.〉

基礎漢字 活用度 統計考

Ⅰ.

1972. 8. 17에 발표된 中·高校 漢文教科用 基礎漢字 1,800字를 두고 '古典讀解취지에 어긋난 選定[245]이란 批判이 있다.'

1) 古文에서 많이 쓰는 漢字 빠져

2) 漢文教育에 글자 制限 무의미

3) 文章에 重點, 쉬운 教材 자유롭게 선택하게 해야

라는 副題가 달린 一文이다.

이것은 문교부가 표방한 대로 漢字교육 아닌 漢文教育을 함으로써 '古典文化를 理解繼承하고 漢文 文化圈과의 調和를 이룬다'는 관점에서 論한 것으로 보인다. 그런 面에서 보면 그 論旨에 同感이다.

그러나 우리말의 太半이 漢字語요, 그 우리말의 脊椎를 이루고 있는 것이 漢字語여서 그 漢字語의 母胎를 이루는 것이 漢字이므로 國民學校부터 國語教育의 一環으로 漢字教育을 하는 것이 바로 국어교육의 지름길이라는 論據로써 漢字教育을 주장하는 筆者로선 이번 基礎漢字數나 그 選定된 字種에 대해선 그다지 큰 異議를 提起할 생각은 없다.

---

245) 任昌淳, 中·高校 基礎漢字 제정을 보고, 1972. 8. 25. 中央日報.

다만 筆者는

1. 國民學校 1학년부터 國漢混用의 교과서에 의해 國語敎育의 一環으로 漢字敎育을 할 것
2. 각급학교의 모든 교과서를 國漢混用 교과서로 할 것을 궁극의 목표로 할 것
3. 그 위에 中·高校에서 漢文敎育이 强化될 것

을 念願하는 바 基礎漢字 選定 礎定에 즈음하여 私見[246]을 편 일이 있고 常用漢字制定을 提唱-敎育用 基礎漢字를 常用漢字로 하고 姓名用漢字追加 등 補完이 필요하다-[247]라는 一文을 쓴 일도 있다.

한글전용이란 대원칙을 고집한다고 하더라도 적어도 敎育面에 있어선 그 効果의 能率化를 위해서 漢字교육이 復活强化되어야 한다. 하물며 한글전용이 得보다 失이 많다는 判斷이 옳다면 공연한 名分論에 얽매여 損害를 自招할 것이 아니다.

필자의 생각으로는 우리나라로선 한글전용이 得보다는 失이 많다는 判斷이다. 中·高校 卒業生이 제나라 신문을 제대로 못 읽고 義務敎育을 마쳤으나 進學할 수 없는 사람들이 漢字를 모름으로 해서, 自學自習조차 할 수 없고 社會에 適應할 能力도 없이, 量産된 半文盲의 一員으로 落後되고 마는 것이 利로울 것이 하나도 없다.

혹 어떤 이는 '漢字의 母國인 中國에서도 漢字는 폐지시키는 방향으로 나아가고 있다. 더구나 훌륭한 한글을 가진 우리가 어려운 漢字를 사용하려고 고집하는 것은 부당하다'고 한다.

그러나 냉철히 생각해 보면 中國의 경우는 우리의 경우와 다르다는 것을 인식하게 될 것이다. 여기서 中國이라 함은 中共을

---

246) 拙稿, 漢文교육 앞선 漢字교육 緊要, 讀書新聞 1972. 6. 18.
拙稿, 漢文敎育用 基礎漢字 選定을 보고, 새교육, 1972. 8월호.

247) 拙稿, 孫洛範敎授 回甲紀念論文集.

의미하는 것인데 그들이 漢字폐지를 생각하는 것은

1. 中共은 漢字專用의 나라다.
2. 文盲이 너무나 많다.
3. 改革主義者(共産主義者)들의 窮餘之策이다.
4. 그러나 당장 漢字를 없애겠다는 것은 아니고 오랜 歲月을 필요로 할 것을 前提로 하고 있다.
5. 成功할 것이라는 保障이 있는 것도 아니다.

그런데 우리나라의 경우는

1. 表意文字인 한글이 있어 表意文字인 漢字와 混用하면 서로 그 長點을 살릴 수 있어 무제한 漢字使用의 필요는 없고, 1,500字~2,000字 정도로 足하다.
2. 이 정도의 漢字數라면 그 習得이 그렇게 어려운 것이 아니다. 과거 우리의 先驗도 있지만 이웃 日本의 實驗도 있으며 小學校에서 996字를 가르치고 當用漢字 1,850字(人名用 92字 別途)가 실용되고 있다. 漢字의 視覺性·造語力·縮約力 등 長點을 최대한 이용하는 것이 賢明하다.
3. 甲午更張후 一時 한글전용의 신문이 나왔었던 것은 당시 학교 敎育이 보급되지 않고 文盲이 많던 實情下 時代的 意義가 있었다 하겠으나 義務敎育에서 1,000字 정도의 漢字를 가르쳐 내보내면 앞에서 言及한 社會生活에 適應할 수도 있고 自學自習의 能力도 길러질 것이다. 모든 學術書籍이나 技術書籍이 漢字知識없이 讀解하기 어려운 것이 現實인 것이다.

日本이 漢字 가나混用을 하고 敎育漢字를 小學校 1學年부터 모든 敎科書에 混用해 가르치는 理由가 得이 많다는 判斷에서 온 것이다.

물론 우리 한글이 日本의 가나보다 長點이 있는 것은 사실이다. 日本에선 한 字의 漢字가 여러 音節로 읽히는데 比해서 우리나라에선 一字一音節로 되어 있어 音節이 늘어나지 않는다는

長點이 있다.

그러나 근본적으로 우리나라 漢字音은 490音(가 각 간 갈 감 강……)밖에 없는데 辭典에 실린 10數萬單語의 漢字語를 한글로만 적어서 그 識別이 어려울 것은 自明한 일이다. 이것을 한글로만 적어도 그다지 불편이 없다는 것은 漢字知識이 있는 한글전용 主張者들의 强辯은 될지언정 眞理는 아니다. 表意文字인 漢字의 意味把握이 쉽다는 것은 그 視覺性에 있는 것으로 누구나 아는 常識 以前의 얘기인 것이다.

문제는 漢字의 短點인 글자의 過多, 劃數가 많아 어려운 글자가 있다는 점 등을 고려해서 漢字漸減의 方案 摸索과 略字·代用字 制定이 필요한 것이다.

또 한 가지는 漢字敎育의 科學的方法이 硏究되어야 할 것이다.

日本의 경우, 漢字의 音과 訓이 여러 갈래여서 漢字교육이 지극히 어려움에도 불구하고 이 어려움을 克服시키고 있으며 小學校 4學年 교과서부터는 日語를 로마字化해서 읽기와 쓰기도 가르치고 있음은 사회에서 通用되고 있는 漢字나 로마 字를 의무교육에서 가르쳐 社會生活에 適應할 수 있는 能力을 기르자는 積極的 姿勢라 하겠다.

이제는 방황하지 말고 國民學校부터 漢字교육을 행하여 半文盲 量産의 과거를 청산할 때다.

Ⅱ.

漢字의 造語力을 알 수 있는 통계로는 '國語學習에 있어서의 漢字의 必要性'[248]에서 常用漢字 1,000字나 1,300字의 活用度를 조사해서 提示한 것이 있다(東亞出版社刊 漢韓大辭典 依據).

이에 의하면

---

248) 黃龍秀, 「中央大 語文論集」 第三輯, 1964. 9.

1,000字가 앞에 놓여 이루어진 말 總數 64,727
1,000字 相互結合으로만 이루어진 말 總數 40,550
1,300字가 앞에 놓여 이루어진 말 總數 74,401
1,300字 相互結合으로만 이루어진 말 總數 54,422

라는 것이다.

이런 놀라운 造語力이 바로 국어교육의 一環으로 漢字教育을 國民學校부터 해야 된다는 理論的 근거의 하나가 되는 것이다.

다음 통계는 基礎漢字 1,800字가 漢字語의 앞뒤에 놓여 이루어지는 單語數를 漢韓大辭典에 依據 調查한 것이다.

個別字 造語數 중, 前 1,300字에 들어 있던 것은 그 통계를 이용하고 追加된 글자는 따로 조사시켜 통계를 낸 것이다.249)

그에 의하면,

① 基礎漢字가 앞에 놓여 이루어진 말 總數 84,942
② 基礎漢字가 뒤에 놓여 이루어진 말 總數 13,532
③ 中學校用 基礎漢字가 앞에 놓여 이루어진 말 總數 62,374
④ 中學校用 基礎漢字가 뒤에 놓여 이루어진 말 總數 9,855
⑤ 高校用 基礎漢字가 앞에 놓여 이루어진 말 總數 22,568
⑥ 高校用 基礎漢字가 뒤에 놓여 이루어진 말 總數 3,677

이 통계를 놓고 다음과 같은 점을 指摘할 수 있다.

1. 1950년 選定 常用漢字 1,000字 가 앞에 놓여 이루어진 말 總數가 64,727임에 比 하여 이번 확정된 基礎漢字 中學校用 900字가 앞에 놓여 이루어진 말 總數는 62,097이다.

2. 中·高校用 基礎漢字가 각각 900字 인데 高校用 900字가 앞에 놓여 이루어진 말 總數는 22,568이다.

3.中學校用 기초한자가 高校用에 비해 훨씬 活用度가 큰 漢字들이 選定된 것이라 하겠다.

---

249) 中大 國語國文學科生 朴基遠 조사통계.

4. 中·高校용 基礎漢字로서 100單語 이상의 造語力을 가진 漢字는 다음과 같다.((　)票는 高校用)

家加假間減强開客乾結輕經古高曲空工公共過觀官光廣交敎九口舊國軍權極金氣(奇)(機)南內女年農多單當大代對道都獨同東動落雨連(靈)禮老論(龍)流六理利立馬萬望面明名木武無文物美未民半反發方放白百法別兵病保複本北分佛不飛非四死事私山三上商相常色生西書石先成聖世細小所素水手受數修時詩食新信神實心深十惡安愛野藥洋魚(御)言餘五玉溫王外用雲遠原元月有遺肉銀陰意義二異人日一入子自作(殘)(雜)長再赤典前全戰轉(絶)正定政精朝宗左酒主中重地至直眞參千天鐵靑淸草初秋春出親太土通退特破八平風下學寒合海解行虛血紅火花和畵黃(回)會橫後黑

以上245字(中236字 高9字)

5. 中·高校用 基礎漢字로서 10單語以外의 造語力을 가진 漢字는 다음과 같다.

鋼慨距憩遣絹頃竟卿溪械系稿哭戈較懼鷗菌介僅禽其豈畿那諾乃奈惱但壇旦潭畓挑豚桐絡覽掠諒梁憐賴漠眠勉貌矛睦茂戊憫泊妨倣培輩栢範遍膚墳弗婢妃似祀床裳嘗塞恕昔析蔬栗誰雖帥遂孰盾瞬殉戌拾氏甚芽央殃涯厄也耶壤憶焉余汝予亦域然泳詠譽鳴娛梧曰謠欲慾于又云謂酉惟裕愈閏泣矣貳而刄壹慈姿玆墻哉栽滴績跡笛摘蹟蝶際堤宙洲憎症只之池姪秩且捉暢拓徹肖礎丑恥値墮托濯琢塔殆怠頗篇胞票楓奚絃亨兮乎禾壙穫況獲劃噫熙

以上191字다.

6. 이 辭典에 실린 漢字語가 모두 日常生活에 쓰이는 말들이 아님은 물론 이다. 그러나 모두 현재 쓰이거나 과거에 쓰인 일이 있는 말들임이 또한 틀림없다.

그런데 이 辭典에 빠진 말 또한 적잖이 있는 것으로 보아야 할 것이다.

一例로 아폴로가 '달에 着陸'을 契機로 생긴 '月石,月塵,月人'이나 '獨募占, 合織, 亞共市, 歐共市'등 신문에 자주 登場하는 말도 빠져 있는 素地가 있기 때문이다.

7. 이 辭典에서는 標題漢字가 뒤에 놓여 이루어진 漢字語까지 收錄하는 방침으로 되어 있으나 실제로는 漏落된 것이 상당히 많다. 따라서 基礎漢字가 뒤에 놓여 이루어진 單語의 數는 統計數字보다 훨씬 더 많은 것이다.

따라서 이 漏落單語를 各字마다 따지면 中高校用 基礎漢字가 각각 뒤에 놓여 이루어진 말의 總數와 基礎漢字가 뒤에 놓여 이루어진 말 總數가 훨씬 늘어나게 된다. 한편 5)(中·高校用 基礎漢字로서 10單位 以下의 造語力을 가진 漢字)는 줄어들 것이다.

8. 基礎漢字가 뒤에 놓여 이루어진 말에서 빠진 것을 머리에 떠오르는데 로만 들어 보아도 다음과 같다.

통계數字 '0'으로 되어 있는 것에 限해 들어 놓는다.

佳(漸入-景 絶世-人 絶代-人 絶- 百年- 約 才子- 人)
各(京-部 京-司 京 -寺)
懇(勤-)
姦(和- 强- 劫- 輪- 鷄-)
甘(飢者-食 藥房-草)
降(下-急 - 投- 滑- 昇-機)
鋼(鐵- 製-)
皆(擧-)
蓋(大- 覆- 紅- 硯- 靑-花- 無-)
巨(高樓-閣 累-萬財 名門-族)
距(相- 長-離)
拒(抗- 螳螂- 轍)
乾(溫- 陽- 陰-)
兼(晝夜-行 才德-備 武-文武- 全)
驚(大-失色 勿-)
輕(重-傷 萬戮猶-)
慶(國-日 大-)
庚(武- 長-星 丙辛之年-寅頭)
頃(萬-滄波 食- 命在-刻)
徑(直- 半- 石- 雪- 行-)
卿(公- 九- 國務-)
契(默- 白- 紅- 親睦- 同窓-)
系(直- 同- 一-)
孤(幼-絶海-島 鰥寡-獨 德不-必有隣 獨學-陋)

姑(外- 大-母 小- 舅- 堂-母 老-)
稿(原- 草- 拙- 續- 舊-送- 脫- 遺- 投- 改-)
恭(過-非禮 溫-)
恐(可-)
誇(自己-示 浮- 自- 心)
瓜(白- 青- 土-)
戈(干- 倒- 兵-)
壞(破- 崩- 倒-)
救(匡- 急- 同舟相-)
俱(履屐-當 蟹網-失 百弊-存)
拘(不-)
丘(青- 圓-)
苟(阿諛-容)
狗(羊頭-肉 海-賢 窮-莫追 走-密 鷄鳴-盜 喪家之-)
懼(悚- 恐- 戒-)
群(大- 一- 魚- 成-作黨 星-)
厥(寒- 痰- 突- 陽-)
菌(細- 病- 殺-)
斤(百- 千-)
僅(捉頭- 捉尾 捉虎- 捉尾)
錦(雲- 裳)
禽(家- 野-)
肯(首-)
旣(食- 皆- 蝕)
幾(萬- 景- 體歌)
氣(和- 火- 人- 空- 血-電- 香- 精- 元- 生-殺- 冷- 寒- 感- 大-毒- 熱- 怒- 勇- 士-陽- 陰- 景- 同- 雨-天- 日- 酒- 醉- 才-根- 蒸- 産- 上- 風-通- 煙- 窮- 心- 節-義- 意- 水- 藥- 濕-失- 客- 潤- 傲- 夜-外- 憤- 浮- 覇- 有-音 無-音 無-力)
其(及-也 取-所長)
祈(春-)
企(自由-業 協同-業)
畿(近- 京-)
飢(療-)
緊(要- 喫-)
娘(姑- 紅-子 香-子)
乃(人-天)
奈(無可-何)
耐(勘- 忍-)
泥(雲- 之差 雪-鴻爪)
多(許- 過- 三- 雜- 一夫-妻)
但(非-)
壇(敎- 登- 下- 土- 石-)
檀(白-)
潭(青- 石- 集)

踏(雜- 高- 的)
逃(鎖門- 走 甫- 遁-)
跳(走高- 走廣-)
陶(青- 半農半-)
桐(梧- 海-)
洛(京-)
蘭(白- 皋- 寺 幽- 金-之契 鈴-)
爛(天眞-漫 熟-)
藍(出- 青- 洋-)
濫(氾-)
掠(劫-)
兩(進退-難)
諒(惠-海-下-直)
梁(橋-木- 膏- 子弟)
旅(軍-行-客-)
連(一-)
憐(可- 哀- 同- 搖尾乞- 同病相- 乞人 - 天)
蓮(白- 青- 愛- 說 紅- 睡 -)
嶺(峻- 雪- 高-)
六(雙-五-月 望-)
隆(興-)
梨(烏飛-落)
李(張三-四)
隣(近- 善- 交-)
磨(切磋琢-)
莫(眼鼻-開 後悔-及)
漠(廣-)

罔(勿- 昊天-極 蒼黃-)
妄(妖- 虛-)
梅(雪中- 烏- 蘭-)
埋(生-葬)
孟(孔-學)
冥(窈- 晦-)
毛(脫毛- 羊毛- 鞭毛- 九牛一- 純-)
貌(全- 片- 面- 變- 容- 美 -)
某(誰-)
矛(霜-)
沐(歸- 櫛風- 雨)
夢(胎- 一場春- 同床異- 非夢似- 九雲-)
蒙(捷解-語 童-先習 啓- 訓-字會)
卯(丁- 己- 辛- 癸- 乙-)
廟(宗- 淸- 告- 武-)
戊(丙辛夜半生-子)
貿(密-易)
墨(近-者黑 白- 唐- 紙筆 -)
勿(閑人-入 非禮-視)
未(辛- 癸- 乙- 丁- 己-)
民(國- 愛- 官- 道- 市- 郡- 面- 洞- 罹災- 窮-)
憫(憐- 矜-)
蜜(蜜- 糖- 水- 桃-)
防(國- 善-)

妨(毁－)
倣(模－ 依－)
繁(頻－)
飜(天－ 地覆)
汎(廣－)
壁(土－ 城－ 赤－賦 鐵－ 仰－)
碧(藍－)
辨(魚魯不－ 咫尺不－)
遍(普－)
丙(壬子－向)
竝(合用－書 各字－書 乞不－行)
屛(硯－ 曲－)
普(高－)
卜(門－ 考－ 乞－)
奉(遵－)
逢(相－ 雷－電別 再－春)
鳳(龍味－湯 龍飛－舞)
扶(相－相助 抑强－弱)
赴(飛蛾－火)
膚(皮－ 完－ 雪－)
附(添－ 白－子)
府(冥－ 官－)
墳(古－ 封－)
不(權－十年 無－通知 無－干涉 無所－知 獨－將軍 未嘗－)
拂(支－ 先－ 後－ 滯－ 假－)
弗(美－)
朋(親－ 高－)
婢(奴－ 轎前－ 叛－ 老－ 衙－官－)
批(文學－評 蒙－)
氷(結－ 解－ 月下－人 人造－薄－ 如臨)
聘(招－ 禮－ 迎－ 報－)
士(義－ 紳－ 勇－ 鬪－ 志－壯－ 人－ 兵－ 上－ 中－下－ 連戰－ 機關－ 演－ 海－陸－ 空－)
絲(綿－ 絹－ 繭－ 毛－ 一－不亂 混紡－合 纖－ 鐵－ 生－人絹－)
巳(己－ 辛－ 癸－ 乙－ 丁－)
沙(白－ 灰－壁)
斯(速盧不－國)
朔(滿－ 八－童 數－ 當－ 産－合－)
森(蕭－)
常(恒－ 正－ 非－ 怪－ 異－十－八九)
床(起－ 平－ 鑛－ 硯－ 溫－龍－ 河－ 海－ 高足－ 退－交子－)
嘗(臥薪－膽 未－不 孟－君)
塞(要－ 邊－ 窒－ 氣－ 窮－)
叙(追－ 暢－)
徐(紆－)
恕(容－ 惠－ 寬－ 海－ 下－

宥- 矜-)
夕(朝- 朝變-改 一朝一- 朝飯-粥 朝- 刊)
仙(神- 酒- 詩- 花- 水-花)
蘇(紫-)
昭(勿秘-示 前鑑-然)
騷(喧-)
燒(半- 全- 急-)
蔬(菜- 野- 香-)
疎(生- 親-)
屬(附- 專- 家- 眷- 隷-)
粟(黍- 寒- 罌- 儲- 滄海一-)
誰(未知鹿死-手)
壽(長- 減- 獻-祝 萬-)
須(必須)
隨(附- 大唱婦- 追- 半身不-)
孰(未知-是)
巡(初度-視)
脣(接- 上- 下-)
戌(甲- 丙- 戊- 庚- 壬-)
拾(收- 採- 道不-遺)
升(斗-活 以-量石)
氏(姓-)
愼(謹-)
晨(昏定-省 早- 迎-)
甚(深- 幸- 酷- 太- 極-尤)
十(二- 三- 四- 五- 六-七- 八- 九- 數- 權不-年 聞一知-)
阿(曲學-世 迎-)
牙(齒- 象-)
惡(極- 凶- 發- 怪- 最-俗- 憎- 好- 愛- 暴-)
巖(奇-怪石)
壓(氣- 血- 水- 高- 重-鎭- 指- 彈- 抑- 威-)
殃(災- 餘- 池魚之- 天-)
涯(生- 天-)
厄(横- 災- 宦-)
夜(暗- 漆 - 一- 晝- 月-隔-)
也(及其- 或- 言則是- 獨-靑靑)
耶(有-無-)
壤(土- 平- 天-之判 霄-之判 雲-)
楊(垂- 白-)
於(甚之-)
億(數億)
憶(記- 追- 回-)
抑(節- 寬-)
焉(於-間 終-)
如(百聞不-一見 事不-意 或-)
予(舜何人-何人)
亦(此-)
硏(藥- 炒-)
然(自- 泰- 天- 未- 遽-

突- 亦- 判- - 慨-)
硯(筆-)
燕(飛-外傳 海-)
燃(可- 內- 外-機關)
吾(三省-身)
五(望五)
烏(誰知-之雌雄 焉-)
娛(燕-)
汚(隆-)
傲(倨-)
梧(碧-)
臥(露- 高- 病- 熟- 橫-)
瓦(蓋- 靑瓷- 靑- 花頭- 仰-)
曰(或- 誰- 不可)
外(疎- 論- 除- 其- 局- 國- 城- 圈- 內- 物- 慮- 中-)
畏(後生可- 無所-)
遙(迢- 逍-)
欲(我- 名-)
慾(過- 貪- 虛- 名譽- 性- 食- 寡- 野 - 野- 物- 意 -)
于(鮮- 善- 耳屬-垣)
又(玄之-玄)
尤(怨- 怨天-人)
羽(項- 白-扇 毛-未成)
郵(航空-便 速達-便)
云(或-)
怨(含- 誰-誰咎 閨-)
院(大學- 病- 學術- 藝術- 養老- 孤兒- 醫- 修女- 修道- 寺- 學- 養育- 入- 退- 上- 下-)
威(猛- 狐假虎-)
胃(健-散)
委(典- 全權-員)
唯(天上天下-我獨尊)
猶(過-不及 萬戮-輕)
酉(癸- 乙- 丁- 己- 辛-)
幽(深山-谷 僻-)
愈(平-)
隱(三- 中- 幽- 容- 伏-)
淫(過- 白- 密賣- 荒- 行 -)
二(唯一無- 忠臣不事-君)
貳(参天-地 儲-)
已(不得-)
而(似-非 生-知之 敬-遠之 然- 聽-不聞 學-知之)
夷(四- 攘- 洋- 外- 以- 制-)
寅(丙- 戊- 庚- 壬- 甲-)
忍(不-之心)
壬(丙坐-向)
紫(山-水明 千-萬紅 靑-)
恣(放- 驕-)
昨(再-日 再-年)
潛(沈- 微服-行)

壯(雄-)
障(支- 保-)
墻(越- 隔- 連-)
再(非一 非-)
哉(快- 殆-)
栽(盆-)
爭(戰- 鬪- 論- 言- 競-)
貯(郵便-金)
赤(韓- 北-)
摘(指-)
傳(訛- 宣- 以心-心 俗- 秘- 遺- 春香- 流- 驛- 競走失-)
專(農- 工-)
蝶(蜂- 胡-之夢 白-)
亭(山- 料- 水- 八角- 射-)
除(排- 芟- 加減乘- 控- 削-)
際(國- 交- 一望無-)
組(金融-合 水利-合)
弔(謹- 三年不-)
鐘(弔- 晩- 掛-)
坐(廣- 對- 安- 乙- 反-)
朱(印- 近-近墨 近-者赤)
州(廣- 光- 驪- 坡- 楊- 全- 羅- 慶- 尙- 淸- 晋- 星- 原- 黃- 義-)
洲(亞- 歐- 濠- 五大- 阿- 美- 三角-)
遵(恪-)
即(一觸-發)
增(急- 漸-)
曾(未-有)
蒸(水-氣)
只(但-)
之(生而知- 求-不得 無故-民 鳥足-血 螢雪-功 天下-大本 一筆揮- 塞翁-馬 他山-石 漁父-利 不共戴天-讎 生-殺-指呼 -間 知己-友 金石-約 今昔-感 莫逆-友 無用-物 月印千江-曲)
遲(巧- 陵-處斬)
陳(論- 筆- 戰- 對- 一-背水- 報道- 敵- 技術-退-)
珍(水陸-味 山海-味)
陳(鋪- 久-)
姪(甥- 姨- 叔- 堂- 妻-)
秩(綠化- 官-)
且(況- 苟-)
此(如-)
慚(無- 愧-)
蒼(茫-)
滄(萬頃-波 渺-海-粟)
處(到- 各- 教務- 學生-事務-)
千(二- 三- 四- 五- 六-七- 八- 九- 數- 一騎當

-)
淺(深- 日-)
尖(去- 合-)
妾(妓- 妻- 愛- 小- 蓄- 寵-)
招(戶籍-本 百聯-解 日記-)
肖(不-)
燭(華- 燈- 紙- 洞- 洋-)
聰(聖- 一聰 天- 鈍-)
總(大-統 副-裁)
催(開-)
丑(乙- 丁- 己- 辛- 癸-)
取(爭- 戰- 搾- 奪- 喝- 略-)
稚(幼-)
七(望- 三-日)
枕(木- 衾- 高-短命 單- 長-)
浸(沈浸)
墮(倭-)
妥(未-)
托(無依無- 葉-)
濯(洗-)
琢(彫 切磋-磨)
泰(國-民安 天下-平)
太(靑- 豆-)
殆(危-)
怠(懶- 倦- 荒-)
兎(龜-說話 玉- 野-)
罷(革- 言- 聽-)
頗(偏-)
具(紫- 金銀寶-)
篇(短- 中- 長- 掌- 上- 中- 下- 全- 前- 後- 玉- 續- 千-一律)
肺(鐵-)
蔽(隱- 掩- 不-風雨 一言以-之)
飽(非肉不-)
胞(細- 同- 僑-)
豊(大-)
楓(丹-)
彼(此日-日 知-知己)
被(無-花 蒙-)
畢(認定- 檢定-)
夏(孟- 仲- 季- 立- 三-)
韓(統- 大- 南- 北- 弁- 馬- 辱- 離- 着- 三-)
限(無- 有- 無制- 期- 制- 時- 年- 爲- 門- 分-)
旱(七年大- 水- 炎- 大-不渴)
陷(缺- 謀-)
恒(無-産 無-心)
巷(閭- 陋-)
亥(乙- 丁- 己- 辛- 癸-)
行(一- 後- 斷- 擧- 敢- 苦- 刊- 發- 飛- 强- 慣- 紀- 文- 代- 同-

亂- 力- 徐- 急- 緩-
運- 淫- 蠻- 恣- 遵-
執- 直- 通- 婚- 虛-
實- 銀- 實- 銀- 豫- 奇-
奉- 醜- 移- 暗- 祖- 叔-
孫- 姪-)
享(臘- 親- 祭- 時-)
虛(空- 補- 外-內實 太-
謙-)
軒(華- 高-)
險(冒- 探- 保- 峻-)
絃(續- 大- 管- 三-六角)
螢(車-孫雪)
亨(元-利貞 萬事-通)
惠(恩- 受- 互- 天-)
兮(悅-)
乎(斷- 確- 於時- 宣-)
虎(龍- 猛- 狐假一威 白-
養-遺患)
胡(隔-越 碧眼-僧 丙子 -
亂)
浩(孟-然)
毫(秋- 小- 玉- 白- 一-)
混(數魚-水)
昏(黃- 曚- 眼-)
忽(疎- 荒-)
鴻(雪泥-爪 燕-之歎 泰山-
毛)
禾(松-郡)
擴(軍-)
劃(計- 區-)
毁(棄- 誹- 無-無譽 破-
殘-)
稀(古-)
熙(慶-宮 光-門 隆-)
近(遠- 迫- 遠交-攻 不可-
不可遠 側-)
斷(無-)
樂(風- 絃- 管- 器- 聲-
-山 -水)
社(-旗)
消(抹-)
俗(巫- 野- 美風良-)
營(野- 露- 行- 監- 內-
完-)
應(因果-報 -- 昭- 昭昭-
感 臨機-變)
積(堆- 見- 肉- 高- 業-)
華(慕- 物- 外- 日-)
哭(卒- 慟- 朝夕- 鬼-)
畓(玉- 宮- 牧-)
豚(家- 種-)
茂(松-栢悅)
輩(不良-)
栢(側- 松茂-悅)
芽(花- 發- 萌-)
域(墓- 絶-)
詠(雜- 吟- 高-)
譽(華-)
滴(硯-)

胞(細- 同- 僑-)　　　　況(景- 慘-)
票(手-)　　　　獲(濫-)

以上에서 보면

㉠ 10單語 以上 漏落된 것 稿氣民士絲床十惡然外慾院傳州之陣千篇韓限行

㉡ 5單語以上 漏落된 것 佳姦降蓋徑契孤狗群多壇蘭憐蓮毛貌夢卯未煩壁不拂婢氷巳朔常塞酉夕仙屬粟壽戌甚壓夜壤臥瓦서隱淫而夷寅爭亭除坐洲姪處妾燭丑取枕夏亥虛虎毫毁

㉢ 漏落單語를 넣으면 10單語 以上이 되는 基礎漢字에
鋼頃系稿菌禽乃潭桐憐貌矛遍婢塞蔬粟誰戌拾甚殃厄壤然梧欲慾貳而墻之姪且妾丑篇絃擴劃

(◦票는 ㉠㉡과 겹치는 것)

9. 이밖에 漏落單語를 넣으면 100單語 以上이 되는 것에

10. 또 落後單語를 넣으면 10單語 以上이 되는 것에

基礎漢字 造語力 調查 一覽表
(東亞出版社 漢韓大辭典 依據)

音	漢字	낱말數(앞)	낱말數(뒤)	音	漢字	낱말數(앞)	낱말數(뒤)	音	漢字	낱말數(앞)	낱말數(뒤)	音	漢字	낱말數(앞)	낱말數(뒤)
가	佳	55	0		個	29	2		景	36	25	곡	谷	9	5
	街	22	3		皆	12	0		耕	33	8		曲	79	23
	家	183	7		慨	6	2		慶	25	0		穀	37	6
	歌	37	22		槪	23	3		競	40	2		哭	6	2
	價	15	22		介	40	5		經	170	9	곤	困	29	3
	加	132	7		蓋	18	0		庚	23	0		坤	20	1
	可	83	5	객	客	108	17		境	10	19	골	骨	68	22
	假	127	1	갱	更	26	6		警	72	6	공	空	180	13
	架	15	5	거	去	48	8		頃	8	0		工	85	29
	暇	3	8		巨	89	0		鏡	14	7		公	309	8
각	各	91	0		居	51	18		傾	56	2		共	121	5
	角	77	7		擧	56	11		硬	32	1		功	70	9
	脚	24	10		車	52	16		竟	3	2		孔	45	2
	却	7	7		距	10	0		徑	12	0		恭	28	0
	覺	18	17		據	5	8		卿	10	0		供	50	2
	刻	57	17		拒	15	0	계	溪	3	0		恐	28	0
	閣	17	8	건	建	62	4		季	27	7		攻	50	2
간	干	34	5		乾	116	0		界	11	15		貢	31	4
	間	89	14		健	34	5		計	50	15	과	過	117	6
	看	34	1		件	6	6		鷄	79	4		課	26	4
	幹	17	8	걸	傑	16	4		癸	13	0		科	62	19
	簡	64	2	검	儉	11	3		啓	44	7		果	32	8
	懇	20	0		劍	31	9		契	33	0		寡	34	2
	刊	11	4		檢	68	6		械	2	2		誇	11	0
	姦	31	0	게	憩	3	2		繼	39	3		瓜	35	0
	肝	23	3	격	格	27	24		系	8	0		戈	6	0
갈	渴	16	2		擊	31	17		戒	40	10	곽	郭	11	3
감	感	112	18		激	39	5		係	12	1	관	觀	102	18
	減	54	7	견	見	59	17		階	28	3		關	62	5
	敢	9	2		堅	25	1		桂	29	1		官	185	13
	甘	52	0		犬	19	10	고	故	31	9		寬	36	0
	鑑	16	5		遣	7	3		告	52	21		冠	36	8
	監	50	7		絹	7	3		固	44	4		館	19	15
갑	甲	74	6		肩	18	6		考	42	13		管	65	11
강	降	48	0	결	潔	10	8		古	168	12		慣	16	2
	江	54	3		結	116	11		高	259	6		貫	31	4
	講	63	9		決	59	18		苦	85	11	광	光	85	37
	强	107	5		缺	30	3		枯	34	2		廣	107	1
	剛	41	4	겸	兼	54	0		顧	34	6		鑛	48	6
	綱	8	0		謙	21	1		庫	25	12	괘	掛	18	0
	鋼	13	5	경	驚	54	0		鼓	43	3	괴	塊	9	5

	康	28	3		京	70	8		孤	88	0		壞	11	0
개	開	183	6		輕	105	0		姑	25	0		愧	17	2
	改	90	3		敬	52	10		稿	8	0		怪	41	4
교	交	140	10		歸	98	4		機	83	18	담	談	15	24
	橋	12	11		鬼	50	6		紀	37	13		擔	21	4
	教	148	42		龜	40	1		寄	49	1		淡	38	3
	校	54	13	규	叫	16	2		企	14	0		潭	8	0
	矯	28	0		規	41	5		畿	7	0	답	答	21	11
	郊	15	3		閨	17	3		飢	14	0		踏	18	0
	巧	28	7	균	均	27	1	긴	緊	36	0		沓	6	3
	較	5	1		菌	9	0	길	吉	38	3	당	堂	33	11
구	九	132	1	극	極	100	15	나	那	9	1		當	87	13
	求	39	9		克	15	1	낙	諾	4	4		糖	13	10
	口	125	16		劇	55	11	난	暖	11	4		黨	31	15
	救	61	0	근	近	85	10		難	61	18		唐	93	1
	究	17	10		勤	42	11	남	南	161	5	대	大	804	19
	久	24	6		根	41	14		男	43	6		代	127	16
	句	28	20		謹	26	1	납	納	40	14		對	103	5
	舊	131	8		斤	5	0	낭	娘	3	0		待	32	10
	俱	11	0		僅	5	0	내	內	345	30		臺	30	12
	驅	28	3	금	金	338	27		乃	9	0		隊	5	7
	球	23	12		今	48	12		奈	7	0		帶	30	10
	具	60	25		禁	88	10		耐	21	0		貸	27	1
	區	20	5		錦	40	0	녀	女	139	15	덕	德	41	33
	拘	27	0		禽	8	0	년	年	121	41	도	度	27	22
	丘	21	0		琴	15	6	념	念	26	20		到	23	2
	苟	20	0	급	急	82	15	녕	寧	21	2		島	15	9
	狗	35	0	、	給	35	16	노	怒	22	2		道	116	53
	懼	5	0		及	8	6		奴	25	2		徒	40	9
	構	30	4		級	6	13		努	3	0		都	100	9
	鷗	3	1	긍	肯	12	0	농	農	119	15		刀	48	11
	龜	40	1	기	旣	46	0		濃	22	0		圖	37	13
국	國	385	31		幾	21	0	뇌	腦	27	7		途	3	10
	局	35	16		氣	140	0		惱	5	3		稻	10	3
	菊	10	5		起	66	7	능	能	38	17		挑	8	0
군	郡	15	1		記	58	20	니	泥	27	0		盜	20	5
	軍	202	18		其	10	0	다	多	100	0		逃	23	0
	君	36	15		期	27	29		茶	46	4		導	18	12
	群	51	0		基	47	5	단	丹	37	2		桃	25	3
굴	屈	46	2		己	17	5		但	2	0		跳	14	0
궁	弓	25	4		技	24	12		單	134	5		倒	31	8
	窮	87	3		祈	21	0		短	80	3		渡	19	4
	宮	76	8		忌	17	2		端	41	15		陶	35	0
권	卷	31	7		棄	18	8		壇	10	0	독	讀	29	14
	權	87	27		欺	23	1		檀	18	0		獨	116	5
	勸	56	1		豈	2	0		斷	71	28		篤	19	3
	券	5	13		騎	34	4		段	7	5		毒	39	19
	拳	16	2		奇	115	4		旦	6	1		督	20	14

궐	厥	12	0		器	24	20		團	35	10	돈	豚	8	1
귀	貴	70	5		旗	26	15	달	達	31	20		敦	24	0
돌	突	31	4		慮	2	12		柳	24	2		每	52	0
동	同	258	12		麗	31	6		留	38	8		妹	8	3
	東	153	6		勵	7	5		類	40	10		梅	29	0
	冬	42	16	력	歷	44	10	륙	六	168	0		埋	23	0
	動	77	31		力	37	72		陸	44	4		媒	23	3
	洞	44	0		曆	14	9	륜	倫	13	6	맥	麥	36	8
	童	41	7	련	連	130	0		輪	48	8		脈	17	15
	凍	26	2		練	23	6	률	律	26	16	맹	孟	24	0
	銅	53	4		鍊	14	5		栗	12	10		猛	39	2
	桐	8	0		憐	6	0		率	26	9		盟	12	4
두	斗	34	4		聯	39	4	륭	隆	33	0		盲	33	2
	頭	65	13		戀	16	4	릉	陵	43	2	면	面	105	34
	豆	30	3		蓮	41	0	리	理	85	36		眠	5	5
둔	鈍	18	5	렬	列	46	15		利	76	27		免	49	5
득	得	70	15		烈	17	10		里	22	7		勉	8	2
등	等	57	15		裂	12	5		離	75	6		綿	35	5
	登	55	2		劣	20	7		裏	15	3	멸	滅	19	14
	燈	31	13	렴	廉	37	2		梨	12	0	명	鳴	24	4
라	羅	49	5	령	領	55	10		履	23	2		明	128	29
락	樂	116	15		令	73	17		李	33	0		命	36	37
	落	81	15		靈	98	8		吏	44	12		名	144	49
	絡	5	4		零	26	0	린	隣	30	0		冥	25	0
	洛	22	0		嶺	24	0	림	林	28	21		銘	17	5
란	卵	18	4	례	禮	85	34		臨	60	6	모	母	52	17
	亂	64	15		例	27	23	립	立	95	23		毛	72	0
	蘭	43	0	로	路	36	37	마	馬	148	22		暮	21	3
	欄	9	3		老	146	14		磨	13	0		貌	6	0
	爛	17	0		勞	71	9		麻	37	5		某	17	0
람	覽	6	4		露	40	9	막	莫	34	0		謀	32	10
	藍	14	0		爐	9	9		幕	21	12		模	30	1
	濫	23	0	록	綠	69	5		漠	6	0		募	12	5
랑	浪	20	6		祿	14	3	만	萬	214	3		慕	8	7
	郎	12	5		錄	16	10		滿	83	8		矛	9	0
	廊	9	2		鹿	31	4		晩	54	4	목	木	199	23
	朗	10	2	론	論	82	33		慢	14	7		目	49	18
래	來	60	17	롱	弄	34	4		蠻	24	2		沐	13	0
랭	冷	72	1	뢰	雷	38	7		漫	23	2		牧	41	3
략	略	25	19		賴	4	4	말	末	54	16		睦	3	2
	掠	6	0	료	料	15	20	망	忙	12	6	몰	沒	54	6
량	凉	16	5		了	10	6		亡	54	5	몽	夢	30	0
	量	23	20	룡	龍	101	2		望	65	37		蒙	47	0
	良	78	13	루	累	35	4		忘	19	3	묘	妙	53	10
	兩	140	0		淚	9	9		罔	17	0		卯	14	0
	諒	5	0		樓	17	13		茫	13	0		墓	29	4
	梁	1	0		漏	42	4		妄	26	0		廟	27	0
	糧	14	4		屢	12	0	매	買	24	3		苗	9	2

려	旅	52	0	류	流	146	34		賣	55	5	무	茂	8	1
	武	92	12		房	25	13		寶	73	12		拂	17	0
	舞	37	10		放	113	7		普	40	0		弗	6	0
	無	579	5		訪	8	5		補	89	4	붕	朋	11	0
	務	4	27		芳	34	2		譜	7	7		崩	10	2
	戊	4	0		傍	27	3	복	福	47	6	비	飛	100	1
	貿	13	0		妨	4	0		伏	60	7		比	60	4
	霧	13	4		邦	22	4		服	28	43		鼻	40	2
묵	墨	52	0		倣	8	0		復	55	8		悲	46	3
	默	38	4	배	拜	49	7		卜	28	0		備	33	20
문	門	104	31		杯	8	5		腹	34	13		非	110	2
	問	40	21		倍	29	4		複	101	1		費	9	19
	聞	20	24		培	8	1	본	本	161	53		秘	61	3
	文	227	79		配	51	10	봉	奉	83	0		婢	5	0
물	勿	21	0		輩	4	5		逢	22	0		肥	28	5
	物	97	80		背	50	6		封	81	5		卑	34	4
미	尾	23	7		排	54	1		峯	3	10		批	16	0
	米	33	11	백	白	329	15		蜂	16	3		妃	4	4
	美	113	11		百	148	1		鳳	42	0		碑	11	6
	未	129	0		伯	19	8	부	浮	95	1	빈	貧	38	3
	味	9	31		栢	8	1		扶	24	0		賓	20	7
	眉	12	1	번	番	16	7		否	23	11		頻	12	0
	迷	22	2		煩	37	0		父	41	14	빙	氷	86	0
	微	75	6		繁	22	0		富	43	5		聘	15	0
민	民	134	0		飜	24	0		夫	26	15	사	仕	11	4
	敏	12	7	벌	伐	18	8		婦	26	10		四	266	3
	憫	6	0		罰	13	10		部	33	14		師	52	23
밀	密	83	13	범	凡	24	5		符	18	2		寺	21	7
	蜜	19	0		犯	52	15		赴	12	0		死	103	26
박	博	58	2		範	4	6		賦	17	5		士	31	0
	朴	8	3		汎	21	0		膚	10	0		使	40	17
	迫	15	7	법	法	165	78		簿	7	7		絲	23	0
	薄	70	6	벽	壁	29	0		副	84	1		事	82	36
	拍	10	2		碧	27	0		付	23	6		思	42	10
	拍	5	5	변	變	26	11		負	23	3		舍	20	11
반	半	170	9		邊	52	17		附	57	0		史	48	16
	飯	29	7		辨	32	0		府	16	0		謝	21	10
	反	134	5		辯	26	11		腐	25	2		射	42	8
	盤	37	7		遍	9	0	북	北	121	6		巳	14	0
	返	23	1	별	別	160	19	분	分	299	20		私	164	4
	班	36	5	병	兵	96	46		墳	10	0		蛇	31	2
	叛	12	2		病	87	14		奔	28	2		詞	24	12
	般	7	6		丙	23	0		紛	32	1		捨	11	1
발	發	182	21		竝	30	0		憤	17	10		邪	58	3
	髮	9	17		屛	28	0		粉	49	12		賜	31	6
	拔	19	5	보	報	40	26		奮	27	3		斜	37	2
방	防	81	0		步	51	16	불	佛	115	9		詐	20	2
	方	115	62		保	112	5		不	630	0		社	89	10

	沙	48	0		敍	18	0		所	91	16		殊	31	3
	司	92	5		緖	6	14		消	96	3		帥	3	3
	似	3	7		庶	41	3		素	86	16		需	8	5
	査	31	7		署	7	12		蘇	34	0		隨	53	0
	寫	46	11		徐	18	0		昭	30	0		囚	8	7
	辭	42	17		恕	4	0		騷	18	0		遂	7	3
	斯	11	0	석	昔	5	5		燒	31	0	숙	淑	20	2
	祀	5	2		惜	12	3		訴	19	8		宿	83	10
삭	削	37	2		夕	21	0		召	25	1		叔	14	2
	朔	27	0		石	219	28		掃	17	2		肅	22	4
산	山	320	21		席	21	22		蔬	8	0		孰	3	0
	産	62	20		析	2	2		疎	63	0		熟	66	10
	散	78	14		釋	33	6	속	速	30	10	순	順	57	6
	算	20	24	선	仙	72	0		續	28	7		純	82	5
	酸	23	7		線	14	32		俗	79	18		循	20	1
살	殺	46	22		先	177	7		束	15	6		盾	1	1
삼	三	604	2		鮮	35	2		屬	49	0		巡	61	0
	森	11	0		船	63	27		粟	5	0		瞬	6	1
상	尙	65	2		善	71	11	손	孫	22	6		旬	14	5
	霜	37	7		選	40	12		損	23	6		脣	17	0
	上	290	24		旋	18	8	송	送	31	19		殉	10	0
	商	107	13		禪	45	3		松	65	8	술	戌	8	0
	相	134	19		宣	74	0		訟	11	2		術	14	16
	常	108	0	설	說	32	33		誦	10	4		述	6	6
	傷	47	12		雪	60	12		頌	12	2	숭	崇	54	1
	賞	35	8		設	27	15	쇄	刷	9	2	습	習	29	24
	想	11	17		舌	28	9		鎖	18	5		拾	8	0
	喪	51	10	섭	涉	8	4	쇠	衰	47	3		濕	29	5
	詳	30	3	성	姓	9	9	수	誰	9	0		襲	18	8
	償	7	9		城	34	12		愁	33	7	승	勝	37	16
	床	4	0		誠	24	6		水	346	47		乘	50	12
	像	4	14		省	21	3		手	98	32		承	53	2
	狀	12	16		成	111	23		受	93	8		升	20	0
	象	37	13		聖	205	11		數	67	89		昇	25	1
	裳	3	1		星	50	23		收	70	13		僧	52	13
	桑	41	2		性	50	37		守	77	7	시	時	121	19
	嘗	6	0		聲	58	32		授	14	4		市	54	5
	祥	11	4		盛	50	4		壽	38	0		詩	88	13
쌍	雙	98	1	세	稅	29	21		樹	37	10		示	15	15
새	塞	6	0		世	118	28		修	93	7		始	32	4
색	色	67	62		歲	59	9		首	79	9		試	63	7
	索	17	6		細	94	6		秀	20	3		是	13	3
생	生	314	45		勢	26	20		須	11	0		施	35	3
서	西	152	5		洗	37	2		雖	2	0		視	47	17
	書	114	108	소	笑	17	0		獸	21	4		侍	61	4
	暑	22	8		小	327	12		睡	8	3		矢	10	5
	序	17	6		少	27	13		輸	33	3	씨	氏	6	0
식	植	36	6		哀	67	1		譯	18	12		溫	97	5

	食	100	33		涯	5	0	연	煙	48	11	옹	翁	7	6
	式	18	22	액	額	10	8		硏	20	0	와	臥	28	0
	識	15	13		厄	7	0		然	5	0		瓦	44	0
	飾	11	8	야	夜	65	0		硯	11	0	완	完	62	3
	息	23	15		野	139	17		燕	54	0		緩	35	1
신	新	198	10		也	2	0		燃	11	0	왈	曰	6	0
	身	48	24		耶	5	0		演	39	8	왕	王	128	12
	信	98	24	약	藥	105	25		鉛	25	2		往	41	3
	神	141	10		弱	31	15		延	59	4	외	外	294	0
	臣	23	28		若	15	2		軟	50	2		畏	20	0
	辛	29	1		約	28	2		沿	23	0	요	要	81	14
	申	37	3	양	洋	99	10		宴	21	6		搖	24	1
	伸	13	1		讓	9	6		緣	28	13		謠	3	5
	愼	25	0		陽	70	4	열	熱	71	11		腰	18	3
	晨	16	0		羊	37	5		悅	16	6		遙	12	0
실	室	19	28		養	71	8	염	炎	22	2	욕	欲	9	0
	失	83	9		揚	21	10		鹽	49	5		浴	16	7
	實	174	20		樣	5	7		染	23	6		辱	8	8
심	心	147	112		壤	5	0	엽	葉	35	12		慾	9	0
	深	116	4		楊	18	0	영	榮	38	4	용	用	58	49
	審	18	5	어	魚	94	7		永	70	0		容	46	8
십	十	147	0		漁	52	3		英	54	3		勇	31	6
아	我	19	7		語	61	28		迎	26	5		庸	35	4
	兒	34	15		於	15	0		影	19	12	우	于	10	0
	芽	4	3		御	96	6		泳	0	4		宇	12	4
	亞	45	6	억	億	11	0		營	77	18		憂	41	4
	雅	43	7		憶	5	0		映	24	2		右	61	2
	阿	71	0		抑	23	0		詠	6	2		雨	47	24
	牙	27	0	언	言	86	42	예	藝	27	31		友	19	23
	餓	10	2		焉	4	0		豫	90	2		牛	82	8
악	惡	122	0	엄	嚴	81	10		譽	4	5		又	2	0
	岳	11	1	업	業	35	49		銳	24	2		遇	5	10
안	顔	23	10	여	如	62	0	오	五	282	0		尤	11	0
	案	26	22		余	3	0		吾	19	0		羽	33	0
	安	155	8		汝	6	0		悟	10	7		愚	53	4
	眼	55	14		餘	110	3		午	31	4		優	89	5
	岸	7	7		與	28	16		誤	45	4		郵	37	0
	鴈	19	1		予	5	0		烏	63	0		偶	32	4
알	謁	12	5		輿	22	2		嗚	6	0	운	雲	114	10
암	巖	32	0	역	亦	4	0		娛	7	0		云	3	0
	暗	81	3		逆	62	8		汚	24	0		運	108	16
압	壓	41	0		易	33	11		傲	21	0		韻	25	10
앙	仰	46	5		疫	8	7		梧	9	0	웅	雄	52	4
	央	2	1		驛	33	2	옥	屋	28	6	원	圓	62	3
	殃	7	0		役	18	19		玉	187	5		遠	113	8
애	愛	97	21		域	1	8		獄	20	9		怨	41	0
	願	18	17	은	恩	62	21	임	壬	14	0		再	128	0

	原	152	8		銀	126	5		任	40	24		財	53	11
	園	23	11		隱	90	0		賃	18	6		材	13	16
	元	102	12	을	乙	30	2	입	入	131	24		才	50	25
	員	10	28	음	吟	16	3	자	子	79	24		栽	2	0
	援	14	5		音	65	24		自	425	2		哉	2	0
	源	3	11		陰	136	3		字	33	21		災	19	7
	院	12	0		飮	37	7		者	0	26		裁	32	7
월	月	131	33		淫	56	0		姉	10	1		載	10	10
	越	43	4	읍	邑	30	1		慈	7	3	쟁	爭	28	0
위	位	30	33		泣	6	4		資	57	6	저	貯	18	0
	危	61	1	응	應	84	11		姿	7	3		低	47	2
	爲	35	8	의	醫	47	10		刺	32	2		著	74	7
	偉	22	1		意	60	47		玆	0	0		抵	18	7
	威	35	0		衣	60	8		雌	13	1	적	的	16	1
	緯	4	3		依	49	1		紫	77	0		赤	115	15
	胃	34	0		義	81	35		恣	12	0		適	43	0
	圍	11	4		議	40	22	작	作	120	26		敵	42	3
	委	61	0		矣	0	1		昨	20	0		滴	5	13
	衛	34	12		儀	47	11		酌	9	3		寂	15	4
	違	39	3		宜	15	5		爵	9	10		籍	4	4
	慰	26	3		疑	42	3	잔	殘	103	2		積	87	20
	謂	0	2	이	二	175	0	잠	潛	68	0		績	1	10
	僞	43	3		以	49	1		蠶	33	6		跡	1	6
유	唯	28	0		異	104	5		暫	14	0		笛	1	6
	油	50	15		移	68	2	잡	雜	125	9		賊	28	7
	幼	36	2		貳	8	0	장	長	256	22		摘	10	8
	有	207	16		耳	48	7		將	53	14		蹟	0	0
	遊	80	14		已	15	0		場	18	19	전	典	87	6
	由	17	5		而	4	0		章	26	11		前	183	29
	遺	115	4		夷	38	0		壯	13	0		田	46	26
	柔	34	5	익	益	11	10		丈	14	4		全	154	13
	酉	10	0		翼	18	8		障	11	0		錢	29	8
	猶	19	0	인	忍	19	3		臟	6	8		展	26	10
	儒	38	6		因	38	11		奬	15	2		戰	100	3
	幽	87	0		人	283	46		張	26	6		電	49	40
	惟	8	1		印	74	17		裝	20	11		傳	110	10
	維	14	1		引	70	4		藏	23	14		專	80	0
	乳	42	7		仁	48	5		帳	20	9		轉	103	0
	裕	3	3		認	19	6		腸	21	11	절	絶	123	11
	誘	31	1		寅	18	0		墻(牆)	8	0		節	61	16
	悠	16	0		刃	4	0						折	36	28
	愈	4	0		姻	19	2		葬	20	13		切	57	5
육	肉	87	14	일	日	160	52		莊	14	3	점	店	8	8
	育	10	12		壹	4	0		粧	12	5		漸	27	91
윤	潤	14	4		一	538	15		掌	35	7		占	27	2
	閏	7	0		逸	32	5	재	在	52	15		點	40	27

접	接	71	14		潮	19	5	증	證	29	13		借	51	3
	蝶	1	0		照	38	10		增	50	0		差	53	9
정	正	236	25		操	20	6		曾	21	0	착	着	74	7
	井	19	3		燥	9	3		憎	7	2		錯	23	2
	淨	47	3		弔	34	0		症	4	6		捉	8	1
	定	129	34	족	足	25	10		贈	14	4	찬	贊	25	4
	丁	47	5		族	30	39		蒸	26	0		讚	12	4
	停	53	1	존	存	31	4	지	只	3	0	찰	察	13	15
	庭	21	3		尊	69	9		地	237	37	참	參	95	6
	政	75	36	졸	卒	27	8		紙	62	23		慘	35	2
	精	133	7		拙	28	5		至	94	6		慚	16	0
	情	84	42	종	種	42	14		支	77	5		(慙)		
	貞	37	2		鍾	16	0		知	84	8	창	昌	14	2
	頂	17	2		終	64	5		指	70	10		唱	14	14
	靜	43	4		從	37	2		志	22	14		窓	11	11
	亭	12	0		宗	99	6		之	3	0		倉	33	5
	訂	6	5		縱	37	2		止	17	9		蒼	38	0
	廷	17	6	좌	坐	58	0		持	32	9		創	38	3
	程	18	10		左	134	2		枝	11	2		滄	15	0
	征	23	4		佐	20	2		池	7	3		暢	7	2
	整	38	2		座	25	14		誌	5	7	채	菜	27	3
제	弟	7	18	죄	罪	48	20		智	34	22		採	40	5
	第	82	4	주	宙	3	1		遲	23	0		彩	28	5
	製	53	12		酒	135	18	직	直	132	14		債	16	10
	祭	20	8		朱	52	0		職	52	25	책	責	22	8
	題	25	9		晝	24	1		織	12	5		冊	29	4
	帝	43	11		主	178	41	진	盡	19	4		策	16	15
	諸	67	1		走	29	8		辰	16	5	처	妻	29	8
	除	55	0		注	35	3		進	60	21		處	50	0
	提	35	1		住	18	7		眞	98	4		悽	11	0
	齊	42	3		舟	18	6		陣	22	0	척	尺	34	3
	際	4	0		州	14	0		振	37	2		斥	19	3
	濟	30	7		洲	2	0		鎭	49	3		拓	7	3
	制	45	17		株	17	1		珍	42	0		戚	18	3
	堤	3	2		周	77	2		陳	48	0	천	千	118	0
조	造	53	14		柱	16	6	질	質	32	13		天	471	19
	朝	112	17		周	77	2		疾	33	7		川	26	3
	鳥	29	11	죽	竹	86	5		姪	6	0		泉	14	14
	助	35	8	준	準	31	6		秩	10	0		淺	29	0
	祖	30	10		俊	25	2	집	執	72	3		薦	19	3
	調	50	18		遵	11	0		集	40	19		遷	29	2
	早	56	1	중	中	320	56	징	徵	33	8		賤	45	4
	兆	8	8		重	154	14		懲	22	1		踐	15	1
	租	21	4		衆	44	6	차	且	9	0	철	鐵	142	12
	組	18	0		仲	33	1		此	33	0		哲	11	7
	條	19	5	즉	卽	53	0		次	39	15		徹	4	1
첨	添	30	1		取	46	0		殆	3	0		捕	22	4
	尖	14	0		就	27	2		怠	10	0		胞	6	0

첩	妾	6	0		臭	9	6	택	宅	10	12	폭	暴	60	6
청	青	200	6		醉	37	6		擇	9	2		爆	23	6
	晴	17	2		趣	8	8		澤	13	8		幅	4	8
	請	59	4	측	側	47	4	토	土	178	30	표	表	71	11
	淸	209	2		測	31	5		吐	34	2		票	2	7
	聽	44	11	층	層	42	6		兎	20	0		標	49	6
	廳	3	10	치	致	33	14		討	23	4		漂	27	0
체	體	64	37		治	66	14	통	通	233	16	품	品	43	25
	替	9	6		齒	49	9		統	54	12	풍	豊	44	0
초	草	111	16		稚	13	0		痛	38	12		風	221	30
	初	140	8		恥	6	4	퇴	退	92	14		楓	5	0
	招	33	0		置	20	14	투	投	78	1	피	彼	16	0
	超	47	2		値	1	4		透	17	3		皮	42	14
	抄	16	0	칙	則	3	19		鬪	20	10		疲	15	0
	肖	3	0	친	親	97	9	특	特	135	2		被	54	0
	礎	6	2	칠	七	96	0	파	波	32	16		避	30	8
촉	燭	15	0		漆	28	2		破	115	11	필	匹	13	1
	促	24	2	침	針	22	7		派	24	10		必	34	2
	觸	31	3		枕	11	0		播	7	5		筆	51	34
촌	村	42	12		浸	29	0		罷	45	0		畢	15	0
	寸	52	2		侵	37	2		頗	1	0	하	下	235	24
총	聰	17	0		寢	29	3	판	判	49	8		何	30	4
	銃	28	7		沈	70	4		板	26	15		夏	55	0
	總	1	0	칭	稱	35	21		販	15	1		河	50	8
최	最	93	0	쾌	快	57	8		版	14	20		賀	14	4
	催	13	0	타	他	66	6	팔	八	190	2		荷	14	6
추	秋	93	13		打	43	5	패	貝	20	0	학	學	126	44
	追	83	1		墮	10	0		敗	53	15		鶴	32	1
	推	64	1		妥	12	0	편	片	42	7	한	恨	15	6
	抽	19	0	탁	濁	16	4		便	60	14		寒	115	13
	醜	31	1		托	6	0		篇	6	0		漢	75	6
축	祝	40	3		濯	6	0		編	38	5		韓	26	0
	丑	9	0		琢	3	0	평	平	197	11		閑	42	4
	築	15	5	탄	炭	42	7		評	20	16		限	34	0
	蓄	13	2		彈	44	12	폐	閉	33	3		旱	21	0
	畜	13	5		歎	12	9		肺	30	0		汗	22	4
	縮	24	11	탈	脫	8	5		弊	25	9	할	割	44	1
	逐	29	4		奪	15	3		廢	76	7	함	咸	13	0
춘	春	124	17	탐	探	36	4		蔽	14	0		含	41	1
출	出	191	34		貪	38	1		幣	7	4		陷	15	0
충	忠	80	4	탑	塔	2	5	포	抱	29	1	합	合	150	22
	蟲	20	8	탕	湯	33	6		布	60	22	항	恒	43	0
	充	36	2	태	泰	17	0		飽	16	0		航	53	8
	衝	23	3		太	167	0		浦	22	4		抗	29	3
취	吹	24	1		態	2	17		包	39	1		巷	11	0
	港	13	10		乎	0	0		灰	23	3				
	項	17	5		號	22	3		悔	19	4				
해	海	314	21		好	7	4		懷	41	7				

	害	10	19		虎	65	0	획	獲	6	3
	解	119	13		互	22	2		劃	9	0
	亥	13	0		胡	80	0	횡	橫	106	2
	該	23	1		護	39	10	효	孝	29	7
	奚	1	0		豪	49	6		效	19	3
핵	核	14	2		浩	22	0		曉	23	3
행	行	224	0		毫	15	0	후	厚	33	8
	幸	18	6	혹	或	12	2		後	188	18
향	香	68	6		惑	12	8		侯	15	4
	鄕	78	12	혼	混	79	0		候	25	10
	向	42	9		婚	32	13		喉	12	1
	響	8	4		魂	21	7	훈	訓	42	8
	享	17	0		昏	41	0	훼	毁	26	0
허	虛	111	0	홀	忽	17	0	휘	揮	18	2
	許	32	7	홍	紅	151	7		輝	10	1
헌	獻	46	4		洪	37	0	휴	休	67	7
	憲	15	6		弘	34	1		携	10	1
	軒	22	0		鴻	34	0	흉	凶	74	3
험	險	30	0	화	火	140	20		胸	40	2
	驗	8	7		化	59	21	흑	黑	109	3
혁	革	36	7		貨	35	13	흡	吸	27	1
현	現	94	5		花	159	24	흥	興	46	14
	賢	46	7		華	88	8	희	喜	34	6
	顯	54	2		話	8	14		希	24	0
	縣	16	1		和	85	18		戲	25	6
	弦	14	3		畫	92	16		稀	29	0
	懸	61	1		禍	22	4		噫	7	0
	玄	68	1		禾	10	0		熙	6	0
	絃	7	0	확	確	35	3				
혈	血	101	16		擴	9	0				
	穴	9	4		穫	0	2				
협	協	46	3	환	歡	31	2				
	脅	17	1		患	19	11				
형	兄	17	22		丸	8	4				
	形	55	25		煥	48	6				
	刑	59	18		環	34	6				
	螢	12	0		還	67	8				
	亨	2	0	활	活	65	5				
혜	惠	48	0	황	黃	211	6				
	兮	0	0		皇	63	5				
	慧	15	2		荒	69	3				
호	湖	12	2		況	1	8				
	戶	39	6	회	回	150	8				
	呼	39	4		會	101	61				

〈『淸溪 金思燁 博士 頌壽紀念論叢』淸溪 金思燁 博士 頌壽紀念論叢 刊行委員會, 學問社, 1973.〉

우리말 造語와 漢字語 問題

1. 造語 問題

文章의 用語 問題에 있어서 造語 問題는 다음 몇 가지 조건하에서 논의됨직도 하다.

(1) 우리가 새로운 文物을 받아들이고, 또는 날로 복잡해져 가는 社會生活을 해 나가자면 思想·感情을 表出하는 수단인 국어도 변모하게 마련이요, 새 말도 생기게 마련이다.

(2) 小說을 쓰는 사람이나 時를 쓰는 이, 혹은 외국의 文學作品을 번역하는 이들이 우리말의 어휘 不足을 嘆하는 소리가 있다.

(3) 한편, 光復이 되자 일부 學者를 中心으로 일어 殘滓나 漢字語를 몰아내고 우리말로 바꿔 쓰자는 운동을 벌여 生活語나 學術語의 新語를 많이 만들어 낸 일이 있었고, 한글 專用을 전제로 漢字語의 숱한 同音異議語나 혹은 어려운 漢字語를 人爲的으로 조작하려는 움직임이 있었다.

그런데 우리는 이 造語 問題에세 경계해야 될 덤이 있음을 명심해야 할 것이다. 그것은 본디, 말이란 言衆에 의해서 自然發生的으로 생겨나서 言衆의 共助를 얻은 연후에 비로소 生命이 賦與된다는 점이다. 말을 함부로 學術團體나 學者, 혹은 爲政者들이 만들어 힘을 가지고 펴면 된다고 생각하는 것은 매우 위험한 생각으로, 자칫 言語美를 損傷하거나 국어의 혼란을 가져올 염려가 있다. 다만 必要에 따라 新語를 만들 경우에는 우리 傳統的인 造語法에 맞도록 해야 할 것임은 물론이요, 너무 音節이 늘어나거나 하는 일이 있어서는 안 되며, 억지 造語에 의해 생소한 말을 만들어서는 안 된다.

① 日語의 殘滓가 아직도 우리의 주변에 健在하고 있음은 그리 유쾌한 일은 아니다. 하기야 外來語란 어느 國語에도 있는 것이요 日語에도 우리 國語가 건너가 韓國語라는 의식없이 쓰이고 있는 것이 얼마든지 있으니, 그리 신경을 쓸 것이 없다고 할 사람이 있을는지 모른다. 그러나 어엿한 내 나라 말이 있는데, 日語를 쓰거나 우리말 造語法에 따라 우리말로 바꾸어서 쓸 수도 있는 것을 日語를 그대로 쓰거나 하는 일은 過去의 韓日關係를 回想해서도 삼가야 되겠고, 또 우리는 되도록 이런 日語의 殘滓에서 벗어나려는 努力이 있어야 한다고 생각한다.

하기야 호미니 지게니 총각이니 기생이니 하는 말이 그대로 日語化해서 쓰이고, 우리말의 '섬[島]·골[郡]·곰[熊]·이스랏[櫻桃의 古語]'들이 일찍이 日本으로 흘러 들어가 日語로 '시마·고리·구마·유스라'와 같이 現用되고 있는 터에 굳이 다꾸앙이나 다다미나 하오리 같은 日本 特有의 것을 우리말化 할 필요는 없을 것이다. 그런데 물수건을 시보리로, 방의 例文을 보아 알 수 있듯이, '이·리·히'와 같은 接尾辭가 붙어 被動詞·使動詞를 두루 만드는 데 대해, '재우다·태우다·늦추다·맞추다'의 '우·추' 接尾辭는 使動詞를 만드는 데만 쓰이는 것이다. 그런데 최근, '밟히우다·잘리우다·갈리우다·막히우다·뜯기우다·빨리우다·불리우다……'와 같이 被動詞를 쓰고 있는 것은 잘못이다.

다른 하나는 補助形容詞라는 이름으로 불리는 것을 잘못 쓰는 경우가 많다는 것이다. '깨끗하지 않는·좋지 않느냐?·조용하지 않는·만족하지 않느냐?'와 같은 말의 용법은 우리말에는 없는 것이다. '움직이다·먹다·공부하다·운동하다'와 같은 動詞 밑에는 '않느냐'와 같은 補助動詞라는 이름으로 불리는 말이 올 수 있어도 '깨끗하다·좋다·조용하다·만족하다'와 같은 形容詞에는 '않은·않으냐?'와 같은 補助形容詞가 와야 되는 것이다.

2. 漢字語 問題

文章의 용어 문제에 있어서 한자어 문제에 대해서도 당연히 논의가 있어야 할 것으로 본다.

우리말의 69.32%가 한자어라는, 李熙昇 지은 「국어대사전」 통계가 있다. 이와 같은 儼然한 사실은 한글 專用의 앞날이 평탄하지 않은 것임을 示唆해 주는 것이다. 한글 專用 與否는 그만두고 우리의 日常生活이나 學術分野에서 漢字語가 使用되고 있다는 점에 유의해서 우리는 漢字語에 대한 태도를 明白히 할 필요가 있다. 前項에서 언급한 바 있듯이 한글 전용의 主張과 結付해서 漢字語를 순 우리말로 바꿔 쓰려는 움직임이 있다. 하기야 순 우리말로 써서 좋을 자리에 굳이 漢字語를 써야 할 이유는 없다. '가랑비·이슬비·보슬비·부슬비·실비' 등으로 써도 좋을 것을 '세우'로 한다거나 '비바람 몰아치는 날씨'라 하면 될 것을 '풍우 몰아치는 일기'라 한다거나 '야윈·여윈'으로 하면 족할 것을 '憔悴한'으로 써야 직성이 풀릴 것은 없겠고, '꽃가지'를 '花枝'로, '세상일'을 '世事'로, '꽃잎'을 '花瓣'으로, '뽕잎'을 '桑葉'으로, '붓'이나 '펜'이라 할 것을 '筆'로 써야 할 까닭은 없다. 우리는 되도록 순 우리말을 愛用하는 習性을 가지는 것이 좋은 일이라 생각한다. 다만 너무 漢字語를 忌避하는 나머지 억지로 바꿔 쓰기를 하고자 하여 무리를 해서는 안 된다고 생각한다.

가령, 순 우리말에 '어버이'란 말이 있다. '어버이의 사랑', '어버이의 말씀'과 같이 쓸 수 있는 말이다. 그러나 '어버이 兄弟'란 말은 우습고, 이런 경우에는 '父母兄弟'라 할 수밖에 없다. '봄바람 부는 季節', '가을비 내리는 鋪道'는 자연스러우나, '春風秋雨 및 星霜'이라할 것을 '봄바람 가을비 몇 해'라 할 수는 없다. 心臟을 염통, 肺를 허파, 腎臟을 콩팥이라 되돌리는 것은 옛날에 心臟을 념통, 腎臟을 콩풋이라 하던 것이요, '허파에 바람 들었나'와 같은 俗談도 있으므로 무관한 듯도 하다. 그러니, 心臟痲

痺를 염통마비라 하거나 心臟病이라 할 것을 염통병이라 하기는 아무래도 어색하고, 肺炎이라 할 것을 허파염이라 하거나 腎臟炎이라 할 것을 콩팥염이라 하는 것은 言衆이 받아들일 것 같지는 않다. 그러므로 心臟·肺·腎臟이란 말은 여전히 남게 마련인데, 여기에서 人體의 部分名과 그 病名의 不一致라는 不調和를 낳는 結果를 가져오는 것이다. 氣管支炎을 '숨관가지염'이라 하는 것은 더욱 奇異한 느낌을 준다. 뿐만 아니라 이러한 恣意的인 造語가 言衆에게 强要되는 것은 삼가야 될 것으로 안다.

이상에서 漢字말을 우리말로 바꿔 쓰는 문제가 그리 간단한 것이 아니요, 限界가 그어져야 할 것임에 대해 論及하였다. 더구나 漢字말을 억지 造語에 의해 순 우리말식으로 바꿔보려는 意圖에서 新語를 濫造하려는 것이 부당하다 함은 前項에서도 지적한 바 있으므로 여기에서는 再論하지 않기로 한다.

결국 대부분의 경우 漢字語는 그대로 써야 하겠는데, 漢字말의 뜻을 제대로 理解하고 正確하게 써야 할 것은 물론이다. 최근 漢字意識의 缺乏으로 엉뚱하게 漢字말이 誤用되는 수가 있는데, 몇 개의 例를 들어 보면 다음과 같다.

'金君과는 竹馬故友로 막연한 사이'
'숲으로 돌아간 내 計劃'

에서 보면 '莫逆'을 '막연'으로, '水泡로'라 할 것을 '숲으로' 오용한 것이니, 이들이 '莫逆·水泡' 등 漢字말의 뜻을 정확히 알고서 썼다고는 보기 어려울 것이 아닌가 한다. 따라서 우리는 漢字말을 대할 때, 하나하나의 漢字의 뜻을 제대로 파악하는 努力이 필요한 것임을 깨달아야 하며, 國語辭典이나 漢字語字典을 활용해서 漢字말의 정확한 뜻을 알고 한자말을 옳게 驅使할 수 있는 能力을 길러야 하겠다.

漢字말 중 우리나라에서 흔히 使用되는 故事成語 등을 文章을 써 나가는데 유효 적절히 활용하는 일은 바람직한 일이다. 우리가 신문의 가십 記事나 寸評欄 등에서 故事成語를 대할 때, 긴 說明에서 보다 오히려 한 마디 成語로 表現의 效果를 倍增하고 있는 사실에 접할 때가 많다.

一刀兩斷·功過相半·事必歸正·見物生心·刻骨難忘·東問西答·聞一知十·結草報恩·類類相從·他山之石·男兒一言重千金·群鷄一鶴·大器晩成·各自圖生·刮目相對·巧言令色·權不十年·花無十日紅·難兄難弟·五十步百步·男尊女卑·單刀直入·馬耳東風·孟母三遷之敎·明若觀火·漁父之利·白文不知一見·父傳子傳·不共載天之讎·四面楚歌·三旬九食·死後藥方文·桑田碧海·上濁下不淨·塞翁之馬·我田引水·言語道斷·言中有骨·五里霧中·溫故知新·明鏡止水·雨後竹筍·以心傳心·一石二鳥·朝令暮改·賊反荷杖·作心三日·轉禍爲福·衆口難防·竹馬故友·進退兩難·在下者有口無言·人間到處有靑山·錦上添花

등과 같은 것은 약간의 例에 지나지 않으나, 이들이 文章에서 適切하게 活用된 몇 개의 實例를 들어보면 다음과 같다.

> 三旬九食을 할지라도 自己의 어떠한 主義主張의 爲하여 最後까지 奮鬪한다든지……
>
> 李熙昇 「隨筆」

> 어쨌든 人間到有靑山이라더니 죽으면 파묻힐 곳만 있는게 아니라 사람이란 살라는 마련인가 보데……
>
> 廉想涉 「三代」

> 그야 얼마를 쓰셨던지요, 그런 돈을 좀 有利하게 쓰셨으면 좋겠다는 말씀입니다. 在下者有口無言의 시대는 지났다 하더라도 老親 앞이라 말은 공손하였으나 속은 달랐다.
>
> 廉想涉 「三代」

> 우리 同胞로서 우리 疆土 안에서 자라난 사람이면 멋이란 말만

들더라도, 옳거니 하고 입귀가 씽긋하며, 두 어깨가 처지는 어떠한 一種의 충동을 느끼게될 것이다. 즉 意會랄까 以心傳心이랄까 說明 없이도 利害될 것이다.

李熙昇 「隨筆」

죽은 아내가 불쌍하고 시골 살림이 각다분하고 홀아비 신세가 초라하기는 하지만 그런걸 轉禍爲福이라고, 과연 복이 될런지 무엇이 될런지 아직은 몰라도 복이려니 하는 대망을 홀아비가 된 걸로 해서 품을 수 는 있게 되었던 것입니다.

渴望

노세 젊어 노세 늙어지면 못 노느니, 花無十日紅이요, 달도 차면 기우느니 <春香傳>

나도 이번에 딸아이 하나가 제비를 뽑았다. 사군의 'K여중' 新設 公立中學이다. 이제는 지난 얘기지만……(중략)……K女中이니 E女中이니 S女中이니 하는 꿈은 사라지고, 가까운 C女中에나 되기를 빌고 바랐다. 그러나 운명의 신은 그것을 허락하지 않았다. '萬事는 塞翁之馬'다. 그날부터 '치마'와 '바지' 합동으로 'K女中(四群)'칭송을 해서 딸아이를 구어 삶았다.

南廣祐 「隨筆」

〈『大學國語』, 濟州大學校 國語教材編纂委員會, 螢雪出版社, 1992.〉

韓國略字에 대하여

1967년 11월에 文敎部에서 略字 542字를 制定한 일이 있었다. 그러나 당시 한글전용론자들은 "어리석은 일, 二重負擔을 주느니 차라리 한글전용을"이라 했고, 儒林측은 "略字보다는 차라리 正字를"이라 해서 또한 반대를 했다. 한편 略字찬성론자들까지도 글자數가 너무나 많아 그야말로 부담이 되는데다 草書體를 포함해서 너무 生疎한 것이 많자 '신중을 期하라는' 소리를 높였다.

결국 略字論議는 흐지부지되고 말았다. 그러다가 1981년 10월 本 韓國語文敎育硏究會에서 181字의 略字(委員長 金斗燦)를 제정하여 각 신문사에 대해 그 사용을 권장했고 1983년 4월에 이르러 朝鮮日報가 1차적으로 略字 90字를 채택하기에 이르렀다.

그러자 日本신문들이 이 문제를 取材報道함에 있어 民族紙의 朝鮮日報가 드디어 日本式 略字를 채택하기에 이르렀다 하고 90字 중 한 字를 뺀 모두가 日製略字라고 했다. 그러자 K신문이 "國籍없는 略字"라고 비판하고 C일보는 "國籍있는 略字"라고 응수했다. 이 論戰을 다시 日本신문이 취재보도하면서 "재빠르게 略字를 사용한 日本의 機敏性이나 要領에 모두 혀를 내두를 것이라는"방자한 기사를 실었다.

略字制定을 한 일이 있는 本 韓國語文硏은 日本言論이 "90字中 89字가 日式略字"라는 등의 文化侵略的 記事에 대해 嚴重 항의하고 그 90字가 韓國古文獻이나 中國文獻에 根據가 있음을 밝힌 바 있다.

필자는 國內古文獻에 나타난 略字(省畫·略化된 글자나 俗字 異體字 등 包括的인 뜻으로)를 조사하여 日式略字 云云의 그릇된 인식을 바로 잡고자 한다.

1.

필자가 현재까지 조사한 우리 古文獻은 名家筆譜(卷1은 新羅의 眞興王巡狩碑·高句麗 廣開土王陵寢碑文이나 崔致遠·申崇謙 등의 筆跡으로부터 卷6은 朝鮮高宗朝까지의 人物중 名筆家들의 筆跡을 수록해 놓음) 등 1860년代까지의 문헌, 日本略字의 영향을 받았다고 생각할 수 없는 문헌으로 한정했다. 그 문헌은 다음과 같다.

문헌 略號	문헌 이름	刊行 年代
1. 名筆	『名家筆譜』 卷一	新羅·高句麗~朝鮮初
	〃 卷二	朝鮮成宗~宣祖
	〃 卷三	明宗~宣祖
	〃 卷四	宣祖~孝宗
	〃 卷五	孝宗~肅宗
	〃 卷六	肅宗~高宗
2. 均如	『均如傳』	1075년 刊行年代未詳 海印寺板
3. 三史	『三國史記』	1145년 高麗仁宗 金富軾 中宗壬申刊
4. 海僧	『海東高僧傳』1·2	1215년 高麗高宗2년覺訓王命撰
5. 三遺	『三國遺事』	1285년 釋 一然撰 中宗壬申刊
6, 麗地志	『高麗史地理志』	137卷中56~58 世宗때 鄭麟趾 등
7. 慶地志	『慶尙道地理志』	世宗7년(1425년) 12월

8. 釋譜 『釋譜詳節』 世宗31년 1449년
9. 世宗地志『世宗實錄地理志』 端宗2년 (1454년)
10. 訓正 『訓民正音註解本』 世祖4년 1459년
11. 月釋 『月印釋譜』 世祖4년 1459년
12. 楞解 『楞嚴經諺解』 世祖7년 1462년
13. 法華 『法華經諺解』 世祖8년 1463년
14. 金剛 『金剛經諺解』 世祖9년 1464년
15. 圓覺 『圓覺經諺解』 世祖10년 1465년
16. 牧牛 『牧牛子修心訣』 世祖12년 1467년
17. 救急 『救急方諺解』 世祖12년 1467년
18. 蒙法 『蒙山法語』 世祖 때
19. 慶續地志『慶尙道續撰地理志 』 睿宗元年 1469년
20. 內訓 『宣賜本內訓』 成宗6년 1475년
21. 三綱 『三綱行實圖』 成宗12년 1481년
22. 金三 『金剛經三家解』 成宗13년 1482년
23. 光千 『光州千字文』 宣祖8년 1575년
24. 石千 『石峰千字文』 宣祖16년 1583년
25. 家禮 『家禮諺解』 仁祖10년 1632년
26. 警民 『警民編』 孝宗7년 1656년
27. 道德 『新註道德經』 肅宗朝 朴世堂
28. 推鞫 『推案及鞫案』 14英祖一1725.1~1728.3
　　　〃 卷15 英祖二1728.4~1728.5
　　　〃 卷16 英祖三1728.6~1730.5
29. 同文 『同文類解』 英祖24년 1748년
30. 花潭集 『花潭集』 英祖46년 1770년
31. 漢淸 『漢淸文鑑』 英祖末 刊
32. 奎章 『奎章全韻』 正祖20년 1796년
33. 大輿 『大東輿地圖』 1861년
34. 大志 『大東地志』 1864년

2.

우선 K신문이 日本式略字實例라고 해서 보인 19字의 실상은 다음과 같다. 즉 "気売帰広実図当対台囲庁伝駅战灯担体党才"중 10字"帰実図当対駅灯担体党"은"名筆·均如·三史·三遺·禮記·奎章·大志"등 國內古文獻에 用例가 보이고 8字"気売広台囲庁伝战"는 宋元以來俗字譜·中文大辭典에 나타나 있으며 '才(歲)'는 日本에서도 略字로 채택하지 않은 것이므로 論할 것이 없다.

日本신문들이 90字중 한字를 빼고는 日本式略字라는 朝鮮日報 채택의 90字중

価覚拠挙継観関旧国権帰断担胆(←担) 党当対図読独灯乱恋猟礼楼塁蛮(←変) 湾売(←読) 発変宝辞釈(←駅) 繊摂声焼属続(←読) 数緖随粛湿縄蝿実与余駅訳(←駅)誉(←挙)欝 医 蚕済剤(←済) 証処鉄体逓嘱(←属) 総虫択·沢(←駅) 廃(←発) 学献号会絵(←会)

이상 75字<中 13字는( ) 안 略字의 類推로>는 國內古文獻에, 나머지 15字는 모두 宋元俗과 中文辭에 들어 있는 것이다.

3.

省畫·略化 一覽

丶 減 寛 器 都 盜 突 戻 涙 類 流 抜 髮 追 伏 敷 殺 暑 署 緖 宜 者 諸 初

一 殼 穀 廣 勤 謹 難 德 隆 徵 鞭 漢 恒

ノ 皆 階 宮 鬼 曆 歷 隆 追

ム 穗 専 轉 恵

爿 藏 臟

ム 擊 繫

亻 条

工 隨 髓 穩 隱 墮

王 聽 廳

心 慶 爱 憂 優

四 覽

𦥯 → ⺍ 覺 學

⿰ → ⺍ 擧 譽

炏 → ⺍ 勞 撈 榮 營 螢

巛 → ⺍ 惱 腦 臘 獵 巢

吅 → ⺍ 單 憚 獸 嚴 戰 彈

⿰ → ⺍ 當

並 → 业 晋

𠂤 → リ 歸

𠂤 → リ 师 帥

臣 → リ 監 鑑 堅 緊 賢

匕 → 匕 褐 渴 喝 揭

示 → ネ 祈 福 社 祥 視 神 祝

僉 → 㑒 儉 劍 檢 險 驗

巠 → 圣 莖 徑 經 輕

𢇍 → 米 繼 斷

䜌 → 并 關 聯

雚 → 隺 觀 勸 權 歡

褱 → 𡙁 壞 懷

臼 → 舊 舊 稻 兒 陷

㔾 → 己 卷 圈

詹 → 旦 担 胆

㓁 → 日 䒑 欄 練 錬 墨 默 會 黑
蜀 → 蟲 獨 觸
冫 → ⺀ 冬 終
婁 → 米 屢 樓 數
𤔔 → 舌 亂 辭
兩 → 両 両 輛 滿
良 → 良 郎 朗 廊
虜 → 虜 虜 擄
盧 → 戶 芦 炉 鲈
萬 → 萬 萬 勵
母 → 毋 毋 慣 每 梅 侮 敏 繁 實 海 悔
䜌 → 亦 變 戀 蠻 灣
發 → 發 發 廢
幷 → 并 併 屏 瓶 塀
弗 → ム 佛 拂
舍 → 舍 舍 捨
臼 申 → 由申 插 搜
屬 → 属 屬 囑
㬎 → 业 濕 顯
亞 → 亜 亞 惡
𢆶 → 冰 樂 藥
㐭 → 六 壤 孃 釀 讓
睪 → 尺 驛 譯 択 澤
堯 → 尭 焼 繞 曉
羽 → 羽 羽 翻 翩
戔 → 戋 錢 淺 賤 踐 残
爿 → 丬 壯 裝 莊 狀 將 獎
爫 → ク 爭 淨 靜
爫 → ソ 爲 僞

齊 → 齊 齊 濟 劑 齋
主 → 主 主 住 言 獄
竹 → ⺾ 節 筆 答
卒 → 卆 雜 醉 粹 碎
从 →丷 從 縱
八 → 丷 曾 憎 增 贈 尊 鄭
皀 → 艮 卽 旣 慨 鄕 響 爵
兟 → 夫 贊 讚 潛
靑 → 青 青 淸 情 精 靜
攵 → 力 勅 効
參 → 参 参 慘
辶 → 辶 迦 過 道 蓮 迷 迫 遇 遺 適 進 遍
⺾ → ⺾ 草 菊 花 英 落 葉 薰 苦 敬 若 薄
⺾ → 屮 花 菊 荷 敬 夢 若 萬 難 塔
處·豦 → 処 処 拠
羊 → 羊 鮮 憐
虛 → 虚 虚 戱
夾 → 夹 峽 挾 狹

個別字 略化

屆 → 届	國 → 国 囯
龜 → 龜	燈 → 灯
來 → 来	麗 → 麗
嶺 → 岺	靈 → 靈 灵
禮 → 禮	龍 → 竜
雙 → 双	聲 → 声
嶽 → 岳	巖 → 岩
鹽 → 塩	竊 → 窃

晝 → 昼　　遲 → 遅
證 → 証　　盡 → 尽
鐵 → 鉄　　獻 → 献
號 → 号

聶 → 聂 摂
歮 → 歨 渋
畾 → 罒 垦 畳

4.

다음으로 本 韓國語文敎育研究會가 制定한 新聞用略字(1981년 8월, 『語文研究』 30호 pp. 233~234 所載, 略字委員會 委員長 金斗燦 理事) 181字의 國內 古文獻 및 中國文獻에 나타나 있는 根據를 밝혀 두기로 한다.

(1) 우리 古文獻에 나타난 略字

2. 「価」 大輿 8 : 14, 宋元俗 p. 3 価 古今雜劇
3. 「覚」 均如 5a·7b 自覚
　学　均如 5a·6a 學　均如 12.16. 石千 14 孝 大輿 4 : 5
　拳　名筆 2 : 2 李龜 成宗朝·名筆 3 : 53 魚有龜 肃 宗朝
　誉　譽名筆 1 : 31a 安止 太宗朝 譽　光千 2b 譽石千 2b (←拳)
　労　海僧 1 : 151
　栄　名筆 4 : 31a 張顯光 高麗 仁宗朝
　営　(←栄)
　蛍　(←栄)
　単　名筆 3 : 45 權慄 宣祖朝 單推鞫 14 : 705
　戦　戦(三遺 1 : 19)　(←單)

獣 (←單)

厳 推鞫 14 : 299

弾 弾(推鞫 14 : 327) (←單)

悩 名筆 5 : 57 李墣 肅宗朝

脳 (←惱)

猟 推鞫 14 : 101

4. 「監」 大地 p. 282 下

堅 (←監)

腎 (←監)

緊 名筆 5 : 12 閔黯

覧 (←監)

濫 (←監)

临 (←監)

艦 (←監·僉)

賢 名筆 1 : 12 但然 高麗仁宗朝

师 名筆 1 : 43a 李承召 世宗朝·3 : 69 金誠一

歸 三遺 4 : 21a·宋 純 墨跡

5. 「據」 均如 6b

6. 「僉」 推鞫 14 : 265·274·277

剣 (←僉) 宋元俗 p. 5 嶺南逸 事

検 (←僉)

険 (←僉)

験 (←僉) 驗 三遺 1 : 16a·均如 1a · 3a

7. 「径」

茎 法華 3 : 10b

経 均如·三綱 忠 29a·法華 1 : 43·2 : 11

経 月釋序 22b· 経 均如 2b·経 石千 21

軽 蒙法 39·救急下 13·円覺 二 之 一 19

8. 「継」 三史 17: 12·三 遺 1 : 15·家禮 1 : 11

断 三綱·孝 9b·均如 5b·8b 間斷·三史 21 : 11

齢 推鞫 16 : 10 齡

歯 (←齡)

楼 名筆 3 : 49b 李東岳 宣祖朝·大地 15 上

数 海僧 1 : 145·推鞫 14 : 305

9.「関」大輿 13 : 7 大關笭·宋元俗 p. 100 烈女傳 古今雜劇 등 8種文獻

10.「観」朴雲 1493년~1562년 墨跡·推鞫 14 : 125·176

勧 推鞫 15 : 314·16·403

権 大地 184 上

歓 (←觀)

13.「旧」大輿 3 : 13·4 : 14·7 : 8 宋元俗 p. 68 通俗小說·古今雜劇 등 10種 文獻

14.「亀」大地 40上·125下·東輿 7 : 9

15.「国」三史 25 : 4 逕國·旣 國

(国) 三史 15 : 1·三史年表 29 : 35 國祖王

18.「担」奎章下 37b·同文上 30 担着메다

胆 (←担)

19.「当」名筆 4 : 27a 閔維鍾 肅宗朝·名筆 5 : 66 魚有鳳

名筆 6 : 59b 劉漢翼 高宗朝

宋元俗 p. 54 通俗小說·目連記 등 4種文獻

党 三史 28 : 1 党項 城 ·大地 卷四 南陽條

宋元俗 p. 135 太平樂府·目連記 등 4種文獻

20.「対」禮記 10內 35·中文辭 2 : 361

宋元俗 p. 24 對 通俗小說·白袍記 등 6種文獻

21.「図」名筆 3 : 34b 柳永慶·3 : 45b 權慄

名筆 6 : 60a 金奭準 6 : 68a 金玉均

22.「独」三遺 2 : 27a·宋元俗 p. 9 烈女傳·通俗小說 등 9種文獻

触 (←獨)

蚕 救急方上 3·大興 1 : 12·8 : 14 大地 467下

23.「読」墨跡 p. 60 李荇(1478~1534년) 讀 中文辭 8 : 1166

売 (←讀)·中文辭 2 : 1322 '賣之簡字'

続 (←讀)·宋元俗 p. 81 古今雜劇·中文辭 7 : 623

24.「灯」均如 1a·7b·8a·大興 8 : 18·10 : 9 ·
宋元俗 p. 52 通俗小說·古今雜劇 등 10種文獻

25.「楽」名筆 6 : 65a 趙冕鎬 高宗朝

薬 推鞫 14 : 300·305·推鞫 15 : 827

轢 (←樂)

26.「乱」救急方上 30b·三綱·烈2b·蒙法 65·三遺 3 : 11大乱

辭 均如 3b·7b·三 遺 2 : 20

辭 推鞫 14 : 102·276

辝 三遺 2 : 8b·名筆 1 : 6 金玖新羅 元聖王

27.「励」 (←万)

万 名筆 1 : 41 元天錫 太宗朝·均如 1a·3b
三 遺 1 : 23a·大興 5 : 5·6 : 10

28.「麗」均如 1a·海僧 1 : 128·130

29.「聠」(←關) 聯 宋元俗 p. 64 領南逸事

30.「恋」名筆 4 : 36a 許積 仁祖朝
宋元俗 p. 36 取經詩話·通俗小說 등 11種文獻

蛮 (←變) 宋元俗 p. 70 通俗小說·古今 雜劇 등 9種 文獻

湾 大興 11 : 10 九灣里

変 名筆 5 : 38 李樘·推鞫 14 : 120·374

31.「灵」松廣寺 蒙法 562·海僧 1 : 145 大興 2 : 2·2 : 3
宋元俗 p. 104 通俗小說·古今雜劇 등 10種 文獻

霊 均如 1a

32.「礼」均如 3a·3b·4a·三遺 1 : 16·大興 1 : 9·15 : 10

33.「竜」大輿 4 : 5

34.「塁」大地 4 : 5

　　摂　海僧 1 : 144

35.「雉」均如 8b 雉苦 ·三史　21 : 3 莫雉支 大輿 15 : 10

　　俗雉山

36.「麦」三 史　23 : 10 麦 麥據顯宗本·宋元俗　p/114

　　白連記

37.「発」大輿 20 : 10 小乃發 大輿 11 : 14·12 : 11

　　䒶(訓正註解 8·光千 5)

　　廢　　(←発)

40.「並」名筆 1 : 29b 偰慶壽 太祖朝·訓正註解 3b

　　楞解 4 : 52a ·均如 1b·石千 40·推鞫 1 : 147

41.「宝」均如6b·9b·大輿 3 : 7·4 : 5 大地 91下

42.「仏」均如4a·4b·5a·5b

　　拂 「←佛」中文辭 4 : 419 '拂之簡字'

43.「写」同文 䟦 1b 寫

44.「参」推鞫 15 : 497 參禮 p. 498·499 叅 推 鞫 14 :

　　391·15 : 387

　　惨　推鞫 14 : 384

　　憏 推 鞫 14 : 340

45.「双」名筆 1 : 14 姜邯贊·大輿 1 : 9· 3 : 3· 5 : 4

46.「釈」

　　訳　　(←駅)

　　駅　大地 p. 286下　驛站 大地 289下 ·417下

　　択　(←駅)　中文辭 4 : 416 '擇之簡字'

　　沢　　(←駅)

47.「繊」

　　懴　秋 江　南孝溫 筆跡

籖 (←櫼)

湿 海僧 1 : 137

顕 推鞫 14 : 110·15 : 486

48. 「声」 名筆 2 : 626 李山甫 宣祖朝·均如 6a·6b
宋元俗 p. 64 烈女傳·取經詩話 등 12種文獻

49. 「属」 楞解 6 : 56b·法華 5 : 60a·均如傳 7a 大地 94上
屬牧牛訣 14b·光千 34

嘱 (←屬) 中文辭 2 : 927 '與囑同'

50. 「焼」 朴解中 15b 燒酒·朴解下 2a

51. 「粋」 (←雜)

雑 墨跡 金宏弼(1454~1504년)

酔 名筆 3 : 44a 南以恭·朴解中 47酔

52. 随 名筆 1 : 5·眞興大王巡狩碑·月釋 18 : 58
楞解 1 : 56b 石千 15·推鞫 14 : 109·287

髄 (←隨)

堕 楞解 10 : 15a·10 : 23a·推 鞫 15 : 431

53. 寿 宋元俗 p. 12 列女傳·通俗小說 등
5種文獻

鋳 宋元俗 p. 99 白袍記·嶺南逸事

54. 繍 (←肅)

粛 名筆 2 : 21b 李延慶 中宗朝·推鞫 16 : 3
宋元俗 p. 130 烈女傳·三國志平話 등 5種文獻

粛 推鞫 14 : 170·三遺王曆第一·p. 30·大典 9 :
15·大地 10下·94上

55. 「実」 名筆 1 : 51b 金銚太宗朝·2 : 10a 金馹孫
名筆 2 : 17b 朴祥·4 : 25a 趙錫胤 仁祖朝

实 均如傳 1a·2b·8a·宋元俗 p. 21
通俗小說·古今雜劇등 8種文獻

56. 「亜」 名筆 6 : 73a 柳瑾 高宗朝
宋元俗 p. 123 古今雜劇·太平樂府등 3種文獻

唖 (←亞) 宋元俗 p. 11 古今雜劇·太平樂府등 5種文獻
中文辭 2 : 790 '啞字俗字'

悪 推鞫 14 : 320·690·770·推鞫 15 : 260b 惡名
宋元俗 p. 35 取經詩話·通俗小說등 11種文獻

58.「壌」推鞫 15 : 29

譲 名筆 1 : 29b 權鑄 恭愍朝·推鞫 14 : 342·15 :
121·536

醸 花潭集 3 : 26b·推鞫 14 : 350·761

嬢 (←孃)

59.「与」丹陽赤城碑文(新羅眞聖王代?) 名筆 1 : 16 尹瓘 2
: 19b 盧守愼 中宗朝

三史跋終 p. 411 与前府使

宋元俗 p. 67 烈女傳·取經詩話 등 12種文獻

舆 三綱·忠 10a·石千 11·家禮 6 : 33·警民 21

宋元俗 p. 67 太平樂府·嬌紅記 등 4種文獻

60.「余」均如 2b 三十余 ·3b 十有余人

宋元俗 p. 107 通俗小說·古今雜劇 등 8種文獻

61.「塩」花潭集 3 : 20a·大地 p. 33下·66上 ·大輿2 : 11

62.「盃」大輿 16 : 7 盃金潭 17 : 6 盃介山

欝月釋 10 : 43·欝光千 18·欝石千 18·推鞫 14 :
113

66.「医」禮記下 2 : 24a 宋元俗 p. 111 通俗小說」白袍記
등 6種文獻

69.「殘」名筆 1 : 31b 孟思誠·殘署·推鞫 15 : 402 疲殘

銭 推鞫 14 : 123·15 : 467·大輿 3 : 3·9 : 14

浅 均如 7a

賎 推鞫 15 : 400

践 推鞫 14 : 147

71.「窃」名筆 3 : 32b 趙翼 宣祖朝·推鞫 14 : 341·15 :
897

73. 「斉」 三綱·忠 24a·宣賜本內訓 1 : 14·1 : 26
剤 (←斉)
済 均如 7a ·海僧 1 : 13b·大輿 1 : 10
74. 証 名筆 4 : 63a 朴世采肅宗朝 証 6 : 69a 白春培
漢淸 5 : 33b 干証 <証人>
75. 「尽」 均如 2b·宋元俗 p. 56 烈女傳·取經詩話 등
12種文獻
77. 「処」 均如 7a·8a·9a·大地 40下
宋元俗 p. 68 烈女傳·取經詩話 등 12種文獻
78. 「鉄」 三綱·忠 28a·大輿 1 : 11·12 大地 p. 365
宋元俗 p. 98 古今雜劇·三國志 平 話 등 9種文獻
80. 「聴」 名筆 1 : 60a 姜 希顏 世宗朝·楞解 1 : 49b
法華 5 : 47·石千 10·家禮 4 : 16·推鞫 14 :
14·114
宋元俗 p. 64 烈女傳·太平樂府 등 3種文獻
81. 「体」 蒙法 59·法華 1 : 23·1 : 80·牧牛 29·金剛 88·三遺
2 : 27·均如
26·4a·4b·5a·5b·推鞫 14 : 311 ·推鞫 15 : 509
躰 金剛 85a
宋元俗 p. 109 体 通俗小說·古今雜劇 등 10種文獻
躰 烈女傳·取經詩話 등 6種文獻
骵 嶺南逸事
82. 「逓」 名筆 1 : 53b·梁誠之 世宗朝·推鞫 15: 497 遞改
83. 「総」 禮記下 2 : 13b·推鞫 16 : 23·16 : 89
84. 「称」 推鞫 14 : 300·宋元俗 p. 59 烈女傳·通俗小說 등
11種文獻
86. 「献」 三史 21 : 4·三遺王曆 1 : 8·三遺 1 : 4·大輿 p. 9
87. 号 均如 1b·2b ·法華 4 : 189·三遺王曆 1 : 1 國号·三
遺 3 : 3
宋元俗 p. 69 烈女傳·取經詩話 등 11種文獻

89. 会　禮記下 2 : 19b　　　　宋元俗 通俗小說·白袍記
등 6種文獻
絵　　　(←会)
宋元俗　p. 80 領南逸事

(2) 中國文獻에 나타난 略字

1.「仮」中文辭 1 : 841 '假之簡字'
11.「広」中文辭 3 : 1240 '廣之簡字' 中共 '广'
拡　　　(←廣)
中文辭 4 : 482 '擴之簡字'
12.「区」宋元俗 p. 126 古今雜劇区
中文辭 2 : 134 '區之簡字' 瓯宋元俗 p. 132
古今雜劇
欧　欧宋元俗 p. 45 古今雜劇
中文辭 5 : 543 '歐之簡字'
殴　中文辭 5 : 717 '毆之簡字'
駆　驅 宋元俗 p. 108 太平樂府 駈古今雜劇·太平樂府
中文辭 10 : 335 '驅之俗字'
枢　枢 宋元俗 p. 30 古今雜劇
中文辭 5 : 60 '樞之簡字'
16. 気　宋元俗　p. 123 氕 古今雜劇·三國志平話 등 5種文獻
中文辭 5 : 816 気 '氣之俗字'
17. 団　団 宋元俗 p. 14 三國志平話·太平樂府
中文辭 2 : 1035 '團之簡字'
38. 辺　宋元俗 p. 97 邊 通俗小說·古今雜劇 등 9種文獻
中文辭 9 : 6 '邊之俗字' 邊
过 三遺 2 : 9 水路夫人 獻花歌
宋元俗 p. 94 通俗小說·古今雜劇 등 7種文獻
39. 弁　墨跡 p. 374 李象靖(1710~1781) 二堂弁文
自量難强 '序文'으로 解讀

中共의 新華字典 p. 25 '弁(bian)'
'弁言' '書籍或長篇 文章的 序文, 引言'

57. 圧 厓 宋元俗 p. 18 嶺南逸事
中文辭 2 : 1122 '壓之簡字'

64. 囲 同文通考·四 '囲 圍也'
中文辭 2 : 1049 '圍之簡字'

65. 応 应 宋元俗 p. 24 通俗小說·目連記 등 4種文獻
中文辭 3 : 1717 '應之簡字'

67. 弐 中文辭 2 : 1391 '二之古文' 說文 二貳古文二

68. 壱 中文辭 2: 1322 '壹之簡字'

70. 伝 中文辭 1 : 829 '傳之簡字' 宋元俗 p. 3 傳通俗小說
傳目連記
転 김 p. 470

72. 点 宋元俗 p. 52 白袍記·東廟記 등 3種文獻
点通俗小說 등 3種文獻
中文辭 5 : 1712 '點之俗字' 中華大字典 点俗 字

76. 質 宋元俗 p. 87 嶺南逸事 傎目連記 中文辭 8 : 1319
'質之俗字'

79. 庁 宋元俗 p. 42 古今雜劇·三國志 平話

85. 闘 宋元俗 p. 100 古今雜劇·太平樂府 등 4種文獻
鬪 宋元俗 p. 100 烈女傳·三國志平話 등 3種文獻

88. 画 釋要下 62 畫仝
宋元俗 p. 54 太平樂府·東廟記 등 3種文獻
中文辭 6 : 654 與畫同
劃 (←畫)

5.

끝으로 略字에 대한 私見을 붙인다.

(1) 漢字의 어려움은 글자의 過多와 그 過多에 따른 많은 畫을 가진 漢字의 쓰기에 있다.

그러므로 상용한자 1,800字 안팎으로 制限(固有名詞用 200字 정도 別途)하되, 획수 많은 漢字는 쓰기를 平易하게 正確하게 하기 위해 略字가 필요하다.

覺繼舊歸担亂寶聲屬肅蚕鐵獻號龜龍萬體…들이 얼마나 쓰는데 편리한가.

(2) 韓國語硏의 1백 81字 略字는 우리 社會에서 통용되고 있는 것이므로 社會生活에 적응하기 위해서도 略字使用은 필요하다.

(3) 韓·中·日이 하나의 漢字文化圈을 이루고 있다. 우리 古典이나 中國古典에도 많은 略字가 나타나고 (宋元 이래 俗字譜·中文大辭典에 나타난 實用例) 日本書籍도 年間 百萬部 가깝게 들어오고 있다는 바 古典읽기나 文化交流라는 面에서도 略字를 반대할 것이 아니다. 특히 世界 속의 韓國, 國際化時代의 추세 속에 文化의 鎖國主義가 利로울 것이 없다.

(4) 略字를 반대하는 의견에 두 갈래가 있다. 하나는 二重負擔이라는 것으로 주로 한글전용論者에 의해 主導되는 의견이다. 아닌게 아니라 너무 一時에 많은 수효의 略字, 눈에 설고 新奇한 略字를 내놓는 일은 삼가야 한다고 생각한다.

中共에서 略字가 문제된 것은 ▲ 애써 漢字를 배워 온 사람들이 다시 무식장이가 된다. ▲ 海外의 수천만명 華僑들을 교육할 방법이 없다. ▲ 새로 略字를 배운 이들은 正字로 기록된 역사나 文物을 배우기 어렵다. ▲ 韓國·日本 등과 文化交流에 벽이 생긴다는 것 등이 그것 이라 한다.

中共에서 簡字라는 것은 너무 數가 많고 또한 正字와는 딴판으로 된 것이 많아서 위에 지적된 문제점이 있음이 사실이요, 中共簡字는 확실히 二重負擔이라 할만하다.

그러나 한두 畫의 省畫(殺·類·穀·廣·隆·徵…)이나 부분 略化(學·擧·歸·師·監·儉·經·斷·亂·變·參·顯·燒·壤·殘·獻…)나 부분 省略(聲·號·

醫)이나 變形略化(岳·岩·鹽·龜·龍·萬·双…) 등이 모두 ① 正字를 推理할 수 있고 ② 우리 社會에 널리 通用되고 있을 뿐만 아니라 ③ 우리 古文獻에도 거의가 근거가 있는 것들이어서 이중부담이랄 것이 없다.

(5) 略字반대論의 또 하나의 갈래는 주로 儒林측 人士 가운데에 있는 것이 아닌가 한다. 漢字는 한 점 한 획이 모두 의미를 지니는 것인데 略字化하는 것은 無意味한 부호로 만들어 後生으로 하여 종래의 文獻을 보지도 못하게 한다는 의견이다.

예를 들면, '突(穴+犬) 臭(自(코)+犬)'字들이 개[犬]와 관련해서 만들어진 글자인데 '突·臭'처럼 '丶'을 덜어버려서 되겠느냐. '弗'字는 '亻+弗'로 '弗'은 '弓+刂'로 분석되는데 생명을 쏘아 죽이는 활[弓]을 '두 줄(刂)'을 그어서 否定한 것이다. '亻변'을 해서 大慈大悲한 부처의 思想을 가장 적절하게 설명한 것인데 이것은 '佛'로 해서야 되겠느냐 하는 주장이다. 漢字의 略化는 說文의 眞理에 어긋나고 六書의 體系가 무너져 漢字의 生命을 잃게 된다는 주장이 그것이다.

漢字教育이라는 面에서 생각하면 說文解字식 방법이 효과적임이 틀림없다고 생각한다.

그러나 쓰는 面에서 생각하면 '龜·龍·獻·繼·屬·體·辭·蠶…'들이 어려운 것이 또한 사실이다.

이래서 아마 우리의 先人들이나 중국의 옛사람들이 일찍부터 略字를 써내려온 것이 아닌가 한다. 說文 眞理 固守의 '고지식'도 좋으나 '龜·龍·獻·繼·屬·体·辭·蠶……'등 略化의 '슬기'도 배제할 것이 아니다. 우리의 略語 '올케(←올아비+계집) 오누이(←올아비+누이)'나 英語에서 온 'K·O(←knock out) UN(←united Nation)'도 있지 않은가.

(6) 「헌신-獻身-献身」, 「의사-醫師-医師」, 「사령-辭令-辞令」 의 例에서「헌신·의사·사령」 은 同音異議語도 있어서 視覺性에서 「獻身·醫師·辭令」을 당할 수 없고 「献·医·辞」 는 視覺性을 충족시키면서 正字에 비해 획수가 줄어들어 쓰는데 편하다. 視覺的이고도

노력의 節減이 된다. 읽어 뜻을 아닌 데는 表意文字가 능률적이고 쓰는 데는 略字가 능률적이다.

(7) 印刷媒體의 경우, 鑄字하기 좋고 植字하기에 능률적인 利點이 있다고 본다. 작은 活字의 경우, 복잡한 字畫은 判讀도 어려운 不便이 있다.

(8) 앞으로 國語研究所가 발족되면 略字의 표준화문제도 서둘렀으면 한다.

學-學·斈·學　　國-国·囯

觀-觀·观·覌　　肅-肃·肅

靈-灵 ·靈　　戰-戰·戦·戰

鬱-鬰-欝-欝-盇

(9) 학교교육에선 正字를 가르치고 略字도 아울러 가르쳐 쓰기에는 略字도 許容하는 것이 좋을 것이다.

〈『語文研究』第39 · 40號, 韓國語文敎育研究會, 1983.〉

漢字略字의 국적追跡

略字논의 回顧

共和黨 정권 때인 64년 7월, 문교부는 국어심의회나 국어교과서편찬심의위원회의 건의를 받아들여 다음 해부터 상용한자를 가르치기로 했다. 즉 國民學校 4학년 이상의 국어교과서에서 약 6백자, 중학교에서 약 4백자, 고등학교에서 약 3백자, 도합 1천 3백자를 가르친다는 것이었다. 이 방침이 발표되자 도하 각신문은 사설로 꼬십(사전에는 고십)으로 贊意를 표했던 것이다.

당시 京鄕新聞은 「漢字混用의 教育方針」(64·7·18사설)에서 「우리는 교육을 현실에 부합시키는 의미에서 한자 혼용론을 하면서…어려운 글자라도 자주 사용되는 것은 약자를 쓰도록 하는 것이 좋을 것 같다…」

朝鮮日報는「文教部의 國漢文混用教育 公式方案을 보고」(64·7·19사설)에서

> 「國漢文混用教育을 공식화하려는 방침을 세운 데 대하여 원칙상 찬의를 표한다. 그것은….한글전용교육이 국가민족에게 직접간접으로 형용키 어려운 정도의 거대한 손실을 초래케 했다는 사실을 잘 알고 있기 때문이다. …..첫째는, …..4학년에서 시작할 것이 아니라 1학년부터 점진적으로 가르쳤으면 하는 것이고, 둘째는 常用漢字의 수를 1천9백자~2천자 정도로 해서 문화발전에 별 지장이 없

도록 하는 것이 옳으리라는 것이다. ….의무교육인 國民學校만 마친다면, ….신문·잡지·기타 통속적인 서적을 읽을 수 있게 하자는 의미에서이다. ….」

한국일보는

「漢字教育公式化를 찬성한다」(64·7·24사설)에서 「그러나 몇 가지 견해를 말하면, …..1천3백자만으로 실효를 거둘 수 있는가.….. 다음으로 문자의 습득은 감수성이 예민한 어릴 적이 더 나을 걸로 생각되며, …..國民學校 2,3학년으로 부터라도 학습과정으로 넣는 것이 옳지 않을까 한다….」

이렇게 해서 한자노출의 국어교육이 어문교육의 정상궤도 진입의 신호인 것으로 알았고, 67년3월초에 이르러 문교부가 초·중·고에서 가르치는 1천3백자 중 복잡한 한자 5백70자를 略字화하는 작업이 진행 중인 사실이 알려진 직후, 中央日報의 「漢字약자화 이렇게 본다」에서 「贊」 쪽 「필자」, 「反」 쪽으로 「최현배」의 글이 실린 일이 있다.(67·3·7)

필자의 글은 「늦지만 좋은 着想 選擇엔 신중한 檢討를」, 「최현배」는「이중의 고통 준다. 차라리 한글 전용하자」였다.

儒林도 한글전용론자도 반대

필자는 이 글에서

① 우리나라 古文獻에서 우선 약자 속자의 실례를 찾아 모을 것. 均如傳·大東輿地圖 등 실례가 있다.

② 日本이나 中共의 약자例도 참고로 할 것. 일본 것을 본뜬다고 하여 주체성의 상실을 염려하거나 중공 것을 참고로 한다 하여 敵性 운운의 옹졸한 태도를 버리는 것이 좋을 것이다. 문자가 언어소통의 매개체이므로 가능하면 국제성을 고려함이 좋다.

③ 그러나 日本漢字音이나 中國漢字音의 同音임에서 유래된 약자는 곤란하다.

萬歲→萬才, 18歲→18才, 戰鬪→田頭·戰斗, 豫習→予習, 雰圍氣→雰囲氣, 臺數→台數

④ 文教部에서 모은 자료에 의하면…·신기한 것이 많이 눈에 띄는 듯한데 이런 것은 채택하지 않는 것이 좋지 않을까 한다.

⑤ 氵火(滅) 阳(陽)자 따위는 시각적으로는 그 뜻에서 그럴듯하게 만들어지기는 하였으나「火」자나「日」의 한자음은 너무나 널리 일반에게 뿌리박힌 음이므로 신중한 검토가 필요할 것이다.

⑥ (略)와 같이 주장했었다.

그 후 11·10에 이르러 국어심의회 한문분과 위원회(위원장 趙容郁, 위원 李家源, 車柱環·車相轅·閔泰植·金敬琢)가 마련한 漢文略字試案(5백42자)을 국어심의회에 제출했다.

이 안은 67년 2월 23일 同分科委가 약자 제정에 착수하여

1, 획수가 많은 글자를 고치며
2, 常用漢字를 이용하고
3, 다른 나라 略字를 참고로 하며
4, 本字의 音·形·뜻 등에 따라 채택하고
5, 草書体와 行書体의 간편한 방법을 채택한다.

라는 원칙 아래 선정했다는 것이었다.

그런데 이 시안이 발표되자 언론이 예민한 반응을 보였는데 각계의 반응을 싣는가 하면 사설로 의견을 붙였다.

동아일보(67·11·11)에는「어리석은 일, 崔鉉培씨 말」이라 해서 다음과 같이 引用 보도했다.

「약자제정 자체가 어리석은 일이다. 이번 약자제정은 한문교육의 부담을 경감하기는커녕 이중부담 결과 밖에 되지 않는다. 국민학교 어린이들에게 한자를 가르친다는 것이 잔혹한 일인데 거기다 약자까지 가르친다면 되겠느냐」

조선일보(67·11·11)에는 역시「어리석은 일, 최현배씨 말」이

인용 보도되고 그 말미에 「한글전용의 반대세력인 유림측에서는 중류이상의 사회 인사를 문맹으로 모는 짓이라고 반대의사를 밝혔다.」고 인용보도 했다.

결국, 한글전용론자도 그 반대인 儒林도 반대라는 것이었다. 그러나 여론은 약자 찬성이 우세였다고 보는데, 다만 약자 찬성의 언론도 그 글자의 過多나 新奇를 걱정하고 나무랐다.

朝鮮日報의 「漢字略字 創作의 是非」(67·11·12), 한국일보의 「文字生活의 簡素化, 思考의 生産性을 위하여」(67·11·12), 동아일보의 「漢字略字의 制定」(67·11·11)사설 등이 그것이다.

필자는 조선일보(67·11·14)에 「漢字略字制定의 問題點」이라는 글에서

① 慣用한지가 오래서 눈이나 손에 익은 것은 큰 문제가 없을 것으로 알며 획수도 줄어 좋다.

② 部首등의 간략화로 된 것, 즉 卄를 艹로 敬菊菌模苗芽茶荷, 辶을 辶으로 過通, 「𦥯·炏」를 ツ으로 覺擧學勞, 𤔔을 舌로 辭亂, 參을 参으로 參慘, 雚을 又로 观劝权, 弗을 ム로 払仏「臣·𠂤」을 リ로 臨堅師, 齊를 斉로 齊劑濟, 㡭을 米로 繼斷, 叚를 反으로 仮昄, 爿을 丬으로 狀壯裝將, 處를 処로 處據 등도 대체로 실용적인 것일 뿐 아니라 획수가 줄어들어 부담의 경감이 될 것이다.

③ (略)

④ 이미 일부 신문 등에서 써 오던 약자와의 相衡문제를 어떻게 조절할 것이냐의 문제가 있다. 일례로 廣拡壙 등을 廣擴壙과 같이 써 오던 터인데 이번 시안에는 広 拡 壙 등으로 되어 있다. 이 시안이 그 방면 전문가들의 택한 바로 근거가 있을 것으로는 생각하나 前者가 널리 쓰여 오던 것이므로 구태여 後者를 고집할 필요는 없을 것이 아닌가 한다. 또 하나 國을 国国 어느 쪽으로 하느냐 등도 사소한 것이기는 하나 여론을 들어 정했으면 한다.

⑤ 行書體 내지 草書體의 채택은 慣用인 것이 아니면 신중을 기하거나 피하는 것이 좋을 듯하다.(略)

⑥⑦(略)

……우선 慣用的이어서 異論이 없을 것에 국한해서 일차적으로 채택하고 나머지는 신중을 기하는 것이 좋겠다(후략)라고 한 바 있다.

그러나 결국 國漢혼용의 현실을 인정한 略字案 발표는 한글 전용론자들에게 반발을 받았고, 「기왕이면 正字로」라는 또 다른 반론이 제기되어 실효를 거두지 못했을 뿐만 아니라 한자약자시비는 67년 11월 박대통령의 「한글을 단계적으로 사용할 것을 연구토록 하라」 는 지시를 내리는 계기가 된 셈이 되어 버렸다.

그 후, 「한글전용·國漢混用」의 엎치락 뒤치락에 가려 잠잠하던 약자문제는 77년 8월 18일 박대통령의 지시로 한자병용의 「現狀固定」으로 굳어진 뒤 中央日報는 「어려운 漢字 略字를 만들어 쓰자」(77·8·31)라 하여

「….한글전용이라는 理想에 앞서 현실적으로 기초교육용 한자 1천 8백자를 익히지 않으면 半文盲(?)의 신세를 면치 못하는 게 사실이다.

그러나 72년부터 다시 중·고교에 부활된 한자교육의 현실은 외국의 예와 같이 어려운 한자의 약자화문제와 略字教育 교과시간의 절대 부족, 전문교사의 자질 등 많은 문제점을 안고 있다.(略) 일선 중·고교 한문교사들은 대체로 약자의 실용성을 인정, 인쇄체로 까지 현실화시켜 학생들에게 교육해야 한다는 주장이다.(略)」

라고 한 일이 있다.

그 후로 81년 4월 16일 朝鮮日報 徐康和 교열부장의 「略字시대로 가자」의 記事가 있었고 필자 또한 同紙에 「漢字略字 좋은가 나쁜가」(81·4·23)에서

「中共의 경우는 로마자 表記가 서서히 기반을 넓혀가 한자와의 『長期共存』 체제로 들어갈 것은 확실한 것 같다는 것이요, 日本의 경우는 최근 國語審議會에서 종전의 當用漢字表(1천8백50字)에서

常用漢字表(1천 9백 45字)를 만들어 규제의 폭을 완화하는 언문정책의 큰 전환을 보이는 움직임이다.」

이렇게 되면 우리의 國·漢字혼용, 日本의 漢字·가나 혼용, 中共의 漢字·로마字혼용으로 表音·表意文字의 혼용이 이뤄져 韓·中·日의 한자문화권의 동질성이 유지될 전망이다.

中共에서 文字革命을 내세워 略字運動이 벌어진 것은 1950년대 초인데 漢字改革委가 略字(簡字)를 만들어 발표한 것은 64년 그 대상은 2천 2백38자였다.

77년에는 2차로 8백 53자의 약자연구에 들어간다고 했으나 鄧小平 등장 후 발표가 보류되었다는 것은 약자 사용 후 여러 분제점이 드러났기 때문이라는 것이다.

日本이 약자 대용자를 채택하고 있는 것도 알려진 사실인데 國民學校에서 1천자 정도의 한자를 가르치는데 1백 40자 정도의 약자가 들어 있다.(中略)

이제는 냉철하게 과학적이고도 합리적으로 약자 문제도 다루어져야 한다.

일상·실용의 차원서 제안

① 中共에서 지적된 문제점을 고려하여 지나친 略字의 과다나 혁신성을 지양하고 약자수는 우선 2백자 이내가 좋다.

② 古文獻 등에서 약자·속자를 찾아 모으고 일반사회에서 널리 쓰이고 있는 약자·속자(筆記體 포함)를 양성화하자(例略)

③ 日本·中共의 약자도 참고로 할 것. 욕심을 말하면 韓·中·日 공동연구가 바람직하고 합의(현재로선 실현 가능성이 희박하다)가 이루어지면 더욱 좋다. 전적인 합의가 어려우면 부분적인 합의도 제멋대로보다는 낫다. 그에 앞서 국민적인 연구·合議의 선행이 시급하다.

④ 표준약자를 정해 읽기와 쓰기를 가르치고 原字(正字)는 읽

기만을 지도한다면 쓰기의 간편화로 부담이 느는 것이 아니며 약자만을 가르치는 中共이나 日本에서 생기는 폐단을 막을 수 있다.

⑤「앞으로 통일을 이룩했을 때에 대비하여 여러 어문정책의 확립이 北韓보다 앞서야 되므로 그 작업이 시급한데 이 약자문제도 그중의 하나라고 생각 한다.」고 했고 朝鮮日報는 「漢字略字와 文字生活」(81·4·24)이라는 사설을 통해「(前略)민족문화의 전통을 계승하기 위해선 『漢字』가 아니라 『漢文』을 제대로 배워야 된다. 우리들의 常用漢字는 한문고전을 해독하기 위해서가 아니라 전문가 아닌 일반서민의 일상적인 문자 커뮤니케이션을 편리하게 하기 위한 시작적인 수단이다. 그러한 문자라면 되도록 쓰기 쉽고 배우기 쉽고 이해하기 쉬우면 그만이다. 인쇄 매체의 경우엔 鑄字하기 좋고 식자하기 편하면 더욱 좋다. 그렇다면 한자를 없애고 한글만 사용하면 되지 않겠느냐는 논의가 나오기도 하겠지만 그러한 논의의 當不當을 넘어서서 한자를 섞어 써야만 視覺的으로 이해가 빠른 사람들이 엄연히 존재하고 있다는 것 또한 사실이다. 그렇기에 우리는 한글전용 - 漢字混用의 시비를 초월해서 우선 순전히 일상적·실용적인 차원에서 현재의 상용 한자 가운데 일부 한자의 약자사용을 제안하는 바이다」라는 의견을 제시한 바 있다.

韓國語文教育研究會는 81년 5월 14일 漢字略字研究所委員會를 구성하고 정기총회에서 略字小委(委員長 金斗燦理事)로 하여금 1백81자(字鐘 89자, 系列字 92자)를 선정케 하고 이사회 통과를 거쳐 확정하고 이를 각 言論기완에 보내 그 사용을 권고한 바 있었다.(81·10·1)

韓國語文教育研究會(會長 李熙昇)는 83·8·10 「일본신문들의 문화침략적 誤報에 대한 抗議文」을 駐韓日本國大使를 비롯해 일본 수상, 衆議院議長, 朝日新聞社長, 讀賣新聞社長, 産經新聞社長, 共同通信社長등에게 보냈다.

그 항의문 전문은 다음과 같다.

韓國語文敎育硏究會

83·8·10

受信:日本國大使 前田利一 貴下

題目:일본 신문들의 문화 침략적 오보에 대한 항의문 中曾根貴國 수상의 방한 등을 계기로 한일간 친선협력이 한층 돈독해 감을 同慶하는 바입니다.

그런데 지난 4월 26일 우리의 朝鮮日報가 略字 90字를 채택하게 되자, 귀국의 朝日·讀賣 양 신문이 「朝鮮日報가 日本式 略字를 채용했다고」 근거 없는 사실을 왜곡 보도하고 있습니다.

83년 4월 27일자 朝日新聞은 「한국의 有力紙 朝鮮日報는 26일(4월)한국으로는 처음으로 일본식의 약자 한자를 정식으로 활자로 채용했다(中略). 90자의 약자를 발표하고 있는데 한 자를 빼고는 일본식 약자다. (中略)이번의 조처는 일본식임에도 불구하고 편리함이 내셔널리즘을 누른 것으로 주목되고 있다.(中略) 교육 현장에서도 일본식 약자가 공식으로 채용될 가능성이 생기게 됐다」 고 했고 讀賣新聞(83년 4월 27일자)도「동양 한자문화권에서 완고하게 舊漢字(正子)를 고수해 온 한국의 매스컴이 마침내 일본식의 약자 사용을 단행하게 됐다.(中略)朝鮮日報의 이번 조처로 어쨌든 다른 신문 잡지로 파급될 것으로 보인다」 고 했습니다.

貴國 「共同通信」 제공 기사로 보도된 내용은 다시 「언어생활」 등 학술 잡지까지 轉載 유포되고 있습니다.

그런데 다시 8월 2일字 貴國의 日本 産經신문은 「한국 신문에 뜨거운 『略字論爭』이 일어나고 있다. (중략) 지난 4월말 유력조간지, 朝鮮日報가 약자(9푼 9리 일본 약자와 같은 것)사용을 선언, 바로 실행으로 옮겼다. (중략) 7월말이 되어 유력석간지 京鄕新聞이 「國籍없는 漢字略字」라는 비판기사를 실었다. 朝鮮日報는 바로 「國籍있는 略字」 라는 반론기사를 게재했다. (중략)

日本式 약자는 中·高年 세대가 숙지하고 있고 일본 서적도 연간 백만부 가깝게 들어오고 있는데 朝鮮日報의 選擇은 극히 현실적, 한편 京鄕新聞의 주장도 正論 그것, 어느 쪽이건 재빠르게 약자를 채용해버린 일본의 기민성이나 요령에 혀를 내두르고 있을 것임은 상상에 어렵지 않다」고 했습니다. 이렇듯 귀국의 삼대신문이 공통적으로 朝鮮日報 採擇의 약자를 「日本式 略字」로 단정하고 우리의 약자채택이 마치 일본에 추종하는 것이라는 인상을 주는 문맥들로 우리의 민족감정을 크게 자극하고 일본식 약자다 아니다로 세론을 양분케 하여 국민총화에도 악영향을 주고 있습니다.

日帝의 羈絆에서 벗어 난지 38주년이 되는 8·15를 지난 이 시점에서 이런 망언을 접하는 우리 민족의 심회는 자못 심각 합니다.

다른 것은 고사하고 한자문화가 中國대륙에서 한반도를 거쳐 일본에 전수된 것이 엄연한 사실임에도 불구하고 「日本固有略字」인 양 공언하여 사실을 왜곡 보도하는 그 진의는 어디에 있는 것인지 묻고자 합니다.

우리 연구회는 지난 1981년 5월 정기총회의 결의에 따라 조상전래의 고전(均如傳·各種 諺解文獻·大東輿地圖·大東地志·各袖珍本등)과 국제성을 고려한다는 취의에서 中國文獻(宋元以來俗子譜·中文大辭典)들을 상고함으로써 속자·약자가 고래로 한·중 양국의 공통적인 것임을 재 확증하였으며 本硏究會의 1백81자의 약자도 이에 근거하여 제정하고 이를 각 언론기관에 勸告한 바 있었습니다.

그리하여 금년 4월부터 맨 먼저 전통 있는 朝鮮日報가 그 실천을 결행하게 된 차제에 日本의 삼대 신문사들이 이를 고의(?)로 왜곡 보도함으로써 문제의 심각성이 학계와 언론계뿐 아니라 한일간의 우호문제에 까지 악영향을 끼치기에 이르렀습니다.

우리 연구회는 이러한 심각한 사태를 그대로 좌시할 수만은 없으므로 우리 연구회 및 각계유지들의 連署로써 귀국의 3신문의 악의에 찬 왜곡보도를 규탄치 않을 수 없습니다.

그러므로 귀대사는 귀국 삼대신문의 지사에 대해 아래 각항에 대한 조처 잇기를 이에 엄중히 항의 및 요구하는 바입니다.

1, 漢字俗字란 우리가 확인한 것으로도 중국의 宋元時代와 우리의 고려시대로부터 양국이 함께 써 온 것으로 한국의 고전에도 상당수 나타나는 조상전래의 약자를 가지고, 「朝鮮日報는 90자중 한자를 빼고는 일본식약자」 재빠르게 약자를 채용해 버린「일본의 기민성이나 요령에 혀를 내두르고 있을 것」 운운의 오만한 말을 어떻게 할 수 있습니까

2, 위 「90자중 한字만 빼고는 모두가 일본약자」 라느니 「9푼 9리 일본약자와 같은 것」이라느니 확증을 지시케 하라

3, 「(日本식 약자의)편리함이 내셔널리즘(民族主義)을 누른것」 「한국의 매스컴이 마침내 일본식의 약자 사용을 단행하게 됐다」 「日本의 기민성이나 요령에 혀를 내두를 것」 등의 표현은 우리의 민족감정을 해침은 물론, 특히 재일 80만 한인들에게 정신적인 굴욕감을 주는 것이므로 이를 전면 취소하고 사과문을 게재케 하라.

4, 위 왜곡보도의 始原인 共同通信支社를 즉시 閉鎖케 하라.

5, 위 요구 각항에 성의 있는 조처 및 반성·사과가 없을 때에는 3신문지사 축출운동을 우리 민족의 이름으로 거족적으로 전개할 것을 엄숙히 경고 한다.

李熙昇(文博, 韓國語文硏究會 會長, 學術院 元老會員) 劉鳳榮, 李崇寧, 趙容郁, 申淳彦, 金成植, 李太熙, 南廣佑, 朴魯春, 李應百, 金錫夏, 姜信沆, 高敬植, 丘仁煥, 權智庸, 奇世勳, 金慶漢, 金功千, 金觀鎬, 金起東, 金斗燦, 金敏洙, 金善豊, 金成基, 金榮馥, 金永秀, 金膺顯, 金彰顯, 金鉉龍, 金亨奎, 金熙模, 南豊鉉, 南興祐,閔丙秀, 朴甲洙, 朴龍珠, 朴性鳳, 朴勝萬, 朴湧植, 邊時淵, 徐康和, 徐首生, 徐延範, 成校珍, 成者說, 成元慶, 成煥甲, 宋百憲, 宋鐘萬, 宋志英, 辛容泰, 新昌淳, 申瓚, 安哲馬, 梁淳珌, 柳根秀, 柳穆相, 兪昌均, 柳鐸一, 尹弘老, 李家源, 李謙魯, 李基白, 李明宰，李炳主，李鳳源，李承旭，李乙煥，李載瑞，李鍾殷，李柱一，李昌龍，李喆洙，李台珪，李恒寧，李勤鐘，任東權，林元澤，林憲道，張龍鶴，全光鏞，田鳳德．全海宗，鄭琦鎬，丁來東，鄭愚相，鄭周永，鄭漢模，曺基沆，趙鍾業，車柱環，千時權，崔範勳，崔世和，崔台鎬，韓萬年，咸升鎬，許善道，洪在烋

(均) 均如傳(1075년)
(宋) 宋元以來俗字譜(1075~1367)
(大) 古山子，大東輿地圖(1861)
(志) 古山子，大東地志(1864)
(孟) 孟子(袖珍本)(推定 1783~1833)
(禮) 禮記(袖珍本)(推定1783~1833)
(中) 中文大辭典
(김) 金敏洙「새字典」의 俗字部

◇ 朝鮮日報 90略字(試案) 考証一覧表

略字	出典 文獻	卷	面	用　　例
價	大	1		价川 価書圴院
	中	2	P975	
区	中	5	P134	
欧	中	5	P543	
殴	中	2	P717	
国	中	3	P1053	
広	中		P1240	
抛	均		24面下	
	宋	4	P40	古今雜劇
挙	中		P541	
観	志	8	P301	観音浦
	中	7	820	
権	志	2	P387	権仲和
	中		P996	

図	中	3	P1049	
対	禮		十內35a	
	中	4	P631	
担	宋		P41	太平樂府
	中	6	P509	
独	孟		七上12b	
	中		P182	
	宋	8	9	列女傳
触	宋	8	136	金瓶梅
	中		858	
読	中	3	P1166	
当	宋		P54	通俗小說
	中	1	P1518	
党	宋		P135	太平樂府
	禮	1	P30b	
乱	志		P287	乱軍
	中	4	P532	
恋	宋			取經詩話
	中		P77	
塁	志		P454	築塁
楼	志		P286	廣寒楼
	大	6		서울(挹清楼)
猟	김		P263	
	中		P249	
湾	大			加平(九湾里西)
	宋		P50	太平樂府
蛮	宋		P70	通俗小說
変	志	4	P340	待変
	大			巨済(待変亭)
摂	中		P711	
数	志		P287	倭兵数千
	宋			列女傳

礼	均	2	P24下	
	宋		P59	列女傳
売	中		P1322	
宝	均		P24下	
	大			高原(天宝山)
発	大			突山島(旦発)
辞	禮		十.内27b	
		5		
	宋	7下	P32	古今雜劇
帰	志	7	P282	西帰浦
	中		P671	張瑞図(草書)
継	孟		P43a	
	中		P417	
旧	大	7上		서울(旧馬場内)
	宋		P68	通俗小說
覚	均	9	P23上	
	孟		P4a	
関	志		P343	大関嶺
	中	2	P976	
断	志		P303	断橋
	均	3	P20下	
団	中		P1035	
胆	宋	3	P66	通俗小說
	均	7	P21下	
実	禮		十.内32a	
	中		P423	
寿	宋	下二	P12	列女傳
	中		P631	
続	中	5	P623	蔡襄(草書)
属	均		P25上	
	志		P473	属于成州

湿	禮	5	29b	
	宋			古今雜劇
	中	7	P1630	王羲之(草書)
焼	禮		十.內28a	
	大	7		信川(焼橋川)
	中		P1862	趙孟頫(草)
糸	宋	1	P78	太平樂府
	中		P215	
織	김		P347	
	中		P632	張瑞圖(草書)
声	均	7	P24上	
	禮		P37b	
粛	志	9	P287	粛宗
	大			粛川
縄	宋	7		古今雜劇
	中		P80	
随	宋	8	P514	通俗小說
	中	2	P102	董其昌(草書)
繡	宋	2	P1277	取經詩話
	中	8	P80	王寵(草)
蝿	宋		P586	太平樂府
	中	3	P70	陳秀民(草書)
囲	中	P67	P487	
圧	中	1	P1049	
誉	中		P1122	祝允明(草)
駅	志		P1164	黃水駅
応	中	下2	P411	
与	宋		P1717	列女傳
	中			
訳	志	5	P375	訳學
医	宋	1	P396	通俗小說
	禮		P111	

余	宋		P24a	通俗小說
	均	5	P107	
欝	志		20下	欝浦
	中	1	P282	
伝	中		P535	
転	김		P829	
済	大	8	P470	서울(弘済院)
	中			
	宋	1	P1265	列女傳
剤	中		P48	
蚕	大	2	P1731	德川(蚕舍津)
	宋			列女傳
証	中	7	P70	
処	均	下2	P933	
	中		P23上	
庁	宋	8	P1596	古今雜劇
嘱	中		P24	
	宋	9	P927	取經詩話
総	中		P13	
	禮		P492	
虫	宋	4	P13b	三國志平話
	中		P70	
逓	宋		P332	
	中	3	P95	
鉄	大		P110	서울 梁鉄坪
	宋	4		古今雜劇
択	中		P98	
釈		下2	P446	
沢	김			
廃	中	下2	P221	
学	均		P1293	
拡	中	6	P24下	

会 献 画 劃 号 絵	宋 禮 宋 禮 宋 中 均 志 宋 中	7	P482 27 P19b P135 P12b P54 P654 P19下 P287 P89 P383	通俗小說 列女傳 太平樂府 号思斉 嶺南逸事

우리나라 漢字略字 日本式 아니다.

우선 일차적으로 일본식 약자의 실례(83·7·20K신문)로 소개된 19자부터 검토하기로 한다.

廣→広

中文大辭典(3)P1240

歸→帰

西帰浦 大東地志(1864)P283

上段 知帰島 大東地志P283 上段 遮帰

大東地志P283上段 帰活里 三國遺事 P355

宋元以來俗字譜P134列女傳·取經

詩話등 9종 문헌

中文大辭典(5)P671

※大東輿地圖 3:12 故厚德峇

11:14 故真寺

氣→気

宋元以來俗字譜P123 気 古今雜

劇·三國志平話등 5種文獻

擔→担

奎章全韻P37Pb 宋元以來俗字譜P

41太平樂府, 目連記, 金瓶梅·嶺南逸事

當→当

宋元以來俗字譜P54 通俗小說·目連記·金瓶梅·嶺南逸事

黨→党

党項城 三史 28:1

党項城 大東地志 卷四 南陽條

宋元以來俗字譜P135 太平樂府, 目連記·金瓶梅·嶺南逸事

(필자 注)黨·党이 「당」 同音이요, 「党」이 實用性이 別無하므로 「黨」 代用으로 좋을 듯. 宋元以來俗字譜에도 實用例가 있으므로 日製가 아닌 것만은 분명

對→対

禮記十內35a

中文大辭典(3)P631

対 宋元以來俗字譜P24·通俗小說·白袍記등 6種文獻

臺→台(中共簡字)

宋元以來俗字譜P131 太平樂府·目連記 등 4種文獻

望海坮 東輿2:2

海过坮 東輿 3:3

圖→図

中文大辭典(2)P1049

賣→売

売 中文辭典(2)P1322

燈→灯

1a灯前 7a佛前灯 8a恵灯 均如傳 灯敬山8 : 18 火灯 10:9香灯 10:9東輿 宋元以來俗字譜P52通俗小說·古今雜劇·三國志平話등 10種文獻

歲→才

日本이「歲·才」가「サイ」 同音임에서 代用字로 쓰는 것이나 우리의 경우 음이 다르므로 採擇不可

實→実

実 均如傳1a·2b·8a

宋元以來俗字譜P21通俗小說·古今雜劇 등 8種文獻

驛→駅

東志P286下·417下

圍→囲

中文大辭典(2)P1049

傳→伝

中文大辭典(1)P829

戰→战

宋元以來俗字譜P132·目連記

廳→庁

宋元以來俗字譜P4, 古今雜劇·三

國志·平話

體→体

同体 均如傳 2b

仏体 均如傳 4a·4b·5a·5b

蒙山 法語59 法華1:23 牧牛29·金剛88

宋元以來俗字譜 P109, 通俗小說·古今雜劇등 10種文獻

이상 19자 중 「帰担党対灯実駅体」의 8자가 국내 고문헌에, 「広気当台図売囲战伝 庁」의 10字가 中國문헌에 있음이 밝혀졌다.

다음 朝鮮日報 채택 약자 「90자」가 日製약자가 아니라 함은 語文硏 考証一覽表(83·8·14 조선일보, 金斗燦 略字小委員長 작성)로 밝혀졌거니와 필자가 수집한 國內古文獻 자료에 나타난 實用例를 덧붙여 둔다.

文獻 略號

1, 均如-均如傳(1075년)

2, 三史-三國史記 高麗金富軾 仁宗命撰 1145中宗壬申刊本(世稱 正德本 1512년)

3, 海僧-海東高僧傳 高麗 高宗 2년 1215 覺訓 王命撰

4, 三遺-三國遺事 高麗忠烈王 釋一然撰 1285 中宗 壬申刊本 1512

5, 釋譜-釋譜詳節 世宗31년 1449

6, 訓正-訓民正音註解本 世祖 4년 1459

7, 月釋-月印釋譜 世祖 4년 1459

8, 法華-法華經諺解 世祖8년 1463

9, 金剛-金剛經諺解 世祖9년 1464

10, 圓覺-圖覺經諺解 世祖10년 1465

11, 牧牛-牧牛子修心訣 世祖12년 1467

12, 救急-救急方諺解 世祖12년 1467

13, 蒙法-蒙山法語 世祖때 刊行

14, 內訓-宣賜本內訓 成宗6년 1475

15, 三綱行實圖 成宗12년 1481

16, 光千-光州千字文 宣祖8년 1575

17, 石千-石峰千字文 韓石峯 1583

18, 家禮-家例諺解 仁祖10년 1632

19, 警民-警民編 孝宗7년 1656년

20, 推·鞫-推案及鞫案14 英祖1725~28

21, 奎章-奎章全韻 正祖 1796

22, 大輿-大東輿地圖 1861

23, 大志-大東地志 1864

價→価

東輿8:14

覺→覚

均如5a·7b·9a

據→拠

均如6b

繼→継

三史17:12, 三史跋·三遺1:15家

禮1:12,東志 37下

觀→観

東地22上·140上·280下,观東輿8:14·19:10

關→関

海僧卷一(関)東輿13:7(関) 東地562上段(関)

舊→旧

東輿3:13·:14·7:8

國→国

三史25:4(還国,旣至国) 国 三史年表29:35,三史15:1

權→権

東地184上

歸→帰

三遺4:21東地283上(西帰浦·知帰島)

斷→断

三史21:11·東地37下·38上

擔→担

奎章下37b

黨→党

三史28:1 東地卷四 南陽條

獨→独

三遺2:27

亂→乱

救急方上30b·三綱·烈2b·堂法65 三遺3:11

獵→猟

推·鞫 英祖1 P171 猟 三史15:1, 東地 627上

禮→礼

三遺1:16·均如3a·3b·4a 東輿 1:9 15:10

樓→楼

東地15上·179下

壘→塁

東志454

灣→湾

東輿11:10

發→発

東輿11:14·12:11·20:10

寶→宝

均如6b·9b·東輿3:7·4:5 東地91下

辭→辞

三遺2:20·均如3b·7b

釋→釈(駅系列字) 釈 均如1a·2b

攝→摂

海僧 卷一

聲→声

均如6a·6b

燒→焼

海僧卷一

屬→属

均如7a·法華:60a·東地94上·100下

數→数

東地 287·海僧卷一 推鞫14英祖 1P305

繡→綉

東地124上·125上·東輿14:9推鞫14英祖1P316綉均如6b

隨→随

石千15·家禮4:6·追鞫14英祖1P109

肅→粛, 粛

東地10下·94上, 推鞫14·英祖1P170 東輿9:15,三遺王曆第一

濕→湿

海僧卷一

繩→绳·縄

海僧卷二 推鞫14英祖1P 260·388

蠅→蝿

東輿16:7

實→実

均如1a·2b·8a(実)

與→与

三史 跋411

餘→余

均如2b·3b

驛→駅

東地286下·417下

譯→訳(駅 系列字)

鬱→欝

新東輿勝 八道總圖 推鞫14·英祖1 P113

蠶→蚕

救急方上3·東地467下·東輿1:12·8:14

濟→済

均如7a, 海僧 卷一東輿7:6·7:9·21:13

劑→剤(済 系列字)

處→処

均如7a·8a·9a 東地40下

鐵→鉄

三綱·忠28a·東地36上·419上東輿1:11·1:12

囑→嘱(属 系列字)

總→総(総推鞫14英祖1P329)

禮記下2:13

擇→択(駅 系列字)

澤→沢(駅 系列字)

廢→廃(発 系列字)
學→学
均如5a·6a·6b·8a 李 東 輿4:5,學 均如 1a·1b
獻→献
三史21:4·三遺王曆第一8·三遺1:4
號→号
三遺王曆第一, 三遺3:3, 均如1b·2b, 法華4:189
會→会 禮記下2:19

이상 90자 중 55자는 국내 古文獻(모두 1864년 이전 문헌. 이 시기에 日製 약자의 영향을 받았다고는 생각하지 않는다)에, 나머지 35자도 중국 문헌에 근거가 있음은 앞에서 밝힌 바 있다.

결론적으로 朝鮮日報 채택약자 90자중 89자가 日式이라는 망설은 마땅히 규탄되어야 한다.

漢字略字 使用의 필요 및 당위성

1, 오늘날 우리의 신문에 쓰이고 있는 한자나 한문교육용 기초한자에도 복잡한 글자가 많아 학생들이나 일반인들이 배워 쓰는 데는 너무 어렵다. 쓰기를 平易하게 정확하게 하기 위해 약자가 필요하다.

価覚挙継関旧国帰断担党図独乱湾発宝辞釈声属粛縄誉蚕済処鉄学献号亀万体…

들이 얼마나 편리한가.

2, 韓國語硏의 1백81자 약자나 조선일보의 90자 약자의 다수가 우리 사회에 나타나는 것으로 우리 사회에서 통용되고 있는 것들로 사회생활에 적응하기 위해서도 약자사용은 필요하고도 당연하다.

3, 韓·中·日이 하나의 한자 문화권을 이루고 있음에서 우리가 韓·中 고전이나 한편 日本서적도 연간 1백만부 가깝게 들어오고 있다는 日本産經新聞의 지적이 사실이라면 문화교류라는 면에서

도 약자사용을 반대할 것이 아니다. 문화의 쇄국주의가 이로울 것이 없다.

4, 「의사-醫師-医师」, 「노력-勞力-劳力」, 「식염-食鹽-食塩」의 예에서 「의사·노력·식염」은 시각성에서 「醫·勞·鹽」을 당할 수 없고 「医·労·塩」은 시각성을 충족시키면서 正字에 비해 획수가 줄어들어 쓰는 데 편하다. 시각적이고도 노력의 절감이 된다는 것이다. 읽어 뜻을 아는 데는 表意文字가 능률적이고 쓰는 데는 약자가 능률적이다.

5, 인쇄 매체의 경우 鑄字하기 좋고 植字하기에 능률적인 利點이 있다고 본다. 작은 활자의 경우 「복잡한 자획」 은 판독하기도 어려운 불편이 있다.

한국식 略字使用의 전망

① 우리 말의 70%가 漢字語(최근 통계)

② 우리의 전통 문화가 한자 문화

③ 앞으로도 한자의 조어력은 우리말의 주요한 造語源

④ 지정학적으로 中國과 日本의 틈새에 끼어 있으며 한자 문화로 동일 문화권을 이루고 있다.

우리의 國·漢字 混用,日本의 漢字.

가나 混用(?), 中共의 漢字·로마자 混用(?)으로 表音·表意문자의 혼용이 이루어져 韓·日·中의 한자 문화권의 동질성이 유지될 전망.

⑤ 西歐의 모든 선진국에서도 학술용어 등 라틴어나 희랍어를 사용하고 있는데 동양의 라틈(Latium)에 해당하는 한자다. 로마文字文化圈에서 로마가가 共用文字이듯이 한자는 韓·中·日 등 한자문화권의 공용문자이며 이미 國內에서 2천년 이상 씌어 온 바 國·漢 혼용은 극히 당연하다.

이상 國·漢 혼용이 옳고도 당연하다는 논거 위에 약자사용을 전망해 보려 한다.

◇ 略字制定은 文教部가

약자 제정은 물론 文教部가 서둘러야 할 일이다. 67년 5백42자의 약자제정은 글자의 과다나 신기한 약자의 등장으로 한글 전용론 자나 儒林, 약자찬성론자까지도 저항을 느끼게 하여 실패하고 엉뚱하게 한글전용으로 몰고 가는 愚를 범하게 했다. 이런 우는 되풀이되어서는 안 된다.

◇ 2백자 이내의 약자들

따라서 약자는 2백자 이내 정도로 우선 국한하고 新奇를 버리고 우리 문헌에 있는 실용례를 모아 분석하고, 국제성을 고려하여 日本이나 中共것도 참고로 함은 좋다고 생각 한다.

中國의 약자는「宋元以來俗字譜」(1930년 劉復·李家瑞編,宋·元·明의 刊本 12종에서 수록)에 1천6백9자가 있으며 그 밖에서도 여러 책에 수록되어 있는데 오늘날의 簡字도 이들을 바탕으로 정리한 것으로 생각되므로 역사성이 있는 것으로 생각한다. 그러나 중공에서 약자가 문제된 것은 ▲애써 한자를 배워 온 사람들이 다시 무식쟁이가 된다. ▲해외의 수천만명 화교들을 교육할 방법이 없다. ▲새로 약자를 배운 이들을 正字로 기록된 역사나 문물을 배우기 어렵다. ▲韓國·日本등 과 문화교류에 벽이 생긴다는 것 등이 그것이라 한다.

◇中共略字 곤란, 익은 것 無妨

이제 우리는 中共의 이와 같은 지나친 혁신성에서 오는 문제점의 전철을 밟은 것은 없다고 본다(漢字簡化表 생략).

그러나 簡字중에도

監盖挙坚継旧区欧殴国劝紧单断团担胆当党带台对涛祷独灯乱
滥耒莱励恋令(齡)灵礼芦炉虜屡楼刘难万蛮湾蛮麦牙弥変宝辞
师狮渗双禅声変属碎帅繍随寺竖粋粛唇湿蝇肾炽岳岩压受楼与
余誉稳隐応医尔残蚕装壮状奨将銭战点制条卆(卒)踌昼注(註)尽
賛参惨践浅体触枢酔虫称堕浊弹学陕献贤侠挟峡号画回(迴)会
绘脍后(後)毁凶(兇)兴

등 1백38자는 그대로 받아들이거나 참고로 할 만하다.

日本의 약자는 한자문화가 中國에서 우리를 거쳐 日本으로 흘러 들어갔음이 사실임에 비추어 中國과 우리의 약자가 전해진 것이 틀림없는데 太宰春台(純)의 「倭楷正訛」(1753년)에 1백 71자와 그 부록 「省文集」에 2백88자, 그밖에도 여러 책에 약자가 나타나 있는데 특히 「倭楷正訛」의 1백42자와 「省文集」 15자의 위 俗省文이란 것이 곧 日本의 약자라 한다(金敏洙國語政策論 P338)

한편 日本의 약자 역사에 대해 일본의 한학자 魚返善雄씨도 世界大白科辭典에서

「太宰春台는 中國문헌에서 약자 1백80자를 발견, 수집했고 그 뒤 다른 학자들이 1백48자를 찾아 추가했다」(조선일보83·8·14 인용 보도)고 했다.

현재의 日本略字는 當用漢字字體表(1948·4·28)에 근거를 둔 것인데 常用漢字表에 의한 新旧字体対照表(尚學図書編「新しい國語の標記」 P179)에는 3백57자의 新旧字体의 대조를 일람표로 보이고 있다(대조표 생략).

필자의 조사만으로도 우리 고문헌에 나오는 약자는

価覚覡監鑑盖挙拠倹剣検堅径経軽茎継関旧亀国勧権帰飢難脳単
断担胆怛党坮対徳稲独灯乱臓来粮励麗恋練錬猟灵礼労撈芦炉竜
楼屡縷塁雑临万満湾弯蛮弥発変并併屏並宝仏払氷系辞参滲双鼠
积遡禅織摂声属数繍寿随樹肅唇縄蝿湿実悪岳岩余与訳駅紩淵妍
塩営栄誉穏為偽隠甬残潜蚕壮荘斎戦静浄斉済剤条従即真着賛撰
惨窓処浅践賎鉄㑒体総虫弾憚沢択廃品豊学解献険贤恵号歓后凶
奐

등 4백여자다(活字사정으로 다 싣지 못한다.)

이들 약자의 실용례를 지금 다 채택하자는 것은 아니다.

옛 우리 선인들의 略字化(省畫)法은 물론 중국에서 온 것도 있을 것이고 독자적인 것도 있었을 것으로 생각된다.

省劃… ㇏(寛者) 一(徳) ノ(皆) 工(随) 略化… 㕯 →ツ(学) 炏

→ツ(労) 巛→ツ(脳) 吅 →ソ(单) ツ(厳) 㗊(臨) 臣→リ(鑑) 𠂤→リ(帰) 睪→尺(駅) 䜌→亦(変) 盧→戸(炉) 萬(万) 𤔔→舌(辞) 𢇍→米(継) 戔→戋(銭) 僉→㑒→(倹) 弗→ム(仏) 巠→(圣)→(軽)

특히 「聲→声」, 「號→号」는 「醫→医」와 같은 略字化法으로 대담한 착상이라 아니할 수 없다.

이상 中共의 簡字 중 일부와 우리 고문헌 실용례를 중심으로 日本의 약자도 참고로 하여 2백자 이내의 약자를 실용화 하는 것이 현명할 것이다.

文敎部가 주관하여 약자 안이 마련되기를 기대하면서 하나의 시안으로 韓國語文硏 略字案(1981·5)을 제시하고자 한다(語文硏究<一潮閣>30호 참조).

字種 89자 系列字 92자 계1백81자.

◇ 二重부담이라고 하지만

특히 한글 전용론 자들은 약자사용은 이중부담이라고 하고 차라리 「한글전용」을 하자 한다. 「한글전용」을 하나의 신앙처럼 신봉하는 이들의 주장이다.

그들의 주장이 과거에 정부를 움직여 그 결과 제나라 신문 하나 제대로 못 읽는 半文盲만을 양산하여 갖가지 폐단을 빚어낸 것은 식자들이 누구나 염려하고 있는 터다.

한자 1천8백자 정도를 한창 기억력이 왕성한 國民學校부터 단계적으로 중학교까지에 배우면 평생을 편하게 어문생활을 할 수 있고 독서를 할 수 있으며 종사하는 업무처리에도 크게 보탬이 될터이다. 한자말이 태반인 국어, 그 국어를 모체로 하는 모든 학과 공부를 한자소외로 하는 비능률은 눈을 감고 한글전용만이 지상의 길인 양, 약자사용은 이중 부담이라는 등 편협한 주장을 되풀이 하고 있음은 유감이 아닐 수 없다.

1, 価(價) 覚(覺) 拠(據) 旧(舊) 亀(龜) 礼(禮) 灵(靈) 竜(龍) 难(難) 辺(邊) 宝(寶) 双(雙) 声(聲) 塩(鹽) 医(醫) 窃(竊) 点(點) 鉄(鐵) 体(體) 献(獻) 号(號)

등에서 正字에 비해 약자가 얼마나 쓰기에 간편하고 주자에도 편할 것인가.

2,「㒸·㒸·炏·吅·巛」→ ツ 学·挙·誉·労·栄·営·蛍·単·戦·獣·厳·弾·悩·脳·猟

「臣·𠂤·𦣻」→リ 監·鑑·堅·腎·緊·覧·濫·臨·賢·師·帰

「巠」→圣 径·茎·経·軽

「㡭·㸚·⿰」→米 継·断·齢·歯·楼·数

「區」→ 区 区·欧·殴·駆·枢

「䜌」→ 亦 恋·蛮·湾·変

「睪」→ 尺 釈·訳·駅·沢

「戔」→ 戋 残·銭·浅·践

등 系列字는 類推작용으로 그 습득이 어렵지 않다.

3. 약간의 變形略化나 省畫에 의한 약자는 本字만 알면 바로 알게 되므로 부담이 될 것이 없다.

倹·剣·検·険·験, 観·勧·権·歓

4, 그러나 약자의 표준화가 필요하다.

學→学·斈·學

觀→観·观, 權-権·权

國→国·国

肅→粛·粛

靈→灵·霊·雯

戰→戦·战

등은 모두 고문헌에 나타나는 예로 표준화가 필요하다는 것이다.

학교 교육에선 정자를 가르치고 약자도 아울러 가르쳐 쓰기에는 약자도 허용하는 것이 좋을 것이다.

〈『월간조선』, 1984.〉

韓國漢字音과 日本漢字音의 比較研究

─ 壬亂前 漢字音 中聲과 日本의 歷史的假名遣(표기법)을 중심으로 ─ 〔1〕

ㅏ

가	家可歌加價假架暇佳	カ	
각	各角閣却覺	カク	
	脚	キャク	脚本·脚色·脚力
		カク	
			脚氣 かつけ
간	干看刊肝幹簡姦間[250]	カン	
갈	渴喝竭	カツ	
감	甘感敢監鑑	カン	
	減	ゲン	減退 減法
갑	甲匣	カフ	
강	江降講康鋼綱	カウ	
	剛	ガウ	金剛
	强	キヤウ	强弱 强力 列强

		ガウ	强情 强盗强姦
나	那奈	ナ	
낙	諾	ダク	
난	難	ナン	
	暖	ダン	
날	捺	ナツ	
남	南	ナン	
	男	ダン	男子
		ナン	長男
납	納	ナフ	納入 納税
		タフ	出納
		なっとく	納得
		なんど	納戸
낭	囊	ナウ	
다	多	タ	
	茶 다 眞勸4·訓蒙中22	チヤ	茶褐色 茶色
	<차반 釋譜6：16>	<サ>	喫茶 茶道
단	丹但單短旦端鍛	タン	
	壇斷	ダン	
	團	ダン	團結
		トン	蒲團
	檀	ダン	檀那
		タン	黑檀
	段	ダン	段階
		タン	三段五畝
달	達	タツ	達人 達成
		タチ	友達
담	淡潭擔憺膽	タン	

	談	ダン	
	曇	どんてん 曇天	
답	答畓踏	タフ	
당	當唐糖黨	タウ	
	堂	ダウ	
라	羅	ラ	
락	落洛絡酪	ラク	
	樂　락	ラク	樂觀
	<악>·<요>	<ガク	音樂>
란	卵亂蘭欄爛	ラン	
랄	剌辣	ラツ	
람	藍覽濫	ラン	
랍	臘蠟	ラフ	
	拉	らっさ→	
		らさ	
랑	浪郎廊朗	ラウ	
마	痲磨	マ	
	馬	バ	馬車
		マ	群馬
		メ	神馬
막	莫漠	バク	
	幕	マク	天幕
		バク	幕府
만	滿慢漫	マン	
	萬	マン	萬年筆
		バン	萬世
	晩蠻	バン	
말	末抹沫	マツ	

망	罔網	マウ	
	亡望	バウ	興亡 展望
		マウ	亡者 本望
	忘忙茫	バウ	
	妄	マウ	妄執
		バウ	妄言
박	泊迫箔薄	ハク	
	博駁	ハク	博愛
		バク	賭駁 反駁
	朴	ボク	
반	飯頒販般半叛搬斑班畔	ハン	
	反	ハン	
		タン	布木의 길이나 田畓·山林의 面積의 單位
	盤	バン	
	返	ヘン	
발	髮	ハツ	
	拔跋	バツ	
	發	ハツ	發現
		ホツ	發端
	撥	ハツ	挑撥
		バチ	
방	方放訪芳邦倣	ハウ	
	妨坊房紡肪防旁	バウ	
	傍	バウ	傍觀
		ハウ	傍輩
사	詐沙査紗娑	サ	
삭	朔	サク	

	索 삭<삭>	サク	
산	山産散算酸傘珊	サン	
살	殺 살	サツ	殺害
	<쇄·새>	<サイ	相殺>
		セツ	殺生
삼	三	サン	
삽	挿	サフ	
상	霜喪桑	サウ	
	雙 쌍>상	サウ	
	狀 상·장	ヅャウ	
아	我牙雅芽餓蛾俄	ガ	
	亞阿啞衙	ア	
악	惡握	アク	
	岳愕	ガク	
안	安案按晏鞍	アン	
	眼顔岸雁	ガン	
알	謁軋斡	アツ	
암	暗庵黯	アン	
	岩癌	ガン	
압	押鴨	アフ	
	壓	アツ	
앙	央殃鴦秧怏	アウ	
	仰	ギャウ	仰天
		カウ	信仰
작	作昨	サク	
잔	棧	サン	
	殘	ザン	
잠	暫	ザン	

잡	雜	ザツ	雜談
		ザフ	雜巾
장	莊裝粧葬	サウ	
	藏臟	ザウ	
차	差叉嗟蹉	サ	
착	錯	サク	
	捉	ソク	
찬	贊讚燦纂	サン	
	撰 찬·선	サン	
찰	察札擦刹	サツ	
참	慘	サン	慘憺
		ザン	慘殺
	斬讒懺塹嶄慚	ザン	
	參 참<삼>	サン	參加
		ツン	參差
	站	タン	
창	窓倉滄蒼創槍瘡	サウ	
타	他	タ	
	打妥墮惰陀楕舵唾	ダ	
탁	托濯琢卓	タク	
	濁	ダク	
탄	炭歎誕坦灘綻	タン	
	彈	ダン	
탈	脫奪	ダツ	
탐	探耽	タン	
	貪	ドン	
탑	塔	タフ	
탕	湯蕩	タウ	

파	波破跛坡罷把	ハ	
	播	ハ	播種
		バン	播州
	婆芭 바>파	バ	
	琶 바>파	ハ	琵琶びわ
판	販版	ハン	
팔	八	ハチ	
하	何河荷霞	カ	
	賀	ガ	
	下夏	カ	天下 夏季
		ゲ	下水 夏至
학	鶴	カク	
	虐謔	ギャク	
한	寒漢韓閑汗旱罕翰悍	カン	
할	割轄	カツ	
함	咸陷涵緘喊艦	カン	
	含	ガン	
합	合	ガフ	
항	巷港抗航項肛坑降	カウ	

以上 壬亂前 漢字音中聲 'ㅏ'는 日漢音으로 다음과 같이 나타난다.

1. 받침없는 'ㅏ'는 'a'다.

"家·那·多·羅·麻·詐·我·亞·差·他·波·婆·何·賀"는"カ·ナ·タ·ラ·マ·バ·サ·ガ·ア·サ·タ·ハ·バ·カ·ガ"다.

---

250) '間'은 カソ間接 間隔 間斷 時間ケソ世間 人間(にんけん).

2. ㄱ받침字 "各·諾·落·莫·幕·泊·朔·惡·岳·作·錯·卓·濁·鶴"은 "カク·ダク·ラク·バク·ハク·サク·アク·ガク·サク·タク·ダク·カク"와 같이 "ク[ku] 開言節로 발음되고 환경에 따라 促音化된다.

例 : 各級·錯覺·卓球 등.

3. ㄴ받침字 "干·難·暖·單·團·卵·漫·晩·反·盤·山·安·眼·桟·殘·贊·炭·彈·板·寒"은 "カン·ナン·ダン·タン·ダン·ラン·マン·バン·ハン·バン·サン·アン·ガン·サン·ザン·サン·タン·ダン·ハン·バン·カン"으로 발음된다.

표기로는 ン[n]이지만 환경에 따라 ㄴ[n] ㅁ[m] ㅇ[ŋ] 발음이다.

例 : [ran]卵生·[ham]半分·[haŋ]半額

4. 'ㄹ'받침字 "渴·捺·達·辣·末·髮·拔·謁·察·脫·割"은 "カツ·ナツ·タツ·ラツ·マツ·ハツ·バツ·アツ·サツ·ダツ·カツ"요, '八'은 'ハチ'다. 이들은 環境에 따라 促音化된다.

例 : 達成·末席·拔擢·察知·脫會·八紘·割烹

5. 'ㅁ'받침字 "感·南·男·淡·談·覽·三·暗·岩·暫·慘·斬·站·探·咸·含"은 "カン·ナン·ダン·タン·ダン·ラン·サン·アン·ガン·ザン·サン·ザン·タン·タン·カン·ガン"이다. 이들은 표기는 ン[n]이지마는 환경에 따라 ㄴ[n] ㅁ[m] ㅇ[ŋ] 발음이다.

例 : [kan]感謝·[kam]感銘·[kaŋ]感激

6. 'ㅂ'받침字 "甲·納·答·蠟·揷·押·雜·塔·合"은 "カフ·ナフ·タフ·ラフ·サフ·アフ·ザフ·タフ·ガブ"다. 이들은 환경에 따라 促音化한다.

例 : 甲冑·雜記帳·合致

'雜'은 'ザツ(雜物)'로도 발음된다.

7. 'ㅇ'받침字 "江·剛·囊·當·堂·浪·罔·忘·方·妨·霜·央·裝·藏·窓·湯·港"은 "カウ·ガウ·ナウ·タウ·ダウ·ラウ·マウ·バウ·ハウ·バウ·サウ·アウ·サウ·ザウ·サウ·タウ·カヴ"다.

8. "カフ·ナフ…カウ·ナウ" 등 音은 오늘날 "コウ·ノウ…"로 발음하고 있다.

9. 例外로 'ア[a]'音 아닌

ャ[ya]音인 것

脚(キャク) 虐·謔(ギャク)

*强(キャウ) 仰(ギャウ) 狀(ジャウ)

*표는 “キョウ·ギョウ·ジョウ”로 [yo：]音化함.

茶(チヤ)

ェ[e]音인 것

間(ケン) 減(ゲン) 返(ヘン) 馬(メ) 夏·下(ゲ) 殺(セツ)

オ[o]音ㄴ 것

朴(ボク) 捉(ンク) 團(トン) 曇(ドン) 貪(ドン) 發(ホツ)

ㆍ

ᄀᆞᆨ	刻	コク	
ᄀᆞᆫ	懇	コン	
ᄉᆞ	士仕史四師死絲思巳私司詞賜 辭似斯祀	シ	
ᄉᆞᆷ	森滲	シン	
	參	サン	參拾
	宣小6:98苦參	シン	參(人蔘의 뜻)
ᅀᆞ	兒 ᅀᆞ 訓蒙上 32·類合上 17	ジ	兒童
		ニ	小兒
	ᄋᆞ 石千 15·宣小 6:16		
ᄌᆞ	姉姿資紫諮雌使	シ	
	子字自慈磁	ジ	
	刺 ᄌᆞ<쳑>	シ	刺繡
		<セキ	刺殺(しさつ)>
ᄌᆞᆷ	潛	セン	
	蠶	サン	
ᄎᆞ	次	ジ	席次

		シ	次第
톤	呑	ドン	
혹	學 三韻音은 '학'	ガク	
흔	恨 三韻音도 '흔'	コン	
	限 三韻音은 '한'	ゲン	
흥	恒	コウ	

以上 壬亂前 漢字音中聲 '·'는 日漢音으로 다음과 같이 나타난다.

1. 訓民正音에서 齒音(ㅅ·ㅈ·ㅊ) 半齒音(ㅿ)이라 한 初聲音을 가진 '·'는 イ[i]로 읽힌다.

例 : 士·森·姉·子·次·兒…シ·シン·シ·ジ·ジ·ジ…

例外 : 潛(セン) *蠶(サン) *「蠶」의 東漢音·三韻音 中聲은 'ㅏ'音이다.

2. 그밖의 初聲音을 가진 '·'는 オ[o]로 읽힌다.

例 : 刻·懇·呑·恨·恒…コク·コン·ドン·コン·コウ

例外 : 學(ガク) 限(ゲン)이 '學·限'의 東漢音·三韻音 中聲은 'ㅏ'音이다.

3. 우리나라에선 例外없이 'ㅏ'音으로 바뀐데 比하여 日漢音에선 'イ[i]·オ[o]'音으로 읽히고 있는 것이다.

ㅑ

갹	醵	キャク
냥	娘	ヂャウ 娘子群 '孃'

댱	張帳長腸		チャウ	
	場丈		ヂャウ	
략	略掠		リャク	
량	良兩量凉梁糧諒亮		リャウ	
샤	謝舍社捨斜寫奢赦瀉		シヤ	
	蛇邪		ジヤ	
	射	샤<야·셕, 역>	シヤ	
			<セキ>	
샥	削		サク	
샹	商傷償賞詳裳尙		シヤウ	
	祥上		シヤウ	上人
			ジヤウ	(きちじょら)上下
	象像		シヤウ	印象
			ザウ	象牙
	常		ジャウ	
	相		サウ	相談
			シャウ	首相
	想		サウ	
ᅀᅣ	惹	東漢音 ‘ᅀᅣᆼ’	ジャク	惹起
ᅀᅣᆨ	弱	ᅀᅣᆨ>약	ジャク	弱點
			ニヤク	
	若	ᅀᅣᆨ>약<ᅀᅣ>	ジャク	自若
			ニヤク	老若 ろうじゃく ろうにやく
			<ニヤ	般若>
ᅀᅣᆼ	讓壤攘	ᅀᅣᆼ>양	ジャウ	

야	野夜也耶冶揶椰	ヤ	
약	藥約	ヤク	
양	羊洋揚陽養楊樣	ヤウ	
쟈	者煮	シヤ	
	藉	<セキ	浪藉>
쟉	酌爵	シャク	
쟝	將章障墻掌醬薔匠	シャウ	
챠	車 챠·거	シヤ	
	遮且	シヤ	
챵	昌唱廠彰菖	シャウ	
탹	着著	チャク	
턍	暢脹	チヤウ	
향	香向	カウ	香水·向上
		キャウ	香車·向來
	享響嚮	キャウ	
	鄕	キャウ	故鄕
		ガウ	在鄕

以上 壬亂前 漢字音中聲 'ㅑ'는 日漢音으로 다음과 같이 나타난다.

1. 받침 없는 'ㅑ'는 ヤ[ya]다.

2. ㄱ받침字 "釀·略·弱·藥·酌·着" 등은 "キャク·リャク·ジャク·ヤク·シャク·チャク"와 같이 ク[ku] 開音節로 발음되고 환경에 따라 促音化된다.

例 : 略記·弱化·藥效·着金

3. ㅇ받침字 "娘·張·場·良·商·常·讓·羊·將·昌·暢·享" 등은 "ジヤウ·チャウ·ヂャウ·リャウ·シャウ·ジャウ·ジャウ·ヤウ·シャウ·シャウ·チャウ·キャウ"다.

4. 오늘날 "ジャウ·チャウ·ヂャウ·リャウ·シャウ·ヤウ·キャウ"는 "ジョウ·チョウ·ジョウ·リョウ·ショウ·ヨウ·キョウ"로 발음되고 있다.

5. 「藉」 字는 우리 二期音文獻에는 '쟈'音으로만 나타나나 東漢音으로는 入聲音으로도 나타나는데 日漢音 'セキ'는 그 入聲音과 맥락을 같이한다.

ㅐ

개	介芥	カイ	
	慨槪蓋街漑愾凱	ガイ	
	箇	カ	一箇月
		コ	一箇
	個	コ	個人
내	乃	ダイ	乃公
		ナイ	乃至
	奈	ナ	
	耐	タイ	
대	大	ダイ	大小
		タイ	大衆
매	邁	マイ	
	罵 마>매	バ	
	賣	バイ·	

		マイ	
애	碍崖涯	ガイ	
채	債	サイ	
	蔡	サイ	
태	泰	タイ	
	太	タイ	太平
		タ	太刀
패	貝敗佩沛	ハイ	
	覇　패<파	ハ	
	派	ハ	
해	害	ガイ	

以上 壬亂前 漢字音中聲 'ㅐ'는 받침없는 漢字音뿐으로 받침붙는 漢字音은 하나도 없다. 日漢音으로는 アイ[ai]다. "芥·慨·乃·耐·大·邁·賣·碍·債·泰·貝·害"는 "カイ·ガイ·ダイ·ナイ·タイ·ダイ·タイ·マイ·バイ·マイ·ガイ·サイ·タイ·ハイ·ガイ"다.

"箇(カ, コ) 個(コ) 奈(ナ) 罵(バ) 太(タイ, タ) 覇(ハ) 波(ハ)" 등 若干의 例外가 있다.

'個'字는 '箇'字의 俗字다. '箇'字는 東國正韻에는 '강'요, 三韻·奎章에도 '箇·個' 兩字가 다 '가'音인데 飜小 8:6·宣小 5:87에 '箇'가 '개'音이요, 壬亂後 문헌인 家禮 1:18에도 '개'다. 일찌기 가>개로 바뀐 것으로 보인다.

'罵'字는 東漢音으로 '망'요, 三韻·奎章에도 '마'다. 뿐만 아니라

訓蒙比叡下 7·東中·尊經下 15에 '마'인데 類合·訓蒙東國下 15에 '매'로, 현대음도 '매'다. 마>매로 바뀐 것이다.

'覇'字는 東漢音으로 '방'요, 三韻·奎章엔 '파'로 이어진다. 二期音(壬亂前)으로도 宣孟 12:17·12:19·에는 '파'인데 宣論 3:58·宣孟 3:23·石千 24에는 '패'다. 파>패로 바뀐 것이다.

'派'字는 東漢音·二期音(壬亂前)은 물론, 三韻·奎章音으로도 '패'인데 倭解上 9에 '파'로 나온다. 패>파의 변화다.

以上에서 보면 "箇·罵·覇·派" 등이 東漢音이거나 二·三期音에서 'ㅏ'音이었음을 알 수 있다.

ㆎ

ᄀᆡ	皆開改	カイ	
ᄀᆡᆨ	客	キャク	客間
		カク	賓客
ᄀᆡᆼ	坑羹	カウ	
	更 ᄀᆡᆼ·경	カウ	更生 變更
ᄂᆡ	內	ナイ	內外
		ダイ	參內
ᄃᆡ	待對帶貸戴	タイ	
	代臺	ダイ	
ᄅᆡ	來	ライ	
ᄅᆡᆼ	冷	レイ	
ᄆᆡ	買媒梅	バイ	
	每埋妹	マイ	

ᄆᆡᆨ	脈		ミャク	
	麥		バク	
	舶		ハク	
ᄆᆡᆼ	盲孟猛		マウ	
	盟		メイ	
ᄇᆡ	拜排配輩杯裵徘胚		ハイ	
	培陪		バイ	
	背	ᄇᆡ·패	ハイ	
	倍	ᄇᆡ·패	バイ	
ᄇᆡᆨ	拍		ハク	拍手
			ヒャウ	拍子
	伯栢魄		ハク	
	白		ハク	白人
			ビャク	白蓮
	百		ヒャク	
ᄉᆡᆨ	色		ショク	保護色
			シキ	色彩
	塞	ᄉᆡᆨ<ᄉᆡ>	< サイ	塞翁馬>
			ソク	塞源
	索	ᄉᆡᆨ·삭	サク	
ᄉᆡᆼ	牲		セイ	
	生		セイ	生命
			シャウ	一生
	省	ᄉᆡᆼ·셩	サイ	反省
			シャウ	省略·文部省
ᄋᆡ	哀愛曖		アイ	
	隘	ᄋᆡᆨ·ᄋᆡ	アイ	

ᄋᆡᆨ	額	ガク	
	厄	ヤク	
ᄋᆡᆼ	櫻鶯	アウ	
ᄌᆡ	才栽再災裁宰齋哉	サイ	
	材財	ザイ	材料·財産
		サイ	有用の材·財布
	在	ザイ	
ᄌᆡᆼ	爭	サウ	
ᄎᆡ	菜採彩綵	サイ	
ᄎᆡᆨ	責	セキ	
	策	サク	
	冊	サツ	數冊
		サク	冊封
ᄐᆡ	態怠殆苔胎	タイ	
ᄐᆡᆨ	擇澤	タク	
	宅　ᄃᆡᆨ·ᄐᆡᆨ　三韻에는 ‘ᄎᆡᆨ’	タク	
ᄒᆡ	海諧楷邂	カイ	
	亥該咳骸	ガイ	
	解　ᄒᆡ<하>	カイ	解說
		<ゲ	解說>
ᄒᆡᆨ	核	カク	
ᄒᆡᆼ	幸倖杏	カウ	
	行　ᄒᆡᆼ<항>	カウ	行動
		ギャウ	行列
		アン	行燈

以上 壬亂前 漢字音中聲 'ㆎ'는 日漢音으로 다음과 같이 나타난다.

1. 받침 없는 'ㆎ'는 アイ[ai]다. "皆·內·待·代·來·買·每·拜·培·哀·才·在·菜·態·海·亥"는 "カイ·ナイ·ダイ·タイ·ダイ·ライ·バイ·マイ·ハイ·バイ·アイ·サイ·ザイ·サイ·タイ·カイ·ガイ"다.

2. ㄱ받침字 "麥·舶·伯·索·額·策·擇·核"은 "バク·ハク·ハク·サク·ガク·サク·タク·カク"다.

3. ㅇ받침字 "坑·盲·櫻·爭·幸"은 "カウ·マウ·アウ·サウ·カウ"다.

4. 以上 1·2·3과 다른 경우 '解'는 'ᄒᆡ·하' 兩音인 바 '하'音으론 '解脫香'의 用例가 있다. 바로 이 '解脫'이 日漢音으론 'げだつ'로 'ゲ'音이다.

'客·脈·百·厄'은 "キャク·ミャク·ヒャク·ヤク"다. 환경에 따라 促音化한다. 例 : 客觀·百貨店·厄介

"冷·盟·牲"은 "レイ·メイ·セイ"다.

'色'은 "ミョク·シキ", '塞'는 'ᄉᆡ·ᄉᆡᆨ' 兩音인 바, 'ᄉᆡ'音은 'サイ'로, 'ᄉᆡᆨ'音은 'ソク'다.

'生·省'은 'セイ·シャウ' 兩音이다. 특수한 것으로 '拍'은 "ハク·ヒャウ", '行'은 "カウ·ギャウ·アン"音으로 읽힌다.

ㅓ

거	擧距拒	キョ	
	去巨居據	キョ	去年 巨大 居留民 根據
		コ	過去 巨細 居士 證據
건	件健虔鍵	ケン	
	乾<간>건	<カン	乾燥>
		ケン	乾坤

	建	ケン	建築
		コン	建立
	巾 東漢音·三韻音은 '근'	キン	
걸	傑桀	ケツ	
	乞	コツ	
검	儉劍檢	ケン	
겁	怯	ケフ	
	劫	ガフ	
덕	德 東漢音은 '득'	トク	
번	番	バン	
	飜	ホン	飜意
		ハン	翩飜
	煩	ハン	煩言 煩雜
		ボン	煩惱
	繁	ハン	
벌	伐罰閥	バツ	
범	範氾帆汎	ハン	
	梵	ボン	
	凡	ボン	凡才
		ハン	凡例
	犯	ハン	犯罪
		ボン	女犯 ニヨボン
법	法	ハフ	法院ハフヰン
		ホフ	法界ホフケホッケ
어	魚禦	ギョ	
	御	ギョ	御製
		ゴ	御殿

	漁	ギョ	漁村
		レフ	漁師
	語	ゴ	語句
		キョ	
	於	お(い)て	
억	億憶臆	オク	
	抑	ヨク	
언	彦	ゲン	
	諺	ゲン	諺解
		オン	諺文
	言	ゲン	言語
		ゴン	遺言
	焉	エン	
얼	孽	ゲツ	
엄	奄掩	エン	
	儼	ゲン	
	嚴	ゲン	嚴肅
		ゴン	莊嚴
업	業	ゲフ	
적	賊	ゾク	
허	許虛	キョ	
		キョ	虛榮
		コ	虛空
헌	憲軒	ケン	
	獻	ケン	獻金
		コン	獻立
헐	歇	ケツ	間歇
험	險	ケン	

驗	ケン	驗算
	ゲン	靈驗

以上 壬亂前 漢字音中聲 'ㅓ'는 日漢音으로 다음과 같이 나타난다.

1. 받침 없는 'ㅓ'는 '거·어·허'音만이 있는데 "擧·距·拒·去·巨·居·據·禦·御·許·虛"는 "キョ·ギョ·キョ"요, 그 중 "去·巨·居·據·御·虛"는 "コ·ゴ·コ"로도 읽힌다.

2. ㄱ받침字 'ㅓ'는 "덕·억·적"만이 있는데 "德·億·憶·臆·賊"은 "トク·オク·ヅク"요, '抑'은 'ヨク'다. 그런데 이들의 東漢音은 '득·흑·쯕'이요, 東漢音으론 ㄱ받침字 'ㅓ'音은 없다. ㄱ받침字는 환경에 따라 促音化한다. 例 : 德行·臆見.

3. ㄴ받침字 'ㅓ'는 "건·번·언·헌"이 있는데 "件·健·虔·鍵·乾·建·彥·諺·言·焉·憲·軒·獻"은 "ケン·ゲン·エン·ケン"이요, 이들 중 '乾'은 간音(마를 간)으로 'カン'으로, "建·言·獻"은 "コン·ゴン·コン"으로, '諺'은 'オン'으로도 읽힌다.

특이한 것으로 '巾'을 日漢音으로 'キン'이라 읽는데 이 東漢音은 '근'이어서 前者들과 다르다.

다만 '번'音만은 日漢音으로 '番·繁'은 'バン·ハン', '飜'은 'ホン·ハン', '煩'은 'ハン·ボン'이어서 특이하다 하겠다. ㄴ받침字는 환경에 따라 [n] [m] [ŋ] 발음이다. 例 : 健實·健忘症·健康

4. ㄹ받침字 'ㅓ'는 '걸·벌·얼·헐'이 있는데 '傑·桀·歇'은 'ケツ'요, '벌'은 'バツ', '孽'은 'ゲツ'다. ㄹ받침字는 환경에 따라 促音化한다.

例 : 傑士·傑作·傑出

5. ㅁ받침字 'ㅓ'는 '검·범·엄·험'이 있는데 "儉·劒·檢·奄·掩·儼·嚴·險·驗"은 'ケン·エン·ゲン·ケン'이요, 그중 '嚴'은 'ゴン'으로도 읽힌다. ㅁ받침字는 환경에 따라 [n] [m] [ŋ] 발음이다. 例 : 檢査·檢便·檢擧

6. ㅂ받침字 'ㅓ'는 '겁·법·업'이 있는데 "怯·業"은 'ケフ·ゲフ'요, '劫'은 'ガフ', '法'은 'ハフ·ホフ'다.

오늘날 "ケフ·ゲフ"는 "キョウ·ギョウ", "ガフ·ハフ·ホフ"는 "ゴウ·ホウ"로 발음된다.

ㅋ

격	擊激	ゲキ	
	格 격<획>	カク	人格
		キャク	
견	犬牽絹繭肩遣譴	ケン	
	見 견<현>	ケン	見學
		ゲン	見參
결	缺訣潔傑決	ケツ	
	結	ケツ	結末
		ケチ	結緣
겸	兼謙	ケン	
경	傾徑莖頸頃	ケイ	
	慶敬經警	ケイ	慶祝
		キャウ	
		ケイ	敬禮
		キャウ	愛敬
		あいきやら	
		ケイ	經濟
		キャウ	一切經
		ケイ	警戒
		キャウ	
	境京競鏡卿	キャウ	國境

		ケイ	境內
		キャウ	東京
		ケイ	京阪
		キャウ	競爭
		ケイ	競馬
		キャウ	望遠鏡
		ケイ	
		キャウ	大藏卿
		ケイ	卿相
	耕硬硬庚	カウ	
	脛 형·경	ケイ	
	鯨	ゲイ	
	竟	サャウ	
녀	女 녀·셔>여 '汝'와 同		
		ヂョ	女子
		ニョ	天女
		ニョウ	女房
년	年	ネン	
	念	ネン	
녕	寧	ネイ	
뎌	貯	チョ	
	著 뎌<탹>	チョ	著者
		<チャク>	發著
	底 뎌·뎨·지	テイ	
	邸抵低 뎌·뎨	テイ	
뎍	摘滴笛	テキ	
	蹟	セキ	
뎐	典轉顚澱癲	テン	

	殿	デン	宮殿
		テン	御殿
	田電	デン	
뎜	店點	テン	
뎝	蝶	テフ	
뎡	訂程鼎庭廷停亭鄭呈偵	テイ	
	丁	テイ	甲乙丙丁
		チャウ	一丁
	挺	テイ	挺身
		チョウ	一挺
	定	テイ	定期
		ヂャウ	必定
	貞	テイ	貞操
		ヂョウ	
려	旅慮	リョ	
	勵黎驪	レイ	
	麗戾	レイ	奇麗
		ライ	高麗
		レイ	返戾
		ライ	
	濾	ロ	
력	力	リョク	勢力
		リキ	力說
	歷	レキ	
	曆	レキ	陽曆
		リャク	
련	戀憐煉練聯蓮鍊連	レン	
렬	列烈裂劣	レツ	
렴	廉斂	レン	

렵	獵	レフ	
령	嶺零齡	レイ	
	令靈	レイ	命令
		リャウ	律令
		レイ	靈感
		リャウ	死靈
	鈴	レイ	電鈴
		リン	風鈴
	領	リャウ	領土
		レイ	管領かんりよう·かんれい
면	面免綿棉麵	メン	
	眠	ミン	
멸	滅	メツ	
명	銘瞑	メイ	
	名命明鳴冥	メイ	名詞
		ミャウ	大名
		メイ	命令
		ミャウ	壽命
		メイ	明月
		ミャウ	光明
		メイ	悲鳴
		ミャウ	
		メイ	冥福
		ミャウ	冥官
벽	壁碧	ヘキ	
변	邊變	ヘン	

	遍　변>편	ヘン		
	辯辨卞	ベン		
	弁　변·반	ベン		
별	別瞥鼈	ベツ		
병	丙倂柄並秉炳餠	ヘイ		
	兵	ヘイ	兵隊	
		ヒャウ	兵衛	
	甁	ビン	花甁	
		ビャウ		
		ヘイ	甁子	
	病屛	ビャウ		
서	書暑署曙庶薯	ショ		
	徐序叙抒	ジョ		
	緖	ショ	由緖	
		チョ	情緖	じょらしょ·じょら
				ちょ
	瑞　셰·셔	ズヰ		
	西	セイ	西洋	
		サイ	關西	
	誓　셰·셔	セイ		
	婿棲	セイ		
석	夕席析	セキ		
	惜昔釋	セキ	惜別	
		シャク	愛惜	あいじやく
		セキ	昔日	
		シャク	今昔	こんじやく
		セキ	釋典	
		シャク	釋放	
선	仙先宣扇旋線腺船銑選鮮煽	セン		

	善禪繕膳	ゼン	
	羨 선<연>	セン	羨望
		<エン	羨道>
설	雪設泄	セツ	
	舌	ゼツ	
	說 설<세·열>	セツ	說明
		<ゼイ	遊說>
섬	纖閃殲陜	セン	
섭	涉	セフ	
성	誠醒	セイ	
	性姓星省聖聲	セイ	男性
		シャウ	性分
		セイ	姓名
		シャウ	百姓
		セイ	星座
		シャウ	
		セイ	反省
		シャウ	省略
		セイ	聖人 せいじん
		シャウ	聖人 しょうにん
		セイ	聲樂
		シャウ	音聲 おんせい·おんじょら
	城	ジャウ	城壁
		セイ	
	盛	セイ	盛大
		ジャウ	繁盛
셔	如 셔>여	ジョ	突如
		ニョ	如來

	汝		
션	然　션>연	ゼン	自然
		ネン	天然
	燃　션>연	ネン	
셜	熱	ネツ	
셤	染　셤>염	セン	傳染
		ゼン	愛染
여	余餘與輿預	ヨ	
역	驛	エキ	
	役疫	エキ	徵役
		ヤク	役人
		エキ	防疫
		ヤク	疫病　えきびゃう·やくびゃう
	譯	ヤク	
	易<이>　<	イ	容易>
		エキ	貿易
	逆	ギャク	逆襲
		ゲキ	逆旅
	域	ヰキ	
연	煙沿宴延演燕緣衍鉛淵	エン	
	研硯	ケン	
열	悅閱	エツ	
염	炎焰艶鹽厭	エン	
엽	葉　엽<셥>	エフ <セフ>	葉綠素
영	映泳英營詠嬰	エイ	
	影榮永	エイ	影響

		ヤウ	影向
		エイ	榮光
		ヤウ	
		エイ	永久
		ヤウ	永劫 えいごう·よらごう
저	沮阻咀	ソ	
적	績	セキ	
	赤跡績	セキ	赤十字·古跡·面積
		シャク	赤銅
	籍	セキ	戸籍
		ジャク	書籍 しょせき·しょじゃく
	寂	ジャク	靜寂
		セキ	寂然 じゃくねん·せきぜん
전	前全	ゼシ	
	戰專詮栓煎箋錢	セン	
절	折截竊	セツ	
	切　절<체>	セツ	親切
		<サイ	一切>
	節	セツ	節制
		セチ	節會
	絶	ゼツ	
점	占	セン	
	漸	ゼン	
접	接	セツ	接觸
		セフ	引接 いんせつ·いんじょう
정	征整	セイ	

	井政正精	セイ	井然
		シャウ	天井　てんじょう
		セイ	政治
		シャウ	攝政
		セイ	正義
		シャウ	正直
		セイ	精密
		シャウ	精進
	靜	セイ	靜座
		ジャウ	靜脈
	淨	ジャウ	
	情	ジャウ	情感
		セイ	風情　ふぜい
처	處	ショ	處女
		ソ	
	凄	セイ	
	妻	サイ	
척	斥脊雙戚	セキ	
	尺	シャク	尺貫法
		セキ	咫尺
천	千川泉淺薦賤踐遷穿闡	セン	
첨	瞻尖	セン	
첩	妾	セフ	
청	晴	セイ	
	清	セイ	清濁
		シヤウ	
		シン	清國
	請	セイ	請求
		シン	普請

		シャウ	起請
	青	セイ	青天
		シャウ	綠青
텩	擲	テキ	投擲
		チャク	打擲　ちょうちゃく
	滌剔	テキ	
텬	天	テン	
텰	鐵哲徹撤	テツ	
텸	添甛	テン	
텹	牒諜	テフ	
	帖	デフ	法帖
		テフ	手帖
	疊	デフ	
텽	聽廳	チャウ	
편	片篇編偏扁	ヘン	
	鞭	ベン	
	便　편<변>	ベン	便利
		ビン	郵便
폄	貶	ヘン	
평	平	ヘイ	平地
		ゼャウ	平等
		ヒャウ	平仄
	評	ヒャウ	
혁	革	カク	
현	縣懸絢賢	ケン	
	玄絃弦舷現衒	ゲン	
혈	穴	ケツ	

	血	ケツ	出血	
		ケチ	血脈	
혐	嫌	ケン	嫌惡	
		ゲン	機嫌	
협	脅狹峽協俠	ケフ		
형	型荊螢	ケイ		
	形刑	ケイ	形式	
		ギャウ	人形	
		ケイ	重刑	
		ギャウ	刑部	
	兄	ケイ	父兄	
		キョウ	兄弟	けいてい·きょうだい
	衡	カウ		

以上 壬亂前 漢字音中聲 'ㅕ'는 日漢音으로 다음과 같이 나타난다.

1. 받침없는 'ㅕ'는 '녀·뎌·려·셔·여·져·쳐'가 있는데 "女·貯·著·旅·慮·書·暑·署·曙·庶·薯·徐·序·叙·抒·緖·如·余·餘·與·輿·預·處"는 "ジョ·ニヨ·チヨ·リヨ·シヨ·ジヨ·チヨ·ジヨ·ニヨ·ヨ·シヨ"요, "底·邸·抵·低·勵·黎·驪·麗·戾·西·誓·婿·棲·凄"는 "テイ·レイ·セイ"다. 그중 '西'는 'サイ'로도 읽힌다.

그 밖의 '려'音인 '濾'는 'ロ'요, '셰·셔'音인 '瑞'는 'ズヰ', '져'音인 '沮·阻·咀'는 'ソ'요, '쳐'音인 '妻'는 'サイ'다.

2. ㄱ받침字 'ㅕ'는 '격·덕·력·멱·벽·셕·역·젹·쳑·텩·혁'이 있는데 "擊·激·摘·滴·笛·歷·曆·碧·壁·夕·席·析·惜·昔·釋·驛·役·疫·績·赤·跡·積·籍·寂·斥·脊·隻·戚·尺·擲·滌·剔"은 "ゲキ·テキ·レキ·ヘキ·セキ·ヱキ·セキ·テキ"요, 그 中 '曆'은 'リャク', '惜·昔·釋'은 'シャク', '役·疫'은 'ヤク', '赤'은 'シャク', '籍·寂'은 'ジャク', '尺'은 'シャク', '擲'은

'チャク'로도 읽힌다.

이밖에 '격'音인 '格'은 'カク·キャク', '덕'音인 '蹟'은 'セキ', '력'音인 '力'은 "リヨク·リキ", '逆'은 "ギャク·ゲキ", '域'은 'ヰキ', '革'은 'カク'다.

ㄱ받침字는 환경에 따라 促音化한다. 例 : 尺貫法·斥候

3. ㄴ받침字 'ㅕ'는 "견·년·던·련·면·변·션·션·연·젼·쳔·텬·편·현"이 있는데 "犬·牽·絹··年·典·轉·顚··田·電·戀·練·連··面·免·綿··邊·變·辯··先·宣·鮮··善·禪·繕·然·燃·煙·宴·延···硏·硯·前·全·戰·專·錢···千·川·泉···天·片·編·偏·縣·懸·賢···玄·絃·現"은 "ケン·ネン·テン·デン·レン·メン·ヘン·ベン·セン·ゼン·ネン·エン·ケン·ゼン·セン·テン·ヘン·ケン·ゲン"이다.

특이한 것으로 '면'音인 '眠'은 'ミン'이다.

ㄴ받침字는 환경에 따라 [n] [m] [ŋ]으로 발음된다. 例 : 牽制·鮮明·電氣

4. ㄹ받침字 'ㅕ'는 "결·렬·멸·별·셜·셜·열·졀·텰·혈"이 있는데 "缺·潔·決···列·裂·劣···滅·別···雪·設···熱·悅·閱·折·節·絶···鐵·哲···穴·血"은 "ケツ·レツ·メツ·ベツ·セツ·ネツ·エツ·セツ·ゼツ·テツ·ケツ" 그 中 '結'은 'ケチ', '節'은 'セチ', '血'은 'ケチ'로도 읽힌다.

ㄹ받침字는 환경에 따라 促音化한다. 例 : 缺席·劣等·設置·屈折·熱狂

5. ㅁ받침字 'ㅕ'는 "겸·념·뎜·렴·셤·셤·염·졈·쳠·텸·폄·혐"이 있는데 "兼·謙·念·店·點·廉·斂·纖·殲·染·炎·鹽·厭···占·漸·瞻·尖·添·恬·貶·嫌"은 "ケン·ネン·テン·レン·セン·ゼン·エン·セン·ゼン·セン·テン·ヘン·ケン"이다.

ㅁ받침字는 환경에 따라 [n] [m] [ŋ]으로 발음된다. 例 : 店員·廉恥·添附·念佛·念願

6. ㅂ받침字는 "뎝·렵·셥·엽·졉·쳡·협"이 있는데 "蝶·獵·涉·葉·接·妾·牒·諜·帖·疊·狹·協···"은 "テフ·レフ·セフ·エフ·セフ·テフ·デフ·ケフ"다.

ㅂ받침字는 환경에 따라 促音化한다. 例 : 接待·接戰·接觸·接吻

7. ㅇ받침字는 "경·녕·뎡·령·명·병·셩·영·졍·쳥·텽·평·형"이 있는데 "傾·徑···慶·敬·警···寧·訂·程·停···丁·挺·定·貞·領·零···令·靈·鈴·銘·名·命·明···丙·

併·餅…兵·誠·醒·性·姓·省·聖…映·英·詠·影·征·整·井·政·正…晴·淸·靑·平·型·螢·形·刑·兄…"은 "ケイ·ネイ·テイ·レイ·メイ·ヘイ·セイ·エイ·セイ·ヘイ·ケイ"音이요, 그 中 "經·丁·定·令·靈·名·命·明…兵·性·姓·省…政·正·靑·平·形"은 "キャウ·チャウ·リャウ·ミャウ·ヒャウ·シャウ·ゼャウ·ギャウ"로도 읽힌다.

"境·京·競·鏡·卿·領·病·屛·城·聽·廳·評"은 "キャウ·リャウ·ゼャウ·ジャウ·チャウ"音인데 그 中 "境·京·競·鏡·領"은 'ケイ·レイ'로도 읽힌다.

그밖에 '경'音인 '耕·硬·更'은 'カウ', '형'音인 '衡'이 'カウ'요, 특이한 것으로 '鈴'이 'リン', '淸'이 'シン' 등으로 읽히는 것이 있다.

8. 오늘날 "テフ·レフ·セフ·エフ·デフ·ケフ"는 "チョウ·リョウ·ショウ·ヨウ·ジョウ"로 발음된다.

"キャウ·チャウ·リャウ·ミャウ·セャウ·ビャウ·ギャウ·ジャウ"도"キヨウ·チヨウ·リヨウ·ミヨウ·ヒヨウ·ゼャウ·ギヨウ·ジヨウ"로 읽힌다.

'カウ'는 'コウ'다.

1987. 5. 9

<未完>

〈『井山 柳穆相 博士 華甲紀念 論叢』,
中央大學校 中央文化硏究院, 1988.〉

朝鮮漢字音과 日本漢字音의 比較研究

—初聲을 중심으로—

1

필자는 拙著 朝鮮(李朝)漢字音研究[251]에서 朝鮮漢字音과 日本漢字音(以下 日漢音)의 비교를 행한 바 있다.

東國正韻式漢字音(以下 東漢音)이 人爲的이어서 現實音(二期音)과 엄청난 相異가 있음은 알려진 사실이지마는 그 初中聲의 약간 例를 들어보이면[252]

東漢音初聲	現實音初聲	漢 字 例
ㅆ	ㅅ	善事常辭上
ㄸ	ㄷ	洞唐丈談頭淡
ㅃ	ㅂ	排飯
ㅋ	ㄱ	氣看
ㅂ	ㅍ	風
ㆁ	ㅇ	運爲
ㆅ	ㅎ	鶴惑行幸

251) 朝鮮(李朝)漢字音研究 1969. 3 東亞出版社 再版 1973 一潮閣.
252) 앞 책, p. 141.

ㄸ	ㅌ	著治
ㅉ	ㅈ	操
ㆆ	ㅇ	阿飮

東漢音中聲	現實音中聲	漢 字 例
ㅐ	·ㅣ	排
ㅘ	ㅏ	螺算
ㅠ	ㅛ	終
ㅓ	ㅏ	飯
ㅖ	ㅣ	迷
ㅡ	ㅓ	德
ㅚ	ㅗ	惑
ㅗ	ㅜ	風

과 같다.

그런데 위에서 보인 바와 같이 東漢音과 당시의 現實音과는 엄청난 乖離를 보이는데 그 東漢音과 日漢音(歷史的假名遣-歷史的表記法)과는 맥락이 닿는 것이 있어, 이 東漢音이 擬古的이라면 韓日 兩漢字音의 有關性이 짙었던 古音에서 오늘에 이르는 사이에 韓國漢字音이 엄청난 변화를 한 데 比하여 現日漢音에는 오히려 古音을 유지하고 있는 印象을 받는다 하고 中聲에 중점을 두어 비교를 했었다.[253)]

2

本稿는 朝鮮漢字音(東漢音과 二期音)初聲과 日漢音의 비교를 하고자 한다.

---

253) 앞 책, pp. 141~143.

東漢音 初聲		壬亂前 現實音 (二期音) 初 聲		日漢音	漢字例
ㄱ	→	ㄱ	→	‘カ’行	家加歌角懇簡江講檢隔京驚耕景警境敬古孤公 工功攻恭管冠廣拘救購究國菊君弓根謹金急紀 奇緊…
ㄱ	→	ㄱ	→	‘ガ’行	減剛概激軍戟…

東漢音初聲 ㄱㅋㅎ(郭龜) ㄱㅋㆆ(區) ㄱㄲ(共拒九兢騎期幾忌吉) ㄱㅋ(稽溝) ㄱㄲㅋ(卷) ㄱㄲㆆ(寄) ㄱㆆ(關貫) ㄱㅎ(決旣) ㄱㆅ(假嘉幹感繫係雇昆括壞絞校) ㄱㆅㅇ(干) ㄱㅇㄹ(谷) ㄱㆅㄹ(格)이 二期音으로 ㄱ인데 日漢音으로는 カ行音이다.

ㄱ→ㅎ–カ行 割革
ㄱ→ㅎ–ガ行 該 ㄱㆅ→ㄱ–ガ行 蓋擊
ㄱㄲ→ㄱ–カガ行 極 キョク 極力 ゴク 至極
ㄱㅎ→ㄱㅎ–カ行 降 강항
ㄱㆅ→ㄱㅎ–カ行 滑 ·골 ·활
ㄱㆅ→ㄱㅎ–カガ行 見 :견 :현 ケン 見學 ゲン 見參
ㄱㅊ→ㄱㅊ–サ行 車 거챠

東漢音으로 ㄱ初聲은 日漢音으로 カ行이 절대적인데 약간의 ガ行音이 있다.

ㄲ→ㄱ–ガ行 劇具群郡技碁…
ㄲ→ㄱ–カ冷 巨健傑瓊競橋求舊局窮拳權菌勤僅饉琴禽及畿岐旗…
ㄲ→ㄱ–カガ行 强 キヤウ 强力 ガウ 强盜
ㆅㅎ(儉) ㄲㄱ(近) ㄱㄲㅋ(圈)→ㄱ–カ行

東漢音初聲 ㄲ은 日漢音으로 カガ兩行音인데 カ行音이 優勢하다.

ㅋ→ㄱ—カ行　可殼却刻看勘康怯牽犬缺凱客坑去乞憩遣慶卿輕傾頃溪啓庫苦枯考哭曲坤空孔恐科誇郭寬巧口丘驅窟勸奎肯欺起器氣企棄…

ㅋ→ㅋ—カ行 快噲

ㅋ→ㅎ—カ行 抗墟確闊詰

ㅋ→ㅇ—カ行 泣

ㅋㄲ(渴屈闕) ㅋㆆ(匡) ㅋㆅ(謙)→ㄱ—カ行

ㅋㆁ→ㅎ—カ行 欽

ㅋㆆ→ㄱ—ア行 歐

ㅋㅅ→ㄱㅅ—カ行 契 계·설

東漢音初聲 ㅋ이 二期音으로 ㅋ인 것은 快噲뿐으로 ㅎㅇ인 것도 있으나 ㄱ이 主宗을 이루고 이들이 日漢音으로는 カ行音이다.

ㆁ→ㅇ—ガ行　我雅餓嶽顔眼岸雁巖額魚漁御語嚴業逆迎五午娛傲玉獄瓦臥外愚隅僞吟凝義儀議…

ㆁ→ㅇ—ア行(ウ) 于羽雨…

ㆁ→ㅇ—ワ行(ヰ) 違圍偉 ㆁㆅ→ㅇ—ワ行 越

ㆁ→ㅇ カ行 訛危 ㆁ→ㅎ—カ行 驗

ㆁ→ㅎ ガ行 虐 ㆁㆅ→ㅎ—ガ行 限

東漢音初聲 ㆁ은 이미 訓民正音解例에 “牙之ㆁ…其聲與ㅇ相似故韻書疑與多相混用”이라 있고 東漢音이 폐지되면서 ㅇ로 표기되었는데 アワカ行音이 약간 있기는 하나 ガ行音이 主宗을 이룬다.

ㄴ→ㄴ—ナ行 那難捺南納囊奈乃年念寧農濃膿腦惱尿…

ㄴ→ㄴ—ダ行 諾奴怒努訥泥…

ㄴ→ㄴ-タ行 匿賃

ㄴ→ㄴ-ナダ行 男 ナン 長男 ダン 長女

ㄴ△→ㄴ-ナダ行 內 ナイ 內陸 ダイ 參內 女 ニヨウ 女房 ジヨ 女性 溺 ネウ デキ 溺愛

ㄴㆅ→ㄴ-ナダ行 粘 ネン 粘土 デン

ㄴㅌㆅ→ㄴ-ナ行 能

ㄴㅎ→ㄴ-ダ行 暖 ㄴ→ㅇ-ダ 釀

ㄴ△→ㄴ-タ行 耐

ㄴㅇ→ㄴ-ナダ行 尼

1. 東漢音初聲 ㄴ은 日漢音으로 ナダ兩行音인데 ナ行音이 우세하다. 드물게 タ行音이 있다.

2. 우리 漢字音으로는 'ㄴ'(ㄹ初聲인 漢字가 語頭에서 'ㄴ'으로 바뀐 것도 포함)이 'ㅑㅕㅛㅠㅣㅖ' 등 中聲과 결합된 音節이 語頭에서 ㄴ子音이 탈락되는데[254] 그 例는 "양식(<ㄴ<ㄹ 粮) 이력(<ㄴ<ㄹ 履歷)" 등 16C初 문헌에 이미 나타나는데 日漢音에는 그런 변화가 없다.

ㄷ→ㄷ-タ行 短鍛擔答黨帶戴倒島到刀都冬猪貯的滴轉店貞丁頂帝 彫鳥弔竹中知窒…

ㄷ→ㅌ-タ行 卓琢啄堆妬漲陟哲綴塚追築衷砧…

ㄷㄸ→ㄷ-タ行 鍛屯長著典訂諦朝調鎭

ㄷㄸㅅ(適) ㄷㄸㅈㅆ(敦) ㄷㅈ(多斗抵)

ㄷㅆㅈㄴ(單)→ㄷ-タ行

ㄷㄸ(締遞緻) ㄷㄸㅆ(置)→ㅌ-タ行

ㄷ→ㄷ-タダ行 打 チヤウ 打擲 ダ 打擊

ㄷㄸ→ㄷ-タダ行 段 タン三段五畝 ダン段階 傳 テン傳馬 デン傳說 殿テン 御殿 デン殿堂 定 テイ 定期 ヂヤウ 必定 重 チョウ愼重 ヂュウ重量 ㄷㄸㅌ→ㄷㅌ-タ 宅 ·띡 ·틱

ㄷㅈ→ㄷㅈ-タ 底 :뎌 :뎨 지

254) 拙著 韓國語의 發音硏究 Ⅳ. 1. 子音의 脫落(5) ㄴ의 脫落 p. 120.

1. 東漢音初聲 ㄷ은 二期音으로는 ㄷㅌ音으로 兩分되는데 日漢音으로는 タ音行이 主流를 이루나 간혹 タダ兩行音(打段傳殿定重打)인 것이 있다.

2. 二期音에서는 ㄷㅌ音이던 것이 三韻聲彙에서는 ㅁ蓋音化된 것과 原音 유지를 한 것이 있는데 그 實態는 다음과 같다.

ㅁ蓋音化하여 나타나는 것에

ㄷ>ㅈ 長貯著傳轉貞朝重知鎭…
ㅌ>ㅊ 漲哲塚追築衷緻…

가 있고 ㄷㅌ音을 그대로 유지한

ㄷ…底抵適的滴典殿店點丁頂定訂帝鳥調弔彫竹中地…
ㅌ…諦締

가 있다. 그런데 後者 즉 三韻聲彙에 ㄷㅌ音을 유지한 것들도 現代音으로 ㅁ蓋音化한 것이다.

3. 그러나 日漢音으로는 三韻聲彙에서 ㅁ蓋音化를 한 '貞'이 'テイ', '哲'이 'テツ'요, ㄷㅌ音으로 그대로 유지했던 '底抵丁訂帝'가 'テイ', '適的滴'이 'テキ', '典殿點店'이 'テン'이요, '諦'를 'テイ タイ', '締'는 'テイ'여서 原音을 그대로 유지하고 있다.

ㄸ→ㄷ－ダ行 檀團曇談堂道導同銅童動鈍場丈田電除題塵陣…
ㄸ→ㅌ－バ行 陀駄駝惰濁彈…
ㄸㅌ→ㄷ－ダ行 壇桐條
ㄸㆆ(毒)→ㄷ－ダ行
ㄸㅌ(脫) ㄸㅌㆆ(墮)→ㅌ－ダ行
ㄸ→ㄷ－タ行 丹但淡踏逃濤徒渡稻盜豚突敵笛呈程廷亭停鄭庭兆跳挑仲地直陳秩澄懲…
ㄸ→ㅌ－タ行 濯鐸誕綻擇頽投特擲牒諜疊墜逐軸蟲沖…

ㄸㅌ(達待躇跳) ㄸㅆ(提) ㄸㅇ(陶) ㄸㅊ(逌) ㄸㆅ(趙)→ㄷ―タ行
ㄸㅌ(他蕩) ㄸㅅㅇ(澤) ㄸㅊ(滯)→ㅌ―タ行
ㄸ→ㄷ―タダ行 第 ダイ 第三者 テイ第宅 代 ダイ 代理 タイ 臺 ダイ 舞臺 タイ 臺閣 圖 ヅ圖式 ト 圖書 頭 ヅ頭腦 トウ頭髮
ㄸ→ㄷㅌ―タダ行 度 ト 法度 ド 度外 タク 支度 :도 ·탁
ㄸㅌ→ㄷ―タダ行 大 ダイ 大臣 タイ 大小
ㄸ→ㄷㅊ―タサ行 茶 チヤ 茶色 サ 喫茶 다 차
ㄸㄷㅅ→ㅌㅅ―タサ行 沈チン 沈沒 シン ヂン 팀 :심
ㄸㅆ→ㄷㅌ―タ行 隊 딕 튜('墜' 왼 뜻)

1. 東漢音初聲 ㄸ이 二期音으로는 ㄷㅌ인데 日漢音으로는 タダ 兩行音이다. タ行音이 약간 우세하다.

2. 東漢音初聲 ㄸ, 二期音 ㄷ이 日漢音으로 タダ行音 두 가지로 발음되는 것에 "第代臺圖頭度大" 등이 있다.

3. 二期音으로 ㄷㅌ이던 것이 三韻聲彙에서는 口蓋音化된 것과 原音유지를 한 것이 있는데 그 實態는 다음과 같다.

ㄷ>ㅈ 場丈程鄭呈兆仲地直陳塵陣秩澄懲…
ㅌ>ㅊ 蟲冲…

가 있고 ㄷㅌ으로 그대로 유지한

ㄷ 敵笛庭停亭廷第跳 ㅌ 逮

가 있다. 그런데 後者 즉 三韻聲彙에 ㄷㅌ音을 유지한 것들도 現代음으로 口蓋音化한 것들이다.

4. 그러나 日漢音으로는 三韻聲彙에서 口蓋音化를 한 "程鄭呈"을 'テイ'로, ㄷㅌ音을 그대로 유지한 '庭停亭廷'은 'テイ', '敵笛'은 テキ, '第'를 'ダイ テイ', '逮'는 'タイ'로 原音을 그대로 유지하고 있다.

ㅌ→ㅌ―タ行　托託歎炭坦塔胎討吐統退透通痛暢帖聽超抽恥勅天鐵添體…

ㅌㄸ(他兎徹撤) ㅌㄹ(寵) ㅌㄸㅅㅇ(湯)

ㅌㄸㅇㅿ(怠)→ㅌ―タ行

ㅌㄸ(貸) ㅌ(湍町) ㅌㄷ(摘)→ㄷ―タ行

ㅌ→ㅌ―ダ行 妥唾呑

ㅌ→ㅌ―タダ行 貪 ドノ トン 貪慾 ダドン 貪婪

ㅌㄷㄸ→ㅌ―タダ行 土 ト上佐 ド 土木

ㅌ→ㅈ―サタ行 シ 福祉 チ

ㅌㅊ→ㅌㅊ―サ行 推 츄퇴

1. 東漢音初聲 ㅌ은 二期音으로도 대체로 ㅌ音인데, 약간의 ㄷ音이 있다. 日漢音으로는 タ行音이 主流를 이루나 약간의 ダ行音도 있다.

2. 二期音으로 口蓋音化한 것도 ㅌㄷ原音 유지를 한 것이 있는데 그 實態는 다음과 같다.

ㅌ>ㅊ 暢超抽恥稚馳

가 있고

ㄷ…町摘(ㄷㅈ)

ㅌ…天鐵添聽廳體替涕

가 있다. 그런데 後者, 즉 三韻聲彙에 ㄷㅌ音을 유지한 것들도 現代音으로 口蓋音化한 것들이다.

3. 그러나 日漢音으로는 '摘'을 'テキ', '天添'은 'テン', '鐵徹撤'은 'テツ', '體'는 'タイ テイ', '替'는 'タイ'로 原音을 유지하고 있다.

4. '通痛'은 韓漢音으로는 ㅌ音 유지인데 日漢音으로는 'トウ' 아닌 'ツウ'音이다.

ㅌ→ㄹ−ラ行 羅落來冷祿論弄屢流柳陵里理吝…

ㅌㅌ(離) ㄹㅌㅁ(龍) ㄹㄸㆅ(濫) ㄹㆅ(裸)→ㄹ−ラ行

ㄹㆁ→ㄹㅇ−ラガ行 樂 ラク 樂觀 ガク 樂譜 ·락 ·악 :요, '樂水樂山'을 日漢音으로는 'ラクスヰ ラクサン' ゲウ本音.

ㄹㅅ→ㄹㅅ−ラサ行 率 リツ 利率 ソツ率先 ·률 ·솔

1. 東漢音初聲 ㄹ은 二期音以來로 原音으로는 'ㄹ'이지만 語頭에서의 ㄴ표기는 16C初中期 문헌에 광범하게 보이며[255] ㄹ脫落例(粮 履)도 16C初문헌에 보인다.

2. 日漢音으로는 古今을 一貫해서 ラ行音이다.

ㅁ→ㅁ−マ行 摩磨網脉孟盟猛面免明矛務迷民密蜜…

ㅁㅎ→ㅁ マ行 耗

ㅁ→ㅁ−バ行 莫漠晩蠻輓忘忙茫罵麥勉蔑侮某謀冒帽貌貿撫舞微尾媚敏…

ㅁ→ㅁ−マバ行 馬(マ群馬 バ軍馬)

幕(マク天幕 バク幕府)	萬(マン萬能 バン萬歲)
亡(マウ亡者 バウ滅亡)	望(マウ本望 バウ望遠鏡)
無(ム有無 ブ無事)	武(ム武藏 ブ武士)
聞(モン聽聞 ブン新聞)	文(モン注文 ブン文學)
物(モツ荷物 ブツ動物)	美(ビ美術ミ)
眉(ミ眉間 ビ白眉)	米(マイ玄米 ベイ米穀)

1. 韓漢音初聲 'ㅁ'은 古今이 一貫인데 日漢音으론 マバ兩行音으로 갈린다.

2. マバ兩行音으로 兼用되는 것이 상당수 있다.

ㅂ→ㅂ−ハ行 迫班斑返發放邦拜法壁兵丙秉保腹本富府賦北奔粉糞奮

255) 拙著 東國正韻式 漢字音硏究 1, 東國正韻式 漢字音初聲의 考察, pp. 161~168.

沸崩悲賓冰…

ㅂ→ㅍ－ハ行 波播巴跛版阪八貝閉廢布風楓彼必畢筆…

ㅂㅃ(般方變背氾倂複復夫扶附父卑濱…)

ㅂㅃㅍ(薄反比) ㅂㅍ(剝拍半福封非)→ㅂ－ハ行

ㅂ(肪卜) ㅂㅍ(妨)→ㅂ－バ行

ㅂㅃ→ㅍ→ハ行 敗編包…

ㅂ→ㅍ－ハバ行 板 ハン 板木 バン 回覽板

1. 東漢音初聲 ㅂ은 二期音으로는 ㅂㅍ인데 日漢音으로는 주로 ハ行音이다. バ行音도 약간 있다.

2. '板'字는 ハン バン 兩音이다.

ㅃ→ㅂ－ハ行 飯髮排白帛舶範犯服伏逢鳳浮婦負符釜腐朋肥…

ㅃ→ㅍ－ハ行 琶佩評幣捕皮疲避…

ㅃㅍ→ㅂ－ハ行 泊叛僻符拂… ㅃㅂㅍ→ㅍ－ハ行 覇

ㅃ→ㅂ－バ行 盤拔勃房卞甁病步棒盆鼻備…

ㅃ(婆) ㅃㅍ(防培部佛)→ㅂ－バ行

ㅃ→ㅂ－ハバ行 貧 ヒン 貧相 ビン 貧乏

ㅃ→ㅂㅍ－バ行 便 변 편 倍 :빅 :패

ㅃㅂ→ㅂ－バ行 坊辯別僕 ㅃㅂ→ㅂ－バハ行 傍

ㅃㅍ→ㅂ－ハバ行 伴 ハン伴呂 バン伴奏 奉 ホウ奉仕 ブ 奉行

1. 東漢音初聲 ㅃ은 二期音에서는 ㅂ은 音으로 兩分되는데 각각 ハバ兩行音이 있다.

2. 日漢音으로 ハバ兩行音으로 쓰이는 것에 '貧伴'이 있다.

ㅍ→ㅍ－ハ行 頗破判篇偏片肺泡拋舖怖漂品…

ㅍ→ㅂ－バ行 朴跋潑訪芳配黴癖峯蜂副敷赴噴雰紛妃聘…

ㅍㅂ→ㅂ－ハ行 非

ㅍㅂ(坡) 披ㅃ(票被) ㅍㅂㅃ(胞抱)→ㅍ－ハ行

ㅍㅂㅃ→ㅂ－バ行 番

ㅍ→ㅂ－ハバ行 剖 ボウ 解剖 ホウ 剖斷

1. 東漢音初聲 ㅍ은 二期音으로 ㅍㅂ으로 나타나는데 日漢音으로는 주로 ハ行音이다.

2. '剖'가 ハバ行音으로 '番'이 バ行音이다.

ㅅ→ㅅ—サ行　砂沙私思絲司斯師獅死史使賜四奢捨寫舍削索朔散山傘産酸算殺森澁相箱商想賞雙嗇色暑鼠恕鮮先選仙扇線宣設雪聲星性姓聖細世勢歲蘇疏所素訴騷掃消小少笑束速粟孫損送宋刷搜蒐羞收首守手秀獸輸繡宿肅瑟膝濕僧昇勝詩始試息式辛新申訊身信悉室…

ㅅㅊ(三昔叔) ㅅㅂ(須) ㅅㅈ(庶娠) ㅅㅎ(鮮)

ㅅㅇ(傷失) ㅅㅇㄸ(錫) ㅅㅌ(飾)→ㅅ—サ

ㅅㅊ→ㅅㅊ—サ行 衰 쇠최

ㅅㅇ→ㅅㅇ—サ行 施 施次 :이ᄎ宣中 50 '施'는 '延'의 뜻

ㅅㅈ→ㅅㅈ—サ行 識 ·식 ·지

ㅅㅌㅇ→ㅅㅇ—サザ行 セツ說明 ゼイ遊說 ·셜 :셰 ·열

ㅅㅌ(稅) ㅅㅿㄴ(需)→ㅅ—ザ行

ㅅㅊ→ㅅㅊ—サザ行 數 スウ 數學 ジュズ 數珠 수 ·삭 ·촉

1. 東漢音初聲 ㅅ은 二期音으로도 ㅅ인데 日漢音으로는 サ行이다.

2. ザ行音으로 稅ゼイ 需ジュ, サザ兩行으론 '數, 說'이 있다.

ㅆ→ㅅ—サ行　詞詞士仕謝飼床詳償尙署逝誓席夕碩石船旋成誠盛巢松訟誦囚酬垂遂睡殊洙淑崇視市臣愼…

ㅆ→ㅅ—ザ行　辭似寺常上序禪舌城續俗受授樹隨熟循順殉術述乘時是侍神腎實…

ㅆㅈ(昭氏) ㅆㅉ(愁) ㅆㄸ(召植) ㅆㄸㅈ(承) ㅆㄷ(涉) ㅆㅇ(斜頌)→ㅅ—サ行

ㅆㅅ(壽) ㅆㅈ(事淳) ㅆㄸ(盾) ㅆㄱ(旬) ㅆㅇ(巡) ㅆㅎ(隋)→ㅅ—ザ行

ㅆㄸㅈㅉ→ㅅㅈ—ザ行 純 슌 :쥰

ㅆ(社) ㅆㄲ(拾) ㅆㅇ(食)→ㅅ—サザ行 シヤ社會 ジヤ神社 シフ拾

得 ジフ拾萬圓 ショク食事 ジキ斷食

ㅆ→ㅅ—サタ行 緖 ショ由緖 チョ情緖(慣用讀)

ㅆㅇ→ㅅㅇ—サ行 射 :샤 :야 ·역 ·셕

ㅆㅇ→ㅅㅇ—ザャ行 邪 ジャ邪惡 ヤ邪揄 샤 야

ㅆㄸㅌㅇ→ㅅ—ザダ行 蛇 ジヤ大蛇 ダ蛇足

1. 東漢音初聲 ㅆ은 二期音으로는 ヤ, 日漢音으로는 サザ行音으로 兩分된다.

2. サザ兩行音인 것으로는 '祏拾食'이 있다.

3. 蛇는 ジャダ兩音인데 東漢音 '쌰탕'와 맥락이 닿는다.

ㅿ→ㅿ>ㅇ—ザ行 弱壤讓辱冗儒潤耳仁…

ㅿㅆ→ㅿ>ㅇ—ザ行 戎

ㅿ(熱乳肉忍認) ㅿㄴ(任)→ㅿ>ㅇ—ナ行

ㅿ→ㅿㄱㅇ—ザナ行 若如然柔二人日入 ジヤク 自若 ニヤ般若 ジョ突如 ニョ如來 ゼン自然ネン天然 ジウ柔道 ニウ柔和 ニ 二度 ジ 二郎 ジン人生 ニン人情 ジツ 旭日 ニツ日光 ニフ入學 ジ入水

ㅿㄸ(壬) ㅿㅇ(兒)→ㅿ>ㅇ—ザナ行 ニン ジン 壬辰 ジ兒童 ニ小兒

ㅿ→ㅿ>ㅇ—サザ行 セン傳染 ゼン愛染

1. 東漢音初聲 ㅿ은 二期音에서 ㅿ>ㅇ의 변화를 보이나 日漢音으로는 ザ行이 주류를 이룬다. ナ行인 것도 있다.

2. ザナ兩行音인 것에 如然柔人日 등이 있다.

3. 'ㅿ'音은 '弱如辱儒二' 등 'ㅑㅕㅛㅠㅣ(ㅖㅟ)'音 등에 限한다. '兒'도 東漢音으로 'ᅀᅵᆼ'다. 日漢日으로도 "ジヤク ジヤウ ジヨウ ジュ ジ ジン ジョ ジウ ジ ニュウ ニク ニン ニウ ニツ ニヤ ニ"여서 東漢音 中聲 "ㅑㅕㅛㅠㅣ"와 맥락이 닿는다.

ㅈ→ㅈ—サ行 諮資姿紫子者作酌莊裝章障掌粧災宰再爭績蹟煎戰節占精晶征政正井整濟祭際諸早租祖組足尊宗鍾種左佐走周

州洲舟酒朱主俊衆證支脂肢之旨指止至誌職…

ㅈ→ㅊ―サ行 遮借贊彰債責焦燭捉總祝針浸… ㅈㅉ(鑿著咨) ㅈㆆ(札)→ㅊ―サ行

ㅈㅉ(藉裁錢齊卽曾輯) ㅈㅉㅊ(沮) ㅈㅉㅊㅅ(接卒) ㅈㅊ(將措奏志) ㅈㅊㅅ(織) ㅈㅆ(進) ㅈㅆㄸ(折) ㅈㄷ(載制) ㅈㄸ(診)

ㅈㅌ(紙)→ㅈ―サ行 ㅈ→ㅈ>ㅊ―サ行 讚 :잔>:찬 ㅈ(終增) ㅈㅅ(準)→ㅈ―ザ行

ㅈㄸ→ㅅサ行 承

ㅈ→ㅊ―ザ行 斬

ㅈ(縱珠) ㅈㄷ(質)→ㅈ―サザ兩行 ジュ連珠 シツ 質問 ジチ 人質 ·디 三綱忠 30 ·질 ·지

ㅈㅆㄲ→ㅌㅅ―サ行 招 됴쇼

ㅈ→ㅈㅊ―サ行 則 ·즉 ·즉 ㅈ→ㅅ―サ行 詐

ㅈ→ㅈ―タサ行 鑄 チウ 鑄鐵 シュ

1. 東漢音初聲 ㅈ은 二期音으로 ㅈㅊ인데 ㅈ音이 우세하고 日漢音으로는 주로 サ行이다.

2. ザ行인 것은 "終增準前斬"이 있고 サザ兩行音인 것은 "縱珠質"이 있다.

ㅉ→ㅈ―ザ行 慈字自殘暫藏材財在賊全絶情淨助存坐座贈…

ㅉㅊ(雜造族) ㅉㅈㅆ(盡) ㅉㅈ(前漸) ㅉㅈㅊ(挫)→ㅈ―ザ行

ㅉ→ㅊ―ザ行 慙慚讒

ㅉ→ㅈ―サ行 昨墻咀靜曹秦疾嫉…

ㅉㅊ→ㅈ―サ行 粗

ㅉ→ㅊ―サ行 泉叢雛就層…

ㅉ(籍) ㅉㅈㅊ(從)→ㅈ―サザ行

セキ 戶籍 ジヤク ジュウ從順 ショウ從容

ㅉ→ㅊ―サザ行 聚 シュウ 聚落 シュジュウ 類聚

1. 東漢音初聲 ㅉ은 二期音으로 ㅈㅊ인데 ㅈ이 우세하고 日漢音으로는 サザ兩行音인데 ザ行音이 우세하다.

2. サザ兩行音인 것으로 '從聚'가 있다.

ㅊ→ㅈ—サ行　此叉錯燦察刹慘槍倉蒼創昌唱採彩冊策妻處尺千穿川草
秒初楚礎促觸村寸聰

ㅊㅈ(戚淺靑撮趣) ㅊㅉ(捷淸請) ㅊㅈㅉ(且) ㅊㅌ(出) ㅊㅅ(遷春)
ㅊㅎ(樞)→ㅊ—サ行

ㅊ→ㅈ—サ行 赤竊操叱 ㅊ→ㅅ—サ行 揷

ㅊ→ㅈㅊ—サ行 切 ·졀 ·쳬 ㅊㅅ→ㅊㅅ—サ行 參 참숨

ㅊ→ㅈㅊ—サ行 刺 :ᄌᆞ ·쳑

ㅊ→ㅊ—サザ行 次 シ次第 ジ次男

1. 東漢音初聲 ㅊ은 二期音으로도 ㅊ인데 약간의 ㅈ(赤竊操叱) ㅅ(揷)이 있다.

2. 日漢音으로는 サ行音이요, サザ兩行音인 것으로 '次'가 있다.

ㅇ→ㅇ—ヤ行　液也夜養羊洋陽楊揚予與余譯驛亦易役疫延沿鉛悅閱炎
裔遙曜耀欲浴慾容用勇由油猶悠酉誘愈裕融允淫夷以翼
翌寅引逸溢…

ㅇㅌ(躍緣傭愉) ㅇㄸ(銳育) ㅇㅅ(藥) ㅇㅆ(野) ㅇㆁ(尹) ㅇㅊ(移)
→ㅇ—ヤ行

ㅇㆁ(爲) ㅇㄷ(位)→ㅇ—ワ行 ㅑ音

ㅇ→ㄱ—カ行 硬 ㅇ→ㅇ—カ行 詣

ㅇㅅ→ㅇ—ヤサ行 繹 エキ演繹 セキ シヤク

1. 東漢音初聲 ㅇ은 "ㅑㅕㅛㅠㅣㅖ"音과 결합된 것이 主요, 二期音도 ㅇ인데 日漢音으로는 ヤ行音이 주류를 이룬다.

2. 液(東漢音으로는 ·역) "譯驛亦易役疫延沿鉛悅閱髥允淫夷以寅引逸溢"은 "エキ エン イン イ イツ"여서 'ア行'으로 볼 수도 있겠으나 'ヤ行'에도 'イ'가 있으므로 'ヤ行'에 넣어 둔다. "緣銳育繹尹移"도 "エン エイ イク エキ イ"인데 역시 ヤ行으로 처리한다.

3. ワ行(爲位) カ行(硬詣)의 것도 있다.

ㆆ→ㅇ—ア行 阿亞安按謁壓鴨央殃哀愛櫻億焉烟燕宴厭英奧殷隱乙音飮陰邑應伊因印一壹… ㆆㅋ→ㄱ—ア行 歐 ㆆㆅ ㄱ→ㅇ—ア行 押

ㆆ→ㅇ—ヤ行 厄約抑影沃幽幼益意醫衣依…

ㆆㄱ→ㅇ—ヤ行 夭妖腰要憂優…

ㆆ→ㅇ—ワ行 域淵烏嗚屋溫穩宛倭畏苑怨慰…

ㆆ→ㅁ—ワ行 灣

ㆆ→ㅇ—ワアヤ行 於 ヲ 於是 アア 於緝熙 ヨ 於仲完 明人 어 오 於戲

ㆆ→ㅇ—アワ行 惡 アク 罪惡 ヲ憎惡 ·악 :오 오(‘엇디’의 뜻)

1. 東漢音初聲 ㆆ은 二期音이후 ㅇ로 표기되었는데 日漢音으로는 アヤワ行音이다.

2. ‘灣’字는 二期音으로 ‘ㅁ’인데 日漢音으로는 ‘ワン’이어서 東漢音初聲과 맥락이 닿는다.

3. ア行音은 二期中聲이 ‘ㅏ·ㅣㅓㅕㅡㅣ’ 例外 ‘奧’, ヤ行音은 ‘ㅑㅛㅜㅠㅢ’ 例外 ‘厄抑影益’, ワ行音은 ‘ㅗㅘㅚㅝㅟ’ 例外 ‘域淵’이다.

ㅎ→ㅎ—カ行 何訶漢海香鄕許虛享軒憲險顯血脅兄亨馨好呼虎昏婚忽花火貨歡喚煥悅荒況灰悔劃孝薰勳訓毁卉揮輝休朽兇欣黑吸興熙稀

ㅎㄷ(希) ㅎㅈ(喜) ㅎㅅ(向獻)→ㅎ—カ行 ㅎㆆ→ㄱ—カ行 喝

ㅎ→ㅎ—ガ 詣曉 ㅎㅅ→ㅎ—ガ行 犧

1. 東漢音初聲 ㅎ은 二期音으로도 ㅎ인데 日漢音으로는 주로 カ行音이다.

2. 日漢音으로 ガ行音인 것은 “詣曉, 犧”가 있다.

3. ‘喝’은 二期音으로 ㄱ, 日漢音으로 カ行音이다.

ㆅ→ㅎカ行　河鶴寒韓翰汗旱恨函陷航核杏幸賢縣峽協慧惠胡湖糊乎戶
魂渾洪鴻弘禍桓環患換回廻繪劾侯厚痕…

ㆅㄱ(荷咸穴浩紅話會) ㆅㅎ(荷何) ㆅㅋㅍ(華)→ㅎ―カ行　ㆅ→ㅇ―カ行
完緩

ㆅ→ㄱ―カ行 甘鑑系宏…

ㆅ→ㅎ―ガ行 賀害亥骸絃玄豪毫號護丸后後…

ㆅㄱ(學含合) ㆅㄷ(互)→ㅎ―ガ行

ㆅ(畵) ㆅㄱ(下夏紅)→ㅎ―カガ行　カク計畵　ガ　畵家　ケ下落　ゲ下車　カ夏期　ゲ夏至　カウ紅顔　グ紅蓮

ㆅ→ㅎ―カガア行　行　カウ行動　ギヤウ行列　アン行燈

ㆅ(黃) ㆅㄱ(橫) ㆅㆁ(皇)→ㅎ―ワカ行　ワウ黃金　クワウ　黃白　ワウ橫斷　クワウ　カウ皇居　ワウ>オウ>ノウ　天皇

ㆅ→ㅎ―ワ行　和

1. 東漢音初聲 ㆅ은 二期音으로는 주로 ㅎ인데 ㄱ ㅇ行音이 약간 있다.

2. 日漢音으로는 カ行이 주류를 이루나 ガワ行音이 약간 있다.

3. カガ兩行音으로 "畵下夏紅"이 있고 ワカ兩行音으로 "皇黃橫"이 있으며 '行'은 カガア エ行音으로 읽힌다.

3

以上 朝鮮漢字音(東漢音과 二期音) 初聲과 日漢音(歷史的假名遣—歷史的 表記法)의 비교한 바를 결론하면 다음과 같다.

1. 東漢音初聲 ㄱㄲㅎㆅ行은 日漢音으로 カガ行인데 各自竝書인 'ㄲㆅ' 初聲은 ㄱㅎ音에 比해 ガ行音이 많다. 'ㅋ'은 カ行音이다.

2. ㆁ은 ガ行音이 절대적이요, アワカ行音이 약간 있다.

3. ㄴ行은 ナダ兩行音이다.

4. ㄷㄸㅌ行은 タダ兩行音인데 各自竝書인 ㄸ初聲은 ㄷㅌ兩音

에 比해 ダ行音이 많다.

5. ㄹ行은 ラ行音이다.

6. ㅁ行은 マバ兩行音이다.

7. ㅂㅃㅍ行은 ハバ兩行音인데 各自竝書인 ㅃ은 ㅂㅍ兩音에 比해 バ行音이 많다.

8. ㅅㅆㅈㅉㅊ行音은 サザ兩行音인데 各自竝書인 ㅆㅉ行音은 ㅅㅈㅊ行音에 比해 ザ行音이 많다. 'ㅅㅈㅊ'行音은 サ行音이 절대적인데 'ㅉ'行音은 ザ行音이 우세하다.

9. ㅿ行音은 ザナ兩行音은 ザ行音이 우세하다.

10. ㅇ行은 ヤ行音, ㆆ行은 アヤワ行音이다.

以上에서 보면 東漢音初聲 ㄲㄸㅃㅆㅉㆅ를 各自竝書가 日漢音으로는 ガダバザ音이 相當數 있고 'ㆁ'音이 ガ, 'ㅿ'音이 ザ行임은 東漢音初聲과 맥락이 닿는다.

日漢音에서 口蓋音化되지 않은

テキ 適的滴敵笛摘 テイ 底抵丁訂貞庭停程鄭呈帝諦締涕 タイ 體替

テン 天添 テツ 鐵 ダイ 第

등은 東漢音初聲으로는 ㄷㄸㅌ이요, 二期音으로는 ㄷㅌ이다. 우리는 모두 近世에 와서 口蓋音化했음에 比해 古音을 유지하고 있는 것이다.

〈『약천 김민수 교수 화갑기념 국어학신연구Ⅱ』, 탑출판사, 1986.〉

日本에 있어서의 漢字問題(Ⅰ)

Ⅰ. 日本의 文字體系와 漢字

1. 日本의 文字體系

오늘날 日本의 文字體系는 漢字·히라가나(平假名 hiragana)·가다가나(片假名 katakana)·로마字·아라비아數字의 5개의 文字體系가 混用되고 있다.

例：

ラジオの電波は，波長の長い電波である．この全波は，地球上約100kmのところにある電離層にぶつかると，はね返 って，また地球た向かう性質がある．

上例에서 보듯이 無秩序한 混用은 아니다.
다음과 같은 文字體系마다의 使用구별이 있다.

○ 漢字=主로 自立語의 概念을 나타내는 部分에 쓰인다.

○ 히라가나(ひらがな 平假名)=形式名詞·活用語尾·助動詞·動詞·其他代表音 表記에 쓰인다.

○ 가다가나(カタカナ 片假音)=動植物名·擬聲語·外國語音·外國人名 地名(필자註 韓國·中國등 除外). 其他 音을 적은 것을 强調하고 싶은 때에 쓰인다.

○ 로마字=漢字가나 混用文中에선 略字(Cm, g, p·k 氏 등)로

서 表意的으로 쓰인다.

○ 아라비아數字=橫書 文章中 數量表示에 쓰인다.[256)]

表記의 效率

사람에게나 機械에게나

(1) 文字의 量이 되도록 적을[少] 것

(2) 文字의 使用率의 分布가 너무 크지 않을 것

(3) 字形이 너무 복잡하지 않을 것

은 원칙으로 통용된다. 그러나 이와 함께(혹은 그 以上으로) 다음 條件이 필요하다.

文字列分割의 自由度가 적은 것이 읽기 쉽다.

로마字로 쓴 'Kirinonaka'는 'キリノナカ' 'キリンオナカ' 'キリノンアカ' 등으로 읽을 수 있다.

이것을 가나로 'きりのなか'로 적으면 'きりの なか(霧の中)' 'きり のなか(霧, 野中)'가 되어 文節에의 分割에는 역시 自由度가 있다. 이것을 漢字와 가나로 '霧の中'라고 적으면 그 自由度는 거의 없어진다. 이/Kirknonaka/에 비해 로마字로는 10字, 가나로는 5字, 漢字가나混用文으로는 3字여서 읽기에 能率的이다.

文脈에 依存할 경우 漢字가나混用이면

彼は東京へ一度も行ったことがない.

文節末尾에 있으므로 助詞임을 알 수 있다. (文節의 切れ目는 漢字가나混用의 效果에 의해 알 수 있다.)[257)]

文字의 機械的處理, 學習의 容易性은 文化를 지탱하는 必要한

256) 岩波講座 日本語　8 文字 2. 文字の體系と構造 三, 文字體系と表記體系 p. 39. 岩波書店. 1977.
文字と表記 林大/ 林四郎/ 森岡健二 編, 樺島忠夫 表記の體系. pp. 16~17.

257) 文字と表記, 樺島忠夫, 表記の體系と表記體系の效率に關わる特性. pp. 41~46.

條件이지만 그 위에 또한 表現·理解의 豊饒로움(豊かさ), 時間·空間을 초월한 傳達의 可能性이 文字에 요구된다. 文筆家들이 '木·樹'(キ) '淋しい, 寂しい(サビシイ)'의 구별표기를 要求하여 當用漢字로 구속되는 것에 不滿을 가지는 것을 表記的 表現의 自由(豊かさ)를 원하는 것이고 音聲言語를 초월한 表現性은 表記에 求해도 좋은 것이다.

또 造語力은 本來言語의 構造에 의한 것이지만 日本語의 造語力에 漢字에 의해 表記側에서 풍부해진 것도 文化의 問題다.

傳達面으로는 中國에 있어 方言으로 말하면 理解되지 않아도 文字로 표기하면 理解가 된다는 表意文字의 利點이 있다고 들었다.[258)]

日本에 있어서의 漢字가나混用文은 줄잡아도 700年來의 日本文의 傳統이요 익숙해진 事象이다. 第6期·第7期 國語審議會에서 故 吉田富三委員이 "國語는 漢字 가나混用으로써 그 表記의 正則으로 한다"의 確認을 提案한 일이 있으나(1964·1965) 너무나 常識化된 일이란 理由로 正式議題가 되지는 않았다.
그만큼 傳統的이요 普遍化된 사항이라 할 수 있을 것이다.[259)]

2. 漢字의 傳來

日本人과 漢字의 接觸은 1世紀로 거슬러 올라가는 것도 不可能한 것은 아니다.[260)] 그러나 斷片的이요, 文字로서 受容與否는 不明이다.

『日本書紀』 應信記에는 漢字傳來의 初期事情을 다음과 같이 傳하고 있다.

十五年秋八月壬戌朔丁卯百濟王遣阿直岐……

阿直岐亦能讀經典卽太子菟道稚郞子師焉……

258) 위 책, 樺島忠夫 表記の體系 八, 文化的レベルにおける效率. pp. 49~50.
259) 岩波講座 日本語 3, 國語國字問題 5, 現代假名づかいと日本語, 送り假名 林 巨樹. p. 138, 岩波書店, 1977.
260) 岩波講座 日本語 8, 文字 4. 日本における漢字, pp. 164~165.

十六年春二月王仁來之則太子菟道稚郎子師之習諸典籍於王仁……

『古事記』에도 같은 記事가 보이고 和瀰吉師가 論語 10권, 千字文 1권을 가져왔다고 했다.

一般的으로 漢字傳來는 4世紀末~5世紀初로 보고 있다.

3. 音과 訓

漢字의 中國語音을 日本化한 것이 日本漢字音이요, 訓은 中國語의 意味에 對應하는 日本語가 그 漢字와 習慣的으로 聯合한 것이다. 日本에 있어서의 漢字는 보통 두가지로 읽히고 또 各各 복잡한 內容으로 關聯되어 있는 것이 特色이다.

韓國이나 越南漢字音과는 달리 日本漢字音은 다른 體系를 複層的으로 混在해 있는 것이 특징이다. 또 中國漢字音으로서는 구별이 있는 것도 日本漢字音으로서는 구별이 없어지는 것이 많기 때문에 한층 많은 同音字가 생겨 이 點도 漢字·漢字語에 있어 큰 問題의 하나다.

音·訓의 混淆도 일어나 重箱讀과 湯桶讀이 생겼다.

ざゅうばこよ　　　がくや　みつばち
重　箱　讀み(音+訓)　樂　屋　蜜　蜂
ゆとうよ　　　おおぜい　みぶん
湯　桶　讀み(訓+音)　大　勢　身　分[261]

漢字音의 體系

오늘날 各系統間의, 對立的 관계는 不明確하게 되어 漢字音은 每字마다 固定돼 가고 있는데 異系統 漢字音을 混在시켜 한 漢字가 複數音을 가진다는 狀態는 아직 解消되지 않고 있다. 그러나 各 系統의 傳統的으로 어느 정도 獨自의 領域을 가지고 있어 個個의 漢字語는 同系統 漢字音의 結合에 의한 것이 많다.

261) 위 책, pp. 176~178.

ウム コンジキ セケン
吳音 有無 金 色 世間
ショウタイ ニンゲン ミョウニチ
正體 人間 明 日
キカン ケッテイ セイコウ
漢音 期間 決 定 成 功
セイメイ ダンセイ メイハク
生 命 男 性 明 白

그러나 漢字에 의해 特定한 音이 慣用化하면 自然 다음과 같이 混讀되는 말이 생긴다.

シヨウキ ゲヒン
吳音 - 漢音 正 氣 下 品
ショクモツ ハクマイ
漢音 - 吳音 食 物 白 米[262]

(1) 訓의 成立

かつらき いけのへ おほみや
推古期에는 葛 城 池 邊 大 宮 등 분명히 訓에 의한

くさか たらし
表記가 보이며 古事記가 '日下' '帶' 등 姓이나 이름을 쓰고 國名이나 地名이 訓借表記임은 이런 固有名詞表記가 일찍부터 固定되어가고 있음을 말하는 것이다. 『萬葉集』에 이르러 アカ-明·赤 アキ-秋·飽 アサ-朝·麻 등 訓에 의한 表記는 널리 行해지게 되

262) 위 책, p. 185.

었다.[263] (뒷面으로 계속)

1音을 共有하는 漢字數	音의 種類	實例
1	52	35 キ·トウ
2	42	44 カン
3	36	47 シ
4	17	54 ショウ
5	22	59 コウ
6	14	
7	14	
8	12	
9	8	
10	6	
11～15	22	
16～20	11	
21～25	8	
26～30	7	
31～40	2	
41～50	2	
51～60	2	
計	277	[264]

⑵ 現代漢字音 現代中國漢字音은 新華字典에 의하면 415種임에 대해 日本의 現代漢字音은 '當用漢字音訓表'에 의하면 특별한 것을 除하고 277種이다.

同音字의 分布는 앞面 圖表와 같다.

⑶ 音·訓使用實態 "現代新聞의 漢字(國立國語硏究所報告 56)"의 調査報告에는 使用度數 10以上인 漢字 2,013字의 用語例가 나오는데 度數順 201番以下 10字, 5番以下 10字, 1001番以下

263) 위 책, pp. 186～187.
264) 岩波講座 日本語 3, 國語國字問題 4. 漢字の問題 林大 二 音訓, p. 107.

10字, 1500番前後의 10字, 計 40字를 取하면

A. 音이 訓을 圧倒한 것 25字

訓이 전혀 없는 10字(協·料·王·可·級·具·郷·超·廃·曾)

訓이 9例 以下 8字(價·活·賞·炭·盲·賢·匠·冒)

B. 音과 訓의 優劣을 定하기 어려운 것. 9字(南·知·悪·右·積·魚·梅·涼·紫)

'南'은 人名·地名으로 쓰인 291例를 除하고 ナン 447, みなみ 469例

'知'는 チ 443, しゐ·しれゐ·しらす 574

'積' セキ 286, つむ·つもる 192

C. 音이 訓보다 적은 것 2字

'切' セツ 229, サイ 64, きる·きれる 938

'歯' シ 21, は 127

D. 其他 4字 縄·鴨·梨·撲[265]·

音·訓 單位의 數는 音이나 訓이 거의 4千前後라 한다. 이것을 使用延度數로는 音이 訓의 4倍餘가 된다.

4. 漢字數와 漢字의 制限

大漢和辭典(諸橋轍次著)의 總畫索引에 의하면 50,291, 辭典番號로는 49,964인데 補充字가 있어 그렇다. 이것이 漢字의 總數는 아니다.

大字典 14,924字 新字源 9,921字[266]

1935년 가나文字會(カナモジカイ)가 調査한 以來 조사된 漢字數 漢字使用率을 一覽表로 보인다.[267]

---

265) 위 책, pp. 110~111.
266) 위 책, pp. 112~113.
267) 위 책, p. 116.

各種資料에 있어서 漢字使用率의 比較

資料略名	調査漢字 延字數	使用度數順位에 따른 使用率 累計 200位까지	500位까지	1,000位까지	1,500位까지	2,000位까지	調査漢字 異字數
		%	%	%	%	%	
A 大 西	80万	50	71	79	84	87	?
B_1 印刷局	328万	61.8	84.5	95.5	98.3	99.2	3,948
B_2 印刷局	4,591万	68.8	81.5	94.2	98.0	99.3	5,122
B_3 凸版印刷	530万	51.8	75.6	91.3	96.9	98.7	4,520
C_1 婦人雜誌	17万	53	75	90	96	99	3,048
C_2 總合雜誌	12万	55.5	78.0	92.0	97.1	99.1	2,781
C_3 雜誌九十種	28万	52.0	74.5	90.0	96.0	98.6	3,328
C_4 現代新聞	99万	56.1	79.4	93.9	98.4	99.6	3,213
D_1 カナモジカイ	45万	54.0	77.3	91.7	96.9	98.7	3,542
D_2 朝日	1,711万	47.5	66.0	83.8	94.0	99.4	2,309
D_3 毎日	32万	56.9	80.3	94.4	98.5	99.7	2,643
D_4 共同	46万	59.9	84.9	95.7	99.1	99.9	2,279
E ユニバック	272万	80.4	94.9	99.0	99.7	99.9	2,826

<資料注>

A 大西雅雄·日本基本漢字(1941)-8分野의 刊行物

B_1 印刷局·本邦常用漢字의 研究(第4回)(1941)-제55,65,67 帝國議會兩院本會議速記錄

B_2 印刷局·常用文字의 調査-1962~66年鑄造掛收籍作業

B_3 凸版印刷·漢字出現頻度數調査(第2回)(1976)-單行本·雜誌·辭書·百科辭書等

C_1 國立國語研究所·婦人雜誌의 用語(1953)-1950年 1~12月, 主婦の友*

C_2 國立國語趙究所·總合雜誌의 用字(1960)-1953年 7月~54年 6月, 13誌*

C_3 國立國語研究所·雜誌九十種의 用語用字Ⅱ (1963)-1956年 1~12月, 5部門 90誌*

C_4 國立國語研究所·現代新聞의 漢字(1976)-1966年 1~12月, 3紙朝夕刊*

D_1 カナモヅカイ(岡岐常太郎·漢字制限의 基本的研究·1938)-1935年 1~12月, 5紙 60日分

D_2 朝日新聞社(東京)·活字使用度數調查-1948年 11月~49年 7月
D_3 毎日新聞社(大阪)·活字使用度數調查表-1953年 3~5月, 7日分
D_4 共同通信社·文字出度調査 10萬字集計結果 -1971年 7月 15~21日
E 日本ユニバック·漢字 시스템디자인 資料(4)-1971년, 66萬人의 姓名
* $C_{1\sim4}$은, 모두 標本調査다. 또한, C_1의 數値는 C_3에서의 引用에 따른다. C_1에서는 『婦人生活』에서도 6萬字의 調査를 했으나, 이것은 넣지 않음.

漢字의 制限

漢字制限은 日常生活의 能率을 생각하는 것인데 그 표준이 最低線을 보이는 것이라면 그것은 우선 쓰기學習의 最低線이라 할 것이다.

5. 電子計算機와 漢字表

電子計算機는 漢字를 다루는데 크게 發展하여 漢字의 符號로서 6~7千字分이 주어져 있다. 한편 高速度印字裝置는 어떤 것은 1分間에 136字 2700行의 漢字 또는 漢字混用의 文章을 印字하게 되어 있다. 近日 가나로 친 文章은 機械가 適當한 漢字混用의 글로 바꿔내는 일이 實用的으로 어느 정도 成功했다.[268]

漢字表

1971년 情報處理學會의 規格委員會에 속하는 漢字코드委員會가 6,100字를 選定하여 標準코드용漢字表(試案)를 만들고 또 '76년에는 日本情報處理關係開發센타가 工業技術院의 委託으로 행한 "情報交換을 위한 漢字符號의 標準化에 관한 調査研究"의 結果로서 '情報交換用漢字符號系'라고 하는 JIS原案을 만들었다.

後者의 漢字符號系는 37種의 資料를 다룬 것으로 基本漢字의

268) 위 책, pp. 118~119.

集合인 第一水準의 2,965字와 周邊各分野에 分布된 漢字의 和集合인 第二水準의 3,385字를 決定한 것이다.

實用을 目的으로 하는 漢字의 選定基準은 1. 一般公共에서의 使用度 2. 各字의 機能度 3. 表意的有效性-表意效果, 意味의 重要度, 識別性, 그리고 文章表記體制 안에서의 구실이 考慮되어야 한다.

원래 漢字는 現代日本語의 表語性, 造語性이 전체적으로 큰 몫을 하고 있음이 分明하다.[269]

6. 畫數와 字形의 變改(簡略化)

新字源의 總畫索引 의해 9,767자의 畫數分布를 보이면 다음面 圖表와 같다.[270]

21畫以上의 當用漢字는 「當用漢字字體表」 의 字體에 의하면 6字, 舊字體로 계산하면 40字다.

畫數	字數	畫數	字數	畫數	字數	畫數	字數
1	2	11	825	21	192	31	1
2	26	12	883	22	131	32	1
3	60	13	798	23	104	33	1
4	133	14	703	24	75		
5	192	15	704	25	48	計	9,767
6	256	16	604	26	23		
7	441	17	494	27	22		
8	621	18	377	28	9		
9	703	19	322	29	6		
10	784	20	224	30	2		

小計 9,152 (93.7%)

269) 위 책, pp. 119∼122.
270) 위 책, p. 129.

現代新聞의 漢字의 全體使用率順表에서 8區間의 각각 50字前後를 가지고 그 平均畫數를 算出한 것은 다음 表와 같다.[271]

使用率과 畫數

使用率順位	字數	平均畫數	使用率順位	字數	平均畫數
1~50	50	6.4	501~550	52	10.0
51~100	50	7.3	1,001~1,048	50	11.4
101~150	50	8.4	1,496~1,539	51	11.1
151~200	50	8.2	1,958	56	11.9

以上에서 보면 使用率이 높은 漢字가 畫數 적은 것이 많은 傾向임을 알 수 있다.

字形의 變改(簡略化)

한字한字의 識別이 可能한 범위에서 實用上 字形의 簡略化는 당연한 것이라고 할 수 있을 것이다.

1946년 當用漢字表 制定當時의 印刷局의 活字를 基準으로 하면 1949년 當用漢字字體表 制定후 고쳐진 것은 650字 정도다.

7. 當用漢字 字體表

簡略化 八個條의 說明이 있는데 그 대강은 다음 種類임을 알 수 있다.

① 部分省略

一點 一畫 極小部分 省略 德·黃 등 部分要素 省略 藝·医 등

② 點畫의 組合을 쓰기 쉬운 꼴로 二點畫을 一筆로(成·每 등) 全體의 印象을 살리고 簡略하게 한다. (亞·豊 등). 草體를 楷書化 한다. (尽·爲 등)

③ 다른 簡略한 字形으로 代置하는 것. 다른 同音字로 바꿔 놓는다. (台·弁 등)

部分을 同音要素로 바꾼다. (釋·担 등)

部分을 符號的인 形態로 바꾼다. (仏·広 등) 等

271) 위 책, p. 130.

④ 새로운 會意字 또는 形聲字를 만드는 것. (体·岩 등. 形聲은 中國의 例로 警→惊 등)

⑤ 古字를 復活시키고 또는 다른 나라의 例를 빌어 쓰는 것 (札·万 등은 古字. 林大[272]는 個人記錄으로는 中國에서 汉 ←漢, 報← 報 등을 빌어 쓰고 있다.[273]

8. 戰後 日本의 國語施策과 漢字가나混用文

日本이 太平洋戰爭에 敗戰(1945년) 후 聯合國最高司令部는 日本民主化의 수단으로 國語國字問題를 중시하여 民間情報教育局에 言語改革課를 두었었다. 또 國語審議會總會에서는 關係官이 옵서버로서 출석한 일이 있다.[274]

1945년 9월 敗戰으로 모든 過去가 否定되고 모든 價値觀이 바뀌어 民主主義에 의한 文化國家의 建設로 나아갔다. 그리고 이러한 情勢下, 11월 27일 최초로 國語審議會가 召集되었다. 文部大臣은 新生日本再建을 위한 徹底한 改革이 필요한 일, 國語國字問題의 해결이 모든 改革의 基礎가 됨을 强調했다.

諮問은 '標準漢字表'의 再檢討라는 형식으로 행해졌는데 그 理由는 漢字는 複雜하고 무제한 使用이 文化發展에 방해가 되기 때문이다. 당시 聯合最高司令部의 간접 統治下에 있었는데 幹事長 保科孝一은 "최고사령부는 文教當局에 대해 教科書의 漢字數는 1,500쯤으로 하라"는 意思表示가 있었음을 言及하고 있다.

최고사령부의 要請에 의해 美國教育使節團이 日本에 화서 3월 31일(46년) 報告書를 提出했다.

그 중 '第2章 國語의 改革'에 漢字의 學習이 教育上 큰 장애인 점, 이런 面으로 종래 漢字制限論, 가나文字論, 로마字論이 있었음을 다루고 있다. 普通一般의 書寫言語에서는 언제건(いずれ) 漢字가 全廢되고 表音文字로 採用된 것으로 만든다는 趣旨로 結

---

272) 1913年 國立國語硏究所 所長.

273) 위 책, p. 133.

274) 위 책, 9 國語國字問題の由來 5, 現代表記の成立, p. 305 註(15).

論되어 있다.[275]

이 결론이 國語審議會의 審議方向에 크게 영향을 미치고 있다.

1945년 12월「國語協會」,「가나文字會(カナモヅカイ)」와「日本로마字會」가 연합해서 國語問題解決案을 聯合國最高司令部에 提出하였고 46년 6월「カナモヅカイ」「日本로마字會」가 協力해서 漢字全廢를 推進하는데 대해 共同聲明을 발표하였다. 이들이 敎育使節團의 報告書와 無關係한 것은 아니다.[276]

大橋久利는 그의 著「グングン頭のよくなる(쑥쑥 머리가 좋아지는)漢字教育入門」에서 다음과 같이 말하고 있다.[277]

"敗戰직후 聯合國의 代表로서 우리나라를 占領하고 있던 美軍은 總司令部의 이름으로 '日本의 教科書를 모두 로마字로 한다'라는 방침을 내놓았다. 볼少佐가 그 急先鋒이었다. 熱心인 로마字論者이던 田中館愛橘博士등과 接近해 있었던 듯하다. 앞으로 결국은 漢字를 一掃한다라고 하는 論者도 一部에는 있었다.
國語의 表記를 革命的으로 바꾼 例는 外國에도 많이 있다. 越南語는 몽크멜語, 옛越後 中國語등 混成해서 이루어진 言語인데 13世紀경까지는 漢字로 表記되어 있다. 그 즈음 大衆用 俗字로서 漢字에서 考案된 字喃文字가 생겼다. 그리고 17世紀 歐洲에서 온 宣教師의 손으로 로마字綴이 案出되었다. 이것이 지금의 越南語다.

지금의 土耳其語도 1923年 土共和國을 세운 國父가 그때까지의 難解한 이스램文字의 表示를 폐지하고 로마字綴로 한 것이다. 漢字의 나라 中國도 略字化를 추진하면서 將次 로마字綴로 바꿔버리겠다는 方針을 현재로선 堅持하고 있다. 日本에서 로마字化가 云謂되고 있는 것도 이런 例로 보면 모를 것도 아니다.

볼少佐는 作家인 山本有三을 찾았다. 어려운 漢字를 되도록

---

275) 위 책, 武部良明, 國語國字問題の由來 五, 現代表記の成立. pp. 288∽289.
276) 위 책, pp. 305~306. 註 (36).
277) 每日新聞編輯委員. 1983년 발행. 東京, pp. 185~188.

쓰지 않고 알기 쉬운 文章으로 小說을 쓰는 것을 銘心하고 있는 사람이다. 그러나 "國語의 問題는 日本人 自身이 定한다. 맡겨 두시오."라고 깨끗이 協力을 거절하였다.

46년 文部省의 國語審議會가 發足, 1850字의 當用漢字表가 만들어졌다. 日本의 近代化를 막고 있는 것은 漢字다. 라는 생각은 明治初期부터 있었으나 使用漢字를 正式으로 制限한 것은 이것이 처음이다.

그런데 이 무렵 漢字의 文盲率은 2%도 안 되어 미국의 文盲率 3% 强보다도 적은 率이었음을 指摘한[278] 것은 言中有骨이라 할 것이다.

좀더 자세하게 설명하면 다음과 같다.

「標準漢字表」 再檢討에 관한 漢字主査委員會는 元中外商業新報社長 梁田鈥次郎을 委員長으로 1945년 12월부터 이듬해 4월에 걸쳐 審議했다.

그것은 戰前인 1942년 答申[279] 常用漢字 1,134字를 基礎로 필요한 字를 添削하는 形態로 進行, 46년 4월 27일 總會에서 1,295字의 「常用漢字案」를 提出했다.

國語審議委員會로서는 敎育面에서 뿐 아니라 一般社會에서 實行可能한 漢字制限案을 조속히 결말지어 實施해야 한다는 결론으로 1,295字를 검토한 바 敎育用으로서는 지나치게 많고 一般社會에서는 지나치게 적다고 해서 새로 漢字에 관한 主査委員會를 두기로 했다.

이 總會에서는 漢字制限實施의 경우 가나表記(假名遣い)도 問題가 되었다. 漢字音도 國語도 發音式('歷史的假名遣い-歷史的表記'가 아닌 表音表記)으로 고쳤으면 하는 意向을 보였는데 이렇게 해서 새로운 가나表記에 關한 主査委員會가 생겼다.

---

278) 毛利昌, 新當用漢字 意味用例辭典. p. 7 東京: 櫻楓社, 1972.

279) 6월 17일 2,699字 발표(2,528字 常用漢字 1,134, 準常用漢字 1,320, 特別漢字 74字, 簡易字體 1,420字에 修正을 加한 것. 앞책(毛利昌 新當用漢字 p. 7).

漢字에 관한 主査委員會는 作家인 山本有三을 委員長으로 했다. 理想案으로서는 字數가 적은 漢字表를 따로 만들 것을 豫定하고 當面案으로서는 法令·公用文書·新聞·雜誌등 一般社會에서 實行可能하다는 점에서 審議가 진행되었다.

1,295字의 常用漢字表案을 基礎로 각 방면으로부터 希望漢字를 적극적으로 增補하기로 하고 최종적으로 11월 3일 公布된 新憲法의 漢字도 모두 포함하기로 하였다. 이것이 11월 5일의 總會에서 可決答申한 1,850字로 된 當用漢字表다.

한편 가나表記에 관한 主査委員會는 安藤正次를 委員長으로 하여 9월 21일 總會에서 現代かなづかい(現代가나表記法)를 可決答申키로 되었다.

이렇게 해서 46년 11월 16일 內閣訓令·告示로「當用漢字表」와 「現代가나表記法」이 탄생되어 公用文·新聞·敎科書를 통해 一般에도 普及되고 있는 것이다.

國語審議會는 「當用漢字表」 발표에 이어 「當用漢字別表」를 만들었다. 881字 는 當面案으로서의「當用漢字表」 1,850字에 대해 理想案으로서의 性格을 가지는 것이었다. 漢字 中 永久的인 것을 가려낸다는 형태로 審議되었는데 漢字制限의 强化라는 印象을 받게 되어 1947년 9월 答申때에는 義務期間동안 읽기 쓰기를 함께 指導하는 漢字라는 說明이 붙게 되어 「敎育漢字」 라는 이름으로 불리게 된 것은 이 때문이다. 이 當用漢字別表는 當用漢字音訓表[280]와 함께 1948년 2월 16일 訓令·告示로 나오게 되었다.

그 후 漢字의 字體에 대해서는 國語調查室 때의「漢字整理案」이 있고 國語審議會가 된 후의「漢字字體整理案」이 있었다.

이들에 대해 특히 活字字體를 筆記體에 가깝게 하는 동시에 簡易字體의 積極的採用을 추진했다. 이렇게 해서 整理된 案에 대해 主査委員會에서 審議가 행해졌다. 이것이 可決答申(48.6)된

---

280)「當用漢字表」에 들어있는 各 漢字에 대해 그 音·訓을 制限하는 것. 2,006의 音과 1,116의 訓 計 3,122의 音訓을 정리한 것.

「當用漢字字體表」요, 47년 4월 28일 訓令·告示로 된 것이다.

1948년 12월에는 文部省의 附屬機關으로 國立國語硏究소가 設定되었다. 그 目的은 國語가 國民의 言語生活에 관한 科學的인 調査를 행해 國語合理化의 基礎를 마련하는 일이다.

이 國語硏究所의 設置를 機會로 國語審議會도 改組되어 國語의 改善과 國語教育의 振興에 관해 調査審議하게 되었다.

새로운 第一期의 國語審議委員會는 여러 建議·報告를 행했는데 그中 하나가 人名用漢字別表(92字)다. 이 別表가 現代表記를 완화하는 첫걸음이기도 했다.

"文化政策을 國民의 命名에까지 强制할 것은 아니다"라는 反論에서 온 것이다.[281]

9. 로마字教育의 實現

以上이 漢字制限을 주로하는 現代表記의 經緯이지만 日本敗戰후 로마字論 쪽에도 큰 進展을 가져왔다. 1947. 4.1 발족한 6.3.3 新學制가 小學校와 中學校 國語科에 로마字教育을 採擇했는데 이것도 美國教育使節團報告書에 근거가 있는 것이었다.

그 報告書는 대단히 謙虛한 투였지마는 어떤 方式의 로마字를 一般에 使用하도록 提案함과 동시에 學校나 社會에 로마字를 取擇하기 위한 委員會設置를 提案하고 있는 것이다.

文部省은 로마字教育對策懇談會를 열어 준비 끝에 로마字 教育協議會를 設置하고 로마字教育方針을 마련한 결과 그 實施를 보게 된 것이다.[282]

10. 가나添記法(送り假名)

1956(昭 31)·12월 成立한 第4期國語審議會는 正書法會를 만들어 가나添記法문제를 다루었다.

---

281) 岩波講座 日本語 3, 武部良明 9, 國語國字問題の由來, p. 292.
282) 위 책, p. 293.

그때까지에는 假名添記가 많은 方式으로 國定教科書에서 비롯되어 教育面에 쓰이고 있었다. 이에 대해 一般社會에서는 假名添記가 적은 方式이 쓰이고 있었다. 公用文쪽도 이 方式이었다.

가나添記란 원래 漢字의 읽는 法을 도와주는 補助的인 것이다. 읽는 힘이 낮은 사람은 많은 가나添記가 읽기 쉬운데 대해 읽는 힘이 높은 사람은 가나添記가 적어도 좋다는 경향이 보인다.

따라서 읽는 힘이 각양각색인 以上 모든 사람을 滿足시킬 수 있는 가나添記法이 마련될 수 없다는 생각도 있었다. 國語審議會 運營에 큰 支柱이던 保科孝一도 그런 생각이었다.

이 假名添記法이 第4期 國語審議會에서 취택된 것도 이 保科의 死去(1955.7)와 무관계한 것은 아니다.

많은 가나添記를 한 教科書方式이 읽는 힘이 높은 사람들의 큰 不滿이었고 이것은 가나添記法뿐만이 아닌 政府의 國語政策 그것에 대한 不滿을 크게 일으킨 것이다.

政府의 國語政策에 대한 不滿은 傳統的인 表記를 지키려는 사람들 사이에 축적되어 있었다.

이것이 對日平和條約의 姿勢와 함께 表面化했는데 그中 하나에 「現代表記法」을 둘러싼 것이었다. 1953.3.2 「文藝春秋」에 小泉信三(慶應義塾大學總長)의 「日本語」 라는 論說은 言語야말로 우리들이 지켜야 할 第一의 文化財요, 특히 書記言語(書く言語)는 不變이어야 한다. 하고 假名表記法의 改定을 批判했다. 이에 대해 桑原武戶(京都大 교수)는 「모두의 日本語(みんなの 日本語)」(文藝春秋 4월호)에서 日本人의 읽기 쓰기 能力이 낮은 것은 表記法이 어려워서요, 社會의 現代化를 위해 表記法을 改良해야 한다고 했다. 金田一京助(國語審議會 委員)는 「現代表記論(現代假名遣い論)」(中央公論)에서 反論했는데 後者가 「知性」 誌를 무대로 評論家 福田恒存과의 論爭으로 발전하여 특이 一般 知識人의 관심을 높이고 있었다.

「聞く·聞こえる」, 「晴れる·晴れやかだ」 와 같이 漢字부분을 一

定하게 하는 것은 漢字의 表意性을 무시하여 漢字를 表音的으로 사용하는 것이기도 했다. 이 일은 나중에 日本語의 表記自體를 表音化하려는 前提로 해석되기도 했다.

1958년에 設立된 「言語政策을 論議하는 會(言語政策をはなしあう會- 뒤에 言語政策の會로 改稱)」는 國語審議會의 많은 委員을 發起人으로 해서 漢字의 弊害를 표면에 내세운 것도 問題였다. 이런 情勢下 政府의 國語政策에 반대하는 사라들을 發起人으로 하는 「國語問題協議會」가 1959년 11월 結成되었다. 民間團體로서 「表音派」, 「表意派」 라는 呼稱이 생긴 것이 이 무렵부터이다.

그런데 國語審議會는 表音派委員이 多數를 占하고 있는 것이 事實이었다. 이것이 第5期 國語審議會 최후의 총회에서 一大波瀾을 일으켰다. 公正한 國語審議會를 만들어 지금까지의 國語政策을 批判해야 한다는 意見으로 발전했다. 또 이것이 받아들여지지 않는다고 본 表意派委員 舟橋聖一등 5명이 會議중 退場, 國語審議會를 改組하라는 聲明을 발표했다.(1961.3)[283]

1966년 6월 13일 文部大臣은 諮問機關으로서 第8期 國語審議會에 대해 國語施策의 改善의 具體策에 대해 諮問했다.
表音派의 減少, 表意派의 進出로 審議方向의 轉換이 있은 것은 第6期末의 「國語의 改善에 대하여」에도 나타나 있다. 相異한 두 意見을 對等하게 취택한 것이다.

그 하나는 教育上 社會生活上의 부담을 輕減함으로써 文化水準의 向上에 이바지 한다는 종래의 생각이고 이에 대하여 다른 하나는 文化의 傳承이나 創造를 重視하는 立場에서 性急한 改革을 행할 것이 아니라는 생각이다.

이렇게 해서 6年間의 審議를 거쳐 1972·6월에 可決答申한 「當用漢字改定音訓表」와 「改定送り假名の付け方(改定 가나添記法)」은 '73년 6월 18일 內閣訓令·告示로 된 것이다.

---

283) 위 책, pp. 297~300.

이로 因해 音訓은 塡補되고 가나添記는 줄어들었는데 그만큼 舊表記가 復活한 것이다. 「言語政策會」에서는 이것을 改革이라 하고 「國語問題協議會」에서는 改善이라고 評價했다.284)

72년 11월 以來 漢字 字種, 字體등의 문제에 대해 綜合的으로 審議를 행해 왔는데 漢字問題의 重要性에 비추어 1977년 1월에는 新字表試案을, 1979년 3월에는 常用漢字表案(中間答申)을 公表하여 두 차례에 걸쳐 널리 各方面의 意見을 들어 愼重한 審議를 거듭하여 常用漢字表(1981.3.23 國語審議會 答申)를 作成하기에 이른 것이다.285)

11. 結

日本에 있어서의 國語國字의 解決에는 新聞·放送이 큰 몫을 하고 있음은 물론이다. 新聞에 있어서는 「日本新聞協會」가 「新聞用語懇談會」를 가지고 또 大新聞은 獨自的인 委員會를 가지고 있다. 放送에 있어서는 「日本放送協會」가 綜合放送文化硏究所안에 放送用語委員會를 두었으며 民間放送에서도 「日本民間放送聯盟」에 專門部會를 두었다. 이들이 나라의 國語政策에 協力한다는 형태로 그 實際에의 適用을 審議實行하고 있는데 또 獨自의 立場에서 國語審議會 등에도 資料를 提供하고 있다.

또 國語國字問題 해결을 위한 資料提供은 國立國語硏究所의 所任이다. 또 國語審議會의 事務를 처리하고 資料의 蒐集整理, 政策의 企劃普及을 행하는 것은 文化廳의 國語課다. 前者는 年報, 國語年鑑外에 月刊의 「言語生活」을 편집하고 硏究報告도 60餘點에 이르고 있다. 後者는 『國語시리즈』 『ことばシリーズ(말시리즈)』를 편집하고 또 國語問題硏究協議會, 國語施策의 改定에 관한 說明會등을 열고 있다.

其他 一般에의 理解와 關心을 깊게 하는 점으로는 民間團體로

---

284) 위 책, pp. 300~302.

285) 第一法規編集部編, 常用漢字-付敎育漢字·人名用漢字. p. 1. 日本 東京,

서 「가나文字會」「日本 로마字會」「言語政策의 會」「國語問題協議會」 등의 活動도 큰 것이다.

돌이켜 보면 明治以來 100餘年 여러 曲折을 거쳐 現在에 이르러 아직도 未解決인 것이 國語國字問題인 것이다. 國語 자체가 國民의 共有財産이므로 그 問題解決에 國民全體의 理解와 協力이 필요한 것임을 말할 것도 없다.[286]

Ⅱ. 日本의 國語國字問題에 관한 각 學者의 見解

日本에 있어서 그들의 國語問題를 國語學의 對象으로 해야 함을 명확히 한 時枝誠記[287]는 國語問題·國語政策 및 國語教育에 깊은 考察을 더하여 그들이 서로 密接한 관련을 가지며 주어진 사항을 냉정하게 이론적으로 생각하는 것이 基礎理論을 가지는 것이 되며 또한 학문이 人生에서 遊離하지 않기 위해서도 현실세계와 관련을 가지도록 하는 것이 필요함을 論하고 있는데 傳統을 尊重하되 손질을 해서 국어를 合理的인 것으로 해나가기를 主張하고 있다.[288]

上田萬年[289]은 國家·民族·言語의 三位一體觀에 立脚하여 國運

286) 위 책, pp. 303~304.

287) 1900~1976. 日本語學者, 東京帝大 國文學科卒 京城帝大教授를 거쳐 東京帝大教授 文博. 정년 후 早稻田大教授. 昭和20(1945)년代~昭和30(1955)년代에 걸쳐「國語問題」「國語教育」分野에 積極的인 關心을 가지고 獨自의 見解를 밝히고 있다. 「國語問題 國語教育」(1949. 11刊) 등 著書가 있음.

288) 國語學(國語國文學硏究史大成 15) 18 國語國字問題の歷史 1. 國語問題史の概觀, p. 562 1961, 東京: 三省堂.

289) 1867~1937. 日本語學者 帝國大和文學科卒. 독일留學으로 言語學修學. 東京帝大教授. 國語調查委員會主查委員, 東京帝大 文科大學長·神官皇學館長·臨時國語調查會長 등 兼任. 文博 東大名譽教授.
明治·大正·昭和를 통해 言語學·日本語學·日本文學의 最高峰인 泰斗의 대부분은 그 弟子다. 주요著書에 「國語のため」(第一第二), 「國語學の十講」이 있고 그밖의 共著로 「日本外來語辭典」 등이 있다. 日本國語學辭典, pp. 58~59.

의 隆昌은 國語國字의 改善이 그 基礎일 것. 國語를 愛護尊重할 것을 機會 있을 때마다 力說하고 國語 및 字音표기법(字音かなづかい)의 改訂, 漢字의 制限 로마字의 普及 등 國語政策上 여러 가지로 畫策하여 그 實現에 精魂을 기울였다.[290)]

그는 東京帝大에서 英人 B.H. Chamberlain에게서 日本語學·博言學(지금의 言語學을 배우고 졸업후 國語國字問題 해결을 위해 文部省의 命을 받아 독일에 留學했다. 귀국 후 東京大學에서 博言學을 講義했는데 당시의 學生, 保科孝一 등을 특히 魅了했다고 한다. 1898년 同志들과 「國字改良會」를 組織했는데 이것이 後에 「帝國教育會國文改良部」가 되어 1900(明 33)년 1월 國字國語國文의 改良에 關한 請願書를 貴衆兩院에 제출했다. 이것을 採擇하여 1902년 3월 「國語調査委員會官制」로서 結實, 그해 7월에 그 調査方針을 발표했다.

「文字는 音韻文字를 採用하기로 하고 假名·羅馬字 등의 得失을 調査할 것」으로 되어 있다. 保科의 解說 「國語調査委員會決議事項에 대하여」(『言語學雜誌』 7月號)에도 분명한 바, 漢字廢止를 당연한 것으로 하고 漢字削減도 그 經過措置로 되어 있는 것이다. 이런 생각의 基礎가 된 것이 바로 이 上田萬年의 學說과 그 主張이었다.

그가 독일 留學에서 얻은 近代言語學의 理論은 그의 論集『國語のため』(1895)에 보이고 있다. 그것은 文字는 言語를 書寫하는데 不過한 일, 表音文字는 表意文字보다 優秀한 일의 둘로 要約된다. 手段에 不過한 文字는 필요에 따라 바뀌질 수 있는 것이며 表音文字가 優秀한 以上, 漢字를 節減하고 表音文字의 表音的 使用으로 나아가는 것이 최상이다.

國語調査委員會의 調査方針 第一에 音韻文字의 採用이 들어있는 것은 이 때문이다.[291)]

保科孝一[292)]은 雜誌 「國語教育」(1917～1940)을 主宰, 漢字制

290) 위 日本 國語學辭典 p. 59.
291) 岩波講座 日本語 3, 國語國字問題, pp. 273～274.

限과 표기법(假名遣)改定은 일찍부터 그의 持論이었다. 戰後의 國語改革은 그의 오랜 主張이 實現된 것으로 보아 좋다. 保科의 남긴 영향은 크다.

山田孝雄[293]은 "國語의 바른 歷史, 바른 使用法, 바른 理解, 바른 概念을 떠나버리면 國語를 尊重한다고 해도 나를 救할 수가 없다. 그 '바르다'는 것은 무엇인가. 그것은 결국 傳統을 尊重한다는 것外에 '바르다'고 할 수가 없다"

또한 그는 漢字語가 그들 국어(즉 日本語)에 있어서 차지하는 위치의 重要性에 대해 言及, 漢字語를 日本語로부터 驅逐하지 않으면 日本語의 醇化가 안된다고 생각하는 論者들에게 反省을 求하고 있다.[294]

新村 出[295]은 "傳統의 토대 위에 새로운 建設을 認定하자"고 하고 "가나 섞인, 혹은 漢字 섞인 體裁를 본격적인 文字組織으로 永久히 保存發達을 期할 것"을 말하고 "外來語의 범람에 대해 크게 반성하고 경계하지 않으면 안 되지만 固牢한 軌範을 가지고 外來語의 輸入을 막는 것은 不可能하다"는 의견을 말하기도 했다.[296]

---

292) 1872-1955 日本語學者 東京帝大卒 東京高師敎授 東京帝大 助敎授를 겸함. 獨·佛兩國留學. 東京文理大 敎授 同大學 名譽敎授. 그 主力은 國語敎育 國語問題·國語政策에 쏟아 文部省의 國語調査의 主任囑託으로서 國語審議會의 幹事幹事長, 또 臨時로마字 調査會幹事로서 始終 國語問題를 위해 盡力했다. 그의 著作「國語學精義」「國語問題五十年」등 위 日本國語學辭典, p. 836.

293) 1873~1958 日本語學者 日本文學者 日本歷史學者 文獻學者 東北大學敎授 神宮皇學館學長. 國史編修院長 歷任 특히 文法硏究로 著名하고 國粹主義 鼓吹.

294) 國語尊重 の 根本義, 1938, 白水社, 日本.

295) 1876~1967 東京帝大 博言學科(오늘날 言語學科)卒. 東京高師敎授. 東京大助敎授. 英·獨·佛 留學後 京都大敎授. 上田萬年의 후계자로 함께 西歐言語學理論의 輸入 日本語學建設에 관여 國語問題 國語政策에 관한 意見등 多方面에 걸친 많은 著書 論文이 있음.「新村 出選集」「新村 出全集」.

296)國語問題 正義 1941 白水社 , 日本 國語學(國語國文學硏究大成) pp. 602 ~3.

安藤正次[297]는 "漢字廢止냐 아니냐가 將來에 남겨진 문제라고 한다면 우리들은 現在 우리들에게 주어진 漢字와 가나의 범위에 있어 우리들의 言語生活이나 文字生活을 合理的으로 또한 能率的으로 그리고 또 아름다운 傳統을 다치지 않도록 해가는 데 깊이 생각하지 않으면 안 된다."라고 한 것은 現實에 입각한 愼重論인 동시에 戰後의 日本語政策의 方向이기도 하다는 것이다.[298]

金田一京助[299]은 表音派로 日本의 近代化를 阻害하는 것은 漢字로 보며 現代表記法의 主唱者로 그 아들 春彦 「上智大教授」 등과 作家 福田恒存등의 表意派, 漢字制限을 없애야 된다는 評論家 小汀利得 등 國語問題協議會등등의 論爭은 계속되고 있지만 現行 常用漢字表(81년)는 國語審議會中 表音·表意 兩派가 타협한 결과다.[300]

그는 現代假名遣い論-現代表記論(中央公論 4월호)에 時代를 달리하면 表記도 달라지는 것은 자연스러운 것이며 明治維新 때 國學者들이 내리누른 古代假名遣い(古代表記法)를 지킬 것은 아니다라고 했다. 이것이 雜誌 '知性'을 무대로 評論家 福田恒存과의 論爭으로 발전하여 一般知識人의 關心을 높였다.[301]

倉石武四郎[302]은 漢字節減을 주장한 論者로 當用漢字 1,850

---

297) 1878-1952. 日本語學者, 言語學者, 神宮皇學館卒, 東京大言語學科 選科修了. 神宮皇學館教授 上田萬年의 知遇로 平生私淑. 日本女子大學教授 早稻田大教授를 거쳐 美·英·獨·佛에 留學 臺北帝大教授 總長을 거쳐 國語審議會會長. 東洋大學院院長. 國語國字問題를 비롯한 많은 論文·著書가 있다.
1948 日本國語審議會委員長 戰後 오늘의 國語政策의 中樞.

298) 國語國字問題を設く, 1948. 2 大阪: 教育圖書.

299) 1882-1971 言語學 日本語學·아이누語·아니누文學者 東京帝大 文科大學言語學科卒. 文博 國語院大學教授, 東京帝大教授, 日本學士院會員, 文化勳章受賞, 「新言語學」「國語音韻論」「國語史 系統篇」「新國文法」등과 辭書「明解 國語辭典」「辭海」가 있으며 國語審議會委員·同副會長을 지냄.

300) 大橋久利 グングン頭のよくなる 漢字教育入門 p. 188. 1983. 東京 ダイナミックセうーズ.

301) 岩波講座 日本語 3, 國語國字問題. p. 299. pp. 316-7) 1897-1975.

302) 東京帝大 文學科 支那文學科(中國文學科)卒. 京都大·東京大教授·中國語學

字(현재 常用漢字는 1,945字)나 教育漢字 881字(현재는 996字)를 더 줄이는 것이 "現段階에 있어서 文字改革의 '任務'라는 주장이다.

그는 日本語표기에서 動詞·形容詞(音讀을 除하고)는 완전히 가나로 表記해도 좋다는 主張이다.

動詞·形容詞 위에 오는 것은

「と·を·に·が·は·も·へ……」 等 定해진 가나뿐이므로 그것만을 특별한 活字(字面만을 좀 작게)로 하면 읽는 能率은 조금도 떨어지지 않는다.[303]라고 主張한다.[304]

그는 漢字指導問題에 대해서는 다음과 같이 말하고 있다.

漢字를 더 줄여야 한다는 것이 그의 主張이지만 우선 이들 漢字의 읽기(よみ, 그 音이나 訓)를 외는 것이 現代 日本人의 필요한 教養이라 할 것이다.

그런데 現在의 指導法으로는 1年에 46字(현재는 76字), 2年에 105字(현재는 145字)라는 구별이 있는데 '읽기'에 관한 限, 이런 구별이 適切한지 아닌지, 현재의 구별은 '쓰기' 쪽의 要求로 되도록 筆畵의 簡單한 것을 低學年에 配當한 것이 틀림없다. 漢字에 있어서는 '읽기'와 '쓰기'의 條件이 다르다. '읽기'만이라면 平素 눈에 자꾸 띄는 機會가 많은 漢字면 된다. '東京'이 抽象的인 '一·二'보다 뒤에 와야 된다는 법은 없다. 岐阜縣이나 愛媛縣의 학생이면 이 어려운 漢字를 '읽기'만이라면 어렵다고 意識하지는 않을 것이다. 野球選手의 姓名이나 力士의 別名이 아무리 奇怪한 읽기(讀音)라고 하더라도 크게 困難하지는 않은 것과 한가지

研究會(現 中國語學會) 會長. 中國語文學을 비롯하여 中共의 文字改革에 대해 「漢字の運命」(1952. 4) 「漢字から ローマ字へ」(漢字로부터 로마字로)나 일본의 國字問題·國語政策에 대해서도 많은 論文·著書가 있음.

303) 倉石武四郎著作集 第二卷, 漢字·日本語·中國語. p. 133, 朝日新聞 1960. 3. 16.

304) 이에 대해서는 福田恒存의 反論이 있다. "無責任한 아마추어의 생각에 不過하며 전혀 實用不可能한 方案"이라는 酷評이 있다. 위 책, p. 134. 1960. 3. 1938, 4. 2. 朝日新聞 朝刊.

다.

그런 意味에서 필요한 漢字를 早期에 가르치는 것에 나는 興味를 가지고 있다. 東京의 어느 小學校에서 1년생에게 '列車'를 가르쳤다는 것이다. 그런데 '列'字는 무리한 게 아니냐는 것은 文字를 抽象해서 생각해서이고 '汽車'를 좋아하는 아이들에게는 '列車'라는 말은 일단 알고 있다고 해야 할 것이다. 그렇다면 社會에서 'れっ車(열차)'라고 쓰지 않는 以上, 그렇게 쓸 필요는 없다. '列車'라고 써서 읽히라는 주장이다.

중요한 일은 社會一般이 漢字使用을 되도록 節減하고 그 범위에 있어 必要한 것은 無理하지 않는 정도로 早期指導로 低學年에서 가르쳐버린다는 것이 중요하다고 생각한다.305)

그는 略字문제에 대해서도 積極的인 태도다.

역시 中國略字는 日本에 있어서 크게 참고가 된다. 이렇게 바쁜 日本社會에서 當用漢字(지금은 常用漢字) 정도의 複雜함조차 언제까지 가져갈 것인가. 文字를 쓰는 사람이 늘면 늘수록, 또 그 速度가 빨라지면 빨라질수록 略字의 進出은 決定的이다. 日本사람은 거의 半은 草書體, 半은 自己流의 略字를 쓰고 있는 것이다. 이것을 一定하게 하는 것이 知識交流의 第一步다.

이것은 누구에게나 便利한 것이다. 매일 漢字쓰기에 골몰하는 어린이들의 부담을 덜어 더 중요한데 써야 할 에너지를 浪費하지 말자는 주장이다.

漢字의 筆畫을 간단히 하는 것이라면 中國略字를 借用하면 된다.306)

諸橋轍次307)는 漢字漢語談義(1961.10 東京 大修館書店 발행)를 통해 다음과 같은 意見을 펴고 있다. 質問者의 問題提供에

---

305) 倉石武四郎 著.「漢字·日本語·中國語」, 漢字指導に關する問題, pp. 147~149. 1981. 6, 東京 くろしお出版. 이 論說은 1960. 11 牧書店에서 나온「國語教育の理論と實踐」에 실었던 것.

306) 위 책, p. 113「中國の略字」. 1959. 10「文庫」97, 東京: 岩波書店.

307) 1883~ . 東京高師卒 東京文理大 名譽教授.「儒學の目的と宋儒の活動」,「儒教講話」,「經史論考」,「論語の講義」,「老子の講義」,「大漢和辭典」.

答한 것中 얼마를 추려 적는다.

○ 日本人 최초의 文字가 漢字이므로 나는 역시 「漢字는 國字다」 라고 본다.

○ 漢字는 廢止할 것도 아니며 廢止될 것도 아니다.

○ 小中學에서 가르치는 漢字는 대체로 2千字 정도면 좋다고 생각한다. 社會一般 즉 官私文書, 新聞雜誌用 文字는 반드시 小中學에서 가르친 것을 쓴다. 그러나 반드시 그 범위에 국한할 것은 없다. 地方的으로도 職業的으로도 階級的으로도 어떤 필요한 文字는 다르기 때문이다.

自由로 맡겨도 특수한 경우를 除하면 3千字以上 되는 일은 없다.

○ 略字는 許容文字로서 가르친다.

○ 表意文字와 表音文字에는 각각 長點이 있다. 귀로 들을 경우에는 表音文字 쪽이 좋지만 눈으로 볼 경우에는 表意文字 쪽이 좋다.

○ 漢字는 일단 記憶해 버리면 時間的으로도 空間的으로도 보기 쉽다는 點등 여러 長點이 있다. 漢字는 하나하나에 意味가 있으니까 써 익히면 一種의 '멋'(韻致)도 있어 무한한 快感을 느끼게도 되는 것이다. 漢字全廢할 경우 中國이나 日本에서 '數千年에 걸친 蓄積'된 文獻 즉 祖上이 쌓아온 귀중한 文化財가 모두 休紙가 될 것이 아닌가.

○ 魯迅이 漢字가 亡하지 않으면 中國이 亡한다고 하고 '漢字의 運命'(필자 註 倉石武四郎)을 論하는 사람이 있다. 魯迅같은 憂國詩人의 말은 일단 尊重한다. 그러나 그럴듯한 表現이 그것이 事實이라고 할 수는 없다. 逆으로 말하면 漢字는 中國사람이 世界에 남긴 훌륭한 文化財다. 漢字가 存在하는 限 中國은 亡하지 않는다.

○ 國字나 國語는 民族의 永遠한 重大問題다. 그 중대 문제를 어느 時代의 어느 特定의 政府 特定의 사람들이 規制하려고 생각하는 것은 망령된 생각이라고 생각한다. 더 謙虛하게 그리고

愼重하게 생각하지 않으면 돌이킬 수 없는 失敗를 自招하게 되는 것이다.

Ⅲ. 現代日本의 漢字

國立國語硏究所가 행한 「雜誌 90種調査」 및 「新聞調査」에 의한 「現代의 漢字」(1974년)란 小冊子에는 다음과 같은 一節이 있다.[308)]

다음 面 表는 新聞과 雜誌에 대해 使用率의 높은 順으로 漢字를 늘어놓은 表의 上位 몇字로 總使用數의 얼마만큼의 比率을 차지하고 있는가를 보인 것이다. 즉 上位 500字쯤까지는 全體에 대해 占한 比率의 增加率이 높지만 그로부터 下位가 되면 增加率은 완만하게 되어 1,500位쯤부터 거의 停滯하고 만다. 그러나 新聞과 雜誌에는 字種의 內容에 다름이 있으니까 槪略 約 2,000字가 比較的 잘 使用되는 범위라고 할 것이다.

<新聞과 雜誌의 使用率分布의 比較>

	新聞	雜誌		新聞	雜誌
上位의 10字	10.0%	8.8%	全體의 80%	499字	638字
50	27.5	25.5	85	615	777
100	39.9	37.1	90	781	992
200	56.4	52.0	95	1,068	1,358
500	80.0	74.5	96	1,156	1,479
1,000	94.1	90.0	97	1,269	1,617
1,500	98.4	96.0	98	1,421	1,832
2,000	99.7	98.6	99	1,661	2,157
2,500	99.9	99.5	100	2,879	3,328
3,000		99.9			

308) 現代作文講座, 文字と表記, 林大/林四郎/森岡健二 編, 漢字かなまじり文の問題點, 松原純一. p. 128, 東京: 明治書院.

新聞에서는 延字數 約 63萬字에 대해 異字數가 2,879字인데 雜誌에서는 延 28萬字에 대해 異字數가 3,328字다. 또 新聞과 雜誌에 出現한 漢字의 種類는 合計 3,580字요, 兩者共通으로 出現한 漢字는 2,641字라는 것이다.

以上에서 보더라도 1,500~2,000字 정도의 漢字表를 制限的이 아닌 性格의 것으로 만든다는 것은 科學的 根據가 있는 것이라고 해도 좋다.

이런 漢字表를 만드는 것은 印刷나 通信등 能率上으로 말하더라도 극히 有效한 것이다.

그 漢字表의 性格을 制限的인 것으로 하면 全體 使用度數의 1~2%의 漢字는 넘고 처지게 된다. 이들 漢字는 個個의 出現度數는 적지만 대단히 數는 많은 것이다. 1,500~2,000字와 신규·잡지에 나타난 3,586과의 差를 생각하면 분명하다.

이들 使用度數가 낮은 漢字지마는 현재의 社會生活上 使用되지 않으면 안될 漢字인 것이다.

使用度數의 낮은 漢字의 대부분은 地名·人名 등 固有名詞에 쓰이는 漢字다.

漢字使用의 歷史는 오래다. 應神天皇(285년)에 들어왔다 하므로 그때부터라고 해도 약 1,600年의 歷史가 되는 것이다.

그리하여 漢字音에 의한 使用外에 漢字訓에 의한 使用을 생각해내고 히라가나나 가다가나를 만들어내어 獨自의 漢字가나混用文으로 文藝上으로도 高度의 達成을 보여 왔다. 地名 人名에 쓰인 漢字의 歷史나 由來도 實로 오래고 그리고 多樣한 것이다.

明治以來 漢字의 負擔은 크다고 생각되면서도 敎育에 의해 國民의 知的水準을 높이고 歐美諸國과 어깨를 겨눌 만큼의 國力을 쌓아올린 것은 事實이다.

그것은 漢字가 敎育을 방해한 要因으로가 아니고 漢字의 多數를 占하는 音訓兩用이라는 性質이 一見 어려운 漢字語도 理解하기 쉬운 것으로 하여 오히려 敎育의 效果를 드높인 要因이 된 것은 아닌가, 라는 意見도 있다. 漢字는 日本言語文化의 血肉化

에 있다라는 立場에서 傳統擁護論도 盛하다.

그러나 1948년에 行한 읽기 쓰기 能力調査委員會에 의하면 文盲은 겨우 1.6%라는 적은 率이지만 社會生活에 필요한 能力을 가지고 있다고 認定되는 것은 國民의 6.2%에 불과했다는 것이다. 그 原因으로 國語가 複雜한 것, 특히 漢字가 어렵다는 것이 指摘되어 있다. 또 國立國語硏究所의 新聞調査(1966년)에 의하면 漢字語가 全使用語彙의 50% 以上이라는 것이다. 一般國民의 立場에서 더 國語가 알기 쉬운 것으로 改良해가자는 論이나 漢字를 배우고 가나 또는 로마字를 專用해 가자는 論도 있다.

한편 「情報化時代」 라고 불리고 있듯이 通信·情報處理의 機械化가 世界的 規模로 急速度로 나아가고 있다. 數가 적은 로마字를 處理하면 되는 歐美諸國語에 比해 히라가나·가다가나外에 몇千이라는 복잡한 字形의 漢字를 處理하지 않으면 안 되는 日本으로서는 그 處理에 要하는 勞力·코스트高등이 앞으로 어떤 改善을 해나가지 않으면 將次 歐美諸國에 決定的으로 뒤진다는 論도 잇다.

明治時代(1868~1912) 普通文이라고 불리던 文語文이 語文一致運動에 의해 大正(1912~1926) 中期경(필자註, 1919년에 文部省에 部內의 公文을 口語體로 고치라는 취지의 次官通牒) 口語文으로 거의 바뀌지는 등 같은 漢字가나混用文이라고 해도 文章은 一般國民에게 차차 알기 쉬운 것으로 바뀌어 왔다. 또 歐美의 文化語를 받아들이는 데 있어 우리들의 父祖는 造語力이 풍부한 漢字를 결합하여 많은 譯語를 만들어내어 語彙를 늘렸다. 外來語라는 형식으로 發音은 日本化하면서 國語로 定着된 것도 多數 있다. 明治이후의 약 100年間은 國語의 歷史가 시작된 以來의 큰 變化를 이룬 時代인 것이다. 긴 눈으로 보면 明治以來의 國語變化의 潮流는 아직 계속 되어 있는 것은 아닐까.

戰後의 國語施策은 敗戰과 占領軍下 民主化라는 것도 있어 꽤 「急激한」 형태로 실시되었다. 戰後 國語施策에 대해서는 여러 가지 問題點이 指摘되어 있는데 戰前의 필요 以上의 어려운 漢字나

漢字語를 존중하는 것을 고쳐 漢字가나混用文을 一般國民에게 더 알기 쉬운 것으로 하는 面에서 큰 구실을 다한 것은 評價되지 않으면 안 될 것이다. 助詞·助動詞·補助用言·形式名詞 등 文法的 要素를 가나로 쓰는 習慣 등은 거의 定着했다고 해도 좋다.

그러나 戰後의 國語施策에는 아무래도 쓰이지 않으면 안될 漢字語를 表外字를 포함하고 있다고 해서 漢字가나混綴(필자 註 語い <語彙> 陶や<陶冶>は握<把握> 등)하는 지나친 점도 있었다. 현재의 國語審議會는 어떤 지나친 점을 是正하여 社會에 있어서 말이나 글자의 使用實態를 보아가면서 國語施策의 改善을 꾀하여 말하자면 말과 글자의 交通整理의 구실을 다하려고 하고 있다.

國立國語硏究所는 「國語가 國民의 言語生活에 관한 科學的 調査硏究를 행하고 아울러 國語의 合理化의 基礎를 쌓기 위해」 1948년에 設置된 以來 많은 成果를 쌓아가고 있다. 또 通信·情報處理의 面으로도 國語의 語彙나 文字의 使用實態가 여러 角度에서 밝혀져 가고 있다.

今後로도 말이나 文字의 使用實態를 한층 밝히고 그것을 관찰하면서 傳統文化의 繼承과 새로운 時代에의 適應이라고 하는 一見 相反하는 要請의 調和를 꾀하지 않으면 안 된다. 또 한편 言文一致運動에 의해 口語文이 完成을 보는데 半世紀 以上을 要한 것처럼 一生에서 보면 國語의 變化란 상당히 완만한 것이다. 明治以來의 國語의 變化의 潮流를 어느 時點에서 끊어버리자는 試圖도 成功할 수는 없을 것이고 또 潮流의 속도를 急激히 내게 하려는 試圖도 成功하지는 못할 것이다. 國語變化의 潮流의 力學에 따르면서 國語에의 强한 愛情과 같은 科學的 精神을 계속 가지고 國語問題에 對處해 가는 일이 가장 중요한 일이 아닐 것인가.[309]

〈『徐廷範 博士 華甲紀念論文集』, 慶熙大學校 國文學科, 1986. 9.〉

---

309) 앞의 책, pp. 128-132. 抄譯.

日本에 있어서의 漢字問題(II)

序

한글과 漢字一國字論의 바른 길-이 韓國語文敎育研究會編으로 나왔다. 이 책에는 歷史·敎育·東洋思想·藝術·文學·語學·社會科學·自然科學 등 각 분야 人士들의 글을 수록했다.

지난해 3월 全北敎委, 6월 江原敎委가 國校에서 漢字敎育 실시, 中·高校에서 漢字敎育을 强化하더니 8월엔 忠南敎委에서 같은 조처를 취했다는 소식일 뿐 아니라 여러 해 전부터 서울을 비롯한 전국 각지의 公私立 초등학교에서 아침 자습시간이나 과외시간 등을 이용해서 漢字敎育을 실시, 漢字敎育의 實效를 거두고, 學父母의 대단한 呼應을 얻고 있는 사실을 우리는 알고 있다.

국민학교부터의 漢字敎育 陽性化와 中·高·大에서의 漢字敎育强化를 强力히 促求하는 理由는 이 한권의 책을 읽으면 理解가 될 것이다.

漢字의 視覺性·造語力·縮約力 등 장점에 비해 字數의 過多나 그 쓰기의 어려움, 機械化의 制約性 등이 그 단점으로 지적되고 왔다.

그러나 "文書作成機로서의 워드프로세서의 발달은 놀랄만해서 記憶機能·편집機能·修正機能을 갖춘 이 電子式 타이프는 단추 몇 개의 操作으로 國漢混用의 文書를 손쉽게 作成해주는 것이다.

한글은 컴퓨터化하고 漢字는 컴퓨터化가 될 수 없다는 것은 완전한 浪說이며 迷信이다."는 金卓欽박사(高大)의 證言이다.

三星에서 나온 國漢混用 워드프로세서가 市販되고 있는데 그보다 나은 프로세서가 開發되고, 여러 가지 標準化作業이 이루어지고, 사용자의 認識이 提高되어 저렴한 價格으로 편리한 기능의 것이 제공되기를 期待한다."는 것이 金吉昌박사(韓國科學院 교수·韓國情報科學會長)의 말이다.

字數의 過多는 2千字(常用漢字) 以內로 줄이고 劃數 많은 것은 略字化해서 그 단점을 줄이고 長點을 살리는 國漢混用政策을 확립해야한다.

우리의 語文政策을 확립하기 위해서는 同文化圈의 그것이 참고가 됨은 물론이다. 특히 國漢混用과 비슷한 漢字가나 混用의 日本의 語文政策이 크게 참고가 됨은 더 말할 나위 없는 일이다.

I. 日本에 있어서의 漢字問題

日本에 있어서 國語問題를 그들 國語學의 對象으로 해야함을 明確히 한 것은 時技誠記다.

"國語問題가 言語實踐에 관한 論議라면 그것은 다른 一切의 言語現象과 함께 그 自體가 國語學의 對象이 되지 않으면 안 된다."

"國語에 있어서 音聲이나 文字나 文法이 國語學의 對象이 됨과 같은 의미로 국어의 主題義 識의 문제로서 考察의 대상이 된다."(國語問題と 國語教育)[310]라고 하고 國語問題·國語政策 및 國語教育에 같은 고찰을 더하여 그들이 서로 密接한 관련을 가지며 그리고 주어진 상황을 냉정하게 이론적으로 생각하는 것이 基礎理論을 가지는 것이 되며, 또한 학문이 人生에서 遊離하지 않기

310) 國語學(國語國文學硏究史大成 15)18, 國語國字問題の歷史, 1. 國語問題史の 概觀, p,562, 昭和 36(1961) 東京: 三省堂, '國語問題と 國語教育'은 1949. 11. 20 中等學校教科書에서 나옴.

위해서도 현실세계와 관련을 가지도록 하는 것이 필요함을 論하고 있는데 傳統을 尊重하되 손질을 해서 국어를 合理的인 것으로 해나가자는 主張이다.

日本의 國語國字문제를 연구하기 위해 필요한 자료집은 극히 드물어 年代順으로 하면 다음과 같은 것이 있는데[311] 국어문제가 교육상·사회상 문제로서 提唱된 것은 明治以後의 일이다.

그 문제로 최초에 擧論한 것은 前島求輔(密)의 1866년 漢字御廢止之義[312]라는 것이 있고, 1873년에는 福澤諭吉의 文字之教라는 것이 있다.[313]

이런 것이 動機가 되어 가나專用論이나 로마字論이 나타나고 漢字制限論도 提唱되었다.

日本의 國語改良問題 略年表[314]에 의해 漢字관련사항만을 추려보면 다음과 같다.

1866. 12 前島 密 漢字御廢止之義 將軍 德川慶喜에게 建白
1869. 5 南部義籌 修國語論 로마字採用論 주장. 로마字渡來는 1591년
1871 天野御民 國語可學論 가나文字 採用 주장
1873. 11 福澤諭吉 文字之教 漢字制限論 주장
1883. かなのくわい(假名會 가나會) 發足
1900. 4 國語調查委員會 (委員長 前島 密) 설립
1900. 8. 21 小學校令施行規則 발표. 教育漢字 1,200字로 制限
1908. 教育漢字 1360字로 증가
1919. 5 國語調查室 文部省에
〃 12 國語課로 昇格

311) 앞의 책 p. 562~3.
312) 앞의 책 p. 586 解題 참조.
313) 앞의 책 p. 587 解題. "차차로 漢字를 없애는 준비로 어려운 漢字를 되도록 쓰지 않도록 할 것. 어려운 漢字를 쓰지 않으면 漢字는 二千이나 三千이면 충분할 것이다."
314) 毛利昌 新当用漢字 意味用例辭典, 東京: 樓楓社발행. 1972, p. 4

오늘날 國語調査 및 整理統一. 로마字調査, 國語審議會의 일을 맡음.

1921. 6 臨時國語調査會 發足

1923. 5 臨時國語調査會 常用漢字表 1962字 發表

1926. 7~1928. 13회에 걸쳐 漢語整理表

1931. 6 常用漢字表修正案 1,856字 발표

1934. 12 常用漢字表修正案 廢止. 國語審議會로 改組

新聞은 1921년 以來 漢字制限을 실행했으나 1923년(震災)中絶, 1925년 新聞의 常用漢字 1,962字를 定해서 실천했으나 슬그머니 退色

1934. 12 國語審議會(文部大臣 諮問기관) 發足. 漢字字體整理案(1938. 7) 발표

1942. 12. 4 標準漢字表 2,669字 발표

이 表는 義務教育에서 修得할 표준인데 아울러 각 관점에서 準據할 것으로 했다. 國語政策의 具體化한 획기적인 것이었으나 戰時下 철저를 期하지 못했다. 이 표준漢字表는 國語審議會가 6월 17일에 答申했던 것(2,528字一常用漢字 1,134字, 準常用漢字 1,320字, 特別漢字 74字. 簡易字體 142字)에 修正을 加한 것이다.

1946 美國教育使節團이 와서 國字改革(로마자 採用) 示唆

漢字의 文盲率은 2%도 안 됨, 미국의 文盲率 3%强보다도 적은 率

1946. 11. 15 当用漢字表 1,850字 答申. 翌 16일 公布.

當用漢字別表　1948. 2. 16 教育漢字(義務教育 必須 881字)

人名用漢字別表 1951. 5. 25 92字 發表

1949. 7. 5 國語審議會 性格이 改善되어 自立性 强한 建議機關으로 국어정책 추진키로

1958. 4. 10 言語政策を話し合う會(表音派, 言語政策을 의논하는 모임) 發足

1959. 12. 17 國語問題協議會(表意派) 發足
1961. 3 國語審議會 5名 (表意派) 脫退. 表意派와 表音派 對立 激化
1962. 4 國語審議會 다시 諮問機關으로
1967. 12 日本文藝家協會 "戰後의 國語政策을 根本的으로 再檢討하라."는 要望書를 審議會에 提出(以上)

그 後로

1977. 1 新漢字表試案
7. 23 內閣告示 小學校 學習指度要領(1980. 4. 1부터 實施 學年別漢字配當表 996字
1979. 3 常用漢字表案(中間答申)
1981. 3. 23 常用漢字表(第14期 國語審議會報告) 答申 1945字

다음으로 日本國內學者中 몇몇의 意見을 들어보면 다음과 같다.
山田孝雄 國語尊重の 根本義 1938 白水社

傳統主義 주장이라 할 수 있는데 "國語의 바른 歷史, 바른 使用法, 바른 理解, 바른 觀念을 떠나버리면 國語를 尊重한다고 해도 나라를 救할 수 없다.
그 '바르다'는 것은 무엇인가. 그것은 결국 傳統을 尊重하는 것 외에 "바르다고 할 수가 없다." "말은 社會的인 것이요, 歷史的인 것이요, 傳統的인 것이다. 그 역사를 무시하고 전통을 무시하고 말을 바로 해라 해도 그것은 무리한 얘기다." "漢字語가 국어에 있어서 차지하는 位置의 重要性에 대해 言及, 漢語를 국어로부터 驅逐하지 않으면 國語의 純化가 안된다고 생각하는 編者들에게 反省을 求하고 있다. 그리고 文字란 過去文化와 밀접한 관계가 있으므로 一國通用의 文字를 가볍게 고친다는 잘못을 論하고 있다."

그러나 한편 漢字漢語가 日本에 累를 끼친 점이 적지 않은 것도 그는 認定하고 있다.

그가 말하는 國語의 純粹性을 지키기 위한 六個條는 다음과 같다.

1. 國語를 사랑할 것.
2. 國語를 尊重할 것.
3. 國語를 바르게 理解할 것.
4. 국어문제를 우리들 日本人을 위한 문제로서 外國사람의 눈치를 볼 문제가 아님을 분명히 해두지 않으면 안 된다.
5. 漢語 숭배의 잘못을 깨달아야 한다.
6. 국어의 純化라 함은 바른 것을 표준으로 해서 水準을 높이는 것이라는 점을 銘心하지 않으면 안 된다.[315)]

新村 出 國語問題正義 1941 白水社

"傳統의 토대 위에 새로운 建設의 可能을 認定하자."는, 趣意로 최초의 '國語運動과 國語敎育'[316)]에 있어서도 "國語문제를 모두 傳統主義 위에서 생각하지 않으면 안된다. 종전처럼 便宜主義·能率主義로만 해결해서는 안 된다."
이 생각은 山田孝雄의 '國語尊重의 根本義'에 통하는 점이 있다. 그의 '國語문제의 根本觀念'[317)]에는

1. 國語의 傳統을 존중하여 基準의 엄정을 지키고 運用의 簡易를 꾀할 것.
2. 言語 그 自體의 敎育과 練習을 중요시할 것.
3. 가나 섞인, 혹은 漢字 섞인 體制를 본격적인 文字組織으로 永久히 保存發達을 期할 것.
4. 漢字를 保存整理하여 그 漢文體의 利用을 게을리 하지 말 것.
5. 로마字를 補助文字로 하는 以上은 使用 범위를 확장하지 말 것.

---

315) 國語學(國語國文學硏究史大成 15) p. 597~8.
316) 岩波講座 '國語敎育' 所收.
317) 京都大學 演述, p. 98 1939.

그는 "外來語의 범람에 대해 크게, 반성하고 경계하지 않으면 안 되지만 固牢한 軌範을 가지고 外來語의 輸入을 막는 것은 不可能하다."는 의견을 말하기도 했다.[318]

安藤正次[319] 國語專問題を設, 1948.2 大阪教育圖書

"漢字廢止냐 아니냐가 將來에 남겨진 문제라고 한다면 우리들은 現在 우리들에게 주어진 漢字와 가나의 범위에 있어 우리들의 言語生活이나 文字生活을 合理的으로 또한 能率的으로 그리고 또 그 아름다운 傳統을 다치지 않도록 해 가는데 깊이 생각하지 않으면 안 된다."라고 한 것은 現實에 입각한 愼重論인 동시에 戰後의 國語政策의 方向이기도 하다는 것이다.

漢字에 대해서는 쓸데없이 漢字의 本國에 있어서의 歷史나 傳統에 구애됨이 없이 日本漢字로서의 認識을 가지지 않으면 안 된다 하고 古代로부터의 漢字의 用法에 대해 해결하고 俗漢文體로부터 漢字가나混用文에 이르기까지의 변천에 대해 말하고 있다.

또한 漢字制限은 동시에 音訓의 整理를 수반하지 않으면 안되고 音訓整理는 또한 漢語의 整理와 깊은 관계에 서는 것이라 하여 '当用漢字'와 '当用漢字音訓表'와의 관계에 대해 詳述하고 있다.

다음으로 義務教育用漢字가 어떻게 選定되었는가? 즉 取捨基準이 무엇인가? 어떤 意圖下에 選定되었는가를 詳述해 놓았다.[320]

漢字節減을 주장하는 論者로 倉石武四郎이 있다.[321]

日本이 当用漢字表 1,850字와 現代かなづかい(表音表記法)를 결

318) 國語學 (國語國文學研究大成 15) pp. 602~3.

319) 1943년 國語審議會委員, 1948년 國語審議會委員長, 1950년 로마字調査分科審議會長. 戰後 國語政策의 中樞.

320) 國語學(國語國文學研究, 大成 15) pp. 608~609.

321) (1897. 9. 21.~1975. 11. 14.) 1921. 東京帝大 文學部支那文學科卒. 中國語學研究會(現 中國語學會) 會長·日中學院長·中國語辭書編纂者·中國語教育指導者·漢字問題에 一家見 있는 學者.

정한 것은 戰後 日淺한 1946년이었다. 계속해서 1948년에는 教育漢字 881字가 發表되었는데 表務教育中 읽고 쓸 수 있는 漢字의 標準을 보인 것이다.

그 중에서도 가장 成功한 것은 現代表記法으로 小說家등으로부터 극렬한 반대가 있었으나 편리한 것이 틀림없었으므로 잠깐 사이에 번져나갔다.

이에 比하면 当用漢字나 教育漢字는 무어라 해도 불투명하다. 그것은 明治以來, 긴 세월에 걸쳐 研究한 漢字의 頻度數 등에 의해 신중히 생각한 것이 틀림없지마는 1,850이라든가 881로 定한 것은 손대중으로 완전한 의미의 客觀性이 있을 수는 없다. 甲은 있는데 乙은 없다 하는 식의 非難은 털면 얼마든지 있다. 우선 그것을 결정한 責任者도 완전히 記憶하고 있는지 없는지는 알 수 없다.

그렇다고 하여 이것이 漢字의 横行을 막은 功勞도 잊어서는 안 된다. 어느 大新聞의 관계자로부터 들은 얘기지만 그 表를 보았을 때 내일의 新聞을 만들 수 있느냐 없느냐로 암담한 심정이었다.

그러나 결심하고 해 보았더니 新聞이 되었다. 그 후로 10년餘, 多少의 修正은 加해졌지만 확실히 한 큰 所任을 다해온 것으로 말하지 않으면 안 된다.

그런데 10년의 經驗을 쌓았을 教育漢字에 대해 教育現場으로부터 학생들이 읽고 쓸 수 있도록 가르칠 수 없다는 소리가 일어나고 있다.

우리들이 大學生의 漢字섞인 글을 보아온 바로는 그렇다고 할 수밖에 없다. 그만큼 漢字教育은 곤란한 것이다.

그렇다고 그것은 國語時間이 부족해서다. 國語-실은 漢字의-時間을 늘려라 하는 主張이 있다고 하는데 그거야말로 本末顚倒인 것이다. 教育漢字라는 것이 881로 限한 것이 아니다. 국민이 반드시 욀 수 있을 정도로 切下하면 되는 것이다. 1948년 통계에 의하면 日本의 文盲은 겨우 1.7%라는 好成績이다. 漢字數를 切

下하면 누구든지 될 수 있는 것이 틀림없다. 같은 統計에 지금의 社會生活에 필요한 능력을 가지고 있다고 認定되는 것은 국민의 6.2%에 불과하다는 형편없는 成績이 나와 있어 그 원인의 過半이 漢字가 어려워서다 라고들 한다.

日本의 國語政策의 基本的인 線은 漢字數를 더 줄이는 일이다. 적어도"現段階에 있어서 文字改革의 任務"는 漢字節滅이어야 한다.[322]라고 주장하고 있다.

81. 3. 23 國語審議會答申의 前文은 다음과 같다.

II. 常用漢字表 作成의 經緯

戰後 敎育이나 社會의 各方面에 걸친 諸改革과 함께 漢字에 대해서는 当用漢字表(1946. 11),当用漢字別表(1948. 2), 当用漢字音訓表(1948. 2), 当用漢字字體表(1949. 4) 등 一聯의 施策이 國語審議會의 答申에 바탕을 두어 內閣告示·內閣訓令에 의해 實施되었다.

이들 施策은 日常 使用하는 漢字의 범위를 定함과 동시에 音訓을 整理하고 字體를 整理, 簡易化하는 등 國民一般의 文化水準의 向上, 社會生活의 能率의 增進을 꾀하고, 敎育에 있어서 文字學習의 負擔을 輕減하는 것이 目的이었다. 이들 施策은 法令·公用文書나 敎育에서 實施함과 함께 新聞·雜誌·放送 그 밖의 一般社會에서 採用되어 應當한 効果를 거둘 것이라고 할 수 있다.

그러나 反面 이들 施策의 實施에 따른 여러 가지 統計를 要하는 문제가 생겼다. 즉 当用漢字表·当用漢字音訓表에 들어 있는 漢字나 音訓으로 나타낼 수 없는 말은 다른 말로 바꾸거나 가나 표기로 해야 하는 制限的方針은 국어의 表現을 속박하여 表記를

322) 倉石式四郞 著作集 第二卷, 漢字·日本語·中國語·國語·國字問題 11, 日本の國語政策. pp. 71~73. (東京新聞, 1958. 2月 19. 20. 21 夕刊).

부자연스럽게 한다는 批判도 있었다. 또한 当用漢字字體表에 의한 新字體의 採用에 있어서도, 意見이나 批判이 있었다. 한편, 当用漢字表中에는 그 후 거의 쓰이지 않는 漢字도 있고 자주 쓰이는 漢字나 音訓으로, 当用漢字表·当用漢字音訓表에 들어 있지 않은 것도 있는 등, 一般社會의 漢字使用의 要請에 맞지 않는 점이 있음도 指摘되었다.

이래서, 1966년 6월 文部大臣으로부터 國語審議會에 대해 國語施策의 改善의 具體策에 대한" 諮問을 구하기에 이르렀다. 國語審議會는 그 諮問에 應해, 漢字의 字種, 字體 등의 문제를 審議함에 있어서, 현재의 法令·公用文書·新聞·雜誌 등에 쓰이고 있는 漢字의 實態에 대해 國立國語硏究所 그밖의 調査資料를 바탕으로 면밀한 檢討를 행함과 동시에 明治以來의 各種漢字表에 나타난 漢字의 字種에 대해 考察했다. 또, 当用漢字表 등의 制定經緯나 과거 30년에 걸친 實施의 經驗 및 이들에 대한 意見이나 批判 등을 종합적으로 검토했다.

그 결과, 当用漢字表 등 內容에 급격한 混亂을 가져오는 일이 없도록 留意하면서 금후로도 一般 社會生活에 있어 서로의 傳達이나 理解를 圓滑하게 하기 위해 常用漢字表 등에 대신하는 한층 漢字表를 만들 필요가 있다고 생각하여 常用漢字表를 작성하기에 이르렀다. 이 表는 실제 使用上의 便宜를 위해 漢字의 字種, 字體, 音訓, 語例 등을 종합적으로 보이고 있다.

말할 것도 없이 우리나라 表記法으로서 널리 행해지고 있는 漢字가나混用文은 우리나라 社會나 文化에 있어 有效適切한 것이요, 금후로도 그 機能의 充實을 꾀해 가야 할 필요가 있다.

漢字는 造語力이 풍부한 동시에 말의 뜻을 明確히 하며, 文中의 말의 끊이는 마디를 보기 쉽게 하는 長點이 있는 反面, 이것을 過度하게 쓰는 경우는 서로의 傳達이나 理解를 곤란하게 하는 일도 있다. 이들 일에 충분히 留意해서 금후, 우리나라 국어와 그 表記가 한층 平明 的確하고 아름답고 풍부한 것이 되도록 각 방면에서 노력하는 것이 期待된다.

III. 常用漢字表의 性格

常用漢字表는 法令·公用文書·新聞·雜誌·放送 등, 一般 社會生活에 쓰이는 경우에 效率的이고 共通性이 높은 漢字를 收容하여 알기 쉽고 통하기 쉬운 文章을 표기하기 위한 漢字使用의 표준이 되도록 한 것이다.

常用漢字表는 현대의 一般 社會生活에서 쓰이는 것으로, 科學·技術·藝術 등의 專門分野나 個個人의 漢字使用에까지 간섭하려는 것은 아니며, 종래의 文獻에 나타나 있는 漢字를 不定하려는 것도 아니다.

여기에서 말하는 一般 社會生活에 있어서의 漢字使用이란, 義務敎育에 있어서의 學習을 끝마친 뒤, 어느 정도 實社會나 학교에서의 生活을 거친 사람들을 對象으로 생각한 것이다.

常用漢字表는 上述한 바와 같이 一般 社會生活에 있어서의 漢字使用의 표준을 목표로 하는 것이니만큼 表에 들어 있는 漢字만을 써서 文章을 쓰지 않으면 안된다는 制限的인 것은 아니고, 運用에 있어 個個의 事情에 따라 적절한 考慮를 加할 餘地가 있는 것이다. 읽기 어렵다고 생각될 경우에는 필요에 따라 讀音을 달아주는 配慮를 하는 것도 하나의 方法일 것이다.

그러나 一般 社會生活에 있어서 서로의 傳達이나 理解를 圓滑이 하기 위해서는 되도록 이 表에 따른 漢字使用을 期待한다.

(注) 常用漢字表의 性格은 制限的인 것은 아니어서 一般 社會生活에 있어서 漢字使用의 표준이 되도록 한 바, 그 '표준'의 趣旨를 補足하념 다음과 같다.

① 法令·公用文書·新聞·雜誌·放送 등 一般 社會生活에 있어서 그 表를 무시하고 마음대로 漢字를 使用해도 좋다는 뜻은 아니고, 이 表를 努力目標로 해서 尊重하는 것을 期待한다는 것.

② 法令·公用文書·新聞·雜誌·放送 등 一般 社會生活에 있어서, 이 表를 기초로, 實情에 따라 獨自的인 漢字使用을 定하는 등 分野에

따라 이 表의 活用에 差가 생기는 것은 무방하다는 것.

Ⅳ. 字種과 音訓

常用漢字表는 前述한 바, 字種과 함께 音訓을 보이고 있다. 音訓에 대해서는 当用漢字音訓(1968. 6)를 원칙으로 踏襲하고 새로 더해진 漢字에대해서는 同表에 들어 있는 것에 準해 새로 音訓을 選定했다.

字種이나 音訓의 選定에 있어서는 말이나 글을 표기한다는 觀點에서 현대의 국어에서 使用되고 있는 字種이나 音訓의 實能에 의해 종합적으로 判斷했다. 主로 다음과 같이 생각했다.

1. 使用度나 機能度(특히 造語力)의 높은 것을 取한다. 또한 使用分野가 넓은 것도 참고로 했다.
2. 使用度나 機能度가 그다지 높지 않더라도 概念의 表現이라는 점에서 생각할 때 가나表記로는 알기 어렵고 특히 필요하다고 생각하는 것은 取한다.
3. 地名, 人名 등, 주로 固有名詞로서 쓰이는 것은 取하지 않는다.
4. 感動詞·助動詞·助詞를 위한 것은 取하지 않는다.
5. 代名詞·副詞·接續詞를 위한 것은 널리 쓰이는 것을 取한다.
6. 異字同訓은 되도록 避하나, 漢字로 구별이 되는 것과 漢字로 쓰는 습관이 强한 것은 取한다.
7. 소위 當て字(取音字)나 熟字訓 중 慣用이 넓게 오래된 것은 取한다.

또한 当用漢字表에 들어있는 字種은 각 방면으로의 영향을 考慮하여 모두 取하였다.

V. 그밖의 關聯事項

1. 學校敎育의 漢字

常用漢字表는 그 性格에서 말한대로 一般社會生活에 있어서 漢字使用의 표준으로서 作成한 것인데, 學校敎育에 있어서는 常用漢字表의 趣旨, 內容을 考慮하여 漢字敎育이 適切히 행해지는 것이 바람직하다.

또한 義務敎育期間에 있어서의 漢字指導에 대해서는 常用漢字表에 들어있는 漢字 모두를 對象으로 하지 않으면 안 되는 것은 아니고, 종래의 漢字敎育의 經緯를 알고 학생의 發達段階를 충분히 배려한 別途의 敎育上 適切한 措處에 맡기기로 한다.

2. 人名用 漢字

固有名詞에 쓰이는 漢字 중 子女의 이름에 쓰이는 漢字에 대해서는 當用漢字表에 관련되는 것도 있고 널리 국어의 문제와 관계가 있는 것으로서 종래 國語審議會도 관계해 왔으나, 이 문제는 戶籍法 등의 民事行政과의 관계가 깊은 것이므로 以後로는 人名用漢字別表의 措處 등을 포함해서 法務省에 맡기기로 한다. 그 경우 常用漢字表의 趣旨가 충분히 참고되는 것이 바람직하다.

3. 名種 基準 등

当用漢字表 등의 實施에 따라 종래부터 國語의 表記나 表現에 대하여 名分野에서 행해져 온 基準 등에 대하여는 常用漢字表의 趣旨, 內容을 알아 또한 지금까지의 實施의 經驗에 비추어 名分野에서 필요한 改善을 하는 일등 適切한 運用이 바람직하다.

끝맺이

오늘날 日本은 1,945字의 常用漢字와 新舊字體對照表[323]가 있

어 略字 350餘字를 쓰고 있음을 보이고 있으며, 教育漢字는 996字[324], 人名用漢字[325]는 常用漢字를 포함해서 2.111字이다.

한편 유치원에서 漢字教育이 널리 行해지고 있음도 알려진 사실이다.

이제 우리의 國語混用政策이 확립되고 국민학교부터의 國漢混用教育이 合理的이고도 體系的으로 행해져야 한다.

〈『국어교육』 제53·54호, 한국 국어교육 연구회, 1985. 12.〉

323) 尙學図書編 "新しい 국語の表記"(1981. 5)에는 357字, 第一法規編集部 "常用漢字"(1981. 10)에는 355字가 나와 있음. (舊亞 新亞식으로)1977. 7. 23 内閣告示「小學校 學習指導要領」(1980. 4. 1부터 實施).

324) 1學年 76字 , 2學年 145字, 3學年 195字, 4學年 195字, 5學年 195字, 6學年 190字, 計 996字.

325) 常用漢字 1,945字, 새로 追加된 166字, 計 2,111字.

日本의 常用漢字表

-'當用'보다 76字 增加-

終戰 후로 줄곧 1,850자의 當用漢字를 써오던 日本에선 國語審議·委員會가 그 當用漢字에 대신하는 새로운 漢字表 만들기를 審議해 왔는데 지난 3월 30일 總會를 열어 常用漢字表案을 마무리하여 文相에게 中間答申을 했다 한다.

이 常用漢字表案은 字種을 95字 늘리는 한편 當用漢字表에 있던 19字를 깎아 1,926字로 되어 있다.

當用漢字表가 日常 사용하는 漢字의 범위를 정한 制限色이 짙었던 것임에 比해 常用漢字表案은 '一般社會에서 漢字를 사용할 때의 便宜'를 생각한 점이 特色, 戰後에 漢字의 負擔을 極力 줄이려는 생각에서 만들어진 當用漢字表에 比해 漢字를 늘리는 방향을 示唆하여 國字政策의 큰 轉換을 뜻하고 있다. 그런 만큼 國民生活에 주는 영향은 크기 때문에 審議會는 당초 30일에 最終答申을 행하고 오는 가을부터 內閣告示로 常用漢字表採用의 예정이었으나 總會 직전에 이르러 會長이 '한번더 널리 各層의 意見을 듣고 싶다'라 하고 總會도 諒解하여 中間答申으로 그쳤다 한다.

常用漢字表案은 法令 公用文 新聞 雜誌 放送 등 一般 社會生

活에서 쓰이는 共通性이 높은 漢字를 採擇, 漢字를 쓸 때의 便宜를 목적으로 만들어진 것이라 한다.

77년 1월에 1千9百字로 이루어진 試案을 公表했었는데 그때는 當用漢字 1,850字에서 33字를 削除하고 83字를 더했었다. 이번 試案은 83字를 그대로 採擇, 이것이 當用漢字에 없는 12字를 새로 追加하고 먼저의 試案에서 일단 깎았던 當用漢字 33字中 14字를 부활하여 計26字를 먼저의 試案 보다 늘렸다. 그 결과 當用漢字로서 常用漢字案에 들어가지 않은 것은 19字로 되었다는 것이다.

常用漢字表案은 學校敎育과의 관계에서 今後 큰 課題를 남기고 있다. 當用漢字表는 義務敎育에서 가르치는 漢字의 범위를 보인 것으로 當用漢字別表 (敎育漢字表)까지 만들어졌던 것인데 이번에는 "表의 趣旨를 고려하여 漢字敎育이 적절히 행해지는 것이 바람직하다"라고 하여 그 교육은 학교 측에 맡기고 있다.

또한 人名用漢字에 대해서는 當用漢字만으로는 부족하기 때문에 人名用漢字別表(筆者註 92字)가 만들어져 現在 쓰이고 있는데 이것을 어떻게 할 것인지는 法務省의 판단에 맡겨 현재 同省의 民事行政審議會에서 검토되고 있다 한다.

當用漢字表가 만들어질 당시 美國의 敎育使節團에 의해 漢字學習이 日本敎育의 큰 장애가 되어 있고 언젠가는 一般의 文字言語에서 漢字가 全廢되고 表音文字가 採用될 것이 아닌가라는 內容이 담긴 報告書가 提出되어 그것이 國語審議會의 審議 방향에 크게 영향을 끼쳤을 것이라는 解說記事다.

學術院大學敎授 大野晋은 '答申'에서 '中間答申'으로의 後退를 가나文字派 로마字派로부터의 要求가 있었던 것도 一因이 아닌가 한다라 하고 學問用의 글자를 포함 2,500字 정도가 필요하다는 私見을 붙였다. 그리고 戰後의 國字施策은 一貫해서 漢字가 가지고 있는 모처럼의 造語力을 파괴하는 데 있었다. 그 결과 外來語 가다가나(片假名)語가 범람하게 된 것이다. 새 槪念을 제造語에 의해 나타낼 수 있는 表記體系性이 지금이야말로 필요하

다고 끝맺고 있다.

일부 論者의 주장처럼 日本의 경우는 그 말이나 글자가 우리보다 더 漢字를 필요로 하는 것으로 보아 좋을 듯하다. 그러나 한편 그들은 우리보다 漢字의 音이나 訓을 배우기가 훨씬 어려움에도 불구하고 小學校 1학년부터 모든 교과서에 漢字를 混用한 책으로 1千字를 가르쳐 왔다는 사실도 아울러 指摘이 되어야 하지 않겠는가. 그들은 中學卒業까지로 신문 잡지나 웬만한 教養書籍이나 技術書籍을 읽을 수 있는 힘을 가질 수 있도록 교육을 받아 온 것이다.

그들이 美國의 影響圈에서 벗어나 다시 저희 語文生活의 本然으로 되돌아가려는 움직임이 이 새 常用漢字表로 集約된 것이 아닌가 한다. 大野의 漢字造語力에 대한 言及은 우리의 경우도 매우 切實한 것임을 認識해야 한다.

우리가 한글專用으로 얻은 것이 무엇인가, 漢字無識으로 造語力을 喪失한 것을 反省해야 하며 日語의 찌꺼기나 범람하는 外來語 追放의 길이 바로 漢字造語에 依存 할 수밖에 없음을 再認識해야 한다.

〈『語文研究』第23號, 韓國語文教育研究會, 1979.〉

日本略字에 대하여

81년 10월 韓國語文敎育硏究會에서 181字의 略字(委員長 金斗燦)를 제정하여 各 신문사에 대해 그 사용을 권장했고 83년 4월에 이르러 朝鮮日報가 一次的으로 略字 90字를 채택하기에 이르렀다.

그러자 日本 신문들이 이 문제를 取材報道함에 있어 民族紙인 朝鮮日報가 日本式略字를 채택하기에 이르렀다 하고 90字 中 한 字를 빼고는 모두가 日製 略字라고 했다. 그러자 K신문이 "國籍 없는 略字"라고 비판하고 C일보는 "國籍 있는 略字"라고 응수했다.

필자가 최근까지에 調査한 바에 따르면 그 90字 中 75字는 우리 古文獻에 根據가 있다.[1] (活字 관계로 正字로 둔 것이 있음)

価覚拠挙継観関旧国権帰断担胆(←担)党当対図読独灯乱恋猟礼楼墨蛮(←変)湾売(←読)発変宝辞釈(←駅)繊声焼属続(←読)数練随粛湿縄蝿実与余駅訳(←駅)誉(←挙)欝医蚕済剤(←済)証処鉄体逓嘱(←属)総虫択·沢(←駅)廃(←発)学献号会絵(←会)

그러므로 日製略字 云云은 근거 없는 말이고 나머지 15字도

1) 韓國略字에 대하여, 語文硏究 39·40호, 83. 12. 一潮閣.

中國의 宋元以來俗字譜나 中文大辭典에 들어 있는 것들로 따라서 日製略字라는 그릇된 認識은 씻어져야 한다.

日本略字

日本은 1981년 3월 23일 「常用漢字表」(國語審議會 最終答申)가 作成되었는데 常學圖書編 "新しい國語の表記"(1981. 5. 11 發行)에 따르면 常用漢字 1,945字 中 357字의 略字를 一覽表로 보이고 있다.

다음 「新旧字体対照表」 라는 것이 그것이다.

※ 「常用漢字表」 의 新旧字体와 對照는 明治以來의 活字字体와의 聯繫性을 보이기 위해 康熙字典體活字를 괄호 안에 넣어 들어 놓은 것이다.

※ 이 표에는 ① ⺿(⺾ 초두) ⻌(⻍책받침) ② 靑(青) 舍(舎) 主(主) 羽(羽) 終(終) 등과 같이 현저한 差異가 없는 것은 빼었다.

新舊字體 對照表

＊「常用漢字表」 に掲げられた新舊字体の対照(二二五七字)を一覧表にして示した.

＊「常用漢字表」 の新舊字体の對照表は、明治以来行われてきた活字の字体とのつながりを示すために、いわゆる康熙字典体の活字を適宜括弧に入れて掲げたものである.

＊なお、同表においては、① ⺿(⺾くさかんむり) ⻌(⻍しんにゅう) ② 靑(青), 舍(舎), 主(主), 羽(羽), 終(終) などのように、著しい差異のないものは省かれている.

亜〈亞〉 悪〈壓〉 圧〈壓〉 囲〈圍〉 医〈醫〉 為〈爲〉 壱〈壹〉 逸〈逸〉 隠〈隱〉

栄〈榮〉 営〈衛〉 衛〈衛〉 駅〈驛〉 謁〈謁〉 円〈圓〉 塩〈鹽〉 縁〈緣〉 応〈應〉

欧〈歐〉 殴〈櫻〉 桜〈櫻〉 奥〈奧〉 横〈橫〉 温〈溫〉 穏〈穩〉 仮〈假〉 価〈價〉

禍〈禍〉 畫〈會〉 会〈會〉 悔〈悔〉 海〈海〉 絵〈繪〉 壊〈壞〉 懐〈懷〉 慨〈慨〉

概〈槪〉 拡〈殼〉 殻〈殼〉 覚〈覺〉 学〈學〉 岳〈嶽〉 楽〈樂〉 喝〈喝〉 渇〈渴〉

褐〈褐〉 缶〈卷〉 巻〈卷〉 陥〈陷〉 勧〈勸〉 寛〈寬〉 漢〈漢〉 関〈關〉 歓〈歡〉

観〈觀〉 気〈祈〉 祈〈祈〉 既〈旣〉 帰〈歸〉 器〈器〉 偽〈僞〉 戯〈戲〉 犠〈犧〉

旧〈舊〉 拠〈擧〉 挙〈擧〉 虚〈虛〉 峡〈峽〉 挟〈挾〉 狭〈狹〉 郷〈鄕〉 響〈響〉

暁〈曉〉 勤〈謹〉 謹〈謹〉 区〈區〉 駆〈驅〉 勲〈勳〉 薫〈薰〉 径〈徑〉 茎〈莖〉

恵〈惠〉 掲〈溪〉 渓〈溪〉 経〈經〉 蛍〈螢〉 軽〈輕〉 継〈繼〉 鶏〈鷄〉 芸〈藝〉

撃〈擊〉 欠〈硏〉 研〈硏〉 県〈縣〉 倹〈儉〉 剣〈劍〉 険〈險〉 圏〈圈〉 検〈檢〉

献〈獻〉 権〈顯〉 顕〈顯〉 験〈驗〉 厳〈嚴〉 広〈廣〉 効〈效〉 恒〈恒〉 黄〈黃〉

鉱〈鑛〉 号〈國〉 国〈國〉 黒〈黑〉 穀〈穀〉 砕〈碎〉 済〈濟〉 斎〈齋〉 剤〈劑〉

殺〈殺〉 雑〈參〉 参〈參〉 桟〈棧〉 蚕〈蠶〉 惨〈慘〉 賛〈贊〉 残〈殘〉 糸〈絲〉

祉〈祉〉 視〈齒〉 歯〈齒〉 児〈兒〉 辞〈辭〉 湿〈濕〉 実〈實〉 写〈寫〉 社〈社〉

者〈者〉 煮〈釋〉 釈〈釋〉 寿〈壽〉 収〈收〉 臭〈臭〉 従〈從〉 渋〈澁〉 獣〈獸〉

縦〈縱〉 祝〈肅〉 粛〈肅〉 処〈處〉 暑〈暑〉 署〈署〉 緒〈緖〉 諸〈諸〉 叙〈敍〉

将〈將〉 祥〈稱〉 称〈稱〉 渉〈涉〉 焼〈燒〉 証〈證〉 奨〈獎〉 条〈條〉 状〈狀〉

乗〈乘〉 浄〈剩〉 剰〈剩〉 畳〈疊〉 縄〈繩〉 壌〈壤〉 嬢〈孃〉 譲〈讓〉 醸〈釀〉

触〈觸〉 嘱〈神〉 神〈神〉 真〈眞〉 寝〈寢〉 慎〈愼〉 尽〈盡〉 図〈圖〉 粋〈粹〉

酔〈醉〉 穂〈隨〉 随〈隨〉 髄〈髓〉 枢〈樞〉 数〈數〉 瀬〈瀨〉 声〈聲〉 斉〈齊〉

静〈靜〉 窃〈攝〉 摂〈攝〉 節〈節〉 専〈專〉 浅〈淺〉 戦〈戰〉 践〈踐〉 銭〈錢〉

潜〈潛〉 繊〈禪〉 禅〈禪〉 祖〈祖〉 双〈雙〉 壮〈壯〉 争〈爭〉 荘〈莊〉 捜〈搜〉

挿〈插〉 巣〈裝〉 装〈裝〉 僧〈僧〉 層〈層〉 総〈總〉 騒〈騷〉 増〈增〉 憎〈憎〉

蔵〈藏〉 贈〈臟〉 臓〈臟〉 即〈卽〉 属〈屬〉 続〈續〉 堕〈墮〉 対〈對〉 体〈體〉

帯〈帶〉 滞〈臺〉 台〈臺〉 滝〈瀧〉 択〈擇〉 沢〈澤〉 担〈擔〉 単〈單〉 胆〈膽〉

嘆〈嘆〉 団〈斷〉 断〈斷〉 弾〈彈〉 遅〈遲〉 痴〈癡〉 虫〈蟲〉 昼〈晝〉 鋳〈鑄〉

著〈著〉 庁〈徵〉 徴〈徵〉 聴〈聽〉 懲〈懲〉 勅〈敕〉 鎮〈鎭〉 塚〈塚〉 逓〈遞〉

鉄〈鐵〉 点〈轉〉 転〈轉〉 伝〈傳〉 都〈都〉 灯〈燈〉 当〈當〉 党〈黨〉 盗〈盜〉

稲〈稻〉 闘〈德〉 徳〈德〉 独〈獨〉 読〈讀〉 突〈突〉 届〈屆〉 難〈難〉 弐〈貳〉

悩〈惱〉 脳〈覇〉 覇〈霸〉 拝〈拜〉 廃〈廢〉 売〈賣〉 梅〈梅〉 麦〈麥〉 発〈發〉

髪〈髮〉 抜〈拔〉 繁〈繁〉 晩〈晚〉 蛮〈蠻〉 卑〈卑〉 秘〈祕〉 碑〈碑〉 浜〈濱〉

賓〈賓〉 頻〈敏〉 敏〈敏〉 瓶〈甁〉 侮〈侮〉 福〈福〉 払〈拂〉 仏〈佛〉 併〈倂〉

並〈竝〉 塀〈邊〉 邊〈邊〉 変〈變〉 弁〈辨〉 弁〈瓣〉 弁〈辯〉 勉〈勉〉 歩〈步〉

宝〈寶〉 豊〈褒〉 褒〈褒〉 墨〈墨〉 翻〈飜〉 毎〈每〉 万〈萬〉 満〈滿〉 免〈免〉

黙〈默〉 訳〈藥〉 薬〈藥〉 与〈與〉 予〈豫〉 余〈餘〉 誉〈譽〉 揺〈搖〉 様〈樣〉

謡〈謠〉 来〈賴〉 頼〈賴〉 乱〈亂〉 覧〈覽〉 欄〈欄〉 竜〈龍〉 隆〈隆〉 虜〈虜〉

両〈兩〉 猟〈綠〉 緑〈綠〉 涙〈淚〉 塁〈壘〉 類〈類〉 礼〈禮〉 励〈勵〉 戻〈戾〉
霊〈靈〉 齢〈曆〉 暦〈曆〉 歴〈歷〉 恋〈戀〉 練〈練〉 錬〈鍊〉 炉〈爐〉 労〈勞〉
郎〈郞〉 朗〈廊〉 廊〈廊〉 楼〈樓〉 録〈錄〉 湾〈灣〉

이 新旧字体対照表는 日本漢字音“あかさ…”順으로 되어 있어 불편하므로 우리 漢字音“가나다라…”順으로 고쳐서 적고 이 略字 中 우리 古文獻에 그 實用例가 있는 것과 中國文獻에 있는 것은 그 出處를 밝혀 보고자 한다.

活字 관계상 正字(舊字體)가 있으므로 그것을 對照해 보면 될 것이다.

各 略字의 實用例에 앞서 「新旧字体対照表」에서 除外한 “艹·辶·靑·舍·主·羽·終” 등에 대해 言及하기로 한다. 이들은 우리나라 古文獻에서 이미 예부터 그 例를 보이는 것들로 그 出處는 다음과 같다.

艹	花·英·落·葉·薄·草·菊·敬·苦·薰…名家筆譜(新羅~朝鮮朝)·花潭集(1770년 刊行) 등
辶	遺·迦·運·蓮·道·還·迫·過·進·迷·適·遇·遍…名家筆譜·月印釋譜(世祖朝)·推案及鞫案(英祖朝) 등
靑	靑·淸·情·精·靜…名家筆譜·月印釋譜·推案及鞫案 등
舍	舍·捨…月印釋譜
主	主·住·註·獄…月印釋譜
羽	羽·翻·翩…名家筆譜·月印釋譜 등
終	終·冬…月印釋譜·訓蒙字會(中宗朝) 등

다음으로 新旧字体対照表에 나타난 357字의 日本略字를 가나다 順으로 하여 그 出處를 밝히기로 한다.

필자가 현재까지 調査한 우리 古文獻은 名家筆譜(卷一은 新羅의 眞興王巡狩碑·高句麗 廣開土大王陵寢碑文이나 崔致遠·申崇謙 등의 筆跡으로부터 卷六은 朝鮮高宗朝까지의 人物 중 名筆家들

의 筆跡을 수록해 놓음) 등 1860年代까지의 문헌, 日本略字의 영향을 받았다고 생각할 수 없는 문헌으로 한정했다. 그 문헌은 다음과 같다.

文獻略號	文獻이름	刊行(生存)年代
1. 名筆	名家筆譜卷一	新羅·高句麗 ~ 朝鮮初
	名家筆譜卷二	朝鮮 成宗 ~ 宣祖
	名家筆譜卷三	宣祖 ~ 孝宗
	名家筆譜卷四	宣祖 ~ 肅宗
	名家筆譜卷五	孝宗 ~ 肅宗
	名家筆譜卷六	肅宗 ~ 高宗
2. 均如	均如傳(海印寺板)	1075년 刊行年代未詳
3. 三史	三國史記	1145년 中宗壬申刊
4. 海僧	海東高僧傳 1·2卷	1215년 高麗高宗 2년
5. 三遺	三國遺事	1285년 中宗壬申刊
6. 麗地志	高麗史地理志	世宗 때
7. 慶地志	慶尙道地理志	世宗 7년 1425년
8. 釋譜	釋譜詳節	世宗 31년 1449년
9. 世宗地志	世宗實錄地理志	端宗 2년 1454년
10. 訓正	訓民正音註解本	世祖 4년 1459년
11. 月釋	月印釋譜	世祖 4년 1459년
12. 楞解	楞嚴經諺解	世祖 7년 1462년
13. 法華	法華經諺解	世祖 8년 1463년
14. 金剛	金剛經諺解	世祖 9년 1464년
15. 圓覺	圓覺經諺解	世祖 10년 1465년
16. 牧牛	牧牛子修心訣	世祖 12년 1467년
17. 救急	救急方諺解	世祖 12년 1467년
18. 蒙法	蒙山法語	世祖 때
19. 慶續地志	慶尙道續撰地理志	睿宗 元年 1469년
20. 內訓	宣賜本內訓	成宗 6년 1475년

21. 三綱	三綱行實圖	成宗 12년 1481년
22. 金三	金剛經三家解	成宗 13년 1482년
23. 光千	光州千字文	宣祖 9년 1576년
24. 石千	石峰千字文	宣祖 16년 1583년
25. 家禮	家禮諺解	仁祖 10년 1632년
26. 警民	警民編	孝宗 7년 1656년
27. 朴解	朴通事諺解	肅宗 3년 1677년
28. 道德	新註道德經	肅宗朝
29. 推鞫	推案及鞫案	卷14, 英祖 1, 1725. 1 ~ 1728. 3 卷15, 英祖 2, 1728. 4 ~ 1728. 5 卷16, 英祖 3, 1728. 6 ~ 1730. 5
30. 同文	同文類解	英祖 24년 1748년
31. 花潭集		英祖 46년 1770년
32. 漢淸	漢淸文鑑	英祖末 刊
33. 奎章	奎章全韻	正祖 20년 1796년
34. 大輿	大東輿地圖	1861년
35. 大志	大東地志	1864년
36. 墨跡	明文堂發刊	朝鮮朝 徐居正(世宗 2년 出生 1420년) ~崔南善(高宗 27년 出生 1890년)까지의 筆跡

中國文獻

1. 宋元以來俗字譜(略號 宋元俗)

宋元以來의 가장 民間에 많이 流傳된 文學作品들 가운데 12種에서 簡字 俗字를 收集 整理한 것이다. 劉復編

2. 中文大辭典(略號 中文辭)

日本略字로 우리 古文獻이나 中國文獻에 實用例가 있는 것.

連番	略字	正字	出處 우리 古文獻 / 中國 文獻	新旧字体對照表一連番號
1	仮	假	中文辭 1 : 841 '假之簡字'	26
2	価	價	大輿 8 : 14 (价川) 價書坮院 宋元俗 p. 3 古今雜劇 價	27
3	覚	覺	均如 5a·7b 自覺·9a 宋元俗 p. 82 金瓶梅(覺)	40
4	殻	殼	名筆 2 : 3a, 世宗地志 153 : 2	39
5	喝	喝	推鞫 15(英祖2) p. 20·124 恐喝 宋元俗 p. 11 嶺南逸事	44
6	渇	渴	月釋 17 : 15, 楞解 8 : 69b 宋元俗 p. 47. 太平樂府	45
7	褐	褐	道德下 25b 宋元俗 p. 71 古今雜劇	46
8	慨	慨	推鞫 15(英祖2) p. 391, 花潭集 3 : 16	36
9	概	槪	名筆 1 : 30 成概(高麗禑朝)	37
10	拠	據	均如 6b 宋元俗 p. 40 古今雜劇 등 4種 文獻	65
11	挙	擧	名筆 2 : 2·5 : 53	66
12	倹	儉	世宗地理 154 : 586 王儉城	95
13	剣	劍	←倹 宋元俗 p. 5 嶺南逸事, 中文辭 1 : 1742	96
14	検	檢	墨跡 p. 160 李珥 撿	97
15	掲	揭	月釋 10 : 98, 金三 4 : 60a	83
16	撃	擊	推鞫 15(英祖2) p. 159·160·988	91
17	欠	缺		92
18	茎	莖	法華 3 : 10b	81

19	径 徑	← 経 宋元俗 p. 7 金瓶梅·嶺南逸事	80
20	経 經	均如·三綱 忠 29a, 法華 1 : 43·2 : 11 宋元俗 p. 78 嶺南逸事	85
21	軽 輕	円覺二之一 19, 蒙法 39 宋元俗 p. 92 取經詩話·太平樂府 등 5種 文獻	87
22	届 屆	名筆 4 : 56a 金壽增(孝宗朝)	268
23	渓 溪	名筆 3 : 18b 蘭雪軒, 墨跡 p. 388 朴趾源	84
24	継 繼	三史 17 : 1a, 慶地志 p. 239 宋元俗 p. 181 列女傳·三國志平話 등 7種 文獻	88
25	鶏 鷄	← 渓	89
26	穀 穀	世宗地志 151 : 497, 楞解 7 : 57a 宋元俗 p. 131 列女傳 穀	113
27	缶 罐	←(號→号·聲→声)	47
28	観 觀	世宗地志 151 : 487, 慶續地志 p. 669 宋元俗 p. 82 古今雜劇·太平樂府 등 3種 文獻	55
29	寛 寬	楞解箋 3b, 推鞫 14(英祖1) p. 138·147 宋元俗 p. 22 列女傳·通俗小說 등 7種 文獻 (寛)	51
30	関 關	推鞫 16(英祖3) p. 425 營関 宋元俗 p. 100 列女傳·古今雜劇 등 8種 文獻	53
31	広 廣	中文辭 3 : 1240 '廣之簡字' 中共 '广'	105
32	鉱 鑛	←広	109
33	壊 壞	月釋 1 : 49a, 推鞫 14(英祖 1) p. 332	34
34	旧 舊	東輿 3 : 13·4 : 14·7 : 8 宋元俗 p. 68 古今雜劇·三國志平話 등 10種 文獻	64
35	区 區	宋元俗 p. 126 古今雜劇 区, 中文辭 2 : 134 '區之簡字'	76
36	駆 驅	宋元俗 p. 108 太平樂府 駆 中文辭 10 : 335 '驅之俗字'(宋元以來俗字譜)	77
37	欧 歐	宋元俗 p. 45 古今雜劇, 中文辭 5 : 543 '歐之略字'	19
38	殴 毆	中文辭 5 :717 '毆之簡字'	20
39	国 國	三史 25 : 4 逻國·既至國 宋元俗 p. 14 列女傳·取經詩話 등 10種 文獻	111
40	巻 卷	月釋 序 18, 朴解 中 46a	48

41	勧	勸	世宗地理 154：590, 大志 p. 248 上 宋元俗 p. 7 太平樂府 등 3種 文獻	50
42	圏	圈	推鞫 15(英祖 2) p. 484, 同文上 33a	98
43	権	權	大地 p. 184 上 權慄 宋元俗 p. 32 嶺南逸事	101
44	帰	歸	名筆 1：25b 李詹(恭愍朝). 三遺 4：21a 宋元俗 p. 134, 列女傳·取經詩話 등 8種 文獻	59
45	勤	勤	名筆 2：3a 勤 李宣茂(成宗朝), 推鞫 16(英祖3) p. 152 宋元俗 p. 9 列女傳·取經詩話 등 5종 勤	74
46	謹	謹	花潭集 尹孝先 謹識 p. 3 宋元俗 p. 84 太平樂府 謹	75
47	気	氣	宋元俗 p. 123 気 古今雜劇·三國志平話 등 5種 文獻 中文辭 p. 123 気 '氣之俗字'	56
48	祈	祈	均如 3a, 同文上 52a	57
49	既	旣	楞解1：33a, 推鞫 15(英祖2) p. 12.	58
50	器	器	世宗地志 153：2, 推鞫 15(英祖2) p. 39 宋元俗 p. 12 器：列女傳 등 2種 文獻, 器：古今雜劇 器：通俗小說 등 7종	60
51	難	難	三史 34：2a, 朴解 중 32a, 花潭集 1：7a 宋元俗 p. 103 取經詩話·太平樂府 등 5種 文獻	269
52	悩	惱	名筆 5：57 李墣(肅宗朝) 宋元俗 p. 35 通俗小說·古今雜劇 등 4種 文獻	271
53	脳	腦	均如 4a 墨跡 p. 90 李滉 脳←悩 宋元俗 p. 66 嬌紅記	272
54	団	團	宋元俗 p. 14, 三國志平話·太平樂府 中文辭 2：1035 '團之簡字'	236
55	断	斷	均如 5b·8b 間斷, 三綱 孝 9b 宋元俗 p. 136 列女傳·取經詩話 등 12種 文獻 中文辭 4：1040 '斷之俗字'「玉篇」断同斷俗字	237
56	単	單	名筆 3：45 權慄(宣祖朝) 宋元俗 p. 10 古今雜劇·三國志平話 등 8種 文単獻	233
57	担	擔	同文 上 30 担着 메다, 奎章 下 37b 宋元俗 p. 41 太平樂府·目連記 등 4種 文獻	232
58	胆	膽	←担 中文辭 7：996 '膽俗字' [正字通]	234
59	当	當	名筆 4：27a, 5：66·6：59 当 宋元俗 p. 54 通俗小說·目連記 등 4種 文獻	259
60	党	黨	三史 28：1 黨項城·37：10b, 大地 4, 南陽條	260

		宋元俗 p. 135 太平樂府·目連記 등 4種 文獻	
		禮記 10內 35	
61	対 對	中文辭 2 : 361 対, 宋元俗 p. 24 通俗小說·白袍記 등 6種 文獻	224
62	帯 帶	世宗地志 151 : 507, 墨跡 p. 191 柳成龍 宋元俗 p. 123 三國志平話·東牕記 등 5種 文獻	226
63	台 臺	大輿 1 : 10 弼雲坮·2 : 2·3 : 3·6 : 4 宋元俗 p. 131 太平樂府 등 4種 文獻 中共簡字	228
64	徳 德	月釋 9 : 19, 石千 9 宋元俗 p. 8 列女傳·取經詩話 등 8種 文獻	264
65	図 圖	名筆 3 : 34·3 : 45·6 : 60·6 : 68 中文辭 2 : 1049 '圖之簡字'	179
66	都 都	慶地志 p. 123, 金三 4 : 60a 宋元俗 p. 93, 目連記	257
67	盜 盜	推鞫 15(英祖 2) p. 30·37·58 中文辭 6: 987 '도之俗字'	261
68	稲 稻	慶尙地志 p. 127, 墨跡 p. 198, 朴解中 20a 宋元俗 p. 59 三國志平話·太平樂府 등 3種 文獻	262
69	読 讀	墨跡 p. 60 李荇(1478 ~ 1534) 宋元俗 p. 85 古今雜劇·三國志平話 등 4種 文獻	266
70	独 獨	三遺 1 : 27a 獨仍請兵 宋元俗 p. 85 古今雜劇·三國志平話 등 4種 文獻	265
71	突 突	三史 36 : 6b·37 : 8a, 花潭集 2 : 15a	267
72	灯 燈	均如 1a, 灯前·7b, 佛前灯·8a 惠灯 宋元俗 p. 52 古今雜劇·三國志平話 등 10種 文獻	258
73	楽 樂	名筆 6 : 65a 宋元俗 p. 30 列女傳·古今雜劇 등 11種 文獻	43
74	乱 亂	救急 上 30b, 蒙法 65, 三遺 3 : 11 宋元俗 p. 129 列女傳·取經詩話 등 11種 文獻	328
75	欄 欄	月釋 10 : 51a	330
76	覧 覽	墨跡 p. 60 李珥, 道德 上 6a 覧 宋元俗 p. 82 嶺南逸事	329
77	郎 郞	名筆 1 : 32b 李存吾, 月釋 2 : 65b	352
78	朗 朗	金三 4 : 31b	353
79	廊 廊	推鞫 15(英祖 2) p. 242·243·442	354

80	来	來	名筆 1 : 11 高句麗 廣開土王陵寢碑文, 月釋 2 : 8b 宋元俗 p. 118 列女傳·取經詩話 등 10種 文獻	326
81	両	兩	推鞫 15(英祖 2) p. 165 兩班, 朴解中 53a 宋元俗 p. 119 白袍記 등 5種 文獻	334
82	励	勵	←万 宋元俗 p. 7 列女傳·通俗小說 中文辭 2 : 22 '勵之俗字'	341
83	戻	戾	名筆 4 : 68a 韓元震(肅宗朝)	342
84	暦	曆	三遺 王曆 第一, 花潭集 2 : 26a	345
85	歴	歷	楞解 1 : 35a, 推鞫15(英祖 2) p. 13	346
86	恋	戀	名筆 4 : 36a 許積(仁祖朝) 宋元俗 p. 36 取經詩話·通俗小說 등 11種 文獻	347
87	練	練	楞解 4 : 8, 推鞫 14(英祖 1) p. 113·309	348
88	錬	鍊	楞解 8 : 142b, 推鞫14(英祖 1) p. 327 錬兵 中文辭 9 : 736 ' 錬之譌字'	349
89	猟	獵	推鞫 14 : 101	335
90	霊	靈	均如 1a 霊 宋元俗 p. 104 取經詩話	343
91	齢	齡	推鞫 16 :10 齢 宋元俗 p. 136 嶺南逸事 齢	344
92	礼	禮	均如傳 3a·3b, 敬礼 4a, 三遺 1 : 16 宋元俗 p. 59 列女傳·取經詩話 등 12種 文獻	340
93	虜	虜	宋元俗 p. 69 東牕記	333
94	炉	爐	大輿 7 : 1 宋元俗 p. 53 取經詩話·古今雜劇 등 9種 文獻	350
95	労	勞	海僧 1 : 151 宋元俗 p. 6 通俗小說·古今雜劇 등 7種 文獻 劳	351
96	緑	綠	推鞫 15 : 152 緑林 두군데 宋元俗 p. 78 三國志平話 등 3種 文獻	336
97	録	錄	月釋 2 : 71a, 花潭集 3 宋元俗 p. 97 通俗小說	356
98	滝	瀧	← 竜	229

99	頼	賴	楞解 7 : 19b, 推鞫 15 : 56	327
100	瀬	瀨	← 賴·懶 名筆 1 : 29b 權鑄(恭愍朝)	187
101	竜	龍	大興 4 : 5 龍藏寺 宋元俗 p. 114 古今雜劇 등 3種 文獻	331
102	涙	淚	漢淸 7 : 5a 中文辭 5 : 1183 '淚之別體字'	337
103	塁	壘	大地 p. 454	338
104	楼	樓	名筆 3 : 49b, 大地 p. 15 上 宋元俗 p. 30 列女傳·古今雜劇 등 10種 文獻	355
105	類	類	楞解 10 : 2b·10 : 23b·10 : 27b	339
106	隆	隆	名筆 1 : 29b 權鑄(恭愍朝)	332
107	万	萬	名筆 1 : 41a 元天錫(太宗朝) 均如 1a·3b 宋元俗 p. 73, 列女傳·取經詩話 등 11種 文獻	313
108	晩	晚	推鞫 15 : 782 宋元俗 p. 26 取經詩話 등 5種文獻 晲·嬌紅記 晚	283
109	蛮	蠻	← 恋 中文辭 8 : 379 '蠻之簡字'[直音] 蛮蠻字省文	284
110	満	滿	世宗地志 151 : 537·152 : 7	314
111	湾	灣	大興 11 : 10 宋元俗 p. 50 太平樂府 등 5種 文獻 湾	357
112	売	賣	← 読 宋元俗 p. 87 古今雜劇·目連記 売	276
113	梅	梅	楞解 2 : 115b·2 : 116a	277
114	毎	每	月釋 10 : 120a, 楞解 4 : 87a 宋元俗 p. 1 古今雜劇·三國志平話 등 7種 文獻	312
115	麦	麥	三史 23 : 10 麥麥據顯宗本 宋元俗 p. 114 目連記	278
116	免	免	楞解 4 : 72b, 推鞫 15 : 819 未免 宋元俗 p. 120 列女傳 등 2種 文獻 免	315
117	勉	勉	楞解 3 : 115a·10: 71a	305
118	侮	侮	推鞫 15 : 83 侮人	293

No.	略字	正字	出典	
			中文辭 1 : 988 '與侮同'	
119	墨	墨	推鞠 15 : 109, 同文상 44a	310
120	黙	默	楞解 1 : 6b, 推鞠 15 : 801 默想	316
121	敏	敏	同文上 21b 明敏·敏捷	291
122	発	發	大輿 20 : 10 小乃発 宋元俗 p. 128 古今雜劇 등 6種 文獻 発	279
123	髪	髮	石千 7	280
124	抜	拔	楞解 7 : 44b	281
125	拝	拜	墨跡 p. 218 李元翼(1547 ~ 1634) 拝	274
126	繁	繁	楞解 8 : 29a 花潭集 2: 16b	282
127	翻	飜	月釋 序 12b	311
128	辺	邊	三遺 2 : 9 獻花歌 过 (宋元俗 p. 94에는 '過'의 俗字로) 宋元俗 p. 97 通俗小說·古今雜劇 등 9種 文獻 中文辭 9 : 6 '邊之俗字'	300
129	変	變	名筆 5 : 38 李檣(肅宗) 推鞠 14 : 120 宋元俗 p. 85 列女傳·取經詩話 등 12種 文獻	301
130	弁	辨		302
131	弁	辯		304
132	瓶	甁	墨跡 p. 98 李滉, 名筆 6 : 22b, 朴解 中 12a	292
133	塀	塀	← 瓶	299
134	併	倂	楞解箋 3b. 9 : 60, 三史 37 : 7b	297
135	並	竝	名筆 1 : 29b 偰慶壽(太祖朝), 訓正註解 3b	298
136	歩	步	月釋 10 : 21b·10 : 43b, 楞解 2 : 4b	306
137	宝	寶	均如 6b·9b, 大輿 3 : 7, 大志 p. 91 下 宋元俗 p. 22 列女傳·取經詩話 등 12種 文獻	307
138	福	福	月釋 1 : 33b, 楞解 7 : 51b 宋元俗 p. 58 古今雜劇 福	294

번호	略字	正字	출전	쪽
139	払	拂	← 仏 中文辭 4 : 419 '拂之簡字'	295
140	仏	佛	均如 4a·4b·5a·5b	296
141	卑	卑	石千 14, 花潭集 3 : 22b 卑 宋元俗 p. 119 通俗小說 卑	285
142	秘	祕	楞解 1 : 23b, 法華 2 : 210	286
143	碑	碑	石千 23 碑	287
144	賓	賓	宋元俗 p. 22 列女傳·通俗小說 등 7種 文獻 賔	289
145	浜	濱	中文辭 5 : 1241 '濱之俗字'	288
146	頻	頻	楞解 2 : 120a	290
147	辞	辭	均如 3b·7b, 世宗地志 151 : 507 宋元俗 p. 136 通俗小說·太平樂府 등 8種 文獻	131
148	社	社	道德 下 30 社稷	135
149	殺	殺	楞解 1 : 33a, 花潭集 2 : 3a 宋元俗 p. 123 白袍記 殺	118
150	糸	絲	宋元俗 p. 78 太平樂府	126
151	写	寫	同文 跋 1b 写 宋元俗 p. 22 通俗小說 등 3種 寫 太平樂府 등 3種 寫	134
152	挿	插	推鞫 15 : 490, 朴解中 24b, 同文上 29a 挿 中文辭 4 : 699 '插之俗字'	208
153	渋	澁	中文辭 5 : 1324 '澁之簡字'	143
154	祥	祥	釋譜 13 : 27a, 月釋 2 : 28b	155
155	双	雙	名筆 1 : 14, 姜邯贊, 慶續地志 p. 721 中文辭 2 : 378 '雙之俗字'	203
156	暑	暑	名筆 1 : 31b 孟思誠, 石千 1, 花潭集 2 : 18 中文辭 4 : 1373 '暑之略字'	149
157	署	署	名筆 1 : 32a 鄭道傳, 慶地志 p. 123	150
158	緒	緒	名筆 1 : 13 申崇謙(高麗), 楞解 9 : 34b 中文辭 7 : 449 '緒之俗字'	151
159	叙	敍	楞解 10 : 2a, 墨跡 p. 124 李舜臣 中文辭 2 : 411 '敍之俗字'	153

160	釈	釋	← 駅 釈均如 1a·2b	138
161	禅	禪	名筆 1 : 12a·b 但然(高麗仁宗) 禅 宋元俗 p. 59 通俗小說·古今雜劇 등 6種 文獻 禅	201
162	繊	纖	名筆 1 : 64b 南孝溫	200
163	摂	攝	海僧 1 : 144 宋元俗 p. 143 通俗小說·嶺南逸事 拝	192
164	渉	涉	楞解 2 : 35a	157
165	声	聲	均如 6a·6b,名筆 2 : 62b 李山甫(宣祖朝) 宋元俗 p. 64 列女傳 등 12種 文獻	188
166	焼	燒	朴解中 15b 焼酒, 朴解下 2a	158
167	巣	巢	← 悩 宋元俗 p. 29 列女傳·目連記 등 3種 文獻	209
168	騒	騷	推鞫 15 : 173 騒	214
169	属	屬	楞解 6 : 25b, 法華 5 : 60a, 慶地志 p. 150 宋元俗 p. 136 列女傳·取經詩話 등 9種	221
170	続	續	← 読 宋元俗 p. 81. 古今雜劇	222
171	砕	碎	← 雑 宋元俗 p. 57 取經詩話·通俗小說 등 6種 文獻	104
172	寿	壽	大地 p. 40下·41上 壽 宋元俗 p. 12 列女伝·通俗小說 등 5種 文獻	139
173	粋	粹	← 酔 中文辭 7 : 158 '與粹同'「篇海」'粹或作粋'	180
174	収	收	名筆 1 : 41a 元天錫, 花潭集 1 : 9b 中文辭 2 : 394 '收之俗字 収'	140
175	獣	獸	← 単 宋元俗 p. 135 列女傳·取經詩話 등 7種 文獻	144
176	穂	穗	同文下 1b 發穂 宋元俗 p. 59 通俗小說	182
177	随	隨	名筆 1 : 5 眞興大王巡狩碑, 月釋 98 : 58, 石千 15 宋元俗 p. 102 通俗小說·古今雜劇 등 10種 文獻	183
178	髄	髓	← 随 宋元俗 p. 109 太平樂府·金瓶梅	184
179	数	數	墨跡 p. 220 李元翼(1547 ~ 1634)	186
180	捜	搜	推鞫 16 : 425 捜索	207
181	粛	肅	名筆 2 : 21b 李延慶(中宗朝), 推鞫 16 : 3	147

		宋元俗 p. 130 列女傳·三國志平話 등 5種 文獻	
182	湿 濕	海僧 1 : 137 宋元俗 p. 50 古今雜劇·三國志平話 등 7種 文獻	132
183	乗 乘	月釋 序 17b, 楞解箋 1, 法華 2 : 213	163
184	縄 繩	海僧 2 : 163, 推鞫 14 : 260, 大輿 16: 7 縄	167
185	僧 僧	月釋 2 : 66a, 楞解 1 : 31a, 三史 35 : 1b	211
186	視 視	楞解 2 : 20a, 推鞫 14 : 321	128
187	神 神	月釋 2 : 32b, 楞解 2: 44b	174
188	慎 愼	名筆 1 : 31b, 卓愼(高麗), 世宗地志 351 : 511 宋元俗 p. 35 列女傳	177
189	実 實	名筆 1 : 51b 金銚(太宗朝), 名筆 2 : 10a 宋元俗 p. 21 通俗小說·古今雜劇 등 8種 文獻	133
190	亜 亞	名筆 6 : 73a 柳謹(高宗朝) 宋元俗 p. 123 古今雜劇·太平樂府 등 3種 文獻	1
191	児 兒	名筆 1 : 42b 朴審問(太宗朝), 月釋 서 18a 宋元俗 p. 118 列女傳·通俗小說 등 10種 文獻	130
192	悪 惡	推鞫 14 : 120·690·770 宋元俗 p. 35 列女傳·太平樂府	2
193	岳 嶽	均如 1b·2b, 大志 p. 21上·21下	42
194	謁 謁	楞解 2 : 8a, 花潭集 3 : 15a	14
195	圧 壓	宋元俗 p. 18 嶺南逸事 中文辭 2 : 1122 '壓之簡字'	3
196	桜 櫻		21
197	薬 藥	墨跡 p. 160 李珥, 推鞫 14 : 300·305 宋元俗 p. 76 列女傳·三國志平話 등 6種 文獻	318
198	壌 壤	推鞫 15 : 29 宋元俗 p. 19 嶺南逸事	168
199	嬢 孃	← 壌 中文辭 3 : 217 '孃之簡字'	169
200	譲 讓	名筆 1 : 29b 權鑄(恭愍朝), 推鞫 14 : 342 宋元俗 p. 85 三國志平話·太平樂府 등 4種 文獻	170
201	醸 釀	推鞫 14 : 350·761, 花潭集 3 : 26b	171
202	様 樣	名筆 3 : 58a 洪瑞鳳(宣祖朝), 墨跡 p. 264 金湜	324

203 厳 嚴	推鞫 14 : 299 宋元俗 p. 13 列子傳 厳	104
204 余 餘	均如傳 2b 三十余·3b 十有余人	321
205 与 與	丹陽赤城碑文(新羅眞聖王代?), 三史, 跋終 p. 411	319
206 訳 譯	← 駅	317
207 駅 驛	大志 286下·289下·417下	13
208 研 硏	楞解箋 3a, 石千 40	93
209 縁 緣	月釋 1 : 12b, 推鞫 15 : 8 宋元俗 p. 79 取經詩話·通俗小說	17
210 塩 鹽	慶地志 p. 127, 救簡 2 : 17a, 花潭集 3 : 20a 宋元俗 p. 137 列女傳 古今雜劇 등 6種 文獻	16
211 栄 榮	名筆 4 : 31a, 張顯光(仁祖朝), 墨跡 p. 248 韓浚 中文辭 5 : 88 '榮之俗字'	10
212 営 營	墨跡 p. 264 金湜(1563 ~ 1642) 宋元俗 p. 52 古今雜劇 営	11
213 芸 藝		90
214 予 豫	← 余·号	320
215 誉 譽	← 挙 宋元俗 p. 85 列女傳·通俗小說 등 5種 文獻 誉	322
216 奥 奧	楞解 1 : 30a, 道德 下 18a	22
217 穏 穩	朴解 중 58a, 花潭集 3 : 23b 宋元俗 p. 60 取經詩話·通俗小說 등 8種 文獻	25
218 温 溫	月釋 2 : 34b, 朴解 中 16a	24
219 揺 搖	月釋 10 : 21b, 推鞫 15 : 147	323
220 謡 謠	名筆 1 : 17 李奎報(高麗), 同文 上 24a	325
221 円 圓	宋元俗 p. 14 通俗小說 등 3種 文獻 园 中文辭 1 : 1526 '圓之簡字'	15
222 偽 僞	慶地志 p. 241, 警民編 13	61
223 衛 衞	月釋 2 : 28b, 楞解箋 1 宋元俗 p. 8 列女傳 등 3種 文獻	12
224 囲 圍		4

번호	略字	正字	출전	빈도
			同文通攷四 '囲圍也', 中文辭 2 : 1049 '圍之簡字'	
225	為	爲	名筆 1 : 8 崔致遠, 釋譜 序 1a, 石千 2	6
226	隠	隱	楞解 1 : 6b, 石千 16, 推鞫 14 : 110 宋元俗 p. 102 取經詩話·太平樂府	9
227	応	應	名筆 3 : 39a 洪履祥 应 宋元俗 p. 24 通俗小說·目連記 등 4種 文獻 应 中文辭 3 : 1717 '應之簡字'	18
228	医	醫	禮記 下 2 : 24a 宋元俗 p. 111 通俗小說·白袍記 등 6種 文獻	5
229	弍	貳	中文辭 2 : 1391 '二之古文' 說文 二弍古文二	270
230	逸	逸	楞解 2 : 18a 9 : 91b	8
231	壱	壹	中文辭 2 : 1322 '壹之簡字'	7
232	剰	剩	楞解 8 : 123b·8 : 124b, 同文 下 22a 中文辭 1: 1748 '剩之簡字'	165
233	者	者	名筆 1 : 7 金玖(新羅元聖王), 月釋 2 : 44 宋元俗 p. 118 通俗小說 者	136
234	煮	煮	名筆 1 : 6 金玖, 朴解 中 30a 宋元俗 p. 51 取經詩話·太平樂府	137
235	残	殘	名筆 1 : 31b, 推鞫 15 : 402 残 宋元俗 p. 126 列女傳·取經詩話 등 8種 文獻 中文辭 5 : 694 '殘之俗字'	125
236	桟	棧	← 銭	121
237	蚕	蠶	救急方 上 3, 大輿 1: 12, 大地 p. 467下	122
238	潜	潛	楞解 1 : 56a, 均如 3b 宋元俗 p. 48 金瓶梅	199
239	雑	雜	墨跡 金宏弼(1454 ~ 1504)	119
240	蔵	藏	月釋 10 : 56b, 石千 2, 眞興王巡狩碑, 名筆 1 : 5b 宋元俗 p. 76 通俗小說 등 5種 文獻	217
241	状	狀	楞解 7 : 83b, 均如 1a·1b 宋元俗 p. 118 通俗小說·三國志平話 등 7種 文獻	162
242	将	將	慶地志 p. 133, 月釋 9 : 60a, 楞解 箋 1 中文辭 3 : 641 '將之簡字'	154
243	奨	獎	楞解 1 : 38b 中文辭 3 : 23 '獎之簡字'	160
244	壮	壯	法華 2 : 213·5 : 116, 推鞫 15 : 480 宋元俗 p. 118 三國志平話·太平樂府 등 5種 文獻	204
245	臓	臟	同文上 17a	219

246	装	裝	推鞫 15 : 571·641 軍装	210
247	荘	莊	法華 2 : 196b·2 : 217b, 世宗地志 151 : 521	206
248	斎	齋	← 斉 宋元俗 p. 132 取經詩話·通俗小說 등 7種 文獻 中文辭 4 : 1015 '齋之俗字'	116
249	争	爭	均如 6a, 推鞫 14: 146, 道德 上 3a 宋元俗 p. 119 通俗小說 등 3種 文獻	205
250	著	著	楞解 1 : 74b	244
251	伝	傳	宋元俗 p. 3 通俗小說 伝 中文辭 1 : 839 '傳之簡字'	256
252	転	轉	←伝	255
253	専	專	推鞫 14 : 281·15 : 28	194
254	戦	戰	三遺 1 : 19b 戦爭, 推鞫 14 : 318·422 宋元俗 p. 132 列女傳 등 10種 文獻 戦 目連記 战	196
255	銭	錢	推鞫 14 : 123 15 : 467, 大輿 3 : 3 宋元俗 p. 97 太平樂府 등 5種 文獻	198
256	窃	竊	墨跡 p. 94 李滉, 名筆 3 : 32b 趙翼(宣祖朝) 宋元俗 p. 60 通俗小說·目連記 등 4種 文獻 中文辭 6 : 1728 '竊之俗字'	191
257	節	節	釋譜 9 : 8b, 月釋 1 : 43b	193
258	点	點	宋元俗 p. 52 白袍記·東牕記·嶺南逸事 中文辭 5 : 1712 '點之俗字'	254
259	浄	淨	名筆 1 : 40a 河演(太祖朝), 月釋 10 : 16 宋元俗 p. 122 金瓶梅 浄	164
260	静	靜	名筆 1 :26a 權準(忠肅朝), 月釋 序 24b 金三 5 : 37a	190
261	剤	劑	← 剤 中文辭 1 : 1731 '劑之簡字'	117
262	済	濟	均如傳 7a, 海僧 1 : 136, 大輿 1 : 10 宋元俗 p. 48 列女傳·古今雜劇 등 10種 文獻	115
263	諸	諸	名筆 1 : 29b 權鑄(恭愍朝), 釋譜 13 : 27a	152
264	斉	齊	三綱·忠 24a, 內訓 1 : 14·1 : 26 宋元俗 p. 129 列女傳·古今雜劇 등 8種 文獻	189
265	祖	祖	楞解 3 : 76a, 推鞫 15 : 68	202

번호	略字	正字	出典	쪽
266	条	條	墨跡 p. 112 李之蕃(~1575, 宣祖 8), 推鞫 14 : 124 宋元俗 p. 2 通俗小說·古今雜劇 등 6種 文獻	161
267	従	從	名筆 1 : 8 崔致遠, 三綱·烈 6b 宋元俗 p. 7 取經詩話 등 3種 文獻	142
268	縦	縱	推鞫 15 : 946 ← 従 宋元俗 p. 80 古今雜劇·太平樂府 등 4種 文獻	145
269	昼	晝	均如 3b 宋元俗 p. 26 通俗小說·古今雜劇 등 5種 文獻 縦	242
270	鋳	鑄	宋元俗 p. 79 白袍記·嶺南逸事	243
271	即	卽	名筆 1 : 12 但然(仁宗朝), 金三 4 : 60a, 石千 41 中文辭 2 : 320 '與卽同'「玉篇」即今作卽	220
272	憎	憎	推鞫 15 : 644·648 '憎嫉之高' 中文辭 4:220 '憎之簡字'	216
273	増	增	名筆 1 : 7b 金玖(元聖王), 月釋 1 : 47b, 石千 30	215
274	証	證	名筆 4 : 63a 朴世采(肅宗朝), 漢淸 5 : 33b 証	159
275	贈	贈	推鞫 15 : 738·764, 同文上 38b 贈職	218
276	祉	祉	推鞫 15 : 37·51	127
277	遅	遲	名筆 1 : 26b 崔誠之, 朴解中 7a	239
278	真	眞	三史 34 : 3a, 楞解 5 : 4a, 光千·石千 17 中文辭 6 : 1989 '眞之俗字' [正字通]	175
279	鎮	鎭	推鞫 15 : 209 中文辭 9 : 803 '鎭之俗字' [字彙]	250
280	尽	盡	均如 2b 宋元俗 p. 56 列女傳·取經詩話 등 12種 文獻	178
281	徴	徵	楞解 1 : 43b, 推鞫 15 : 8 中文辭 3 : 1675 '徵之簡字'	246
282	懲	懲	← 徴 中文辭 4 : 293 '懲之簡字'	248
283	賛	贊	楞解 雕選官 1b, 海僧 1 : 141 宋元俗 p. 88 列女傳·通俗小說 등 6種 文獻 中文辭 8 : 1394 '贊之俗字' [字彙]	124
284	参	參	推鞫 2 : 497·498·499	120
285	惨	慘	← 参 宋元俗 p. 35 嬌紅記·白袍記 中文辭 4 : 131 '慘之俗字'	123
286	処	處	均如 7a·8a·9a, 大志 40下	148

番號	略字	正字	文獻	頁
			宋元俗 p. 68 列女傳·取經詩話 등 12種 文獻	
			均如 7a	
287	浅	淺	宋元俗 p. 46 通俗小說·古今雜劇 등 7種 文獻 中文辭 5 : 1114 '淺之俗字'	195
288	践	踐	推鞫 14 : 147	197
289	鉄	鐵	三綱·忠 28a, 大輿 1 : 12, 大地 419上 宋元俗 p. 98 古今雜劇·三國志平話 등 9種 文獻	253
290	畳	疊	名筆 4 : 44b, 趙涑(孝宗朝) 畳	166
291	庁	廳	宋元俗 p. 24 古今雜劇·三國志平話	245
292	聴	聽	名筆 1 : 60a 姜希顔(世宗朝), 法華 5 : 47, 家禮 4 : 16 宋元俗 p. 64 列女傳·太平樂府 등 3種 文獻	247
293	逓	遞	名筆 1 : 53b, 梁誠之 世宗朝·推鞫 15: 497 中文辭 9 : 110 '遞之俗字' [正字通]	252
294	体	體	蒙法 59, 牧牛 29, 金剛 88, 均如 2b·4a 宋元俗 p. 109 通俗小說·古今雜劇 등 10種 文獻	225
295	滞	滯	推鞫 14 : 112	227
296	触	觸	← 独 宋元俗 p. 136 嶺南逸事	172
297	嘱	囑	← 属 中文辭 2 : 927 '與囑同'	173
298	塚	塚	← 丶省畫	251
299	総	總	禮記 下 2: 13b, 推鞫 16 : 23·89	213
300	枢	樞	宋元俗 p. 30 古今雜劇 枢 中文辭 5 : 60 '樞之簡字'	185
301	祝	祝	推鞫 15 : 889 感祝	146
302	虫	蟲	同文下 42b·下 43a·下 43b 宋元俗 p. 70 三國志平話·太平樂府 등 6種 文獻	241
303	臭	臭	同文下 43a	141
304	酔	醉	朴解中 47a 醉了 宋元俗 p. 111 取經詩話·通俗小說 등 6種 文獻	181
305	層	層	同文上 34a·52a	212
306	歯	齒	宋元俗 p. 132 通俗小說·白袍記 등 5種 文獻	129

307	痴	癡	奎章 上 12 '癡俗非'	240
308	敕	勅	名筆 3 : 60b 徐義伯(宣祖朝), 註千 29	249
309	寝	寢	月釋 2 : 33a 宋元俗 p. 22 太平樂府 등 3種 文獻	176
310	称	稱	推鞫 14 : 300 宋元俗 p. 59 列女傳·通俗小說 3등 11種 文獻	156
311	堕	墮	楞解 10 : 15 推鞫 15 : 43a 宋元俗 p. 18 太平樂府 등 3種 文獻	223
312	嘆	嘆	推鞫 15 : 427, 漢淸 7 : 3b 宋元俗 p. 11 太平樂府 등 4種 文獻 嘆	235
313	弾	彈	墨跡 p. 142 宋翼弼(1534 ~ 1599) 弾	238
314	択	擇	← 駅 中文辭 4 : 446 '택之簡字'	230
315	沢	澤	← 駅	231
316	闘	鬪	楞解 7 : 56a·9 : 19b, 均如 1b	263
317	弁	瓣		303
318	覇	霸		273
319	廃	廢	← 発 宋元俗 p. 23 目連記 등 3種 文獻 廃	275
320	褒	褒	中文辭 8 : 690 '褒之俗字'	309
321	豊	豐	慶地志 p. 140 法華 3 : 36b, 均如 7b 宋元俗 p. 134 取經詩話 등 6種 文獻	308
322	学	學	名筆 1 : 40a 河演(太祖), 均如 5a·6a·6b 宋元俗 p. 132 列女傳·通俗小說 등 10種 文獻 李	41
323	漢	漢	朴解中 8a, 推鞫 15 : 28 宋元俗 p. 47 列女傳·古今雜劇 등 6種 文獻	52
324	陥	陷	大地 p. 287下 宋元俗 p. 101 太平樂府·白袍記 등 5種 文獻	49
325	恒	恆	釋譜 9 : 2, 楞解 10 : 82b, 推鞫 15 : 24 中文辭 4 : 69 '恆之俗字' [正字通] 恒俗恆字	107
326	海	海	月釋 10 : 68·18 : 60 中文辭 5 : 1157 '海之簡字'	32
327	響	響	推鞫 15 : 12·968	72
328	郷	鄕	三史 37 : 9, 推鞫 15 : 30, 道德 下 13a	71

			宋元俗 p. 93 通俗小說	
329	虚	虛	楞解 3 : 68·69 宋元俗 p. 69 列女傳·通俗小說 등 8種 文獻	67
33C	献	獻	三史 21 : 4, 三遺 1 : 4 宋元俗 p. 135 白袍記	100
331	険	險	← 倹 宋元俗 p. 102 三國志平話 등 5種 文獻	97
332	験	驗	← 倹	103
333	県	縣	← 号 宋元俗 p. 80 通俗小說, 金瓶梅	94
334	顕	顯	推鞫 14 : 110·14 : 486 宋元俗 p. 106·太平樂府	102
335	峡	峽	推鞫 14 : 428·15 : 999; 大輿 11 : 2 中文辭 3 : 890 '峽之簡字'	68
336	挟	挾	墨跡 p. 282 金常憲, 大輿 6 : 16 宋元俗 p. 38 目連記	69
337	狭	狹	墨跡 權健(1458 ~ 1501), 大輿 6 : 16 中文辭 6 : 180 '狹之簡字'	70
338	蛍	螢	← 栄	86
339	恵	惠	名筆 1 : 44 朴元亨(世宗朝), 月釋 10 : 19, 警民編 24 宋元俗 p. 34 列女傳	82
34C	号	號	均如 1b·2b, 法華 4 : 189, 三遺 王曆 1 : 1 宋元俗 p. 69 列女傳·取經詩話 등 11種 文獻	110
341	禍	禍	推鞫 15 : 349 : 387 宋元俗 p. 58 列女傳·取經詩話 등 6種 文獻 禍	28
342	画	畫	釋要下 6a '畫仝' 宋元俗 p. 54 太平樂府·東廟記 등 3種 文獻	29
343	拡	擴	中文辭 4 : 482 '擴之簡字'	38
344	歓	歡	←観 宋元俗 p. 45 古今雜劇 등 3種 文獻	54
345	黄	黃	三史 35 : 1a, 推鞫 14 : 323·15 : 28	108
346	会	會	禮記下 2 : 196 宋元俗 p. 27 通俗小說·白袍記 등 6種 文獻	30
347	悔	悔	均如 1b, 花潭集 2 : 32a 中文辭 4 : 73 '悔之簡字'	31
348	絵	繪	←会 宋元俗 a.80 嶺南逸事	33
349	懐	懷	均如 1b, 石千 15, 推鞫 14 : 341 宋元俗 p. 36 太平樂府 등 3種 文獻	35

35C	横	橫	釋譜 9 : 37a, 月釋 9 : 57b, 三史 37 : 2b 中文辭 5 : 413 '橫之省字'	23
351	効	效	名筆 1 : 56 眞興王巡狩碑, 楞解 4 : 73b	106
352	暁	曉	月釋 2 : 32b, 朴解中 18a, 推鞫 14 : 114 宋元俗 p. 26 通俗小說·古今雜劇 등 7種 文獻	73
353	勲	勳	名筆 1 : 5 眞興王巡狩碑, 月釋序 24a 中文辭 5 : 1858 '勳之簡字'	78
354	薫	薰	名筆 1 : 7a 金玖(新羅 元聖王), 花潭集 3 : 25b 中文辭 8 : 137 '薰之簡字'	79
355	黒	黑	月釋 1 : 29a, 楞解 2 : 28, 推鞫 14 : 331	112
356	戯	戲	楞解 4 : 71a·b, 花潭集 1 : 41b 宋元俗 p. 132 金瓶梅	62
357	犠	犧		63

우리나라 古文獻에 나타난 省畫·略化 一覽

數字는 新舊字體對照表에 나타난 新字體(日本採擇略字)를 가나다 차례로 배열한 차례를 보인 番號

○표는 對照表에는 없으나 新字體

×표는 新字體에 없는 것

( )은 日本 新字體를 보인 것

活字 관계로 모두 新字體를 보이지 못하나 「新舊字體對照表」를 참조할 일.

丶	減 ×	寛 29	器 50	都 66	盗 67	突 71	戻 83
	涙 102	類 105	流 ×	抜 124	髪 123	甫 ×	伏 ×
	敷 ×	殺 149	暑 156	署 157	緒 158	宜 ×	逸 230
	者 233	煮 234	著 250	諸 263	初 ×	塚 298	臭 303
一	殻 4	穀 26	廣 × (広)	勤 45	謹 46	難 51	徳 64
	隆 106	微 281	懲 282	嘆 312	鞭 ×	漢 323	恒 ×
	黄 345	横 350					
ノ	皆 ×	階 ×	宮 ×	鬼 ×	暦	歴 84	薩 85
	追 ×						
ム	穂 176	専 253	轉 × (転)	恵 339			

爿	蔵 240	臓 245				
凵	撃 16	繫 ×				
亻丨	条 266					
工	随 177	髄 178	穏 217	隠 226	堕 311	
王	聴 292	廳 (庁) ×				
心	慶 ×	愛 ×	憂 ×	優 ×		
罒	覧 76					
貝	価 2					
覺 → ツ	覚 3	學 322				
擧 → ツ	挙 11	誉 215				
勞 → ツ	労 95	撈 ×	栄 211	営 212	蛍 338	
惱 → ツ	悩 52	脳 53	臘 ×	猟 89	巣 167	
單 → ツ	単 56	禅 161	獣 175	厳 203	戦 254	憚 ×
	弾 313					
留 → ツ	留 ×					
普 → ツ	普 ×					
歸 → リ	帰 44					
師 → リ	師 ×	帥 ×				
監 → リ	監 ×	鑑 ×	堅 ×	緊 ×	賢 ×	
喝 → ヒ	喝 5	渇 6	褐 7	掲 15	謁 194	
示 → ネ	祈 48	福 138	社 148	祥 154	視 186	神 187
	祖 265	祉 276	祝 301	禍 341		
僉 → 㑒	倹 12	剣 13	検 14	険 331	験 332	
巠 → 圣	茎 18	径 19	経 20	軽 21		
奚 → 奚	渓 23	鶏 25				
繼 → 米	継 24	断 55				
關 → 夫	関 30	聯 ×				
觀 → ⺈隹	観 28	勧 41	権 43	歓 344		
壞 → 壊	壊 33	懐 349				
臼 → 旧	旧 34	稲 68	児 191	陥 324		
己 → 己	巻 40	圏 42				
擔 → 旦	担 57	胆 58				
黨 → 黨	黨 (党) ×	欄 75	練 87	錬 88	墨 119	黙 120
	僧 185	會 (会) ×	勲 353	薫 354	黒 355	
帶 → 帯	帯 62	滞 275				

賣 → 売	読 69	売 112	続 170			
蜀 → 虫	独 70	触 296				
冫 → ⺀	冬 ○	終 ○				
婁 → 娄	屢 ×	縷 ×	楼 104	数 179		
亂 → 舌	乱 74	辞 147				
兩 → 両	両 81	輛 ×	満 110			
良 → 良	郎 77	朗 78	廊 79			
虜 → 虜	虜 93	擄 ×				
盧 → 戸	蘆 ×	爐 ×	鱸 ×			
綠 → 录	緑 96	録 97	縁 209			
賴 → 頁	頼 99	瀬 100				
萬 → 万	万 107	勵 82				
免 → 免	晩 108	免 116	勉 117			
母 → 母	毋 ×	慣 ×	梅 113	毎 114	侮 118	敏 121
	繁 126	実 × (実)	海 326	悔 347		
戀 → 亦	蛮 86	恋 109	湾 111	変 129		
發 → 発	発 122	廃 275				
倂 → 并	屏 ×	瓶 132	塀 133	併 134	研 208	
步 → 歩	歩 136	賓 144	頻 146	渉 164		
弗 → ム	仏 139	払 140				
卑 → 卆	卑 141	碑 143				
揷 → 重	挿 152	捜 180				
屬 → 属	属 169	嘱 297				
濕 → 業	湿 182	顕 334				
乘 → 乗	乗 183	剰 232				
亞 → 亜	亜 190	悪 192				
樂 → 楽	楽 73	薬 197				
壤 → 壌	壌 198	嬢 199	譲 200	醸 201		
驛 → 尺	駅 207	訳 206	択 314	沢 315	繹 160	
搖 → 揺	揺 219	謡 220				
堯 → 尭	焼 166	繞 ×	暁 352			
爲 → 為	為 225	偽 222				
戔 → 戋	銭 255	浅 287	賎 ×	残 235	桟 236	
雜 → 雑	雑 239	酔 304	砕 171	粋 172		
壯 → 丬	壮 244	装 246	荘 247	状 241	将 242	奨 243
	寝 309					
爭 → 争	争 249	浄 259	静 260			

齊 → 斉　斉 264　濟 262　劑 261　齋 248
竹 → 艹　節 ×　筆 ×　答 ×
從 → 従　従 267　縱 268
卽 → 即　即 271　既 49　慨 8　概 9　郷 326　響 327
　　　　爵 ×　節 257
曾 → 曽　曽 ×　憎 272　増 273　贈 275　尊 ×　鄭 ×
　　　　層 305
眞 → 真　慎 188　真 278　鎮 279　直 ×
贊 → 賛　賛 283　讃 ×　潜 238
攵 → 力　勅 308　効 351
參 → 参　参 284　惨 285
處·豦 → 処　処 286　拠 10
齒 → 歯　歯 306　齢 91
解 → 羊　解 ×　懈 ×
虛·虗 → 虚　虚 329　戯 356
夾 → 夹　峡 335　挟 336　狭 337
歮·聶·晶 → ⺍　渋 153　摂 163　畳 290　塁 103

이 밖에 個別字 略化例는 다음과 같은 것이 있다. (活字관계로 正字로)

屆(22)　國(39)　龜(×)　當(59)　對(61)　燈(72)　來(80)
圖(65)　麗(×)　嶺(×)　靈(90)　禮(92)　龍(101)　瀧(98)
麥(115)　拜(125)　竝(135)　寶(137)　秘(142)　寫(151)　雙(155)
敍(159)　纖(162)　節(165)　收(174)　肅(181)　繩(184)　實(189)
嶽(193)　嚴(○)　樣(202)　餘(204)　與(205)　鹽(210)　衛(223)
醫(228)　蠶(237)　竊(256)　晝(269)　證(274)　遲(277)　盡(280)
鐵(289)　遞(293)　體(294)　總(297)　蟲(303)　癡(307)　箱(310)
鬪(316)　豐(321)　恆(325)　獻(330)　號(347)　畫(342)

우리 古文獻에서 아직 實用例를 찾지 못한 略字 一覽
그 中 中國文獻에 있는 것은 ( ) 안에 '中'으로 표시

數字는 新舊字體表 가나다 차례

1 仮 <假> (中)　17 欠 <缺>　27 缶 <罐> →号·声

31	広	<廣>	(中)	32	鉱	<鑛>	(31참조)	343	拡	<擴> (中)
35	区	<區>	(中)	36	駆	<驅>	(中)			
37	欧	<歐>	(中)	38	殴	<毆>	(中)			
47	気	<氣>		54	団	<團>	(中)	63	台	<臺> (中)
128	辺	<邊>	(中)	130	弁	<辨>		131	弁	<辯>
317	弁	<瓣>		145	浜	<濱>	(中)	150	糸	<絲> (中)
172	寿	<壽>	(中)	270	鋳	<鑄>	(中)	195	圧	<壓> (中)
196	桜	<櫻>		213	芸	<藝>		221	円	<圓> (中)
224	囲	<圍>	(中)	227	応	<應>		229	弐	<貳> (中)
231	壱	<壹>	(中)	251	伝	<傳>	(中)	252	転	<轉> (中)
258	点	<點>	(中)	291	庁	<廳>	(中)	318	覇	<霸>
320	褒	<襃>	(中)	333	県	<縣>	(中)	357	犠	<犧>

끝 맺 이

以上 "日本略字로 우리 古文獻이나 中國文獻에 實用例가 있는 것" "우리나라 古文獻에 나타난 省略`略化 一覽"에서 본 바와 같이 '日本略字(新字體)'란 거의가 우리 古文獻에 實用例가 있고 우리에게 없는 것 中 中國文獻에 있는 것도 있다.

또한 우리 古文獻을 뒤지면 略字는 더 나올 것으로 보며, 설혹 日本의 略字 中 우리 古文獻이나 中國文獻에 그 用例가 없다 하더라도 우리의 '省略`略化法(혹은 代用字 使用)'을 응용하면 理解된다고도 본다.

이렇게 보면 결국 日本의 略字란 그들의 獨創的인 것은 얼마 안 되는 것이 아닌가 한다. 漢字가 中國에서 우리를 거쳐 日本으로 들어간 것이므로 略字 또한 그런 經路를 밟아 傳授된 것으로 보는 것이 順理일 것이다.

어떻든 略字란 實用의 便宜上 필요한 것이므로 國際性도 고려해서 채택하는 것이 옳고 그 點 日本의 檢敏性이나 中共의 大膽性은 참고로 할 만하다. 다만 漢字 專用의 고민으로 案出한 簡

字는 字數의 過多나 新奇한 것이 많아 二重負擔 등 여러 가지 문제점이 있으므로 택할 것이 아니라고 본다. 우선 2백 字 以內의 略字의 公認이 필요하다고 생각한다.

拙稿, "漢字略字 日本式 아니다", 「月刊朝鮮」 83, 12월호, 朝鮮日報

拙稿, "韓國略字에 대하여", 「語文硏究」 39, 40호, 一潮閣 참조.

〈『牧泉 兪昌均 博士 還甲紀念論文集』, 兪昌均 博士 還甲紀念論文集 發刊委員會, 1984.〉

蘭汀 南廣祐 文集 編輯을 마치며

漢字敎育을 통한 國語敎育의 正常化를 推進하고자 결성하신 韓國語文敎育硏究會의 國語運動과 硏究活動을 盤石위에 올려놓으셨고, 漢字敎育을 振興시키기 위하여 韓國漢字能力檢定會를 設立하셨으며, 이들 두 團體의 活動을 確固不動하게 뒷받침하고자 社團法人 韓國語文會를 조직하신 蘭汀 南廣祐先生님께서 돌아가신지 10年이 되었다.

선생님께서 돌아가신 후, 蘭汀先生님의 글들을 한데 모아 보자는 意見은 그동안 꾸준히 있어왔으나 막상 모으려 하다 보니 原稿의 全體 分量이 어느 정도나 되는지 가늠하기조차 어려워 實質的인 作業은 이루어지지 못하였었다. 그러던 중 2007年 4月부터 崔洪烈 敎授에 의하여 蘭汀先生님께서 쓰신 글들의 目錄作成 作業이 비로소 시작되었다. 쓰신 글들이 收錄된 論文集과 新聞, 雜誌 등을 살펴 목록을 確認하는 작업은 그 量이 尨大하여 朴光敏 先生과 韓東完 敎授 그리고 韓國漢字能力檢定會 全鍾國 本部長도 함께 목록 작성에 힘을 보태었다. 蘭汀先生님을 기리는 마음으로부터 시작된 일이라고는 하나 그저 고마울 뿐이다.

확인을 마치고 整理된 글의 分量은 실로 尨大하였다. 이에 南基卓 敎授, 崔尙鎭 敎授 그리고 韓東完 敎授는 의논 끝에, 방대한 글 모두를 한 번에 한 자리에 모으는 일이 慾心이라는 判斷을 하게 되었다. 차근차근 정리하는 것이 일의 穩當한 進行 方案이라고 생각한 것이다. 그리하여 이번의 整理 作業 對象을 일단 專攻 論文에 局限하기로 하였다. 論說文이라든가 隨筆類 등의 글들의 정리 작업은 다음 順序로 미룬 것이다. 여기저기 흩어져 있는 論文을 모은다는 意味를 가진 작업이라는 사실을 考慮하여, 蘭汀先生님께서 生前에 묶어 出版하신 冊에 실린 논문들은 除外하기로 하였다.

5월부터 진행된 電算入力 作業에는 江原大學校 國語國文學科의 鄭成美 先生과 洪慈嬰 先生 그리고 손진희 先生 등이 애써주었으며, 韓國漢字能力檢定會의 金世敬 先生과 韓芝善 先生도 힘을 아끼지 않았고, 入力이 進行되고 난 후의 全般的인 編輯과 校訂 作業은 韓國漢字能力檢定會의 李光珍 博士가 全的으로 도맡아 주었다. 細細한 編輯 規則에서부터 文集의 全體 體制 決定에 이르기까지 모든 걸림돌을 解決하고, 總括해 준 韓在永 敎授, 그저 感謝할 뿐이다.

蘭汀先生님의 글들을 한데 모아 보자는 처음의 뜻과는 여전히 距離를 두고 있는 일의 結果가 많은 아쉬움을 가지게는 하나, 이만한 結果를 보이는 데에도 참으로 많은 분들의 도움이 없었다면 이룰 수 없는 일임을 記憶하여 거듭 고맙다는 人事의 말씀을 드린다.

끝으로 出版界의 어려운 事情에도 不拘하고 尨大한 蘭汀 南廣祐 文集의 出版을 快히 許諾해 주신 月印의 朴成福 社長님과 編輯部 職員 여러분들의 勞苦에도 이 자리를 빌어 고마운 마음의 뜻을 드리는 바이다.

蘭汀先生님을 다시 한번 마음에 기리며, 우리의 작은 마음 씀씀이와 努力의 結果가 행여 先生님의 業績에 累를 끼쳐 드리지나 않았으면 하는 바람뿐이다.

2007年　12月　4日

蘭汀 南廣祐 文集 刊行委員會 삼가 적음

蘭汀 南廣祐 文集 3

漢字와 漢字語

인 쇄 • 2007년 11월 26일
발 행 • 2007년 11월 29일

펴낸이 • 韓國語文教育研究會
서울시 서초구 서초1동 1627-1
전 화 • (02) 1566-1400

배포처 • 도서출판 月印
서울시 강북구 흰구름길 19-3(수유2동 252-9)
등록 • 제6-0364호 / **등록일** • 1998년 5월 4일
대표전화 • (02) 912-5000 / **팩스** • (02) 900-5036
http://www.worin.net

ISBN 978-89-8477-381-3 (세트)
ISBN 978-89-8477-384-4 94710

값 38,000원